LA MODERNIZACIÓN DEL DERECHO DE LA COMPETENCIA EN ESPAÑA Y EN LA UNIÓN EUROPEA

Directores

Santiago MARTÍNEZ LAGE y Amadeo PETITBÒ JUAN

Asistentes al primer Seminario de Derecho y Economía de la Competencia

Jesús ALFARO
Catedrático de la Universidad Autónoma de Madrid

Rafael ALLENDESALAZAR
Martínez Lage & Asociados

Ricardo ALONSO SOTO
Catedrático de la Universidad Autónoma de Madrid

Marcos ARAUJO
Garrigues

José María BENEYTO
Instituto de Estudios Europeos, Universidad San Pablo CEU

Luis BERENGUER FUSTER
Abogado

Helmut BROKELMANN
Martínez Lage & Asociados

Francisco CABRILLO
Catedrático de la Universidad Complutense

Nadia CALVIÑO SANTAMARÍA
Directora General de Defensa de la Competencia

Manuel CAMPOS SÁNCHEZ-BORDONA
Magistrado del Tribunal Supremo

Francisco CANTOS BAQUEDANO
Freshfields

Lluís CASES
Profesor Titular de la Universidad Autónoma de Barcelona

Antonio CREUS
DLA Piper Rudnick Gray Cary

Cani FERNÁNDEZ
Cuatrecasas

Alejandro FERNÁNDEZ DE ARAOZ
Araoz & Rueda

Juan Manuel FERNÁNDEZ LÓPEZ
Consejo General del Poder Judicial

Marisol FERNÁNDEZ-ARAGONCILLO
Abogado del Estado, Audiencia Nacional

Jaime FOLGUERA
Uría & Menéndez

Emiliano GARAYAR
Gómez-Acebo y Pombo

Rafael GARCÍA-VALDECASAS FERNÁNDEZ
Juez del TPI de las Comunidades Europeas

Jordi GUAL
IESE

Francisco Javier HUERTA TROLEZ
Vicepresidente del Tribunal de Defensa de la Competencia

Juan JIMÉNEZ LAIGLESIA
Jones, Day, Reavis & Pogue

Fernando JIMÉNEZ LATORRE
NERA

Santiago MARTÍNEZ LAGE
Martínez Lage & Asociados

Sabiniano MEDRANO
Ernst & Young

Miquel MONTAÑÁ MORA
Clifford Chance

Luis ORTIZ BLANCO
Profesor de la Universidad Rey Juan Carlos

Atilano JORGE PADILLA
LECG EUROPE

Julio PASCUAL Y VICENTE
Vocal del Tribunal de Defensa de la Competencia

Mercedes PEDRAZ CALVO
Magistrado de la Audiencia Nacional

Jaime PÉREZ-BUSTAMANTE KÖSTER
Martínez Lage & Asociados

Amadeo PETITBÒ
Director de la Fundación Rafael del Pino

Gil Carlos RODRÍGUEZ IGLESIAS
Ex Presidente del TJCE, Universidad Complutense

Gonzalo SOLANA
Presidente del Tribunal de Defensa de la Competencia

José Eugenio SORIANO GARCÍA
Catedrático de la Universidad de Extremadura

Rafael GARCÍA MONTEYS
Secretario del Tribunal de Defensa de la Competencia

M.ª Matilde SÁNCHEZ GUTIÉRREZ
Profesora Titular de la Universidad de Extremadura

SANTIAGO MARTÍNEZ LAGE
AMADEO PETITBÒ JUAN
(Directores)

LA MODERNIZACIÓN DEL DERECHO DE LA COMPETENCIA EN ESPAÑA Y EN LA UNIÓN EUROPEA

FUNDACIÓN RAFAEL DEL PINO

MARCIAL PONS, EDICIONES JURÍDICAS Y SOCIALES, S. A.
MADRID 2005 BARCELONA

EDICIONES JURÍDICAS Y SOCIALES, S. A.
San Sotero, 6 - 28037 MADRID
☎ 91 304 33 03
ISBN: 84-9768-202-5
Depósito legal: M. 10.936-2005
Diseño de la cubierta: Álvaro Reyero
Fotocomposición: INFORTEX, S. L.
Impresión: CLOSAS-ORCOYEN, S. L.
Polígono Igarsa. Paracuellos de Jarama (Madrid)
MADRID, 2005

A Rafael del Pino y Moreno,
infatigable defensor
de la libre empresa

ÍNDICE

INTRODUCCIÓN DE LOS DIRECTORES DE LA OBRA

El pasado día 1 de mayo entró en vigor el Reglamento (CE) núm. 1/2003 del Consejo, de 16 de diciembre de 2002, relativo a la aplicación de las normas sobre competencia previstas en los arts. 81 y 82 del Tratado CE [1], y el Reglamento (CE) núm. 139/2004 del Consejo, de 20 de enero de 2004, sobre el control de las concentraciones entre empresas [2].

El inicio de la aplicación del Reglamento 1/2003, coincide con la entrada en vigor también del Reglamento (CE) núm. 773/2004 de la Comisión, de 7 de abril de 2004, relativo al desarrollo de los procedimientos de la Comisión con arreglo a los arts. 81 y 82 (que deroga los antiguos Reglamentos 2842/98 y 3385/94) y con la publicación de seis Comunicaciones de la Comisión relativas a su aplicación [3].

El conjunto de todo ello es lo que ha dado en llamarse el *paquete de modernización del Derecho comunitario de la competencia.*

Por otra parte, el Gobierno español ha hecho pública su decisión de llevar a cabo una profunda reforma de la vigente Ley de Defensa

---

[1] *DOUE,* núm. L 1, de 4 de enero de 2003, p. 1.

[2] *DOUE,* núm. L 24, de 29 de enero de 2004, p. 1.

[3] Comunicaciones de la Comisión de 27 de abril de 2004, sobre: 1) la cooperación en la Red de Autoridades de Competencia; 2) la cooperación entre la Comisión y los órganos jurisdiccionales de los Estados miembros de la UE para la aplicación de los arts. 81 y 82 CE; 3) la tramitación de denuncias por parte de la Comisión al amparo de los arts. 81 y 82 CE; 4) las orientaciones informales sobre cuestiones nuevas relacionadas con los arts. 81 y 82 CE que surjan en asuntos concretos (cartas de orientación); 5) las Directrices relativas al concepto de efecto sobre el comercio contenido en los arts. 81 y 82 CE, y 6) las Directrices relativas a la aplicación del apartado 3 del art. 81 del Tratado (*DOUE,* núm. C 101, de 27 de abril de 2004, pp. 43-118).

de la Competencia en la que no sólo se abordaría la anunciada fusión de los actuales Servicio y Tribunal de Defensa de la Competencia[4], sino también otras reformas, tales como la atribución de las decisiones sobre operaciones de concentración a un órgano independiente (sin perjuicio de posibles cláusulas de excepción), la reforma de los procedimientos y otros aspectos de la legislación vigente que aseguren la coherencia de nuestro sistema dentro de la Red Europea de Competencia y permitan incrementar la seguridad jurídica, la transparencia y la eficiencia de nuestro sistema de defensa de la competencia[5].

El Gobierno ha expresado su deseo de que el nuevo texto legal se elabore después de una amplia consulta pública entre todos los sectores interesados y alcance el mayor consenso posible, de modo que el resultado sea «una nueva ley para otros quince años», según expresó el propio Vicepresidente segundo[6]. Huyendo de las continuas modificaciones mediante Decreto-ley, tan frecuentes en el pasado, añadimos nosotros.

Los trabajos para la elaboración de una nueva ley deben, obviamente, partir de la experiencia acumulada en estos quince años[7] y contrastarla con la de otros países —europeos y no europeos[8]— y, naturalmente también, con la de la propia Comisión Europea.

La Fundación Rafael del Pino, siempre atenta a todos los aspectos del desarrollo de la libre empresa, ha decidido organizar, con periodicidad anual, un *Seminario de Derecho y Economía de la Competencia*, cuya dirección nos ha sido encomendada.

El 15 de noviembre de 2004 se celebró el primer Seminario, que decidimos dedicarlo, precisamente, a *La modernización del Derecho de la Competencia en España y en la Unión Europea.*

Al Seminario fueron invitados, y asistieron, los expertos que figuran en la relación que se incluye en la página 4. Se trata de profesores y autoridades, magistrados y jueces, abogados y consultores, todos ellos de reconocido prestigio en nuestra especialidad, que nos han permitido dar a los problemas estudiados un adecuado enfoque multidisciplinar (jurídico y económico) y un enriquecedor tratamiento desde cada una de las distintas facetas en las que se desarrolla la respectiva actividad profesional.

---

[4] En su intervención con motivo de la inauguración de la nueva sede del TDC, el Vicepresidente segundo del Gobierno y Ministro de Economía y Hacienda se refirió más concretamente a la asunción por parte del TDC de funciones de instrucción.

[5] *Ibid.*

[6] *Ibid.*

[7] No parece que de los años anteriores a 1989 quepa sacar muchas enseñanzas.

[8] Estados Unidos por supuesto, pero también Canadá y Australia y, por qué no, algunos países iberoamericanos.

En anexo publicamos las instrucciones impartidas a los participantes para que los lectores conozcan cómo se han elaborado los textos que ahora nos honramos en prologar.

Este Seminario pretendemos que sea el primero de una larga serie que, año tras año, dedicaremos a estudios monográficos de la libre competencia, con el mismo enfoque multidisciplinar.

Santiago MARTÍNEZ LAGE
Amadeo PETITBÒ JUAN
Co-Directores de la obra

PRIMER TALLER

LOS PROBLEMAS GENERALES DE TODA LEGISLACIÓN DE PROTECCIÓN DE LA COMPETENCIA. LAS SOLUCIONES ADOPTADAS POR LA UE EN LA RECIENTE MODERNIZACIÓN DEL DERECHO COMUNITARIO DE LA COMPETENCIA

A. GENERAL

OBJETIVOS DE UNA POLÍTICA DE DEFENSA DE LA COMPETENCIA

Francisco CABRILLO
Catedrático de la Universidad Complutense

1. LA DEFENSA DE LA COMPETENCIA: OBJETIVOS CAMBIANTES

Poca duda cabe de que el entorno económico y social en el que debe operar el Derecho de defensa de la competencia es hoy muy distinto del que existía en 1989, cuando la ley aún hoy en vigor en España fue promulgada. Y esto nos obliga a pensar de nuevo tanto en los objetivos como en los instrumentos de los que hace uso el Derecho de la competencia, para lo cual resulta imprescindible conocer cuál ha sido el desarrollo conceptual e histórico de unos y otros. Ofrecer algunas reflexiones sobre este tema constituye el propósito principal de este trabajo.

Una idea importante puede servir de referencia para este análisis: la necesidad de replantear los objetivos e instrumentos del Derecho de defensa de la competencia no es algo nuevo, a lo que nos enfrentemos sin experiencia anterior alguna. Sería un error, en efecto, pensar que el Derecho de la competencia ha tenido a lo largo del tiempo un cuerpo de doctrina estable, algunos de cuyos principios se ponen en cuestión hoy por vez primera. Más bien lo contrario es cierto. Con las normas de defensa de la competencia se han perseguido a lo largo de su historia objetivos muy diferentes, e incluso contradictorios, en algunos casos. Y es importante entender esta idea para situar en su justo término los cambios actuales.

La primera pregunta que hay que formular en cualquier proceso de reforma como el que hoy tenemos ante nosotros es, por tanto, la siguiente: ¿para qué queremos un derecho que defienda la competencia? La respuesta puede parecer trivial: necesitamos un derecho que defienda la competencia porque una economía competitiva es más eficiente que una que no lo es. Pero el problema es mucho más complejo de lo que podría parecer a primera vista, al menos por dos motivos.

En primer lugar, porque la experiencia no demuestra de manera irrefutable que las economías más competitivas sean siempre las más eficientes. Baste mencionar como ejemplo los casos del Japón o la Alemania anterior a la Segunda Guerra Mundial o el milagro económico japonés tras la Segunda Guerra Mundial. Difícilmente puede, en efecto, negarse el funcionamiento eficiente de estas economías. Y, sin embargo, los modelos de desarrollo aplicados no sólo no atribuyeron mayor relevancia a la existencia de mercados competitivos, sino que incluso desde el poder público se fomentó a la concentración de empresas y la existencia de una estrecha interconexión entre el mundo de la industria y el mundo de la banca. Puede alegarse en contra de esta idea que Alemania introdujo ya hace tiempo cambios sustanciales en su modelo económico; y que la última crisis japonesa ha puesto de manifiesto las insuficiencias de su modelo una vez alcanzados determinados niveles de desarrollo económico. Pero nótese que, aun en el caso de que estas objeciones fueran indiscutibles, no afectarían a la esencia de la idea arriba expresada. Es verdad que algunas instituciones económicas que son válidas para ciertos estadios de desarrollo pueden convertirse en una rémora para economías más avanzadas. Pero seguiríamos reconociendo, en todo caso, que, para determinados niveles de desarrollo, un modelo económico en el que la defensa de la competencia no desempeña un papel fundamental puede resultar eficiente.

El segundo motivo se basa en un hecho tan simple como incontrovertible: la política de defensa de la competencia no siempre ha buscado la eficiencia económica. No creo que resulte ocioso, a pesar del tiempo transcurrido, recordar unas palabras del discurso del senador Sherman cuando en el año 1890 defendió en el Congreso de los Estados Unidos la ley que lleva su nombre: «"La unión del espíritu emprendedor y el capital no se conforma con la creación de sociedades y corporaciones que compiten entre sí. Por ello, se ha inventado una nueva forma de asociación denominada *trust*, cuyo objetivo es evitar la competencia mediante la coordinación de las sociedades y las personas que actúan en un determinado sector ofreciendo el poder a un número pequeño de personas y, a menudo, a una sola (...) El único objetivo de tales asociaciones es hacer que la competencia resulte imposible (...) La ley del egoísmo, sin el control que la competencia supone, lleva a dejar de lado los intereses de los consumidores (...) Si en su día no nos sometimos a un emperador, no deberíamos someternos ahora a un autócrata del comercio, con poderes para evitar la competencia y fijar el precio de cualquier producto».

Esta visión populista, que pone el objetivo fundamental de la política de defensa de la competencia en evitar la concentración de poder y sus efectos sobre el conjunto del sistema económico y social, no se dio sólo en los Estados Unidos. Por ejemplo, en la introducción de normas antimonopolio en la joven República Federal de Alemania desempeñó un papel importante la estrecha conexión que el gobierno nacionalsocialista había mantenido con los grandes consorcios de la industria alemana y la idea de que el rearme habría encontrado muchas más dificultades en un país cuya actividad económica hubiera estado sometida a la competencia.

En los Estados Unidos el principio de que la posición de dominio debe ser perseguida por el mero hecho de serlo, al margen de la estrategia seguida por una determinada empresa para conseguirla y del posible abuso en el que se pueda incurrir una vez alcanzada, fue ampliamente aceptado durante mucho tiempo por los tribunales de justicia. Y, como muestra significativa, véase el siguiente fragmento de una de las sentencias más conocidas de la jurisprudencia norteamericana en el campo de la defensa de la competencia. Se trata del caso *United States* v. *Aluminium Company of America,* cuya sentencia fue redactada el año 1945 por el juez Learned Hand. En este caso, como en muchos otros en los que una empresa es acusada de ocupar una posición dominante en el mercado, los abogados de aquélla trataron de demostrar que ALCOA había llegado a dominar el mercado no mediante prácticas anticompetitivas, sino por ser una empresa eficiente. Argumentos de este tipo poca mella harían, sin embargo, en la forma de interpretar la Ley Sherman por parte de Hand y otros jueces durante muchos años. Las propias palabras del juez Hand, en el caso citado, explican por qué:

> «Es cierto que podría haberse pensado que lo adecuado es condenar solamente a aquellos monopolios que no puedan demostrar que han desarrollado la capacidad de invención más elevada posible, que han adoptado toda posible economía, que han anticipado cualquier mejora técnica concebible o estimulado toda posible demanda. Ésta podría haber sido, sin duda, una forma de enfocar el problema, aunque obligaría a una vigilancia y a una supervisión constantes, que los tribunales no podrían realizar. Pero, aunque fuera posible, no fue ése el camino que escogió el Congreso; éste no decidió aceptar los monopolios "buenos" y condenar los "malos", sino que los prohibió todos. Y al hacerlo no eran razones estrictamente económicas su única motivación. Es posible que,

> debido a sus efectos indirectos sociales o morales, se prefiera un sistema económico basado en pequeños productores, cada uno de los cuales dependa de su propia capacidad y carácter para conseguir el éxito, y no un sistema en el que la gran mayoría de quienes forman parte de un determinado sector deba aceptar la dirección de unos pocos"»[1].

El texto es una buena muestra de toda una corriente de pensamiento que no consideraba que la eficiencia debería ser el criterio director de la política de defensa de la competencia. Y Hand, desde luego, no estaba solo en su forma de entender los objetivos de las leyes antimonopolio. De hecho fue su criterio el dominante en la jurisprudencia del Tribunal Supremo norteamericano al menos hasta la segunda mitad de los años sesenta. Y muchos economistas y juristas fueron conscientes de esta interpretación extraeconómica de las leyes antitrust y la criticaron abiertamente. En realidad esta visión crítica fue una de las fuentes que dieron origen a de lo que suele conocerse como el "viejo" análisis económico del Derecho, que empezó a desarrollarse en el marco de la universidad de Chicago en la década de 1930 y acabaría teniendo una influencia notable en el cambio radical experimentado por la jurisprudencia norteamericana en las décadas de 1970 y, sobre todo, de 1980[2]. Y es interesante, por cierto, notar que, en esta interpretación de las normas jurídicas y la jurisprudencia en términos de eficiencia, las leyes antimonopolio constituyen un caso especialmente claro, pero no único. En realidad, gran parte del desarrollo posterior del análisis económico del Derecho y su extensión a campos tradicionalmente alejados del estudio de los economistas consiste precisamente en la aplicación de criterios de eficiencia tanto a las leyes como a las resoluciones judiciales.

Hasta aquí se ha hecho referencia a la experiencia norteamericana, que es, sin duda, la de mayor interés en el campo de la defensa de la competencia. Pero también pueden encontrarse en Europa algunos debates en este sentido. Ya se ha apuntado antes la idea de que en la Alemania reconstruida tras la Segunda Guerra Mundial cambió el modelo económico en lo que a la regulación de la competencia hace referencia, pasando a considerarse concretamente que la existencia de normas de defensa de la competencia constituye una condición necesaria para la constitución de un orden económico liberal. Esta idea, clave en el modelo defendido por los economistas alemanes más representativos de la época, como EUCKEN, RÖPKE o ERHARD, fue, sin embargo, criticada en la década de 1950, entre otros, por el profesor HAYEK

---

[1] *United States* v. *Aluminium Company of America,* 148 F. 2d 416 (2d Cir., 1945).

[2] Para una buena introducción a estos desarrollos *víd.* E. W. KITCH (ed.), «The Fire of the Truth: A Remembrance of Law and Economics at Chicago, 1932-1970», *Journal of Law and Economics,* núm. 26, 1983, pp. 163-234.

para quien el objetivo fundamental de un sistema económico competitivo es la eficiencia económica; y para conseguir ésta no hay nada mejor que garantizar el libre comercio internacional y desregular la economía. Desde este punto de vista la existencia de una empresa que ocupe una posición dominante en un mercado, o incluso que sea monopolista en dicho mercado, no tiene por qué constituir un problema, siempre que ese monopolio no haya sido creado con la ayuda del sector público y exista libertad de entrada y de comercio internacional. En las propias palabras de HAYEK: «lo que queremos no es competencia universal, sino *posibilidad* universal de competencia» [3].

Tras los cambios experimentados por la política de la competencia en las últimas décadas, puede decirse que existe hoy un acuerdo bastante general en, al menos, dos aspectos del problema. En primer lugar, hay acuerdo con respecto a la conveniencia de que exista algún tipo de política de defensa de la competencia. Y, en segundo lugar, se acepta que el objetivo de tal política debe ser un incremento de la eficiencia económica. Es en este sentido en el que hay que entender los cambios experimentados en la jurisprudencia norteamericana a la que antes se hizo referencia, lo que incluye una nueva interpretación de algunos conceptos técnicos y determinadas conductas consideradas tradicionalmente contrarias a la competencia. Ejemplo de los primeros puede ser la definición de lo que son precios predatorios; y de las segundas, la aceptación de determinadas exigencias contractuales en algunos supuestos de integración vertical. En resumen, se trata de hacer justamente lo contrario de lo que sugería el juez Hand. Hay que distinguir entre monopolios "buenos" y "malos", precisamente porque los "buenos" son eficientes y, en consecuencia, no deben ser penalizados. No basta con observar cuál es la posición que una empresa ocupa en el mercado; hay que observar también cómo ha llegado a alcanzar tal posición y cuál es su comportamiento en cada caso concreto.

2. MIRANDO AL FUTURO

A lo largo de las dos últimas décadas la política de defensa de la competencia ha tenido que adaptarse a las nuevas situaciones que han ido surgiendo en el ámbito económico en muy diversos sentidos. Algunas tienen un carácter general y afectan a un gran número de países. Se trata, por ejemplo, de los nuevos problemas aparecidos como consecuencia de la privatización y desregulación de sectores que habían venido siendo controlados directamente por el sector público.

[3] F. A. HAYEK, «Economía de mercado y política económica» (1953), reimpreso en F. CABRILLO, *Lecturas de Economía Política,* Madrid, Minerva Ediciones, 1991, pp. 169-179.

La introducción de competencia en el suministro de servicios distribuidos mediante redes plantea, en efecto, un problema distinto de los tradicionales, ya que se intenta aplicar regulaciones que permitan la entrada de competidores en mercados dominados, generalmente, por el antiguo monopolio. En otros casos, los procesos de integración económica han obligado a reconsiderar el ámbito en el que deben actuar las autoridades de defensa de la competencia y a replantearse, en cada supuesto concreto, los cambios experimentados por los mercados, como consecuencia de la desaparición de restricciones al comercio en un área económica determinada; y la incoherencia, por tanto, de limitar el mercado a las dimensiones que tenía en una economía con un grado de apertura más reducido.

No pretendo, sin embargo, entrar en estas cuestiones, que exigirían un tratamiento mucho más detallado que el que es posible ofrecer en este trabajo. Las reflexiones que siguen van, en cambio, dirigidas a principios generales referidos al funcionamiento de la política de defensa de la competencia en el futuro inmediato. Me gustaría, en primer lugar, llamar la atención sobre algunas interpretaciones políticas del comportamiento de las autoridades de defensa de la competencia. Señalaba al principio de estas notas que, en sus orígenes, la política antimonopolio tuvo un claro componente populista, que sería desplazado, con el paso del tiempo, por un enfoque más técnico basado en consideraciones de eficiencia. El planteamiento político ha vuelto a aparecer, sin embargo, en cierta manera en las interpretaciones que entienden que las últimas presidencias republicanas y demócratas norteamericanas han implicado visiones alternativas de la política antimonopolio. No cabe duda de que con la presidencia de Reagan la estrategia de las agencias encargadas de esta política experimentó un significativo cambio de dirección. Pero ¿qué ha sucedido a lo largo de los últimos veinte años? ¿Supuso de alguna forma la presidencia de Clinton un nuevo cambio de dirección, esta vez en el sentido de endurecer la postura de las agencias frente a las empresas con una posición dominante en el mercado? O, generalizando el problema, ¿cabe esperar que presidentes de diferentes partidos —y, en cierto modo, de ideologías diversas— modifiquen de forma cíclica esta política?

Timothy Muris, presidente de la Federal Trade Commision en el primer mandato presidencial de George Bush, ha negado rotundamente la validez de estos planteamientos afirmando que, tras los cambios de los primeros años ochenta, la política de las agencias estatales apenas ha experimentado cambios en este ámbito [4]. Pero existe una interpretación de estos hechos bastante extendida que afirma lo contrario.

---

[4] T. Muris, «How History can Inform Practice in Modern U.S. Competition Policy», *Law and Economics Working Paper Series,* núm. 04/20, George Mason University School of Law, 2004.

Y algunos comentarios que se han podido escuchar con respecto al caso Microsoft en los Estados Unidos y en Europa parecen reflejar la creencia de que el acuerdo alcanzado por la compañía con la parte demandante en América es una muestra del apoyo de un gobierno conservador a una gran empresa monopolista. Como en Europa nuestra ideología política es diferente —se argumenta—, es razonable que la autoridad europea de defensa de la competencia sea mucho más dura que la norteamericana con Microsoft. Si a esto sumamos una posición, en principio, poco proclive a los Estados Unidos, puede resultar que el emperador del que hablaba el senador Sherman tenga hoy en nuestro continente la figura de Bill Gates, avanzando al frente de sus casacas rojas contra la Unión Europea. No parece preciso añadir que no es ésta la mejor forma de diseñar una política eficiente en este campo.

Un segundo punto que me parece interesante resaltar es el peligro que existe en nuestros días de que puedan producirse abusos en la aplicación de la política de defensa de la competencia y ésta pueda llegar a ser utilizada para frenar el desarrollo de empresas eficientes con la excusa de que constituyen una amenaza para la libre competencia. La estrategia consistiría en lanzar ataques contra competidores que han tenido éxito en su política de ampliar su cuota de mercado mediante conductas no dañinas para la competencia. Se trataría de intentar volver a condenar una cuota elevada de mercado por el hecho de serlo o, por ejemplo, una política de precios bajos simplemente porque son inferiores a los de los competidores. El fenómeno ha sido ya analizado en los Estados Unidos. Pero en Europa, y en España en particular, pueden encontrarse también indicadores de estos planteamientos. En el campo de la distribución comercial, los ataques a las grandes superficies y las restricciones que se han impuesto a su desarrollo en muchas Comunidades Autónomas se han justificado, por sorprendente que pueda parecer, con el argumento de que tales medidas contribuyen a la defensa de la libre competencia en el sector. Cabe poca duda, sin embargo, de que los objetivos de una política tal irían mucho más en la línea de garantizar mayores ingresos a determinadas empresas o grupos de oferentes que de elevar el nivel de bienestar de los consumidores.

La tercera idea que quiero plantear hace referencia a la gran calidad técnica que han alcanzado en los últimos años los argumentos presentados ante los tribunales en casos de defensa de la competencia. Nuestros conocimientos de la teoría de la organización industrial se han desarrollado en forma notable; y lo mismo ha sucedido con nuestra capacidad para analizar algunas variables económicas importantes en temas de competencia. Esto me lleva a apuntar dos cuestiones muy relevantes para el futuro de la política de defensa de la competencia.

En primer lugar, la necesidad de que las agencias públicas den un salto hacia delante en lo que se refiere a la calidad de sus estudios; lo que implica, a su vez, la búsqueda de de mejores profesionales y su formación permanente. Y para ello harán falta, seguramente, más recursos económicos. Sólo así se podrá evitar que los equipos técnicos que asesoran a las grandes compañías sean, con gran frecuencia, bastante mejores que los de la propia Administración Pública. La reciente historia de la Comisión Europea en los casos que ha presentado ante los tribunales en materia de defensa de la competencia constituye una buena muestra de la realidad en la que hoy nos encontramos. Y la segunda de las cuestiones referidas a este progreso indudable en el campo de análisis económico de la competencia se refiere a la necesidad de salvar las diferencias que hoy existen entre los análisis técnicos y la capacidad de su asimilación por parte de los tribunales a la hora de hacer uso de ellos en sus resoluciones y sentencias. El problema no es exclusivo, desde luego, del Derecho de defensa de la competencia. En muchos otros campos, los modelos desarrollados desde el análisis económico del Derecho encuentran problemas para llegar a jueces y magistrados. Y esto no sólo se debe a su dificultad desde el punto de vista técnico, sino también al hecho de que no resultan, a menudo, fáciles de aplicar a problemas concretos. Los tribunales, en el campo de la defensa de la competencia, necesitan esas reglas de aplicación más precisas, que en algunos de los casos en los que han sido formuladas han obtenido un éxito indudable. Piénsese, por poner sólo un ejemplo, en lo que la regla Areeda-Turner ha significado en la jurisprudencia norteamericana sobre precios predatorios. La clave está no sólo en argumentar bien, sino también en ser capaces de derivar de la teoría reglas prácticas que puedan ser aplicadas en la resolución de conflictos relacionados con la competencia.

Y el último punto sobre el que me gustaría hacer una reflexión es la creciente relevancia de los aspectos internacionales de la política de defensa de la competencia. En las páginas anteriores se ha hecho mención de los cambios que para esta política implica un proceso de integración económica, y al diferente tratamiento que a un mismo caso pueden dar agencias o tribunales situados en países distintos. Son sólo dos ejemplos de lo que sucede en una economía internacional cada vez más abierta. Y un tema al que habría que prestar cada vez mayor atención. En los acuerdos de Doha, la Organización Mundial de Comercio dio pasos importantes para integrar la defensa de la competencia en un modelo de comercio multilateral libre. Es cierto que los avances en el desarrollo de tales acuerdos han sido muy limitados. Pero la realidad es que no tendría ningún sentido que las diferencias que existen en temas de defensa de la competencia siguieran produciendo el efecto de crear dificultades a la integración económica internacional. Y una aproximación entre los Estados Unidos y Europa en este campo podría ser el primer paso hacia una mayor cooperación a escala internacional.

3. UNA REGLAMENTACIÓN ABIERTA

Una conclusión importante de este breve recorrido por la evolución de la política de defensa de la competencia y los principios que, en mi opinión, deberían inspirarla en el próximo futuro es que una de las características básicas de las economías de mercado es su carácter dinámico. Para conseguir el éxito, las empresas deben innovar continuamente tanto en lo que se refiere a su tecnología y modos de producción como a su organización y estrategias de mercado. La competencia no va a adoptar, por tanto, siempre las mismas formas. Y el derecho que debe protegerla tiene que adaptarse continuamente a tales cambios. Cuáles puedan ser éstos es algo muy difícil de prever. Las estructuras de los mercados no han evolucionado siempre, en efecto, de la forma esperada. Veamos sólo dos ejemplos de cómo esta dinámica puede afectar al tema que hoy nos ocupa. Pensemos, en primer lugar, en la idea dominante hace sólo unas décadas, de acuerdo con la cual las pequeñas empresas no tendrían sitio en un mercado global y los grandes monopolios serían los únicos productores. Tal idea ha resultado ser cierta en algunos sectores, pero falsa en muchos otros. Es verdad que la tecnología puede crear incentivos a la concentración de empresas, pero puede permitir también el funcionamiento de empresas pequeñas que sin ella resultarían inviables. El problema con el que se enfrenta el Derecho de la competencia puede, por tanto, modificarse sustancialmente.

Y un segundo ejemplo: la existencia de elevados costes de organización y funcionamiento interno de las grandes empresas ha significado, en la práctica, una mayor descentralización de muchas actividades en el mundo de la producción y la distribución. La experiencia ha demostrado que, siguiendo la terminología de COASE, los costes de realizar transacciones en el mercado pueden ser, en muchos casos, menores que los de mantener una estructura jerárquica. Nos hemos separado, por tanto, de las tendencias centralizadoras que, aún no hace mucho tiempo, parecía que iban a imponerse. Y esto significa que la creación de valor añadido de la gran empresa puede así disminuir para un volumen de producción dado. Pero, al mismo tiempo, para el Derecho de defensa de la competencia surgen nuevos problemas de integración vertical y posibles abusos de posición dominante con pequeñas empresas suministradoras o distribuidoras. Los economistas han hecho en este campo aportaciones importantes al llamar la atención sobre la racionalidad de muchas cláusulas incluidas en contratos de esta naturaleza que, en una interpretación poco matizada, podrían ser consideradas como conductas indicativas de un abuso de posición de dominio por parte de las empresas más fuertes.

Son sólo dos casos. Pero no resultaría difícil buscar muchos otros ejemplos. La conclusión ha de ser que nos encontramos ante un conjunto de normas fuertemente condicionado por la evolución de la economía; y cada vez resulta más claro que la teoría económica de la organización industrial y el análisis jurídico de la defensa de la competencia tiene que actuar de forma conjunta para dar solución a los nuevos problemas.

EL INTERÉS PÚBLICO EN LA DEFENSA DE LA COMPETENCIA

Ricardo ALONSO SOTO
Catedrático de Derecho Mercantil
de la Universidad Autónoma de Madrid

1. INTRODUCCIÓN

En los sistemas de economía de mercado destaca, como uno de los principios básicos, el de la libertad de empresa o libertad de iniciativa económica. Dicho principio, como es sabido, aparece consagrado en nuestro ordenamiento jurídico en el art. 38 de la Constitución, que establece: *«Se reconoce la libertad de empresa en el marco de la economía de mercado. Los poderes públicos garantizan y protegen su ejercicio y la defensa de la productividad, de acuerdo con las exigencias de la economía general y, en su caso, de la planificación»*. Es decir, se reconoce a todo ciudadano el derecho a desarrollar libremente una actividad empresarial y a ejercerla en un marco concurrencial en el que impere la libre y leal competencia.

A la vista de este texto constitucional interesa destacar dos cuestiones: En primer lugar, que el citado principio de libertad de empresa no aparece consagrado en términos absolutos, sino que está sometido a diversas limitaciones que derivan de la protección de otros intereses socialmente considerados de naturaleza prioritaria, frente a los cuales cede el derecho individual a la libre iniciativa económica. Pero no se debe olvidar que, incluso en este contexto, la regla general es la libertad de empresa y su corolario la existencia de competencia en el mercado y la excepción es la regulación o la intervención administrativa. Y, en segundo lugar, que los poderes públicos están obligados a defender la competencia, mediante el fortalecimiento de los mecanismos de mercado y procurando impedir que los agentes u operadores económicos desvirtúen el sistema mediante la realización de prácticas anticompetitivas [1].

Asimismo, el principio de la libre competencia se configura en el ámbito de la Unión Europea como un instrumento esencial para el logro del objetivo último del Tratado de la Comunidad Europea, que no es otro que la consecución del mercado único. Por este motivo el mencionado Tratado impone tanto a las Instituciones comunitarias como a los Estados miembros dos obligaciones fundamentales: En primer lugar, la de procurar la existencia de competencia en el mercado, para lo cual deberán promover políticas de liberalización de los sectores regulados. Y, en segundo lugar, una vez que la competencia exista, la de tratar por todos los medios de que aquélla no sea restringida o falseada, para lo cual será necesario desarrollar políticas activas de defensa de la competencia [2].

En este contexto, la competencia, entendida como la pugna por la conquista del mercado de modo que prevalezca la eficiencia, se convierte en un elemento básico del modelo económico, ya que constituye el mejor medio para lograr que los operadores económicos utilicen de modo eficiente sus recursos productivos, reduzcan progresivamente sus costes para conseguir mayores cuotas de mercado e inventen nuevos productos para captar mas clientes. En definitiva, la competencia acrecienta la eficacia del sistema al conseguir que los recursos productivos se asignen de la mejor manera posible, que sólo sobrevivan las empresas más eficientes y que los consumidores tengan a su alcance más y mejores productos y a menor precio, lo que amplía extraordinariamente su capacidad de elección y su grado de satisfacción.

Conviene, sin embargo, tener en cuenta a este respecto dos factores que relativizan las afirmaciones anteriores: En primer lugar, que, en la práctica, no suele darse el llamado modelo de competencia perfecta, fundamentalmente por las siguientes razones: *a)* por las propias imperfecciones de los mecanismos de mercado, ya que, de un lado, suelen estar ausentes algunos de sus presupuestos esenciales (comportamientos racionales de los operadores económicos, información completa y similar, transparencia, inexistencia de economías de escala, presencia de monopolios, etc.) y, de otro, existen externalidades positivas o negativas (imposición de costes o atribución de beneficios a terceras per-

[1] *Vid.* la Sentencia del Tribunal Constitucional de 1 de julio de 1986.

[2] *Vid.* los arts. 3.*g)* y 5 del Tratado CE.

sonas que no reciben una compensación adecuada o pagan por ellos); *b)* por las intervenciones reguladoras de la Administración Pública (precios autorizados, limitaciones a la entrada en el mercado, etc.); *c)* por la existencia de comportamientos empresariales anticompetitivos (algunos empresarios prefieren pactar en lugar de competir o abusan de su poder de mercado o de su derecho de libertad de empresa); *d)* porque el libre juego del mercado no siempre permite satisfacer determinadas demandas económicas (prestación universal de servicios básicos, reconversión industrial, desarrollo regional, etc.) Y, en segundo lugar, que un sistema de libre competencia llevado a sus últimas consecuencias (la llamada competencia salvaje) puede producir efectos contrarios a los perseguidos[3]. Por ello, no debe excluirse una intervención del Estado promoviendo la introducción de competencia en los sectores regulados (política de liberalización), estableciendo un conjunto de normas que garanticen su existencia y la protejan frente a todo ataque contrario al interés público (Derecho de la competencia) y desarrollando una política activa de defensa de la competencia (política de competencia como parte integrante de la política económica).

2. LA INTERVENCIÓN DEL ESTADO EN DEFENSA DE LA COMPETENCIA

2.1. En el marco anteriormente indicado se desarrolla y cobra un papel decisivo el denominado Derecho de la competencia, que supone la intervención del Estado en el ámbito de las relaciones privadas en defensa de un interés general o público consistente en que el mercado funcione. En efecto, la intervención se produce para regular determinadas comportamientos que se desarrollan en el mercado, tales como los acuerdos o contratos entre operadores económicos, las estrategias empresariales en materia de producción o distribución de bienes o servicios o las formas de estructuración de las empresas o grupos empresariales, y que pertenecen al ámbito de las actividades privadas reguladas por los principios de libertad de empresa o autonomía de la voluntad.

Se trata en este caso, sin embargo, de un nuevo tipo de intervención, puesto que el Estado interviene en el mercado no para regularlo, sino para preservar la libertad de competencia, cuestión que se considera de interés general una vez que ha quedado definido políticamente el

---

[3] BARRE, *Economía política*, I, Barcelona, 1973, p. 416; CLARK, «Towards a concept of workable competition», *American Law Review,* núm. 30, 1940, p. 241; HAYECK, *Derecho, legislación y libertad*, III, Madrid, 1982, pp. 86 ss. y 119 ss.; SCHUMPETER, *Capitalismo, socialismo y democracia*, Barcelona, 1984, pp. 343 ss.

modelo económico que ha de configurar el desarrollo de la actividad económica[4]. El Estado debe, por consiguiente, asumir la conformación y defensa del modelo económico, que tanto en el contexto comunitario europeo como en el español es el de la economía de mercado, para conseguir un objetivo: obtener un nivel razonable de competencia, esto es, una competencia eficaz *(workable competition)* sin tratar de sustituir el proceso de generación de la misma.

En este sentido se expresa la Ley de Defensa de la Competencia de 1989 al establecer en su Exposición de Motivos:

> *«La presente Ley responde a ese objetivo específico: garantizar la existencia de una competencia suficiente y protegerla frente a todo ataque contrario al interés público, siendo asimismo compatible con las demás leyes que regulan el mercado conforme a otras exigencias jurídicas y económicas, de orden público o privado».*

Así pues, la defensa de la competencia constituye, de un lado, una forma de actuación de los poderes públicos en el mercado y, de otro, un límite impuesto a su actuación, puesto que, a partir del momento del reconocimiento legislativo de dicho principio, no podrán establecer medidas contrarias a la libre competencia[5].

2.2. La defensa de la competencia en el sentido expresado no es, sin embargo, el único mecanismo existente de intervención administrativa en el mercado[6].

La actividad del Estado o de las entidades supranacionales en defensa del modelo económico puede desarrollarse principalmente a través de dos vías diferentes:

a) La regulación, que genera actuaciones administrativas en sustitución de las decisiones de los particulares.
b) El establecimiento de un marco normativo dentro del cual puede desarrollarse libremente la actividad de los particulares.

Se pretende, en definitiva, alcanzar el mismo objetivo por medio de diferentes técnicas jurídico-administrativas. En efecto, como decía con toda claridad la Ley 110/1963, de Represión de las Prácticas Restrictivas de la Competencia, *«la actividad de la Administración dirigida a conformar económicamente la Sociedad puede, sin embargo, emprenderse por diversos caminos, desde la emanación de auténticos actos de sustitución hasta la fijación de unos límites dentro de los cuales la acti-*

---

[4] *Vid.* L. Cases, *Derecho administrativo de la defensa de la competencia*, Madrid, 1995, pp. 52 ss.; J. E. Soriano, «La defensa de la competencia en España: una explicación de sus fundamentos políticos», *La Ley*, núm. 249, Argentina, pp. 2 ss.

[5] En este sentido se expresa la Sentencia del Tribunal Constitucional de 1 de julio de 1986.

[6] Bork, *The antitrust paradox. A policy at war with itself*, New York, 1978; Cases, *op. cit.*, pp. 23 ss.

vidad libre de los particulares puede desarrollarse. En realidad, tanto el sistema de intervención económica con emanación de actos administrativos de sustitución en las relaciones interprivadas, como la delimitación de un orden público económico, implican a fin de cuentas una misma finalidad a alcanzar por diferentes técnicas jurídico-administrativas. La meta en uno y otro camino es idéntica: la de conseguir el resultado que se obtendría de un nivel razonable de competencia, ya que lo que importa desde un punto de vista económico no es tanto la libre actividad como el resultado final de la misma» [7].

La fijación normativa de límites dentro de los que puede desarrollarse la actividad de los particulares, a su vez, se puede llevar a cabo mediante diversos tipos de regulación:

a) La regulación penal.
b) La regulación administrativa.
c) La regulación civil.

En nuestro país, al igual que sucede en la mayoría de los países de la Unión Europea, se ha descartado la vía penal y se ha optado por una regulación administrativa, sin perjuicio de la aplicación privada del Derecho de la competencia por la vía de la interdicción del abuso del Derecho (art. 7 del Código Civil) o la violación de normas como acto de competencia desleal (art. 15 de la Ley de Competencia Desleal).

Dos son principalmente las razones por las que se considera que no es adecuada la regulación penal en esta materia [8]:

— En primer lugar, por las dificultades de tipificación de las prácticas restrictivas. Se trata de tipos indeterminados en los que no hay un deslinde claro y preciso de la materia prohibida, lo cual atenta, de un lado, contra el principio de seguridad jurídica y, de otro, contra la eficacia de su aplicación.
— En segundo lugar, por razones de política criminal consistentes principalmente en que en las sociedades europeas no existe una conciencia social que lleve a configurar las prácticas anticompetitivas como crímenes.

En cuanto a la vía civil, si bien no se rechaza, se sitúa en un segundo plano, porque se considera que, por su propia naturaleza, no resulta adecuada para la tutela del interés público y porque, además, es menos

---

[7] Exposición de Motivos, apartado III.1.

[8] En este sentido, *vid.* la Exposición de Motivos de la Ley 110/1963, apartado III.2, y BAÑO LEÓN, *Potestades administrativas y garantía de las empresas en el Derecho español de la competencia*, Madrid, 1996, p. 6. *Vid.* también ARROYO-TIEDEMANN, *Estudios de Derecho Penal Económico*, Cuenca, 1994, pp. 111 ss.; M. BAJO, *Derecho Penal Económico,* Madrid, 1978, p. 340; BOIX, «Represión penal de las prácticas restrictivas de la competencia», *RDP,* núm. 67, 1977, pp. 275 y 550.

eficaz que la acción de la Administración Pública para controlar el poder de mercado de las empresas que se encuentran en una posición de dominio en el mismo o que pueden llegar a lograr una situación similar a través de la constitución de un cártel.

Así pues, en el contexto de los ordenamientos jurídicos de la mayoría de los países europeos se considera, por lo general, que la vía administrativa es la más conveniente para la investigación y sanción de este tipo de infracciones. La preferencia por las técnicas del Derecho administrativo frente a las del Derecho penal o civil se suele justificar, como se ha señalado con anterioridad, en función de los intereses en juego, que en este caso se concreta en el interés general de que el mercado funcione. Sin embargo, no deja de resultar paradójico que se prime la atribución a la Administración Pública de la defensa de la competencia cuando resulta que es la propia Administración uno de los sujetos que desarrolla más actuaciones anticompetitivas [9].

3. EL INTERÉS PARTICULAR EN LA DEFENSA DE LA COMPETENCIA

La realización por los operadores económicos de prácticas anticompetitivas no sólo lesiona un interés general, que se cifra en que el mercado funcione, sino que también puede vulnerar intereses particulares de los competidores o de los terceros que se encuentran afectados por dichas prácticas.

Estos intereses son también dignos de tutela y han de ser considerados de modo especial a la hora de establecer un marco regulador de la competencia en el mercado. Es más, podría decirse que existe un interés público en que dichos intereses sean protegidos incluso en el ámbito del Derecho de la competencia. En efecto, la protección de los intereses de los particulares en este ámbito se articula a través de dos diferentes vías: de un lado, mediante unas normas que establecen la nulidad de los acuerdos o decisiones anticompetitivas y la obligación de resarcir los perjuicios causados a los afectados, pretensiones que, sin embargo, habrán de hacerse valer ante la jurisdicción civil ordinaria, y, de otro, mediante las normas que, en el marco de los procedimientos administrativos de aplicación de la legislación de defensa de la competencia, establecen la personación y la audiencia de los terceros interesados tanto en los procedimientos sancionadores o de autorización de acuerdos o prácticas restrictivas de la competencia, como en los de control de las operaciones de concentración económica.

---

[9] Baño León, *op. cit.,* pp. 3 ss.

Centrándonos en el tema de la protección de los operadores económicos directamente afectados por la realización de una práctica anticompetitiva, señalaremos que la tutela de los mismos se lleva a efecto principalmente a través de la llamada aplicación privada o judicial del Derecho de la competencia.

En principio, tanto en el Derecho español como en el comunitario europeo está prevista la intervención de la jurisdicción ordinaria para declarar la nulidad de las decisiones y acuerdos contrarios a la competencia, así como para otorgar indemnizaciones de daños y perjuicios a los afectados por la realización de prácticas restrictivas de la competencia. Existe, sin embargo, una importante diferencia a este respecto: mientras en el Derecho comunitario cualquier particular interesado puede demandar la intervención judicial en defensa de sus intereses al margen de los procedimientos administrativos de aplicación del Derecho de la competencia, en el Derecho español dicha intervención no es posible, ni a título directo ni a título incidental, hasta que no alcance firmeza la resolución de la autoridad administrativa encargada de la defensa de la competencia (Tribunal de Defensa de la Competencia).

En efecto, aunque desde antiguo se postulaba en el ámbito comunitario la aplicación judicial del Derecho de la competencia en todos los Estados miembros en virtud del principio del efecto directo de las normas comunitarias, esta teoría no se hizo realidad hasta la Sentencia del Tribunal de Justicia de la Comunidad Europea de 18 de septiembre de 1992, asunto *Automec*, que reconoció expresamente dicha posibilidad, abriendo una nueva vía, que fue desarrollada posteriormente por la Comunicación de la Comisión Europea de 1993 e impulsada, sin mucho éxito, por la propia Comisión Europea.

La posibilidad de que la jurisdicción civil pudiera aplicar en España las normas del Derecho comunitario de la competencia ha sido negada, en cambio, por la jurisprudencia del Tribunal Supremo hasta fechas muy recientes [10].

En estos momentos la aplicación judicial directa de las normas del Tratado de Roma que prohíben los comportamientos anticompetitivos de colusión y abuso de posición dominante (arts. 81 y 82 TCE) ya no resulta discutida, puesto que, por una parte, el Reglamento CE núm. 1/2003 ha venido a consagrar definitivamente su aplicación por los órganos jurisdiccionales nacionales (art. 6) y, por otra, la Ley Orgánica 8/2003, para la Reforma Concursal, atribuye a los juzgados espe-

---

[10] *Vid.* en sentido contrario a la aplicación judicial, la Sentencia del Tribunal Supremo de 30 de diciembre de 1993 y, a favor de la citada aplicación, las Sentencias del Tribunal Supremo de 2 de junio de 2000 y 2 y 15 de marzo de 2001.

ciales de lo mercantil, creados por dicha Ley, el conocimiento de cuantas cuestiones sean de la competencia del orden jurisdiccional civil, respecto de los procedimientos de aplicación de los arts. 81 y 82 del Tratado de la Comunidad Europea y de su Derecho derivado [art. 2.7.2.*f)*].

Pese a lo anterior, sigue manteniéndose en nuestro país la tesis de la imposibilidad de que la jurisdicción civil pueda aplicar las normas nacionales de defensa de la competencia. Las razones que han motivado esta interpretación del Derecho español, que ha sido confirmada por el Tribunal Supremo [11], son: de un lado, la doctrina del Tribunal Constitucional, según la cual, cuando una ley atribuye el conocimiento de una materia a la Administración Pública, la jurisdicción solamente puede entrar a enjuiciar dicha materia por vía revisora, y, de otro, la propia Ley de Defensa de la Competencia, que en su art. 13 establece: *«la acción de resarcimiento de daños y perjuicios, fundada en la ilicitud de los actos prohibidos por esta Ley, podrá ejercitarse por los que se consideren perjudicados, una vez firme la declaración en vía administrativa y, en su caso, jurisdiccional. El régimen sustantivo y procesal de la acción de resarcimiento de daños y perjuicios es el previsto en las leyes civiles»*.

La jurisdicción civil ordinaria puede, sin embargo, como anteriormente se ha expuesto, enjuiciar la existencia de prácticas restrictivas de la competencia al amparo de lo dispuesto en el art. 7 del Código Civil, que establece que *«la ley no ampara el abuso del Derecho o el ejercicio antisocial del mismo; todo acto u omisión que por la intención de su autor, por su objeto o por las circunstancias en que se realice sobrepase manifiestamente los límites normales del ejercicio de un derecho, con daño para un tercero, dará lugar a la correspondiente indemnización y a la adopción de medidas judiciales o administrativas que impidan la persistencia en el abuso»*, o en virtud de lo dispuesto en el art. 15 de la Ley de Competencia Desleal, que considera que *«la simple infracción de normas jurídicas que tengan por objeto la regulación de la actividad concurrencial* es un acto de competencia desleal» [12].

---

[11] *Vid.* las Sentencias de 4 y 30 de noviembre de 1999.

[12] ALFARO, «Competencia desleal por infracción de normas», *RDM,* núm. 202, 1991, pp. 668 ss.; ALONSO SOTO, «Derecho de la competencia», en URÍA-MENÉNDEZ, *Curso de Derecho Mercantil,* I, Madrid, 1999, p. 269; MASSAGUER, *Comentario a la Ley de Competencia Desleal*, Madrid, 1999, pp. 462 ss.; SÁNCHEZ SOLÉ, «La violación de normas como acto de competencia desleal. Comentario a la sentencia de la Audiencia Provincial de Valencia de 21 de marzo de 1994», *RGD,* núms. 604-605, p. 791.

4. CUESTIONES QUE SE PLANTEAN EN RELACIÓN CON LA CONCEPTUACIÓN DE LA DEFENSA DE LA COMPETENCIA COMO INTERÉS PÚBLICO

Como hemos visto con anterioridad, el derecho de la competencia entendido como mecanismo de impulso y defensa del sistema de economía de mercado y como modo de impedir los excesos de la libertad de empresa, nace cuando se trasciende la concepción clásica de la autonomía de la voluntad y se impone como modelo económico un auténtico orden competitivo que opera como límite de ésta. De conformidad con esta concepción, el Estado debe ordenar la concurrencia para lograr el máximo aprovechamiento de los recursos productivos dentro del mayor grado de libertad económica o, lo que es lo mismo, debe velar por la existencia de competencia en el mercado y evitar que se produzcan prácticas monopolísticas.

En este contexto la libre competencia se configura como un elemento estructural del mercado cuya existencia interesa tanto al Estado como a la sociedad, de modo que entra a formar parte del llamado orden público económico.

Conviene resaltar a este respecto, sin embargo, que la finalidad de la normativa de referencia es la protección o defensa de la competencia en beneficio del mercado y no la tutela de los competidores o de otros operadores económicos que puedan verse afectados por la existencia de prácticas anticompetitivas.

La consideración de que las normas de defensa de la competencia forman parte del denominado orden público económico conlleva una serie de consecuencias que seguidamente se analizan de forma somera:

A) El interés público como límite con respecto a la actuación de los poderes públicos y de los particulares

La idea de interés público comporta, como se ha indicado con anterioridad, una limitación a la libertad genérica de los particulares de configurar las relaciones económicas privadas y también una frontera que las Administraciones Públicas deben respetar a la hora de actuar frente al mercado.

El concepto tradicional de orden público económico constituye, desde un punto de vista jurídico, una cláusula de salvaguardia con eficacia en el campo civil, penal y administrativo.

Según esto, los particulares pueden crear empresas y desarrollar una actividad económica con plena libertad de criterios sin más límites y condiciones que las de que sus fines sean lícitos y, por tanto, se respeten las reglas de competencia. El Derecho de la competencia se configura de este modo como un límite que no se puede sobrepasar bajo amenaza de sanción.

Asimismo, todas las actuaciones de los poderes públicos referidas al mercado deben responder a un interés público, tanto si se trata de actos de autoridad como si son actuaciones económicas o empresariales [13]. En este sentido, las Administraciones Públicas no podrán adoptar medidas legislativas o reglamentarias que generen restricciones de la competencia no justificadas en función de otros intereses generales o que obliguen o permitan a los operadores económicos la realización de prácticas anticompetitivas [14].

B) El interés público como límite con respecto a la aplicación del Derecho de la competencia

El interés público se configura también como un límite en relación con la aplicación del Derecho de la competencia, tanto en el caso de que ésta se realice por las autoridades administrativas de defensa de la competencia nacionales o comunitarias, como si se realiza por la jurisdicción ordinaria.

En efecto, la presencia de un interés público es un requisito consustancial a la normativa de la competencia que la inspira y la dota de sentido, de modo que su ausencia determinará que el Estado pierda su legitimación para intervenir y que los particulares recobren la plena libertad para configurar sus relaciones privadas con la única salvedad del perjuicio de tercero. En consecuencia, la afectación del mencionado interés público se presenta como un requisito esencial para la aplicación de las normas de competencia y su falta implicará la imposibilidad de aplicarlas.

Las propias normas de competencia y la praxis de su aplicación por las autoridades de la competencia corroboran esta afirmación. Así, por ejemplo, podemos constatar, de un lado, que las autoridades de defensa de la competencia no intervienen en aquellos casos en los cuales las prácticas denunciadas son cuestiones de interés particular irrelevantes para la competencia [15], distinguen, por tanto, entre el interés

---

[13] Sentencia del Tribunal Supremo de 10 de octubre de 1989.

[14] *Vid.* la Sentencia del Tribunal de Justicia de la CE de 10 de diciembre de 1991, asunto *Porto di Genova/Gabrielli.*

[15] *Vid.* las Resoluciones del Tribunal de Defensa de la Competencia de 10 de diciembre de 2004, asunto *Peña Sagra;* 7 de mayo de 2004, asunto *Abastecimiento de agua,* y 8 de junio de 2004, asunto *Diario La Región*.

privado del operador económico lesionado por una determinada práctica y el interés público, jurídicamente protegido por la Ley de Defensa de la Competencia, que consiste en la existencia de competencia que se garantiza por el buen funcionamiento de la norma [16], y, de otro, que determinadas normas (o la interpretación que se está haciendo de las mismas) condicionan la persecución de aquellos comportamientos anticompetitivos que, por su escasa importancia, no sean capaces de afectar de manera significativa a la competencia o no distorsionen gravemente las condiciones de competencia en el mercado afectando al interés público (arts. 1.3 y 7 de la Ley de Defensa de la Competencia y Comunicación de la CE de 22 de diciembre de 2001 sobre acuerdos de importancia menor).

En cambio, hay que preguntarse si rige la misma regla en los casos de la denominada aplicación privada del Derecho de la competencia, esto es, si las autoridades jurisdiccionales de los Estados miembros de la Unión Europea (en España los juzgados de lo mercantil) han de tener en cuenta el referido interés público en el momento final del proceso o a la hora de pronunciarse sobre algunos actos procesales, como la posibilidad de transacción entre las partes que intervienen en el litigio o el desistimiento del demandante.

A nuestro juicio, el interés público ha de obrar como límite de la actuación judicial al dictar sentencia, de modo que no podrá resolver en contra o prescindiendo de las normas que regulan la competencia y deberá actuar en beneficio del mercado, favoreciendo la eficiencia económica. Asimismo, el juez deberá resolver sobre la transacción acordada por las partes en función del interés público de preservar la competencia en el mercado. Cuestión diferente es la que se refiere al desistimiento de la parte demandante, pues al actuar en defensa de su propio interés particular, podrá disponer libremente del mismo.

C) Conflicto entre diversos intereses públicos

Como cuestión adicional hay que plantearse, asimismo, la relativa a los conflictos de intereses, que puede enunciarse en los siguientes términos: ¿qué sucede cuando se enfrenta el interés público de la defensa de la competencia con otros intereses generales que son también objeto de tutela jurídica?

El tema no es nuevo y se ha planteado y resuelto algunas veces en la legislación de competencia fundamentalmente en materia de

---

[16] Así se expresa la Sentencia de la Audiencia Nacional de 11 de mayo de 1994, que confirma la Resolución del TDC sobre el asunto *Lonja de pescado*.

autorización de acuerdos anticompetitivos, de control de las operaciones de concentración económica y de conflicto con respecto a la prestación de servicios públicos.

Así, por ejemplo, no es difícil encontrar dispensas de la prohibición de acuerdos anticompetitivos con base en la consecución de objetivos de interés general, como el crecimiento económico, el aumento de las exportaciones, el progreso técnico o económico o la protección de otros valores diversos que se consideran de interés general (art. 81.3 del Tratado CE y art. 3 de la Ley de Defensa de la Competencia).

En este contexto resulta especialmente ilustrativa la norma contenida en el art. 3.2 de la Ley de Defensa de la Competencia, que establece: *«Asimismo se podrán autorizar, siempre y en la medida que se encuentren justificados por la situación económica general y el interés público, los acuerdos, decisiones, recomendaciones y prácticas a que se refiere el art. 1, o categorías de los mismos, que:* a) *Tengan por objeto defender o promover las exportaciones (...).* b) *Produzcan una elevación suficientemente importante del nivel social o económico de zonas o sectores deprimidos. c) Atendiendo a su escasa importancia, no sean capaces de afectar de manera significativa a la competencia»* [17].

En el mismo sentido se expresa el Preámbulo del Reglamento (CE) núm. 1/2003 cuando establece: *«Los arts. 81 y 82 del Tratado tienen por objeto la protección de la competencia en el mercado. El presente Reglamento, que se adopta para aplicar esas disposiciones del Tratado, no impedirá que los Estados miembros apliquen en sus territorios la legislación nacional que proteja otros intereses legítimos, siempre que esa legislación sea compatible con los principios generales y demás disposiciones del Derecho comunitario. En la medida en que dicha legislación nacional persiga principalmente un objetivo distinto del de la protección de la competencia en el mercado, las autoridades de la competencia y los órganos jurisdiccionales de los Estados miembros podrán aplicar esa legislación en sus territorios»* [18].

Y lo mismo sucede en aquellos casos en los que el mercado no puede satisfacer en condiciones de libertad de competencia la prestación de algunos servicios públicos o servicios de interés general. En efecto, si el servicio público debe alcanzar a todos los ciudadanos y ésa es una condición esencial del Estado del bienestar, debe cuestionarse hasta qué punto sólo debe atenderse, en estos casos, al criterio económico, prescindiendo de otros valores.

---

[17] *Vid.* en aplicación de este artículo las Resoluciones del Tribunal de Defensa de la Competencia de 29 de abril de 1991, asunto *Electricidad de Galicia*, que contempla el supuesto del desarrollo regional, y de 11 de diciembre de 1991, asunto *Navieras del Estrecho de Gibraltar,* que se refiere a un supuesto de interés nacional.

[18] Considerando 9.

En el conflicto entre la prestación de servicios de interés general y la aplicación al caso de la normativa de competencia, el Derecho comunitario se decanta por la prevalencia de este otro interés general frente al interés público de la defensa de la competencia, como se desprende del art. 86.2 del Tratado CE, que establece: *«Las empresas encargadas de la gestión de servicios de interés económico general o que tengan carácter de monopolio fiscal quedarán sometidas a las normas del presente Tratado, en especial a las normas de competencia, en la medida que la aplicación de dichas normas no impida, de hecho o de derecho, el cumplimiento de la misión específica a ellas asignada. El desarrollo de los intercambios no deberá quedar afectado en forma tal que sea contraria al interés de la Comunidad»* [19].

Como vemos, las soluciones del Derecho de la competencia no tienen mayor valor que otras en el debate de cómo organizar los distintos sectores de la actividad económica, y en determinados casos pueden prevalecer estas últimas frente a aquéllas, siempre dentro de determinados límites.

En materia de control de concentraciones nos encontramos igualmente con normas legales que establecen soluciones a la concurrencia de intereses públicos diferentes a los de la defensa de la competencia. Así, por ejemplo, en el ámbito de la legislación comunitaria europea de control de concentraciones se prevé que los Estados miembros puedan adoptar las medidas adecuadas para proteger intereses legítimos distintos de los relativos a la defensa de la competencia, que son los contemplados prioritariamente en el Reglamento (CE) núm. 139/2004, de control de concentraciones, siempre que la tutela de dichos intereses sea compatible con los principios generales y demás disposiciones del Derecho comunitario. En principio, se otorga este tratamiento a los siguientes intereses que se enumeran expresamente en el propio Reglamento: la seguridad pública, la pluralidad de los medios de comunicación y las denominadas reglas prudenciales (art. 21.4 del Reglamento núm. 139/2004), las cuales, según la Comisión Europea, han de entenderse referidas a la regulación especial de los agentes que intervienen en los mercados bursátil, del crédito y del seguro. Pero está previsto también en la norma que la Comisión, a instancias de un Estado miembro y a los solos efectos de la aplicación de esta excepción, pueda otorgar carta de naturaleza a cualquier otro interés público que resulte compatible con los principios del Derecho comunitario. Ahora bien,

---

[19] *Vid.* con carácter general ALONSO SOTO, «Los poderes públicos y la libertad de competencia (Análisis del art. 90 del Tratado de la Comunidad Europea)», *Comunidad Europea Aranzadi,* núm. 5, 1999, p. 31, y también las Sentencias del Tribunal de Justicia de la Comunidad Europea de 4 de mayo de 1988, asunto *Pompas fúnebres;* 11 de abril de 1989, asunto *Ahmed Saed/Zentrale BW;* 19 de mayo de 1993, asunto *Correo Belga;* 27 de abril de 1994, asunto *Almelo,* y 11 de noviembre de 1997, asunto *CE/Landbroke Racing Ltd.,* referidas a casos concretos.

con respecto a esta última cuestión ha de tenerse presente que la facultad para decidir lo que se entiende por *interés público* corresponde exclusivamente a la Comisión Europea, los Estados deberán esperar su previo pronunciamiento antes de proceder a adoptar las medidas pertinentes[20]. En todo caso, está claro que por esta vía un Estado podrá tomar medidas complementarias con respecto a una operación de concentración de dimensión comunitaria (tales como prohibirla en su territorio o imponer en éste cargas o condiciones suplementarias) cuando la citada operación perjudique los intereses de la defensa o seguridad nacionales, elimine o ponga en peligro la pluralidad informativa de los medios de comunicación o se oponga a las normas reguladoras de la prestación de servicios financieros[21].

Y en el marco de la legislación española se contempla la posibilidad de que el Tribunal de Defensa de la Competencia, al emitir su dictamen sobre la operación de concentración, pueda hacer valer otros intereses frente a los típicamente concurrenciales, tales como la contribución que la operación pueda aportar a la mejora de los sistemas de producción o comercialización, al fomento del progreso técnico o económico, a la competitividad internacional de la industria nacional o a los intereses de los consumidores y usuarios (art. 16.1 *in fine* de la Ley de Defensa de la Competencia).

En conclusión, en caso de conflicto de intereses el interés público de la defensa de la competencia puede ceder frente a la presencia de otros intereses generales en juego.

D) El sometimiento a arbitraje

El arbitraje es un sistema jurídico de solución de conflictos consistente en que las partes en litigio deciden que sus diferencias sean resueltas por una o varias personas que emitirán una decisión obligatoria.

Ahora bien, dada la naturaleza jurídica de las normas de defensa de la competencia y la presencia de un interés público en juego, cabe preguntarse si es posible el arbitraje en esta materia.

Con respecto a esta cuestión, la discusión se ha centrado preferentemente en la necesidad de respetar las normas de competencia,

---

[20] CALVO CARAVACA-GOÑI, *El control de las concentraciones de empresas en Europa*, Madrid, 1999, p. 332.

[21] *Vid.* a este respecto, en materia de defensa nacional, las Decisiones de la CE de 19 de mayo de 1993, asunto *IBM France/CGI,* y de 15 de mayo de 1996, asunto *GEC/Thomson;* en materia de medios de comunicación, la Decisión de la CE de 14 de marzo de 1994, asunto *Newspaper Publishing/PRISA,* y en materia de seguros, la Decisión de la CE de 18 de junio de 1996, asunto *Sun Alliance/Royal Insurance*.

que son normas de obligado cumplimiento, con independencia de lo que las partes hayan podido establecer en su compromiso arbitral. Se trata de normas de naturaleza pública que forman parte, como ya se ha indicado con anterioridad, del denominado orden público económico, cuyo objetivo primordial es la defensa de un interés público consistente en que operen los mecanismos de mercado, dejando al margen el interés que puedan tener los particulares en el caso concreto [22].

Por consiguiente, tratando de dar respuesta a la pregunta de si es posible el arbitraje en materias propias del Derecho de la competencia, hay que decir que, tras una etapa de cierta polémica sobre la cuestión, en la actualidad se admite el sometimiento a arbitraje del contenido patrimonial que constituye el trasfondo de la aplicación de las normas de competencia. A este respecto ha resultado decisiva la Sentencia del Tribunal de Justicia de la Comunidad Europea de 1 de junio de 1999, asunto *Eco Swiss*, que, enfrentada a un caso de ruptura unilateral de un contrato de licencia, consideró que el arbitraje privado resulta factible en materia de defensa de la competencia, pero que, en virtud de lo dispuesto en el art. 3.1.*g)* del Tratado CE, los árbitros deben respetar las disposiciones comunitarias y nacionales de orden público, entre las que se encuentra la prohibición de desarrollar prácticas colusorias.

Así pues, la aplicabilidad de las normas de competencia no sería arbitrable en el sentido de que dichas normas son de aplicación obligatoria y el árbitro tiene que aplicarlas necesariamente al caso sometido a su consideración, incluso aunque no hayan sido invocadas por las partes. De lo contrario, es decir, si los árbitros ignoran la norma de orden público, el laudo arbitral no será ejecutable y quedará invalidado.

Una última cuestión se plantea en relación con el arbitraje en materia de Derecho de la competencia, y es la relativa a aquellas cuestiones que, como sucede en el caso de las autorizaciones de acuerdos anticompetitivos, la propia legislación de competencia reserva con carácter exclusivo a las autoridades administrativas de defensa de la competencia.

En este ámbito no resultará posible sustituir la decisión de la autoridad administrativa por el laudo arbitral, pero sí, en cambio, realizar el análisis de si una determinada conducta reúne o no los requisitos de la exención legal en el contexto de la aplicación del Derecho comunitario de la competencia (art. 1 del Reglamento CE núm. 1/2003) o si se ajusta a los supuestos contemplados en un reglamento de exen-

---

[22] *Vid.* A. Rincón, «La arbitrabilidad del Derecho de la competencia: especial referencia a la normativa de la UE», *Unión Europea Aranzadi,* núm. 7, 2004, pp. 5 ss.

ción por categorías, tanto cuando se trate de la aplicación del Derecho comunitario de la competencia como del Derecho español.

Por otra parte, en relación con esta cuestión hay que señalar también que la Ley 60/2003, de Arbitraje, contempla la posibilidad de que el Tribunal de Defensa de la Competencia pueda desempeñar funciones arbitrales en el contexto del arbitraje institucional (art. 14), situación que se contemplaba ya en la Ley de Defensa de la Competencia [art. 25.*d)*].

APLICACIÓN ADMINISTRATIVA DEL DERECHO DE LA COMPETENCIA

José María Beneyto
Socio de Gómez-Acebo & Pombo Abogados

1. LA REVOLUCIÓN DE 1 DE MAYO DE 2004: DEL SISTEMA DE PROHIBICIÓN LEGAL A LA DESMONOPOLIZACIÓN DEL PRIVILEGIO DE AUTORIZACIÓN DE LA COMISIÓN

1.1. Como es conocido, el eje central del nuevo Reglamento 1/2003 del Consejo, «relativo a la aplicación de las normas sobre competencia previstas en los arts. 81 y 82 del Tratado» [1], que entró en vigor el 1 de mayo de 2004, estriba en la sustitución del anterior régimen de prohibición legal, con la posibilidad de obtener una dispensa administrativa, por un sistema de prohibición y excepción legal, ambas directamente aplicables. Bajo el nuevo sistema, un acuerdo es válido desde el momento de su conclusión, sin necesidad de notificarlo a la Comisión y solicitar su autorización, y ello aunque caiga del ámbito de aplicación del art. 81.1, siempre y cuando en este caso se cumplan las cuatro condiciones del art. 81.3.

---

[1] *DOCE,* núm. L 1, de 4 de enero de 2003, pp. 1-25. Este Reglamento ha sido desarrollado por el Reglamento 773/2004 de la Comisión, de 7 de abril de 2004, relativo a los procedimientos de la Comisión con arreglo a los arts. 81 y 82 del Tratado CE (*DOCE,* núm. L 123, de 27 de abril de 2004, p. 18), y por una serie de seis comunicaciones, que constituyen el llamado "paquete modernizador"» (cfr. http://europa.eu.int/comm/competition/antitrust/legislation/). A estos textos de desarrollo nos referiremos en la medida en que afecten a la aplicación administrativa del Derecho de la competencia.

Como establece el art. 1 del Reglamento, frente al anterior régimen de autorización se introduce ahora un sistema de excepción legal en el que se hace necesario por parte de los operadores económicos y de sus asesores determinar si los acuerdos, decisiones de asociaciones de empresas o prácticas concertadas pueden encontrarse entre los acuerdos *prohibidos* por el apartado 1 del art. 81, por no cumplir las condiciones del apartado 3; o bien, en el caso de que las cumplan, puedan acogerse a la excepción de *legalidad* del apartado 3; o pueda tratarse, en tercer lugar, de una explotación abusiva de posición dominante conforme al art. 82 CE, que resulte, por tanto, *prohibida*.

En palabras de la propia Comisión Europea, el nuevo régimen impone una mayor responsabilidad a las empresas, que deberán, asistidas por sus asesores legales, asegurarse de que sus acuerdos no restrinjan la competencia, o de que, si lo hacen, puedan acogerse a la excepción del apartado 3 del art. 81 CE.

1.2. El cambio de régimen en el Derecho de la competencia implica, por tanto, en primer lugar, una *desregulación* y *"privatización"* en la aplicación de la normativa comunitaria de competencia; pero, en segundo lugar, supone también una *descentralización* y *delegación* de competencias en favor de las autoridades y los órganos judiciales nacionales. Desde un punto de vista más general, la reforma plantea también los problemas de toda *mutación constitucional*. En un espacio constitucional que, como el europeo, se halla en proceso de institucionalización, dotar a las autoridades y jueces nacionales de facultades tan esenciales de la Comisión como la aplicación plena de los arts. 81 y 82 supone un notable avance en el diseño de un modelo tendencialmente federal en la aplicación de una de las políticas centrales de la Unión.

De acuerdo con el nuevo régimen, la notificación previa vigente hasta ahora se sustituye por la evaluación autónoma por parte de las empresas y sus asesores de la adecuación de los acuerdos al acervo legislativo y a los precedentes decididos por la Comisión, y la autorización del art. 81.3, centralizada hasta ahora en la Comisión, se ve sustituida por una aplicación conjunta de los apartados 1 y 3 del art. 81, que puede también llevarse a cabo por las autoridades y los jueces nacionales. Se instaura un sistema de competencias compartidas en el que las autoridades administrativas cooperan a través de la red de autoridades de competencia (REC), a la par que se fomenta la utilización por las empresas de la vía judicial. El nuevo régimen prevé, por tanto, una aplicación del art. 81, en primer término, *descentralizada* y, en segundo término, *privada*, dirigida a fomentar las acciones de los particulares ante los jueces nacionales. El análisis se basa en ambos casos en la ponderación *ex ante* de los aspectos anti y procompetitivos de los acuerdos, frente al control *ex post* que realizaba la Comisión en el anterior sistema.

Como veremos, la delegación de competencias para la aplicación del art. 81.3 en favor de las autoridades nacionales supone paralelamente también un reforzamiento de la posición de la Comisión como autoridad central del nuevo sistema de aplicación administrativa del Derecho comunitario de la competencia.

1.3. El abandono del monopolio de la concesión de exenciones por parte de la Comisión implica de esta manera la sustitución de un régimen de prohibición general con autorizaciones (generales o singulares) por un régimen de excepción legal en el que las autoridades y jueces nacionales deberán aplicar el art. 81 sin distinción entre los mecanismos utilizados para el primer y el tercer párrafo, similarmente a como ya hoy se aplica de forma unitaria el art. 82.

El art. 81 se ha convertido así *íntegramente* en una disposición directamente aplicable, que los particulares pueden alegar ante los tribunales ordinarios y ante las autoridades nacionales de la competencia, sin necesidad de notificación previa y bajo la presunción positiva de que aquellos acuerdos prohibidos por el apartado 1 del art. 81, pero que cumplan las condiciones del apartado 3, serán lícitos desde el primer momento. Dado el amplio margen de apreciación que el propio Tribunal de Justicia ha reconocido a la Comisión para la evaluación de los cuatro requisitos del art. 81.3, no es impensable, sin embargo, que algún tribunal nacional —recogiendo el debate doctrinal que ha tenido lugar sobre esta cuestión— cuestione el efecto directo horizontal de esta norma, es decir, la posibilidad de ser invocada por las empresas en procedimientos administrativos y judiciales nacionales[2].

El Reglamento establece también criterios en cuanto a la carga de la prueba. Ésta recae en la parte o autoridad que alegue una infracción del apartado 1 del art. 81 o del art. 82, mientras que en el caso del art. 81.3 será la empresa que quiera beneficiarse de dicha disposición la obligada a demostrar que cumple los cuatro requisitos de "exención".

El Reglamento 1/2003 no afecta a la validez ni a la naturaleza jurídica de los reglamentos de exención por categorías. Todos los regla-

---

[2] Cfr. Santiago Martínez Lage, «Cambio de cultura: Aprobada, al fin, la reforma de las normas de aplicación de los arts. 81 y 82 CE», *GJ de la UE y de la Competencia,* núm. 223, enero-febrero de 2003, p. 5. El Tribunal de Primera Instancia, en su Sentencia de 21 de febrero de 1995 (T-29/92, *SPO, Rec.,* 1995, p. II-289) interpretó el apartado 3 del art. 81 en el sentido de dejar un cierto margen de apreciación a la Comisión, margen que se haría ahora extensible a los jueces y autoridades nacionales, y ello podría generar incertidumbre sobre si esta norma es directamente aplicable. Sin embargo, no hay que desconocer que tanto el art. 81 como el art. 82 conceden un cierto espacio de apreciación a la Comisión en cuanto a su aplicación, y, no obstante, ambos han sido calificados como directamente aplicables.

mentos de exención por categorías actualmente vigentes siguen en vigor, y los acuerdos contemplados en los reglamentos de exención por categorías mantienen su validez jurídica y vigencia aun cuando restrinjan la competencia a efectos del apartado 1 del art. 81. En su Comunicación sobre las directrices relativas a la aplicación del apartado 3 del art. 81 del Tratado [3], la Comisión ha confirmado que dichos acuerdos únicamente pueden prohibirse para el futuro, y sólo mediante la retirada formal de la exención por categorías por parte de la Comisión o de una autoridad nacional de competencia. Por su parte, las autoridades nacionales de la competencia pueden retirar la cobertura de un reglamento de exención por categorías por lo que respecta a su territorio (o parte del mismo) cuando éste presente todas las características de un mercado geográfico distinto [4]. La Comisión podrá seguir adoptando en el futuro reglamentos de exención por categorías.

1.4. Lo que la reforma pretende, así pues, es la transformación del sistema de control *a priori*, actualmente vigente, en un sistema de control *a posteriori*, en el que la interpretación y aplicación unitaria del conjunto del art. 81 acerca a esta norma en la práctica a una *regla de razón*, norma en la que se presupone que se contienen los elementos para realizar la evaluación de los aspectos pro y anticompetitivos de un determinado acuerdo autónomamente por parte de las propias empresas y sólo posteriormente, en su caso, por las autoridades y/o los tribunales nacionales.

En este sentido, la Comunicación de la Comisión sobre la aplicación del art. 81.3 ha confirmado claramente el análisis en dos fases que había defendido el Tribunal de Primera Instancia en *Métropole* [5]. La primera consiste en determinar si un acuerdo entre empresas que pueda afectar al comercio entre Estados miembros es, por su objeto o por sus efectos reales o potenciales, restrictivo de la competencia. De esta manera se pasa al análisis de la segunda fase únicamente cuando se ha determinado que un acuerdo restringe el libre juego de la competencia. En la segunda fase, el objetivo es determinar los efectos favorables a la competencia producidos por el acuerdo y evaluar si superan a los efectos restrictivos de la competencia. La Comunicación establece taxativamente que los efectos anticompetitivos y procompetitivos se sopesen exclusivamente en el marco del apartado 3 del art. 81 [6].

Aunque con ello se supere el debate sobre si el art. 81 debía interpretarse como *regla de razón*, separando el análisis de los aspectos anti-

---

[3] *DOCE,* núm. C 101, de 27 de abril de 2004, p. 97.

[4] *Ibid.,* párrafo 36.

[5] *Métropole Télévision* v. Commission, asunto T-112/99, 2001, *Rec.,* p. II-2459 (TPI), párrafos 74-76.

[6] Comunicación, párrafo 11 *in fine*.

competitivos y procompetitivos, respectivamente, entre los apartados 1 y 3, el nuevo régimen significa de hecho un notable acercamiento a la cláusula del art. 1 de la *Sherman Act.* Como ha sido sugerido, no sería extraño que en el futuro se desarrollara en Europa un debate similar al que la jurisprudencia americana ha llevado a cabo sobre la articulación de las dos fases señaladas (*structured* frente a *truncated* análisis) y sobre las dificultades a la hora de probar los efectos pro y anticompetitivos, sobre todo desde una perspectiva dinámica y prospectiva de los acuerdos, como la que el nuevo tratamiento de las eficiencias bajo el prisma del objetivo principal del beneficio de los consumidores ahora claramente establece [7].

1.5. En este contexto, uno de los problemas de orden general que se plantean es el de la tensión inherente a la consideración de otros objetivos de interés público —como la realización del mercado interior, u otros objetivos mucho más amplios, como la competitividad de la industria comunitaria, la protección del medio ambiente o incluso la obtención de altos niveles de empleo—, vinculados a las políticas comunitarias, las cuales, de acuerdo con el propio Tratado, deben aplicarse en su conjunto como estrechamente relacionadas unas con otras [8].

La cuestión es no sólo hasta qué punto las autoridades nacionales, y en primer término los jueces, van a estar en situación de poder tener en cuenta otros objetivos de las políticas comunitarias, función que obviamente no puede ser la suya (lo que reabre el debate sobre el interés público inherente a la legislación concurrencial), sino también el problema de la compatibilidad de estos objetivos con el interés prioritario del beneficio del consumidor. La solución que propone la Comunicación en este sentido parece algo reduccionista, aunque conforme a la jurisprudencia del Tribunal de Justicia: «Los objetivos de las demás disposiciones del Tratado pueden tomarse en consideración en la medida en que puedan integrarse en las cuatro condiciones del apartado 3 del art. 81» [9]. Las dificultades que podrían plantearse en este sentido para el análisis de la Comisión se pusieron, por ejemplo, de manifiesto en la Decisión CECED [10].

1.6. Desde el punto de vista de la aplicación administrativa por la Comisión, el Reglamento establece una tipología de cuatro clases de decisiones de este órgano: de constatación y cese de la infracción

[7] Cfr. G. van Gerven, «The Application of Article 81 in the New Europe», en B. Hawk (ed.), *2003 Fordham Corporate Law Institute*, 2004, pp. 415-438.

[8] Cfr. arts. 6, 127.2 y 157.3 del Tratado CEE.

[9] Comunicación, párrafo 42 *in fine*.

[10] *DOCE,* núm. L 187/147, 2000 (Comisión). Sin embargo, el Tribunal de Justicia ha sido claramente restrictivo a la hora de considerar otros objetivos de políticas comunitarias en la interpretación del art. 81.3. Cfr., por ejemplo, asunto T-17/93, *Matra Hachette*, *Rec.,*1994. p. 595, párrafo 139; asunto *Ford/Volkswagen*, *DOCE,* núm. L 20/14, 1993.

constatada; de imposición de medidas cautelares; de conversión de compromisos propuestos por las empresas en compromisos obligatorios para éstas; de declaración de inaplicabilidad de la prohibición de los arts. 81 y 82 a un acuerdo. En caso de existir interés legítimo, la Comisión puede asimismo adoptar decisiones declarativas que constaten la comisión de una infracción en el pasado, aun cuando no imponga una multa. Son los mismos tipos de decisiones que pueden adoptar las autoridades nacionales, con la excepción de las decisiones declarativas de inaplicabilidad de la prohibición de los arts. 81 y 82, iniciadas de oficio por la Comisión para satisfacer el "interés público comunitario" con el fin de aclarar en un caso concreto el Derecho aplicable o garantizar su aplicación coherente, sobre todo para nuevos acuerdos o prácticas sin precedentes en la jurisprudencia o en la práctica administrativa.

Por lo que hace referencia a cada una de estas decisiones administrativas, cabe mencionar que por lo que se refiere a las medidas cautelares, y recogiendo la jurisprudencia del Tribunal, éstas requieren urgencia justificada por el riesgo de que se produzca un perjuicio grave e imparable a la competencia.

Por su parte, las decisiones relativas a los compromisos obligatorios deberán constatar que ya no hay motivos para que la Comisión intervenga, sin pronunciarse sobre si se ha producido o no la infracción o si ésta aún existe. No es posible una decisión relativa a compromisos si la Comisión se dispone a imponer una multa. Si se produce una modificación de las circunstancias, incumplimiento de las empresas de sus compromisos, o conocimiento de que la decisión se basó en informaciones inexactas, incompletas o engañosas de las partes, la Comisión puede reabrir el procedimiento.

Un aspecto importante respecto a los compromisos es que su adopción no prejuzga la decisión que puedan adoptar las autoridades o los órganos jurisdiccionales nacionales sobre el mismo supuesto, con lo que la eficacia de los compromisos aparece en cierto modo desvirtuada.

La novedad más significativa del texto final del Reglamento respecto al Libro Blanco y a la Propuesta de Reglamento por lo que se refiere a la aplicación de la normativa comunitaria por la Comisión es su capacidad para imponer remedios estructurales, lo que supone sin duda un notorio mecanismo de intervención en la actuación de los operadores económicos. Aunque sometida a una serie de criterios restrictivos —ausencia de otro remedio de comportamiento igualmente eficaz; exigencia de que cualquier remedio de comportamiento resultaría más gravoso para la empresa que un remedio estructural—, la extensión de las soluciones estructurales (que pueden incluir venta de activos, desinversiones, separaciones de rama de actividad, etc.) del ámbito del control de concentraciones al análisis de los acuerdos supone una notable ampliación de las competencias de la Comisión, y no excluye la posibilidad de que contravenga el tenor del propio art. 82, que prohíbe el *abuso* de una posición dominante, pero no la posición de dominio en sí [11].

En la práctica, la aplicación de estos nuevos poderes de la Comisión (que precluye, excepto para el caso de los compromisos, cualquier posición contraria de las otras "autoridades paralelas", es decir, los jueces y autoridades nacionales de la competencia) debería verse mitigada por el estricto sometimiento al principio de proporcionalidad que el Reglamento establece: la imposición de cambios en la estructura de la empresa tal y como era antes de cometer la infracción sólo responde al principio de proporcionalidad si de la propia estructura de la empresa se deriva un riesgo sustancial de una infracción duradera o reiterada [12].

1.7. Otro aspecto esencial, el de la muy significativa innovación que la aplicación de la nueva normativa implica para los sistemas procesales de los Estados miembros, se pretende obviar de una manera más tajante, y, a mi modo de ver, en falso, por la simple e inmediata apelación al efecto directo del Reglamento. Sobre la base de que las disposiciones concretas del Reglamento se deben aplicar «aunque la normativa nacional disponga lo contrario» [13], se establece que el Reglamento no deberá afectar a las normas nacionales en materia de valoración de la prueba ni de determinación de los hechos, siempre que la normativa nacional sea compatible con los principios generales del Derecho comunitario. En este sentido, no parece tampoco que la referencia explícita al respeto a los derechos fundamentales y a los principios reconocidos —en particular, a través de la Carta de Derechos Fundamentales de la Unión Europea— pueda eliminar fácilmente los posibles puntos de colisión que pudieran darse con derechos constitucionales vinculados a las normativas procesales de los Estados miembros [14].

---

[11] En este sentido, S. Martínez Lage, loc. cit., p. 9.

[12] Cfr. Reglamento 1/2003, Considerando 12.

[13] Cfr. *ibid.,* Considerando 16.

[14] Cfr. *ibid.,* Considerando 37. La necesidad de una armonización, al menos parcial, de las normas procesales nacionales fue una frecuente reclamación a lo largo del proceso de elaboración del Reglamento de modernización. Sin embargo, no han faltado las voces críticas que han alertado sobre la necesidad de proceder con cautela en este terreno, pues se argumenta que la armonización podría generar efectos contraproducentes sobre otras normas procesales. *Vid.,* por ejemplo, respectivamente, Sevon, «The National Courts and the Uniform Application of EC Competition Rules. Preliminary Observations on Council Regulation 1/2003», en *A True European: Essays for Judge David Edward,* Oxford, Hart, 2003, p. 150, y Paulis, «Coherent Application of EC Competition Rules in a System of Parallel Competences», en Ehlermann y Atanasiu (eds.), *European Competition Law Annual: The modernization of EC Antitrust Policy,* Oxford, Hart, 2001, p. 426, ambos citados por K. Lenaerts y D. Gerard, «Decentralization of EC Competition

1.8. A lo largo del proceso de elaboración y discusión de la reforma no fueron pocas las voces críticas que se alzaron aludiendo a los riesgos de pérdida de seguridad jurídica para los operadores que el nuevo régimen conllevaría. Para atender estas reclamaciones, la Comisión ha optado por aprobar una serie de diferentes comunicaciones interpretativas que conforman el "paquete modernizador".

Por lo que se refiere a la aplicación administrativa del Derecho de la competencia, las comunicaciones relevantes del paquete modernizador son las relativas a la tramitación de denuncias por parte de la Comisión [15], a las orientaciones informales sobre cuestiones nuevas que surjan en asuntos concretos (cartas de orientación [16]), y, en particular, la ya citada Comunicación que contiene las directrices para la aplicación del apartado 3 del art. 81.

La Comunicación sobre las directrices relativas a la aplicación del apartado 3 del art. 81 persigue establecer un marco analítico con el objetivo de elaborar una metodología basada en el enfoque económico utilizado en las directrices de la Comisión sobre restricciones verticales, sobre acuerdos de cooperación horizontal y sobre acuerdos de transferencia de tecnología. Ello significa en líneas generales lo siguiente: un acercamiento al tratamiento de las eficiencias similar al que se realiza en el análisis del control de concentraciones; una aplicación de las directrices en función de las circunstancias del caso concreto y de la estructura concreta del mercado; la determinación de los efectos restrictivos a partir de la definición del poder de mercado, de la delimitación del mercado de referencia y del análisis de la estructura del mercado, y la integración de las cuatro condiciones del apartado 3 del art. 81 en el objetivo prioritario del *consumer welfare* [17].

2. EL RECENTRAMIENTO A FAVOR DE LA COMISIÓN COMO AUTORIDAD EJE DEL SISTEMA

2.1. La reforma se dirige a que la Comisión se constituya en el eje de un sistema de red de aplicación del Derecho comunitario de la competencia, que facilite la cooperación entre las autoridades nacionales entre sí y con la propia Comisión. Junto con la descentralización

---

Law Enforcement: Judges in the Frontline», en *World Competition,* núm. 27 (3), 2004, pp. 313-349, nota 18.

[15] *DOCE,* núm. C 101, de 27 de abril de 2004, p. 65.

[16] *DOCE,* núm. C 101, de 27 de abril de 2004, p. 78.

[17] Para una interpretación de la aplicación de la Comunicación desde la perspectiva de un funcionario de la Comisión, cfr. L. KJØLBYE, «The new Comission Guidelines on the Application of Article 81 (3): An Economic Approach to Article 81», en *European Competition Law Review*, núm. 9, 2004, pp. 566-577.

y la creación de la red de cooperación, el nuevo régimen reorienta la acción de la Comisión y le otorga mayores poderes de investigación, de inspección y de sanción.

Con el nuevo sistema de recentramiento en favor de la Comisión y bajo el manto de la descentralización se pretende también llevar a cabo un fortalecimiento del papel predominante de esta institución en la fijación de la política comunitaria de la competencia.

La Comisión seguirá ocupándose de aquellas infracciones más graves, más novedosas o con mayor potencial de servir como precedentes, adoptando decisiones de prohibición y de autorización que deberán servir de orientación para las decisiones de las autoridades nacionales de la competencia y los tribunales ordinarios.

En el sistema propuesto, lo que se espera es que la supresión del sistema de notificación y autorización permita a la Comisión centrarse en la detección y supresión de las restricciones más importantes, tales como cárteles, abusos de posición dominante y compartimentalizaciones absolutas del mercado, favoreciendo asimismo las denuncias y los procedimientos de oficio que lleven a decisiones de prohibición. Los arts. 7 y 8 del Reglamento facultan a la Comisión para actuar inmediatamente, mediante decisiones formales, y poner fin a una infracción comprobada, imponiendo cualquier remedio estructural o de comportamiento que estime necesario y sea proporcionado, u ordenar una medida cautelar.

La Comisión mantendrá asimismo el monopolio en la elaboración y propuesta de textos legislativos en sus diferentes formas (reglamentos, comunicaciones, directrices, etc.), con el objetivo de garantizar la coherencia y uniformidad de la aplicación de las normas de competencia.

Estas funciones de la Comisión vendrán acompañadas de una mayor actividad en la cooperación internacional, con vistas a intensificar el seguimiento y la coordinación de las decisiones con las acciones que lleven a cabo las autoridades de la competencia de terceros países.

2.2. El reforzamiento de la capacidad sancionadora de la Comisión supone la posibilidad de incrementar las multas impuestas por infracciones de las normas referidas a la información que las empresas deben proporcionar o en relación con los poderes de inspección de la Comisión, al introducir también para estos casos un sistema basado en el porcentaje del volumen de negocio con un máximo del 1 por 100. Las multas coercitivas por cada día de retraso a partir de una decisión adoptada por la Comisión para el cese de una infracción, la adopción de medidas cautelares, el cumplimiento de compromisos vinculantes, el sometimiento a inspección o la transmisión de información se fijan en hasta el 5 por 100 del volumen de negocios medio diario realizado durante el ejercicio social anterior.

Por lo que respecta al reforzamiento de los poderes de inspección de la Comisión, el art. 21 del Reglamento establece que la Comisión deberá tener la capacidad de poder inspeccionar, además de los locales de la empresa, otros lugares, como locales, terrenos o medios de transporte de la empresa, así como de forma novedosa los domicilios o residencias particulares de los empresarios, administradores y otros miembros del personal. La Comisión argumentó ya en el Libro Blanco que en la lucha contra los cárteles la experiencia demuestra cómo documentos incriminatorios son depositados cada vez más frecuentemente fuera de los locales de las empresas. El programa de condonación de sanciones a las empresas sometidas a procedimientos que colaboren *(leniency)* ha puesto de manifiesto a los funcionarios de la Comisión la tendencia creciente a almacenar los documentos en las residencias privadas.

Para que esta notable extensión de los poderes de la Comisión no sean utilizados sin respeto a los derechos constitucionales, el Reglamento establece que se requiere autorización previa de los tribunales nacionales para realizar inspecciones en otros lugares que no sean los locales de la empresa. Y es preciso además que existan razones para sospechar que se pueda encontrar prueba documental. El juez nacional verificará la proporcionalidad de las medidas y podrá solicitar explicaciones detalladas para poder realizar dicha verificación, pero no podrá cuestionar la necesidad de la inspección ni exigir el acceso al expediente de la Comisión, reservándose al Tribunal de Jusiticia en exclusiva el control de legalidad de la decisión de la Comisión. Estos amplios poderes de la Comisión en relación con la entrada e inspección de domicilios privados no dejan de plantear dudas sobre su compatibilidad con los derechos constitucionales nacionales y sobre la exclusividad del control de legalidad asignado al Tribunal de Justicia.

La propuesta recoge también la jurisprudencia del Tribunal de Justicia en relación con las autorizaciones de los tribunales nacionales para llevar a cabo las inspecciones en los locales de la empresa (art. 20 del Reglamento), al establecer que el control de los tribunales nacionales se limita a examinar si la decisión de la Comisión es válida y que no se trate de una decisión arbitraria o excesiva, teniendo en cuenta, entre otras circunstancias, la gravedad de la materia objeto de la inspección y la probabilidad razonable de que se encuentren documentos incriminatorios en el domicilio en cuestión (proporcionalidad de las medidas coercitivas)[18].

---

[18] Jurisprudencia *Hoechst* del Tribunal de Justicia de las Comunidades Europeas, confir-

A estos poderes de inspección y registro se añade la facultad que se concede a los inspectores de la Comisión de precintar armarios u oficinas para asegurarse de que los documentos no se retiran ni se destruyen, y se confirma la posibilidad de que los funcionarios realicen preguntas orales en relación con el asunto objeto de la inspección.

2.3. El aumento de los poderes de sanción, investigación e inspección se complementa con los mecanismos de coordinación con las autoridades nacionales y los jueces nacionales, a los que nos referiremos aquí sólo brevemente.

Además del intercambio de información previsto para cada caso entre la Comisión y las autoridades nacionales para la aplicación por éstas de los arts. 81 y 82, el art. 11.4 del Reglamento establece que las autoridades nacionales de la competencia deberán informar a la Comisión, a más tardar treinta días antes de la adopción de un acto en aplicación de los arts. 81 y 82, de las propuestas de decisiones nacionales por las que se ordene el cese de una infracción, se acepten compromisos o se retire el beneficio de un reglamento de exención por categorías. La Comisión *podrá* facilitar la información a los otros miembros de la red y las autoridades nacionales *podrán* intercambiarse información entre ellas, pero la autoridad nacional concernida *deberá* en todo caso facilitar a la Comisión la documentación necesaria.

La Comisión entiende que dado que la finalidad de esta norma es favorecer la aplicación coherente, no es necesario extenderla más allá de este tipo de decisiones —decisiones negativas—. En un sistema sin notificaciones y exenciones individuales, sólo estas decisiones negativas son las que tienen consecuencias difícilmente reversibles para los particulares. Según la Comisión, los actos que puedan adoptar las autoridades nacionales de rechazo de las quejas o las decisiones de clausurar el expediente vinculan únicamente a la autoridad nacional que las adopte y no impide ninguna acción por las otras autoridades o la ejecución privada ante los tribunales. Este tipo de decisiones únicamente debería ser transmitido a la red sobre una base voluntaria, por ejemplo cuando se consideren cuestiones de interés común. De otra manera, la Comisión entiende que puede existir un peligro de sobrecarga de la red.

De acuerdo con el art. 11.6 del Reglamento, las autoridades nacionales de la competencia pierden también su jurisdicción para aplicar los arts. 81 y 82 en un caso concreto cuando la Comisión inicia un procedimiento en el mismo caso. Si la Comisión es la primera autoridad en iniciar el procedimiento, este artículo establece la regla de la "ventanilla única": será sólo la Comisión la que considere el caso en cues-

mada en la sentencia *Roquette Frères*, asunto C-94/00, *Roquette Frères/Directeur general de la concurrence,* Sentencia de 22 de octubre de 2002.

tión. Frente a los términos más taxativos de la Propuesta de Reglamento, el texto definitivo del art. 11.6 establece ahora que si una autoridad de competencia de un Estado miembro está actuando ya en un asunto, la Comisión únicamente incoará el procedimiento tras *consultar* con la autoridad nacional de competencia.

El art. 11.6 de la Propuesta de Reglamento fue posiblemente el que mayor críticas suscitó, tanto por parte de la literatura especializada como de no pocas de las autoridades nacionales. Se consideró que el art. 11.6 podía ser utilizado para poner a las autoridades nacionales de la competencia bajo el control de la Comisión, además de hacer posible que la Comisión se dedique a realizar una selección de los casos que pudieran resultar de más interés y confirmar en realidad por esta vía indirecta consolidar su monopolio en la elaboración de la política comunitaria de la competencia.

A pesar del mantenimiento de la competencia de la Comisión para provocar la inhibición de las autoridades nacionales en la aplicación de los arts. 81 y 82, incoando ella misma un procedimiento, en una Declaración conjunta del Consejo y de la Comisión sobre el funcionamiento de la red de autoridades de competencia, anexa al Acta de la sesión del Consejo[19], se restringe considerablemente el recurso al art. 11.6, limitándolo a tres situaciones específicas: aquellas en las que exista el riesgo de que se adopten decisiones divergentes en un mismo caso por las distintas autoridades nacionales; aquellas en que la decisión prevista por una autoridad nacional entre de manera evidente en conflicto con precedentes consolidados, o aquellas en que la Comisión tenga un interés en pronunciarse para desarrollar la política de competencia en un determinado caso.

Para impedir los posibles conflictos que puedan suscitarse, el Reglamento establece también la necesidad de consultar previamente con el Comité Consultivo en materia de prácticas restrictivas y de posiciones dominantes, formado por representantes de las autoridades de competencia. La función del Comité Consultivo es la de emitir un dictamen por escrito sobre el anteproyecto de Decisión que la Comisión haya elaborado, que deberá ser tenido en cuenta por la Comisión. Si dicho dictamen se ha emitido por escrito, deberá ser adjuntado al proyecto de Decisión.

Por otra parte, las autoridades nacionales pueden solicitar que se incluyan en el orden del día del Comité Consultivo los asuntos de apli-

---

[19] Joint Statement of the Council and the Commission on the Functioning of the Network of Competition Authorities, Doc. 15435/02 ADD 1, de 10 de diciembre de 2002.

cación de los arts. 81 y 82 que estén instruyendo, y, en particular, cuando la Comisión se disponga a incoar procedimiento a efectos del art. 11.6.

2.5. El art. 15 del Reglamento formaliza la obligación de la Comisión, basada en el art. 10 del Tratado, de cooperar con los tribunales nacionales en los casos de aplicación de los arts. 81 y 82, tanto en los supuestos en los que se planteen demandas por los particulares como en los recursos contra decisiones de las autoridades nacionales. Esta cooperación incluye, de una parte, el derecho de los tribunales nacionales de solicitar a la Comisión la información que posea o un dictamen en relación con la aplicación de las normas de competencia comunitaria. La Comisión adquiere así una facultad cuasi jurisdiccional de dictamen, paralela, en el ámbito administrativo, a la facultad de los tribunales de acudir al Tribunal de Justicia por la vía de la cuestión prejudicial del art. 234. Por otra parte, se corre el riesgo de que con los dictámenes se vuelva a entrar en la vía de las decisiones no vinculantes tipo cartas administrativas.

La cooperación de la Comisión con los tribunales nacionales incluye asimismo la facultad de la Comisión de presentar, de oficio y en defensa del interés público comunitario, observaciones por escrito o de forma oral a los tribunales nacionales, para lo que podrá solicitar del órgano jurisdiccional competente la remisión de los documentos necesarios. La posibilidad de presentar observaciones escritas u orales a los tribunales nacionales se otorga también —a través de una atribución de competencias internas a los órganos administrativos nacionales, que requerirá modificaciones procesales en las legislaciones nacionales— a las autoridades nacionales de competencia.

El Reglamento generaliza también la jurisprudencia *Masterfoods* [20], conforme a la cual los tribunales nacionales se hallan vinculados por el principio de primacía y no pueden adoptar una decisión en un mismo caso que contradiga la decisión adoptada o que vaya a adoptar la Comisión; deberán, por lo tanto, asegurarse de que sus actuaciones procesales son conformes a las opiniones de la Comisión, y en su caso deberán esperar a que la Comisión adopte una decisión en el asunto concreto, o apreciar si procede suspender el procedimiento. Se trata de nuevo de una intervención en los derechos procesales de los Estados miembros, que requerirá reformas procesales internas.

[20] Sentencia del Tribunal de Justicia de 14 de diciembre de 2000, asunto C 344/98, punto 46.

3. APLICACIÓN PARALELA DEL DERECHO NACIONAL DE LA COMPETENCIA A ACUERDOS QUE AFECTEN AL COMERCIO INTRACOMUNITARIO

3.1. El art. 3 del Reglamento establece que cuando las autoridades de competencia de los Estados miembros o los órganos jurisdiccionales nacionales apliquen el Derecho nacional de la competencia a supuestos del art. 81 que puedan afectar al comercio entre los Estados miembros, aplicarán también a dichos acuerdos, decisiones o prácticas el art. 81 del Tratado, y cuando apliquen el Derecho nacional de la competencia en una práctica abusiva prohibida por el art. 82, aplicarán también a la misma el art. 82 del Tratado. Los objetivos principales del art. 3 son crear un equilibrio de relaciones entre las autoridades comunitarias de la competencia y las autoridades nacionales, y a la vez garantizar el buen funcionamiento de la red de cooperación de autoridades de competencia. Desde la perspectiva de la Comisión, constituye por ello un punto central de la nueva legislación.

La diferencia fundamental con la Propuesta de Reglamento es que ya no se elimina la posibilidad de que las autoridades nacionales puedan aplicar los arts. 81 y 82 en paralelo a la Comisión. En este sentido se trata de una confirmación de la teoría de la doble barrera, que, como se sabe, a partir de la jurisprudencia Walt *Wilhelm*[21] estableció la posibilidad de una aplicación paralela del Derecho comunitario y de los Derechos nacionales de la competencia, y a la vez determinó que los acuerdos que se beneficien de una exención del art. 81.3 no pueden ser prohibidos por los Derechos nacionales. La teoría de la doble barrera "mitigada", que se sustenta en la idea de dos ámbitos separados, el comunitario y el nacional, implica que en aquellas situaciones en las que tanto las autoridades comunitarias de la competencia como las autoridades nacionales quieran aplicar al mismo caso los arts. 81 y 82, el principio de la primacía del Derecho comunitario sobre los Derechos nacionales garantiza que los acuerdos que se benefician de una exención basada en el art. 81.3 no puedan ser objeto de una prohibición por las autoridades nacionales.

El nuevo art. 3 ha echado marcha atrás a la propuesta inicial, que establecía que si un acuerdo o una práctica abusiva eran susceptibles de afectar al comercio entre los Estados miembros, únicamente debieran aplicarse los arts. 81 y 82, con exclusión de los Derechos nacionales de la competencia. A pesar de que esta propuesta hubiese ayudado

---

[21] Asunto 14/68, *Walt Wilhelm*, *Rec.*, 1969, p. 1.

a simplificar el sistema, ante las críticas de determinados Estados miembros, recelosos de la pérdida de las competencias nacionales en la materia, el art. 3 confirma dos principios básicos: primero, las autoridades nacionales están obligadas a aplicar los arts. 81 y 82 siempre que dichas conductas puedan afectar a los intercambios comunitarios, siendo posible de forma paralela la aplicación del Derecho nacional de la competencia; y segundo, la aplicación paralela del Derecho nacional no podrá desembocar en resultados que desvirtúen la aplicación del Derecho comunitario.

Es decir, la aplicación paralela ayuda a legitimar las obligaciones de información mutua y cooperación previstas en el Reglamento, fija un punto de conexión jerárquica entre las dos jurisdicciones, que no es otro sino la primacía del Derecho comunitario, y confirma «la afectación al comercio entre los Estados miembros» no sólo como criterio de distribución entre jurisdicciones, sino en la práctica también como criterio de conflicto entre legislaciones[22]. De manera que el Derecho nacional sólo podrá oponerse a un acuerdo si éste también queda prohibido por el art. 81 CE. El Derecho nacional no podrá oponerse a un acuerdo si éste no infringe el art. 81.1, o si cumple los requisitos del art. 81.3, o si puede acogerse a un reglamento comunitario de exención por categorías. Partiendo de la base de que las nociones de acuerdos, decisiones y prácticas concertadas constituyen "conceptos autónomos" de Derecho comunitario, el legislador comunitario confirma que la aplicación de la legislación nacional a los acuerdos y otras formas de conductas o prácticas no puede conducir a su prohibición a no ser que también estén prohibidos por el Derecho comunitario de la competencia.

De esta manera, se debería poder responder también a la debatida cuestión de si un Derecho nacional de competencia puede mantener los procedimientos de exención por categoría conforme a sus propias leyes nacionales, lo que debe hacerse en sentido negativo. Una situación en la que un acuerdo fuera válido según el Derecho comunitario de la competencia al reunir las condiciones del art. 81.3, pero, sin embargo, se considerara nulo según la normativa nacional, porque no se notificó de acuerdo con los regímenes nacionales de excepción, sería contrario al Reglamento 1/2003.

3.2. Como establece el art. 3.2 del Reglamento, ello no obsta para que la aplicación de la normativa nacional de competencia a acuerdos, decisiones de asociaciones de empresas o prácticas que puedan afectar al comercio entre los Estados miembros, pero que no restrinjan la com-

---

[22] Cfr. Lenaerts y Leonard, *op. cit.*, p. 321.

petencia en el sentido del art. 81, lleve a que éstos sean necesariamente objeto de prohibición por las autoridades nacionales. Si estos acuerdos no restringen la competencia en el sentido del art. 81, el Derecho nacional puede aplicarse; en particular, la normativa nacional puede aplicarse en aquellos supuestos en los que se proteja "otros intereses legítimos", siempre que esa legislación nacional sea compatible con los principios generales y demás disposiciones del Derecho comunitario. En la medida en que la normativa nacional persiga principalmente un *objetivo distinto* del de la protección de la competencia en el mercado, el legislador comunitario entiende que las autoridades nacionales deberían seguir estando facultadas para aplicar la normativa nacional de competencia a esos supuestos que constituyen un régimen de especialidad, al perseguir "objetivos distintos" a los de la normativa comunitaria.

Ahora bien, ¿qué supuestos pueden entenderse como persiguiendo objetos concretos, «con independencia de los efectos reales o supuestos de los citados actos en la competencia en el mercado»? [23]

No parece que este régimen de especialidad pueda aplicarse a aquellas normas que tienen por objeto regular la competencia en un sector específico (como, por ejemplo, en materia de energía o de telecomunicaciones), pues esta normativa, si bien persigue objetivos concretos, éstos difícilmente podrán interpretarse con independencia de los efectos que los actos anticoncurrenciales en estos sectores tengan sobre la competencia en el mercado.

Según el Reglamento, dicha normativa con "un objetivo distinto" habría que buscarla en la legislación nacional que prohíba o sancione actos de competencia desleal, tanto unilaterales como contractuales. La normativa de competencia desleal perseguiría en este sentido un objetivo concreto, independiente de los efectos de los actos de competencia desleal en la competencia, y ello en particular cuando prohíbe a las empresas «imponer a sus socios comerciales obtener o intentar conseguir de ellos términos y condiciones injustificados, desproporcionados o sin contrapartida» [24].

Con esta excepción, no contemplada en la Propuesta de la Comisión, el Consejo parece haber tenido en cuenta a aquellos países (en particular, Alemania, pero también Francia y España) en que se consideran actos desleales la imposición por las empresas a sus socios comerciales de condiciones injustificadas, desproporcionadas o sin contrapartida.

---

[23] Reglamento 1/2003, Considerando 9 *in fine*.

[24] *Ibid.*

Cabe objetar, sin embargo, que estas conductas ya están contempladas en algunas de estas legislaciones nacionales (como la española), en cuanto que constituyen supuestos de abusos de posición dominante, por lo que se les debería aplicar en principio el régimen de aplicación paralela que el Reglamento prevé para los abusos de posición dominante, teniendo en cuenta además que no resulta tan sencillo justificar que persigan unos objetivos concretos independientes de los efectos sobre la competencia en el mercado.

Por lo que respecta al art. 82, se establece un régimen distinto al del art. 81. El criterio para la aplicación del Derecho nacional de la competencia en situaciones de posición de dominio que puedan afectar al comercio entre los Estados miembros es que se les reconoce a las legislaciones nacionales la capacidad de ser más estrictas a la hora de prohibir o imponer sanciones sobre comportamientos abusivos hacia empresas económicamente dependientes. Como resultado de lo que se ha denominado "el compromiso belga" (porque fue alcanzado bajo Presidencia del Consejo de este país), se han preservado las características específicas de algunos Estados miembros que condenan como abusos de posición dominante determinadas conductas unilaterales de las empresas, tales como los abusos de "dependencia económica" o los derivados de la utilización de "instalaciones esenciales" *(essential facilities)*.

El Reglamento confirma en el art. 3 otra excepción obvia a la aplicación paralela, la del régimen de control de concentraciones, que sigue rigiéndose por umbrales cuantitativos que marcan la barrera entre la aplicación del Derecho nacional y el Derecho comunitario, aunque la reciente reforma del Reglamento de concentraciones haya introducido elementos de cooperación entre la Comisión y las autoridades nacionales que en cierto sentido matizan la aplicación del criterio de los umbrales.

Por otra parte —y sólo en el Considerando 8, sin que esta excepción se haya incorporado al texto del Reglamento—, se establece que el Reglamento «tampoco se aplicará a las legislaciones nacionales que prevean la imposición de sanciones penales para las personas físicas, excepto en la medida en que esas sanciones sean el medio para ejecutar las normas de competencia aplicables a las empresas» [25].

La aplicación paralela según el nuevo régimen conduce, por tanto, a que los acuerdos, decisiones y prácticas que afectan al comercio intracomunitario *deban* ser considerados bajo la óptica del art. 81 y *puedan* ser revisados de acuerdo con la legislación nacional únicamente en

---

[25] *Ibid.*, Considerando 8 *in fine*.

la medida en que el Derecho nacional sea un reflejo del Derecho comunitario, incluyendo su interpretación. Las multas y sanciones solamente podrán ser impuestas por las autoridades nacionales de acuerdo con el Derecho nacional. Por el contrario, la aplicación del art. 82 a un abuso de posición de dominio que afecte al comercio entre los Estados miembros no impide la aplicación de una normativa nacional más estricta a abusos que no se hallen cubiertos por el art. 82.

Estas diferencias en la aplicación de los arts. 81 u 82 tienen consecuencias importantes desde el punto de vista de las medidas que puedan adoptar las autoridades nacionales. Pues para el caso de que se aplique la normativa nacional, estas medidas se verán limitadas a las que prevea su legislación respectiva, mientras que si aplican la normativa comunitaria, el tipo de decisiones que pueden adoptar son las establecidas en el art. 5 del Reglamento.

3.3. Otro problema distinto a la aplicación paralela del Derecho comunitario de la competencia es el de la pervivencia de los Derechos nacionales. El criterio jurisdiccional de distinción para la aplicación del Derecho nacional o del Derecho comunitario es la noción de «efecto apreciable del comercio entre los Estados miembros», noción que ha sido desarrollada progresivamente por los tribunales comunitarios, pero que no llegó a tener un papel relevante en el contexto del Reglamento 17. La Comisión ha intentado delimitar esta noción a través de unas Directrices[26], que la han interpretado en el sentido de exigir una influencia no insignificante, directa o indirecta, actual o potencial en los flujos de comercio entre los Estados miembros, o una afectación de la estructura competitiva de un mercado. De manera que esta noción se considera generalmente como muy expansiva, con la consecuencia de dejar pocos supuestos para la aplicación del derecho nacional de la competencia.

A pesar de la necesidad de realizar un análisis caso por caso de este criterio, y de la práctica de considerar que las empresas pequeñas y medianas no tienen por qué afectar habitualmente los flujos intracomunitarios, la Comisión propuso en las Directrices dos presunciones de carácter cuantitativo para facilitar orientación a las autoridades y órganos judiciales nacionales. De acuerdo con ellas, se puede deducir que no existe una afectación apreciable del comercio intracomunitario si la cuota de mercado conjunta de las partes es inferior al 5 por 100 y su cifra de negocio agregada no llega a los 40 millones de euros anuales. Por el contrario, la Comisión considera que "por su propia naturaleza" un acuerdo o práctica puede afectar al comercio intraco-

---

[26] Directrices relativas al concepto de efecto sobre el comercio contenido en los arts. 81 y 82 del Tratado, *DOCE,* núm. C 101, de 27 de abril de 2004, p. 81.

munitario si la cifra de negocio de las partes en los productos cubiertos por los acuerdos supera los 40 millones de euros[27].

En muchos países —como es el caso de España— el criterio de afectación del comercio entre Estados miembros ha sido interpretado de forma poco rigurosa y sin límites precisos por las autoridades y los tribunales nacionales. La interpretación expansiva —coherente, por otra parte, en el contexto de un mercado crecientemente integrado— justifica la tesis de una aplicación residual de los Derechos nacionales de la competencia, que, por otra parte, pudiera ser sustituida bien por la aplicación de criterios cuantitativos similares a los indicados, o bien por el propio funcionamiento de la red de autoridades de competencia.

3.4. En este sentido, es interesante resaltar que la declarada no institucionalización de un sistema centralizado de aplicación del Derecho de la competencia en Europa no es previsible que suponga un incremento espectacular de la aplicación por tribunales nacionales del art. 81. Sin embargo, el hecho de que la aplicación del Derecho nacional de la competencia pueda acabar siendo residual, como consecuencia del efecto expansivo del criterio de afectación al comercio intracomunitario, pone de manifiesto que la intencionalidad inicial de la Comisión de favorecer la convergencia hacia un sistema indirectamente centralizado pervive en las normas finalmente adoptadas[28].

Con ello se pone de manifiesto que el objetivo que la Comisión persigue con la descentralización es hacer converger el actual sistema de ámbitos separados de aplicación del Derecho de la competencia a través de una armonización indirecta basada en la estrecha cooperación entre Bruselas y las autoridades nacionales por medio de los mecanismos de asignación de casos y de la *vis atractiva* de la primacía del Derecho comunitario de la competencia. El legislador comunitario entiende que en un mercado integrado todas las autoridades de la competencia deberían en el futuro aplicar el Derecho comunitario de la competencia como un estándar común. Ello implica asumir que el Derecho comunitario de la competencia se ha convertido ya en un sistema jurídico completo, que vendría a cubrir los objetivos y finalidades de cualquier otro sistema avanzado de protección de la concurrencia. La afirmación, ya adelantada en el Libro Blanco, de que en Europa se habría generado durante estas décadas una "cultura común de la competencia" y *una política común de competencia* alcanzaría aquí todo su sentido.

---

[27] Citado por LENAERTS y GERARD, *op. cit.,* p. 323.

[28] Cfr. asimismo en este sentido A. RILEY, «EC Antitrust Modernisation: The Commission Does Very Nicely - Thank You! Part One: Regulation 1 and the Notification Burden», en *European Competition Law Review,* núm. 11, 2003, pp. 604-615, y «Part Two: Between the Idea and the Reality: Decentralization under Regulation 1», en *ibid.*, núm. 12, pp. 657-672.

3.4. En conclusión, la reforma parte, por tanto, de tres presupuestos implícitos[29]:

Por una parte, la aplicación directa del art. 81.3 por las autoridades nacionales de la competencia deberá fomentar la aplicación común de las normas de competencia por una red de autoridades cuya actuación deberá estar inspirada en principios comunes y en una estrecha colaboración. Para llevar a cabo su labor de control y de represión de las conductas de acuerdos anticoncurrenciales, las autoridades nacionales actuarán de oficio o previa denuncia, y ya no estarán obligadas a remitirse a la Comisión para decidir la retirada del beneficio de un reglamento de exención por categoría en su mercado nacional si consideran que éste o una parte de éste constituye un mercado distinto.

Esto plantea no pocos problemas prácticos. Las decisiones de las autoridades nacionales tendrán en todo caso el límite territorial del propio Estado, por lo que en el caso de un acuerdo con incidencia en varios —o todos— de los Estados miembros, el acuerdo podría llegar a ser teóricamente objeto de denuncia o procedimiento de oficio en cada una de las autoridades nacionales con el riesgo de falta de uniformidad en las decisiones. Este peligro refuerza ciertamente la necesidad implícita de una coordinación centralizada y de una convergencia de los Derechos nacionales de la competencia con el Derecho comunitario a través de la aplicación conjunta de este último.

En principio, se supone que el nuevo sistema no significará la instauración plena del principio del *one-stop-shop,* porque se parte de que las autoridades y tribunales nacionales seguirán aplicando la legislación nacional de competencia.

Se podría especular con el hecho de que un tratamiento más estricto del concepto de "afectación al comercio intracomunitario" pudiera llevar teóricamente a que el margen de aplicación de la normativa nacional se ampliara. Sin embargo, el efecto de *desplazamiento* del ámbito de aplicación del Derecho nacional de la competencia a través del nuevo sistema será previsiblemente significativo.

El primer presupuesto implícito de la reforma es, por tanto, que al ser aplicada habitualmente la normativa comunitaria refiriéndola al mercado nacional o a partes sustanciales del mismo, el margen de aplicación de la normativa nacional se vea progresivamente reducida a su mínima expresión.

---

[29] Cfr. en este sentido con anterioridad J. M. Beneyto, «Enfoque económico y descentralización en la aplicación del Derecho comunitario de la competencia: sus efectos respecto a las autoridades y los Derechos nacionales de la competencia», en *id.* (dir.), *El nuevo Derecho comunitario y español de la competencia,* Bosch, Barcelona, Bosch, 2002, pp. 465-490.

En segundo lugar, se mantiene la aplicación paralela de los Derechos nacionales y el Derecho comunitario de la competencia para los supuestos de los arts. 81 y 82, pero la aplicación de la normativa nacional responde a la tendencia de la nueva regulación comunitaria hacia un sistema federal de atribución de competencias compartidas guiado por la plena eficacia del principio de primacía comunitaria.

La tercera asunción es que el objetivo de la integración sea progresivamente identificada con el nuevo enfoque económico, cuya finalidad fundamental es la defensa de la competencia como medio para garantizar una mayor eficiencia alocativa de los recursos y el beneficio de los consumidores. El objetivo de la integración del mercado, que en el conjunto del Tratado posee también una indudable connotación de protección del interés comunitario y otros objetivos transversales al propio Tratado, se interpreta ahora desde la perspectiva de la aplicación del nuevo enfoque económico, de manera que la integración de los mercados se entiende que se realiza a través de la creación y preservación de un mercado único abierto, cuya finalidad es la distribución eficiente de recursos a través de la Comunidad para el beneficio de los consumidores.

LA APLICACIÓN JUDICIAL

Antonio Creus
DLA Piper Rudnick Gray Cary

1. ACCIÓN CIVIL Y DERECHO DE LA COMPETENCIA

Sin duda es un placer y un honor estar escribiendo estas líneas, pues me permite recuperar el espíritu del artículo que publiqué en el año 1999 [1], coincidiendo precisamente con su cambio de formato. En aquel *tempore non suspecto* aposté decididamente por la acción civil en Derecho de la competencia, lo que generó una positiva, agradable y docta polémica plasmada en los numerosos artículos en la misma publicación.

Los padres del cambio, que fue una revolución de palacio, del Derecho de la competencia fueron el comisario Van Miert y el director general Schaub, que tuvieron la iniciativa de liderar un cambio parecido, lo que me permite desde estas líneas rendirles un sentido y cariñoso homenaje.

En estas líneas voy a desarrollar, por un lado, la importancia práctica y teórica de la aplicación directa del Derecho de la competencia mediante una acción civil ante la jurisdicción oportuna. A continuación analizaré las ventajas y problemas que supondrá esta acción civil, al examinar la interrelación entre la aplicación privada y pública del Derecho de la competencia, y, finalmente, concluiré con unas sugerencias de futuro.

---

[1] «La privatización del Derecho de la competencia», *Gaceta Jurídica de la Competencia y la Unión Europea,* núm. 200, abril-mayo de 1999, p. 55.

Escribir estas líneas supone para mí un esfuerzo importante, pues intentaré despojarme de mi condición de abogado, que me obligaría a tomar partido, claro y definido, en defensa de los intereses de mi cliente, y buscaré en mis experiencias para aportar algo de luz al tema que me ha sido asignado. No por ello lo que diga aquí tiene por qué ser distinto de lo que sostenga en mi trabajo profesional, pero sí se verá despojado del partidismo que aquél implica. Mi único partidismo es el cariño que siento por la especialidad que practico y a la que me dedico, y por la importancia que una competencia efectiva, protegida por el Derecho, supone para la sociedad.

2. EL CONCEPTO

La base que sustenta la posibilidad de la acción civil en Derecho de la competencia es la general que se deriva del principio *ubi ius, ibi remedium,* esto es, donde hay un derecho debe haber un remedio o procedimiento para que aquél sea efectivo.

Esto supone que si el Derecho de la competencia es, siquiera sea de modo parcial, Derecho privado, pues regula relaciones entre competidores, debe existir una acción oportuna para exigir su cumplimiento ante la jurisdicción civil, distinto, o más allá, de la imposición de sanciones por parte del poder público por incumplimiento de una normativa teñida de carácter administrativo por los intereses públicos en presencia.

No hay duda que esta nueva visión enriquece el Derecho de la competencia en sí mismo y complementa lo que hasta ahora ha sido en Europa, de forma casi exclusiva, una aplicación pública. De hecho, la aplicación del Derecho de la competencia era exclusivamente administrativa y, por lo tanto, se hallaba fuera de la esfera privada de aplicación, lo que tenía numerosas consecuencias. Así, implicaba que su principal elemento disuasorio fueran las sanciones económicas [2] que se podían imponer a las empresas, dejándose al margen las posibles indemnizaciones que se derivaban de los actos ilícitos. Adicionalmente, esta aplicación exclusivamente pública suponía que cuando, por la razón que fuera, el órgano encargado de su aplicación no lo hiciera el administrado quedaba desamparado [3].

---

[2] No abordaré las nuevas tendencias como la británica de criminalizar el Derecho de la competencia, que son un verdadero elemento disuasorio.

[3] Sentencia del Tribunal de Primera Instancia de 13 de diciembre de 1999, *Européenne automobile SARL contra Comisión de las Comunidades Europeas,* asuntos acumulados T-9/96 y T-211/96, *Recopilación de Jurisprudencia,* 1999, p. II-3639.

De ahí que la aparición de la posibilidad de accionar en la esfera privada permite a la Administración concentrarse en lo que debe ser su labor, la vigilancia del interés público de forma exclusiva.

Por último, señalar que Europa no es la primera jurisdicción en modificar el sistema de aplicación pública, decantándose por un sistema mixto. Así, por ejemplo, Canadá cambió su legislación en 1976 para permitir acciones judiciales basadas en su Derecho de la competencia, el más viejo de los actuales ordenamientos.

3. CAMBIO EN LA PERCEPCIÓN DEL DERECHO DE LA COMPETENCIA

A) Empresarial

La posibilidad de acción privada supone un importante cambio en la percepción del Derecho de la competencia por parte del entorno empresarial, tanto para la empresa que vea infringidos sus derechos como para la que pudiera realizar actos anticoncurrenciales.

El cambio para la primera será para mejorar, puesto que si sufre un daño podrá buscar por su cuenta, sin esperar a la actuación de la Administración, poner remedio a su situación mediante las acciones que el Derecho procesal civil permite, incluyendo, por supuesto, las medidas cautelares y los daños y perjuicios.

Para la segunda, el cambio supone que en la ecuación entraría en juego un nuevo elemento que tendrá que tomar en consideración cuando se plantee infringir, o descubra una infracción del Derecho de la competencia, los resultados de las acciones civiles que pueda iniciar la empresa afectada.

B) Teórico

Desde un punto de vista teórico también se apreciará un cambio, al variar el ámbito de aplicación del Derecho de la competencia, que pasará de ser conocido de forma casi exclusiva en sede administrativa, y contencioso-administrativa, a la posibilidad de que junto con aquél haya una aplicación civil del mismo.

El Derecho de la competencia se ha visto casi siempre como una parte del Derecho mercantil, si bien la ejecución del mismo estaba limitada a la que realizaba la Administración. La posibilidad de la acción civil lo reafirmará como un Derecho que gozará de ambas connotaciones, ahora en pie de igualdad, mercantil y administrativa[4].

Existe un problema teórico algo más complejo y de difícil solución, este es la contraposición que existe entre el Derecho de la competencia y el Derecho civil. Sirva un ejemplo para ilustrarlo. El Derecho civil establece que el contrato una vez concluido válidamente debe ser preservado, mientras que el Derecho de la competencia dispone que ciertos contratos, válidamente concluidos, puedan ser nulos o contener cláusulas nulas en la medida que no se ajusten a lo dispuesto en el art. 81.1.

Ello es así a pesar de que el propio Código Civil en su art. 6.4 prevé que «los actos contrarios a las normas prohibitivas y a las imperativas serán nulos». La interpretación de este artículo debe ser restrictiva y clara, y como veremos la del Derecho de la competencia es bastante amplia.

Derecho civil y Derecho de la competencia

Considero que es necesario plantear, aunque no se pueda resolver, el problema que plantea la colisión entre el Derecho civil y el Derecho de la competencia, y que posiblemente ahora se ponga de relieve. Los objetivos de cada uno de ello son distintos, en el Derecho civil se regula, entre otras cosas, las relaciones entre las partes privadas que se relacionan mediante contratos, y prima la libertad contractual. En el Derecho de la competencia, por contraposición, no priman los intereses privados, sino los públicos, el interés de un ente extraño, y a veces tan difícil de definir como "el mercado". Es un derecho que prevé tutelas específicas e incluso imposiciones a la ya indicada libertad contractual.

La normativa que ampara una competencia leal tiene cabida dentro del Derecho privado, pues protege la esfera privada de las partes y el equilibrio de actuaciones, no tiene una función pública, los privados defienden sus intereses, y a ellos les corresponde accionarlos.

El Derecho de la competencia, por contra, no protege de entrada a los competidores, más que como un medio para lograr su objetivo final, el que exista competencia efectiva. Es más, limita la libertad contractual, por ejemplo, del operador que se halle en posición dominante o que controle el acceso a una estructura básica *(essential facility)*. Este

[4] Entre otros, Francisco Vicent Chuliá, *Introducción al Derecho mercantil*, 14.ª ed., Valencia, Tirant lo Blanch, 2001, y Lluís Cases Pallares, *Derecho administrativo de la defensa de la competencia*, Madrid, Marcial Pons, 1995.

Derecho ha encontrado un fácil acomodo en los marcos reguladores para la apertura de mercados monopolizados u oligopolizados.

Esta potencial o real contraposición de intereses o enfoques no ha planteado hasta el momento presente muchos problemas, si bien la aplicación privada de este Derecho por los jueces sí planteará o pondrá de relieve estos problemas de forma importante.

El paradigma de esos problemas se planteará cuando se pida del juez que resuelva que una situación contractual que infringe el primer párrafo del art. 81 del Tratado CE, y que haya causado unos daños claros, no debiera plantear problemas porque se puede hallar autorizada en virtud del tercer párrafo del mismo artículo.

Los que nos hallamos habituados a trabajar con el Derecho de la competencia no le vemos problema porque lo hemos internalizado y asumido, pero detengámonos un momento para analizarlo.

El sistema que tutela el Derecho de la competencia es uno de intervención administrativa, y de la más restrictiva. Empieza decidiendo que la mayoría de contratos que rigen las relaciones comerciales son contrarios al Derecho de la competencia, y por ello incompatibles con el mercado común, art. 81 del Tratado CE.

La consiguiente consecuencia sería tachar de nulidad todos esos contratos o partes de los mismos que infrinjan la competencia. Es decir, una, si no la mayor, de las sanciones que prevé nuestro Derecho civil.

Hasta ese punto podemos llegar todos, pero la pregunta lógica es qué hacemos con un número tan importante de relaciones contractuales viciadas de nulidad. La "solución" nos la da el tercer párrafo del art. 81 del Tratado CE, que declara inaplicable la prohibición, y por tanto la nulidad, a los acuerdos que cumplan cuatro requisitos que poco o nada tienen que ver con la relación entre las partes del acuerdo, sino que preservan o buscan preservar otros intereses.

Por arte de esta disposición, una buena parte de las relaciones comerciales que habíamos "anulado" o declaradas nulas vuelven a tener y producir la eficacia que las partes pretendieron. Y por si esto no fuera ya difícil, hay que efectuar un análisis de esos cuatro requisitos cumulativos y con intereses generales y posiblemente más que difusos.

Y luego nos sorprendemos cuando se dice lo difícil que resulta la aplicación del tercer párrafo del art. 81 del Tratado CE por los jueces. Pero de esta cuestión se ocupa otra ponencia.

No será más fácil asumir la situación de temporalidad que exigen algunos pronunciamientos del Derecho de la competencia, frente a la aplicación de nuestras normas procesales civiles, que resuelven los conflictos y no vuelven a reexaminar la situación. Me refiero en este sentido a las condenas de hacer o no hacer, o dar o no dar, que se basen en una situación de posición dominante y que den solución al abuso de la misma.

Una cuestión se planteó el Tribunal de Justicia de la Comunidad Europea en el asunto de los "armarios para helados"[5], si bien sólo como alegación, sin sustanciarse de qué ocurre con, en aquel caso la actuación administrativa, la imposición de obligaciones derivada de un abuso de posición dominante cuando la posición de la empresa deja de ser dominante.

De hecho, el problema en sí de que un juez deba resolver obligar a hacer o no hacer, a dar o no dar algo sobre la base de un abuso de posición dominante será un terreno abonado a colisiones con el Derecho civil, que respeta la libertad contractual, y que de hecho prevé pocas medidas para la ejecución específica, y más bien prevé indemnizaciones económicas para esos supuestos.

4. QUÉ APORTA LA ACCIÓN CIVIL

A) Nuevos objetivos

La primera y principal aportación es dar la posibilidad a los afectados por las infracciones del Derecho de la competencia de actuar sin tener que depender de las decisiones o del funcionamiento de la Administración y, al mismo tiempo, de poder obtener las medidas oportunas, incluyendo la reparación, que no puede dar la Administración.

Aumentar la represión de las conductas contrarias al Derecho de la competencia, pues si bien éstas se podían hallar sujetas a importantes sanciones, el hecho de que además se pueda tener que resarcir la totalidad o al menos parte del perjuicio causado es un arma adicional de represión y a la vez de disuasión. Y eso que aquí no hay daños triples *(treble damages)* como en los Estados Unidos.

Responsabilizar a las empresas o personas físicas de la ejecución del Derecho de la competencia, pues ya no tienen por qué apoyarse, o incluso simplemente esperar a que la Administración realice el trabajo.

Por supuesto se abre toda la panoplia de resoluciones que los jueces pueden adoptar con la ejecutividad que tienen dichas resoluciones y

[5] Sentencia TPI, asunto T-65/98, *Van den Bergh Foods Ltd.,* 23 de octubre de 2003, párrafo 146, *Recopilación de Jurisprudencia,* 2003, p. II-000.

la conminación que pueden suponer, que se analizarán con cierto detalle con posterioridad.

B) Ventajas

Las ventajas se han enumerado de alguna manera al indicar los nuevos objetivos, pero se puede resumir del modo siguiente: permite al administrado ayudar a la mayor aplicación del Derecho de la competencia, a la vez que defiende o protege sus intereses directos.

C) Relación con la Administración

Si bien otro ponente tratará algunos de los aspectos que abordaré, lo hago a título cautelar o provisional, tal y como permite la comunicación de los organizadores.

a) *Posibilidad de desestimar sin dejar desamparado a nadie*

La primera es la posibilidad que tiene la Administración de desestimar quejas que se le presenten sin que quede el administrado desamparado, y aconsejando la oportunidad de acudir a la jurisdicción oportuna, antes que presentar un recurso administrativo o incluso contencioso-administrativo.

b) *Posibilidad de resoluciones contradictorias*

No sólo cabrá la posibilidad de resoluciones contradictorias, sino que hay que asumir que las habrá, incluso en casos donde la contradicción sea aparente. Así es posible que la Administración adopte una resolución en un sentido, sea prohibición o autorización, a la vista de consideraciones generales, y en cambio el juez, que no puede tomar en consideración aquéllas, sino las circunstancias particulares del caso, adopte la posición contraria.

Esto vendrá dado por esa perspectiva diferente que debe adoptar el juez, que juzga un caso concreto, mientras que la Administración adoptará decisiones no sólo tomando en consideración un supuesto concreto, sino consideraciones generales, incluyendo, sobre todo, el interés general («la Administración sirve con objetividad los intereses generales, con sometimiento pleno a la ley y al Derecho», art. 103 de la Constitución).

c) *Intervención* amicus curiae

Dada la novedad en nuestro Derecho de esta figura, de origen anglosajón, por supuesto con nombre en latín, considero necesario explicar en qué consiste. Como indica su nombre, es un "amigo del tribunal", esto es, no tiene un interés específico en el contencioso que se dirime, pero la resolución le puede afectar de algún modo particular[6]. La actuación es normalmente por escrito y dentro del plazo que el proceso ha asignado a las partes, excepto con autorización del tribunal.

Es una figura reconocida en el Derecho procesal de Estados Unidos[7] Se plantea normalmente en instancias de apelación o casación, y raramente en primera instancia, pues sólo entonces se sabe que la decisión puede afectar los intereses para alguien que no es parte del contencioso. Se requiere, además, que tenga una utilidad dicha intervención escrita para el tribunal[8].

La intervención de la Administración como *amicus curiae* será posible, y recomendable en muchos casos, para la resolución de problemas particulares. Posiblemente estas intervenciones eviten en buena manera la aparición de resoluciones contradictorias, si bien es preciso que asumamos que existirán, aun y a pesar del esfuerzo de todos.

La cuestión importante a dilucidar será la publicidad que se dará a las intervenciones de *amicus curiae*, para información general de los administrados. Este tipo de intervención está ya previsto en nuestra normativa[9] ante los órganos autonómicos de competencia y, sin embargo, nada se prevé sobre su publicidad. Considero importante abogar desde ya por la publicación de estas intervenciones, tanto si son en procedimientos judiciales como administrativos, pues en el fondo formará parte de la práctica decisional de las autoridades de competencia.

d) *Consulta sobre hechos*

La consulta por nuestros jueces a órganos de la Administración, sea comunitaria o nacional, puede en principio parecer ajena a nuestro

---

[6] Por ejemplo, en el asunto *Empagran,* que citaremos, tanto el propio gobierno de Estados Unidos como los del Reino Unido de Gran Bretaña e Irlanda del Norte y Holanda presentaron escrito como *amicus curiae* sobre la extraterritorialidad.

[7] Véase *Rule* 29, de las *Federal Rules of Appellate Procedure.*

[8] Véase *Rule* 37 (1), de las *Rules of the Supreme Court of the U.S.*

[9] Ley 1/2002, de 21 de febrero, de Coordinación de las competencias del Estado y las Comunidades Autónomas en materia de defensa de la competencia, art. 5.3, *BOE,* núm. 46, de 22 de febrero de 2002.

procedimiento. De hecho, hace muchos años, tras la Comunicación de 1992 de cooperación con las autoridades jurisdiccionales[10], todos nos mostrábamos muy escépticos de que los jueces españoles lo utilizasen.

Sorprendentemente, desde luego para mí, España es el país que más consultas ha efectuado a la Comisión Europea sobre la base de la anterior comunicación de cooperación con las autoridades judiciales. De hecho más del 70 por 100 de las preguntas efectuadas por órganos jurisdiccionales de la Comunidad a la Comisión Europea son de origen español[11].

La confianza mostrada por nuestro estamento judicial al acudir a la consulta con la Administración europea debería posiblemente continuar y ampliarse a la Administración nacional. De hecho, la Audiencia Provincial de Burgos[12] realizó una consulta al Tribunal de Defensa de la Competencia en el sentido de lo dispuesto en el párrafo 3 del art. 13 de la Ley de Defensa de la Competencia, para solicitar una orientación en cuanto a los daños causados por una práctica sancionada por dicho órgano administrativo.

Visto que la consulta a la Administración puede devenir habitual, sería preciso regular dicha institución, y así se constató en las jornadas que se celebraron en Valencia con los jueces de lo mercantil, organizadas por el Consejo General del Poder Judicial y financiadas por la Fundación Rafael del Pino, donde se adoptó la siguiente conclusión:

> *«3. Las posibilidades que establece el Reglamento 1/2003 al juez nacional de solicitar a la Comisión informaciones y dictámenes, debería contar con un respaldo procesal para su planteamiento y posterior vista a las partes para alegaciones».*

5. NUEVOS PROBLEMAS QUE PLANTEA LA ACCIÓN CIVIL

La posibilidad de aplicar el Derecho de la competencia por los jueces plantea problemas de tipo procesal, tanto en relación con temas formales como de fondo, que afectan significativamente al funcionamiento y efectividad de la misma.

---

[10] Comunicación relativa a la cooperación entre la Comisión y los órganos jurisdiccionales nacionales para la aplicación de los arts. 85 y 86 del Tratado CEE, *DOCE,* núm. C 39, de 13 de febrero de 1993.

[11] Esta información se ha obtenido de los informes anuales de la Comisión, de los que se extrae que han existido 44 cuestiones, de las que 30 procedían de España.

[12] Sentencia de la Audiencia Provincial de Burgos, Sección 2.ª, de 26 de junio de 2002, fundamento de Derecho sexto. Nótese cómo en el fundamento undécimo se muestra de poca utilidad la consulta.

Esto me obliga a analizar, si bien someramente, los principales problemas que plantea la acción civil en Derecho de la competencia, sin duda en un futuro inmediato se verterán ríos de tinta sobre estos aspectos, que adquieren con la acción civil una importancia significativa.

A) Temas de foro

Como temas de foro, esto es, de carácter procesal, se plantean al menos los siguientes: Jurisdicción competente; Acciones colectivas *class actions;* Acumulación de acciones; Reconvenciones ante los distintos órdenes jurisdiccionales; Relaciones con el procedimiento arbitral; Litispendencia; La alegación de la aplicabilidad del art. 81.3; Cosa juzgada.

a) *Jurisdicción competente*

El tema para un abogado es muy interesante, y nos encanta debatir sobre las jurisdicciones competentes y cuáles no los son, por ello sólo señalaré algunas cuestiones.

Las infracciones de la competencia no conocen fronteras, con lo que las normas de atribución de competencia jurisdiccional serán las que resulten, para España en principio, del Reglamento del Consejo (CE) núm. 44/2001 [13], anteriormente conocido como Convenio de Bruselas, y de lo dispuesto en la Ley de Enjuiciamiento Civil en sus arts. 51 y siguientes.

Si la infracción se comete por empresa que no tiene sede en la Comunidad podrá ser demandada en cualquier lugar de la Comunidad Europea, y dado que las actuaciones serán en muchos casos de daños, se puede interponer la demanda en el sitio donde se cause el daño, en virtud de lo dispuesto por el art. 5 del Reglamento núm. 44/2001, y la jurisprudencia del Tribunal de Justicia de las Comunidades Europeas.

En principio, nuestras normas procesales, art. 51 de la LEC, imponen que sea el juzgado competente en el domicilio del demandado, salvo que haya un atribución de jurisdicción explícita. Señalemos que hay reglas especiales más favorables para las acciones de consumidores, que permiten atribuir el fuero al juzgado de residencia de los mismos.

---

[13] Reglamento (CE) núm. 44/2001 del Consejo, de 22 de diciembre de 2000, relativo a la competencia judicial, el reconocimiento y la ejecución de resoluciones judiciales en materia civil y mercantil, *DOCE,* núm. L 12, de 16 de enero de 2001, p. 1.

En este apartado es preciso señalar la existencia de la sentencia inglesa *Provimi*[14], que prevé que cabe atribuir a la jurisdicción inglesa el conocimiento de acciones de daños y perjuicios sufridos por filiales alemanas como consecuencia de actuaciones contrarias al Derecho de la competencia comunitario por filiales alemanas de empresas transnacionales, en el marco del asunto vitaminas.

Véase también la sentencia del Tribunal Supremo de Estados Unidos *Empagran*[15], que puede verse contrapuesta a la anterior, también en el marco del asunto vitaminas, pero resolviendo que no se puede dar protección con la legislación norteamericana civil a daños derivados de un cártel fuera de su territorio para empresas que no son norteamericanas.

b) *Las acciones colectivas* class actions

Éste parece ser un elemento importante, o al menos como tal se señala, para la ejecución privada del Derecho de la competencia en Estados Unidos de América, y también ahora en Canadá[16]. (el otro elemento son los *contigency fees*). La nueva Ley de Enjuiciamiento Civil, prevé en su art. 15 una posibilidad de plantear acciones colectivas, esto es con pluralidad de partes demandantes. Esto supone una puerta abierta a que afectados por el Derecho de la competencia puedan intervenir en un solo proceso y defender colectivamente sus intereses frente a quien haya causado daño a este colectivo infringiendo las normas de competencia.

Dada la novedad de las instituciones, deberemos esperar para ver qué resultados se pueden plantear, si bien ya hay que señalar que se dispone de un instrumento significativo, puesto que consumidores o usuarios de manera individual no pueden actuar, pero sí les es posible hacerlo de forma colectiva. Algunas de las primeras resoluciones ya plantean cuestiones interesantes, como el problema de la cobertura de las medidas cautelares y la indeterminación de los afectados sobre la base del referido art. 15[17].

---

[14] *Provimi Ltd.* v. *Aventis Animal Nutrition SA and other actions,* EWHC 961 (Comm), 2003.

[15] Sentencia de 14 de junio de 2004, núm. 03.724, *F. Hoffmann-La Roche Ltd., Et Al., Petitioners* v. *Empagran SA Et Al.; nótese que casó la sentencia de apelación Empagran SA* v. *F Hoffman-La Roche Ltd.* (17 January 2003, US Court of Appeals for the District of Columbia Circuit, No. 01-7115).

[16] El otro elemento importante parecen ser los *contigency fees.* Si bien a falta de ésos se popularizan los honorarios de éxito.

[17] Auto de 16 de septiembre de 2003 de la Audiencia Provincial de Sevilla, Sección 5.ª, en demanda interpuesta por la Federación de Asociaciones de Consumidores y Usuarios de Anda-

c) *Problemas de acumulación de acciones*

¿Qué ocurre cuando se quieren acumular diversas acciones que pueden corresponder a distintos órdenes jurisdiccionales? La ley prevé que se pueden acumular acciones del mismo orden jurisdiccional, esto es, se podrían acumular acciones derivadas de una terminación contractual sobre la base de la normativa española de competencia, pero no con la comunitaria, puesto que la competencia ha sido atribuida a los juzgados de lo mercantil.

Se pueden acumular acciones derivadas del Derecho comunitario de la competencia con las que se ejerzan por competencia desleal, pero no basada en la normativa española de competencia, si fuera directamente aplicable.

d) *Reconvención basada en la aplicación de los arts. 81 u 82*

La atribución a los juzgados de lo mercantil crea una situación compleja cuando se pretende reconvenir en un contencioso civil sobre la base de los arts. 81 u 82 del Tratado CE, salvo que se plantee dicha reconvención en el orden jurisdiccional de lo mercantil.

Pensemos en la típica rescisión de un contrato de un concesionario de automóviles o de un abanderado de combustible, o de un franquiciado. Éstos podrán oponer en su favor en contestación a la demanda la aplicación de los arts. 81 u 82 del Tratado, sin embargo no cabrá que sobre dicha base efectúen una reconvención, pues el art. 73 de la Ley de Enjuiciamiento Civil lo impide, para ello deberán iniciar el correspondiente proceso en la jurisdicción de lo mercantil. Esto puede llevar al riesgo de sentencias que sean contradictorias, pues un orden jurisdiccional puede retener las alegaciones y el otro no, siendo las mismas sobre los mismos hechos.

e) *Procedimiento arbitral*

La relación con los procedimientos arbitrales es la general que existe, y que supone considerar válidos los acuerdos de atribución a un procedimiento arbitral. El único límite es que el árbitro deberá aplicar

---

lucía (FACUA), Unión de Consumidores de Andalucía (UCA) y Federación de Consumidores y Amas de Casa Al-Andalus.

el Derecho de la competencia, y ésta deberá ser tutelada por la jurisdicción civil en el sentido previsto en la sentencia del TJCE *Eco Swiss*[18].

En España la reciente Ley de Arbitraje[19] prevé en su art. 41, apartado 1, letra *f),* que se anule un árbitro por ser contrario al orden público. Cabe entender que la no aplicación del Derecho de la competencia pudiera ser una causa de anulación, Nótese que, por contra, no lo es una aplicación errónea de dicho Derecho.

f) *Litispendencia*

La litispendencia generará sin duda debate, pues a la vista de contratos uniformes o uniformizados, y a la vista del número de tribunales potencialmente competentes en la Unión Europea y de autoridades administrativas, no hay duda que será fuente de conflictos y debates. Permítaseme simplemente enunciar el tema sin debatirlo.

g) *La alegación de la aplicabilidad del art. 81.3*

Esta cuestión, además del problema que ya hemos visto de contradicción y complejidad jurídica, y de los problemas que abordará la ponencia de Jorge Padilla, plantea un problema adicional procesal. Salvo que un demandante muy precavido plantee su inaplicabilidad, que no vemos por qué lo debe hacer, será el demandado quien planteará que si bien el acuerdo infringe el apartado 1 del art. 81 del Tratado CE, merece ser válido en función de su apartado 3.

Siendo éste el cauce normal del procedimiento, el demandante no tendrá opción a contestar por escrito a esta alegación, puesto que el procedimiento ordinario sólo prevé un sola ronda de escritos. Esto llevó a alcanzar la siguiente conclusión en las referidas jornadas de Valencia:

> *«2. Si la alegación del art. 81.1 del Tratado se realiza por el demandado, el actor que se considere amparado por el art. 81.3, sólo podrá alegarlo en el acto del juicio, verbalmente, cauce procesal inadecuado para una cuestión tan compleja».*

---

[18] Sentencia del TJCE de 1 de junio de 1999, *Eco Swiss China Time Ltd. contra Benetton International NV,* asunto C-126/97, *Recopilación de Jurisprudencia del Tribunal de Justicia,* p. I-3055.

[19] Ley 60/2003, de 23 de diciembre, de Arbitraje, *BOE,* núm. 309, de 26 de diciembre de 2003, pp. 46097-46109.

h) *Cosa juzgada*

Por la complejidad del mismo, me limito simplemente a apuntar que se plantearán conflictos sobre esta base, en la medida que temas muy parecidos, por ejemplo de una relación contractual idéntica o casi idéntica en toda la Comunidad, contratos tipo de distribución o franquicia, sean resueltos por otros jueces civiles. Se planteará hasta qué punto puede considerarse cosa juzgada cuando no haya identidad de actores o de demandados.

También existirán problemas porque habrá quien intentará obtener resarcimiento en varias jurisdicciones sucesivamente, y también se derivarán problemas por las actuaciones de empresas que tienen más de una filial en distintos países de la Comunidad y que son actoras en una reclamación de daños y perjuicios.

B) Temas de fondo

Como temas de fondo abordaré de forma resumida los distintos *petita* posibles, dado que éstos representan lo que se puede obtener sobre la base de la Ley de Enjuiciamiento Civil, mucho más puesto que se trata de una jurisdicción de justicia rogada.

a) *Los daños y perjuicios*

Parecen los más importantes y sin duda tendrán mucho relieve, pero no hay que olvidar, como hacen algunos autores, los otros *petita* que son tanto o más importantes, y, entre ellos, la posibilidad de adoptar medidas cautelares o incluso cautelarísimas.

En materia de daños y perjuicios el principal problema son los cálculos necesarios para demostrar cómo hubiera sido la competencia de no haberse distorsionado, que no resulta nada fácil.

Es preciso ver cómo se enfoca el tema de daños en los casos de aplicación de la Comunicación de “arrepentidos”[20], en cuanto a elementos probatorios de los hechos[21]. Dependerá de la decisión de la Administración que haya aplicado la figura del arrepentimiento, pues aquélla podrá dejar ya probados diversos elementos, como son la par-

---

[20] Comunicación de la Comisión relativa a la dispensa del pago de las multas y la reducción de su importe en casos de cártel. *DOCE,* núm. C 45, de 19 de febrero de 2002.

[21] *Iberian Trading UK* v. *BPB Industries,* ICR 164, 1997.

ticipación en la conducta que ha causado el daño, hasta la propia cuantificación del mismo.

En los supuestos en que se haya identificado hasta la cuantía del perjuicio causado, las labores jurisdiccionales se verán simplificadas significativamente, permitiendo con ello el restablecimiento de la situación que se hubiera dado de no haber existido la infracción. Éste es un punto para reflexión de la Administración, si pretende facilitar la labor de los posibles demandantes, para que se resarzan del daño sufrido debido a la infracción de la competencia.

Finalmente, señalar, lo que no hace mucha gente, los daños indirectos, para ello es preciso hacer una referencia a la sentencia de los Estados Unidos, *Illinois Brick*[22]. Éste será un tema de futuro, pues primero deben aparecer las primeras sentencias de daños directos, y a partir de ahí veremos los intentos por reclamar los daños indirectos.

b) *La nulidad*

Éste será el punto técnico estrella, muchísimo más que los espectaculares daños y perjuicios. La nulidad planteada desde los órganos administrativos era una anomalía grave del sistema, puesto que la nulidad si alguien puede y debe declararla es el juez, y no una autoridad administrativa. La postura correcta sería declarar el acto anticompetitivo y ya se extraería la consecuencia de nulidad sin declaración expresa.

Los aspectos técnicos nos llevarán a tener que determinar hasta qué punto alcanza la nulidad, si debe afectar a una parte del acuerdo o a la totalidad, y cómo juega la cláusula de reestablecimiento del equilibrio contractual que ha devenido tan común.

Será interesante examinar cómo no sólo solicitarán o podrán solicitar acciones de nulidad contractual basadas en el Derecho de la competencia las partes de un contrato, sino también terceros que se puedan hallar afectados por dichos contratos. Por ejemplo, si un cártel se estableciera mediante un contrato, o si una empresa que alcanza la posición dominante mantiene descuentos de fidelidad u otros acuerdos que supongan para terceros problemas para acceder a una infraestructura básica.

---

[22] *Illinois Brick Co.* v. *Illinois,* 431 US, 720, 1977.

c) *Las acciones de cesación*

Las acciones de cesación serán importantes como *petitum* complementario de las acciones que se funden sobre la normativa de competencia, pues lo que interesará al demandante es que no se continúe con el acuerdo restrictivo o conducta que le causaba perjuicio.

Como mencionado en el apartado anterior, cabrá esperar acciones de cesación por parte de terceros que sufran daños de una actuación empresarial contraria a las normas de defensa de la competencia.

d) *Las acciones de hacer o dar*

Éstas son las más complejas, y posiblemente nuestra normativa procesal no esté preparada para ello, pues son acciones que solicitarán que el demandado realice algo que no quiere hacer o dar y, por lo tanto, requerirán todo el poder de disuasión de que disponen las normas procesales.

Indicaba que no están las normas procesales preparadas, pues este tipo de situaciones suelen requerir una vigilancia continuada de la situación para ir adaptando a los cambios que se produzcan las obligaciones impuestas a la parte que infringe el Derecho de la competencia.

e) *Las medidas cautelares*

Importantísima medida sobre la que se basará la aplicación judicial del derecho de la competencia, puesto que algunos de los *petita* anteriormente indicados podrán darse en la misma fase de medidas cautelares, para preservar la competencia.

En este aspecto sí que el Derecho procesal español está equipado para asumir los cambios de situaciones que se puedan dar mientras dura el proceso principal.

C) La peculiar situación española

En España, el hecho de que nuestra ley, como ocurre en otros Estados miembros de la CE, no prevea la posibilidad de actuación privada en materia de competencia implica que el debate fundamental que se planteará ante la jurisdicción competente es si existe o no afectación del comercio intracomunitario. Si hay afectación la acción civil se mantendrá, y si no, volveremos a la situación del art. 13 de la Ley de Defensa de la Competencia.

Téngase en consideración que el art. 1.3 de la Ley de Defensa de la Competencia permite a la Administración no examinar los temas *de minimis,* lo que no impide que se accione privadamente ante dicha situación.

El juego de este artículo con el referido art. 13 hace que sea posible acudir a la jurisdicción ordinaria en los casos en que se plantee que la Administración considera *de minimis* la infracción de la competencia. Es preciso indicar que debido a que dicha competencia no ha sido específicamente atribuida a la jurisdicción de lo mercantil, como es el caso para los arts. 81 y 82 del Tratado, se verá, por lo dispuesto en la LOPJ atribuido a la jurisdicción civil.

La situación en España puede calificarse de peculiar y es la siguiente en cuanto a acciones privadas:

1. Si la infracción es de los arts. 1 y 6 de la LDC, lo es también de los arts. 81 u 82 del Tratado, y al invocar estos últimos se podrá acudir a la jurisdicción de lo mercantil.

2. Si la infracción de los arts. 1 y 6 de la LDC no infringe los arts. 81 u 82 del Tratado, o se olvida o no se quiere solicitar su aplicación, y no lo califica la Administración *de minimis*, habrá que estar a lo dispuesto por el art. 13 de la Ley de Defensa de la Competencia, en el supuesto de resarcimiento de daños y perjuicios. En su apartado 2 prevé que antes de iniciar la acción civil debe ser firme en vía administrativa, o en su caso, contencioso-administrativa la resolución del TDC. Si la acción que se pretende no es de daños y perjuicios, no parece que la ley exija la firmeza de resolución alguna.

Cabe una interpretación más acorde con el dictado constitucional de acceso a la justicia y del principio *ubi ius ibi remedium*, que permitiría entender que no es obligatorio esperar a la firmeza de resolución alguna para accionar por daños y perjuicios. Como se verá, mi propuesta es de cambio, con lo que se obviaría el tener que ver si es correcto lo expresado[23].

3. Si la infracción es sólo de los arts. 1 ó 6 de la LDC, no tiene afectación comunitaria y se califica *de minimis* por la Administración, se abrirá directamente la vía de la jurisdicción civil. Esto sería así, puesto que pare evitarlo el denunciado ante la autoridad instructora de

---

[23] Se ha propuesto por diversos autores una vía mediante la Ley de Competencia Desleal, en aplicación de su art. 15. Me parece viable, pero desconozco que haya prosperado acción alguna. Creo que la mejor solución será permitir la acción civil sobre la base de la Ley española de Defensa de la Competencia.

competencia debería recurrir dicha resolución para que no adquiriese firmeza, siempre en relación con los daños y perjuicios, en aplicación del referido art. 13 de la Ley.

6. SUGERENCIAS DE FUTURO

1. De forma muy urgente adoptar la normativa de ejecución precisa para el buen funcionamiento del Reglamento 1/2003.

2. De forma urgente regular la intervención del *amicus curiae,* tanto en lo que a plazos se refiere como al funcionamiento de la figura en sí.

> *«4. La obligación que establece el Reglamento 1/2003 de recibir alegaciones de* amicus curiae *de la Comisión y de la autoridad nacional de competencia, necesitará un desarrollo procesal, toda vez que además aquéllas gozan de la facultad que les da el mismo Reglamento, de pedir copia de los autos para formular sus alegaciones.*
>
> *Cada Estado miembro debe posibilitar un sistema procesal adecuado a todo ello, ya que en otro caso podrán presentarse dichas alegaciones en cualquier momento a pesar de la perturbación que ocasione en el procedimiento. España no ha habilitado cauce procesal alguno».*

3. Atribuir la competencia para dilucidar cuestiones sobre el Derecho de la competencia español a los juzgados de lo mercantil.

En la situación actual existe una disfunción jurisdiccional importante en España con la creación del orden de lo mercantil y el juego del art. 73 de la LEC, que impone el llevar dos procesos paralelos cuando no sólo se pretenda cuestionar los hechos sobre la base de los arts. 81 y 82 del Tratado, sino ejercitar alguna acción vía reconvención.

Necesaria atribución al mismo orden jurisdiccional de la aplicación del Derecho de la competencia español y comunitario, de lo contrario nos encontraríamos en que pueden existir dos jurisdicciones competentes con algunos de los problemas que ya hemos exainado.

A la siguiente conclusión se llegaba en las jornadas de Valencia:

> *«5. Teniendo atribuida la competencia objetiva los juzgados de lo mercantil para aplicar el Derecho comunitario de competencia, no parece lógico que no la tengan atribuida para la aplicación del Derecho nacional de competencia».*

4. Adoptar en España la posibilidad de ejecución privada para el Derecho nacional de la competencia.

No cabe duda que este cambio es urgente y se debe dar la posibilidad a los administrados españoles de interponer acciones civiles sobre la base del Derecho de la competencia nacional, pues si no deberemos coexistir con la peculiaridad española anteriormente descrita.

Con este cambio, por un lado, la aplicación se alineará con la normativa comunitaria, pues parece lógico que el tratamiento sea parecido entre el de la aplicación del Derecho de la competencia comunitario y el nacional.

Y, por otro lado, libera a la Administración de las cargas que pudieran pesar sobre la misma, pues puede indicarle a cualquier administrado que tiene una vía abierta si considera que sufre perjuicios o daños, permitiéndole a la vez concentrar el trabajo en aquellos temas que considere tienen interés público.

La aplicación del Derecho de la competencia en España es complejo por el número potencial de autoridades de competencia y la posible descoordinación entre las mismas. La Ley 1/2002 permite a la Administración central actuar como *amicus curiae* ante la autonómica en materia de Derecho de la competencia, si bien ello no impide que se adopten decisiones que se consideren no acordes con la práctica estatal.

El que exista una acción privada permitirá al administrado afectado por una actuación que se considere no acorde con la práctica estatal acudir a la jurisdicción ordinaria y solicitar la aplicación privada del Derecho de la competencia, con lo que se podía prever, parangonando el procedimiento para la aplicación de los arts. 81 y 82 del Tratado, una posibilidad de actuar como *amicus curiae* de la Administración central.

5. En general, ampliar esa posibilidad a los compromisos u obligaciones impuestas en materia de control de concentraciones.

Creo necesario proponer que se extienda la acción privada a las situaciones que se deriven de compromisos ofrecidos o condiciones impuestas para la aprobación de una operación de concentración.

Esto permitiría a las empresas no tener que depender de las actuaciones que considere oportunas la Administración, sino que podría acudir al juez para ejecutar las referidas condiciones o compromisos, con lo que se aumentaría la vigilancia del cumplimiento de las condiciones derivadas de una operación de concentración.

7. CONCLUSIÓN

Lo primero que hay que manifestar es la satisfacción por el hecho de que el Derecho de la competencia pierda su carácter eminentemente administrativo y se privatice o civilice. Será un proceso importante, aunque no sin problemas, pero sin duda fascinante para los que seremos algo más que meros espectadores. Quizás hasta actores, y casi seguro sufridores.

Quiero indicar que un proceso de esta naturaleza, por definición complejo, está llamado a sufrir altibajos y a causar muchos problemas. Pero es el único camino, y hay que tomarlo y seguirlo, con ánimo y una voluntad de mejora y esfuerzo.

Intentemos no ayudar a que aparezcan más sentencias tipo *Campsa*, de 30 de diciembre de 1993, pues no contribuyen de manera positiva al reto que tenemos, y que algunos podrían considerar que no dignifican la profesión, ni su práctica, sino que nos confunden y retrasan en cuanto a la aplicación del Derecho.

Posiblemente el fin último de este camino que iniciamos sea la propia reforma del Tratado CE, en cuanto a su art. 81. Yo no tengo dudas de ello, tardaremos pero llegaremos, pues parte de las disfunciones está en la visión administrativista y de herencia francesa, que tiene dicha disposición. También el art. 82 del Tratado CE precisará mejoras para su aplicación privada.

Algunas de las sugerencias avanzadas son realmente urgentes, así que trabajemos para que éstas sean realidad en breve y permitan avanzar por este apasionante nuevo camino.

CONFLICTOS Y SOLUCIONES EN LA APLICACIÓN PARALELA ADMINISTRATIVA Y JUDICIAL

Helmut BROKELMANN
Socio de Martínez Lage & Asociados

1. INTRODUCCIÓN

El paso del antiguo sistema de autorización administrativa contemplado en el Reglamento 17/1962 al nuevo sistema de excepción legal que establece el Reglamento 1/2003 [1] no sólo implica una descentralización administrativa en la aplicación de las normas comunitarias de la competencia, sino que previsiblemente también conllevará una mayor aplicación de estas normas por los órganos jurisdiccionales nacionales.

Mientras que la descentralización administrativa es fruto del abandono por parte de la Comisión Europea de su monopolio de conceder exenciones conforme al art. 81.3 CE (art. 9.1 del Reglamento 17/1962), el posible incremento de la aplicación judicial de los arts. 81 y 82 CE se derivaría del hecho de que en un sistema de excepción legal los órganos jurisdiccionales nacionales (al igual que las autoridades administrativas de la competencia) no sólo son competentes, como hasta ahora, para aplicar el art. 82 CE y el primer apartado del art. 81, sino

[1] Reglamento (CE) núm. 1/2003 del Consejo, de 16 de diciembre de 2002, relativo a la aplicación de las normas sobre competencia previstas en los arts. 81 y 82 del Tratado; *DOUE,* núm. L 1/1, de 4 de enero de 2003.

también el tercer apartado de esta disposición. Así, el art. 6 del Reglamento 1/2003 establece la competencia de los órganos jurisdiccionales nacionales para aplicar los arts. 81 y 82 CE en su totalidad. En este sentido, los Considerandos 4 y 7 del Reglamento reconocen el efecto directo horizontal que la jurisprudencia del Tribunal de Justicia de las Comunidades Europeas (TJCE) venía atribuyendo a los arts. 82 y 81.1 CE[2]. Según esta jurisprudencia, estas disposiciones producen efectos directos en las relaciones entre particulares y engendran directamente a favor de los justiciables derechos que los órganos jurisdiccionales nacionales deben salvaguardar, facultad que el nuevo Reglamento extiende ahora al tercer apartado del art. 81[3].

Aunque, en rigor, nada cambie respecto de la aplicabilidad directa del art. 82 CE por los tribunales, el incremento de la actividad litigiosa respecto de ambas normas comunitarias de la competencia obedece a que los tribunales podrán ahora aplicar el art. 81 en su totalidad, sin estar constreñidos por la anterior imposibilidad de aplicar el tercer apartado de esta disposición cuando una de las partes invocaba el art. 81.1 —casi siempre para eludir el cumplimiento de una obligación contractual invocando la nulidad de la misma en virtud del art. 81.2 CE—. Esta constelación, en virtud de la cual las normas de competencia se invocan a título incidental, seguirá siendo, en nuestra opinión, el principal campo de aplicación judicial de esta normativa.

No obstante, no debe excluirse que el nuevo régimen de excepción legal también origine —aunque sea paulatinamente— un "cambio de cultura" en la aplicación de las normas de competencia que posibilite el aumento de las demandas fundamentadas, a título principal, en infracciones a dichas normas, bien para exigir el resarcimiento de los daños y perjuicios causados por un cártel o una empresa que ha abusado de su posición de dominio o bien para conseguir la cesación de una determinada conducta, supuesto que, estimamos, seguiría siendo excepcional[4].

De todas maneras, este cambio a favor de una cultura más "judicial" y, por ende, americana, tampoco debiera ser espectacular, ya que muchas de las razones que hasta ahora han desincentivado el recurso a los tribunales frente a una denuncia presentada ante las autoridades administrativas de la competencia sin duda subsisten en la actualidad:

---

[2] Sentencia de 27 de marzo de 1974, *BRT/SABAM I*, asunto 127/73, *Rec.*, p. 313.

[3] Sin perjuicio de las dudas que puedan subsistir acerca de posibilidad de que una norma de Derecho secundario comunitario declare la aplicabilidad directa de una disposición del Tratado, cuestión ésta que seguramente acabará ocupando a los tribunales comunitarios.

[4] *Vid.* a este respecto el análisis de Wouter P. J. Wils, «Should Private Antitrust Enforcement Be Encouraged in Europe?», *World Competition*, vol. 26, núm. 3, septiembre de 2003, pp. 473-488.

las mayores dificultades de prueba ante un tribunal civil (frente a las potestades de investigación de la Administración y al *pre-trial discovery* de Estados Unidos), los obstáculos para entablar demandas colectivas *(class actions),* la imposibilidad de demandar daños punitivos de un infractor (*punitive* o *treble damages*) y, *last but not least*, la prohibición establecida en las normas colegiales de acordar una pura cuota litis *(contingency fees)* [5].

A pesar de que estos inconvenientes subsistan en la actualidad, es previsible que el nuevo régimen de excepción legal que establece el Reglamento 1/2003 favorezca una mayor aplicación de las normas comunitarias de la competencia en sede judicial, lo cual, en principio, debiera ser bienvenido, pues aumentará la aplicación *(enforcement)* de estas normas y, con ello, el cumplimiento de las mismas, lo que, en definitiva, redundará en el bienestar de los consumidores.

En lo que respecta a nuestra normativa interna, podría parecer dudoso que la plena aplicación judicial de los arts. 81 y 82 CE sea igualmente extensible a los arts. 1, 6 y 7 de nuestra LDC —puesto que, como veremos, el nuevo art. 86 ter de la LOPJ sólo encomienda a los juzgados de lo mercantil la aplicación de las normas de la competencia comunitarias, sin mencionar siquiera las correspondientes disposiciones nacionales [6]—. No obstante, no parece razonable que una reformada LDC que acoja el sistema de excepción legal siguiendo el precedente comunitario del Reglamento 1/2003 no establezca igualmente que los órganos jurisdiccionales nacionales estén plenamente facultados para aplicar los arts. 1, 6 y 7 LDC.

Ahora bien, la posible aplicación paralela —simultánea o consecutiva— de un mismo conjunto de normas por distintas instancias administrativas (la Comisión Europea y las autoridades nacionales de la competencia) y judiciales (los nuevos juzgados de lo mercantil y demás tribunales ordinarios de la jurisdicción civil) necesariamente implica el peligro de resoluciones contradictorias y, por tanto, conlleva riesgos para la uniformidad de la aplicación de estas normas. Estos riesgos pueden surgir tanto en casos concretos en los que se produzca una multiplicidad de pronunciamientos de varias instancias sobre un mismo

---

[5] *Vid.* Alan RILEY, «EC Antitrust Modernisation: The Commission Does Very Nicely-Thank You! Part Two: Beetween the Idea and the Reality: Decentralisation under Regulation 1», *ECLR,* núm. 12, 2003, pp. 657-671; sobre *class actions* y *treble damages*, Christoph G. LANG, «Class Actions and the US Antitrust Laws: Prerequisites and Interdependencies of the Implementation of a Procedural Device for the Aggregation of Low-Value Claims», *World Competition,* vol. 24, núm. 2, junio de 2001, pp. 285-302.

[6] La letra *f)* del nuevo art. 86 ter LOPJ dispone que los juzgados de lo mercantil conocerán *«de los procedimientos de aplicación de los arts. 81 y 82 del Tratado de la Comunidad Europea y de su Derecho derivado»*, sin hacer referencia alguna a las correspondientes disposiciones del ordenamiento interno, los arts. 1, 6 y 7 LDC.

supuesto de hecho como, en términos más generales, respecto de la uniformidad en la interpretación de las normas de la competencia por distintas autoridades administrativas y judiciales.

Aunque, como hemos indicado, en la reciente reforma de la LOPJ nuestro legislador sólo ha contemplado la aplicación de los arts. 81 y 82 CE por los órganos jurisdiccionales, las mismas cuestiones que suscita la aplicación paralela de las disposiciones comunitarias por distintas instancias se plantearán respecto de la aplicación administrativa y judicial de los arts. 1, 6 y 7 LDC. Como veremos, incluso es previsible que se presenten ulteriores conflictos, dado que las resoluciones administrativas en aplicación exclusivamente de la normativa nacional no están revestidas del efecto vinculante y del de primacía que acompañan a cualquier decisión de la Comisión Europea en aplicación de los arts. 81 y 82 CE.

En las líneas que siguen nos proponemos analizar estos posibles conflictos —así como sus posibles soluciones— que puedan surgir como consecuencia de la existencia de pronunciamientos contradictorios de las autoridades administrativas y judiciales (de cualquier orden, civil, mercantil, contencioso-administrativo e incluso penal), tanto en aplicación del Derecho comunitario como de las disposiciones de nuestra LDC. Examinaremos primero los supuestos de resoluciones contradictorias en relación con unos mismos hechos y, en segundo lugar, la necesidad de crear mecanismos que permitan una uniformidad interpretativa de las normas de competencia por los distintos órganos jurisdiccionales —civiles y contencioso-administrativos— llamados a aplicar estas normas.

II. LA APLICACIÓN PARALELA DEL DERECHO DE LA COMPETENCIA POR LA COMISIÓN EUROPEA Y LOS TRIBUNALES NACIONALES

A) Aplicación paralela de los arts. 81 y 82 CE

La aplicación paralela —simultánea o consecutiva— de las normas comunitarias de la competencia por la Comisión Europea y los órganos jurisdiccionales nacionales ha sido analizada por el TJCE en varias sentencias, entre las que destacan los asuntos *Delimitis* y *Masterfoods* [7]. Los principios establecidos en dicha jurisprudencia —aunque en el contexto del antiguo régimen del Reglamento 17/1962— han sido reco-

[7] Sentencias de 28 de febrero de 1991, *Stergios Delimitis/Henninger Braeu.*, C-234/89, *Rec.*, 1991, p. I-935, y de 14 de diciembre de 2000, *Masterfoods/HB Ice Creams*, C-344/98, *Rec.*, 2000, p. I-11369.

gidos por la Comisión en el art. 16 del Reglamento 1/2003 y en su nueva Comunicación relativa a la cooperación entre la Comisión y los órganos jurisdiccionales[8], que reemplaza la anterior Comunicación de 1993[9].

Como norma general, los tribunales nacionales que apliquen los arts. 81 y 82 CE y/o alguna norma de Derecho derivado de aplicabilidad o efecto directo —en particular, los reglamento comunitarios de exención por categoría y las decisiones de la Comisión adoptadas en aplicación de los arts. 81 y 82— están vinculados por la aplicación de los arts. 81 y 82 por la Comisión en un asunto concreto, con independencia de que los órganos jurisdiccionales nacionales estén aplicando dichas normas simultánea o posteriormente a la Comisión[10]. Esta regla se desprende del art. 16.1 del Reglamento 1/2003, que se refiere tanto al supuesto de que la Comisión ya haya adoptado una decisión como a que la resolución judicial sea susceptible de entrar en conflicto con una "decisión prevista" por la Comisión en un procedimiento ya incoado. El art. 16.1 se refiere igualmente a la posible obligación de suspender el procedimiento nacional (y, en su caso, de adoptar medidas cautelares) para evitar resoluciones contradictorias y a la posibilidad (u obligación cuando se trate de un tribunal de última instancia o una cuestión de validez) de plantear una cuestión prejudicial conforme al art. 234 del Tratado en caso de duda sobre la interpretación de la normativa comunitaria.

Con ello, el art. 16.1 no hace más que codificar la anterior jurisprudencia *Delimitis* y *Masterfoods*. En este último asunto hemos visto que la obligación de los órganos jurisdiccionales nacionales de evitar resoluciones que puedan entrar en conflicto con una decisión de la Comisión va tan lejos como para prohibir a un tribunal nacional dictar en segunda instancia una resolución contraria a una decisión de la Comisión, aun cuando esta última se oponga a una resolución anterior dictada en primera instancia, e incluso desconociendo que la decisión de la Comisión ha sido impugnada ante el TPI y suspendida cautelarmente por éste. En tanto el pronunciamiento de los tribunales comunitarios no sea firme, la decisión goza de una *"presunción de legalidad"*, por lo que el juez nacional deberá suspender el procedimiento o, en todo caso, plantear cuestión prejudicial sobre la validez de la decisión de la Comisión.

Cuando ya existe una decisión de la Comisión, la uniformidad en la aplicación de los arts. 81 y 82 CE está garantizada por el efecto

---

[8] Comunicación 2004/C 101/04, *DOUE,* núm. C 101, de 27 de abril de 2004.

[9] Comunicación 93/C 39/05, *DOCE,* núm. C 39, de 13 de febrero de 1993.

[10] *Vid.* los apartados 8 y 11 a 14 de la citada Comunicación sobre cooperación con los órganos jurisdiccionales nacionales.

obligatorio de esta decisión (art. 249.4 CE), pues los tribunales nacionales sólo podrían cuestionar su validez mediante una cuestión prejudicial —en este caso siempre obligatoria— al TJCE, que así preserva la aplicación e interpretación uniforme del Derecho comunitario, en este caso, de la decisión en cuestión [11]. Por su parte, la obligación del juez nacional de no adoptar resoluciones que potencialmente puedan entrar en conflicto con futuros pronunciamientos de la Comisión se deriva del deber general de cooperación leal de los Estados miembros con las instituciones comunitarias que establece el art. 10 del Tratado y del principio general de seguridad jurídica [12].

Así pues, parecería que los riesgos de que se produzcan resoluciones contradictorias en la aplicación paralela de los arts. 81 y 82 CE por parte de la Comisión y de los tribunales nacionales son mínimos y, en todo caso, no cabe duda sobre los efectos obligatorios de la decisión de la Comisión en caso de conflicto.

Finalmente, tampoco hay que olvidar que el Derecho comunitario no sólo prevé mecanismos para evitar la adopción de resoluciones contradictorias cuando la Comisión y el juez nacional hayan aplicado o vayan a aplicar los arts. 81 y 82 en un mismo asunto, sino que también dispone de mecanismos para asegurar la aplicación uniforme de estas normas cuando sean aplicadas exclusivamente por los tribunales nacionales en ausencia de cualquier decisión anterior o posterior de la Comisión. Así, el art. 15 del Reglamento 1/2003 prevé tres distintos mecanismos de cooperación entre los tribunales nacionales y la Comisión, dos de los cuales se instrumentan a iniciativa del órgano jurisdiccional nacional (las solicitudes de información y la transmisión de dictámenes) y otro a iniciativa de la propia Comisión (la presentación de observaciones escritas y, con la venia del tribunal, orales).

B) La aplicación paralela de los arts. 81 y 82 CE, y 1, 6 y 7 LDC

En virtud del principio de primacía del Derecho comunitario, la aplicación judicial de las disposiciones de nuestra LDC a un supuesto en el que la Comisión Europea se dispone a adoptar una decisión o ésta ya ha recaído tampoco debiera plantear grandes problemas.

El propio art. 3 del Reglamento 1/2003 prescribe en estos supuestos que la aplicación del Derecho nacional de la competencia no debe

---

[11] Sentencia de 22 de octubre de 1987, *Foto-Frost/Hauptzollampt Luebeck-Ost*, asunto 314/85, *Rec.*, 1987, p. 4199. *Vid.* sobre esta cuestión el análisis de la sentencia *Masterfoods* de Fernando Castillo de la Torre, «Decisiones de la Comisión Europea en materia de política de competencia ante los tribunales nacionales: la sentencia *Masterfoods*», *Gaceta Jurídica de la Unión Europea y de la Competencia,* núm. 213, mayo-junio de 2001, pp. 29-44.

[12] *Delimitis*, apartado 47, y *Masterfoods*, apartados 51, 56 y 57.

desembocar en resultados contrarios a los que resulten de la aplicación del art. 81. En el ámbito de las conductas unilaterales, sin embargo, la normativa nacional puede ser más exigente e ir más allá del art. 82 CE (como sería el caso de la prohibición de los abusos de una situación de dependencia económica en el art. 6 LDC), de modo que aquí la disparidad de soluciones es contemplada por el propio legislador. En este sentido, la aplicación del art. 82 por parte de la Comisión sólo puede vincular al juez nacional respecto de la interpretación de esta disposición, pero no en cuanto a la aplicación ulterior del art. 6 LDC.

En definitiva, el Derecho comunitario parece proporcionar todos los instrumentos necesarios para prevenir el riesgo de resoluciones contradictorias por parte de la Comisión Europea y de los tribunales nacionales, así como para establecer la primacía de las decisiones comunitarias en caso de que se produjese una resolución judicial que entrase en conflicto con un pronunciamiento de la Comisión, ya sea simultáneo o anterior.

3. LA APLICACIÓN PARALELA DEL DERECHO DE LA COMPETENCIA POR LAS AUTORIDADES ADMINISTRATIVAS Y TRIBUNALES NACIONALES

A) El riesgo de resoluciones contradictorias

Como hemos visto, las soluciones que proporciona el Derecho comunitario para atajar el peligro de decisiones contradictorias de la Comisión y los órganos jurisdiccionales nacionales en materia de competencia emanan de las obligaciones de cooperación leal que para ambas partes —las instituciones comunitarias y los Estados miembros— establece el art. 10 del Tratado, así como del efecto obligatorio de cualquier decisión adoptada por la Comisión (art. 249.4 CE) y del principio de primacía, ahora codificado en el art. 3 del Reglamento 1/2003.

Estos principios no nos asisten, sin embargo, en el análisis de los posibles conflictos que la aplicación paralela de las normas de competencia puede generar entre los pronunciamientos de los órganos jurisdiccionales, por un lado, y las autoridades administrativas nacionales de la competencia —ya sea el TDC o las autoridades regionales—, por otro.

Estas situaciones de aplicación paralela pueden resultar del recurso simultáneo, o consecutivo, a autoridades administrativas y judiciales. Es poco probable que un mismo denunciante recurra simultáneamente a ambas vías, presentando una denuncia ante la autoridad de la competencia y una demanda civil que igualmente busque el cese de la infracción. Sin embargo, no es tan improbable que un denunciante presente simultáneamente una demanda de reclamación de daños ante la jurisdicción civil o que una misma práctica anticompetitiva —un cártel o una conducta abusiva— dé lugar a denuncias administrativas y demandas judiciales instados por distintos afectados.

Hasta ahora, el riesgo de resoluciones contradictorias de la Administración y los tribunales no se ha planteado en España por varios motivos. En primer lugar, porque la propia LDC establece en su art. 13.2 que cualquier acción de resarcimiento de daños y perjuicios fundada en la ilicitud de los actos prohibidos por la LDC sólo podrá ejercitarse una vez que la declaración de infracción a la LDC haya devenido firme en vía administrativa y, en su caso, jurisdiccional. Sin perjuicio de que no es posible extrapolar esta disposición a una demanda por daños y perjuicios basada en una violación de los arts. 81 u 82 CE, pues ello sería diametralmente contrario al anteriormente descrito efecto directo de estas disposiciones, al imposibilitar a los particulares su invocación directa, el art. 13.2 LDC de hecho ha impedido hasta la fecha que prosperase cualquier reclamación de daños y perjuicios en España [13].

En nuestra opinión, esto ya sería motivo suficiente para que en la nueva LDC no vuelva a tener cabida ninguna disposición del tenor del actual art. 13, pues tener que aguardar la firmeza del pronunciamiento administrativo —que en muchos casos tardará años en producirse— desincentiva y prácticamente imposibilita cualquier acción de reclamación de daños.

La situación creada por el art. 13.2 LDC se ha visto agravada por la conocida jurisprudencia *CAMPSA* de nuestro Tribunal Supremo [14], que ha venido evitando conflictos entre los pronunciamientos de la Administración y de los órganos jurisdiccionales más allá del ámbito regulado en el propio art. 13.2 LDC. Según esta jurisprudencia, los juzgados y tribunales del orden jurisdiccional civil carecerían de competencia para conocer de una demanda fundada, a título principal, en una violación de las normas de la competencia, puesto que los órganos administrativos —ya sea la Comisión o el TDC— disponen de competencias privativas para conocer de dichas materias.

Aunque estimamos que esta jurisprudencia del Tribunal Supremo siempre ha sido contraria al efecto directo de los arts. 82 y 81.1 CE

[13] Cfr. «Study on the conditions of claims for damages in case of infringement of EC competition rules: comparative report», *Ashurst,* 31 de agosto de 2004: «National Report for Spain», pp. 2-3; «Executive summary and overview of the national report for Spain», pp. 1-2.

[14] STS de 30 de diciembre de 1993, *CAMPSA*, núm. 1262/1993; doctrina confirmada en la STS de 4 de noviembre de 1999, núm. 908/1999.

reconocido en la antes citada jurisprudencia del TJCE [15] —por impedir que los particulares invoquen los derechos que estas disposiciones del Tratado les confieren ante el juez nacional y desconocer que éste está obligado a tutelarlos en virtud de su efecto directo [16]—, interesa recordar el razonamiento esgrimido por el alto Tribunal en relación con el problema de las decisiones contradictorias que aquí nos ocupa. El Tribunal Supremo señalaba en su sentencia que *«la posibilidad de resoluciones contradictorias en materia de competencia entre las dimanantes de los órganos, jurisdiccionales o no, a los que se atribuye el conocimiento de sus normas reguladoras con carácter principal y las dictadas por los órganos jurisdiccionales que las aplican con carácter incidental, afectando a la seguridad jurídica, viene recogida en la sentencia* (...) BRT/SABAM, *siendo precisamente ese peligro el criterio que ha de seguir el órgano jurisdiccional ante el que se invoca la aplicación del Derecho de la competencia para acordar o no la suspensión del proceso, una vez iniciado el procedimiento por la Comisión»* [17].

Con ello, la sentencia *CAMPSA* identifica precisamente el problema que para el principio de seguridad jurídica [18], garantizado en el art. 9.3 de la Constitución, plantea el peligro de que se produzcan resoluciones contradictorias entre la Administración y los juzgados ordinarios haciendo suyo el razonamiento del TJCE, que en estos casos, sin embargo, no prescribe la inaplicabilidad de la norma comunitaria ante los órganos jurisdiccionales, sino la obligación de éstos de evitar resoluciones contradictorias, suspendiendo el procedimiento hasta que

[15] *BRT/Sabam I, supra* nota 2. Otros autores han intentado conciliar esta jurisprudencia con la doctrina *CAMPSA* del Tribunal Supremo; *vid.* S. Martínez Lage, «La aplicabilidad directa del Derecho de la competencia comunitario y nacional por los tribunales ordinarios españoles», *Perspectivas Jurídicas Actuales,* Madrid, Centro de Estudios Ramón Areces, 1995, pp. 239 ss., y «La aplicación judicial de los arts. 81 y 82 CE a partir del 1 de mayo de 2004», *Gaceta Jurídica de la Unión Europea y de la Competencia,* núm. 231, mayo-junio de 2004.

[16] Entendemos, en todo caso, que la jurisprudencia del Tribunal Supremo ya no pueda ser válida en el nuevo entorno de aplicabilidad directa por los órganos jurisdiccionales de los arts. 81 y 82 CE en su totalidad y las expresas prescripciones del Reglamento 1/2003 respecto de su aplicabilidad por los órganos jurisdiccionales nacionales. Afortunadamente, las más recientes sentencias *DISA* —STS de 2 de junio de 2000, núm. 540/2000—, *Nissan* —STS de 30 de noviembre de 1999, núm. 865/1995— *y Mercedes Benz* —STS de 2 de marzo de 2001, núm. 615/1996— ya parecen apuntar en la dirección correcta, si bien es cierto que todavía carecen de un sólido razonamiento doctrinal.

[17] Fundamento de Derecho cuarto. Con este razonamiento el TS descarta que la imposibilidad de invocar las normas de competencia ante la jurisdicción civil pueda violar el derecho fundamental a una tutela judicial efectiva (art. 24 de la Constitución).

[18] Sobre las dudas de la compatibilidad del nuevo sistema de excepción legal con el principio general de seguridad jurídica a la vista de la jurisprudencia *Bosch* (STJ de 6 de abril de 1962, asunto 13/61, *Rec.,* 1961-1963, p. 145), *Ahmed Saheed* (STJ de 11 de abril de 1989, asunto 66/86, *Rec.,* 1989, p. 803) y *Nouvelles Frontières* (STJ de 30 de abril de 1986, asuntos 209 a 213/84, *Rec.,* 1986, p. 1425); *vid.* S. Martínez Lage y H. Brokelmann, «Article 81 (3) Before Nacional Courts: The CAMPSA Doctrine of the Spanish Supreme Court and Articles 84 and 85 Revisited», *European Competition Law Annual 2000: The Modernisation of EC Antitrust Policy,* pp. 593-612.

la Comisión se haya pronunciado y adaptando su resolución a dicho pronunciamiento.

B) Posibles soluciones

En primer lugar, debemos constatar que el procedimiento previsto en el art. 38 de la LOPJ y regulado en la Ley Orgánica 2/1987, de 18 de mayo, de Conflictos Jurisdiccionales [19], para dirimir los conflictos de jurisdicción entre los juzgados o tribunales y la Administración no es el instrumento idóneo para resolver los conflictos que puedan plantearse entre la Administración y los órganos jurisdiccionales por la existencia de resoluciones contradictorias en materia de competencia.

Mediante el planteamiento de un "conflicto de jurisdicción" en el sentido del art. 38 LOPJ, el tribunal u órgano administrativo, según el caso, requieren la inhibición del otro órgano que está conociendo del asunto y el tribunal de conflictos que resuelve el conflicto debe declarar a quién corresponde la jurisdicción controvertida [20]. Por el contrario, en la aplicación paralela de las normas de competencia no hay dudas sobre que tanto la autoridad administrativa (TDC o autoridades regionales) como el órgano judicial son competentes para conocer de un mismo asunto. El problema reside más bien en evitar que ambos órganos adopten resoluciones contradictorias en un mismo asunto, problema éste que no queda resuelto mediante el planteamiento de un "conflicto de jurisdicción" [21]. No obstante, como veremos a continuación, las previsiones de la Ley 2/1987, que establece una obligación de suspender el procedimiento y la posibilidad de adoptar medidas cautelares en caso de planteamiento de un conflicto de jurisdicción, constituyen un modelo útil para la resolución de los problemas que aquí venimos analizando.

Pero antes podríamos plantearnos otras posibles soluciones, tales como el establecimiento de una regla por la cual la autoridad administrativa quedase vinculada por una resolución judicial previa. Esta alternativa, sin embargo, no parece factible, puesto que en un mismo asunto pueden producirse varios pronunciamientos judiciales dispares (por ejemplo, las acciones de reclamación de daños contra un cártel de un sinfín de empresas o particulares potencialmente damnificados),

---

[19] *BOE,* núm. 120, de 20 de mayo (RCL, 1987, 1256).

[20] Art. 17 de la Ley 2/1987.

[21] Un "típico" ejemplo de conflicto de jurisdicción sería el supuesto de dos embargos sobre un mismo bien. Uno, como consecuencia de una decisión judicial derivada de un conflicto entre partes privadas, y el otro, con origen en deudas a la Administración del mismo deudor. En este supuesto se tratará de dilucidar quién tiene prioridad en el embargo, es decir, a quién corresponde la competencia, si a la Administración o a los tribunales.

sin que pueda establecerse cuál de ellas resulta vinculante, al menos hasta que recayese sentencia en última instancia (suponiendo que todas las sentencias de instancia llegaran hasta allí).

Otro mecanismo para evitar decisiones contradictorias, al menos entre los tribunales civiles y la Administración, consistiría en que la autoridad administrativa se inhibiese en caso de que la jurisdicción civil estuviera conociendo del mismo asunto. Esta solución, sin embargo, también plantea varios inconvenientes, puesto que eliminaría a la institución más especializada del proceso de cognición y permitiría a las partes sustraer un asunto de la autoridad administrativa mediante la simple presentación de una demanda judicial, invirtiendo así la anterior problemática de inhibición de los tribunales ordinarios en caso de notificación de un acuerdo a la Comisión Europea conforme al antiguo Reglamento 17/1962.

Ante los importantes inconvenientes que plantean estas tentativas de solución, en nuestra opinión, las mencionadas razones de seguridad jurídica junto con el principio de economía procesal aconsejarían establecer una regla de prioridad en el sentido de que el legislador prescribiera una especie de prejudicialidad del pronunciamiento administrativo, aunque sin los efectos estrictamente vinculantes del pronunciamiento administrativo que hemos visto en el ámbito comunitario. Es cierto que esta solución podría entrar en conflicto con la independencia judicial, pero, no obstante, y teniendo en cuenta que la decisión administrativa no sería formalmente vinculante para los órganos jurisdiccionales, es la solución más adecuada para evitar los importantes problemas que se derivarían de la existencia de resoluciones contradictorias en un mismo asunto y, como veremos, cuenta con antecedentes tanto en nuestro ordenamiento interno como en el Derecho comparado.

Si extrapolamos el razonamiento del Tribunal Supremo en la sentencia *CAMPSA* antes citada a la nueva situación creada tras la entrada en vigor del Reglamento 1/2003 —y suponiendo que la reformada LDC introdujera igualmente el sistema de excepción legal y aplicación directa de las normas nacionales por los órganos jurisdiccionales—, una posible solución al problema de las decisiones contradictorias radicaría en que los órganos jurisdiccionales del orden civil tuvieran que suspender los procesos que en materia de competencia se suscitaran ante los mismos en caso de que la autoridad especializada en materia de competencia estuviera conociendo de los mismos hechos pendientes ante un juzgado o tribunal ordinario.

Como apuntábamos anteriormente, el art. 11 de la Ley 2/1987, de Conflictos Jurisdiccionales, establece la obligación del órgano jurisdiccional (o administrativo, según el caso) de suspender el procedimiento hasta la resolución del conflicto planteado, lo cual demuestra (aunque este artículo no sea estrictamente aplicable al supuesto que nos ocupa) que esta solución no es ajena a nuestro sistema jurisdiccional. Por otro lado, este mismo artículo también prevé que el órgano jurisdiccional puede adoptar «*en todo caso, con carácter provisional, aquellas medidas imprescindibles para evitar que se eluda la acción de la justicia, que se cause grave perjuicio al interés público o que se originen daños graves e irreparables*».

Como hemos visto, la obligación de suspensión ya rige la aplicación paralela de las normas de competencia por la Comisión Europea y los órganos jurisdiccionales nacionales. De ahí que, en principio, cabría plantearse —en aras del principio constitucional de la seguridad jurídica— la aplicación de la misma solución a las relaciones entre las autoridades nacionales de la competencia y los órganos jurisdiccionales. La preferencia, en caso de conflicto, por la autoridad administrativa de la competencia se justificaría por su mayor grado de especialización.

Por otra parte, para que el sistema fuera operativo y la jurisdicción ordinaria no quedara *de facto* bloqueada hasta la firmeza de la decisión administrativa, como ocurre ahora en las acciones de reclamación de daños (art. 13.2 LDC), bastaría con el pronunciamiento de la autoridad administrativa para que la jurisdicción civil pudiera reanudar el procedimiento suspendido. Y ello porque, al igual que en el ámbito comunitario[22], los actos administrativos gozan en nuestro ordenamiento de una presunción de validez (art. 57 de la Ley 30/1992) en tanto no hayan sido anulados o revocados. Bien es cierto que en caso de posterior anulación judicial de la resolución administrativa se podría volver a crear una situación de decisiones contradictorias, pero entendemos que se trataría de un riesgo asumible en aras de una mayor operatividad del sistema, teniendo en cuenta además que la regla es que las decisiones del TDC sean confirmadas en sede judicial y la excepción sea su anulación.

En cuanto a los efectos del pronunciamiento administrativo previo para el órgano jurisdiccional, en ausencia de una previsión legal equivalente al art. 10 CE y en ausencia igualmente de un principio de primacía que justifique la anterior "prejudicialidad administrativa" en caso de conflicto con la jurisdicción ordinaria, cabría preguntarse si la mera invocación del principio de seguridad jurídica garantizado por la Constitución sería suficiente para semejante intervención en la independencia judicial. Dicho en otros términos, en el ámbito comunitario, el juez nacional puede estar obligado a suspender el proceso porque la deci-

---

[22] *Vid.* la citada sentencia *Masterfoods*, apartado 53.

sión de la Comisión, aunque autoridad puramente administrativa, le vincula, dado su carácter supranacional[23]. En el ámbito interno, en cambio, resulta más difícil imaginar que un órgano jurisdiccional deba suspender un procedimiento en curso para atender a un pronunciamiento de una autoridad administrativa y, todavía más, que se sienta vinculado por un pronunciamiento previo de la autoridad administrativa especializada en materia de competencia.

En todo caso, para evitar cualquier intromisión en la independencia judicial, la regla de conflictos sólo implicaría que los juzgados y tribunales que conocieran de un asunto pendiente ante una autoridad de la competencia suspendieran el proceso (en su caso, con adopción de las medidas cautelares conservativas necesarias, como también prevé el citado art. 11 de la Ley 2/1987) hasta que se haya producido el pronunciamiento administrativo. La decisión adoptada en sede administrativa sería simplemente un elemento más de prueba y libre valoración del juzgado o tribunal que conociera del mismo asunto, como ya ocurre ahora cuando las decisiones de la Comisión Europea actúan como precedentes *erga omnes* más allá de su efecto obligatorio *inter partes*. Es decir, los pronunciamientos de la administración —a diferencia de los efectos obligatorios *inter partes* de las decisiones de la Comisión— no vincularían a los órganos jurisdiccionales, si bien una valoración inadecuada de los mismos podría ser motivo de casación de la resolución judicial.

De hecho, la posibilidad de que el legislador establezca una regla de suspensión, incluso con prejudicialidad administrativa, ya está prevista en nuestro ordenamiento en el art. 10.2 de la LOPJ[24] y en el art. 42.3 de la LEC: «*... cuando lo establezca la Ley (...) los tribunales civiles suspenderán el curso de las actuaciones, antes de dictar sentencia, hasta que la cuestión prejudicial sea resuelta (...) por la Administración pública competente (...). En este caso, el tribunal civil quedará vinculado a la decisión de los órganos indicados acerca de la cuestión prejudicial*». La Audiencia Provincial de Baleares ya ha aplicado esta disposición en un caso en el que la parte demandante reclamaba el resarcimiento de los daños y perjuicios ocasionados por unos supuestos actos de competencia desleal de su competidora en paralelo con la tramitación de un expediente por los mismos hechos ante el TDC. Frente a la desestimación de la demanda en primera instancia sobre la base de que aún no se había producido el pronunciamiento del TDC sobre los mismos hechos (ni éste era firme como exige el art. 13.2 LDC), la Audien-

---

[23] *Vid.* la sentencia del TJCE de 6 de octubre de 1970, *Franz Grad/Finanzamt Traunstein*, asunto 9/70, *Rec.*, 1970, p. 485 (apdo. 5), y la ya citada sentencia *Foto-Frost*.

[24] Según esta disposición, la existencia de una cuestión prejudicial penal igualmente "determinará la suspensión" del procedimiento en otro orden jurisdiccional.

cia Provincial acordó, sobre la base del art. 42.3 LEC, la suspensión del procedimiento *«hasta que la cuestión prejudicial sea resuelta»* [25].

Podemos encontrar esta misma regla en el Derecho comparado, en concreto en el art. 148 de la Ley de Enjuiciamiento Civil alemana (ZPO), que prevé expresamente la facultad discrecional de los tribunales del orden civil de suspender un litigio hasta que la *Bundeskartellamt* haya adoptado una decisión sobre una cuestión de competencia de cuya resolución dependa, al menos parcialmente, el desenlace del pleito civil. La suspensión puede decretarse con independencia de que el procedimiento administrativo ya esté incoado y termina automáticamente con la adopción de la decisión administrativa, es decir, sin necesidad de atender a la firmeza del acto.

En esta misma línea, sería importante que, tal y como ocurre en el ámbito comunitario (y en Alemania), la obligación de suspender el proceso judicial no fuera más allá del momento en que se produjese el pronunciamiento de la Administración, es decir, con independencia de la firmeza del acto, puesto que de lo contrario la aplicación judicial de las normas de competencia sería inoperante, como ha ocurrido hasta la fecha con las acciones de reclamación de daños como consecuencia del art. 13.2 LDC. La presunción de legalidad de las decisiones comunitarias esgrimida por el TJCE para justificar esta solución también nos asiste en el ámbito interno, donde el art. 57 de la Ley 30/1992 establece expresamente una presunción de validez de los actos de la Administración.

Tampoco hay que olvidar que, al menos en lo que se refiere a la aplicación de los arts. 81 y 82 por la autoridad nacional, antes de la adopción de cualquier decisión, la Comisión Europea siempre habrá tenido conocimiento y, por tanto, dado su consentimiento al pronunciamiento de la autoridad nacional a través de las obligaciones de cooperación que establece el art. 11 del Reglamento 1/2003. Aunque la literalidad del art. 16 del Reglamento no se aplique a estos supuestos —porque no es la Comisión quien habría adoptado una decisión con efectos vinculantes para los tribunales nacionales, sino la autoridad nacional, aunque con el beneplácito de la Comisión—, esta norma en cierto modo apoya la idea de la prejudicialidad del pronunciamientó administrativo para los órganos jurisdiccionales, al conferir mayor "autoridad" a la decisión administrativa nacional por haber sido adoptada en el marco de la "Red Europea de Competencia".

Esta solución, sin ser perfecta, ofrecería suficientes garantías en favor de la seguridad jurídica de los administrados y también respeta-

---

[25] Sentencia de la AP de Baleares núm. 120/2003, de 21 de febrero.

ría el principio de economía procesal, sin menoscabar sobremanera el derecho fundamental a la tutela judicial efectiva garantizado en el art. 24 de la Constitución, como señaló el Tribunal Supremo en la citada sentencia *CAMPSA*, recordando que el Tribunal Constitucional tiene establecido que dicho derecho no es un derecho incondicional a la prestación jurisdiccional[26].

4. LA UNIFICACIÓN DE LAS VÍAS DE RECURSO PARA CONSEGUIR LA UNIFORMIDAD EN LA APLICACIÓN DE LAS NORMAS DE COMPETENCIA

Ya hemos visto que en el ámbito comunitario existen mecanismos no sólo para evitar resoluciones contradictorias cuando la Comisión y los tribunales nacionales aplican los arts. 81 y 82 CE en un mismo asunto (art. 16 del Reglamento 1/2003), sino también para asegurar la aplicación uniforme de dichas normas por parte de los tribunales nacionales cuando éstos sean los únicos que apliquen dichas normas en un asunto concreto (art. 15 del Reglamento 1/2003). Es más, el propio Reglamento atribuye a las autoridades nacionales de competencia el derecho de presentar observaciones ante los tribunales nacionales sobre cuestiones relativas a la aplicación de los arts. 81 y 82.

Si también en el ámbito nacional se decidiera finalmente atribuir a los órganos jurisdiccionales la competencia de aplicar la normativa nacional de competencia, convendría establecer igualmente unos mecanismos de cooperación entre dichos órganos jurisdiccionales y las autoridades administrativas (centrales y regionales) llamadas a aplicar el Derecho de la competencia con objeto de "prevenir" una interpretación divergente de las normas nacionales de competencia. Así, podría preverse la posibilidad de que los tribunales solicitaran información a una autoridad administrativa, o pidieran un dictamen sobre la aplicación de los arts. 1, 6 y 7 LDC, así como la posibilidad de que tales autoridades presenten observaciones ante los tribunales sobre cuestiones relativas a la aplicación de la normativa nacional de competencia.

Este último mecanismo de cooperación —la posibilidad de que las autoridades de competencia presenten observaciones ante los tribunales, que parece especialmente relevante por operar a iniciativa de dichas autoridades— podría hacerse más efectivo de lo previsto en el ámbito comunitario si se establece una obligación de los tribunales de informar a las autoridades de competencia de los asuntos pendientes

[26] Sentencias del Tribunal Constitucional de 29 de noviembre de 1993, núm. 354/1993; de 28 de septiembre de 1995, núm. 140/1995, y de 21 de mayo de 1997, núm. 147/1997.

ante los mismos en los que se plantee la aplicación de los arts. 1, 6 y 7 LDC, tal y como ocurre en el sistema alemán[27].

Además de estos mecanismos "preventivos" destinados a mitigar los riesgos derivados de la existencia de resoluciones contradictorias entre la Administración y los órganos jurisdiccionales en un mismo asunto —es decir, en relación con unos mismos hechos—, la mayor aplicación judicial de las normas de competencia también conlleva el riesgo adicional de una interpretación heterogénea de un conjunto de normas por distintas instancias.

A modo de ejemplo, nuestro legislador ha tratado de evitar la formación de un Derecho de la competencia sectorial, encomendando la aplicación de los arts. 1, 6 y 7 LDC a un mismo organismo —el TDC—, que tiene competencia para aplicar dichas normas de manera horizontal en todos los sectores de la economía. A pesar de diversos intentos encaminados a permitir a autoridades regulatorias como la CMT o la CNE la aplicación de estas mismas normas en sus respectivos sectores, el legislador siempre ha resistido estas presiones, evitando así, en nuestra opinión acertadamente, que las normas de competencia pudieran tener una interpretación y alcance distintos, según en qué sector y por qué autoridad fueran aplicadas[28].

El mismo problema se plantea ahora en el ámbito judicial, puesto que los tribunales competentes para la aplicación judicial de las normas de competencia —tanto comunitarias como, próximamente también, nacionales— y aquellos competentes para la revisión de los actos adoptados por la Administración en la aplicación de estas mismas normas no son los mismos.

Como es sabido, hoy por hoy, corresponde a la jurisdicción contencioso-administrativa conocer de los recursos contra las resoluciones del TDC, en primera instancia a la Audiencia Nacional y en casación a la Sala de lo contencioso-administrativo del Tribunal Supremo. Por el contrario, la aplicación de dichas normas en vía judicial corresponde

---

[27] El art. 90 GWB prevé un deber de los tribunales de informar a la *Bundeskartellamt* a efectos de que esta autoridad o, en su caso, las autoridades regionales puedan ejercer su derecho a intervenir en el proceso. El art. 15 del Reglamento 1/2003, por el contrario, sólo prevé una obligación para los Estados miembros de remitir a la Comisión las sentencias de los tribunales nacionales que se pronuncien sobre la aplicación de los arts. 81 u 82. En estas circunstancias, parece que la posible intervención por parte de la Comisión en un procedimiento nacional se producirá, en su caso, exclusivamente en segunda instancia. Aunque es cierto que los riesgos para la aplicación uniforme del Derecho comunitario derivados de una sentencia de primera instancia de un tribunal nacional puedan considerarse poco relevantes —al existir la posibilidad de recurso contra la misma—, también es cierto que en los casos en que, por ejemplo, no haya recurso, el derecho de intervención de la Comisión podría verse vaciado de todo contenido, al margen de que motivos de economía procesal aconsejarían una intervención temprana.

[28] *Vid.* el art. 51 bis LDC y la reforma de las letras *f)* y *g)* del art. 1.dos.2 de la Ley 12/1997 por las Disposiciones Adicionales primera y segunda de la Ley 52/1999.

desde el 1 de septiembre de 2004 a los juzgados de lo mercantil, en apelación a las Audiencias Provinciales y en casación a la Sala de lo civil del Tribunal Supremo. Es más, como parece desprenderse de una lectura conjunta de los apartados 1 y 2 del nuevo art. 86 ter LOPJ, antes citado, la jurisdicción de los juzgados de lo mercantil en primera instancia ni siquiera sería "exclusiva y excluyente" (como establece el apartado 1 para las materias concursales), de modo que los juzgados ordinarios de lo civil también serían competentes para conocer de la aplicación de las normas de la competencia (en este momento, sólo de las comunitarias, según la previsión inicial del legislador), sin que esté claro que las apelaciones contra las sentencias de los juzgados civiles vayan a las mismas secciones especializadas que el legislador tiene previsto crear en las Audiencias Provinciales [29].

Resulta, pues, evidente que la actual dispersión de las vías de recurso dificultará cualquier unificación doctrinal a través del desarrollo de una jurisprudencia común a ambas vías. La propia Exposición de Motivos de la Ley Orgánica 8/2003, de 9 de julio [30], que introduce las citadas modificaciones en la LOPJ, se refiere, sin embargo, expresamente a la necesidad de conseguir *«más coherencia y unidad en la labor interpretativa de las normas, siendo posible alcanzar criterios más homogéneos, evitándose resoluciones contradictorias en un ámbito de indudable vocación europea, lo que generará una mayor seguridad jurídica»*. En consecuencia, la misma Exposición concluye acertadamente que *«esta especialización debe tener su implantación igualmente en la segunda instancia; para ello bastará que una o varias secciones de Audiencias Provinciales (...) asuman en exclusiva el conocimiento de los asuntos de esta jurisdicción mercantil [lo cual] contribuirá aún más a la unificación interpretativa de las normas sometidas a su consideración»*.

No obstante, este más que loable objetivo de coherencia y unificación interpretativa en la aplicación judicial de las normas de competencia se queda corto, pues olvida la esencial unificación con la actividad revisora de la jurisdicción contencioso-administrativa en esta materia. En efecto, no existe en nuestro ordenamiento un mecanismo que introduzca coherencia entre la jurisprudencia de los distintos órdenes jurisdiccionales; el recurso de casación para unificación de la doc-

---

[29] En el ámbito del Derecho comunitario también está en discusión la creación de un tribunal de primera instancia especializado en materia de competencia (*vid.* las declaraciones del presidente del TPI, Bo Vesterdorf, *Bloomberg*, 20 de octubre de 2004). Conforme a la nueva posibilidad prevista en los arts. 220.2 y 225 A CE, introducidos por el Tratado de Niza, el Consejo de la UE acaba de adoptar la Decisión 2004/752/CE, Euratom del Consejo, de 2 de noviembre de 2004, por la que se crea el Tribunal de la Función Pública de la Unión Europea (*DOUE,* núm. L 333/7, de 9 de noviembre de 2004).

[30] *BOE,* núm. 164, de 10 de julio de 2003.

trina[31], si bien tiene por misión unificar la jurisprudencia divergente, sólo lleva a cabo dicha misión en el seno de cada orden jurisdiccional.

La solución a este problema de heterogeneidad interpretativa lo podemos encontrar en el Derecho comparado y, en particular, en el sistema jurisdiccional alemán, que desde el principio viene encomendando la aplicación judicial de las normas de competencia a una misma jurisdicción, aunque ello inicialmente nos pueda parecer asistemático.

La Ley alemana de Defensa de la Competencia (GWB)[32] atribuye a las salas de lo mercantil de los juzgados civiles *(Landgericht)* la jurisdicción exclusiva para conocer de los litigios que en materia civil resulten de la aplicación de la GWB (arts. 87 y 95 GWB) y de los arts. 81 y 82 CE (art. 96 GWB), es decir, aquellos en los que las normas de competencia se invoquen *a título principal*[33]. Del mismo modo, estas salas de lo mercantil tienen igualmente jurisdicción exclusiva cuando una cuestión de Derecho de la competencia se suscita en un litigio civil *a título incidental*[34], siempre y cuando la resolución del pleito dependa, al menos parcialmente, de dicha cuestión. En definitiva, cuando la resolución de un litigio dependa de una cuestión que deba resolverse conforme a las disposiciones de la GWB o de los arts. 81 y 82 CE, el juzgado o tribunal civil que esté conociendo del litigio está obligado a inhibirse en favor del juzgado de lo mercantil con jurisdicción exclusiva en la materia, al que debe remitir las actuaciones. El trato idéntico que recibe la aplicación de las normas de competencia tanto a título principal como incidental demuestra que la distinción en la sentencia *CAMPSA* de nuestro Tribunal Supremo entre ambas categorías carece de fundamento, porque en ambas pueden suscitarse cuestiones de competencia determinantes para la resolución de un litigio, único criterio que debiera determinar la jurisdicción competente.

Según este *principio de* "concentración" de los procedimientos civiles en materia de competencia, las apelaciones contra las sentencias de los *Landgerichte* se deciden por las salas especializadas en materia de competencia *(Kartellsenat)* de los distintos tribunales de apelación (*Oberlandesgericht*, art. 91 GWB) existentes en cada una de las regiones *(Länder),* el equivalente a nuestras Audiencias Provinciales, pero a nivel de Comunidades Autónomas. A su vez, los recursos de casación contra estas sentencias se deciden por una sala especializada en la mate-

[31] Art. 477.3 LEC y en el art. 102.*a)* LJCA.

[32] *Vid.* P. Jung, informe alemán al Congreso de la FIDE de 2004, «The Modernisation of EU Competition Law Enforcement in the EU», pp. 187-217.

[33] Especialmente acciones de cesación y aquellas de reclamación de daños fundadas en las normas de competencia.

[34] Cuando las normas de competencia —y en particular la nulidad *ex lege* de las cláusulas restrictivas (arts. 1.2 LDC y 81.2 CE)— se invoquen como excepción para oponerse a acciones de cumplimiento contractual o de indemnización por incumplimiento contractual.

ria en el Tribunal Supremo (art. 94 GWB), unificando así la doctrina para todos los tribunales inferiores.

Pero además de esta importante especialización y concentración procesal, existe una *coordinación* jurisdiccional entre los procesos civiles y los recursos contencioso-administrativos contra las decisiones de la *Bundeskartellamt*: estos últimos se ventilan igualmente —y pese a que el procedimiento ante la *Bundeskartellamt* sea administrativo— en la jurisdicción civil ante el *Oberlandesgericht* territorialmente competente, es decir, aquel en el que la *Bundeskartellamt* tiene su sede [35].

La coordinación entre la vía administrativa y judicial se completa con la ya mencionada facultad discrecional de los tribunales de suspender un proceso civil hasta que la *Bundeskartellamt* haya adoptado una decisión sobre una cuestión de competencia de cuya resolución dependa el desenlace del pleito civil [36].

Con ello se ha conseguido una importante coherencia y unificación de la jurisprudencia de los distintos tribunales, no sólo en el ámbito de la jurisdicción estrictamente civil, sino también con la práctica de la *Bundeskartellamt*, que por su naturaleza es esencialmente administrativa.

Este modelo sería fácilmente trasladable a España, si bien es cierto que la atribución de los recursos contra las resoluciones del TDC a la jurisdicción civil inicialmente pueda causar alguna "extrañeza sistemática". No obstante, el art. 42.1 de la actual LEC ya prevé la posibilidad de que los tribunales civiles puedan *«conocer de asuntos que estén atribuidos a los tribunales de los órdenes contencioso-administrativo y social»*, aunque esta posibilidad está ahora mismo limitada *«a los solos efectos prejudiciales»*. Del mismo modo, el art. 10.1 de la LOPJ establece que *«a los solos efectos prejudiciales, cada orden jurisdiccional podrá conocer de asuntos que no le estén atribuidos privativamente»*.

En todo caso, nos parece preferible concentrar las vías de recurso en la jurisdicción civil y no en la contencioso-administrativa. Por un lado, porque sólo implica una "desviación" de los recursos contra los actos administrativos de las autoridades de competencia a esta jurisdicción, en lugar de que fuese la jurisdicción contencioso-administrativa quien tuviese que conocer de todos los litigios civiles en la materia. Por otro lado, porque los tribunales civiles, en principio, parecerían mejor preparados para conocer de las acciones de reclamación de daños, cuya cuantificación siempre ha sido una materia eminentemente de Derecho civil, así como de la invocación incidental de las normas

---

[35] Desde el traslado de Berlín a Bonn el *OLG* competente ha pasado de ser el *Kammergericht* de Berlín a ser el *OLG Düsseldorf*.

[36] Art. 148 de la Ley de Enjuiciamiento Civil alemana (ZPO).

de competencia en litigios contractuales, siendo estas dos variantes las que muy probablemente más ocupen a los tribunales.

En definitiva, el modelo propuesto consistiría en encomendar a los juzgados de lo mercantil la jurisdicción exclusiva y excluyente para aplicar judicialmente los arts. 81 y 82 CE y las correspondientes normas de la LDC; que las Audiencias Provinciales contaran con salas especializadas en la materia para conocer, por un lado, de las apelaciones contra las sentencias de los juzgados de lo mercantil y, por otro, de los recursos contra las decisiones de las distintas autoridades de la competencia central y regionales, en función de su competencia territorial (la Audiencia Provincial de Madrid sería la competente para resolver, en primera instancia, los recursos contra los actos del TDC), y que una sala del Tribunal Supremo igualmente especializada en la materia resolviera los recursos de casación contra las sentencias de las distintas Audiencias Provinciales.

Por último, interesa señalar que si finalmente el legislador modifica también la competencia para decidir sobre las operaciones de concentración, encomendando dicha tarea principalmente a la autoridad de la competencia y limitando la intervención del ministro o del Consejo de Ministros a supuestos excepcionales, nada impediría que los recursos en esta materia siguieran el mismo camino, máxime teniendo en cuenta que en el actual sistema de revisión jurisdiccional se pierde una de las instancias.

LAS DIFICULTADES DE LA APLICACIÓN JUDICIAL DEL ART. 81.3: APUNTES PARA EL DEBATE

Atilano JORGE PADILLA
Inmaculada GUTIÉRREZ
LECG

INTRODUCCIÓN

Una de las grandes novedades que ha traído consigo el denominado proceso de modernización del Derecho de competencia comunitario es la desaparición del sistema de notificación y autorización expresa de los acuerdos y su sustitución por un régimen excepción legal de aplicación directa. Según el Reglamento 1/2003 [1], aquellos acuerdos que son restrictivos de la competencia conforme al art. 81.1 pero que a su vez cumplen los criterios previstos en el 81.3 no están prohibidos.

Bajo este nuevo sistema, en el caso de que la autoridad muestre que un acuerdo cae en el ámbito de aplicación del art. 81.1, las empresas deberán ser capaces de evidenciar que se cumplen los criterios del 81.3. Ello les obliga, al menos teóricamente, a evaluar sus acuerdos y, caso de que puedan restringir la competencia, a tener preparada su defensa de eficiencias.

Es importante tener en cuenta que el volumen de acuerdos que puede potencialmente caer bajo el ámbito de aplicación de dicho ar-

---

[1] Reglamento (CE) núm. 1/2003 del Consejo, de 16 de diciembre de 2002, relativo a la aplicación de las normas sobre competencia previstas en los arts. 81 y 82 del Tratado. Publicado en el *Diario Oficial,* núm. L 1, de 4 de enero de 2003.

tículo es enorme y de naturaleza muy heterogénea. Los acuerdos, ya sean horizontales o verticales, son algo consustancial al desarrollo de la actividad de las empresas. Éstas necesitan llegar a acuerdos para distribuir sus productos, para complementar los servicios que prestan, para tener acceso a *inputs*, para facilitar el desarrollo de una actividad mediante la cooperación con un tercero... La amplitud de la redacción del art. 81.1 obliga en teoría a evaluar muchos de estos acuerdos a la luz del mismo.

Para el buen funcionamiento de este sistema es crucial que estén claros los criterios que deben orientar esta evaluación. Si las empresas no tienen unos puntos de referencia sólidos y claros sobre cómo interpretan las autoridades los criterios del art. 81, no podrán realizar una autoevaluación de sus acuerdos adecuada.

Con este fin la Comisión ha publicado como parte del paquete de la modernización sus Directrices para la aplicación del art. 81.3[2]. En palabras de la Comisión, estas Directrices vienen a aportar una metodología basada en el enfoque económico para la aplicación de este artículo del Tratado[3].

No cabe duda que el citado documento es útil para conocer cómo aborda la Comisión Europea la aplicación del art. 81. Pero, al mismo tiempo, las Directrices ponen de manifiesto una serie de problemas y carencias de las condiciones del art. 81.3 y de su aplicación en relación con el 81.1. En el presente documento reflexionamos acerca de algunas de estas dificultades. En particular sobre:

1. La falta de criterios de decisión administrables.
2. La falta de términos de comparación a la hora de valorar si cumplen los requisitos del art. 81.3.
3. La falta de concreción sobre qué se entiende por "contrarrestar" en el contexto del art. 81.
4. La asimetría entre el art. 81.1 y el 81.3.
5. La improcedencia desde un punto de vista económico para los fines del art. 81 de las condiciones negativas previstas en el art. 81.3.

Con carácter previo repasaremos brevemente cuál es la interpretación que se da en las Directrices sobre la metodología que propone el art. 81 para evaluar los acuerdos.

---

[2] Directrices relativas a la aplicación del apartado 3 del art. 81 del Tratado (2004/C 101/08). En adelante las Directrices.

[3] Párrafo 5 de las Directrices.

METODOLOGÍA PARA LA EVALUACIÓN DEL ART. 81

De acuerdo con la Comisión, la evaluación del art. 81 obliga a proceder en dos pasos. Primero, determinar el carácter restrictivo del acuerdo, esto es, si procede aplicar el art. 81.1. Segundo, en la medida en que así sea, determinar los efectos favorables del acuerdo y si éstos superan a los efectos restrictivos de la competencia con el fin de valorar si procede la excepción prevista en el art. 81.3 [4].

En definitiva, la aplicación del art. 81 requiere contraponer caso por caso los efectos positivos y negativos de los acuerdos considerados restrictivos y evaluar cuáles pesan más. Esto es lo que se denomina el balance concurrencial (o *balancing test*).

Determinar el carácter restrictivo de un acuerdo

La Comisión distingue entre restricciones por objeto y por efecto.

Las restricciones *por objeto* son aquellas que por su propia naturaleza poseen un alto potencial de restringir la competencia. En estos casos no hace falta atender a los efectos del Acuerdo en el mercado para concluir que es restrictivo y la aplicación del art. 81.1 se considera directa, esto es, se presume su efecto [5]. No se ofrecen criterios concretos para identificar este tipo de acuerdos, la Comisión basa su identificación *«en la gravedad intrínseca de la restricción y en la experiencia»* [6].

Cuando el acuerdo no sea restrictivo de la competencia por su objeto, debe evaluarse si tendrá efectos anticompetitivos probables [7], esto es, si *«tendrá efectos negativos sobre los precios, la producción, la innovación o la variedad o calidad de los productos y servicios en el mercado de referencia con un grado razonable de probabilidad»*. Estos efectos no sólo deben ser *probables*, sino también *sensibles*, en la terminología de la Comisión.

Para realizar esta evaluación de los efectos se deben contraponer las condiciones del mercado que se darán caso de que se celebre el

---

[4] Párrafo 11 de las Directrices.

[5] Párrafo 21 de las Directrices.

[6] De acuerdo con las Directrices, *«en el caso de los acuerdos horizontales, entre las restricciones de la competencia por objeto se incluyen la fijación de precios, la limitación de la producción y el reparto de mercado y clientes. En el caso de los acuerdos verticales, la categoría de las restricciones por objeto incluye, en particular, la imposición de precios de reventa mínimos y fijos y las restricciones que establecen una protección territorial absoluta, incluidas las restricciones sobre ventas pasivas»*. Párrafo 23 de las Directrices.

[7] Párrafo 24 de las Directrices.

acuerdo con respecto a las que se darían en ausencia del acuerdo[8]. Esta contraposición de escenarios (o *but for analysis*) permitirá observar el efecto del acuerdo sobre las condiciones de la oferta en el mercado y en qué medida los consumidores se ven perjudicados. No hay que olvidar que *«el art. 81 tiene por objetivo proteger la competencia en el mercado con vistas a un mayor bienestar del consumidor y a una eficaz asignación de recursos»*[9].

Excepción del art. 81.3

Precisamente porque el objetivo último es preservar la eficiencia y el bienestar del consumidor, el Tratado prevé que no se aplique la prohibición del art. 81 a aquellos acuerdos que puedan comportar beneficios económicos objetivos que compensen los efectos negativos de la restricción de la competencia[10].

No obstante, el art. 81.3 impone que tales acuerdos deban cumplir una serie de requisitos para que estos beneficios económicos permitan considerar exceptuado al acuerdo de la prohibición genérica:

a) los acuerdos deben contribuir a mejorar la producción o la distribución de los productos o a fomentar el progreso técnico o económico;

b) debe reservarse a los consumidores una participación equitativa en el beneficio resultante;

c) las restricciones deben ser indispensables para alcanzar los objetivos, y

d) el acuerdo no debe ofrecer a las empresas la posibilidad de eliminar la competencia respecto de una parte sustancial de los productos de que se trate.

Estos requisitos son, primero, *necesarios*, lo cual supone que se deben cumplir todos ellos cumulativamente. Segundo, *suficientes*. Si el acuerdo en cuestión cumple los cuatro requisitos debe considerarse aprobado. Tercero, *no correlativos*, porque la Comisión considera que en cada caso puede ser conveniente abordar las condiciones en un orden diferente.

En definitiva, si una empresa quiere participar en un acuerdo al que se le atribuyen unos efectos restrictivos reales o potenciales, tiene que asegurarse que los beneficios que dicho acuerdo comporta cumplen los requisitos descritos y compensan tales efectos restrictivos. Como veremos, esto plantea no pocas dificultades.

---

[8] Párrafo 17 de las Directrices.
[9] Párrafo 13 de las Directrices.
[10] Párrafo 33 de las Directrices.

1. FALTA DE CRITERIOS DE DECISIÓN ADMINISTRABLES

Para aquellos acuerdos susceptibles de caer en el ámbito de aplicación del art. 81.1, las empresas deben ser capaces de aportar evidencia de que el acuerdo tiene efectos positivos desde el punto de vista de la eficiencia y el bienestar de los consumidores y que tales efectos compensan los efectos restrictivos de la competencia. Siguiendo un ejemplo simple similar al que la propia Comisión ofrece en la Comunicación, si el acuerdo puede dar lugar a precios más altos, los consumidores deben verse plenamente compensados a través de una mayor calidad de los productos u otros beneficios [11].

La aplicación de este tipo de *test* concurrencial presenta serias dificultades [12]:

— Primero, porque en el caso de muchos de los acuerdos que pueden caer bajo el amplio paraguas del art. 81, a menudo es difícil incluso distinguir los efectos procompetitivos de los anticompetitivos. Estos acuerdos pueden dar lugar a efectos de signo contrapuesto y no es sencillo ni distinguir netamente éstos ni saber cuál predomina. Supongamos, por ejemplo, que dos empresas competidoras deciden cooperar para formar una plataforma logística que les permita comercializar sus productos en zonas a las que hasta hora no llegaban. Es evidente que los consumidores de esas zonas van a beneficiarse del acceso a nuevos productos, aunque no es fácil saber si accederán a ellos a un precio competitivo. También será preciso tener en cuenta el efecto que pueda tener el acuerdo sobre el precio que paguen por los productos los consumidores que ya los disfrutaban.

— Segundo, porque aunque sea posible distinguir claramente unos efectos de otros, su medición es una tarea harto compleja y costosa para pretender realizarla con carácter regular. De hecho, si tratamos de hacer memoria probablemente apenas encontremos ejemplos de casos en los que se cuantifique el impacto del efecto restrictivo del acuerdo y la magnitud de los posibles efectos compensatorios de cara a tomar una decisión. Curiosamente estos ejemplos además suelen referirse a casos de cárteles, donde la posibilidad de que las partes se amparen en una defensa de eficiencias basada en el art. 81.3 es remota, por no decir imposible.

Como consecuencia de ello, el balance concurrencial resulta una fórmula poco pragmática. Incluso la evaluación de acuerdos relativa-

---

[11] Párrafo 86 de las Directrices.

[12] *Vid.* Frank H. Easterbrook, "The Limits of Antitrust», *Tex. L. Rev.,* núm. 63, 1984, p. 1.

mente sencillos puede resultar sumamente compleja tan pronto resulte difícil aislar los efectos favorables desde el punto de vista de la eficiencia de los efectos anticompetitivos. En aquellos casos en que se observan efectos en uno y otro sentido no se dispone de criterios jerárquicos que permitan establecer de manera sólida las razones que deben llevar a prohibir o permitir el acuerdo. De aquí que sea frecuente encontrarnos en las decisiones con sentencias un tanto ambiguas.

Las Directrices se han aferrado a los principios del balance concurrencial. Sus párrafos están llenos de referencias a la necesidad de sopesar, evaluar si superan, contrapesar, contrarrestar o contraponer los efectos, pero, sin embargo, no resultan demasiados clarificadores sobre cómo debe realizarse tal ejercicio ni qué prioridades seguir a la hora de tomar decisiones.

Esta falta de criterios de actuación pragmáticos no es deseable ni para las autoridades ni para las empresas. Para las primeras se traduce en un mayor riesgo de discrecionalidad y de error. Para las segundas supone un aumento en el grado de incertidumbre. Esto resulta tanto más preocupante en la medida en que el ámbito de aplicación del art. 81 es muy vasto, con lo que se somete, al menos potencialmente, a una gran cantidad de acuerdos a escrutinio. Por otra parte, no se debe olvidar que con la modernización se pretende descentralizar en mayor grado la aplicación del art. 81 a autoridades nacionales y jueces. Resulta obvio que cuanto menos concretos sean los criterios para la valoración de los acuerdos más difícil resultará que el art. 81 se aplique de manera consistente.

A la falta de criterios de decisión administrables para realizar el balance concurrencial se suma la dificultad añadida de que, tal y como ha sido concebido el art. 81.1, no ofrece un término de referencia claro sobre los efectos anticompetitivos a compensar. A continuación exponemos esta cuestión.

2. FALTA DE TÉRMINO DE COMPARACIÓN

Si una empresa que pretende celebrar un acuerdo con otro operador económico busca en las Directrices una guía para evaluarlo, se le dice que cuando los efectos favorables a la competencia de su acuerdo superen a los restrictivos podrá considerarse éste beneficioso para la competencia y, por tanto, compatible con el Tratado [13].

La primera pregunta que se hará la empresa probablemente será cuáles y cómo de grandes son esos efectos negativos derivados del

[13] Párrafo 33 de las Directrices.

acuerdo. Sin conocerlos y evaluarlos difícilmente va a poder determinar si los efectos positivos desde el punto de vista de la eficiencia superan a aquéllos.

A menudo la cuestión de cuáles son los efectos restrictivos de un acuerdo no tiene una respuesta única y exenta de controversia. Mucho menos si se trata de valorar el tamaño de estos efectos. En estas condiciones, la empresa puede encontrarse en una posición difícil para anticipar cuál va a ser la postura de la autoridad, que es quien tiene la carga de la prueba sobre si el acuerdo restringe la competencia en última instancia. Desde una perspectiva realista, esto supone en muchos casos una complejidad añadida para determinar *ex ante* si los beneficios del acuerdo contrarrestan los efectos anticompetitivos que se les puedan imputar y si, por tanto, resulta aplicable el art. 81.3.

A ello se suma el papel que juegan las restricciones por objeto. Ante los acuerdos que tienen por objeto restringir la competencia no resulta necesario probar ningún tipo de efecto para acreditar el cumplimiento del art. 81.1. Pero, al mismo tiempo, si no es necesario que el acuerdo genere ningún tipo de efecto o, al menos, no es necesario aislar este efecto y cuantificarlo, el tipo de balance concurrencial sobre el que las Directrices insisten e implícito en las condiciones del art. 81.3 parece impracticable.

Se añade a ello que las Directrices no definen ni acotan lo que se consideran restricciones por objeto de una manera que permita identificarlas sin ambigüedades. Se citan ciertos ejemplos de cláusulas que se considera tienen por objeto restringir la competencia, entre ellas, los precios de reventa y las exclusivas territoriales. Pero estos ejemplos lejos de resultar aclaratorios vienen plantear nuevas dudas. De acuerdo con el análisis económico, los ejemplos citados son acuerdos de tipo vertical que pueden tener su justificación en la necesidad de alinear incentivos, de resolver problemas de información imperfecta o de *free riding*[14]. Conforme a ello, no se puede asegurar que su objeto principal sea la restricción de la competencia, y en ese caso pueden plantearse dudas sobre si deben considerarse restricciones por objeto con respecto a las cuales no sea ni siquiera necesario evidenciar efectos.

Por otra parte, parece evidente que las restricciones por objeto se equiparan a lo que las Directrices consideran restricciones graves, puesto que éstas ni siquiera exigen que se prueben sus efectos para ser merecedoras de la calificación del art. 81.1. Es cierto que las Directrices manifiestan que el art. 81.3 no excluye *a priori* ningún tipo de acuerdo de su ámbito de aplicación. Pero no es menos cierto que acto

---

[14] Jean Tirole, «Vertical Control», *The Theory of Industrial Organization*, capítulo 4, Mit Press, agosto de 1988.

seguido añaden que es improbable que las restricciones graves de la competencia cumplan las condiciones del art. 81.3 [15].

En definitiva, las empresas se enfrentan al ejercicio de hacer el balance de efectos de sus acuerdos sin conocer a ciencia cierta cuáles son los efectos negativos que se les atribuyen. De hecho, para determinados tipos de acuerdos que *a priori* no se encuentran delimitados las autoridades pueden considerar que no es necesario ni siquiera probar los efectos, lo cual no encaja dentro del esquema del balance concurrencial. Por otra parte, la consideración de que ciertos tipos de acuerdos son por naturaleza restrictivos de la competencia, independientemente del contexto en el que se producen, no resulta coherente con el análisis económico, especialmente si pensamos en los acuerdos verticales. Todas estos factores contribuyen a hacer más opaco y menos predecible el balance concurrencial para las empresas.

3. QUÉ SE ENTIENDE POR CONTRARRESTAR

Las Directrices afirman en varias ocasiones que para no considerar prohibido un acuerdo sus efectos procompetitivos deben superar a los anticompetitivos o que el acuerdo debe favorecer la competencia en el mercado de referencia [16].

Esta interpretación no resulta lógica desde el punto de vista económico. El objetivo de las empresas en una economía de mercado no es mejorar la competencia ni favorecer el interés general, sino maximizar su propio beneficio. Los acuerdos con otros agentes económicos pueden ser un instrumento para lograr su propósito. Resultará procedente que las autoridades anulen o condicionen los acuerdos en tanto en cuanto sus efectos tengan desde la perspectiva del bienestar de los consumidores un efecto neto negativo. Pero no hay razones objetivas para obstaculizar ni penalizar aquellos que resultan neutrales desde el punto de vista del interés general y del bienestar del consumidor y que las empresas celebran libremente porque favorecen a sus respectivas cuentas de resultados.

Este principio básico para el funcionamiento de una economía se traduce en que se pueda pedir que las eficiencias del art. 81.3 sean suficientes para contrarrestar los efectos negativos del acuerdo, pero que en ningún caso está condición debe plantearse como una desigualdad en sentido estricto. El requisito a exigir no puede ser que el acuerdo contribuya a incrementar en términos netos la eficiencia. Basta con que los beneficios del acuerdo contrarresten sus perjuicios.

[15] Párrafo 46 de las Directrices.
[16] Párrafo 34 de las Directrices.

4. ASIMETRÍA ENTRE EL ART. 81.1 Y EL 81.3

La lógica del art. 81 reside en contraponer efectos positivos y negativos de los acuerdos sobre el bienestar de los consumidores y ver cuáles pesan más. Los criterios del art. 81.3 buscan cualificar bajo qué condiciones las eficiencias pueden compensar las restricciones de la competencia derivadas de los mismos. En particular las dos condiciones enumeradas en primer lugar en el art. 81.3, denominadas condiciones positivas, exigen que las eficiencias cumplan determinados requisitos que las Directrices describen con mayor detalle.

Este tipo de condiciones positivas no se exige con el mismo grado de intensidad a la hora de analizar los efectos restrictivos del acuerdo en el ámbito del aparatado 1 del art. 81. La asimetría en el tratamiento de los efectos genera desde un punto de vista económico problemas que ponen en peligro la consistencia del art. 81.

A) Requisitos de las mejoras de eficiencia

El primer requisito del art. 81.3 busca definir los tipos de mejoras en la eficiencia a considerar y las condiciones que deben cumplir las mismas para que se pueden tener en cuenta a efectos del análisis. Con este fin, para todas las mejoras de eficiencias que se aleguen deberán justificarse los siguientes aspectos:

— Cuál es su naturaleza, porque se tendrán en cuenta sólo los que se denominan beneficios objetivos, aquellos que provengan de la expansión del *output* o de la generación de valor.
— Cuál es su vínculo con el acuerdo, porque sólo se considerarán las eficiencias que se deriven directamente del acuerdo. *«Las afirmaciones basadas en efectos indirectos son por lo general excesivamente vagas e imprecisas para que puedan tomarse en consideración»* [17].
— Cuál es su probabilidad e importancia en cada caso. Dado que hay que determinar si se contrarrestan los efectos restrictivos del acuerdo, las empresas *«deben calcular o estimar con la mayor exactitud que sea razonablemente posible el valor (monetario) de las mejoras de eficiencia y describir de qué modo se ha computado el importe»* [18].
— Cómo y cuándo se obtendrá la supuesta eficiencia, de manera que se asegure que tendrá una repercusión significativa en el mercado.

Estos requisitos que deben cumplir las eficiencias para ser tenidas en cuenta en la evaluación de los acuerdos son exigentes. Ello resulta

[17] Párrafo 54 de las Directrices.
[18] Párrafo 56 de las Directrices.

lógico, puesto que se trata de justificar si se deben exceptuar acuerdos potencialmente dañinos de la prohibición. Se debe por ello asegurar su incidencia e importancia para verificar que son capaces de contrarrestar los efectos negativos que se le atribuyen al acuerdo, de manera que a resultas de éste no se produzcan efectos nocivos sobre el bienestar. Pero, de la misma manera, también sería lógico partir de una determinación de los efectos restrictivos basada en condiciones igual de exigentes. Al fin y al cabo, se debe tener claro cuál es el efecto perverso del acuerdo antes de considerarlo nulo.

Desde un punto de vista económico el acuerdo puede tener efectos de uno y otro signo sobre ciertas variables, como precio, *output* o calidad, y, en principio, para contraponer ambos tipos de efectos no tiene sentido que se considere o se cualifique a los mismos de manera diferentes. En particular:

— De la misma manera que se exige que las eficiencias sean de naturaleza objetiva, también deberán serlo los efectos anticompetitivos que se aprecien. Si los efectos positivos deben traducirse no en mejoras de margen para las partes, sino en expansión del *output* y del valor en el mercado, entonces también se deberá entender por efectos restrictivos aquellos que restringen el *output* del mercado, independientemente del efecto que tengan sobre el margen de un competidor concreto.

— Al igual que las eficiencias deben derivarse directamente del acuerdo, también los efectos restrictivos que se prevén deben ser consecuencia directa del mismo. Este aspecto no resulta trivial en determinados casos. Por ejemplo, cuando se alega que el acuerdo tiene efectos de cierre de mercado puede no ser fácil evidenciar el nexo directo entre expulsión y acuerdo.

— Si se deben contraponer los efectos para dilucidar cuáles predominan, resulta igualmente importante determinar la probabilidad e importancia de los mismos independientemente de su signo. En este sentido, es cierto que en el ámbito del art. 81.1 se señala que los efectos han de ser sensibles[19]. Pero esta condición no es tan exigente como la condición necesaria para el cumplimiento del art. 81.3 de que se verifique la probabilidad e importancia de cada eficiencia alegada.

— En el mismo sentido, tampoco se formaliza la necesidad de que se precise cómo y cuándo se producirá el efecto anticompetitivo, pero en cambio sí se exige que se verifique cuándo sucederá ello en el caso de cada eficiencia alegada.

En definitiva, las Directrices operan como si el rigor de la evidencia a aportar dependiera del signo del efecto que se analiza. Estas dife-

---

[19] Párrafo 24 de las Directrices.

rencias en el rasero con el que se miden los efectos aumentan el riesgo de que se puedan calificar como restrictivos acuerdos que no tienen grandes efectos. La tendencia a establecer fuertes pruebas para las eficiencias puede llevar a no considerarlas y a que puedan objetarse o no lleguen a celebrarse acuerdos que no habrían dañado sensiblemente el interés general y habrían reportado un beneficio a las partes.

Si para realizar el balance concurrencial debe verificarse cuáles son las eficiencias, establecer su vínculo con el acuerdo y calcular el valor, probabilidad y horizonte temporal de las mismas, el mismo tipo de enfoque habría de seguirse con las restricciones de la competencia al aplicar el art. 81.1.

B) Participación de los consumidores

La condición segunda del art. 81.3 de las Directrices cualifica el tipo de efecto compensatorio que se busca a efectos de no considerar prohibido el acuerdo. Para ello se abunda en el concepto de *participación equitativa*, que requiere que los beneficios sean trasladados a los consumidores para compensarles de los perjuicios que el acuerdo les pueda causar.

Los economistas recurren con frecuencia a razonar en términos de la ecuación del bienestar social. Mediante ella el efecto sobre el bienestar social de una determinada actuación en el mercado, como pueda ser un acuerdo entre dos operadores económicos, se expresa como la suma del impacto que tiene sobre el excedente de los consumidores, sobre los beneficios de las empresas partícipes en el acuerdo y sobre el beneficio de terceras empresas.

La participación equitativa expresada en la condición segunda del art. 81.3 puede interpretarse como que se exige al acuerdo que uno de los términos de la ecuación, el que se refiere al bienestar de los consumidores, no experimente un impacto negativo. Este enfoque es coherente si se considera que el objeto de la política de competencia debe ser preservar el bienestar de los consumidores.

Pero por consistencia se deberá tener presente el mismo enfoque a la hora de aplicar el art. 81.1. Al igual que sucede con las eficiencias, los efectos anticompetitivos del acuerdo se reflejan en los sumandos de nuestra ecuación del bienestar, en este caso con signo negativo. El balance concurrencial equivale a calcular sobre la ecuación descrita el impacto de los diferentes efectos en términos netos. Si el criterio que se sigue es observar el impacto del acuerdo sobre los consumidores, ello debe tenerse en cuenta a la hora de valorar ambos tipos de efectos. Si al aplicar el art. 81.1 se opta por atender al impacto del acuerdo sobre otro sumando diferente como es el efecto del acuerdo sobre el beneficio de terceros, se corre el riesgo de incurrir en inconsistencias en la valoración y a la hora de tomar decisiones.

5. IMPROCEDENCIA DE LAS CONDICIONES NEGATIVAS PREVISTAS EN EL ART. 81.3 PARA LOS FINES QUE SE PERSIGUEN

Las Directrices ponen aún más de manifiesto un problema consustancial al art. 81.3. La justificación de las denominadas condiciones negativas que deben necesariamente cumplir los acuerdos para satisfacer el art. 81.3 resulta, cuando menos, cuestionable.

A) Carácter indispensable

La Comisión propone un doble examen para evaluar el carácter necesario de las restricciones. Primero, que las restricciones sean *específicas* del acuerdo, *«esto es, que no exista otra manera económicamente viable y menos restrictiva de alcanzarlas»* [20]. Una vez determinado que el acuerdo es necesario para generar las eficiencias, es preciso evaluar el carácter indispensable de cada restricción de la competencia derivado del mismo [21].

Para verificar estos requisitos hace falta determinar qué otras alternativas hubieran tenido las partes para alcanzar sus objetivos, ya sea mediante otro tipo de acuerdos o por sí mismas, y cuáles hubieran sido sus efectos. Las Directrices hablan literalmente de evaluar soluciones alternativas [22].

Esta condición plantea dudas tanto sustantivas como de fondo.

En primer lugar, como ya se ha comentado, no se puede partir de la base de que todas y cada una de las actuaciones de las empresas contempladas individualmente tengan que contribuir al bienestar social. El objetivo de las empresas es maximizar su propio beneficio en rivalidad con sus competidores. En tanto en cuanto los efectos que se deriven del acuerdo no deterioren la eficiencia ni perjudiquen a los consumidores, no hay razones para objetar el acuerdo. Éste es el fin de las condiciones primera y segunda del art. 81.3.

Cumplidas estas condiciones que aseguran que los posibles efectos negativos derivados del acuerdo se contrarrestan, es cuando menos

[20] Párrafo 75 de las Directrices.
[21] Párrafo 78 de las Directrices.
[22] Párrafo 79 de las Directrices.

dudoso desde un punto de vista económico que se deba ir más allá. Si había alternativas más eficientes o preferibles socialmente por otros motivos es discutible que proceda utilizar el art. 81 para imponerlas o inducir a las empresas a que opten ellas. Una vez que se exige como requisito que los efectos negativos del acuerdo se compensen, el acuerdo no dañará el interés general y no hay motivos para imponer restricciones adicionales. La elección entre las alternativas a su alcance es parte de la libertad de la empresa, siempre que no deterioren la eficiencia y el bienestar del consumidor. De la misma manera que no se juzga si las decisiones de inversión de un agente económico son las más adecuadas desde el punto de vista del bienestar social, tampoco se debería entrar en si un determinado acuerdo es la alternativa preferible una vez que se compruebe que sus efectos netos no son negativos.

En segundo lugar, verificar el cumplimiento de esta condición resulta una tarea sumamente compleja, por no decir imposible, desde un punto de vista práctico. En una realidad complicada y con incertidumbre a menudo no es fácil concretar cuáles son las alternativas para una empresa que elige cooperar con un competidor para lanzar un nuevo producto o si ante la posibilidad de distribuir un producto en exclusiva mediante un agente implantado en un determinado territorio cabían otras posibilidades. Determinar las alternativas posibles de manera realista y rigurosa no es fácil. Pero todavía resulta más complejo evaluar los efectos de cada una de ellas. En línea con el ejercicio que se propone en el art. 81.1 de comparar las condiciones de mercado con y sin acuerdo, aquí habría que realizar toda una serie de *but for analysis* en lo que se pudiera contrastar las condiciones de mercado en presencia de cada uno de los acuerdos y valorar cuál resulta preferible. Este ejercicio demanda mucha información y resulta complicado. Pero es que además obliga a establecer criterios sobre qué se entiende por *preferible*. Los diferentes escenarios no sólo diferirán en el tamaño de los beneficios esperados, sino en cómo se reparten éstos, lo cual plantea la pregunta de para quién debe ser preferible el acuerdo. Esto entra en el campo de las cuestiones redistributivas y de equidad que, a nuestro juicio, se escapan del alcance de lo que debe ser el ámbito de actuación de la política de competencia.

En tercer lugar, y a la vista de lo anterior, resulta cuestionable la tesis de que el orden en el que se verifiquen las condiciones del art. 81.3 pueda ser flexible. No tiene mucho sentido empezar por analizar si hay opciones preferibles cuando de lo que se trata es de valorar la compatibilidad de un acuerdo que las partes proponen. Resulta prioritario verificar la existencia de eficiencias y si éstas preservan el bienestar del consumidor de posibles efectos perversos del acuerdo.

El que existan o no alternativas supuestamente preferibles no debe condicionar la calificación de un acuerdo.

No se nos escapa que esta condición de especificidad es algo que también se observa en el análisis de eficiencias de las operaciones de concentración. Nuestra opinión no es muy diferente en ese caso. Al fin y al cabo, tanto las concentraciones como los acuerdos son formas de cooperación entre empresas más o menos fuertes con algún fin más o menos amplio. Las empresas que deciden cooperar, en la forma que sea, tienen que evidenciar que con ello no dañan el interés de los consumidores. Más allá de esto deberían tener libertad para actuar.

B) No eliminación de la competencia

Como apuntábamos, desde un punto de vista económico resultaría lógico que el tratamiento de las eficiencias en relación con las operaciones de concentración o los acuerdos de cooperación fuera similar. Sin embargo, el hecho cierto es que el art. 81.3 añade en el caso de estos últimos un requisito adicional: el acuerdo no debe permitir a las empresas eliminar la competencia respecto de una parte sustancial de los productos de que se trate.

Al igual que sucede con la anterior condición, este requisito carece de una justificación sólida y resulta inconsistente con el tipo de análisis que proponen el propio art. 81 y las Directrices que lo desarrollan. La consideración de los efectos anticompetitivos corresponde al art. 81.1. Desde un punto de vista metodológico, una vez determinados tales efectos procede valorar si hay efectos que los contrarrestan. Si la magnitud de los efectos negativos es grande serán menores las posibilidades de que el balance concurrencial se incline del lado del art. 81.3.

Ello hace innecesario que se le añadan al art. 81.3 requisitos adicionales que cualifiquen el tamaño de los efectos restrictivos. Es más, este tipo de criterios pueden llegar a poner en peligro la consistencia del sistema. Supongamos que un acuerdo entre dos empresas permite una mejora en la producción grande que les permite ser mucho más eficientes que gran parte de sus competidores, hasta el punto de que se puede temer por la viabilidad de los mismos en el mercado. El efecto del acuerdo sobre la eficiencia es grande, pero también su repercusión sobre la competencia. ¿Deberían ignorarse las eficiencias y evitar el balance concurrencial a la vista de ello?

Si a esto se une la posibilidad de examinar los requisitos del art. 81.3 en cualquier orden, el resultado es que llegamos a la conclusión de que se aplica un criterio de ilegalidad *per se*. Si se verifica que los efectos anticompetitivos del acuerdo son grandes conforme al 81.1, la condición cuarta del 81.3 evita tener que realizar el balance concurrencial. De hecho, pueden darse situaciones peculiares cuando se está ante una restricción por objeto, donde no es necesario verificar los efectos del acuerdo porque se presume que tiene un efecto significativo sobre el mercado.

REFLEXIONES FINALES

Podemos agrupar los problemas descritos en dos grandes grupos. Por una parte, los tres primeros problemas tienen que ver con la falta de criterios pragmáticos y estructurados a la hora de realizar el balance concurrencial. Los dos últimos denotan un desequilibrio entre los requisitos sustantivos y de prueba que se exigen en el ámbito del art. 81.1 y del 81.3. Probablemente esto se debe a que se pretende evitar a toda costa el riesgo de errores tipo II, aquellos que llevarían a no sancionar acuerdos que pueden tener un efecto perverso.

Ambos tipos de problemas ponen de manifiesto una serie de peligros:

— Se puede terminar en un sistema un tanto arbitrario. Ante la falta de criterios a la hora de hacer el balance concurrencial y dada la complejidad que éste muchas veces encierra, se pueda caer en la tentación de recurrir en exceso a la presunción o incluso a la intuición de manera *ad hoc*.

— El exceso de celo por evitar errores tipo II puede llevar a que el coste de los errores tipo I sea grande. Al elevar los requisitos que se exigen bajo el art. 81.3 de manera desproporcionada con respecto al 81.1 es posible que se bloqueen o se desincentiven acuerdos que no tendrían realmente un efecto tan perverso como se presume. Especialmente si tenemos en cuenta que algunos de los requisitos que se piden desde el punto de vista económico no se encuentran justificados.

— En relación con lo anterior, hay que recordar que el espectro de acuerdos que cabe dentro del art. 81 es enorme. Unos requisitos excesivos en relación con el art. 81.3 tienen un coste alto con respecto a aquellos acuerdos donde es plausible que los efectos anticompetitivos se vean contrarrestados por eficiencias.

Son ya clásicos los argumentos de autores como EASTERBROOK enfatizando la necesidad de estructurar el análisis de los casos de *antitrust* con reglas jerarquizadas, que resulten administrables, introduzcan coherencia y sean predecibles. Diseñar estas reglas es sin duda una tarea compleja, pero no inasequible. Para abordarla es necesario disponer de una determinada metodología de análisis. A continuación se proponen los que pueden ser sus rasgos fundamentales:

— Dada la diversidad de acuerdos que caben dentro del ámbito del art. 81, se deben diferenciar distintas categorías en función de su naturaleza y efectos con el fin de proceder a su análisis de manera independiente.

— La teoría económica y la evidencia empírica nos permiten extraer hipótesis sobre la probabilidad y el coste de cometer errores al evaluar una determinada categoría de práctica.

— A partir de estas hipótesis testadas se podrá determinar qué estándar jurídico es más conveniente para valorar el tipo de práctica considerado. Para determinados tipos de acuerdos, dada la baja probabilidad de que sus efectos sobre el bienestar sean positivos, puede optarse por reglas cercanas a la ilegalidad *per se*. En el otro extremo estarán los acuerdos para los que la baja probabilidad de error sobre su aportación a la eficiencia permite calificarlos como legales *per se*. En medio tendremos un amplio abanico de acuerdos para los que será necesario establecer criterios de decisión administrables, que contribuyan a reducir los errores y a minimizar la discrecionalidad.

— Para determinar estos criterios de decisión debemos contar con la ayuda del análisis económico. Éste nos orienta sobre las condiciones necesarias para que el efecto neto de una práctica sea negativo desde la perspectiva del bienestar social. Estas condiciones necesarias deben utilizarse a modo de filtros que determinen en qué casos no es plausible que las prácticas analizadas generen efectos adversos.

B. LA EFICACIA REAL DEL DERECHO DE LA COMPETENCIA

LA PERSECUCIÓN DE LOS CÁRTELES: LA POLÍTICA DE CLEMENCIA

Fernando Jiménez Latorre
NERA Economic Consulting

1. INTRODUCCIÓN

Los cárteles son acuerdos entre competidores que pretenden alcanzar unos niveles de precios por encima de los que se fijan en condiciones de competencia, mediante la simple fijación de precios, la limitación de la producción, el reparto de mercado u otras modalidades de acuerdo de efecto equivalente.

En el ámbito académico y entre las autoridades de competencia existe un amplio consenso a la hora de señalar que los cárteles constituyen la peor de las conductas restrictivas de la competencia. No tienen defensa posible ni desde la perspectiva de la eficiencia productiva ni de la del beneficio para el consumidor, ni en el corto ni en el largo plazo. La evidencia empírica confirma que comportan una pérdida neta de bienestar fruto de las ineficiencias que generan, siendo los consumidores los principales perjudicados, ya que compran una menor cantidad de producto a un mayor precio.

Por todo ello, las autoridades de competencia con mayor prestigio han situado la lucha contra los cárteles como la principal prioridad de sus estrategias de defensa de la competencia. En palabras del Comisario de Política de Competencia europeo, «la principal prioridad en materia de competencia para la Comisión Europea y el Departamento de Justicia de Estados Unidos es la persecución de los cárteles» [1].

No obstante, los instrumentos tradicionales de lucha contra los cárteles se han revelado ineficaces por diversos motivos: la dificultad para encontrar pruebas materiales sobre la existencia de los cárteles (lo que podríamos denominar el problema de la prueba), el carácter limitado de los recursos de las autoridades de competencia y, como consecuencia de todo ello, la limitada capacidad disuasoria del régimen sancionador. Por tanto, se estima que este tipo de práctica sigue siendo relativamente frecuente en la vida de las empresas.

En la actualidad, existe cierto consenso sobre la conveniencia de adoptar programas de clemencia (inmunidad o *leniency*). Estos programas permiten penetrar en los secretos de los acuerdos recurriendo a la información desde dentro *(insider),* resolviéndose así los problemas de la identificación de la prueba inherente a este tipo de conducta.

La evidencia demuestra que los programas de clemencia, cuando se diseñan adecuadamente, son instrumentos muy eficaces para detectar cárteles. Desde su adopción, el número de cárteles sancionados y las multas impuestas por las autoridades han aumentado significativamente.

Este estudio comienza describiendo la economía del cártel, donde se incide en los efectos de los cárteles y en los principales aspectos económicos que influyen en su estabilidad. En segundo lugar, se analiza por qué los instrumentos tradicionales de lucha contra los cárteles no son efectivos. Seguidamente se presentan los programas de clemencia como mecanismo eficaz para perseguir esta práctica tan perniciosa. Por último, y en la medida en que las autoridades nacionales han anunciado su intención de realizar ciertas reformas en el sistema español de defensa de la competencia, se terminará con unas consideraciones sobre la oportunidad de adoptar un programa de clemencia en España, el tipo de programa que parece aconsejable y las medidas que deben acompañarlo.

---

[1] MONTI (2001). Traducción del texto original en inglés.

2. LA ECONOMÍA DE LOS CÁRTELES

A) El efecto de los cárteles

a) *El efecto de los cárteles desde la perspectiva del análisis económico*

En un mercado con información perfecta y ausencia de externalidades, en el que concurren numerosos oferentes, ninguno con capacidad de comportamiento independiente, la rivalidad empresarial conduce a una asignación eficiente de los recursos. El bien se produce al menor coste y el consumidor lo compra al precio más bajo posible.

Un cártel es un acuerdo entre competidores por el que se adopta algún tipo de compromiso —ya sea de fijación directa de precios, limitación de la producción o reparto de mercados[2]— para que los precios se sitúen por encima de los niveles que se alcanzarían en condiciones de competencia.

Se trata, por tanto, de un acuerdo que no comporta eficiencias productivas, sino más bien todo lo contrario[3]. La teoría económica ha diferenciado entre las ineficiencias asignativas y productivas que la situación de poder de mercado genera en un contexto estático. En una perspectiva dinámica, y aunque existe cierto debate al respecto, puede argumentarse que el poder de mercado repercute negativamente sobre la productividad principalmente por dos motivos. En primer lugar, por los incentivos inadecuados que reciben los gestores monopolistas (ineficiencia-X). En segundo lugar, por la ausencia de procesos de selección natural a los que sólo sobreviven las empresas más eficientes. En el Anexo se explica más en detalle los efectos económicos del cártel.

Así, tanto en el ámbito académico como entre las autoridades de competencia se considera que los cárteles constituyen la conducta restrictiva de la competencia más perjudicial, y su persecución viene siendo la principal prioridad de las autoridades con mayor prestigio[4].

---

[2] La definición de cártel propuesta por la OCDE permite identificar las modalidades de acuerdo colusorio más habituales, en particular, fijación de precios, manipulación de pujas o concursos *(bid rigging),* establecimiento de restricciones de la producción y reparto de mercados mediante la asignación de clientes, suministradores, territorios o líneas de actividad. OCDE (2003), p. 3.

[3] Kolasky (2004) argumenta que «los cárteles, por definición, no poseen ningún potencial en absoluto para generar eficiencias». Kolasky (2004), p. 37. Traducción del texto original en inglés.

[4] Así, por ejemplo, el Comisario de Política de Competencia europeo afirmaba que «[l]os cárteles son un cáncer para la economía de mercado que constituye la base de nuestra Comu-

b) *Evidencia empírica*

• Efectos sobre precios y cantidades

La Comisión Europea ha estimado que la existencia de un cártel en una industria determinada redunda en un incremento medio del 10 por 100 en los precios (en algunos casos, dicho incremento se sitúa en el 30-50 por 100) y en una reducción media de la cantidad producida del 20 por 100[5].

Por su parte, la OCDE, sobre la base del análisis efectuado por las autoridades nacionales de defensa de la competencia de 14 cárteles multinacionales que tuvieron lugar en el período 1996-2000, observa un incremento en precios entre el 5 y el 65 por 100, con la mediana en torno al 15-20 por 100[6].

• Efectos sobre la productividad

Broadberry y Crafts (1996) consideran que, antes de la adopción de la legislación anti-cártel en Reino Unido, las prácticas colusorias afectaban a las tres cuartas partes de la industria británica, lo que redundaba en un descenso en el crecimiento de la productividad del trabajo de 1 punto porcentual[7].

Nickell (1996) analizó el comportamiento de una muestra de 700 empresas del sector industrial en el Reino Unido entre 1972 y 1986 y constató que cuanto mayor era la cuota de mercado de las empresas (variable considerada *proxy* del poder de mercado) menor era el nivel de la productividad de la empresa. Igualmente, constató que cuanto mayor era la competencia, medida en términos de menores niveles de beneficios, mayor era la productividad multifactorial.

Finalmente, Nickell, Nicolitsas y Dryden (1997) confirmaron que la competencia en el mercado de bienes y servicios mejora la productividad de la empresa. No obstante, señalaron que el papel de la competencia para disciplinar a los gestores y mejorar la eficiencia de la

---

nidad». Monti (2000). Por otra parte, de acuerdo con las directrices para el cálculo de las multas de la Comisión Europea, los cárteles son considerados como una infracción muy grave. Comisión Europea (1998), p. 1. Finalmente, la Office of Fair Trading británica afirma que «existe un amplio consenso a la hora de señalar que los cárteles constituyen la práctica más perjudicial para los consumidores y la economía en su conjunto». Office of Fair Trading (2001), p. 2. Traducción de los textos originales en inglés.

[5] Monti (2000).

[6] OCDE (2002).

[7] *Vid.* referencia a este estudio en Kolasky (2004), p. 37.

empresa es menor cuando las empresas están sujetas a la disciplina de los mercados de capitales.

B) La estabilidad de los cárteles

Los cárteles pueden tener elementos de inestabilidad. Los incentivos para que un miembro del cártel incumpla el compromiso adquirido vienen determinados por lo que en economía industrial se ha llamado la restricción de incentivos, como se explica en el Anexo. Es posible que para algún miembro del cártel resulte atractivo incumplir el acuerdo de tal forma que, durante el tiempo que tarden el resto de los miembros del cártel en reaccionar ante su incumplimiento, obtenga un beneficio extraordinario superior al que obtiene respetando el acuerdo. Para que esto se produzca basta con que este resultado extraordinario que resulta del incumplimiento del acuerdo supere la menor ganancia futura derivada de la reacción del resto de los miembros del cártel.

Los factores que influyen en la estabilidad de un cártel son numerosos. A grandes rasgos, y atendiendo al marco conceptual propuesto por la Comisión Europea para el análisis de colusión tácita, la estabilidad de un acuerdo viene determinada por los siguientes dos elementos[8, 9]:

• **Estabilidad interna o capacidad para castigar desviaciones,** determinada por: 1) la habilidad de los miembros del cártel para detectar desviaciones, y 2) la existencia de un mecanismo de sanción creíble. A su vez, estas dos variables dependen de otras muchas. Sin ánimo de ser exhaustivo, se puede mencionar el número de miembros del

---

[8] COMISIÓN EUROPEA (2004a), pp. 9-11. Para un análisis económico del efecto de las principales variables que influyen sobre estos 3 elementos sobre la capacidad de un grupo de competidores para coordinar su comportamiento, *vid.* IVALDI, JULLIEN, REY, SEABRIGHT y TIROLE (2003).

[9] La Comisión Europea señala un elemento adicional: la facilidad para llegar a un acuerdo. En la medida en que depende en gran medida de los incentivos de cada uno de los miembros del cártel para formar parte del acuerdo, este elemento podría resultar relevante a la hora de evaluar la estabilidad de un cártel. De esta forma, si los incentivos de uno o varios de los miembros del cártel son débiles (en términos de la restricción de incentivos, si el beneficio de permanecer en el acuerdo es muy similar al beneficio de desviarse) cualquier cambio en las condiciones de mercado puede desencadenar desviaciones con respecto al acuerdo. Por claridad en la exposición, hemos preferido dejar a un lado este elemento, entendiendo que influye fundamentalmente en la capacidad para llegar a un acuerdo, y no tanto en su posterior estabilidad. En cualquier caso, algunas de las principales variables que influyen positivamente en la facilidad para llegar al acuerdo son la estabilidad y simplicidad del entorno económico (por ejemplo, en términos de demanda estable y ausencia de innovaciones), la homogeneidad del producto, la simetría en costes y cuotas de mercado, o la existencia de vínculos estructurales. COMISIÓN EUROPEA (2004a), p. 10.

cártel, la transparencia del mercado, la frecuencia con la que las empresas se enfrentan en el mercado, la información sobre la demanda, etc.

• **Estabilidad externa o respuesta de competidores y clientes.** De esta forma, la posibilidad de que un cártel sea estable será reducida en aquellos casos en que la reacción de los competidores (actuales o potenciales) situados fuera del acuerdo o los clientes reduzca de forma considerable las ventas totales del cártel y de cada uno de sus miembros. Algunas de las variables fundamentales para valorar la capacidad de respuesta de competidores y clientes son: la existencia o no de barreras a la entrada, el poder de compra de clientes y la elasticidad de la demanda.

No obstante, una vez que el acuerdo se ha incumplido y se ha vuelto a la dinámica competitiva durante un período de tiempo lo suficientemente prolongado como para hacer el mecanismo de castigo creíble, vuelven a surgir los incentivos para negociar un acuerdo, ya que éste beneficia a todos sus miembros si es respetado.

3. INEFICACIA DE LOS MECANISMOS TRADICIONALES PARA LA LUCHA CONTRA LOS CÁRTELES

A) El problema de la prueba

Este tipo de práctica es muy difícil de sancionar con los instrumentos tradicionales de defensa de la competencia, dadas las complicaciones para encontrar pruebas documentales que acrediten su existencia o para utilizar pruebas de presunciones. Veamos cada uno de estos aspectos.

• *Pruebas documentales*

Las pruebas documentales son muy difíciles de detectar, ya que las empresas que deciden coludir toman las cautelas precisas, el número de participantes en el acuerdo es muy reducido, normalmente sólo los cargos de máxima responsabilidad de la empresa e intentan no dejar la mínima huella de los mismos, procurando no levantar actas de las reuniones, ni intercambiar correspondencia, faxes, correos electrónicos, etc.

Así, las autoridades de competencia se enfrentan con una tarea muy compleja de búsqueda de pruebas, análisis del sector, relaciones entre empresas, etc. Esta actividad consume muchos recursos humanos y es de resultados inciertos.

• *La prueba de presunciones*

En ausencia de prueba documental las autoridades pueden ir hacia la prueba de presunciones, de forma que tras la investigación se llegue a la conclusión de que la única explicación lógica, por ejemplo, a la evolución paralela de precios observada en el mercado o la existencia de beneficios extraordinarios, sea la de la coordinación del comportamiento.

No obstante, la rivalidad competitiva puede explicar también este tipo de situaciones. La evolución paralela de los precios puede obedecer a explicaciones racionales [10]: la transparencia y agilidad del mercado, la similitud en la estructura de costes de las empresas, la dependencia de *inputs* semejantes, el choque común que incide fuertemente en el sector, el comportamiento de seguimiento del líder [11], etc.

Las dudas pueden empezar cuando concurren el paralelismo de precios y los beneficios extraordinarios en la industria. Sin embargo, resulta muy complejo identificar cuál es el beneficio extraordinario. La referencia a costes no suele ser válida en la medida en la que la mayor parte de las empresas son multi-producto, y hay multitud de costes comunes, de forma que es muy complicado identificar el coste de producción preciso de un determinado producto.

Por estos motivos, no se ha conseguido imputar con éxito la colusión tácita ni en la Unión Europea ni en España. Por ejemplo, se pueden mencionar las investigaciones sobre los precios de las gasolinas seguidas en España y en la Comisión Europea, donde tras una larga investigación se llegó a la conclusión de que eran las propias características del mercado (total transparencia de precio, homogeneidad del producto, la repercusión del coste de la materia prima, etc.) las que provocaban el paralelismo en la evolución de los precios.

---

[10] Por este motivo, en *Zinc Producer Group*, la propia Comisión Europea afirma que «el comportamiento de precios paralelos en un oligopolio dedicado a la producción de bienes homogéneos no es, por sí solo, evidencia de prácticas concertadas». Decisión de la Comisión en *Zinc Producer Group*, § 75. Traducción del texto original en inglés. Esta misma visión es compartida por el Tribunal de Justicia Europeo en *Züchner* v. *Bayerische Vereinsbank AG* e *ICI v Commission*. *Vid.* Sentencias del Tribunal en *Züchner* v. *Bayerische Vereinsbank AG*, § 14, e *ICI* v. *Commission*, §§ 65-66.

[11] Este último comportamiento es común en aquellas industrias oligopolísticas donde existe lo que Wish (2001) denomina líder de precios barométrico: «El liderazgo de precios barométrico tiene lugar cuando una empresa incrementa sus precios porque un aumento en los costes (por ejemplo, salarios o materias primas) le fuerza a hacerlo: a renglón seguido, otras empresas que sufren este mismo aumento de los costes imitan su comportamiento». Wish (2001), p. 464. Traducción del texto original en inglés.

B) Recursos limitados de las autoridades de competencia

Si las autoridades de competencia tuvieran recursos ilimitados, fueran omnipresentes y las sanciones fueran justas, los programas de clemencia no serían necesarios. Existirían incentivos suficientes para que el cártel no se produjese y éstos serían muy poco numerosos (sólo se producirían por error de cálculo). En este contexto, el programa de clemencia sería contraproducente, ya que introduciría un atractivo que antes no existía para quedar inmune de la sanción segura.

No obstante, la realidad es diferente, las autoridades no son omnipresentes, sus recursos son limitados, las pruebas de los acuerdos son muy difíciles de detectar y su búsqueda consume muchos medios administrativos, de forma que la probabilidad de descubrir acuerdos anticompetitivos no es elevada y todo hace pensar que este tipo de práctica es relativamente frecuente [12].

C) Limitado efecto disuasorio de la sanción

Dada la dificultad para detectar los cárteles, las sanciones, por elevadas que sean, se convierten en instrumentos ineficaces para disuadir este tipo de prácticas. Lo que realmente disuade es la sanción esperada, es decir, no sólo la magnitud de la sanción que puede llegar a aplicarse, sino también la probabilidad de que dicha sanción llegue a producirse.

Así, por ejemplo, MOTTA y POLO (2003) señalan que «si los participantes anticipan una baja probabilidad de que las autoridades detecten (y prueben) la existencia del cártel, las multas y sanciones, por sí solas, resultarán insuficientes a la hora de prevenir la formación de cárteles» [13].

Paralelamente, tampoco parece aconsejable adoptar unas sanciones sumamente elevadas, de tal forma que, incluso aunque se detecte un número muy limitado de cárteles, las multas que se le imponen sean suficientes para disuadir estas prácticas. El efecto de este tipo de sanción sería contrario al deseado.

Efectivamente, existe cierta literatura económica sobre la sanción justa que se ha venido desarrollando a raíz de la publicación de BECKER

---

[12] En palabras del Comisario de Política de Competencia europeo: «Las actuaciones emprendidas por la Comisión Europea y otras autoridades de defensa de la competencia demuestran que, a pesar de nuestros esfuerzos, los cárteles continúan existiendo. Es más, por su propia naturaleza, los cárteles son secretos y difíciles de detectar, por lo que es probable que sólo estemos viendo la punta del iceberg». MONTI (2000). Traducción del texto original en inglés.

[13] MOTTA y POLO (2003), p. 2. Traducción del texto original en inglés.

(1968). En esencia, la teoría viene a indicar que se debe equiparar el beneficio del cártel con la sanción esperada. Si la probabilidad de que la autoridad de competencia sancione el cártel es total e inmediata, bastaría con que la sanción sea igual al beneficio del cártel para que no compense coludir.

Paralelamente, a medida que la probabilidad de que se detecte el cártel disminuye, la sanción tiene que aumentar para que el equilibrio entre el beneficio extraordinario y la sanción esperada se restablezca. No obstante, no cabe recurrir a una sanción muy elevada pensando que eso no tiene más que efectos positivos al disuadir los cárteles. Si la sanción esperada supera el nivel de equilibrio, puede generar unos costes mayores de los que se quieren evitar.

Estos costes provienen de la reacción preventiva de las empresas ante la desproporcionada amenaza de la sanción. Por una parte, las empresas dejarían de realizar estrategias legales. Efectivamente, en la medida en la que la frontera entre el acuerdo legítimo y el ilegítimo no siempre es meridiana, para evitar el mínimo riesgo de las elevadas sanciones, las empresas adoptarán estrategias excesivamente cautelosas.

Por otra, la empresa internaliza el coste de la sanción y toma un exceso de precauciones para asegurarse de que ésta no llegará a aplicarse. Por ejemplo, para evitar que alguna persona u órgano de la sociedad pueda realizar este tipo de acuerdos introducirá excesivos mecanismos internos de control, aumentándose los costes de producción. El aumento de costes también puede provenir del exceso de cautelas y medidas de defensa ante el temor a la sanción (abogados, consultores, etc.).

En definitiva, el riesgo de unas sanciones excesivas comporta un incremento en los costes de las empresas que acaban repercutiendo en los consumidores, es decir, perjudicando precisamente al colectivo que se pretende proteger.

4. LAS POLÍTICAS DE CLEMENCIA COMO UN MECANISMO EFICAZ DE LUCHA CONTRA LOS CÁRTELES

A) La lógica que subyace a las políticas de clemencia

Ante la limitación de recursos de las autoridades de competencia, la dificultar de encontrar las pruebas que acrediten la existencia de los acuerdos y la imposibilidad de establecer una sanción que sea de tal magnitud que produzca un efecto disuasorio en un contexto de baja probabilidad de multa, sin por ello generar efectos indeseados, los programas de inmunidad se plantean como una alternativa eficaz.

El programa de clemencia es un procedimiento que permite una exoneración total o parcial de la sanción [14] por acuerdo de fijación de precios, u otro de efecto equivalente, a aquel (aquellos) miembro(s) del cártel que lo delata(n), aportando pruebas relevantes sobre las que no tenía conocimiento la autoridad, a la vez que dejan de respetar el acuerdo, y colaboran durante la investigación, siempre que no fuesen inductores de la formación del cártel.

En teoría, estos programas pueden afectar de diversas maneras a los cárteles, dependiendo del grado de estabilidad de los acuerdos. Por una parte, si se trata de acuerdos inestables, en teoría el efecto del programa de inmunidad es incierto. Puede que tan sólo traduzcan la disciplina privada en pública, en la medida en la que el que decide incumplir el cártel lo denuncia a las autoridades.

Contrariamente, los cárteles estables se desestabilizan con la existencia de programas de inmunidad. Efectivamente, si el cártel es muy estable, ya que sus miembros están permanentemente constatando el comportamiento de sus miembros y pueden reaccionar rápidamente sancionando al que lo incumple, la posibilidad de denuncia ante la autoridad de competencia introduce una inestabilidad que antes no existía.

Por tanto, estos programas tienen un efecto agregado de desestabilización de los cárteles y lo hacen de una forma eficaz, ya que, gracias a las pruebas aportadas desde dentro y la constante colaboración del delator, la autoridad de competencia se dirige directamente a identificar las pruebas concluyentes que imputan al resto de los miembros del cártel.

Los programas de clemencia han demostrado su eficacia cuando son debidamente diseñados y han ido acompañados de las adecuadas medidas, de forma que desde su adopción, el número de cárteles sancionados y las multas decididas por las autoridades han aumentado significativamente.

Así, por ejemplo, de las 66 decisiones sobre cárteles adoptadas por la Comisión Europea a lo largo del período 1969-2002, casi la mitad (29) tuvieron lugar a partir de 1998 —esto es, dos años después de la adopción del primer programa de *leniency* [15]. Consultando datos más

---

[14] La exoneración de multas no es el único mecanismo de recompensa posible. De hecho, Aubert, Rey y Kovacic (2003) argumentan que el efecto desestabilizador de un programa de *leniency* basado en la concesión de recompensas positivas es mayor que el asociado a un sistema basado en la exoneración.

[15] Lowe (2003), p. 3.

actuales, en octubre de 2003 —esto es, un año después de la introducción del programa de clemencia actual [16]— en torno a 100 compañías habían presentado solicitudes para acogerse a programas de clemencia [17].

De forma similar, y de acuerdo con AUBERT, REY y KOVACIC (2003), el programa de *leniency* estadounidense [18] fue el principal causante de que las multas impuestas a cárteles en el año 1999 superasen la cuantía total de las multas impuestas hasta entonces por las autoridades de defensa de la competencia desde la adopción de la legislación anti-cártel estadounidense más de un siglo antes [19].

En palabras del Director General de Competencia de la Comisión Europea:

> «La política de clemencia ha demostrado ser un instrumento formidable a la hora de incentivar la colaboración de las empresas con las autoridades de competencia. No sólo facilita la detección de cárteles; la mera posibilidad de que un miembro acuda a las autoridades para garantizarse la inmunidad tiende a desestabilizar la actividad del propio cártel» [20].

Esto explica la adopción de este nuevo instrumento de lucha contra los cárteles en cada vez más jurisdicciones. En Europa, por ejemplo, ya lo han adoptado 15 Estados miembros, además de la propia Comisión Europea. De acuerdo con la información facilitada por la Comisión Europea, los países europeos que en la actualidad disponen de una política de clemencia son Bélgica, Chipre, República Checa, Finlandia, Francia, Alemania, Hungría, Irlanda, Letonia, Lituania, Luxemburgo, Holanda, Eslovaquia, Suecia y Reino Unido [21].

B) Factores clave en el diseño de políticas de clemencia

a) *La magnitud de la recompensa por acogerse al programa de clemencia*

Para que el programa de clemencia funcione es necesario que disponga de los equilibrios adecuados entre costes y beneficios de la delación. A este respecto, es necesario tener en cuenta que el coste de la delación no radica exclusivamente en el beneficio extraordinario al

[16] COMISIÓN EUROPEA (2002).
[17] LEVY y O'DONOGHUE (2004), p. 76.
[18] U.S. DEPARTMENT OF JUSTICE (1993).
[19] AUBERT, REY y KOVACIC (2003), p. 2.
[20] LOWE (2003), p. 3. Traducción del texto original en inglés.
[21] *Fuente:* Comisión Europea.

que se renuncia al denunciar el acuerdo colusorio. Adicionalmente, el delator incurre en los siguientes costes:

- Responsabilidades civiles

Aparte de la sanción por infracción del derecho de la competencia que se ahorra al acogerse a un programa de clemencia, el infractor puede ser objeto de una denuncia civil de responsabilidad patrimonial y, en su caso, tendrá que hacer frente a los daños y perjuicios causados por la conducta ilegal.

Así, mientras que al acogerse a un programa de clemencia uno obtiene la garantía de que no va a ser sancionado por la conducta ilegal, su capacidad de defensa en la vía civil se limita sensiblemente, especialmente si por consideraciones de justicia se obliga al confidente que reconozca su culpabilidad, como es el caso de Estados Unidos.

En dicho país, donde existe una elevada litigiosidad, éste es un elemento que desincentiva las solicitudes de clemencia. Especialmente si se tiene en cuenta que, de acuerdo con la legislación estadounidense, las acciones civiles contra compañías involucradas en cárteles pueden reclamar una cuantía equivalente a 3 veces el daño ocasionado en los Estados Unidos como consecuencia del cártel [22].

Para afrontar estos desincentivos se barajaron algunas fórmulas, como, por ejemplo, la participación del delator en parte de la recaudación derivada de la multa que paguen el resto de los miembros del cártel. Finalmente, en junio de 2004 se aprobó una reforma del sistema de defensa de la competencia penal estadounidense en la que se establecía, entre otras modificaciones, que las compañías acogidas al programa de clemencia sólo podrían ser objeto de reclamaciones por un valor equivalente al daño individual causado por su participación en el cártel [23].

Contrariamente, en Europa esta cuestión plantea menos problemas por dos motivos [24]. Por una parte, por la baja aplicación civil del Derecho de la competencia [25]. De acuerdo con WAELBROECK, SLATER, y EVEN-SHOSHAN (2004), hasta ahora en Europa sólo se han exigido res-

[22] PATE (2004a), p. 9.

[23] PATE (2004b), p. 3.

[24] Ello no significa que este factor deba ser ignorado. Así, por ejemplo, CARLE, PERVÁN LINDEBORG y SEGENMARK señalan lo siguiente: «Los delatores no obtienen protección contra las acciones civiles de reclamación de daños iniciadas por terceras partes perjudicadas por el acuerdo colusorio. Por lo tanto, confesar ante la Comisión establece una base sólida para la reclamación de daños por la participación pasada en un cártel». *Vid.* CARLE, PERVÁN LINDEBORG y SEGENMARK (2002), p. 268. Traducción del texto original en inglés.

[25] *Vid.* LEVY y O'DONOGHUE (2004), p. 86.

ponsabilidades civiles por infracción del Derecho de la competencia comunitario o nacional en 50 ocasiones —tan sólo en 28 se concedieron daños[26]—. Pese a las intenciones de la Comisión Europea para que esto cambie y las recientes reformas, es difícil predecir si, en el medio plazo, la aplicación civil del Derecho de defensa de la competencia va a ser o no un elemento que realmente desincentive la solicitud de estos programas. Por otra parte, en el programa de la Comisión Europea no hay obligación de reconocimiento de culpabilidad, de forma que el delator tiene cierto margen de defensa si surge un pleito civil.

• Responsabilidades en otras jurisdicciones

Otra cuestión a tener en cuenta cuando el acuerdo tiene dimensión supranacional es el impacto que la aportación de pruebas puede tener en otras jurisdicciones donde la práctica genera efectos. Para que el programa de clemencia sea atractivo, tiene que quedar claro que en otras jurisdicciones no se pueden utilizar las pruebas aportadas por el confidente. De otra forma, los incentivos para denunciar el cártel desaparecen.

La cuestión es especialmente relevante en el contexto europeo de aplicación descentralizada del derecho de defensa de la competencia y de libertad de circulación de las pruebas y en menor medida también lo es en las relaciones transatlánticas, dada la creciente colaboración entre autoridades de competencia. Aquí se plantean los siguientes escenarios:

• Las jurisdicciones afectadas por el acuerdo tienen programas de clemencia.

Una primera posibilidad es que todas las jurisdicciones en las que el acuerdo tiene efectos dispongan de un programa de clemencia. Para que el denunciante tenga seguridad de que en ninguna de ellas se le va a abrir un expediente sancionador, deberá solicitar el programa en todas ellas. Alternativamente, debería tener garantías de que las pruebas que aportó en la jurisdicción en la que solicitó la clemencia no llegarán al resto de las jurisdicciones.

• Alguna de las jurisdicciones afectadas por el acuerdo no tiene programa de clemencia.

[26] De los 50 casos identificados, 12 se corresponden con reclamaciones de daños por infracción de la legislación comunitaria (tan sólo en 8 se concedieron daños), 32 con reclamaciones de daños por infracción de la normativa nacional (16), y 6 con reclamaciones de daños por infracción de las legislaciones comunitaria y nacional (4). WAELBROECK, SLATER y EVEN-SHOSHAN (2004), p. 1.

Un escenario más difícil es aquel en el que en alguna de las jurisdicciones en las que el acuerdo tiene efectos no tiene programa de clemencia. En este caso, el confidente tiene que tener plena seguridad de que las pruebas aportadas no van a ser utilizadas en otras jurisdicciones.

La situación es especialmente relevante en el contexto europeo de aplicación descentralizada del Derecho comunitario de competencia, conocido con el nombre de modernización.

Aquí, no sólo no todas las jurisdicciones tienen programa de inmunidad, sino que además existe libertad de circulación de las pruebas y plena colaboración e intercambio de información entre autoridades.

El problema se plantea de la siguiente manera. En la Unión Europea conviven jurisdicciones con programa y sin programa de clemencia. Simultáneamente, como consecuencia del proceso llamado de modernización se ha creado la red de autoridades de defensa de la competencia, en virtud de la cual hay un intercambio de información entre autoridades, entre otras cosas para decidir cuál es la mejor situada para llevar cada caso [27].

En este contexto, bien puede suceder que a la autoridad de la jurisdicción donde no hay programa de clemencia le lleguen las pruebas sobre la existencia de un cártel con efectos en su jurisdicción y se vea en la obligación de ir contra el confidente. Si esto pudiese suceder, desaparecerían los incentivos para solicitar un programa de clemencia en los cárteles transnacionales, haciéndolos inútiles donde existen.

Para evitar este problema, las autoridades europeas han adoptado el compromiso de no utilizar la información obtenida en la red cuando ésta ha sido aportada en un programa de clemencia. En la medida en la que alguna autoridad no ha podido adoptar dicho compromiso, se la ha excluido de la red de intercambio de este tipo de información.

Alternativamente, la solución sería mucho más eficaz si todos los Estados miembros tuviesen programas de clemencia y éstos fuesen similares. No obstante, esta solución es de muy difícil aplicación, ya que no hay obligación jurídica para que los Estados miembros armonicen sus procedimientos y regímenes sancionadores de competencia. En todo caso, éste es un buen ejemplo sobre la conveniencia de dicha armonización en el contexto de modernización.

---

[27] Comisión Europea (2004b). *Vid.* también Levy y O'Donoghue (2004), pp. 91-95.

• Represalias del resto de los miembros del cártel

Lógicamente, el resto de los miembros del cártel intentarán tomarse la revancha con el denunciante y en la medida en la que normalmente las empresas son multi-producto, resultará relativamente fácil que el denunciante se encuentre con cierto boicot contra él en otros mercados donde coinciden.

Por otra parte, bien puede suceder que en otros mercados algún miembro del cártel sea cliente del confidente, de forma que éste lo tendrá en cuenta antes de denunciar el cártel. Este efecto negativo sobre los incentivos a denunciar el cártel se puede limitar preservando la confidencialidad de la identidad del denunciante.

• Deterioro de la imagen

Existe otro tipo de sanciones que tienen un carácter más intangible. Así, en la medida en la que en la sociedad (instituciones públicas, opinión publica, etc.) rechace los cárteles, las empresas y las personas que participaron en los mismos verán muy deteriorada su imagen cuando sean descubiertos, con los consecuentes efectos que ello tendrá.

b) *Cuestiones relacionadas con el diseño de los programas*

Para que estos programas sean eficaces deben diseñarse de tal forma que incorporen adecuadamente los incentivos de la delación. Los principales aspectos en los que se debe incidir son los siguientes:

• Transparencia y certidumbre en el proceso para obtener la inmunidad

Es imprescindible que la entidad o la persona que quiere acogerse al programa sepa cuál es el trato que se le va a dar si aporta la información relevante. El incentivo para aportar las pruebas es nulo si uno resulta finalmente sancionado. En otras palabras, la autoinculpación no es racional si no se tienen garantías sobre las recompensas que se obtienen a cambio.

La prueba de la importancia de esta cuestión la encontramos en la relativa ineficacia de los primeros programas de *leniency* de Estados

Unidos (1978) y de la Comisión Europea (1996)[28], donde la concesión de la inmunidad no era automática, sino discrecional de las autoridades. Cuando pasó a ser automática, los programas se hicieron mucho más atractivos.

Por tanto, es importante que el primer denunciante sepa que si cumple unas determinadas condiciones objetivas se podrá beneficiar de la inmunidad total.

- Número de participantes que pueden acogerse al programa de clemencia

Lógicamente si a todo el que solicite acogerse a un programa de clemencia se le concede, el programa no logrará sus objetivos, ya que no habrá incentivo a que alguien delate el cártel. Contrariamente, si la inmunidad sólo se concede al primero en solicitarlo y el segundo no recibe el mismo trato, incluso si se trata de una diferencia de horas, como ha sucedido en ocasiones[29], se provoca una fuerte inseguridad dentro del cártel y cierta carrera por denunciar en primer lugar. Por tanto, el enfoque de "el ganador se lo lleva todo" permite que el programa de clemencia sea eficaz.

- Momento a partir del cual se deja de conceder la inmunidad

El incentivo a solicitar la inmunidad está en función del riesgo de ser detectado por la autoridad de competencia. Lógicamente, en el momento en el que la autoridad de competencia inicia una investigación la probabilidad de ser detectado aumenta sensiblemente. Así, si puede solicitarse la inmunidad una vez que la autoridad de competencia ha iniciado la investigación no habría incentivos a hacerlo con anterioridad y nadie lo denunciaría antes del inicio de la investigación, disminuyendo sensiblemente el deseado efecto desestabilizador del cártel.

Por tanto, una solución simple consistiría en conceder únicamente la inmunidad al primer confidente y sólo si la autoridad de competencia no hubiera iniciado la investigación. No obstante, esta solución plantea algunas debilidades. Por una parte, puede perfectamente suceder que, aunque la autoridad haya iniciado la investigación, no tenga pruebas

[28] Para un análisis detallado de las ventajas de la actual política de clemencia de la Comisión Europea en términos de transparencia, *vid.* JEPHCOTT (2002) y CARLE, PERVÁN LINDEBORG y SEGENMARK (2002). HAMMOND (2000) analiza la importancia de la transparencia en el programa de clemencia estadounidense. HAMMOND (2002), pp. 6-9.

[29] HAMMOND (2000), p. 5.

suficientes para poder sancionar y le quede por delante una compleja labor de investigación, muy intensiva en el uso de recursos humanos y de resultado incierto. Por tanto, puede resultar interesante que, incluso si se ha iniciado la investigación, la autoridad pueda recibir alguna solicitud de programa de clemencia.

Por otra, incluso si un miembro del cártel lo ha denunciado y ha aportado evidencia de la existencia del cártel, puede ser necesaria una investigación compleja adicional para poder imputar a todos los miembros del cártel, de forma que puede seguir siendo interesante que alguno aporte pruebas adicionales y permita concluir la investigación de forma expeditiva y exitosa.

Por tanto, para aprovechar las ventajas de la información adicional que se puede obtener una vez iniciada la investigación y no por ello introducir incentivos para que nadie acuda a la autoridad hasta que la investigación se haya iniciado, resulta aconsejable introducir la posibilidad de inmunidad parcial a quien aporte información relevante adicional durante el proceso de la investigación.

c) *Las políticas de clemencia son ineficaces de forma aislada*

El correcto diseño de un programa de clemencia es necesario para que funcione, pero no es suficiente. Además, es preciso que las sanciones y la probabilidad de que éstas se apliquen sean suficientemente elevadas[30]. Veamos cada uno de estos puntos.

- La amenaza de fuertes sanciones

La sanción puede ir dirigida a la sociedad y a las personas responsables de la formalización del cártel. En ambos casos tienen que ser sustancialmente más elevadas que los beneficios obtenidos con el cártel para que la colusión sea una alternativa arriesgada.

En el caso de Estados Unidos, el punto de partida utilizado para establecer la cuantía de la sanción societaria es el 20 por 100 de las ventas afectadas por el cártel, si bien, en media, las multas se sitúan en el 25-35 por 100 de dicho valor, y en casos excepcionales llegan a alcanzar el 80 por 100[31].

---

[30] HAMMOND (2000), pp. 4-6.

[31] Siempre y cuando no excedan la cuantía máxima fijada para la sanción, que asciende a los 100 millones de dólares. PATE (2004a), p. 6.

En el caso de la Unión Europea puede alcanzar el 10 por 100 del volumen de ventas de la empresa durante el último ejercicio[32]. En la medida en la que normalmente el acuerdo no afecte a la totalidad del negocio de la empresa, el 10 por 100 da margen suficiente para adoptar sanciones suficientemente elevadas. Recordemos que si el incremento medio de precios de los cárteles estaba en torno al 10 por 100, el mencionado umbral otorga margen suficiente para imponer una sanción que supere sensiblemente los beneficios extraordinarios obtenidos con la infracción.

En el ámbito de la sanción a las personas físicas responsables de los acuerdos, las consideraciones hechas sobre el vínculo de beneficio extraordinario y sanción son igualmente aplicables. En este caso, además, se pueden plantear las sanciones penales. Sin duda, la sanción dirigida a los directivos es más disuasoria que la que recae sobre la empresa, ya que en esta última el coste se diluye entre los accionistas. A su vez, la sanción penal es mucho más severa que la patrimonial. No obstante, esta última es más polémica; por ejemplo, se aplica en Estados Unidos y algunas otras jurisdicciones, pero no en la Unión Europea.

• El temor a ser detectado

No basta con que la sanción sea elevada, además tiene que existir una alta probabilidad de que ésta llegue a aplicarse. Si las empresas perciben que el riesgo de ser sancionadas por las autoridades es muy reducido, la imposición de la sanción máxima resultará insuficiente a la hora de prevenir la actividad de los cárteles. De forma similar, si los miembros de un cártel no temen ser descubiertos, no se sentirán inclinados a confesar su delito a las autoridades a cambio de inmunidad.

El caso de la Comisión Europea constituye un buen ejemplo sobre la oportunidad de medidas que acompañen a la introducción de un programa de clemencia. Simultáneamente a la adopción del programa se creó una unidad anti-cártel, se anunció un aumento de las multas por estas infracciones y un incremento de los recursos de la autoridad dedicados a la lucha contra estas prácticas[33].

---

[32] COMISIÓN EUROPEA (1998).

[33] De acuerdo con el Comisario Europeo de Política de Competencia, la lucha contra los cárteles se vio impulsada definitivamente en 1998, con la creación de una unidad especializada en esta materia dentro de la Dirección General de Competencia de la Comisión Europea. MONTI (2002).

5. IMPLICACIONES PARA EL DISEÑO DEL SISTEMA DE DEFENSA DE LA COMPETENCIA ESPAÑOL

Las razones de fondo por las que se adoptaron los programas de clemencia en otras jurisdicciones son perfectamente aplicables a España. Los recursos de las autoridades de competencia son limitados, los instrumentos tradicionales de lucha contra los cárteles son ineficaces, el número de cárteles detectado es reducido y todo hace pensar que se trata de una práctica relativamente frecuente. Por tanto, la conveniencia de adoptar este nuevo instrumento de lucha contra los cárteles parece incuestionable.

Otra cuestión es la relativa a las medidas de acompañamiento. Veamos por separado cada una de ellas. Empecemos analizando la entidad de las sanciones. En lo relativo a las sanciones societarias, el marco normativo parece adecuado, si efectivamente está claro que pueden llegar a alcanzar el 10 por 100 del volumen de ventas. No obstante, más importante que el marco legal es la práctica de las autoridades, ya que las empresas considerarán que la práctica pasada se seguirá aplicando en el futuro.

A este respecto, cabe decir que en España las multas se alejan sustancialmente de los límites legales establecidos. El cuadro 1 muestra las multas impuestas a cárteles entre 1998 y 2004 tanto en España como en la Unión Europea que en término medio se aplica a cada empresa. En ella se aprecia que las multas por cárteles que impone el Tribunal de Defensa de la Competencia son de muy escasa cuantía, en torno al 0,4 por 100 de las impuestas por la Comisión Europea. Este porcentaje es muy inferior a la proporción que representa el PIB español con respecto al de la Europa de los 15.

Esta diferencia podría obedecer a que en España la atención se presta a los cárteles de empresas de escasa importancia y/o la sensiblemente menor proporción de las multas sobre el volumen de ventas. No obstante, por la información de casos individuales, en la Unión Europea es relativamente frecuente que las multas se aproximen al límite del 10 por 100 de la facturación de alguna empresa implicada, mientras que en España en ningún caso se ha adoptado una multa que sea próxima a dicha proporción en empresas de cierta entidad.

El bajo importe de las multas impuestas por cárteles en España limita el efecto disuasorio que tendría la simple implantación de un programa de dispensa de multas. Por ello, paralelamente a la adopción del programa de clemencia sería conveniente revisar los criterios que hasta ahora han venido siguiéndose para determinar las sanciones que deben imponerse a las empresas responsables de prácticas concertadas.

CUADRO 1
MULTAS POR CÁRTELES IMPUESTAS POR EL TRIBUNAL DE DEFENSA DE LA COMPETENCIA (TDC) Y POR LA COMISIÓN EUROPEA (CE), 1998-2004

		1998	*1999*	*2000*	*2001*	*2002*	*2003*	*2004*	*1998-2004*
Multas	CE	58,3	107,1	85,6	312,5	140,7	172,3	112,4	181,5
por caso	TDC	0,3	1,4	1,6	0,2	1,7	0,4	0,5	0,7
(mill. €)	CE/TDC (%)	0,5	1,3	1,8	0,1	1,2	0,3	0,5	0,4

Nota: Las multas impuestas por la Comisión Europea incluidas en esta tabla son las multas previas a la rebaja por *leniency,* a excepción de dos casos de 2002, un caso de 2003 y un caso de 2004, para los que sólo se disponía de información relativa a la multa final.

Fuente: Elaboración propia a partir del Tribunal de Defensa de la Competencia y Comisión Europea.

En lo relativo a las sanciones a los directivos todo hace pensar que el límite de los 30.000 € establecidos en la ley es muy reducido. Además, en muy contadas ocasiones se ha impuesto esta sanción. Por tanto, en este ámbito, debería cambiarse tanto la norma como la práctica. Mención aparte merecen las sanciones penales que, por diversas consideraciones, no se han introducido en todas las jurisdicciones.

Por último, habrá que prestar particular atención a las iniciativas precisas para aumentar la probabilidad de las multas y el temor al régimen sancionador. En este sentido deberán considerarse diversas iniciativas relativas a la dotación y capacidad de organización de los recursos destinados a la lucha contra los cárteles, así como los instrumentos de inspección.

6. CONCLUSIONES

La colusión de precios es la práctica anticompetitiva más perjudicial y los programas de clemencia han demostrado ser mecanismos eficaces para sancionar y, en consecuencia, desincentivar estas perniciosas infracciones. La adopción de un programa de clemencia en España es oportuna y está aconsejada por la relación entre recursos disponibles y medios necesarios para detectar los cárteles, tal y como sucedía en las jurisdicciones donde se han adoptado.

La importancia del diseño del programa, la eficacia probada del programa de la Comisión Europea y el contexto de modernización de la normativa europea de defensa de la competencia aconsejan optar por un sistema similar al comunitario.

Por tanto, no debe haber discreción para la concesión de la inmunidad al primer delator. La inmunidad debe ser automática si se cumplen determinadas condiciones objetivas. Sólo el primer delator debe recibir inmunidad total, con ello existe un claro incentivo tomar la iniciativa. Debe ser posible solicitar cierta inmunidad una vez iniciada la investigación, ya que ello facilita el éxito de la investigación sin consumir muchos recursos de las autoridades. El número de miembros que pueden recibir cierta inmunidad debe ser reducido y la inmunidad debe ser progresivamente menor a medida que aumenta el número de solicitudes, pues de otra forma el efecto disuasor de la sanción tiende a desaparecer.

Por otro lado, para que el programa sea eficaz no basta con que esté bien diseñado, además el régimen sancionador de este tipo de práctica debe potenciarse. Por tanto, deberían considerarse las siguientes iniciativas:

1. Reforzar la capacidad de investigación de las autoridades de competencia a través de diversas vías. Por una parte, con una mayor dotación de sus recursos hacia la detección de cárteles. Ello puede exigir una mayor remuneración a su personal, una aplicación flexible de la regla *de minimis* y unos mayores poderes de investigación, en línea con los que recientemente se han otorgado a la Comisión Europea.

Con estas medidas aumentarían las probabilidades de que las autoridades detecten los acuerdos prohibidos y, con ello, las de que el programa de clemencia se convierta en un elemento desestabilizador de los cárteles.

2. Las sanciones contra los cárteles deben aumentar y el período para que sean firmes debe reducirse, reforzando con ello su efecto disuasorio. Hasta la fecha, las sanciones adoptadas han sido pequeñas y el período necesario para hacerlas firmes ha sido excesivamente dilatado. Ahora bien, el problema no es normativo, ya que el límite del 10 por 100 del volumen de ventas parece suficientemente disuasorio. No obstante, nunca se ha adoptado una multa que se aproxime a dicho límite en España.

Igualmente, podrían elevarse las multas a directivos contempladas en nuestra actual legislación a fin de situarlas en un nivel que resulte suficientemente disuasorio.

Todas estas reformas deberían venir acompañadas de una cierta actividad de divulgación pública sobre los efectos perniciosos de los cárteles y el refuerzo de los medios e instrumentos para combatirlos. Con ello se creará cierta conciencia sobre la ilegalidad de esta conducta, se aumentarían la disuasión de los cárteles y se mejorarían los incentivos para denunciarlo.

ANEXO

El efecto de los cárteles desde la perspectiva del análisis económico

Para describir los efectos perniciosos de los cárteles se puede empezar asimilándolos a los del monopolio y compararlos con los que se generan en un contexto competitivo. Efectivamente, mediante el cártel las empresas llegan conjuntamente a una producción total equivalente a la de un monopolista (o una empresa con poder de mercado) y obtienen un beneficio extraordinario que se reparten entre los distintos operadores en función de sus producciones.

• *Ineficiencia asignativa*

En primer lugar, describamos gráficamente los efectos estáticos de ambas estructuras de la industria. Suponiendo, por simplificar una curva de demanda Dem y una estructura de costes constante CMg, la competencia perfecta llegará a una situación donde el precio iguala al coste marginal, alcanzándose una combinación de precios y cantidades p_1 y q_1 (figura izquierda del cuadro 2).

CUADRO 2

INEFICIENCIAS ASIGNATIVA Y PRODUCTIVA DERIVADAS DE LA FORMACIÓN DE UN CÁRTEL

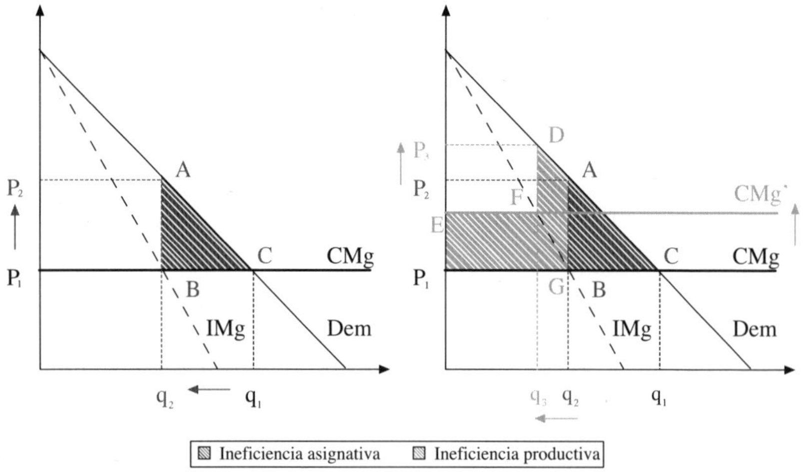

Contrariamente, en una situación de poder de mercado, la maximización del beneficio se alcanza cuando el precio iguala al ingreso marginal (IMg), llegándose a una combinación de precios y cantidades de p_2 y q_2. En esta situación, la reducción del excedente del consumidor, la diferencia entre la valoración que éste hace del bien y lo que finalmente paga, se reduce por el área p_2ACp_1. Contrariamente, el excedente del productor, beneficio extraordinario, aumenta en el área p_2ABp_1. Dejando al margen las cuestiones distributivas, restando ambas áreas obtenemos la pérdida neta de bienestar, definida por el área ABC.

Ésta es la que normalmente se denomina ineficiencia asignativa, que viene a indicar que la peor situación de un colectivo, los consumidores, es mayor que la mejora del otro, los productores.

• *Ineficiencia productiva*

Adicionalmente, hay otro efecto perverso que se produce cuando el monopolista es más ineficiente que la empresa que se enfrenta a la competencia. En consecuencia, la estructura de costes vendrá dada por CMg' (figura derecha del cuadro 2). Ahora, el equilibrio del monopolista está en la combinación de precios y cantidades p_3, q_3, de modo que la pérdida del excedente del consumidor sólo se ve compensada por el beneficio del extraordinario del monopolista descrito por el área p_3DEF. De modo que a la pérdida derivada de la ineficiencia asignativa (triángulo ABC) habrá que añadir la pérdida denominada de ineficiencia productiva, que viene dada por la suma de las áreas ABDG y p_1EFG.

Parece lógico pensar que el monopolista será normalmente más ineficiente que la empresa que tiene que sobrevivir en un contexto competitivo. Esta mayor ineficiencia se puede defender por dos motivos. En primer lugar, por los menores incentivos que tienen los gestores de la empresa monopolista para esforzarse con las mejoras productivas, ya que en su función de utilidad están otras variables, además de la maximización del beneficio. Esto es lo que Liebenstein denominó "ineficiencia-X" del monopolista.

En segundo lugar, la mayor ineficiencia de la empresa monopolista puede explicarse con un simple principio de supervivencia darwiniano. El mercado, a través de la competencia, va haciendo la selección de las mejores empresas, de forma que sólo sobreviven las más eficientes.

La evidencia empírica corrobora estas hipótesis. Se pueden citar, por ejemplo, en el estudio de NICKELL (1996) para el Reino Unido donde se observa que cuanto mayor es la competencia, medida en términos de incremento del número de empresas o menores niveles de beneficios, mayor es el crecimiento de la productividad multifactorial.

• *Ineficiencia dinámica*

Por último, hay que tener en cuenta los efectos dinámicos, referidos a la introducción de nuevos productos o procesos productivos en una perspectiva de medio y largo plazo. En teoría resulta sencillo defender que la empresa que opera en un contexto competitivo tiene más incentivos a innovar que la monopolista. Veámoslo en una simple ecuación matemática. Para que a la empresa monopolista le compense innovar, el mayor beneficio futuro debe superar la inversión necesaria para incorporar la innovación (I). Es decir, la diferencia entre el beneficio esperado tras la innovación (B_i) y el beneficio actual (B_m) debe ser superar al gasto que requiere la innovación. Es decir, $B_i - B_m > I$.

Lo mismo le sucede a la empresa que se enfrenta a la competencia, con la diferencia que ésta no tiene beneficio extraordinario en el momento presente, de forma que $B_m = 0$. Así, decidirá emprender un proyecto de innovación cuando $B_i > I$. Por tanto, la empresa competitiva realizará inversiones innovadoras que la monopolista no realizará, o en otras palabras, tiene mayores incentivos a innovar que la empresa monopolista[34].

La estabilidad de los cárteles

A diferencia del monopolio, el cártel tiene unos elementos de inestabilidad que analizamos a continuación. En efecto, una vez alcanzado el acuerdo, existen incentivos para no respetarlos, bajo el supuesto de que el resto de los miembros lo respeten. Esto es lo que se ha denominado la restricción de incentivos, que se puede enunciar de la siguiente manera:

En un contexto en el que *n* empresas participan en un juego de enfrentamiento con horizonte infinito, a la empresa *i* le compensará incumplir el acuerdo cuando se cumpla la siguiente ecuación[35]:

$$\Pi_D + \frac{\partial}{1-\partial}\Pi_C \geq \frac{1}{1-\partial}\Pi_M$$

[34] A pesar de que, en principio, este simple razonamiento parece corroborar que cuanto mayor sea el grado competencia mayor será el nivel de innovación, es necesario tener en cuenta que existe un cierto debate sobre esta cuestión cuyos resultados no son concluyentes.

[35] Expresión de la restricción de incentivos bajo los siguientes supuestos: (1) las empresas involucradas en el cártel son capaces de detectar y sancionar la desviación a partir del período siguiente en que se produce, y (2) el castigo se prolonga hasta el final del juego (infinitos períodos).

Siendo:

Π_M = beneficio en cada ejercicio en el caso de que todas las empresas cumplan el acuerdo colusivo.

$\frac{1}{1-\partial}\Pi_M$ = el valor actual de los beneficios de ejercicios futuros en el caso de que todas las empresas cumplan el acuerdo colusivo. Siendo el valor de descuento o preferencia intertemporal por el dinero.

Π_D = beneficio que se obtiene en el ejercicio actual si la empresa *i* se desvía del acuerdo en el ejercicio actual.

$\frac{\partial}{1-\partial}\Pi_C$ = el valor actual de los beneficios futuros cuando el resto de las empresas han reaccionado para sancionar el incumplimiento de la empresa *i*.

Reorganizando la expresión:

$$\Pi_D - \Pi_M \geq \frac{\partial}{1-\partial}(\Pi_M - \Pi_C)$$

De forma que cuanto menor sea el beneficio derivado del incumplimiento y mayor la pérdida de beneficio consecuencia de la reacción del resto de los miembros, más estable será el cártel.

REFERENCIAS

AUBERT, C.; REY, P., y KOVACIC, W. (2003): «The impact of leniency programs on cartels», Mimeo, disponible en http://idei.fr/doc/by/rey/impact_leniency.pdf.

BECKER, G. S. (1968): «Crime and punishment: An economic approach», *Journal of Political Economy,* vol. 76, núm. 2, pp. 169-217.

BROADBERRY, S., y CRAFTS, N. (1996): «British economic policy and industrial performance in early post-war period», *British History,* vol. 38, pp. 65-91.

CARLE, J.; LINDEBORG, S. P., y SEGENMARK, E. (2002): «The new leniency notice», *European Competition Law Review,* vol. 23, núm. 6, pp. 265-272.

COMISIÓN EUROPEA, Decisión de la Comisión en el asunto IV/30.350 *-Zinc Producer Group,* D.O. [1984], L 220/27 [1985], 2 CMLR 108.

COMISIÓN EUROPEA (1998): Directrices para el cálculo de las multas impuestas en aplicación del apartado 2 del art. 15 del Reglamento núm. 17 y del apartado 5 del art. 65 del Tratado CECA, *Diario Oficial,* C 9, 14 de enero de 1998.

COMISIÓN EUROPEA (2002): Comunicación relativa a la dispensa del pago de las multas y la reducción de su importe en casos de cártel, *Diario Oficial,* C 45, 19 de febrero de 2002.

COMISIÓN EUROPEA (2004a): Directrices sobre la evaluación de las concentraciones horizontales con arreglo al Reglamento del Consejo sobre el control de concentraciones entre empresas, *Diario Oficial,* C 31, 5 de febrero de 2004.

COMISIÓN EUROPEA (2004b): Comunicación de la Comisión sobre la cooperación en la Red de Autoridades de Competencia, *Diario Oficial,* C 101, 27 de abril de 2004.

HAMMOND, S. D. (2000): «Detecting and deterring cartel activity through an effective leniency program», presentación para la Conferencia *International Workshop on Cartels,* Brighton-Inglaterra, 21-22 de noviembre de 2000, disponible en http://www.usdoj.gov/atr/public/speeches/9928.pdf.

IVALDI, M.; JULLIEN, B.; REY, P.; SEABRIGHT, P., y TIROLE, J. (2003): *The economics of tacit collusion, Final report for DG Competition, European Commission,* disponible en http://europa.eu.int/comm/competition/mergers/review/the_economics_of_tacit_collusion_en.pdf.

JEPHCOTT, M. (2002): «The European Commission's new leniency notice -Whistling the right tune?», *European Competition Law Review,* vol. 23, núm. 8, pp. 378-385.

KOLASKY, W. J. (2004): «What is competition? A comparison of U.S. and European perspectives», *The Antitrust Bulletin,* primavera-verano de 2004, pp. 29-53.

LEVY, N., y O'DONOGHUE, R. (2004): «The EU leniency programme comes of age», *World Competition,* vol. 27, núm. 1, pp. 75-99.

LOWE, P. (2003): «What's the future for cartel enforcement», presentación para la Conferencia *Understanding Global Cartel Enforcement,* Bruselas-Bélgica, 11 de febrero de 2003, disponible en http://europa.eu.int/comm/competition/speeches/text/sp2003_044_en.pdf.

MONTI, M. (2000): «Why should we be concerned with cartels and collusive behaviour?», presentación para la Conferencia *The 3rd Nordic Competition Policy Conference on Fighting Cartels-Why and How,* Estocolmo-Suecia, 11-12 de septiembre de 2000, disponible en http://www.kkv.se/eng/publications/pdf/3rdnordic010412.pdf.

MONTI, M. (2001): «Antitrust in the US and Europe: a History of convergence», presentación para el *General Counsel Roundtable American Bar Association,* Washington DC-Estados Unidos, 14 de noviembre de 2001, disponible en http://www.europa.eu.int/comm/competition/speeches/index_speeches_by_the_commissioner.html.

MONTI, M. (2002): «The fight against cartels», presentación para el *European Parliament's Economic and Monetary Affairs Committee (EMAC),* Bruselas-Bélgica, 11 de septiembre de 2002, http://www.europa.eu.int/comm/competition/speeches/index_speeches_by_the_commissioner.html.

MOTA, M., y POLO, M. (2003): «Leniency programs and cartel prosecution», *International Journal of Industrial Organisation,* vol. 21, núm. 3, pp. 347-379.

NICKELL, S. (1996): «Competition and corporate performance», *Journal of Political Economy,* vol. 104, pp. 724-746.

NICKELL, S. D.; NICOLITSAS, D., y DRYDEN, N. (1997): «What makes firms perform well?», *European Economic Review,* vol. 41, núm. 3, pp. 783-796.

OCDE (2002): *Report on the nature and impact of hard core cartels and sanctions against cartels under national competition laws,* disponible en http://www.oecd.org/dataoecd/16/20/2081831.pdf.

OCDE (2003): *Recommendation of the Council concerning effective action against hard core cartels,* http://www.olis.oecd.org/olis/2003doc.nsf/ 0/348e14fe884f67a0c1256cfc0027dacc/$FILE/JT00141963.DOC.

OFFICE OF FAIR TRADING (2001): *Leniency in cartel cases -A guide to the leniency programme for cartel cases under the Competition Act 1998,* disponible en http://www.oft.gov.uk/.

PATE, R. W. (2004a): «Securing the benefits of global competition», presentación para el *Tokyo American Center,* Tokio-Japón, 10 de septiembre de 2004, disponible en http://www.usdoj.gov/atr/public/speeches/205389.pdf.

PATE, R. W. (2004b): «International anti–cartel enforcement», presentación para la Conferencia *2004 ICN Cartels Workshop,* Sidney-Australia, 21 de noviembre de 2004, disponible en http://www.usdoj.gov/atr/public/speeches/206428.pdf.

TRIBUNAL DE JUSTICIA EUROPEO: Sentencia del Tribunal en el Caso 48/69-*ICI* v. *Commission* [1972], ECR 619 [1972], CMLR 557.

TRIBUNAL DE JUSTICIA EUROPEO: Sentencia del Tribunal en el Caso 172/80-*Züchner* v. *Bayerische Vereinsbank AG* [1981], ECR 2021 [1982], 1 CMLR 313.

U.S. DEPARTMENT OF JUSTICE (1993): *Corporate Leniency Policy,* disponible en http://www.usdoj.gov/atr/public/guidelines/0091.pdf.

WAELBROECK, D.; SLATER, D., y EVEN-SHOSHAN, G. (2004): *Study on the conditions of claims for damages in case of infringement of the EC competition rules,* disponible en http://europa.eu.int/comm/competition/antitrust/others/private_enforcement/comparative_report_clean_en.pdf.

WISH, R. (2001): *Competition Law,* 4.ª ed., Butterworths.

LA REVISIÓN JUDICIAL DE LAS DECISIONES ADMINISTRATIVAS

Jaime PÉREZ-BUSTAMANTE KÖSTER
Socio de Martínez Lage & Asociados

1. INTRODUCCIÓN

La ponencia que me ha sido asignada me permite llamar la atención sobre una cuestión verdaderamente preocupante, sobre la que centraré este trabajo, como es la dificultad existente para ejecutar las resoluciones dictadas por el Tribunal de Defensa de la Competencia (TDC).

En efecto, lo cierto es que, como demostraré, mientras no sea firme la resolución del TDC o la Audiencia Nacional (AN) no acuerde su ejecución provisional, es imposible conseguir su cumplimiento. Siendo, además, como veremos, completamente inútil el procedimiento cautelar previsto en la LDC e inútil también el procedimiento de vigilancia del cumplimiento y ejecución de las resoluciones previsto en los arts. 31.*b)* y 11 LDC.

Esta constatación supone reconocer, además, que el sistema permite que el infractor pueda llevar a cabo una práctica prohibida prácticamente hasta que se declare la firmeza de la resolución sancionadora y, por idéntico motivo, que el afectado por una práctica prohibida no pueda conseguir su cesación hasta ese momento.

Poner fin a esta situación exige cambiar la LDC y los criterios que hasta ahora vienen aplicando el TDC y la AN, por lo que tras exponer cómo es posible evitar la ejecución de una resolución del TDC propondré los cambios que en mi opinión debieran acometerse para resolver esta cuestión.

2. LA REVISIÓN JUDICIAL DE LAS RESOLUCIONES DICTADAS POR EL TDC. PROBLEMAS QUE SE PUEDEN PLANTEAR EN CASACIÓN

Como es bien sabido, el art. 49 LDC establece que contra las resoluciones adoptadas por el TDC, tanto sobre el fondo como en sede cautelar, *«no cabe ningún recurso en vía administrativa y sólo podrá interponerse recurso contencioso-administrativo»*.

Previendo a su vez la Ley 29/1998, reguladora de la Jurisdicción Contencioso-Administrativa[1] (LJ), que las resoluciones dictadas por el TDC son recurribles, en única instancia, ante la Sala de lo Contencioso-Administrativo de la Audiencia Nacional (AN).

Finalmente, el art. 86.1 LJ prevé que las sentencias dictadas por la AN son susceptibles de recurso de casación ante el Tribunal Supremo, si bien el propio precepto excluye de la casación las recaídas, cualquiera que fuere la materia, en asuntos cuya cuantía no exceda de 25 millones de pesetas (150.253 euros).

Lo cual puede plantear alguno de los problemas que señalamos a continuación:

1. No poder recurrir en casación determinadas resoluciones en las que el importe de la multa impuesta sea lo de menos, por ser más relevante para la empresa afectada la obligación de hacer o de cese contenida en la resolución.

En efecto, imaginemos, por ejemplo, que el TDC estima que un acuerdo de cooperación horizontal es incompatible con la LDC y ordena su cesación. O que el TDC estima abusivo el sistema de descuentos implantado por una empresa en posición de dominio. O incluso que obliga a ésta a seguir suministrando a un tercero. En todos estos casos, lo más importante es la consecuencia que se deriva de la resolución del TDC, con independencia del importe de la multa. Sin embargo, si la multa impuesta en estos casos fuera inferior a 25 millones de pesetas, la admisibilidad del recurso de casación sería muy discutible.

No tengo conocimiento, a día de hoy, de ningún auto del TS en el que se haya resuelto esta cuestión. Pero, en mi opinión, en este caso, se debiera admitir el recurso sin ningún género de duda.

---

[1] Disposición Adicional cuarta, apartado 3.

2. No poder recurrir en casación una resolución en la que se haya sancionado a varias empresas, por ejemplo, por haber concluido un acuerdo prohibido, imponiéndose a unas una multa superior a 25 millones de pesetas y a otras una multa inferior. Las primeras podrían acudir a la casación y, en cambio, las segundas se verían privadas de ella. Pudiendo darse la circunstancia de que las primeras consiguieran la nulidad de la resolución del TDC, perviviendo en cambio sus efectos para las segundas (que además tendrían que abonar la sanción).

3. Poder recurrir en casación una medida cautelar dictada por el TDC y confirmada por la AN (*ex* art. 87 LJ) y, en cambio, no poder recurrir en casación la resolución sobre el fondo. Si bien lo cierto es que, probablemente, cuando el TS resuelva sobre la medida cautelar ya se habrá dictado resolución sobre el fondo por parte de la AN, por lo que el recurso carecerá de objeto.

En fin, se me ocurre que una posible solución para evitar los problemas expuestos sería introducir un nuevo apartado en el recurso de casación regulado en la LJ en el que, de forma similar a lo previsto para la casación civil, se incluyeran como motivo de casación aquellos asuntos que presentasen interés casacional, y ello al margen del importe de la cuantía de la multa.

3. LA EJECUTIVIDAD DE LAS RESOLUCIONES DICTADAS POR EL TDC EN EL PROCEDIMIENTO PRINCIPAL: PRINCIPIOS GENERALES, ESTADO DE LA JURISPRUDENCIA Y DEFICIENCIAS DEL SISTEMA

Las resoluciones dictadas por el TDC —en sede cautelar y sobre el fondo— ponen fin a la vía administrativa (arts. 94 y 111 de la Ley 30/1992), y, por tanto, son ejecutivas.

La simple interposición del recurso contencioso-administrativo contra la resolución provoca que el TDC deje de ser competente para resolver sobre el asunto, trasladándose íntegramente tal competencia a la AN, que es a quien compete revisar la legalidad de la resolución en cuestión y, en su caso, acordar también lo que corresponda sobre su suspensión (res. de 17 de enero de 1997, expte. 378/1996; res. de 31 de marzo de 1997, expte. 18/1996, entre otras muchas)[2].

---

[2] Si no se ha interpuesto recurso, el TDC sólo suspenderá su propia Resolución cuando se acrediten los posibles perjuicios de imposible o difícil reparación; *vid.* la Resolución de 4 de noviembre de 1994 o la Resolución de 17 de septiembre de 1993, en la que el TDC menciona también el interés público que ha de ser ponderado con los perjuicios.

Como es bien sabido, en la práctica lo que se suele hacer es solicitar mediante otrosí en el propio escrito de la interposición del recurso contencioso-administrativo la suspensión cautelar de la resolución al amparo de lo dispuesto en los arts. 129 y siguientes de la LJ.

A) Principios generales

Lo primero que ha de recordarse es que el principio de ejecutividad de los actos administrativos no es contrario al derecho a la tutela judicial efectiva consagrado en el art. 24 de la Constitución[3]. Por tanto, la simple interposición de un recurso no suspende la ejecutividad del acto.

En cambio, si al tiempo de la interposición del recurso se solicita su suspensión, la Administración no podrá ya ejecutarlo hasta que los Tribunales se hayan pronunciado al respecto (STS de 17 de julio de 2001), y ATS de 5 de febrero de 2001[4], entre otras.

El Tribunal Constitucional en su STC 78/1996 razona perfectamente la imposibilidad de ejecutar un acto administrativo mientras esté pendiente de resolverse en sede judicial la solicitud de suspensión en los términos siguientes: *«El derecho a la tutela judicial efectiva se satisface... facilitando que la ejecutividad pueda ser sometida a la decisión de un Tribunal y que éste, con la información y contradicción que resulte menester, resuelva sobre la suspensión. Si, pues, hemos declarado que la tutela se satisface así, es lógico entender que, mientras se toma aquella decisión no pueda impedirse ejecutando el acto, con lo cual la Administración se habría convertido en juez»* (FJ 3.º).

Citando esta sentencia, la AN considera (Auto de 24 de abril de 2002) que por idéntica razón, tampoco podrá ejecutarse el acto administrativo durante el período que transcurre entre su notificación y el término del plazo para que pueda interponerse el recurso jurisdiccional,

---

[3] Como ha señalado de forma reiterada el TC, *«el privilegio de autotutela atribuido a la Administración Pública no es contrario a la Constitución, sino que engarza con el principio de eficacia enunciado en el art. 103 de la CE (STC 22/1984), y la ejecutividad de sus actos en términos generales y abstractos tampoco puede estimarse como incompatible con el art. 24.1 CE (STC 66/1984, y AATC 458/1988, 930/1988 y 1095/1988 (...), STC 78/1996»*, entre otras muchas.

[4] En idéntico sentido la Sentencia de la AN de 31 de mayo de 2001 (FJ 7.º), en la que señala lo siguiente: *«la Sala considera que la presentación de un recurso contencioso-administrativo contra la referida resolución (...) con la solicitud de suspensión y la apertura en este órgano jurisdiccional de la oportuna pieza (...) notificada a la Administración en la persona del Abogado del Estado (...) impide a la Administración proseguir en la ejecución de la citada medida cautelar (...) de forma que los actos realizados en su ejecución, mientras la Sala tomaba una decisión sobre la suspensión, resultan contrarios a derecho»*.

pues en ese caso se frustraría el derecho a la tutela judicial efectiva que ampara el art. 24.1 CE [5].

Por consiguiente, la petición de suspensión conlleva automáticamente la imposibilidad de ejecutar el acto.

Sentado lo anterior, debe abordarse a continuación la cuestión de las circunstancias que han de concurrir para que pueda acordarse la suspensión.

El art. 130 LJ dispone que podrá acordarse únicamente cuando la ejecución del acto pudiera *«hacer perder su finalidad legítima al recurso»*.

Naturalmente, la carga de la prueba, al menos indiciaria, sobre el perjuicio que puede causar la ejecución del acto corresponde a quien lo alega, por lo que la petición de suspensión debe ir acompañada de una mínima y al menos indiciaria actividad probatoria (STS de 5 de junio de 2001 y ATS de 5 de febrero de 2001).

En la práctica, la jurisprudencia del TS y de la AN analiza si existe *«periculum in mora»*, es decir, si la no suspensión puede causar un perjuicio irreversible antes de que se resuelva sobre el fondo del asunto. En cambio, la existencia de *«fumus bonis iuris»* (apariencia de buen derecho) sólo se toma en consideración si puede ser apreciada *«prima facie»*, y si resulta más o menos evidente que el acto impugnado infringe de manera manifiesta la legalidad, se apoya en norma previamente anulada o es idéntico a otro que haya sido anulado mediante sólidos pronunciamientos jurisprudenciales: STS de 23 de marzo de 1999 y ATS de 19 de febrero de 2001, entre otras muchas.

Es decir, a diferencia de los que ocurre en sede cautelar en el ámbito civil, en el procedimiento contencioso-administrativo el TS es muy reacio a exigir la concurrencia del *«fumus boni iuris»* para decidir si procede la suspensión del acto, por entender que con ello se podría estar prejuzgando la cuestión de fondo. Así, en pronunciamientos muy recientes el TS ha señalado que:

> *«la apariencia de buen derecho se utiliza en (...) supuestos de nulidad de pleno derecho, siempre que sea manifiesta (...) de actos dictados en cumplimiento o eje-*

---

[5] El Auto de la AN de 24 de abril de 2002 (Rec. núm. 820/2001) señala expresamente en su FJ 2.º: *«Para su mejor aplicación, debe completarse con la doctrina de la STC 78/1996 que expresamente señala, y lo hace más allá del estricto ámbito del derecho sancionador, que tampoco podrá ejecutarse el acto administrativo en el "ínterin" que media entre el momento en el que se dicta y el previo a la interposición del recurso jurisdiccional, pues en ese caso se frustraría el derecho reconocido en el art. 24 CE* (STS de 19 de octubre de 1999, Rec. núm. 7793/98)». En idéntico sentido se pronuncia el TS en su Sentencia de 18 de enero de 2001 (Recurso de casación en interés de Ley núm. 5960/2000 en los siguientes términos: *«Si, pues, no podía procederse a la ejecución de la sanción impuesta hasta tanto, impugnada la liquidación y solicitada la suspensión de la en ella contenida, pudiera resolver sobre la misma la Sala Jurisdiccional ante la que el recurso hubiera sido planteada, es claro que, mientras tanto, no podía declararse la ejecutividad de la sanción»* (FJ 2.º).

cución de una disposición general declarada nula, de existencia de una sentencia que anula el acto en una instancia anterior aunque no sea firme; y de la existencia de un criterio reiterado de la jurisprudencia frente al que la Administración opone una resistencia contumaz (...) pero no al predicarse la nulidad de un acto en virtud de causas que han de ser por primera vez objeto de valoración y decisión, pues de lo contrario se prejuzgaría la cuestión de fondo».

Y ello porque si se entrase en un examen previo sobre el fondo se vulneraría el derecho al proceso con las garantías debidas de contradicción y prueba, no siendo el incidente de suspensión el trámite idóneo para decidir la cuestión objeto del pleito [6].

B) Estado actual de la jurisprudencia en el ámbito de la suspensión cautelar

a) *Suspensión cautelar del fondo de la resolución*

En la práctica, cuando se pretende obtener la suspensión cautelar del fondo de la resolución, lo que se solicita es la suspensión de la intimación al cese de la conducta o de la obligación de hacer contenida en la parte dispositiva de la resolución.

Ahora bien, tanto la AN como el TS son muy reacios a la adopción de este tipo de medidas cautelares por el riesgo que se deriva de entrar a analizar el fondo del asunto. Por tanto, salvo que se solicite la nulidad de un acto dictado al amparo de una norma declarada previamente nula o cuando se impugne un acto idéntico a otro previamente anulado, la AN no suele suspender las obligaciones impuestas por el TDC en sus resoluciones.

En este sentido, cabe citar, entre otros muchos, el Auto de la AN de 28 de junio de 2004, que denegó la suspensión cautelar de la obligación de realizar un *mailing* masivo impuesta por el TDC a Telefónica en su resolución de 1 de abril de 2004; el Auto de 15 de marzo de 2004, que denegó la suspensión cautelar de la obligación de modificar sus sistema de comisiones con empresas colaboradoras impuesta por el TDC a Correos en su resolución de 20 de junio de 2003; o el Auto de 8 de julio de 2004, que denegó la suspensión cautelar de la obligación de suministro impuesta por el TDC a Altadis de suministrar a McLane las labores de tabaco de sus propias marcas en su resolución de 24 de abril de 2002.

---

[6] STS de 22 de julio de 2002.

b) *Suspensión cautelar del pago de una multa*

La jurisprudencia de la AN en relación con la suspensión cautelar del pago de las multas impuestas por el TDC ha sido bastante vacilante, si bien recientemente parece haberse decantado por conceder la suspensión, siempre que se ofrezca aval y se acredite, siquiera mínimamente, que la no suspensión podría acarrear un daño para el solicitante.

En efecto, si el obligado al pago acredita estar en una mala situación económica y que por ello el pago podría ocasionarle un serio perjuicio, la AN suele conceder la suspensión con la condición de que se preste aval suficiente para garantizar el pago de la multa en el caso de que se desestime la pretensión principal, quedando así salvaguardado el interés público.

Lo cierto es, sin embargo, que a la hora de evaluar la existencia de la dificultad económica de la empresa en cuestión y del impacto que podría tener el pago de la sanción, la AN no viene exigiendo normalmente ningún tipo de pruebas (en este sentido, Autos de 29 de septiembre de 1997, 4 de febrero de 1994 y 10 de junio de 1994). En el Auto de 28 de septiembre de 1993, la AN justificó incluso la suspensión en la *«situación de graves dificultades económicas que atraviesan todos los sectores de la economía nacional»*. Probablemente, la explicación de ello se ofrece en el Auto de 12 de abril de 1993, en el que la AN reconoce que para la suspensión de la sanción se aplica una *«excepción casi automática a la norma general de no-suspensión que impone el art. 122 de la Ley Jurisdiccional»*.

Ahora bien, en su Auto de 26 de junio de 1995 la AN se apartó de esta tendencia, al señalar que *«la afirmación genérica a una mala situación económica no es suficiente, dada la cuantía, para la adopción de la medida solicitada»*. Nótese la mención a la cuantía de la multa, pues parece que la AN estaría considerando que si la cuantía de la multa no es elevada, sí es necesario acreditar con datos concretos las dificultades económicas alegadas por el solicitante.

También en relación con la cuantía es interesante citar el Auto de 12 de julio de 1999, en el que la AN no accede a suspender el pago de una multa impuesta por el TDC porque *«la cuantía de la misma no induce racionalmente a considerar la posible causación de daños y perjuicios»*. Aunque lo cierto es que la AN ha acordado la suspensión de una multa de escasa cuantía, pudiendo invocarse al respecto el Auto de 28 de febrero de 2000 por el que suspendió la ejecución de una multa de 10 millones de pesetas impuesta por el TDC a una compañía aérea, manifestando que *«la alegación de la recurrente sobre los perjuicios que le irroga la ejecución de la sanción puede ser compartida por la Sala por lo que se refiere a los efectos económicos y los perjuicios de tipo patrimonial a los que alude la actora, según doctrina de la Sala Tercera del Tribunal Supremo, patente en sus sentencias de 1, 3 y 18 de abril de 1997 (res. 2968, 2972 y 3150), de 18 de junio y de 16 de julio de 1997 (res. 5314 y 5759) y auto de 14 de mayo de 1998 (res. 4918), teniendo en cuenta la ponderación de los intereses en conflicto, en casos similares, se admite la suspensión cautelar previa prestación de aval bancario».*

En cualquier caso, parece que el criterio actual de la AN es acceder a la suspensión del pago de la multa siempre que se alegue la existencia de un perjuicio económico y se ofrezca prestación de fianza, habiendo señalado al respecto en su Auto de 28 de julio de 2002 que

«es posible conciliar los intereses en conflicto en este caso, los de las entidades recurrentes en aplazar el pago de las multas hasta que se pronuncien los Tribunales de lo Contencioso-Administrativo sobre la conformidad a derecho de las sanciones, y los de la Administración en ejecutar sus acuerdos, por la vía establecida en el art. 133 LJCA, mediante la prestación de la caución o garantía suficiente ofrecida por los recurrentes».

«dado que se ha considerado por esta misma Sala y Sección en autos de 28 de julio de 2002 y 25 de octubre de 2002 que la suspensión de las multas impuestas por el Tribunal de Defensa de la Competencia en recursos interpuestos por otros sancionados no afecta al interés público, procede estimar el recurso de súplica en el extremo relativo a la suspensión de la sanción, que queda condicionada a que por la actora se preste garantía en forma de aval bancario por importe de 300.000 euros».

En cambio, el TS, aunque también es favorable a acordar la suspensión[7], es más exigente a la hora de exigir la acreditación del perjuicio que su pago inmediato conllevaría para el solicitante.

Así, en varios Autos no concede la suspensión por considerar que una alusión genérica a las dificultades económicas alegadas por el solicitante o al quebranto de tesorería que le produciría la no suspensión no es suficiente para que ésta se acuerde, siendo necesario acreditar estos extremos de manera fehaciente.

Un ejemplo de ello es el Auto de 30 de enero de 1995, en el que el TS afirma que *«por la cuantía de las multas impuestas y la ausencia de alegaciones y pruebas que podrían haber formulado las entidades mercantiles solicitadas, no cabe inferir que de la ejecución de las sanciones haya de derivarse un perjuicio de imposible o difícil reparación para los mismos»*. O el Auto de 11 de abril de 1994, en el que señala que no basta con *«las alegaciones genéricas reproductoras literalmente de la nor-*

---

[7] Así, en el Auto de 28 de marzo de 1989 señaló que: *«Los fines que se persiguen con la imposición de una sanción, sean de expiación o de prevención —general o especial— o de ambos tipos conjuntamente, no implican salvo supuestos especiales una exigencia de ejecución inmediata».*

ma o de evidente quebranto de tesorería, sin descender a exponer y, cuando menos indiciariamente, demostrar el quantum *de sus disponibilidades económicas y el del quebranto genéricamente alegado»*.

En otras ocasiones, el TS sólo toma en consideración la cuantía de la sanción para determinar si procede suspenderla, concediéndose únicamente si estima que es muy elevada (ver STS de 30 de septiembre de 1996 o STS de 15 de julio de 1995), si bien en su STS de 12 de enero de 1996 señaló que *«(...) cuando las exigencias de ejecución que el interés público presente son tenues bastarán perjuicios de escasa entidad para provocar la suspensión»* [8].

No obstante, en general, el TS exige siempre la acreditación de la existencia de daños y perjuicios para suspender el pago de la multa, siendo interesante traer a colación la Sentencia de 2 de diciembre de 2002, en la que desestimó por este motivo el recurso interpuesto por Telefónica Móviles contra el auto de la AN que desestimó la suspensión cautelar de una multa impuesta por el TDC, recordando además al recurrente —frente al argumento de que el propio TS había acordado la suspensión cautelar de una multa anterior de muy inferior cuantía— que la materia de suspensión de la ejecución de los actos impugnados es casuística y particular, por lo que sólo pueden traerse a colación, como término de comparación, resoluciones del Tribunal Supremo que hayan tenido en cuenta circunstancias de hecho iguales o similares a las del caso debatido.

c) *Suspensión cautelar de la orden de publicación de la resolución*

En general, las resoluciones del TDC ordenan que el infractor proceda a su publicación en el *Boletín Oficial del Estado* y en la Sección de Economía de dos diarios de información general y circulación nacional de entre los cinco de mayor tirada.

En un primer momento la AN concedía casi siempre la suspensión cautelar de la orden de publicación por entender que de no hacerlo se produciría un *«perjuicio irreparable cuando menos a la imagen de la recurrente siendo que no se trata de una sanción firme y que, por tanto, puede ser, en su caso, revocada en la vía jurisdiccional entablada, sin olvidar que tampoco, ciertamente, existe un interés público detectable para tal publicación antes de ser confirmada dicha sanción»* (Autos de 4 de febrero de 1994 y 15 de abril de 1994).

En idéntico sentido se pronunciaba la AN cuando se acreditaba que la resolución había sido difundida ya por los medios de comu-

[8] En idéntico sentido, Autos del TS de 28 de marzo de 1988, 15 de octubre de 1993 y 11 de octubre de 1995.

nicación por entender que *«La publicación de la Resolución ha tenido lugar, si no en la forma prevista por la Ley de Defensa de la Competencia y el acto impugnado, en otra, dada la publicidad que obtuvo en su momento la Resolución del Tribunal de Defensa de la Competencia. En estas circunstancias la Sala entiende que, de no acordarse la medida cautelar de suspensión, se induciría a error al público en general al producirse una nueva publicación, pudiendo aparecer como una confirmación jurisdiccional del acto impugnado»* (Auto de 23 de noviembre de 1999, de 28 de febrero de 2000, etc.).

Ahora bien, en su Auto de 12 de julio de 1999 la AN cambió completamente de criterio, explicándose perfectamente la razón de ello en el Auto de 24 de abril de 2002, en el que la AN señala que no podía acordar la suspensión por haberse decantado en este sentido el TS al considerar que debía primar la transparencia informativa en aquellos asuntos que afectan de forma relevante a la actividad económica. Esta nueva línea jurisprudencial se ha confirmado también en las STS de 20 de enero de 2000, 22 de febrero de 2000 y 9 de diciembre de 2002, entre otras.

C) Obstáculos a la ejecución de las resoluciones del TDC

El título de este apartado resume la dificultad que entraña en la práctica la ejecución de las resoluciones dictadas por el TDC.

En efecto, imaginemos que tras dos años largos años de procedimiento[9] conseguimos por fin que el TDC constate la existencia de una infracción a la LDC, por ejemplo, por abuso de posición dominante.

Obviamente, la resolución del TDC intimará al infractor para que cese de inmediato en su conducta. Sin embargo, en la práctica, tal y como demostraré a continuación, es muy probable que no se consiga el cese de la conducta hasta que sea firme la resolución del TDC.

Porque es muy probable que los hechos se desarrollen de la manera siguiente:

— Contra la resolución del TDC, el infractor interpondrá recurso-contencioso administrativo ante la AN solicitando, al mismo tiempo, la suspensión cautelar de la orden de cese de la conducta. En principio, por afectar al fondo del asunto, la petición será desestimada. Pero la simple petición suspenderá la ejecutividad de la intimación al cese.

[9] El SDC dispone de un plazo máximo de un año para instruir, disponiendo el TDC de idéntico plazo para resolver (art. 56.1 y 2 LDC).

— Contra el auto de la AN desestimando dicha solicitud, el infractor interpondrá recurso de súplica, lo que de nuevo impedirá la ejecución del acto mientras no se resuelva [10].

— Finalmente, contra el auto de la AN desestimando el recurso de súplica, el infractor interpondrá recurso de casación ante el TS. Aunque teóricamente la interposición del recurso de casación no tiene efectos suspensivos, en la práctica los tiene, pues para conseguir la ejecución del acto deberá instarse ante el SDC a través del procedimiento de vigilancia y cumplimiento de las resoluciones del TDC.

— Ahora bien, antes de que el TDC resuelva sobre este incidente, lo más probable es que la AN dicte sentencia sobre el fondo, con lo cual todo el procedimiento cautelar de suspensión carecerá ya de objeto.

— Contra la sentencia sobre el fondo del asunto dictada por la AN el infractor interpondrá recurso de casación, el cual, como ya señalamos, si bien teóricamente no tiene efectos suspensivos, en la práctica sí los tiene, pues, en este caso sólo se podrá tratar de ejecutar la sentencia de la AN solicitando a ésta su ejecución provisional.

— Ahora bien, antes de resolver sobre este incidente, la AN oirá al presunto infractor (art. 84 LJ), el cual no sólo puede oponerse, sino que al amparo de lo dispuesto en el art. 91 LJ, puede solicitar la prestación de una caución para garantizar los perjuicios que de ésta se pueden derivar.

— Finalmente, salvados ya todos los trámites señalados, contra el auto de la AN estimando la ejecución provisional (con o sin fianza), cabe recurrir también en casación, si bien afortunadamente el recurso ya no tendrá efectos suspensivos, por lo que deberá procederse a la ejecución.

Lo expuesto pone de manifiesto, con toda claridad, que la simple solicitud de suspensión cautelar imposibilita la ejecución de una resolución del TDC hasta que la resolución sea firme, o cuanto menos, hasta que la AN resuelva sobre el fondo y acuerde su ejecución provisional.

Sin que, además, resulte de utilidad alguna el procedimiento de vigilancia del cumplimiento y ejecución de las resoluciones previsto en el art. 31.*b)* LDC, al negarse el TDC a imponer multas coercitivas por incumplimiento mientras la resolución esté pendiente de resolución en vía judicial.

Así, en el Auto de incidente de ejecución de 21 de noviembre de 2003 el TDC denegó la imposición de multas coercitivas por incum-

---

[10] Si bien el recurso de súplica no tiene carácter suspensivo, el TDC no procederá a ejecutar la resolución mientras no se resuelva el recurso por la AN.

plimiento de una resolución del TDC por entender que tal resolución había sido recurrida ante la AN y que constatar el incumplimiento sería inmiscuirse en el proceso contencioso pendiente de ser resuelto por la AN. En similares términos se pronunció también el TDC en su resolución de 25 de febrero de 2004.

La posición del TDC se debe, probablemente, al auto de la AN de 25 de abril de 2001 que anuló las multas coercitivas impuestas a Tabacalera por no ejecutar una obligación de hacer al entender que *«la presentación de un recurso contencioso-administrativo contra la resolución de 26 de mayo de 1997 con la solicitud de suspensión y la apertura por este órgano jurisdiccional de la oportuna pieza (...) impide a la Administración proseguir en la ejecución de la citada medida cautelar, de forma que los actos realizados en su ejecución mientras la Sala tomaba una decisión sobre la suspensión, resultan contrarios a derecho»*.

Ahora bien, si el TDC no constata el incumplimiento de una resolución antes de que ésta sea firme, la operatividad del art. 11 LDC también es muy limitada, puesto que el TDC únicamente impondrá multas coercitivas diarias para obligar a ejecutar una resolución en este caso.

En mi opinión, el TDC debería obligar a ejecutar sus resoluciones, imponiendo multas coercitivas, desde luego en cuanto sean confirmadas por la AN (sin esperar por ello a la resolución del recurso de casación ante el TS), y probablemente también desde el momento en que la AN deniegue su suspensión cautelar (sin esperar, por tanto, aquí tampoco a la resolución del recurso de casación ante el TS), puesto que entiendo que nada le impide hacerlo.

4. LA EJECUTIVIDAD DE LAS RESOLUCIONES DICTADAS POR EL TDC EN SEDE CAUTELAR: DEFICIENCIAS DEL SISTEMA

El art. 45 LDC prevé que, a propuesta del SDC, el TDC podrá adoptar las medidas cautelares necesarias para asegurar la eficacia de la resolución que en su momento se dicte, las cuales no podrán exceder de seis meses.

En mi opinión, la regulación del procedimiento cautelar previsto en la LDC es extraordinariamente deficiente. Primero, porque carece de sentido limitar a seis meses el ámbito temporal de la medida cautelar. Y en segundo lugar porque, como veremos, en la práctica es imposible conseguir la ejecución de una medida cautelar.

A) El sinsentido del plazo máximo de seis meses de vigencia de la medida cautelar

El objeto de discusión, en sede cautelar, debe limitarse exclusivamente a decidir si procede su adopción. Si la respuesta es afirmativa, la medida cautelar (MC) debe pervivir hasta que el TDC adopte una resolución sobre el fondo. Lo que en cambio no tiene sentido es que una MC pueda llegar a término antes de que recaiga resolución sobre el fondo.

El TDC ha tratado de solucionar esta deficiencia señalando que nada le impide adoptar nuevas MC de idéntico contenido a las primeras, proceder que ha sido expresamente avalado por la AN en su Sentencia de 25 de abril de 2001 al estimar que *«el art. 45.6 impone una limitación temporal a las medidas cautelares de 6 meses, pero no contiene ninguna prohibición o previsión respecto de la adopción de nuevas medidas, de contenido idéntico o diferente al de las primeras»*.

Pero este procedimiento de prórroga encubierta resulta en la práctica escasamente útil porque, al no estar previsto en la LDC, ha de instarse ante el SDC como si se tratara de una nueva medida cautelar, debiendo resolver el TDC sobre la propuesta que le ha de remitir el SDC. Lo que implica una altísima probabilidad de que en ese interim de tiempo caduque la primera medida cautelar, y por ello que hasta que se resuelva sobre la concesión de la segunda medida provisional se deje de tener protección cautelar [11]. Siendo también muy probable que el TDC resuelva sobre el fondo al poco tiempo de concederse la segunda medida cautelar, privando por ello a ésta de efecto.

Por consiguiente, en mi opinión, debería eliminarse de la LDC cualquier referencia a la temporalidad de las MC, debiendo éstas cesar únicamente cuando el TDC dicte la resolución sobre el fondo.

B) La ineficacia del procedimiento cautelar

Si lo anterior es un defecto de la LDC, lo que expondré a continuación resulta mucho más preocupante porque tiene difícil solución.

En efecto, supongamos que el TDC adopta una MC consistente en el cese de una conducta —por ejemplo, la prohibición de que se ofrezcan descuentos presuntamente abusivos—.

---

[11] En la práctica, para evitar que esto suceda debería solicitarse la adopción de las segundas medidas cautelares prácticamente al mismo tiempo que se obtienen las primeras.

Contra la resolución cautelar, lo más probable es que la empresa afectada interponga recurso contencioso-administrativo ante la AN y, además, solicite en el propio escrito de interposición la suspensión cautelar de la medida. Tal y como hemos explicado en el apartado 2.1, la simple petición de suspensión impide la ejecución de la MC hasta que se resuelva sobre la misma por la AN. Pero el problema no se detiene aquí, puesto que aunque la AN deniegue la solicitud de suspensión, el citado auto puede ser recurrido en súplica ante la AN y éste en casación ante el TS.

Por lo que, en la práctica, basta con recurrir la MC ante la AN y pedir su suspensión cautelar para impedir su ejecución. Ciertamente, frente a ello se podría decir que el recurso de casación no tiene efectos suspensivos, pero lo que es seguro es que la MC habrá estado suspendida desde el momento en que se solicitó su suspensión ante la AN, hasta que ésta resuelva sobre el recurso de súplica que cabe interponer contra el auto denegatorio de la misma. Es más, incluso podría defenderse que la suspensión permanecerá en tanto en cuanto no se acuerde por la AN la ejecución provisional del auto en cuestión (si bien, en mi opinión, este trámite no es necesario por ser la MC ejecutable directamente en el momento en que la AN desestime el recurso de súplica).

Y lo más probable es que en ese ínterin de tiempo (desde la solicitud de suspensión hasta que la AN resuelva sobre el recurso de súplica), el TDC resuelva sobre el fondo, lo que provocará la inmediata pérdida de efecto de la MC, por lo que la conclusión final que cabe extraer es que resulta altamente improbable que la primera medida cautelar se llegue a ejecutar y desde luego imposible que se llegue a ejecutar una segunda (pues entretanto ya habrá resuelto sobre el fondo la AN).

Por tanto, en mi opinión, si la finalidad de la medida cautelar es asegurar la eficacia de la resolución administrativa, su suspensión cautelar debiera ser una excepción, pero nunca la regla general, como no lo es, por este mismo motivo, en el ámbito civil, al disponer el art. 735 LEC que contra el auto de adopción de medidas cautelares cabe recurso de apelación sin efectos suspensivos. En apoyo de esta interpretación cabe traer a colación la opinión contenida en el voto particular emitido por el magistrado D. José Guerrero Zaplana al Auto dictado por la AN de 21 de enero de 1998 en el que señala, en relación con la petición de suspensión de una medida cautelar adoptada por el TDC, que *«los criterios que se deben seguir para acceder o no a la suspensión son los de la suspensión de las resoluciones y no los de la adopción de medidas cautelares, pues la medida cautelar ya está adoptada y sólo se trata de determinar su mantenimiento o su levantamiento»*.

No quiero decir con ello, porque sería una barbaridad, que las medidas cautelares no puedan ser objeto de revisión judicial, e incluso suspendidas cautelarmente, sino que en sede cautelar la simple petición de suspensión en la interposición del recurso contencioso-administrativo no debiera impedir su ejecución hasta que se resuelva sobre la misma, porque, de lo contrario, la medida cautelar dictada por el TDC carecerá de eficacia alguna.

Dicho en otros términos: adoptada una MC por el TDC, la simple solicitud de suspensión ante la AN no debiera impedir su ejecución hasta que ésta resuelva sobre la misma. Si se deniega, la MC seguiría siendo ejecutable. Y sólo dejaría de serlo en el caso de que la AN decretara expresamente su suspensión cautelar.

La situación expuesta pone también de manifiesto la inoperatividad del procedimiento de vigilancia y de ejecución previsto en los arts. 31.*b)* y 11 LDC, pues el TDC constatará la existencia de un incumplimiento cuando la AN haya resuelto definitivamente sobre la suspensión de la MC. Pero como el citado procedimiento ha de instarse ante el SDC y resolverse por el TDC, es seguro que el TDC resolverá sobre el fondo antes de que concluya este procedimiento. Lo que demuestra también su absoluta ineficacia, pues la LDC sólo ha previsto que pueda concluir con la imposición de multas coercitivas diarias (que no se podrán imponer por haberse resuelto ya el fondo), y no que se pueda imponer una sanción a la empresa encausada por el citado incumplimiento [12].

5. CONCLUSIÓN

Las reflexiones contenidas en esta ponencia resumen las dificultades que he encontrado a la hora de ejecutar las resoluciones del TDC en un gran número de casos.

La conclusión no puede ser más decepcionante, pues, como he señalado, resulta imposible conseguir el cumplimiento efectivo de una resolución dictada por el TDC antes de que sea confirmada por la AN y, en el caso de que la sentencia de la AN sea susceptible de ser recurrida en casación, antes de que la AN acuerde su ejecución provisional.

Además, en mi opinión, mientras la AN considere, en un procedimiento cautelar, que la simple petición de suspensión impide la ejecución del acto, carecerá de sentido instar este procedimiento ante

[12] En efecto, el art. 10 LDC no ha previsto la posibilidad de que el TDC pueda imponer una multa sancionadora por el incumplimiento de sus resoluciones, lo que, en mi opinión, es un grave defecto que debiera corregirse en una futura reforma.

el TDC, porque nunca se llegará a ejecutar la MC que éste pueda adoptar.

Por las razones expuestas, considero también que el procedimiento de vigilancia y de ejecución de las resoluciones dictadas por el TDC previsto en la LDC tiene una operatividad muy limitada, pues sólo será efectivo en los casos en los que la resolución del TDC haya adquirido firmeza.

En definitiva, debiera prestarse atención a esta situación tan dramática en la futura reforma de la LDC y debieran también, en mi opinión, el TDC y la AN revisar los criterios tan restrictivos que actualmente están aplicando en este ámbito.

LA EFICIENCIA REAL DEL DERECHO DE LA COMPETENCIA: LA INDEMNIZACIÓN DE LOS DAÑOS CAUSADOS

Cani FERNÁNDEZ[1]
Cuatrecasas

1. INTRODUCCIÓN

La existencia de una faceta privada del Derecho de la competencia es una cuestión fuera de toda duda. Leyes, tribunales y doctrina de nuestro entorno coinciden en que todo aquel que causa un daño, interviniendo culpa o negligencia, debe repararlo sin que, hasta el momento, los daños derivados de las infracciones a las normas de defensa de la competencia hayan sido considerados como una excepción a aquella regla.

Sin embargo, al menos por lo que afecta a España, el acceso a la reparación de tales daños se ha visto sometido durante años a múltiples obstáculos, lo que ha dado lugar a que, a día de hoy, no exista un solo caso en nuestro país de concesión de daños por infracciones a las normas de competencia.

En tales circunstancias, la presente ponencia pretende dar respuesta a un interrogante: ¿es el marco normativo actual realmente eficaz para obtener la reparación de los daños causados por infracciones al Derecho de la competencia?

---

[1] Esta ponencia es resultado del trabajo de un equipo formado por Irene MORENO-TAPIA, Elena LÓPEZ AYUSO y la autora, todas ellas abogadas de Cuatrecasas.

Por lo que afecta al ámbito español, el debate ha de centrarse forzosamente en el art. 13.2 de la Ley de Defensa de la Competencia, que impide en la práctica el acceso a la jurisdicción civil para reclamar los daños sufridos en tanto no haya recaído decisión administrativa firme. Teniendo en cuenta la especial lentitud que caracteriza a nuestro sistema judicial contencioso-administrativo, el requisito de procedibilidad establecido en el citado precepto obligaría a esperar aproximadamente una década antes de poder interponer una acción de reclamación de daños ante la jurisdicción civil.

En el marco del análisis del citado precepto, abordaremos una cuestión íntimamente relacionada, cual es la relativa a la competencia —exclusiva o no— de los órganos administrativos para la aplicación de la LDC.

Por lo que al ámbito comunitario se refiere, varios han sido los acontecimientos que, en los últimos años, han dado un impulso considerable a la cuestión que nos ocupa: (i) la sentencia del Tribunal Supremo en el caso *DISA* [2], que supuso el reconocimiento por parte de nuestro más Alto Tribunal del efecto directo de los arts. 81 y 82 del Tratado CE; ii) la sentencia del Tribunal de Justicia de las Comunidades Europeas en el asunto *Courage* [3], y iii) el Reglamento (CE) núm. 1/2003 [4], que ha consagrado, en una norma de aplicación general y directa en los Estados miembros, lo que ya había establecido el Tribunal de Justicia de las Comunidades Europeas.

No obstante, a pesar del gran avance en el reconocimiento de la aplicabilidad directa de las normas de competencia comunitarias, la jurisprudencia española existente pone de manifiesto que los jueces españoles son excesivamente formalistas a la hora de aplicar el Derecho de la competencia, absteniéndose de acometer análisis apropiados.

Finalmente, haremos también referencia a algunas cuestiones que, en el ámbito específico del Derecho de la competencia, plantean las normas procesales españoles.

---

[2] Sentencia del Tribunal Supremo de 2 de junio de 2000.

[3] Sentencia del Tribunal de Justicia de 2 de septiembre de 2001, C-453/99, *Courage Ltd.* c. *Bernard Crehan*, *Rec.* [2001], p. 6297. En este asunto, se recordó que corresponde a los tribunales nacionales garantizar la plena eficacia de las normas de competencia comunitarias y proteger los derechos que confieren a los particulares, incluida la reparación del perjuicio sufrido como consecuencia de comportamientos susceptibles de restringir o falsear el juego de la competencia.

[4] Reglamento (CE) núm. 1/2003, relativo a la aplicación de las normas sobre competencia previstas en los arts. 81 y 82 del Tratado CE (*DOCE*, núm. L 1, de 4 de enero de 2003).

2. RECLAMACIONES BASADAS EN INFRACCIONES DE LA LEY DE DEFENSA DE LA COMPETENCIA

El art. 13.2 de la Ley 16/1989, de Defensa de la Competencia (LDC), señala que *«la acción de resarcimiento de daños y perjuicios, fundada en la ilicitud de los actos prohibidos por esta Ley, podrá ejercitarse por los que se consideren perjudicados, una vez firme la declaración en vía administrativa y, en su caso, jurisdiccional* [...]».

De la literalidad del precepto se deduce que es necesario acudir previamente al TDC para obtener la declaración de ilicitud de un acto concreto y, posteriormente, a la jurisdicción civil para ejercitar la acción de daños y perjuicios sufridos como consecuencia de dicho daño[5]. La declaración de ilicitud por parte del TDC se erige así como condición de procedibilidad para poder acudir a la jurisdicción civil.

Así lo han proclamado el Tribunal Supremo[6] y el TDC. Este último, en su Resolución de 22 de julio de 1999[7], transcribe la sentencia del TS en el asunto *CAMPSA* y señala: *«Así, la Sentencia del Tribunal Supremo (Sala Primera) de 30 de diciembre de 1993 señala que* "es menester que el ejercicio de esas acciones de resarcimiento haya sido precedido de una resolución firme del Tribunal de Defensa de la Competencia en que se haya declarado la existencia de las prácticas restrictivas de la competencia prohibidas, de las que nacen los daños y perjuicios cuyo resarcimiento se pide, constituyendo, por tanto, esa resolución un requisito de procedibilidad para el ejercicio de la acción indemnizatoria, cuya falta impide a los Jueces y Tribunales entrar en el conocimiento de las mismas". *Por tanto, si los denunciantes y, en general, los interesados quieren ejercitar acciones de resarcimiento, precisan de Resolución de este Tribunal»*. En el mismo sentido, se han pronunciado algunas Audiencias Provinciales[8].

Del marco normativo expuesto y de la interpretación judicial que se le ha dado resulta que el resarcimiento de los perjuicios ocasionados por actos contrarios a la LDC resulta, en la práctica, extremadamente difícil, y ello por varias razones:

---

[5] La doctrina no distingue entre los supuestos en que ya se haya incoado un procedimiento sancionador ante los órganos administrativos de competencia y aquellos en que dicho procedimiento no ha sido iniciado.

[6] *Vid.* Sentencias de 18 de mayo de 1985, 30 de diciembre de 1993 y 4 de noviembre de 1999.

[7] Expediente 436/98, *«Ganaderías de Lidia»*.

[8] *Vid.*, por ejemplo, las Sentencias de la Audiencia Provincial de Baleares de 21 de febrero de 2003, de Burgos de 26 de julio de 2002, de Las Palmas de 8 de marzo de 2001 y de Tarragona de 3 de noviembre de 2000.

a) En términos de tiempo, al imponer un trámite previo a la acción de resarcimiento, supone una excesiva prolongación del tiempo de espera necesario para verse resarcido de los perjuicios sufridos, máxime cuando los efectos de las prácticas contrarias a la LDC pueden poner en peligro la viabilidad de las empresas afectadas[9].

Unido a la exasperante lentitud del sistema judicial español, el art. 13.2 LDC pone en entredicho la garantía del derecho a la tutela judicial efectiva consagrado en el art. 24 de nuestra Constitución. En efecto, ¿cómo puede afirmase que los derechos de una persona, física o jurídica, son tutelados eficazmente cuando es necesario esperar aproximadamente diez años para lograr ser resarcido por un perjuicio sufrido?

b) La necesidad de disponer de un pronunciamiento administrativo previo y firme para poder obtener la indemnización de los perjuicios causados dificulta la prueba y la cuantificación de los daños. La parte perjudicada por el acto ilícito se enfrentará a serias dificultades para facilitar, en el momento de la reclamación, la prueba de los daños que sufrió diez años atrás. Resultaría extremadamente complicado reconstruir las condiciones de mercado existentes en el momento de la infracción, recuperar los datos económicos necesarios para realizar los análisis de oferta y demanda y, en general, cualesquiera otros datos pertinentes para valorar tanto la existencia y cuantificación del daño, como el nexo de causalidad de éste con la conducta prohibida.

Ante esta situación, la parte interesada podría interponer la demanda reclamando los daños y perjuicios al mismo tiempo que la denuncia ante el Servicio de Defensa de la Competencia o, al menos, tan pronto como el TDC haya emitido una Resolución estimatoria de la denuncia y ésta haya sido recurrida; y ello a pesar de no cumplirse los requisitos exigidos por el art. 13.2 LDC, pero con la única finalidad de dejar determinados los elementos del daño para un momento posterior. No obstante, en tal caso, existe el riesgo de que la parte demandada oponga el art. 13.2 LDC, en cuyo caso el juez podría decretar la suspensión del procedimiento o, en la peor de las situaciones, sobreseerlo ordenando el archivo de las actuaciones de tal modo que, si tras el procedimiento administrativo —y, en su caso, jurisdiccional— la parte perjudicada pretende reclamar daños y perjuicios, deberá en ese momento presentar una nueva demanda.

---

[9] Tal ha sido el caso de la empresa 3C Communications. El TDC, mediante Resolución de 1 de febrero de 1995, impuso a Telefónica de España una multa por abuso de posición dominante resultado de un queja formulada en 1992. Los hechos constatados y sancionados por el TDC conllevaron la quiebra de 3C Communications. El Tribunal Supremo confirmó la Resolución del TDC mediante Sentencia de 6 de marzo de 2003.

Las Sentencias de la Audiencia Provincial de Baleares, de 21 de febrero de 2003, y de Guipúzcoa, de 4 de septiembre de 2001, han recurrido al art. 42.3 de la Ley de Enjuiciamiento Civil (en adelante, "LEC") para suspender el procedimiento civil a la espera de obtener resolución del TDC sobre la existencia de infracción de la LDC. En virtud de dicho artículo, los jueces civiles pueden suspender las actuaciones hasta que la Administración resuelva sobre la cuestión prejudicial, quedando vinculados por el resultado de aquélla. Somete, sin embargo, esta posibilidad a que: 1) la ley así lo exija, o 2) las partes lo quieran.

Podemos entender que el art. 13.2 LDC exige dicha suspensión hasta que la Administración (en este caso, el TDC) se haya pronunciado sobre la existencia o no de infracción de la LDC y, consecuentemente, por aplicación del art. 42.3 LEC, la vinculación del juez civil a la resolución de este órgano. Así, podríamos entender que el 13.2 LDC es la *"ley"* a la que se refiere el art. 42.3 LEC para que el juez suspenda actuaciones hasta la resolución de la cuestión prejudicial.

Sin embargo, esta interpretación produce graves incoherencias del sistema de aplicación de la LDC, como se expondrá más adelante.

c) En términos de coste, el art. 13.2 LDC supone encarecer desproporcionadamente el proceso, pues la parte perjudicada por el acto ilícito se ve obligada a asumir los costes del procedimiento ante el SDC y el TDC y, muy probablemente, ante la Audiencia Nacional y el Tribunal Supremo, además de los correspondientes a la acción civil independiente posterior.

El análisis del art. 13.2 LDC, en tanto que requisito de procedibilidad, enlaza directamente con la consideración de que la competencia para la aplicación de la LDC corresponde de manera exclusiva y excluyente a los órganos administrativos de defensa de la competencia y que, por tanto, sólo éstos pueden valorar y establecer cuándo la citada norma ha sido vulnerada.

No obstante, a la luz de la letra de la actual LDC, cabe plantearse si tal consideración es válida. Su Exposición de Motivos **encomienda** la aplicación de la ley a órganos administrativos, pero ¿equivale esta "encomienda" a una reserva legal a favor del orden administrativo? [10].

El art. 10 de la antigua Ley 110/1963, atribuía expresamente al TDC la jurisdicción exclusiva para la aplicación de dicha ley. En cohe-

---

[10] Esta cuestión ha sido puesta de manifiesto por el estudio *«Study on the conditions for claims for damages in case of infringement of EC competition rules»*, elaborado por Ashurst Morris Crisp a petición de la Comisión Europea en relación con la situación española en materia de resarcimiento de daños y perjuicios ocasionados como consecuencia de la infracción de la normativa sobre competencia.

rencia con esta previsión legal, el art. 3 del Reglamento del TDC de 1965 —hoy derogado por la Disposición Derogatoria única del Real Decreto 864/2003, de 4 de julio, que aprueba el Estatuto del TDC— indicaba que *«la competencia del Tribunal, en cuanto a las declaraciones o intimaciones previstas en la Ley, será privativa en el orden administrativo»*. Consecuentemente, las Sentencias del TS que se han referido a la competencia del TDC para la aplicación de la LDC —de 18 de mayo de 1985, 30 de diciembre de 1993 y de 4 de noviembre de 1999, dictadas las dos primeras bajo la vigencia de la antigua Ley y todas ellas estando aún vigente el Reglamento del TDC— se refieren expresamente a ambas normas para establecer la competencia exclusiva y excluyente del TDC para la aplicación de la LDC.

No obstante, tanto la Ley 110/1963 como el antiguo Reglamento del TDC han sido derogados sin que las normas que lo sustituyen contengan referencias similares a las mencionadas. La Exposición de Motivos de la LDC, como hemos mencionado, se limita a señalar que *«la aplicación de la Ley, en cuanto se trata de garantizar el orden económico constitucional en el sector de la economía de mercado, desde la perspectiva de la defensa de los intereses públicos,* ***se encomienda*** [...] *a órganos administrativos* [...]». De la LDC y de la normativa derivada ha desaparecido cualquier referencia a la "exclusividad" en la competencia para su aplicación.

En consecuencia, cabe pensar que la atribución exclusiva de la aplicación de la ley al TDC es más bien resultado de la tradición jurisprudencial existente bajo la vigencia de la normativa anterior. Ello es más evidente, si cabe, al apreciar que la actual LDC, a diferencia de la anterior, nada dice —ni, por ende, prescribe requisito de procedibilidad alguno— sobre la declaración de nulidad de los actos contrarios a la misma, cuya competencia corresponde naturalmente a los jueces civiles.

Más allá de la interpretación literal y aislada del art. 13.2 LDC, no parece que exista base para impedir a un juez civil que pueda pronunciarse, desde la perspectiva privada, sobre si la LDC resulta o no de aplicación y, en caso afirmativo, sobre si ha sido vulnerada.

En efecto, el art. 13.2 LDC sólo impone la obligación de suspensión (y de vinculación) al juez civil en el marco de un procedimiento de reclamación de daños y perjuicios, pero no en los casos en que únicamente se solicite al juez la declaración de nulidad de un contrato, por ejemplo. De esta forma, se puede dar la paradoja de que si únicamente se pide al juez que declare la nulidad, éste no tendrá que suspender el procedimiento ni se verá vinculado por la decisión del TDC, pudiendo así aplicar la LDC, declarar la existencia de una infracción (incluso resolviendo en sentido contrario al TDC) y decretar la nulidad, mientras que, si además de la nulidad se solicita una condena por daños y perjuicios, entonces entraría en juego el art. 13.2 LDC y el juez se vería obligado a suspender y quedaría vinculado por lo que resolviese el órgano administrativo.

Además de paradójico, resulta fuera de toda lógica que la exigencia de suspensión y la vinculación afecten a las acciones de daños y perjuicios y no a las de nulidad, cuando esta última es una sanción mucho más grave y con más repercusiones en el orden jurídico económico.

De lo anterior resultaría que la competencia en la aplicación de la LDC podría entenderse compartida entre los órganos administrativos y los tribunales civiles: los primeros tendrían encomendada la defensa de la competencia desde la perspectiva del interés público, disfrutando a tal efecto de la competencia exclusiva para imponer las multas que correspondan e instar la cesación de las infracciones declaradas. Los jueces civiles serían, por su parte, los únicos competentes para pronunciarse sobre las consecuencias de tales infracciones en la esfera privada, es decir, declarar la nulidad de los actos anticompetitivos y deberían, en consecuencia, poder otorgar indemnización por los daños y perjuicios sufridos. Cada cual en el ámbito propio de su competencia aplicaría los arts. 1 y 6 LDC y fiscalizaría los hechos objeto del procedimiento a la luz de tales disposiciones. No hablamos, pues, de reconocer a la jurisdicción civil la competencia sancionadora que sólo ostenta el TDC en defensa del interés público, sino sólo su capacidad para aplicar la legislación en cuestión en el ámbito propio de su competencia.

Ello resulta, además, coherente tras la entrada en vigor del Reglamento 1/2003 y la reforma de la LOPJ. No existe razón alguna para sostener que los órganos jurisdiccionales nacionales —tribunales de lo mercantil [11]— tienen capacidad y competencia para aplicar las normas de defensa de la competencia comunitarias y, sin embargo, carecen de ella para aplicar las normas nacionales cuando ambas se basan en los mismos principios y mecanismos de análisis.

Cierto es, no obstante, que la actual redacción de la LDC no permite alcanzar una aplicación sistemática coherente en la materia, dados

[11] De acuerdo con el nuevo art. 86 ter.2.*f)* de la LOPJ, los Juzgados de lo Mercantil tienen atribuida la competencia para conocer de las demandas en materia de competencia desleal, propiedad industrial e intelectual, publicidad, derecho marítimo, procedimientos concursales, acciones relativas a condiciones generales de contratación, aplicación de los arts. 81 y 82 TCE y su derecho derivado, etc. Nos encontramos, así, con que la práctica totalidad de las materias relativas a la normativa reguladora de las sociedades mercantiles se encomiendan a tribunales especializados, a excepción de las acciones civiles relativas a las normas españolas de la competencia, que quedan bajo la jurisdicción de los Juzgados civiles. Ello plantea un problema práctico, ya que, en muchos casos, ambas normas se invocan conjuntamente.

los términos de la Exposición de Motivos y del propio art. 13.2 [12]. Existen, por tanto, argumentos de peso a favor de una reforma de la LDC en esta cuestión.

Por un lado, en cuanto al riesgo de resoluciones contradictorias, la uniformidad en la interpretación de la LDC podría garantizarse de manera similar a como se ha previsto entre la Comisión Europea y los tribunales de los Estados miembros. Así, por ejemplo, cabe pensar en instituir una cooperación estrecha entre los tribunales de lo civil y los órganos de defensa de la competencia permitiendo a los jueces civiles plantear consultas al TDC sobre la aplicación de la LDC, concediendo a estos órganos la posibilidad de presentar observaciones escritas y verbales en los procesos civiles [13], atribuyendo al juez civil la facultad de suspender de oficio el procedimiento si existe un expediente sancionador en curso ante las autoridades de competencia y, finalmente, instaurando un mecanismo de intercambio de información entre órganos administrativos y autoridades jurisdiccionales.

Por otro lado, la *«esencial complejidad de la materia»* —a la que se refiere la Exposición de Motivos de la LDC— no parece suficiente, a nuestro juicio, para negar a la jurisdicción civil la competencia para aplicar la LDC por cuanto dicha jurisdicción ya se enfrenta a cuestiones especialmente complejas y que requieren análisis pormenorizados.

No se nos escapa, además, que el reconocimiento de competencia exclusiva al TDC en la aplicación de la LDC, en combinación con el art. 13.2 LDC, puede generar indefensión a los perjudicados por conductas o prácticas consideradas de menor importancia. En efecto, el apartado 3 del art. 1 permite a los órganos de defensa de la competencia no incoar expediente o sobreseer éste cuando la conducta, por su escasa importancia, no es susceptible de afectar de manera significativa a la competencia. Por tanto, la parte agraviada por un acto ilícito que no afecte significativamente a la competencia no podrá obtener la declaración en vía administrativa a la que se refiere el art. 13.2 LDC, quedándole así vedado el acceso a la jurisdicción civil.

Los argumentos expuestos bastarían, en nuestra opinión, para justificar una reforma de la norma con la finalidad de consagrar con claridad un escenario de competencia compartida entre el orden administrativo y civil, en el que, por otro lado, el art. 13.2 LDC perdería todo su sentido.

---

[12] La reciente reforma de la LOPJ no parece haber arrojado luz sobre la cuestión, sino lo contrario, al reconocer a los tribunales de lo mercantil competencia para aplicar los arts. 81 y 82 TCE (y su derecho derivado), no así para aplicar los correspondientes en la normativa nacional.

[13] *Vid.*, a este respecto, el art. 15.3 del Reglamento 1/2003.

En efecto, incluso en los supuestos en que se haya iniciado un procedimiento administrativo sancionador ante el SDC, la justificación del citado precepto nos parece dudosa.

En primer lugar, parece difícil compatibilizar el art. 13.2 con el derecho a la tutela judicial efectiva consagrado en nuestra Constitución. Por los motivos expuestos al inicio, esta disposición se ha manifestado en la práctica un obstáculo procesal de envergadura hasta el punto de que no existe ningún caso en España de concesión de indemnización como consecuencia de infracciones a la competencia. Esta circunstancia favorece sin duda a los autores de prácticas anticompetitivas y no a los perjudicados.

En segundo lugar, insistiendo en una idea ya expuesta en otras ponencias, el temor a que se produzcan pronunciamientos contradictorios puede superarse con los convenientes mecanismos de información e intervención mencionados y con la atribución de la competencia para aplicar la LDC a los órganos jurisdiccionales especializados, esto es, los tribunales de lo mercantil.

En tercer lugar, los jueces nacionales aplican ya las normas comunitarias de la competencia de manera concurrente con los órganos administrativos sin que, por el momento, este régimen haya planteado problemas. Recordemos que, en el caso de que la Comisión Europea haya iniciado un procedimiento sobre los mismos hechos, los órganos jurisdiccionales nacionales no tienen la obligación de suspender el asunto del que estén conociendo [14], si bien deben velar por la uniformidad en la aplicación del Derecho comunitario de la competencia. Instaurando los correspondientes mecanismos de intercambio de información a nivel nacional, entendemos factible instaurar un sistema de competencias concurrentes en España.

Finalmente, como ya se ha indicado, resulta fuera de toda lógica que la LDC no condicione la declaración de nulidad de los acuerdos por parte de la jurisdicción ordinaria a requisito alguno y sí lo haga respecto de la de daños y perjuicios, cuando esta última es subsiguiente a la de nulidad.

Por todo lo dicho, abogamos por la supresión del art. 13.2 LDC y la reforma de esta norma con el fin de consagrar un sistema compartido y concurrente de competencia en la aplicación de la norma. El establecimiento de todas aquellas medidas que favorezcan la interposición y rápida tramitación de acciones de reclamaciones de daños por infracción de la LDC debe ser bienvenido en la medida en que

---

[14] Comunicación sobre la cooperación entre la Comisión Europea y los tribunales nacionales en la aplicación de los arts. 81 y 82 TCE (*DOCE,* núm. C 101, de 27 de abril de 2004).

podrá desplegar el efecto de desincentivar a las empresas a incurrir en conductas anticompetitivas.

3. RECLAMACIONES BASADAS EN LA INFRACCIÓN DE LA NORMATIVA COMUNITARIA DE COMPETENCIA (ARTS. 81 Y 82 TCE)

A nivel comunitario, actualmente no cabe duda de que cualquier particular que pueda probar que ha sufrido perjuicios como consecuencia de una infracción a las normas de competencia comunitarias puede acudir directamente a la jurisdicción civil para obtener la reparación correspondiente.

Ello se deduce, en primer lugar, del efecto directo de los arts. 81 y 82 TCE, establecido por el TJCE en su sentencia *BRT* v. *SABAM* y recordado, más recientemente, en el asunto *Courage* [15].

Desgraciadamente, hasta hace pocos años, el Tribunal Supremo —seguido por gran parte de las Audiencias Provinciales— estableció que las autoridades de defensa de la competencia eran las únicas competentes para aplicar las normas comunitarias de la competencia "a título principal" y que la jurisdicción civil sólo podía intervenir una vez obtenido el pronunciamiento administrativo. De esta manera, se hizo extensivo el requisito de procedibilidad del art. 13.2 LDC a las reclamaciones de daños derivados de la infracción de normas comunitarias, a pesar de que dicho artículo sólo se refiere a reclamaciones de daños y perjuicios fundadas *«en la ilicitud de los actos prohibidos por esta Ley»* (por tanto, la LDC) y, lo que es más grave, a pesar del principio de efecto directo de los arts. 81 y 82 TCE.

Afortunadamente, el Tribunal Supremo rectificó esta postura en su Sentencia de 2 de junio de 2000, recaída en el caso *DISA*, en la que aplicó por primera vez las normas comunitarias de competencia de forma directa [16]. A partir de este pronunciamiento, los tribunales civiles españoles han reconocido, cada vez de forma más unánime, el efecto directo de la normativa comunitaria de competencia y, por tanto, su aplicación directa por el juez civil en la tutela de los intereses privados, sin necesidad de obtener previo pronunciamiento del TDC o de la Comisión Europea.

---

[15] Nota a pie número 3. Sobre esta sentencia, *vid.* *«La judicialización del derecho comunitario de la competencia»*, por Cani FERNÁNDEZ e Irene MORENO-TAPIA (*Anuario de la Competencia*, 2001, Fundación ICO-Marcial Pons, ISBN 84-7248-978-7).

[16] *Vid.* *«Actions for Damages Based on Community Competition Law: New Case Law on Direct Applicability of Articles 81 and 82 in Spanish Civil Courts»*, por Cani FERNÁNDEZ y Paloma GONZÁLEZ-ESPEJO (*European Competition Law Review,* vol. 23, núm. 4, abril de 2002, ISSN 0144-3054).

Con la entrada en vigor del Reglamento 1/2003, la aplicación directa por los jueces nacionales de los arts. 81 y 82 del Tratado UE ha quedado reforzada, por lo que a partir de ahora la tendencia debería ser la consolidación de la jurisprudencia del Tribunal Supremo vertida en el caso *DISA*. Su fiel reflejo ha sido la reforma de la LOPJ.

Ahora bien, un análisis de las resoluciones judiciales recaídas en materia de competencia revela que los jueces no han llevado a cabo un auténtico análisis de las conducta objeto de la demanda —mercado relevante, cuotas de mercado, etc.— y que se ha generalizado una concepción errónea de la naturaleza y de las consecuencias de la no aplicación de los Reglamentos de Exención por Categorías. Además, tampoco entran a analizar la dimensión nacional o comunitaria del asunto sometido a su conocimiento [17]. Por tanto, aunque parece claro que los jueces han asumido la inexistencia de requisitos de procedibilidad y el efecto directo de los arts. 81 y 82 TCE —así como de los Reglamentos de Exención por Categorías—, requieren de una amplia formación en aras del buen tratamiento de las acciones de daños basadas en infracciones de la normativa comunitaria —tanto desde la perspectiva de quien las interpone como de quien se defiende frente a éstas— [18].

En este contexto, cobra especial relevancia, por un lado, la tarea de formación de los Tribunales de lo mercantil por parte del CGPJ y, por otro —y más particularmente—, el sistema de cooperación instaurado por el Reglamento 1/2003 entre los órganos jurisdiccionales nacionales y los de defensa de la competencia.

4. ALGUNAS CUESTIONES RELATIVAS A LA ACCIÓN DE DAÑOS Y OTROS ELEMENTOS PROCESALES QUE MERECEN ATENCIÓN

A continuación abordaremos algunas cuestiones de naturaleza procesal que, en el marco de las reclamaciones de daños por infracciones a la LDC y a los arts. 81 y 82 TCE, inciden de lleno en la cuestión

---

[17] Las resoluciones judiciales existentes indican que los jueces españoles aplican el Derecho que ha sido invocado por las partes sin entrar a valorar si se debe aplicar el TCE o la LDC; ello es relevante mientras siga vigente el art. 13.2 LDC, puesto que, tratándose de una práctica exenta de efectos en el comercio intracomunitario, la competencia correspondería en exclusiva al TDC, según lo analizado. Además de lo anterior, los jueces civiles concentran su análisis en el Reglamento de Exención por Categoría aplicable en la materia y, si estiman que las prácticas examinadas no son susceptibles de subsumirse en la excepción, concluyen directamente que éstas son contrarias a las normas de competencia y, por tanto, nulas, transformando así la naturaleza de los Reglamentos de Exención por Categoría.

[18] Esta situación es, en nuestra opinión, el resultado de que los jueces civiles nunca hayan estado en situación de aplicar el Derecho de la competencia: en cuanto al nacional, debido a la atribución de esta materia en exclusiva al TDC; en cuanto al comunitario, debido a la sentencia del TS en el asunto *CAMPSA*.

planteada por el título principal de esta ponencia, esto es, la eficiencia real del Derecho de la competencia.

La base legal de la reclamación de daños y perjuicios reside en el art. 1.902 CC, al cual debe entenderse hecha la remisión del art. 13.2 LDC respecto del régimen procesal y sustantivo de la acción de resarcimiento de daños y perjuicios, y que resulta igualmente aplicable en el caso de indemnizaciones por infracción de la normativa comunitaria sobre competencia[19]. Los tres requisitos clásicos —acción u omisión negligente o culpable del demandado, perjuicio y nexo causal— plantean, en el ámbito del Derecho de la competencia, algunas cuestiones de interés.

Respecto a la culpa o negligencia del demandado, el art. 1.902 CC instaura el principio general de responsabilidad basada en la culpa, de manera que debe probarse que el demandado no ha actuado con la diligencia debida. Según las circunstancias del caso, podría entenderse que, en casos de infracción de las normas de competencia, la culpa va implícita a la luz de la intencionalidad del autor[20].

Por lo que se refiere al nexo causal, conviene señalar que la mera declaración de la infracción por parte del TDC o de la Comisión Europea no son suficientes a efectos de acreditar el nexo causal entre la acción y el daño, por cuanto, independientemente de la responsabilidad del autor por la conducta anticompetitiva, los daños sufridos por terceros pueden haber resultado de factores ajenos a aquélla. Retomando la Sentencia de la Audiencia Provincial de Valencia de 10 de febrero de 2003:

> «[...] *el Tribunal de Defensa de la Competencia impuso una sanción a la demandada por la realización de una práctica restrictiva de la competencia, siendo ello confirmado por la Sala de lo Contencioso-Administrativo de la Audiencia Nacional en Sentencia de 26 de enero de 1998, pero esto en absoluto permite concluir como probada la relación de causalidad que la apelante pretende dar por demostrada con dichas resoluciones* [...]*; ni ese informe-propuesta, ni esa resolución, ni la sentencia recaída en la Sala de lo Contencioso-Administrativo de la Audiencia Nacional, producen efectos positivos de cosa juzgada material en la presente, no bastando dichas resoluciones, cual entiende erróneamente la parte apelante, para dar por probada una relación de causa a efecto que debía de haber sido acreditada sin margen de duda en este pleito civil*».

---

[19] Sentencia del TJCE en el asunto *Courage,* ya citada, apartado 29.

[20] Los tribunales españoles han evolucionado hacia una cierta objetivación de la responsabilidad, relacionada con el riesgo generado por la conducta enjuiciada más que con la culpa de las partes afectadas. Ello no implica la desaparición de la culpa del demandado como requisito de la acción, pero sí, en determinados casos, que se produzca una inversión de la carga de prueba debiendo ser el demandado quien pruebe que ha actuado con la diligencia debida (*vid.,* por ejemplo, la Sentencia de la Audiencia Provincial de Valencia de 10 de febrero de 2003).

Finalmente, respecto del perjuicio, en nuestro sistema son únicamente indemnizables los daños efectivamente sufridos por el demandante. Esta circunstancia proporciona una evidente defensa a aquellos que hayan sido demandados por consumidores intermedios en reclamación de los daños resultantes de actuaciones contrarias a la competencia y estén en posición de probar que los demandantes han traspasado el perjuicio en la cadena de comercialización *(pass-on defense)* [21].

Esta circunstancia puede tener, en el ámbito que nos ocupa, el efecto de desincentivar las acciones de daños por parte de competidores y clientes (no finales). Éstos, en muchos casos, no habrían sufrido perjuicio alguno al haber repercutido a sus clientes el sobreprecio resultante de una actuación anticompetitiva, lo que determinaría el fracaso de cualquier reclamación.

Este efecto desincentivador ha sido precisamente tomado en consideración en la práctica norteamericana —jurisdicción donde la teoría de la *pass-on defense* ha sido ampliamente debatida— para rechazar esta vía de defensa. A la dificultad de probar la parte exacta del precio que ha sido repercutida, se une el hecho de que las leyes federales no reconocen a los "compradores indirectos" posibilidad alguna de accionar en reclamación de los daños sufridos. Según ha establecido el Tribunal Supremo de los EE.UU. [22], aceptar la *pass-on defense* tendría un impacto —a la baja— en la cuantía de las indemnizaciones lo que, en última instancia, desincentivaría el ejercicio de acciones judiciales contra infractores de la normativa de competencia.

Un elemento adicional que incide en la eficiencia del Derecho de la competencia, por lo que se refiere a las acciones de daños, deriva de la imposibilidad, para consumidores intermedios, de interponer acciones colectivas o de grupo —*class actions*—.

En nuestro ordenamiento jurídico, sólo el art. 11 de la Ley de Enjuiciamiento Civil se refiere a las acciones colectivas, reconociendo esta legitimación procesal únicamente a los consumidores y usuarios. El precepto distingue entre la tutela de intereses colectivos [23] y la tutela de intereses difusos [24], otorgando en cada caso la posibilidad de inter-

---

[21] Conforme al art. 217 LEC, la carga de la prueba de la "repercusión del daño" corresponde a quien la alegue, esto es, el demandado.

[22] Por ejemplo, *Hanover Shoe, Inc.* v. *United Shoe Machinery Co.* y *Kansas, et al.* v. *Utilicorp United Inc.,* 497 US 1999 (1990).

[23] Se entienden por "colectivos" los intereses de un grupo de personas identificado en el momento de la interposición de la demanda o susceptible de ser identificado posteriormente (por ejemplo, afectados por transfusiones de sangre realizadas en un determinado hospital, pudiéndose identificar, a través de los archivos del hospital, los pacientes que, entre determinadas fechas, fueron sometidos a una transfusión).

[24] Se entienden por "difusos" los intereses de un colectivo indeterminado (por ejemplo, los afectados por contaminación ambiental).

poner acciones colectivas a distintos grupos. En el primer caso, a las asociaciones de consumidores y usuarios, a las entidades legalmente constituidas que tengan por objeto la defensa o protección de éstos, así como a los propios grupos de afectados[25]; en el segundo caso, a las asociaciones de consumidores y usuarios que, conforme a la Ley, sean representativas.

En el ámbito específico del Derecho de la competencia, no cabe duda de que los consumidores y usuarios pueden verse directamente afectados por actuaciones anticompetitivas, en cuyo caso podrán acogerse al art. 11 LEC para interponer una acción de grupo. Entendemos que, en tal caso, sería posible identificar a los consumidores afectados —a través, por ejemplo, de las facturas de compra—[26], quienes se verían beneficiados por la sentencia estimatoria que eventualmente se dicte.

Por el contrario, del tenor literal del art. 11 LEC se deduce que los colectivos de clientes (no consumidores o usuarios), proveedores o competidores afectados por una conducta anticompetitiva no podrían, en principio, valerse del mismo para interponer una acción de grupo. Sería en cualquier caso posible abogar por una aplicación analógica del art. 11 LEC, sobre todo por lo que se refiere a los consumidores intermedios, si bien esta interpretación podría verse obstaculizada por lo previsto en el art. 10 LEC —regulador de la sustitución procesal—, que establece que sólo tendrán legitimación las personas distintas del titular de la relación jurídica u objeto litigioso en aquellos casos en que la ley así lo establezca expresamente. El art. 11 LEC sería, así, un supuesto especial de sustitución procesal sin posibilidad de interpretación extensiva[27]. En estas condiciones, parece, al menos, posible que, ante una acción de grupo por parte de no consumidores o usuarios, se decrete el sobreseimiento de la causa al ser éste un defecto insubsanable. Los afectados dispondrían en todo caso de la posibilidad de interponer demandas individuales o, un supuesto menos probable, intervenir voluntariamente en una acción colectiva válidamente interpuesta por un grupo de consumidores y usuarios.

---

[25] En el caso de una acción colectiva por parte de un grupo de afectados por un hecho dañoso, la LEC exige que los individuos que componen dicho grupo estén determinados o sean fácilmente determinables y que el grupo se constituya con la mayoría de los afectados.

[26] La LEC prevé además que, admitida la demanda, se realice un llamamiento a los perjudicados mediante la publicación del auto de admisión en medios de comunicación del ámbito territorial correspondiente, con suspensión del procedimiento durante un máximo de dos meses. Los perjudicados que decidan, como consecuencia de esta publicación, intervenir voluntariamente lo harán, no obstante, a título individual.

[27] Cabría plantear, a la luz del art. 10 LDC, la reforma de la LDC con el objeto de permitir con carácter general a grupos de afectados la posibilidad de interponer acciones de reclamación de daños colectivas.

El art. 11 LEC tiene, sin duda, un potencial nada desdeñable en el ámbito del Derecho de la competencia, por cuanto, en muchos casos, los consumidores serán los perjudicados en última instancia por conductas anticompetitivas. No obstante, en aras de facilitar e incrementar las acciones de daños contra autores de prácticas anticompetitivas —y, con ello, desincentivar las propias infracciones a la normativa de competencia—, sería deseable reconocer sin ambages la legitimación colectiva a grupos distintos de los consumidores y usuarios.

5. CONCLUSIONES

En España, las acciones de daños como consecuencia de las infracciones a las normas de competencia se han visto durante años obstaculizadas como consecuencia del art. 13.2 LDC y la interpretación judicial sobre la competencia exclusiva de los órganos administrativos para aplicar la propia LDC. Si bien se deduce de la comparación de la norma actual con la anterior regulación que esta interpretación podría no ser correcta, los términos de la Ley no son claros. Existen, por tanto, numerosos argumentos a favor de que los órganos administrativos y los civiles compartan aquella competencia, máxime cuando estos últimos ya tienen atribuida la de aplicar los arts. 81 y 82 TCE.

Convendría, así, dejar expresa constancia, en la LDC y en la LOPJ, de que los tribunales de lo mercantil son competentes para aplicar los arts. 1 y 6 LDC. En este marco, no existe justificación para mantener el actual art. 13.2 LDC, y, en nuestra opinión, debería sustituirse por un expreso reconocimiento de que los perjudicados por infracciones a la LDC pueden interponer las acciones civiles que correspondan (de nulidad y de resarcimiento).

En aras de la uniformidad en la aplicación de la LDC, deben establecerse mecanismos de colaboración entre los órganos administrativos y los jurisdiccionales, de manera similar a como se ha establecido entre la Comisión Europea y estos últimos. Así, entendemos conveniente modificar la LDC para permitir al TDC emitir informes sobre la aplicación de los arts. 1 y 6 a requerimiento de los órganos jurisdiccionales e incluso personarse en los procedimientos civiles basados en la aplicación de los mencionados preceptos.

Finalmente, el reconocimiento expreso de la legitimación para interponer acciones de grupo a favor de colectivos distintos de los consumidores y usuarios contribuiría a potenciar las acciones de daños derivados de infracciones al Derecho de la competencia y a incrementar, con ello, la eficiencia de éste.

C. REPARTO TERRITORIAL DE COMPETENCIAS

¿SE DEBE MANTENER LA EXIGENCIA DE LA AFECTACIÓN AL COMERCIO ENTRE LOS ESTADOS MIEMBROS EN LOS ARTS. 81 Y 82 DEL TRATADO?

Luis BERENGUER FUSTER
Abogado

1. INTRODUCCIÓN

Los arts. 81 y 82 del Tratado, como es bien sabido, utilizan para describir las conductas anticompetitivas dos requisitos de carácter general: en primer lugar, que las conductas sean contrarias a la libre competencia, y, en segundo lugar, que afecten al comercio entre los Estados miembros [1].

Aun a riesgo de anticipar conclusiones, cabría hacer una reflexión general sobre la oportunidad de mantener en el momento actual el segundo de los requisitos mencionados, relativo a la afectación al comercio entre los Estados miembros. Para llevar a cabo esa reflexión general, es necesario realizar algunas consideraciones de contenido histórico. En un primer momento, el Tratado Constitutivo de la Comunidad Económica Europea tenía como objetivo primordial la creación de un mer-

---

[1] Tanto en el art. 81 como en el 82 del Tratado CEE se utiliza la expresión «afectar al comercio entre Estados miembros», mientras que en el art. 87 declara incompatibles con el mercado común las ayudas públicas «en la medida que afecten a los intercambios comerciales con los Estados miembros». El concepto puede unificarse, aun cuando aquí sólo se trate de determinar el concepto contenido en los arts. 81 y 82. La exigencia de afectación al comercio en los arts. 81 y 82, por una parte, y el 87, por otra, tiene diferente alcance, ya que las conductas anticompetitivas, en cualquier caso están prohibidas; sin embargo, las ayudas sólo se consideran prohibidas si, además de otros requisitos, afectan a los intercambios comerciales intracomunitarios.

cado común, y, por lo tanto, era necesario perseguir fundamentalmente las conductas, fueran de los Estados, fueran de otras Administraciones Públicas, fueran de las empresas, que se opusieran a ese objetivo, y pretendieran mantener la existencia de mercados nacionales. O por expresarlo de otra manera, las conductas anticompetitivas únicamente serían perseguidas si servían para dificultar la creación de un mercado común. Pero con el paso de los tiempos, aquellas primitivas Comunidades Europeas han alcanzado un grado de institucionalización muy superior al inicial. Este mayor grado de institucionalización ha tenido su reflejo en las diferentes modificaciones de los Tratados, y buena prueba de ello es que, junto a los primeros principios que se reflejaban en su texto, se han ido incorporando otros que ya no tienen como objetivo exclusivo la desaparición de las fronteras comerciales, sino que reflejan la voluntad de los Estados miembros de profundizar en una cierta unificación política y económica. Para ello es necesario que se recojan los principios básicos de cualquier Constitución económica, que deben ser suscritos por todos los miembros, pues no es concebible que exista una integración supranacional si los distintos miembros tienen regímenes económicos que no sean coincidentes.

Para comprobar buena parte de lo que se está afirmando, baste analizar los principios y fines contenidos en los arts. 2 y 3 en las redacciones dadas, por un lado, por el Tratado constitutivo de la CEE y, por otro, por el de la Unión Europea. A los efectos que nos interesan, se puede señalar que en el art. 3.*c)* del primero de ellos se señalaba como instrumento para alcanzar los fines de la Comunidad: «la supresión, entre los Estados miembros, de los obstáculos a la libre circulación de personas, servicios y capitales», mientras que en el apartado *f)* del mismo artículo se consideraba igualmente como otro de los instrumentos: «el establecimiento de un régimen que garantice que la competencia no será falseada en el mercado común». Por el contrario esos textos son sustituidos en el Tratado de la Unión por el art. 3.1.*c)* según el cual constituye un objetivo de la Unión la consecución de «un mercado interior caracterizado por la supresión, entre los Estados miembros, de los obstáculos a la libre circulación de mercancías, personas, servicios y capitales», mientras que el apartado *g)* del mismo artículo indica que para alcanzar los fines de la Comunidad, hay que establecer «un régimen que garantice que la competencia no será falseada en el mercado interior». Aparece, en consecuencia el concepto de "mercado interior", que viene a sustituir al de "mercado común", con la significativa importancia que ello conlleva. Mientras que el concepto de mercado común implica la existencia de mercados nacionales entre los que hay que asegurar un libre juego de intercambios comerciales, el concepto de mercado interior refleja el mayor grado de integración de los mercados que se había conseguido en el transcurso del tiempo habido desde 1957 a 1992. Es decir, que el mercado común no es más que una fase del camino para la consecución del mercado interior. Como ha señalado el Tribunal de Justicia: «... la noción de mercado común, delimitada por una reiterada jurisprudencia, comprende la eliminación de todas las trabas a los intercambios intracomunitarios con vistas a la fusión de los mercados nacionales en un mercado único que funcione en condiciones lo más similares posibles a las de un verdadero mercado interior» [2].

Pero, a pesar de los profundos cambios introducidos en los objetivos, fines e instrumentos de la Comunidad, y el diferente grado de su institucionalización, a pesar de los avances conseguidos, los preceptos en los que se tipifican las conductas contrarias a la libre competencia no han sufrido más modificación que la relativa a su numeración, y, en consecuencia, los actuales arts. 81 y 82 siguen haciendo mención al mercado común, y exigiendo que las conductas «puedan afectar al comercio entre los Estados miembros» para considerarse incluidas en la prohibición. Todo un anacronismo.

Por otra parte, hay otros elementos que es preciso tener en cuenta. Si en un principio no todos los Estados miembros tenían una legislación *anti-trust* interna, ahora no ocurre lo mismo, y no sólo ello, sino que a los nuevos países miembros se les exige esa legislación como requisito imprescindible para entrar a formar parte de la Unión. Si en todos los Estados existe una legislación de la competencia, el criterio de la afectación al comercio entre los Estados miembros se convierte en el elemento diferenciador para la aplicación de la legislación interna o comunitaria. Además, hay que añadir el hecho de que las autoridades nacionales de la competencia y los órganos jurisdiccionales de los Estados miembros pueden aplicar el Derecho comunitario de la competencia, al tiempo que su legislación nacional, por lo que se precisa otra regla de atribución de competencia para determinar cuándo el Derecho comunitario de la competencia se aplica por la Comisión, o por las autoridades nacionales. La aplicación por órganos jurisdiccionales plantea otras cuestiones, que ahora deben quedar al margen.

Se ha señalado frecuentemente que los preceptos contenidos en los arts. 81 y 82 son preceptos encaminados a lograr la integración de mercados [3], antes incluso que a proteger la libre competencia, pero

---

[2] Sentencia Schul, de 5 de mayo de 1982, asunto 15/81.

[3] Giner Parreño, «Distribución y libre competencia», Madrid, 1994, pp. 317-318, señala que ése es el primero de los objetivos de los previstos en las reglas de la competencia del Tratado. Recientemente se ha puesto de manifiesto la incoherencia que supone la utilización de las normas de la competencia para la integración de los mercados por Alfaro Águila-Real, «Autorizar lo que no está prohibido: una crítica a la regulación de los acuerdos verticales», *Gaceta Jurídica de la Unión Europea y de la Competencia,* núm. 229, pp. 60-62.

tal afirmación, en la actualidad, tal vez convenga ser matizada en el sentido de resaltar que, tras la realidad del mercado interior, el principal objetivo de los arts. 81 y 82 es el de traducir un principio propio de la Constitución económica, como es el señalado en el art. 3.1.*g)* del mismo Tratado.

A la hora de delimitar el concepto de la afectación al comercio entre Estados, se puede plantear la cuestión de cuál es su razón de ser. Porque si consiste simplemente en una regla de atribución de competencia, como se señala por la doctrina y la jurisprudencia[4], habrá que preguntarse si no existen otras posibles reglas que puedan servir de forma más adecuada para determinar la competencia de la Comisión o de las autoridades nacionales.

2. DETERMINACIÓN DEL CONCEPTO

Para determinar el contenido del concepto, resulta necesaria una cierta recapitulación acerca de cómo ha sido interpretado, tanto por los tribunales como por la Comisión y el Tribunal de Defensa de la Competencia, y tras esa tarea, quedará de manifiesto que ha sido tal la amplitud de concepción que no son muchas las conductas anticompetitivas que queden fuera de los arts. 81 y 82.

A) La interpretación por los tribunales comunitarios

No se trata en estos momentos tanto de sistematizar la doctrina emanada de la jurisprudencia comunitaria, tarea que ha sido realizada

---

[4] *Vid.,* por ejemplo, A. BERCOVITZ, «Normas sobre la competencia del Tratado de la CEE», en GARCÍA DE ENTERRÍA, GONZÁLEZ CAMPOS y MUÑOZ MACHADO (dirs.), *Tratado de Derecho comunitario Europeo,* t. II, Civitas, Madrid, 1986, p. 341; BELLAMY-CHILD, *Derecho de la competencia en el Mercado Común,* edición española, Madrid, 1991, p. 142; WAELBROECK-FRIGNANI, *Derecho europeo de la competencia,* t. I, edición española, Barcelona, 1998, pp. 254-255; ALONSO SOTO, «Las relaciones entre los derechos comunitario europeo y español de la competencia», en J. M. BENEYTO (dir.), *Tratado de derecho de la competencia* (en prensa), apartado 23. Por su parte, J. I. FONT GALANT («La libre competencia en la Comunidad Europea», *Publicaciones del Real Colegio de España,* Bolonia, 1986, pp. 147-148) considera que la afectación al comercio es uno de los elementos constitutivos de la prohibición, aunque más adelante reconoce que la opinión mayoritaria de la doctrina y las autoridades comunitarias conceden a ese concepto una función delimitadora de la aplicación del Derecho comunitario y de las normas nacionales. La consideración del concepto de afectación al comercio comunitario como regla de atribución de competencia ha sido reconocido, tras ciertas vacilaciones iniciales, por el TJ, por ejemplo, en su Sentencia Alhstrom (pasta de madera) de 31 de marzo de 1993. Asunto 89/85, cuando señala que «los comportamientos que perjudiquen a la competencia únicamente podrán ser sancionados por la Comisión si, además, pueden afectar al comercio entre Estados miembros». El TPI ha reconocido en su Sentencias SPO (de 21 de febrero de 1995, Asunto T 29/92) y Compagnie Generale Marítime (de 25 de febrero de 2002, Asunto T 86/95) que el requisito relativo a los efectos sobre el comercio entre los Estados miembros tiene como finalidad determinar el contenido del Derecho comunitario respecto del de los Estados miembros.

por la Comisión en una reciente comunicación [5], como de poner de manifiesto la amplitud con la que han venido interpretando el concepto los tribunales comunitarios. Este ejercicio resulta necesario, sobre todo si tenemos en cuenta que el contenido del concepto ha sido realizado por la jurisprudencia, tal y como reconoce la Comisión en el apartado 27 de dicha comunicación.

Los tribunales comunitarios han resuelto que la noción de comercio entre Estados miembros incluye todo tipo de transacción económica, no sólo las relativas a los intercambios de mercancías, sino también a los servicios, incluyendo los intercambios monetarios [6], aunque esta interpretación resulta lógica e incluso la única admisible. Naturalmente, incluye las actividades realizadas por las empresas, en el concepto propio del Derecho de la competencia, que incluye, entre otros, a los colegios profesionales, las entidades gestoras de los derechos de propiedad intelectual, las asociaciones empresariales y las empresas públicas y organizaciones de las Administraciones Públicas que actúen en el mercado como operadores económicos.

También es lógico que se incluyan en el concepto todas las conductas que limiten o pretendan limitar las importaciones o las exportaciones, las que se realicen y produzcan sus efectos en varios Estados miembros, o bien aquellas que traten de impedir que una empresa de un Estado de la UE se instale en el territorio de otro. Son supuestos básicos en los que es necesario insistir. Sin embargo, cuando se trata de conductas que se realizan en el territorio de un solo Estado, e intervienen exclusivamente empresas de ese mismo Estado, o bien afectan al comercio con terceros países, es preciso un ejercicio de aproximación realizado con mayor sutileza.

El Tribunal de Justicia ha señalado que, aunque las conductas afecten a mercancías en tránsito por la Comunidad, procedentes de un país tercero, y con destino a otro país tercero, existe afectación al comercio comunitario, porque es indiferente saber si el comportamiento afecta a los intercambios entre Estados miembros, ya que si ese comportamiento tiende a eliminar a un competidor establecido en un Estado miembro, afecta a la estructura de la competencia en el mercado común [7]. También ha declarado que un acuerdo por el que un productor prohíbe a un revendedor, autorizado a vender en un tercer país, tanto la venta directa de productos contractuales dentro de la Comunidad como su importación desde ese tercer país, en principio no tiene como objeto afectar al comercio comunitario, pero para determinar si pro-

---

[5] Comunicación de la Comisión sobre directrices relativas al concepto de efecto sobre el comercio contenido en los arts. 81 y 82 del Tratado, *DOUE* de 27 de abril de 2004, C 101/81 y ss.

[6] Sentencia *Züchner,* de 14 de julio de 1981, asunto 172/80.

[7] Sentencia *United Brands,* de 14 de febrero de 1978, asunto 27/76.

duce el efecto de la afectación, habrá que estar al análisis de las circunstancias de hecho [8]. No importa que la producción afectada se destine a la exportación para que exista afectación al comercio [9]. El hecho de que una de las empresas que participen en el acuerdo colusorio esté situada en un país tercero no impide la afectación, si el acuerdo afecta al territorio del mercado común [10], de la misma forma que las conferencias marítimas, la mayoría de las cuales sólo atañen a líneas con terceros países, pueden incluirse en el art. 81.1 [11].

Las prácticas restrictivas que se extienden a todo el territorio de un Estado miembro pueden, por su propia naturaleza, consolidar compartimentaciones nacionales, obstaculizando el comercio intracomunitario [12].

En cuanto a los acuerdos de precios entre empresas del mismo país, y que no alcanzan más que a su territorio, afectan al comercio comunitario, aunque no supongan compartimentación del mercado, cuando recaen sobre productos procedentes de otro Estado miembro, aunque se haya obtenido de una sociedad del mismo grupo [13]. Una práctica colusoria relativa a los precios interiores produce esa afectación porque los que en ella participan sólo pueden conservar su cuota de mercado protegiéndose contra la competencia extranjera [14]. Un acuerdo de precios relativo a productos semiacabados puede afectar al comercio entre Estados miembros, aunque ese producto no sea objeto de intercambio transfronterizo, cuando se utiliza como materia prima de otro producto comercializado en algún lugar de la Comunidad [15], de la misma forma que los acuerdos de precios del transporte por tierra en el interior de un Estado, afectan al precio final de las mercancías que pueden ser exportadas [16].

El acuerdo de intercambio de información entre los principales proveedores de un mercado nacional, afecta al comercio entre Estados miembros, ya que la reducción de la competencia resultante de dicho acuerdo influye necesariamente en el volumen de importaciones [17].

---

[8] Sentencia del *TJ Javico/Perfums Yves Saint Laurent,* de 28 de abril de 1998, asunto C 306/96.

[9] Sentencia *Commercial Solvents,* de 6 de marzo de 1974, asunto 6/73.

[10] Sentencia Tepea, de 20 de junio de 1978, asunto 28/77.

[11] Sentencia del TPI *Atlantic Container Line,* de 28 de febrero de 2002, asunto T 395/94.

[12] Sentencias del TPI *Volkswagen,* de 6 de julio de 2000, asunto T 62/98, y del TJ *Wouters,* de 19 de febrero de 2002, asunto C 309/99.

[13] Sentencia *Stichting Sigarrettenindustrie,* de 10 de febrero de 1985, asunto 340/82.

[14] Sentencias del TJ *Belasco,* de 11 de julio de 1989, asunto 246/86, y *British Sugar,* de 29 de abril de 2004, asunto C 359/01P.

[15] Sentencias *BNIC/Clair,* de 30 de enero de 1985, asunto 123/83, y *Alhstrom,* citada en la nota 2.

[16] Sentencia del TPI *Compagnie General Maritime,* de 28 de febrero de 2002, asunto T 86/95.

[17] Sentencia del TJ *Jhon Deere,* de 28 de mayo de 1998, asunto C 7/95.

La existencia de una red de contratos de exclusividad que cubre la totalidad del territorio de un Estado, puede impedir la entrada de competidores de otros Estados, y, por lo tanto, afectar al comercio intracomunitario [18]. Para que se produzca la afectación, no importa que los miembros de una red de distribución no practiquen exportaciones, porque esa situación puede cambiar en función de las circunstancias del mercado [19].

De la misma manera que una recomendación que afecte a los contratos de seguros contra incendios que sólo se realizan en un solo país, cumple con el requisito, porque obliga a las sucursales de empresas de otros Estados miembros [20], aun cuando no se precise que la conducta abarque la totalidad del territorio de un Estado miembro [21].

Un acuerdo de prohibición de alquiler o una recomendación de precios que afecte a un mercado nacional de grúas móviles, que sólo pueden desplazarse menos de 50 km., afecta al comercio entre Estados miembros porque puede desarrollarse un comercio interestatal en las regiones fronterizas [22], ya que el hecho de que el mercado sea regional y transfronterizo no impide la afectación al comercio intracomunitario [23].

Cualquier práctica abusiva encaminada a expulsar a un competidor del mercado, afecta al comercio comunitario [24].

Cualquier alteración de los intercambios que se hubieran producido de la existencia de un mercado abierto a la competencia, como consecuencia de una conducta anticompetitiva, produce afectación al comercio intracomunitario [25], lo cual también se produce aun cuando se incrementen los intercambios [26], y así lo ha venido entendiendo la Comisión con base a esa corriente jurisprudencial [27].

Como se ha indicado al principio de este apartado, no se trata de sistematizar ahora la jurisprudencia de los tribunales comunitarios

---

[18] Sentencia del TJ *Cementhandeleren,* de 17 de octubre de 1972, asunto 8/72, y del TPI *Langnese-Iglo,* de 8 de junio de 1995, Ad. T 7/93.

[19] Sentencia *AEG,* de 25 de octubre de 1983, asunto 107/82.

[20] Sentencia *Verband der Sachersicherer,* de 27 de enero de 1987, asunto 45/85.

[21] Sentencias del TJ *Merci convenzionali di Porto di Genova,* de 10 de diciembre de 1991, asunto C 179/90; GT Link, de 17 de julio de 1997, asunto C 242/95, y *Ambulanz Glöckner,* de 15 de octubre de 2001, asunto C 475/99.

[22] Sentencia del TPI *SCK y FNK,* de 22 de octubre de 1997, asuntos acumulados T 213/95 y 18/96.

[23] Sentencia del TPI *Trefileurope,* de 6 de abril de 1995, asunto 141/89.

[24] Sentencias del TPI *Compagnie Maritime Belge,* de 8 de octubre de 1993, asunto T 24/93; *Irish Sugar,* de 7 de octubre de 1999, asunto T 228/97.

[25] Sentencia del TPI *BPB/British Gypsum,* de 1 de abril de 1993, asunto T 65/89.

[26] Sentencia del TJ *Costen/Grunding,* de 13 de julio de 1966, asuntos acumulados 56/64 y 58/64, y del TPI *Tréfileurope,* de 6 de abril de 1995, asunto T 141/89.

[27] Decisión CSV, *DOCE* 1978, núm. L 242/15, y Comunicación citada en la nota 3, apartado 34.

como de apuntar algunos de los criterios que han sido utilizados por la jurisprudencia para delimitar el concepto, especialmente en supuestos en los que la afectación al comercio comunitario no ofrecía perfiles nítidos. Y del conjunto de las soluciones ofrecidas en tales supuestos, se puede llegar a la conclusión de que basta que los productos o servicios afectados por la conducta sean o puedan ser objeto de comercio entre los Estados miembros para que exista afectación al comercio comunitario [28], lo cual significa darle al concepto una amplitud considerable, amplitud que quizás haya sido necesaria para lograr una amplia aplicación de las normas comunitarias. El hecho de que en las más recientes sentencias se observe una cierta tendencia a la reducción del concepto no contradice las anteriores conclusiones.

B) La comunicación de la Comisión sobre directrices relativas al concepto de efecto sobre el comercio contenido en los arts. 81 y 82 del Tratado

En el *Diario Oficial* de 27 de abril de 2004, la Comisión publicó, junto a un Reglamento de procedimiento en los asuntos relativos a la aplicación de los arts. 81 y 82 del Tratado, un conjunto de seis comunicaciones, que calificó como textos dirigidos a facilitar y aclarar las cuestiones que pudieran surgir como consecuencia de la entrada en vigor del Reglamento 1/2003. Del análisis conjunto de estas comunicaciones, llama la atención la inclusión en el paquete de la relativa al concepto de afectación al comercio entre Estados miembros. En efecto, si se analiza el contenido de las cinco restantes comunicaciones (tramitación de las denuncias, cartas de orientación, criterios para aplicar el art. 81.3, cooperación con las autoridades nacionales y cooperación con los órganos jurisdiccionales de los Estados miembros) todas están íntimamente relacionadas con el Reglamento 1/2003, mientras que la relación con ese reglamento de la comunicación relativa a la afectación al comercio, o bien no parece existir, o bien resulta un tanto más difusa que en las restantes comunicaciones. Cabría, por lo tanto, preguntarse sobre las razones de esta inclusión, y no existe ninguna que resulte indubitada. Tal vez la única razón que ofrezca una explicación consista en pensar que la Comisión ha querido ofrecer criterios para la aplicación del Derecho comunitario, especialmente tras la nueva formulación del principio de "la doble barrera" del art. 3 del Reglamento 1/2003 [29], en lugar del nacional, en un momento en el que, teó-

---

[28] Bellamy-Child, *op. cit.*, p. 146.

[29] El art. 3 del Reglamento 1/2003 formula en una complicada fórmula, fruto del compromiso en el seno del Consejo entre la propuesta de la Comisión y las posturas de algunos países, según la cual el principio de doble barrera se aplica a las conductas abusivas, mientras

ricamente, se van a ampliar las posibilidades de aplicación descentralizada del Derecho comunitario de la competencia, pero ésa, que es la razón apuntada por la propia Comisión [30], no parece una razón de suficiente peso para incluir la comunicación en un paquete que, con esta excepción, resulta coherente y necesario para una mejor aplicación del nuevo reglamento.

La comunicación se limita a sistematizar la jurisprudencia de los tribunales comunitarios sobre el concepto, y aunque sólo sea por eso, resulta de gran utilidad. Pero al mismo tiempo no puede ocultarse que, precisamente por limitarse a sistematizar los criterios existentes, se echan de menos aportaciones realmente innovadoras.

Se destaca, desde los primeros párrafos de la comunicación, no sólo el carácter jurisprudencial del concepto, sino su carácter autónomo, porque debe ser evaluado por separado en cada caso. Con carácter previo se establecen tres criterios según los cuales debe considerarse que existe afectación al comercio intracomunitario, a la hora de aplicar el art. 81, y otro supuesto que puede servir de base para aplicar el art. 82.

Procederá la aplicación del art. 81, en primer lugar, cuando el acuerdo, en su conjunto, pueda producir una afectación al comercio intracomunitario; en segundo lugar, también se aplicará aunque la participación de una determinada empresa no produzca ese efecto si el acuerdo, por sí mismo, es susceptible de afectar a ese comercio, y finalmente se aplicará igualmente aun cuando un acuerdo en su conjunto no sea restrictivo de la competencia, si alguno de sus extremos produce esa afectación. Se señala un ejemplo de un acuerdo de distribución selectiva, que cumple los requisitos para no afectar la competencia, pero que producirá afectación al comercio intracomunitario si, por ejemplo, prohíbe las exportaciones.

En cuanto respecta al art. 82, la afectación al comercio entre Estados miembros deberá deducirse del análisis de la conducta global de la empresa, y no será necesario analizar cada conducta de forma aislada.

---

que respecto a las ententes colusorias, y cuando haya afectación al comercio comunitario, no se podrá prohibir, por aplicación del Derecho nacional, aquellas conductas que no resulten prohibidas por el art. 81.1 del Tratado, se les pueda aplicar el art. 81.3, o puedan acogerse a un Reglamento de exención por categorías. En la comunicación relativa al comercio entre Estados miembros se señala la importancia de delimitar el concepto, a los efectos de aplicar ese precepto (apartados 8 a 11, ambos inclusive).

[30] Así se señala en el apartado 3 de la propia comunicación.

a) *Las nociones que integran el concepto de afectación al comercio entre Estados miembros*

Tras establecer estas aclaraciones previas, la comunicación analiza a continuación las tres nociones básicas para determinar si existe afectación al comercio interior: el concepto de "comercio entre Estados miembros"; la noción "pueda afectar", y el concepto de "apreciabilidad".

a') El concepto de "comercio entre Estados miembros"

La comunicación señala que el concepto abarca a toda actividad transfronteriza, más allá del concepto estricto de comercio. La jurisprudencia ha venido sosteniendo una tan amplia consideración del concepto, que junto a los supuestos en los que claramente queda aclarado que existe afectación a los flujos comerciales, la comunicación, desde el primer momento, se encarga de recordar que habrá afectación al comercio comunitario en todos los supuestos en los que las conductas afecten a la estructura de la competencia en el mercado. En definitiva, debe haber un impacto posible en el flujo de bienes y servicios u otras actividades económicas en el más amplio sentido en, al menos, dos Estados miembros.

b') La noción "pueda afectar"

Esta expresión, utilizada tanto en el art. 81.1 como en el 82, implica una presunción de que la conducta pueda tener una influencia, directa o indirecta, real o potencial, en las corrientes comerciales entre los Estados miembros, conceptos éstos que son ampliamente desarrollados en la comunicación, a tenor de los criterios establecidos por la jurisprudencia, y que se sintetizan en un método de prueba que consta de tres elementos: *a)* un grado suficiente de probabilidad, con arreglo a un grupo de factores objetivos de derecho o de hecho; *b)* una influencia en las corrientes comerciales entre los Estados miembros, y *c)* una influencia directa o indirecta, real o potencial en las corrientes comerciales.

Pero a la hora de determinar cuáles son los efectos que pueden producirse sobre la competencia, la línea jurisprudencial no es tan recta como parece dar a entender la comunicación de la Comisión. Así, por ejemplo, en algunos casos se exige que el mercado queda compartimentado[31]; contrariando los objetivos del Tratado[32], mientras que en otras ocasiones se habla del efecto sobre los intercambios[33], o bien de alterar las corrientes comerciales de su orientación natural[34]. También se ha puesto el acento, en ciertas ocasiones que las conductas anticompetitivas que afectan a los intercambios comerciales pueden perjudicar la creación de un mercado único entre Estados[35].

En otras ocasiones, sin embargo, se ha señalado que puede existir afectación al comercio si la conducta puede tener consecuencias para la estructura competitiva en el mercado común[36].

La cuestión implica la necesidad de plantear de nuevo cuáles son los objetivos primordiales de los arts. 81 y 82 del Tratado. Si se trata de conseguir con estos preceptos la integración de mercados, es correcta la observación del primer grupo de sentencias. Sin embargo, si el principal objetivo de esos preceptos es conseguir un régimen en el que la competencia no quede alterada, como se deduce del segundo grupo de sentencias, o por decirlo de otra forma, cumplir con el objetivo de carácter constitucional económico del art. 3.1.*g)* del propio Tratado, el requisito de la afectación al comercio entre Estados miembros está llamado a desaparecer del texto del Tratado, o a ser interpretado —me atrevería a decir que ya lo está siendo— de forma tan amplia— que pase a tener una importancia secundaria. No hay que olvidar que se trata de un requisito que constituye una regla de atribución de competencias, para la aplicación del Derecho nacional o comunitario, pero desde el momento en el que existe una aplicación descentralizada del Derecho comunitario de la competencia, la atribución de la competencia de unos órganos u otros debe plantearse en otros términos, ya que no es tan importante si se aplica el Derecho nacional o el comunitario, sino quién lo aplica, si la Comisión o las Autoridades nacionales. Hasta la aprobación del Reglamento 1/2003, el requisito de la

[31] Sentencias del TJ *Javico,* de 28 de abril de 1998, asunto C 306/96; Ambulanz Glöckner, de 25 de octubre de 2001, asunto 475/99, y *Wouters,* de 19 de febrero de 2002, asunto C 309/99.

[32] Sentencia del TPI *SPO,* de 21 de febrero de 1995, asunto T 29/92, y del TPI *Danks,* de 2 de julio de 1992, asunto T 61/69; Volkswagen, de 6 de julio de 2000, asunto T 62/98.

[33] Sentencias del TJ *Job Centre,* de 11 de diciembre de 1997, asunto C 55/96; *Bagnasco,* de 21 de enero de 1999, asunto C 216/96, y del TPI *Danks,* de 2 de julio de 1992, asunto T 61/69.

[34] Sentencias *Frubo,* de 15 de mayo de 1975, asunto 71/74, y del TPI *Petrofina,* de 24 de octubre de 1991, asunto T 2/89; *BPB-British Gypsum,* de 1 de abril de 1993, asunto T 65/89 y *Adriática,* de 11 de diciembre de 2003, asunto T 61/99.

[35] Sentencias *Musique Difusión Française,* de 7 de junio de 1983, asunto 100/83; *Stichting Sigarrettenindustrie,* de 10 de febrero de 1985, asunto 340/82; *Alhstrom,* de 31 de marzo de 1993, asunto 89/85 y otros, y del TPI *Usines Gustave Böel,* de 6 de abril de 1995, asunto T 142/89; *Langnese-Iglo,* de 8 de junio de 1995, asunto T 7/93.

[36] Sentencias del TJ *Commercial Solvents,* de 6 de marzo de 1974, asunto 6/73; *United Brands,* de 14 de febrero de 1978, asunto 27/76; *Compagnie Maritime Belge,* de 8 de octubre de 1993, asunto T 24/93, y del TPI *Irish Sugar,* de 7 de octubre de 1999, asunto T 228/97. Como señalan WAELLBROECK-FRIGNANI (*op. cit.,* I, pp. 267-268), esta jurisprudencia del TJ se refiere a supuestos de aplicación del art. 82, pero no hay inconveniente para su aplicación al art. 81.

afectación al comercio tenía mayor trascendencia, porque ni las Autoridades nacionales ni los órganos jurisdiccionales de los Estados miembros podían aplicar el art. 81.3, pero levantada esa prohibición, cabe hacer un replanteamiento de la cuestión, replanteamiento que, por cierto no se realiza en la comunicación.

c') El concepto de "apreciabilidad"

Este concepto implica que las conductas no resultan prohibidas por los arts. 81 y 82 cuando, habida cuenta la débil posición de las empresas en el mercado en cuestión, sólo afectan de manera insignificante al comercio intracomunitario. Según señala la comunicación el concepto equivale a la concepción realizada por el Tribunal de Justicia, según la cual la afectación ha de ser significativa [37].

La primera observación que puede realizarse al respecto es que la comunicación se encarga, desde el principio, en resaltar que el concepto de apreciabilidad al comercio comunitario es distinto del de afectación de manera sensible a la competencia, que es objeto de la comunicación *de minimis* [38]. Como puede fácilmente llegarse a la conclusión, aunque la comunicación *de minimis* se refiera exclusivamente a la aplicación del art. 81.1, mientras que el concepto de apreciabilidad de la afectación al comercio intracomunitario puede referirse también a las conductas abusivas, el establecer criterios diferentes en comunicaciones que, aunque sean diferentes, no dejan de estar relacionadas, no beneficia la correcta aplicación de las normas.

Una segunda observación puede realizarse: la propia comunicación incluye una frase que pone de manifiesto la escasa importancia del criterio de la afectación en los arts. 81 y 82. Indica la Comisión que cuando, por su propia naturaleza, los acuerdos puedan afectar al comercio entre Estados, el umbral es inferior a los supuestos en los que «por su propia naturaleza, no pueden afectar al comercio entre

---

[37] Apartado 13 de la comunicación. Los términos utilizados por los tribunales comunitarios son variados; por ejemplo, en la sentencias del TJ *Musique Diffusion Française* (de 7 de junio de 1983, asunto 100/80); *Glöckner* (de 25 de octubre de 2001, asunto C 475/99), y *Javico* (de 28 de abril de 1998, asunto C 306/98), se utilizan los términos «de una manera insignificante» o «influencia que no sea insignificante»; en las sentencias, también del TJ *Miller* (de 1 de febrero de 1978, asunto 19/77); *Züchner* (de 14 de julio de 1981, asunto 172/80), y *Bagnasco* (de 21 de enero de 1999, asuntos 215/96 y 216/96), y en la del TPI *Usines Gustave Böel* (de 6 de abril de 1995, asunto T 142/89); *Weyl Beef Products* (de 31 de enero de 2001, asunto T 197/97), y *Atlantic Container Line* (de 28 de febrero de 2002, asunto 395/94) se habla de afectación «de manera sensible».

[38] Comunicación relativa a los acuerdos de menor importancia que no restringen la competencia de forma sensible en el sentido del art. 81.1. *DOUE* núm. C 368, de 22 de diciembre de 2001, a la que se refiere la comunicación sobre la afectación al comercio, apartado 4.

Estados miembros» [39], lo que viene a implicar que caben acuerdos que, a pesar de no afectar al comercio interestatal, suponen la infracción del art. 81.1.

En tercer lugar, a pesar de reconocer las dificultades de cuantificar el concepto, la Comisión realiza unos cálculos cuantitativos. La apreciabilidad puede medirse tanto en términos absolutos (volumen de negocios) como relativos (cuota de mercado), y su evaluación debe realizarse dependiendo de las circunstancias de cada caso, tales como la naturaleza de acuerdo o práctica, de los productos cubiertos y de la posición en el mercado de las empresas interesadas.

La cuantificación de la apreciabilidad se realizará teniendo en cuenta la regla según la cual, en cualquier caso, se producirá cuando la cuota de mercado de las partes, de cualquiera de los afectados, sea igual o superior a 5 por 100, y cuando en los acuerdos horizontales, el volumen de negocios de las empresas interesadas correspondientes a los productos cubiertos, sea superior a los 40 millones anuales de euros, cifra que, en el supuesto de los acuerdos verticales, ha de referirse al proveedor. En los supuestos de licencia, el volumen de negocios será el del total de los licenciatarios, y en los acuerdos entre un comprador y varios vendedores, el del comprador.

b) *Diferentes supuestos en los que existe afectación*

La comunicación termina haciendo un detallado análisis de supuestos en los que debe considerarse que se cumple el requisito de la afectación al comercio entre Estados miembros, a tenor de la jurisprudencia, diferenciando entre los acuerdos y prácticas que abarcan varios Estados miembros (se incluyen: acuerdos referentes a importaciones y exportaciones, carteles que afectan a varios Estados, acuerdos de cooperación horizontal que afectan varios Estados, acuerdos verticales y abusos de posición dominante que abarcan varios Estados) de los que sólo abarcan un Estado o una parte del mismo (en este apartado se incluyen apartados referidos a los carteles que abarcan un solo Estado, los acuerdos de cooperación horizontal, los acuerdos verticales, acuerdos que sólo abarcan una parte de un Estado, abusos de posición dominante que abarcan un solo Estado, y, finalmente, conductas abusivas que sólo abarcan parte de un Estado miembro). Este capítulo, y con ello la comunicación, termina analizando las conductas referidas

---

[39] Apartado 45 de la comunicación. Cuando en estas apreciaciones la comunicación está haciendo referencia exclusivamente al art. 81, se pone de manifiesto que, consciente o inconscientemente, se está relacionando el concepto con el contenido de la comunicación *de minimis* que, por su propia naturaleza, se aplica exclusivamente al art. 81, y no al 82.

a importaciones y exportaciones con empresas radicadas en terceros países o que atañen a empresas radicadas en terceros países.

En este apartado son muchas las cuestiones que se pueden plantear, pero tal vez una de las más candentes, en particular porque ha surgido en un asunto cuya sentencia ha recaído recientemente [40], es la relativa a los efectos que sobre el mercado intracomunitario tienen o pueden tener los carteles de precios que afectan a un solo país. La Sentencia *British Sugar* declaró que un cartel de precios en el mercado británico del azúcar afectaba al comercio entre los Estados miembros, porque se trataba de un mercado permeable a las importaciones, y además los miembros del cartel tenían una cuota del mercado cercana al 90 por 100, realizando una aplicación poco matizada de la doctrina de la sentencia *Belasco* [41]. Sin embargo, las conclusiones de la Abogada General plantean la cuestión con una mayor riqueza de matices. Según estas conclusiones, los carteles de reparto de mercados siempre afectan al comercio comunitario, mientras que los relativos a precios sólo producen esa afectación si van unidos a medidas de acompañamiento, o si tales medidas son, cuanto menos, probables. En ausencia de tales medidas se produciría la afectación si determinados servicios sobre los que recae la práctica colusoria de precios revisten carácter internacional o bien la empresa afectada está presente en la totalidad del mercado común. Sostiene, por otra parte, que una práctica colusoria relativa a los precios para que afecte al comercio intracomunitario precisa de ciertas matizaciones; así si va encaminada a obtener los precios más altos obtenibles en el mercado nacional, no produciría tal afectación porque incitaría las importaciones; sin embargo, si el acuerdo estuviera encaminado a garantizar los precios más altos posibles, es decir, precios más elevados que los precios de mercado, pero no lo suficientemente altos como para incitar a las importaciones, sí que se produciría tal afectación. Este sugestivo argumento, que no tiene en cuenta la teoría según la cual se produce afectación al comercio entre Estados miembros cuando se alteren los flujos naturales del mercado, aun cuando se incrementen las importaciones o las exportaciones, no fue tomada en consideración por el Tribunal de Justicia en la sentencia, preocupado exclusivamente por ratificar en sus términos literales la doctrina de la sentencia Belasco, tal y como había sido interpretada por la sentencia recurrida del Tribunal de Primera Instancia.

---

[40] Sentencia del TJ *British Sugar,* de 29 de abril de 2004, asunto C 359/01P. El debate queda reflejado en las Conclusiones de la Abogada General Stix-Hacke.

[41] Sentencia *Belasco,* de 11 de julio de 1989, asunto 246/86.

C) La posición del Tribunal Supremo español

Tradicionalmente, el Tribunal Supremo español no ha sido muy partidario de la aplicación judicial del Derecho de la competencia, ni el nacional ni el comunitario, y ello fundamentalmente por los efectos nocivos de la sentencia *CAMPSA,* de 30 de diciembre de 1993, que no aplicó el art. 82 (entonces 86) del Tratado a una conducta por la que se aplicaban precios diferentes al gasóleo para el suministro de barcos, según se tratara de barcos españoles o extranjeros. Esta conducta, que podía caer de pleno dentro de la tipificación que el Tratado hace del abuso de posición dominante, no mereció que los tribunales españoles aplicaran el Derecho comunitario, posiblemente por un mal planteamiento de la demanda formulada por los armadores españoles, que motivó que el Tribunal considerara que se solicitaba a un tribunal civil la aplicación del Derecho comunitario de la competencia "a título principal" y no "a título incidental" [42], cuando los tribunales civiles únicamente podían hacer lo segundo, porque lo primero (es decir, la aplicación a título principal) era competencia del TDC. Por ello no hubo ocasión de conocer en esa ocasión los criterios del Tribunal Supremo sobre el concepto de "afectación al comercio entre Estados miembros".

La aplicación judicial sí que tuvo lugar en la sentencia del mismo Tribunal de 2 de junio de 2000 (*DISA*) en la que se considera que el contrato relativo a una estación de carburante situada en Canarias, firmado por dos empresas españolas, puede infringir el art. 81 del Tratado, porque «al imponerse por el proveedor al revendedor la compra exclusiva de todos los productos, impide, cuanto menos indirecta y potencialmente, la entrada de productos procedentes de otros Estados miembros».

En otras sentencias del Alto Tribunal, aun cuando no se contenga razonamientos expresos sobre el concepto, indirectamente se acepta que existe afectación al comercio comunitario, por ejemplo, en un contrato de distribución de carburantes, ya que se aplica el ya derogado Reglamento CEE 184/1983, no en virtud de la interiorización que hizo el Real Decreto 157/1992, sino en virtud de su efecto directo (sentencias de 15 de marzo de 2001, *Petróleos del Norte,* de 20 de junio de 2001, *Repsol y Petronor,* y de 11 de diciembre de 2002 *Angulo Saiz/Repsol),*

---

[42] La sentencia *CAMPSA* ha sido objeto de múltiples comentarios, e incluso se ha considerado que en ella se vulneraba el Tratado, por impedir el efecto directo de sus normas. Para una interpretación según la cual el hecho de que el Tribunal Supremo no hubiera aplicado el Derecho comunitario, se debía a un incorrecto planteamiento de la demanda, *vid.* A. PETITBÓ y L. BERENGUER («La aplicación del Derecho de la competencia por órganos jurisdiccionales y administrativos», en *Anuario de la Competencia 1998,* ICO-Marcial Pons, Madrid, 1999, pp. 40-45). *Vid.* también la bibliografía allí citada.

y otro tanto hace en un contrato de distribución de vehículos automóviles, en el que aplica el también derogado Reglamento CEE 123/1985 (sentencias de 21 de febrero de 2000, *Iveco-Pegaso*[43], y de 2 de marzo de 2001, *Mercedes Benz*).

D) La postura del Tribunal de Defensa de la Competencia

Por su parte el Tribunal de Defensa de la Competencia ha venido haciendo aplicación de los preceptos contenidos en los arts. 81 y 82 del Tratado, conjuntamente con las normas nacionales, sin realizar grandes disquisiciones en cuanto a la distinción de los presupuestos de aplicabilidad de unas normas y otras. Valga como ejemplo la Resolución de 1 de junio de 1995 (Peugeot-Talbot) en la que, ante la discusión entre el Servicio y el recurrente sobre si se aplicaba la legislación nacional o la comunitaria, zanjó la cuestión argumentando que la existencia de un reglamento comunitario de exención por categorías, y el contenido del art. 1.1 del RD 157/1992, que convierte ese reglamento en Derecho nacional, convertían la discusión en baladí.

Pero en cualquier caso, la aplicación de los preceptos comunitarios resulta errática, y hay pocas ocasiones en las que el tribunal haya argumentado acerca del concepto de afectación al comercio intracomunitario. En un escaso número de ocasiones, el tribunal aplica exclusivamente los preceptos comunitarios[44]; en otras se aplican exclusivamente los preceptos de la Ley española, aunque las conductas enjuiciadas recaigan sobre productos que son idóneos para el comercio intracomunitario[45]. También en un buen número de casos se consideran infringidos simultáneamente los preceptos nacionales y comunitarios, sin mayores explicaciones específicas acerca de por qué se aplican unos u otros preceptos. Como mucho, cuando se plantea un supuesto de doble aplicación del Derecho español y el comunitario, se realiza alguna mención al principio de la "doble barrera"[46].

Pero, si cabe, aún resulta más llamativo que en los expedientes de autorización tramitados durante la vigencia del Reglamento 17 no

---

[43] En la sentencia *Iveco-Pegaso* se realizan consideraciones acerca de la aplicabilidad del Reglamento 123/85, aun cuando se declare que no resulta aplicable, por razones de Derecho transitorio, no porque el contrato no produzca afectación al comercio intracomunitario.

[44] Resoluciones Panasonic, de 17 de diciembre de 1999, en la que se estima que no se infringe el art. 1 LDC porque el acuerdo no se aplica en territorio nacional, pero sí el art. 81; y Fujifilm, de 17 de enero de 2002, en la que considera que no hay infracción del art. 81, porque no existe bilateralidad, pero ni entra a considerar si existe infracción de la normativa nacional.

[45] Por ejemplo, la Resolución de 5 de abril de 2002 IASIST/3M aplica exclusivamente el art. 6 LDC, aunque se trataba de un mercado de *software* abierto totalmente a la competencia exterior.

[46] *Vid.*, por ejemplo, las Resoluciones de 21 de enero de 1999, BT/Telefónica, y 31 de mayo de 2002, Disared.

se hayan deslindado convenientemente los preceptos nacionales y los comunitarios, habida cuenta que el Tribunal, antes de la vigencia del Reglamento 1/2003, no podía aplicar el art. 81.3, y, por lo tanto, conceder una autorización a un acuerdo que infringiera el art. 81.1[47]. Sin embargo, en la Resolución Fútbol por Televisión[48], se procedió a denegar la autorización solicitada por considerar que el contrato suscrito afectaba a las emisiones al extranjero de los partidos disputados en España, lo cual implicaba afectación al comercio entre Estados miembros.

Por otra parte, cuando El TDC ha realizado alguna consideración sobre la aplicación del Derecho comunitario, ha mantenido un criterio que difiere considerablemente del concepto amplio asumido por la jurisprudencia de los tribunales comunitarios. Según el TDC, se debe aplicar el Derecho comunitario cuando existe afectación a varios mercados diferentes del español[49], o incluso si interviene una empresa de otro Estado miembro, aunque, a estos efectos, las filiales españolas de empresas de otros países de la Unión son consideradas como nacionales. Y ni tan siquiera ha considerado que el concepto de afectación sea una regla de atribución de competencias, sino que ha señalado[50] que la regla de atribución de competencia a la Comisión Europea es la existencia de interés comunitario.

3. CONCLUSIONES

De todo cuanto anteriormente ha quedado expuesto se deduce que el concepto de afectación al comercio comunitario es cualquier cosa menos pacífico. La Comisión ha realizado un loable esfuerzo para sistematizar los criterios que los tribunales comunitarios han utilizado para dar contenido al concepto, pero esos criterios no son, ni muchí-

[47] Así, por ejemplo, en la Resolución de 3 de febrero de 1992, relativa a un convenio entre el Gremio de Vendedores de Vehículos de Motor y la Unión Catalana de Entidades aseguradoras, se concede autorización estimando que no «concurre el presupuesto básico de afectación al comercio comunitario», lo cual es discutible, porque, aunque se trate de un mercado local (reparación de automóviles), afecta a Cataluña, que es región fronteriza, y a aseguradoras que pueden proceder de cualquiera de los Estados miembros; en la Resolución de 25 de febrero de 1998 (Contrato Mahou) se autoriza un contrato de distribución exclusiva de cerveza, que es un producto abierto a las importaciones y exportaciones; en la Resolución de 29 de diciembre de 1999 (Distribución Selectiva Christian Dior) se autoriza la distribución selectiva de cosméticos, que por su propia naturaleza son objeto de comercio entre Estados. Los ejemplos podrían multiplicarse.

[48] Resolución de 10 de junio de 1993.

[49] *Vid.,* por ejemplo, la Resolución Mazzoni, de 19 de noviembre de 1990, en la que se considera que la aplicación de la norma española o comunitaria vendrá determinada por los diversos mercados que resulten afectados por las conductas. En la Resolución Seguros Empresas Transportistas, de 7 de abril de 1997, se considera que no se aplica el Derecho comunitario porque el mercando donde se concierta el coaseguro se limita al territorio español.

[50] Resolución de 21 de octubre de 1996 (Transformadores Eléctricos).

simo menos lineales, por lo que resulta necesario un replanteamiento global de la cuestión, pues la simple sistematización puede aportar criterios aplicables a supuestos concretos, pero no criterios globales que permitan una visión más amplia.

Se podría plantear una primera cuestión, consistente en determinar si el concepto de afectación al comercio, constituye o no un elemento del tipo de las conductas antijurídicas descritas en los arts. 81 y 82 del Tratado. Como se ha indicado anteriormente, tras ciertas dudas iniciales, existe una aceptación generalizada, tanto por la doctrina como por la jurisprudencia de los tribunales comunitarios, de que el concepto simplemente constituye una regla de atribución de competencia. Pero ese extremo no puede ser aceptado ciegamente, sin al menos poner de manifiesto algunas consideraciones.

En primer lugar, la propia redacción de los arts. 81 y 82 parece indicar, en contra del criterio señalado, que el tipo de las conductas anticompetitivas perseguidas está compuesto de un doble elemento: ser contrarias a la libre competencia, y afectar al comercio intracomunitario, por lo que reducir el concepto a una simple regla de atribución de competencia, significa forzar la interpretación literal de la norma.

En segundo lugar, la jurisprudencia ha interpretado de forma tan amplia el concepto de afectación al comercio, que ha sido necesario introducir elementos de reducción, lo cual se realiza desde el momento en el que se exige que no basta que haya afectación al comercio, sino que se exige que ésta sea "apreciable". Este concepto tiene sentido si nos encontramos ante una regla de atribución de competencia, pero puede introducir distorsiones si se considera que el concepto de afectación es un elemento del tipo [51].

Finalmente, si se considera que el concepto de afectación al comercio constituye simplemente una norma para determinar cuándo se aplica la legislación nacional y cuándo las normas comunitarias, no se puede obviar que existe la posibilidad de aplicación descentralizada del Derecho comunitario de la competencia, con lo cual nos encontramos con la paradoja de que existe una doble regla de atribución de competencias: en virtud de la primera de ellas se trata de determinar si se aplica el Derecho comunitario o el nacional (regla de la afectación); pero una vez determinado que se aplica el Derecho comunitario de

---

[51] En el contexto de una aplicación descentralizada, téngase en cuenta que si se trata de una regla de atribución de competencia, una conducta anticompetitiva que pueda afectar de forma "no apreciable" al comercio entre los Estados miembros, no podría ser enjuiciada por la Comisión, pero sí por las Autoridades o los órganos jurisdiccionales de los Estados. Por el contrario, si se estimara que el concepto forma parte del tipo, la falta de afectación apreciable impediría esa aplicación por autoridades o jueces nacionales, porque no existiría infracción.

la competencia, cabe la competencia de la Comisión o de las autoridades nacionales, y entonces se aplica la regla según la cual corresponde el caso a la Comisión cuando las conductas afecten a más de tres mercados nacionales o exista interés comunitario [52]. La mera exposición de la cuestión aconseja la búsqueda de una solución más sencilla. Y ello sin entrar a considerar que, en el caso español, también existen autoridades autonómicas de la competencia, y para determinar la competencia de éstas se crea un nuevo criterio (territorio en el que se producen los efectos de las conductas anticompetitivas).

Una segunda cuestión obliga al replanteamiento del alcance del concepto de afectación al comercio, cuestión que debe relacionarse con el origen de su exigencia. En el momento de aprobación del Tratado, podría ser explicable que el primer objetivo de las normas de la competencia fuera la integración de mercados, aun cuando el cumplimiento de ese objetivo dispusiera en el propio Tratado de otros instrumentos, pero una vez alcanzado el mercado único —o casi—, a la vez que consolidada una mayor institucionalización de la Unión Europea, el principal objetivo de las normas relativas a la competencia consiste en que exista un régimen en el que la competencia no resulte alterada. Se ha apuntado, con razón, que con el logro del mercado único, todas las conductas contrarias a la competencia, afectarán al comercio comunitario [53]. A pesar de ello, en la actualidad el Tratado sigue hablando de comercio entre Estados miembros, lo cual resulta, en cierta medida, un anacronismo al que se debería poner fin. Y todo ello con independencia de que, teniendo en cuenta el contenido de cierta jurisprudencia, se podría pensar que, incluso desde los primeros momentos y en algunos supuestos, el objetivo de integración de mercados no ha sido siempre una exigencia inexcusable para la aplicación del Derecho comunitario de la competencia [54].

La tercera consideración constituye una consecuencia necesaria de la interpretación que tanto los órganos comunitarios como los nacionales —al menos los españoles—, y tanto las autoridades como los tribunales, han hecho del concepto de afectación al comercio. Se le ha dotado de tanta amplitud, e incluso podría afirmarse de perfiles tan poco precisos, que ha perdido de toda virtualidad, incluso para convertirse en una regla de atribución de competencias que sea nítida.

---

[52] Comunicación de la Comisión sobre la cooperación en la Red de Autoridades de la Competencia, *DOUE,* de 27 de abril de 2004, núm. C 101/43 y ss., apartados 14 y 15.

[53] Alonso Soto, loc. cit., apartado 13.

[54] Se puede pensar que la práctica de las decisiones de la Comisión y la jurisprudencia que considera que existe afectación al comercio entre Estados miembros, aun cuando exista un incremento de los intercambios intracomunitarios, no contempla el objetivo de integración de mercados, porque nadie puede negar que el incremento de los intercambios supone una mayor integración. *Vid.* notas 26 y 27.

Si tenemos en cuenta todo ello, y con la excepción del concepto de la apreciabilidad, que al fin y al cabo es un concepto de construcción jurisprudencial, sólo los mercados locales que no pertenezcan a regiones fronterizas quedan al margen del concepto de afectación al comercio, lo cual le dota de escasa relevancia.

Por todo ello cabría hacerse la pregunta sobre la conveniencia de la permanencia del exigencia de la afectación al comercio en el texto de los arts. 81 y 82 del Tratado. Es cierto que similares consideraciones han hecho pensar que las legislaciones nacionales de la competencia —no las autoridades— están llamadas a desaparecer[55], pero tal vez sea más conveniente propugnar la desaparición del concepto de afectación al comercio entre los Estados miembros del texto de los arts. 81 y 82 (e incluso del art. 87 relativo a las ayudas públicas, pero ése es otro problema, porque para ese supuesto no existe posibilidad de aplicación descentralizada). Es cierto que ello equivaldría a la desaparición de las legislaciones nacionales, al menos a la hora de tipificar las conductas, pero siempre cabrá que las legislaciones nacionales contemplen otras conductas anticompetitivas, como ocurre en la actualidad, y permite el art. 3 del Reglamento 1/2003, al menos para las conductas unilaterales.

Suprimido el concepto, sería necesario establecer una regla de atribución de competencia, pero para ello bastaría con la prevista en la comunicación relativa a la cooperación en la Red, si bien puede ser objeto de una mayor concreción, o incluso ser sustituida por otra que aportara mayor claridad, pero en uno y otro caso existiría exclusivamente una regla de atribución de competencia, y no una doble regla, como en la actualidad. O tres reglas diferentes, si sumamos la que delimita las competencias de las autoridades autonómicas.

Es cierto que aún está pendiente de ratificación el Tratado de la Constitución Europea, y que, por lo tanto, no son previsibles nuevas modificaciones de los Tratados, al menos mientras no termine un proceso de ratificación, que se prevé cualquier cosa menos sencillo, pero no por ello debe dejar de señalarse que es de lamentar que, con ocasión de los debates que ha habido para elaborar ese Tratado, no haya tenido lugar un replanteamiento de las normas relativas a la competencia que hubiera contemplado, entre otras, esta cuestión.

---

[55] R. ALONSO SOTO, *op. cit.*, apartado 14.

EL CONCEPTO DE AUTORIDAD BIEN SITUADA Y LA COOPERACIÓN EN EL SENO DE LA RED DE AUTORIDADES DE COMPETENCIA

Jaime FOLGUERA CRESPO *
Abogado. Uría & Menéndez

1. INTRODUCCIÓN

El 1 de mayo de 2004 entró en vigor el conjunto de normas que integran el llamado "paquete de modernización". El cuerpo central de este conjunto normativo viene constituido por el Reglamento (CE) 1/2003 del Consejo, de 16 de diciembre de 2002, relativo a la aplicación de las normas sobre competencia previstas en los arts. 81 y 82 del Tratado (el "Reglamento 1/2003") [1].

El paquete de modernización se completa con cinco comunicaciones de la Comisión que interpretan y desarrollan diversos aspectos del Reglamento 1/2003. En el ámbito de la cooperación entre la Comisión y las autoridades nacionales de competencia ("ANC") para la aplicación de los arts. 81 y 82 del Tratado CE, la Comisión ha adoptado la comunicación sobre la cooperación en la Red de Autoridades de Competencia (la "comunicación") [2]. Esta norma reemplaza a la comunicación de la Comisión de 15 de octubre de 1997, relativa a la coo-

* Las opiniones expresadas en este artículo son personales del autor y no vinculan a Uría & Menéndez.

[1] *DOCE,* núm. L 1/1, de 4 de enero de 2003.

[2] *DOUE,* núm. C 101/43, de 27 de abril de 2004. Junto a ésta, integran el paquete de modernización las siguientes comunicaciones:

peración entre la Comisión y las autoridades de los Estados miembros en el ámbito de la competencia para la tramitación de los asuntos a los que sean de aplicación los arts. 81 y 82 del Tratado CE, adoptada bajo el régimen normativo anterior (la "antigua comunicación") [3].

El Reglamento 1/2003 y la Comunicación crean la Red de Autoridades de Competencia (la "REC"), como foro de discusión y cooperación entre la Comisión y las ANC, tendente a garantizar la efectividad en la aplicación de los arts. 81 y 82 del Tratado CE [4] y a evitar la adopción de decisiones contradictorias en relación con un mismo acuerdo o práctica.

Estas notas tienen por objeto recapitular sobre los principios básicos para la atribución de competencia de instrucción y resolución en el seno de la REC y servir de base para la reflexión sobre las principales repercusiones prácticas para las empresas y sus asesores legales.

No se incluyen en estas consideraciones reflexiones respecto de otros aspectos del Derecho de la competencia comunitario cuya reforma ha entrado en vigor en 2004. Por ejemplo, cabría también realizar una reflexión sobre los principios de distribución de competencias para el examen de concentraciones económicas de dimensión comunitaria en los que se inspira el Reglamento CE núm. 139/2004, de 20 de enero de 2004, sobre el control de las concentraciones de empresas; más concretamente los mecanismos de remisión que recogen los arts. 9 y 22 del Reglamento CE núm. 139/2004 o la posible cooperación entre las autoridades nacionales y comunitarias en la definición y control del cumplimiento de las condiciones a que se refieren los arts. 6.2 y 8.1 del mismo Reglamento.

— Comunicación de la Comisión relativa a la cooperación entre la Comisión y los órganos jurisdiccionales de los Estados miembros de la UE para la aplicación de los arts. 81 y 82 CE (*DOUE,* núm. C 101/54, de 27 de abril de 2004);

— Comunicación de la Comisión sobre la tramitación de denuncias por parte de la Comisión al amparo de los arts. 81 y 82 del Tratado CE (*DOUE,* núm. C 101/65, de 27 de abril de 2004);

— Comunicación de la Comisión relativa a las orientaciones informales sobre cuestiones nuevas relacionadas con los arts. 81 y 82 del Tratado CE que surjan en asuntos concretos (cartas de orientación) (*DOUE,* núm. C 101/78, de 27 de abril de 2004);

— Comunicación de la Comisión sobre directrices relativas a la aplicación del apartado 3 del art. 81 del Tratado (*DOUE,* núm. C 101/97, de 27 de abril de 2004);

— Comunicación de la Comisión sobre directrices relativas al concepto de efecto sobre el comercio contenido en los arts. 81 y 82 del Tratado (*DOUE,* núm. C 101/81, de 27 de abril de 2004).

Por último, cabe señalar que se ha adoptado el Reglamento (CE) 773/2004, de 7 de abril de 2004, relativo al desarrollo de los procedimientos de la Comisión con arreglo a los arts. 81 y 82 del Tratado CE (*DOUE,* núm. L 123/18, de 27 de abril de 2004).

[3] *DOCE,* núm. C 313/3, de 15 de octubre de 1997.

[4] Así lo ha señalado P. Lowe, *«El principal objetivo del nuevo Reglamento es conseguir una aplicación más efectiva de los arts. 81 y 82 CE»,* en «Cooperation between competition authorities in the EU», *Law in Transition* (EBRD), abril de 2004, pp. 54 a 59.

2. ANTECEDENTES: EL CONTEXTO DE CREACIÓN DE LA REC

Bajo el sistema anterior, la Comisión Europea desempeñaba el papel central en la aplicación y desarrollo de la normativa de competencia, disfrutando de competencia exclusiva para la aplicación del art. 81.3 del Tratado CE. Además, los acuerdos que resultaban restrictivos de la competencia en el sentido previsto en el art. 81.1 del Tratado CE debían ser objeto de notificación a la Comisión, a fin de que ésta evaluase el cumplimiento de los requisitos previstos en el art. 81.3 del Tratado CE y otorgase, en su caso, una exención individual[5].

El Reglamento 1/2003 supone un cambio fundamental en ambos aspectos: por un lado, suprime el sistema de notificación y autorización previa por la Comisión de los acuerdos restrictivos que cumplan los requisitos del art. 81.3 del Tratado CE y, por otro, prevé la posibilidad de que las ANC y los jueces nacionales apliquen el citado artículo en los expedientes o litigios de los que puedan conocer.

Bajo el nuevo sistema, la aplicación de los arts. 81 y 82 del Tratado CE en su integridad pasa, por tanto, a ser una competencia compartida por la Comisión, las ANC y jueces nacionales, que los aplicarán de forma independiente, esto es, conforme a sus normas de procedimiento y criterios de interpretación. En este sentido, en las observaciones presentadas durante el debate previo a la adopción del Reglamento 1/2003, las empresas y sus asesores legales incidieron en el riesgo de que la descentralización pudiese comportar la adopción de decisiones divergentes en relación con un mismo asunto y pusieron de relieve la necesidad de establecer un sistema de cooperación entre las ANC y la Comisión, así como ciertos mecanismos de supervisión por parte de esta última, que garantizasen la coherencia de las decisiones adoptadas en aplicación de la normativa de competencia[6].

---

[5] De conformidad con el derogado Reglamento núm. 17 del Consejo, de 6 de febrero de 1962, de aplicación de los arts. 85 y 86 del Tratado (*DOCE,* núm. P 13/204, de 21 de febrero de 1962) (el "Reglamento 17/1962"), los acuerdos entre empresas que resultasen restrictivos de la competencia en el sentido del art. 81.1 del Tratado CE únicamente podían beneficiarse de una exención individual al amparo del art. 81.3 del Tratado CE si previamente eran notificados a la Comisión y ésta adoptaba una decisión de autorización. Únicamente en aquellos casos en los que un acuerdo se ajustase a los requisitos de un Reglamento de exención por categorías, se entendía autorizado sin necesidad de notificación previa a la Comisión.

[6] Un resumen de las observaciones presentadas (*White Paper on reform of Regulation 17, Summary of the observations,* de 29 de febrero de 2000) se encuentra disponible en la siguiente dirección: http://europa.eu.int/comm/competition/antitrust/others/wp_on_modernisation/summary_observations.html.

La creación de la REC se perfilaba así como uno de los elementos centrales para el funcionamiento efectivo del nuevo sistema. Así se señala expresamente en la Declaración Común del Consejo y de la Comisión sobre el Funcionamiento de la Red de Autoridades de Competencia (la "Declaración Común") [7]: *«A fin de garantizar la aplicación eficaz y coherente de las normas comunitarias de competencia, la Comisión y las autoridades nacionales de competencia designadas por los Estados miembros (en lo sucesivo, las ANC) forman conjuntamente una red de autoridades de competencia (en lo sucesivo, la red) a efectos de la aplicación en estrecha cooperación de los arts. 81 y 82 del Tratado»* [8].

3. PRINCIPIOS BÁSICOS DEL FUNCIONAMIENTO DE LA REC

A) Significado y alcance del principio de cooperación

El principio inspirador del funcionamiento de la REC es el principio de cooperación entre la Comisión y las ANC, que se interpreta como la aplicación por éstas de la normativa de competencia en estrecha colaboración y en condiciones de *«igualdad, respeto y solidaridad»* [9].

El Reglamento 1/2003 y la comunicación no establecen, por tanto, una relación jerárquica o de subordinación entre las ANC y la Comisión Europea para la aplicación de los arts. 81 y 82 del Tratado CE, sino que cada autoridad es independiente de las demás en el ejercicio de sus competencias. Por este motivo, y pese a que uno de los objetivos del mecanismo de reparto de asuntos es que cada asunto sea conocido por una única autoridad, no se prevén ningún tipo de obligaciones al respecto [*vid.* sección C)], de modo que, en último término, cada autoridad será libre para iniciar un procedimiento de aplicación de los arts. 81 y 82 del Tratado CE [10], incluso de modo concurrente al ejercicio de esta competencia por otra autoridad.

La cooperación en el seno de la REC se articula a diferentes niveles, comprendiendo tanto reuniones entre los Directores Generales de

[7] Declaración 167/02, de 10 de diciembre de 2002. Documento núm. 15435/02, ADD 1. El texto de la Propuesta se encuentra disponible en la siguiente dirección: http://register.consilium.eu.int.

[8] Apartado 2 de la Declaración Común. En el mismo sentido se pronuncia el considerando 15 del Preámbulo del Reglamento 1/2003, que prevé la conveniencia de que la Comisión y las autoridades de competencia de los Estados miembros *«formen conjuntamente una red de autoridades públicas que apliquen las normas de competencia comunitarias en estrecha cooperación»*.

[9] Art. 11.1 del Reglamento 1/2003 y apartado 7 de la Declaración Común.

[10] Así lo señala el apartado 5 de la comunicación: *«(...) cada miembro de la Red es totalmente libre para decidir si es o no oportuno investigar un asunto»*.

las autoridades de competencia como grupos de trabajo que analizan los problemas relativos a un sector específico [11].

B) Papel central de la Comisión en el nuevo sistema

No obstante lo indicado en el apartado anterior, la nueva normativa reconoce a la Comisión, como guardiana del Tratado CE, la responsabilidad última en el desarrollo de la política de competencia, así como en la salvaguarda de la eficacia y la coherencia en la aplicación de la normativa de competencia [12].

El papel homogeneizador de la Comisión se manifiesta en varios aspectos del sistema de funcionamiento de la REC, en particular:

— El inicio de un procedimiento por la Comisión comporta la pérdida automática de competencia de los miembros de la REC que estuviesen conociendo del mismo asunto [13]. Los criterios en virtud de los cuales la Comisión puede decidir iniciar un procedimiento son genéricos y en la práctica dotan de libertad a la Comisión para conocer de un asunto cuando lo estime necesario [14];

— Las ANC pueden adoptar decisiones divergentes entre sí. Sin embargo, no pueden adoptar decisiones que entren en contradicción con una decisión adoptada por la Comisión [15].

---

[11] *Vid.* Ph. Lowe, «Cooperation between competition authorities in the EU», *op. cit.*, p. 56.

[12] Apartado 9 de la Declaración Común y apartado 50 de la comunicación.

[13] Art. 11.6 del Reglamento 1/2003. Esta disposición (la denominada *claw-back provision*), no constituye una novedad del Reglamento 1/2003, ya que se encontraba igualmente prevista en el art. 9.3 del Reglamento 17/1962. Los apartados 51 y 52 de la comunicación precisan que, en este supuesto, las ANC no podrán incoar un procedimiento: i) basándose en el mismo fundamento jurídico; ii) contra el mismo acuerdo o práctica; iii) de la misma empresa, y iv) en el mismo mercado geográfico y de producto de referencia, que el procedimiento incoado por la Comisión. No obstante, la incoación de un procedimiento requiere de un acto formal de la Comisión en este sentido, de modo que la mera recepción por la Comisión de una denuncia no se entiende como equivalente a la incoación de un procedimiento y, por tanto, no priva de competencia a las ANC.

[14] De conformidad con lo previsto en los apartados 54 a 56 de la comunicación, la Comisión puede adoptar esta decisión dentro del plazo de dos meses fijado como límite temporal orientativo para el reparto de asuntos, o incluso posteriormente en determinados supuestos: i) riesgo de decisiones contradictorias de las ANC respecto de un mismo asunto; ii) riesgo de conflicto de las decisiones de las ANC con la jurisprudencia consolidada; iii) retrasos indebidos en la tramitación de un procedimiento por las ANC; iv) necesidad de adoptar una decisión de la Comisión para desarrollar la política comunitaria de competencia; v) no oposición de la ANC. La Comisión deberá consultar previamente a las ANC interesadas exponiendo por escrito, tanto a éstas como al resto de los miembros de la REC los motivos por los que decide incoar un procedimiento y éstos podrán solicitar una reunión del Comité Consultivo antes de que la Comisión incoe el procedimiento. Pese a estas cautelas, la comunicación no prevé que la oposición de los Estados miembros pueda suponer obstáculo alguno a la apertura del procedimiento por la Comisión si ésta lo estima conveniente.

[15] Art. 16.2 del Reglamento 1/2003 y apartado 43 de la comunicación.

De este modo, bajo el nuevo sistema la Comisión retiene su papel central en la aplicación de los arts. 81 y 82 del Tratado CE pudiendo conocer de todos aquellos asuntos que revistan un interés especial (en particular de infracciones graves, tales como cárteles o abusos de posición de dominio que produzcan efectos sensibles sobre la competencia en varios Estados). Paralelamente, se libera de carga de trabajo al transferir a las ANC el conocimiento de los acuerdos y prácticas con menor relevancia práctica.

Por este motivo, un sector doctrinal estima que el efecto práctico del nuevo sistema sobre el número de asuntos objeto de tramitación por las ANC será mínimo, ya que el art. 11.6 del Reglamento 1/2003 permitirá a la Comisión continuar conociendo de todos aquellos acuerdos o prácticas que considere especialmente restrictivas o relevantes. No obstante, algunos autores apuntan la posibilidad de que esta situación se modifique en el futuro, en la medida en que las ANC con mayor experiencia y recursos probablemente forzarán a la Comisión a conceder un mayor grado de descentralización también para el conocimiento de aquellos acuerdos y prácticas más restrictivos que produzcan efectos en su territorio [16].

Frente a ello, otro sector considera que, si bien el tenor literal del art. 11.6 del Reglamento 1/2003 otorga a la Comisión un amplio poder de atracción para sustraer de la competencia de los Estados miembros asuntos de los que éstos estén conociendo o puedan conocer, este artículo únicamente será utilizado en casos excepcionales y siempre precedido de consultas y negociaciones con las ANC. En este sentido señalan que esta cláusula se encontraba igualmente prevista en el Reglamento 17/1962, pese a lo cual no fue utilizada en ninguna ocasión [17].

C) Reparto de asuntos en el seno de la REC

El Reglamento 1/2003 no establece normas que regulen con carácter imperativo el reparto de asuntos entre la Comisión y las ANC, sino que opta por que éste se decida de forma consensuada y flexible en el seno de la REC [18].

---

[16] *Vid.* A. Riley, «EC Antitrust Modernisation: The Commission Does Very Nicely-Thank You», *European Competition Law Review*, 2003, pp. 604 a 615.

[17] *Vid.* E. Henneberry, «EC Antitrust Modernisation -A Small Member State's Perspective and Experience», *British Chamber of Commerce-Belgium,* Bruselas, 11 de marzo de 2004.

[18] La no previsión de un sistema de división de competencias entre la Comisión y las ANC para la aplicación de los arts. 81 y 82 del Tratado CE representa un fuerte contraste con la regulación en el ámbito del control de concentraciones, donde los umbrales de notificación previstos en el Reglamento (CE) núm. 139/2004 del Consejo, de 20 de enero de 2004, sobre el

La Comunicación establece criterios *orientativos* para el reparto de asuntos basados en dos principios generales: i) la necesidad de que la autoridad que tramite un asunto se encuentre bien situada para conocer; ii) la intención de que los asuntos se tramiten por una única autoridad.

a) *Concepto de autoridad bien situada para conocer*

La condición de autoridad bien situada constituye el criterio básico para que una ANC pueda conocer de un acuerdo o práctica en aplicación de los arts. 81 u 82 del Tratado CE y depende del cumplimiento cumulativo de tres requisitos:

— Que el acuerdo o práctica tenga efectos reales o previsibles, directos y sustanciales sobre la competencia en su territorio, se ejecute o proceda del mismo;
— Que la autoridad nacional tenga capacidad para poner fin a la infracción y sancionarla adecuadamente, y
— Que la autoridad nacional tenga capacidad (por sí misma o con la ayuda de otras autoridades), para reunir pruebas suficientes de la infracción.

En la práctica, estos tres criterios se reconducen a uno solo: una autoridad nacional estará bien situada cuando exista un vínculo material entre la infracción y el territorio del Estado miembro al que pertenezca dicha autoridad.

La condición de autoridad bien situada puede predicarse de una o varias autoridades. Los supuestos más sencillos son aquellos en los que el centro de gravedad del acuerdo o práctica radica en un solo Estado miembro, en los cuales únicamente es autoridad bien situada la responsable de la aplicación de la normativa de competencia en dicho territorio [19]. Si el acuerdo o práctica produce efectos en varios Estados miembros nos encontraremos en una zona gris, donde pueden existir

---

control de las concentraciones entre empresas, *DOUE,* núm. L 24/1, de 29 de enero de 2004, actúan como línea divisoria entre las competencias de la Comisión y las ANC e imposibilitan el ejercicio concurrente de competencias en esta materia. Incluso en los supuestos de reenvío de operaciones de concentración entre la Comisión y las ANC (en virtud de los arts. 4, 9 y 22 del Reglamento 139/2004), la remisión a una autoridad comporta la pérdida de competencia por parte de la otra.

[19] La atribución a las ANC del conocimiento de los acuerdos o prácticas con efectos únicamente en su Estado miembro era el objetivo principal perseguido con la descentralización. Así lo entiende la Comisión que, en los informes de prensa publicados con ocasión de la publicación del Reglamento 1/2003, señalaba que la aplicación por las ANC de los arts. 81 y 82 del Tratado CE debe centrarse en aquellos acuerdos y prácticas cuyo ámbito geográfico no se extiende más allá de su territorio (DN Memo/02/268 *Antitrust Reform Frenquently Asked Questions*, 26 de noviembre de 2002). Del mismo modo, la Declaración Común señala que una sola ANC estará en buena posición para actuar si *«solamente un Estado miembro se ve afectado por un acuerdo o práctica en particular cuando los principales efectos contrarios a la competencia se reflejan*

varias autoridades bien situadas para incoar un procedimiento; la comunicación prevé que su tramitación individual o concurrente por las ANC dependerá de si la actuación de una sola es suficiente para poner fin a la totalidad de la infracción. En este supuesto entrarán en juego los criterios de asignación de asuntos analizados en la sección *b) infra*.

Por su parte, la Comisión estará particularmente bien situada en tres supuestos:

— Cuando un acuerdo o práctica, o redes de éstos, tengan efectos sobre la competencia en más de tres Estados miembros;
— Cuando el asunto esté estrechamente ligado a disposiciones comunitarias cuya aplicación esté reservada a la competencia exclusiva de la Comisión o su tramitación por ésta redunde en una mayor eficacia, o
— Cuando el interés comunitario lo requiera, a fin de desarrollar la política de competencia a raíz de un problema nuevo o velar por su observancia efectiva.

De ello se deduce que la Comisión se centrará en el conocimiento de aquellos acuerdos o prácticas con efectos en más de tres Estados miembros. No obstante, se trata de un parámetro orientativo y no excluyente, en la medida en que los criterios expuestos son alternativos. Su carácter genérico permite además que la Comisión pueda considerarse bien situada para conocer en un amplio (e impreciso) número de supuestos.

En este sentido debe tenerse en cuenta además que [como se ha expuesto en la sección *b)*], el art. 11.6 del Reglamento 1/2003 habilita a la Comisión para incoar un procedimiento de aplicación de los arts. 81 u 82 del Tratado CE en cualquier momento, privando con ello de competencia a la ANC que, en su caso, estuviese tramitando un asunto e impidiendo a otras ANC iniciar un procedimiento respecto a un asunto idéntico (pese a que puedan ser autoridades bien situadas en el sentido expuesto).

b) *Criterios para la asignación de asuntos entre las ANC*

El criterio general, aun existiendo varias autoridades potencialmente bien situadas para conocer, es que una única ANC sea la responsable

---

en ese Estado miembro y todas las empresas que participan en un acuerdo o en una conducta abusiva tienen su sede social en dicho Estado miembro» (apartado 16).

de la tramitación y decisión de cada asunto[20]. No obstante, se trata de una regla no vinculante, por lo que su eficacia práctica queda en buena medida a merced de la voluntad negociadora de las ANC.

En el supuesto de que otras ANC hayan incoado o tengan interés en incoar un procedimiento en relación con el mismo asunto se prevé la negociación en el seno de la REC, a fin de que continúe siendo tramitado por una única autoridad, que será preferiblemente aquella que ha recibido la denuncia o incoado el procedimiento en primer lugar, si se encuentra bien situada para conocer.

No obstante, cabe la posibilidad de reasignación a una ANC diferente en aquellos supuestos en que se estime que el acuerdo o práctica presenta una vinculación material más estrecha con otro país[21]. La Comisión considera que esta posibilidad únicamente se producirá en casos excepcionales[22]. En cualquier caso las demás autoridades serán libres para decidir si desean continuar la tramitación del asunto o si consideran oportuno trasladarlo a otra autoridad.

Por otra parte, la propia comunicación establece excepciones a la regla del conocimiento por una sola ANC, considerando que la acción concurrente de varias autoridades puede resultar adecuada para los acuerdos o prácticas que produzcan efectos en varios (menos de cuatro) Estados miembros, si la acción de una sola ANC no fuese suficiente para poner fin a la infracción[23]. En estos supuestos, la comunicación prevé que pueda designarse a una autoridad como coordinadora para organizar las tareas de inspección y obtención de información[24].

A fin de que las autoridades que conforman la REC puedan conocer de los procedimientos incoados por otras autoridades, se establece la obligación de que cada miembro de la REC informe a los demás de aquellos procedimientos que tenga previsto incoar (bien de oficio, bien como consecuencia de una denuncia) antes de realizar las primeras diligencias formales de investigación o inmediatamente después de éstas[25].

---

[20] Considerando 18 del preámbulo del Reglamento 1/2003 y apartado 6 de la comunicación. Este principio general de conocimiento de cada asunto por una única autoridad se encontraba reflejado igualmente en el apartado 10 de la antigua comunicación.

[21] Los factores a tomar en cuenta a tal efecto serán que los mercados de esta última sufran con mayor intensidad los efectos contrarios a la competencia y que dicha autoridad esté mejor capacitada y situada para reunir pruebas, hacer que cese la infracción y aplicar sanciones de modo efectivo.

[22] *Vid.* P. Lowe, «Cooperation between competition authorities in the EU», *op. cit.,* p. 57.

[23] Esto ocurriría, por ejemplo, con los acuerdos de reparto de mercados cuyo ámbito geográfico se extiende a varios Estados miembros, donde la acción de una sola ANC no permitiría poner fin a al infracción.

[24] Apartado 12 de la comunicación.

[25] Apartados 16 a 18 de la comunicación. Cabe plantearse si el concepto de diligencias

En la práctica, el procedimiento de información se instrumenta a través de un formulario normalizado que la ANC remite a la Comisión y que ésta pone a disposición de los demás miembros de la REC a través de la *intranet* creada al efecto. En dicho formulario se hace constar información concisa relativa al procedimiento, en concreto, el país, el producto, los territorios, las partes afectadas, la infracción y su duración. Una vez recibida esta información las autoridades que, en su caso, hayan incoado o tengan interés en incoar un procedimiento en relación con el mismo acuerdo o práctica, se pondrán en contacto con la autoridad remitente del formulario a fin de iniciar negociaciones que podrán culminar en una de estas tres posibilidades: i) continuación de la tramitación por la autoridad que había incoado el procedimiento en primer lugar; ii) reasignación a una única autoridad distinta, o iii) tramitación de varios procedimientos paralelos. La comunicación establece un plazo de dos meses como período orientativo para el desarrollo de las negociaciones[26].

Finalizado el período de reparto, la asignación a una (o varias) ANC tendrá generalmente carácter definitivo. No obstante, se prevé excepcionalmente la posibilidad de una nueva reasignación incluso tras el período de reparto, si se produce un cambio sustancial de los hechos del procedimiento.

El resultado de este sistema flexible de reparto de asuntos, es un cierto grado de inseguridad jurídica y confusión para los particulares, que carecerán de certeza acerca de la autoridad finalmente encargada de la tramitación de un asunto. En efecto. el carácter orientativo y no obligatorio de los criterios y la vaguedad de los términos empleados dejan en cierta medida la posible reasignación de los asuntos a la voluntad de las autoridades en cada caso concreto. Esta falta de predecibilidad puede entrañar una merma para los derechos de defensa y garantías procesales de los particulares afectados, ya que la tramitación

formales de investigación será interpretado por las autoridades de competencia españolas en un sentido amplio que incluya el trámite de información reservada o si por el contrario se entenderá por tal únicamente el acuerdo de incoación del procedimiento. En aras de la eficacia procesal sería conveniente que la información se remita a la REC en la fase de información reservada, evitando así incurrir en costes económicos y temporales en el supuesto de reasignación posterior del asunto a una autoridad diferente; éste parece ser también el sentido de la disposición, ya que el apartado 17 de la comunicación señala que con ello se pretende abordar *«posibles problemas de reparto tan pronto como una autoridad empiece a investigar un asunto»*. La propia Comisión ha señalado que existe un acuerdo informal entre los miembros de la REC para que la información relativa al inicio de un procedimiento se transmita tan pronto como sea posible y sin agotar el plazo permitido por la Comunicación (*vid.* C. Canenbley, «Cooperation Between Antitrust Authorities, What does it mean for multinational corporations?», *UAE/LIDC Sixth Annual Conference,* Treviso, 13-14 de mayo de 2004).

[26] Este plazo es orientativo, de modo que la reasignación podría producirse transcurrido el mismo. En todo caso, es inferior al previsto en la Declaración Común, cuyo apartado 12 contemplaba un plazo indicativo de tres meses.

del procedimiento y los compromisos y sanciones que puedan imponerse se determinarán por cada ANC con arreglo a sus normas de Derecho nacional y, por lo tanto, varían [27]. Ello se agrava si se tiene en cuenta que los particulares carecen de derechos individuales y participación alguna en la asignación de procedimientos en el seno de la REC [*vid.* sección *d)*].

Por otra parte, en la medida en que el inicio de un procedimiento por una ANC o la asignación a ésta de un asunto no comporta de modo automático la pérdida de competencia de las demás, el sistema de reparto tampoco neutraliza el riesgo de decisiones divergentes de las distintas ANC en relación con un mismo asunto [28].

Un problema adicional que no es objeto de tratamiento en el Reglamento 1/2003 ni en la comunicación, es el relativo a la posibilidad de que la decisión adoptada por una ANC en relación con una infracción de los arts. 81 u 82 del Tratado CE despliegue efectos fuera de su territorio.

A este respecto, algunos autores consideran que una parte de la doctrina considera que, de conformidad con las normas de Derecho internacional privado y en ausencia de previsión expresa a este respecto en el Reglamento 1/2003, la potestad sancionadora de las ANC constituye una manifestación de la soberanía de cada Estado por lo que carece de efectos extraterritoriales. Esta interpretación plantearía problemas en aquellos supuestos en que una única ANC conozca de un asunto con efectos en varios Estados miembros [29].

Otras contribuciones consideran que, al establecer el Reglamento 1/2003 como uno de los objetivos de la cooperación entre las autoridades de competencia la tramitación de cada asunto por una única autoridad (considerando 18 del Preámbulo), está confirmando implícitamente que la orden de cesación adoptada por dicha autoridad puede producir efectos en el territorio de otros Estados y permitiendo la imposición de sanciones por los efectos globales que la infracción produce en todos ellos [30].

---

[27] *Vid.* C. Canenbley, «Cooperation Between Antitrust Authorities, What does it mean for multinational corporations?», *op. cit.*

[28] Algún autor ha señalado que este riesgo quedará salvado con la intervención de la Comisión, que puede hacer uso del art. 11.6 del Reglamento 1/2003, para recabar el conocimiento de un asunto en aquellos supuestos en los que se prevea que las ANC van a adoptar decisiones contradictorias (*vid.* W. Wils, «Regulation 1/2003: A reminder of the main issues», *First Annual Conference of the Global Competition Law Centre*, Brujas, 10-11 de junio de 2004). Sin embargo, debe tenerse en cuenta que la iniciación del procedimiento en estos supuestos constituye una facultad Comisión se encuentra facultada pero no obligada a ello.

[29] *Vid.* E. Paulis y C. Gauer, «La réforme des régles d'application des articles 81 et 82 du Traité», *Journal des tribunaux Droit européen*, núm. 65, 2003.

[30] *Vid.* W. Wils, «Regulation 1/2003: A reminder of the main issues», *op. cit.*

c) *Suspensión o finalización del procedimiento* [31]

En los supuestos de tramitación de un mismo asunto por varias ANC existen dos posibilidades una vez finalizado el período de reparto: i) que la tramitación de los respectivos procedimientos nacionales continúe de forma paralela; ii) que una de las ANC decida suspender o archivar el procedimiento.

En este último sentido, el Reglamento 1/2003 establece que la instrucción de un procedimiento o la existencia de una decisión adoptada por una ANC constituye un motivo suficiente para permitir (si bien no para obligar) a las demás autoridades a suspender [32] o archivar un procedimiento en relación con un asunto idéntico o similar [33], de forma total o parcial [34]. Del mismo modo, tanto las ANC como la propia Comisión podrán desestimar una denuncia por este motivo. El objetivo es de nuevo facilitar la tramitación de cada asunto por una única ANC, otorgando a las demás una base jurídica [35] que les permita suspender o archivar sus respectivos procedimientos.

Adicionalmente, la ANC que suspende o archiva el procedimiento puede, si lo estima oportuno, transferir a aquélla que continúe instruyendo el asunto la información de la que disponga (incluida la facilitada por el denunciante) [36].

---

[31] Art. 13 del Reglamento 1/2003 y apartados 20 a 25 de la comunicación.

[32] La finalidad de la suspensión es que una ANC pueda esperar a tener conocimiento de la decisión de otra ANC y, en función de ésta, decida archivar el procedimiento o, por el contrario, continuar su instrucción.

[33] Para que se trate de asuntos idénticos o similares es necesario que el acuerdo o práctica se refieran a la misma infracción, en el mismo mercado (geográfico y de producto) de referencia.

[34] La posibilidad de suspensión o archivo respecto de una parte de la denuncia se justifica por la posibilidad de que únicamente uno o varios de los mercados relevantes o uno o varios de las conductas objeto del procedimiento ante una ANC sean idénticas a las contempladas por otra ANC (apartado 24 de la comunicación).

[35] La eficacia directa del Reglamento permite a las ANC ordenar la suspensión o archivo de un procedimiento o la desestimación de una denuncia apoyándose en las razones previstas en el art. 13, a pesar de que su normativa nacional no lo prevea. Entendemos que, en el caso de España, la decisión sería susceptible de recurso por los particulares afectados, ya que se cumplirían los requisitos previstos en el art. 47 de la Ley 16/1989, de 17 de julio, de Defensa de la Competencia. En cualquier caso, en la medida en que únicamente se requiere que otra ANC se encuentre tramitando un procedimiento paralelo sobre el mismo asunto para que la decisión de suspensión o archivo quede cubierta por el Reglamento 1/2003, las posibilidades de éxito de dicho recurso serían escasas y dependerían en gran medida de la capacidad de los particulares para demostrar la ausencia de identidad entre ambos asuntos.

[36] Algunos autores se plantean si la transmisión de esta información constituye un acto recurrible, entendiendo que ello dependerá de las normas de Derecho procesal nacional del Estado remitente. En todo caso, cabe dudar de la eficacia práctica del recurso, ya que dicho intercambio de información se encontraría cubierto por el art. 12.1 del Reglamento 1/2003 (*vid.* W. Wils, «Regulation 1/2003: A reminder of the main issues», *op. cit*).

d) *Derechos de los particulares*

Una de las principales críticas al funcionamiento de la REC radica en que deja desprotegidos a los particulares, que carecen de toda posibilidad de participación en el sistema de reparto de asuntos. En efecto, los artículos del Reglamento 1/2003 que regulan el funcionamiento de la REC no contienen referencia alguna a los particulares. Por su parte, la comunicación establece con claridad que el reparto de asuntos entre la Comisión y las ANC constituye una *«mera división de trabajo»*, que no otorga a las empresas afectadas por una infracción derechos individuales [37].

En consecuencia, los particulares pueden encontrarse con que un asunto tramitado por una ANC en el que son parte interesada, es reasignado a una ANC diferente (a la que además puede transmitirse la información obrante en el primer expediente) como consecuencia del reparto de asuntos, sin poder tener acceso en ningún momento al proceso de negociación entre ambas autoridades. La comunicación únicamente establece la obligación de informar a los interesados en un expediente (incluido el denunciante) una vez se ha producido la reasignación del procedimiento a una ANC diferente [38].

Entendemos que esta regulación resulta insuficiente. En la medida en que la reasignación puede incidir decisivamente en el resultado del procedimiento (ya que cada ANC tramitará el procedimiento e impondrá sanciones o compromisos de conformidad con sus normas procesales nacionales y criterios de valoración e interpretación del Derecho), el denunciante y los demás interesados tienen un claro interés en comprobar que el reparto de asuntos se realiza conforme a reglas objetivas y transparentes, así como en que se les permita manifestar su opinión en este sentido o, en caso de disconformidad, se articule la posibilidad de plantear recurso contra dicha reasignación.

D) Intercambio de información

Una de las novedades de mayor trascendencia para las empresas en el nuevo sistema de cooperación entre la Comisión y las autoridades nacionales es sin duda el intercambio de información, incluso confidencial, en el seno de la REC.

[37] Apartado 31 de la comunicación.

[38] Apartado 34 de la comunicación. No se establece plazo para el cumplimiento de la obligación, señalando únicamente que deberá realizarse *«a la mayor brevedad»*. Tampoco se señala quién deba cumplirla, si bien parecería lógico que sea la ANC ante la cual se tramita el procedimiento en el que el particular es parte interesada.

a) *Obligaciones de información entre la Comisión y los Estados miembros*

Bajo el nuevo sistema las autoridades de competencia tienen no sólo la posibilidad, sino incluso la obligación, de comunicar determinadas informaciones a los miembros de la REC.

En este sentido, la Comisión debe transmitir a las ANC una copia de los documentos más importantes que haya recopilado con ocasión de la adopción de decisiones relativas a: i) la constatación y cese de una infracción; ii) la adopción de medidas cautelares; iii) los compromisos propuestos por las empresas responsables de una infracción, o iv) la declaración de inaplicabilidad del art. 81.1 del Tratado CE.

Por su parte, las ANC deberán comunicar por escrito a la Comisión (que podrá ponerlo a disposición de los demás miembros de la REC): i) la apertura de un procedimiento de aplicación de los arts. 81 y 82 del Tratado CE [*vid.* sección *b)*]; ii) y la adopción de decisiones por las que se ordene la cesación de una infracción, se acepten compromisos propuestos por las partes o se retire la cobertura de un Reglamento de exención por categorías. En este último supuesto las ANC deberán proporcionar a la Comisión, con un plazo mínimo de treinta días de antelación, una exposición resumida del asunto así como el texto de la decisión prevista o cualquier otro documento que indique la línea de actuación propuesta [39].

b) *Intercambio de información para su utilización como medio de prueba en procedimientos nacionales y comunitarios*

La Comisión y las ANC podrán intercambiar toda la información de la que dispongan en relación con un procedimiento (incluida la información confidencial), sin necesidad de contar con el consentimiento previo de los interesados [40]. La información transmitida podrá ser

[39] Esta disposición tiene a garantizar la coherencia en la aplicación de los arts. 81 y 82 del Tratado CE, concediendo a la Comisión un plazo de treinta días para que, si lo estima conveniente, formule observaciones a la decisión propuesta o incluso, en caso de que detecte un riesgo de decisiones divergentes en diversos procedimientos tramitados paralelamente o de interpretación contraria a los precedentes comunitarios existentes en la materia, pueda incoar un procedimiento privando de competencia a las ANC conforme al art. 11.6 del Reglamento 1/2003. No se establece sin embargo obligación de transmitir a la Comisión la decisión definitiva del procedimiento, a diferencia de lo que ocurre con los jueces nacionales, que sí estarán obligados a transmitir a la Comisión una copia de las sentencias dictadas en aplicación de los arts. 81 y 82 del Tratado CE (art. 15.2 del Reglamento 1/2003).

[40] La única excepción a esta regla viene constituida por la información obtenida en el marco de un programa de clemencia, a la que se hace referencia en la sección *c)*.

utilizada por la autoridad receptora como medio de prueba, tanto en procedimientos iniciados únicamente en aplicación del Derecho comunitario, como incluso en aquellos en que exista una aplicación concurrente del Derecho comunitario y el Derecho nacional, siempre que este último no conduzca a un resultado diferente. La única limitación que se establece al respecto es que la información debe ser utilizada para el asunto para el cual ha sido recogida por la autoridad que la transmite [41].

Ello supone una novedad relevante respecto del sistema anterior en el que no se permitía a las autoridades nacionales hacer uso de informaciones recabadas por la Comisión para su utilización en procedimientos nacionales, bien en aplicación del Derecho comunitario o del Derecho nacional [42]. Las empresas y sus asesores legales deberán, por tanto, tener presente que cualquier información proporcionada a una autoridad en el marco de un procedimiento sancionador podrá ser utilizada por una autoridad diferente, bien como medio de prueba en otro procedimiento abierto o bien como base para iniciar un nuevo procedimiento.

Otra novedad reside en la posibilidad que prevé el art. 22.1 del Reglamento 1/2003 de que la ANC que instruye un procedimiento solicite la colaboración de otra ANC para obtener información o realizar inspecciones en su territorio, transmitiendo posteriormente la información recabada. La ausencia de esta facultad bajo el Reglamento 17/62 dificultaba sensiblemente la obtención de datos a la ANC que tramitaba un asunto con efectos transnacionales. La Comisión también puede hacer uso de esta posibilidad.

Puesto que la inspección se realizará de conformidad con el Derecho nacional de la ANC cuya colaboración se solicita, la información obtenida puede variar en función de la regulación en materia de recogida de pruebas aplicable en el territorio en el que se realice la inspección.

Por último, cabe señalar que la información intercambiada podrá utilizarse para la imposición de sanciones a personas físicas y jurídicas.

Por lo que se refiere a las personas jurídicas no se establece ningún tipo de límite a la posibilidad de utilizar la información recabada de

---

[41] Apartado 28.*b)* de la comunicación. El tenor literal del art. 12 del Reglamento 1/2003 establece que la información debe utilizarse *«respetando la finalidad para la cual fue recopilada por la autoridad remitente»*. En la práctica, la información recabada por una autoridad no será puesta a disposición de la REC de un modo automático, sino que la autoridad que desee hacer uso de dicha información como medio de prueba habrá de solicitarlo a la autoridad que dispone de ella para que proceda a su remisión.

[42] STJCE de 16 de julio de 1992, *Dirección General de Defensa de la Competencia* v. *Asociación española de la Banca privada y otros*, asunto C-67/91, Rec. 1992, p. I-4785, Considerandos 35 a 42 y 55.

otra autoridad para imponer sanciones, ya que se considera que las sanciones previstas para las empresas en los distintos ordenamientos son del mismo tipo y sus derechos de defensa son equivalente, en todas las jurisdicciones[43].

Por lo que respecta a las personas físicas, el Reglamento 1/2003 y la Comunicación únicamente permiten utilizar la información para imponer sanciones a las personas físicas cuando:

— La autoridad remitente también prevea este tipo de sanciones, o

— La información se haya obtenido respetando el mismo nivel de protección de los derechos de defensa que el previsto en las normas nacionales de la autoridad receptora en materia de recogida de pruebas. En este caso, la información no podrá ser utilizada para imponer penas privativas de libertad[44].

El intercambio de información confidencial plantea varios problemas, algunos de los cuales se apuntan a continuación.

En primer lugar, el Reglamento 1/2003 (art. 28) establece que la información que por su naturaleza se encuentre amparada por el secreto profesional, no podrá ser objeto de divulgación. La comunicación añade que el concepto de secreto profesional es un concepto autónomo de Derecho comunitario pero no precisa su contenido. La práctica de las autoridades españolas muestra que la extensión de la protección de los documentos confidenciales o que contienen secretos de negocio y su valor probatorio a efectos de exculpación son sustancialmente contrarias al alcance de dicha protección y valor probatorio otorgado por las autoridades comunitarias. En ausencia de una delimitación precisa[45], existe el riesgo de que, en la práctica, la aplicación de criterios basados en la práctica administrativa de las ANC pueda dar lugar a la divulgación de informaciones sensibles de una empresa, como consecuencia de las diferencias en el nivel de protección de la información confidencial otorgado por las distintas autoridades.

En segundo lugar, el nivel de protección de los derechos de defensa de los particulares en los Estados miembros y la regulación en materia de prueba varía igualmente. En este sentido, el intercambio de información entraña el riesgo de permitir a una autoridad utilizar como

[43] Considerando 16 del Reglamento 1/2003.

[44] Art. 12.3 del Reglamento 1/2003 y apartado 28.*c)* de la comunicación.

[45] Encontramos alguna referencia para aclarar el alcance de este concepto en la comunicación de la Comisión relativa a las normas de procedimiento interno para el tratamiento de las solicitudes de acceso al expediente en los supuestos de aplicación de los arts. 85 y 86 del Tratado CE, de los arts. 65 y 66 del Tratado CECA y del Reglamento (CEE) núm. 4064/89 del Consejo. Pero también encontramos un ejemplo de las discrepancias que pueden surgir en la Resolución del Tribunal de Defensa de la Competencia, de 22 de julio de 2002, Expediente r-508/02 v, Pepsi-Cola/Coca-Cola.

medio de prueba documentos de otra autoridad, que no hubiera podido recabar de conformidad con sus normas nacionales más restrictivas.

c) *Información proporcionada en el marco de un programa de clemencia*

El Reglamento 1/2003 omite toda referencia a la información recabada por una autoridad en el marco de un programa de clemencia, aspecto fundamental que, no obstante, es objeto de tratamiento específico en la comunicación.

La autoridad que tramite un asunto bajo un programa de clemencia debe informar del inicio del procedimiento a la Comisión[46], que lo comunicará a aquellas ANC que, con independencia de que sus legislaciones nacionales contemplen o no programas de clemencia, se hayan comprometido a respetar las cautelas que se exponen a continuación[47].

En primer lugar, la información no podrá ser utilizada por las ANC o la Comisión europea como base para iniciar un procedimiento.

No obstante, ello no impide que (a la luz de las informaciones básicas recibidas en relación con la incoación del procedimiento), otras autoridades puedan iniciar una investigación para recabar por sí mismas pruebas que den origen a nuevos procedimientos sancionadores. Por este motivo, y teniendo en cuenta que la solicitud de clemencia sólo produce efectos ante la autoridad que la recibe, puede resultar conveniente para las empresas efectuar, de modo simultáneo, solicitudes individuales ante todas las autoridades que puedan encontrarse bien situadas para conocer de la infracción, y cuyas legislaciones regulen programas de clemencia.

En segundo lugar, la información proporcionada por el solicitante de clemencia, así como la que pueda recabar la autoridad en investigaciones iniciadas como consecuencia de la solicitud, sí podrá ser transmitida a las demás autoridades y utilizada como medio de prueba (conforme a lo previsto en el art. 12 del Reglamento 1/2003) si el solicitante da su consentimiento.

Por último, incluso sin el consentimiento del solicitante, la posibilidad de transmisión y utilización de la información como medio de prueba queda abierta en algunos supuestos:

---

[46] La práctica parece consistir en que la autoridad que incoe el procedimiento rellene el formulario normalizado, sin hacer constar el nombre de la empresa afectada. En consecuencia, todas las ANC tendrán conocimiento, aun cuando de forma somera, de los procedimientos sancionadores iniciados por otras autoridades en el marco de un programa de clemencia.

[47] Todas las ANC han suscrito ya un compromiso de respeto de los principios previstos en la comunicación en materia de *leniency* (apartado 72 y Anexo de la comunicación).

— Que el solicitante de clemencia también haya presentado solicitud ante la autoridad receptora de la información;

— Que se trate de información recabada por un miembro de la REC en su territorio en nombre de aquel que ha recibido la solicitud de clemencia, o

— Que la autoridad receptora se comprometa por escrito[48] a no utilizar la información que reciba para imponer sanciones al solicitante de clemencia, a cualquier otra persona física o jurídica que quede cubierta por el trato favorable ofrecido por la autoridad remitente, así como a cualquier empleado o antiguo empleado de los anteriores.

Por tanto, pueden darse casos en los que la información recabada por una autoridad en el marco de un programa de clemencia, podrá ser intercambiada y utilizada por otra, incluso sin el consentimiento del solicitante, como medio de prueba de una infracción en relación con el resto de las empresas partícipes.

4. CONCLUSIÓN

La REC aspira a garantizar la aplicación eficaz y uniforme de los arts. 81 y 82 del Tratado CE y a minimizar el riesgo de decisiones divergentes. En este sentido, el Reglamento 1/2003 y la comunicación articulan criterios tendentes a que cada asunto sea tramitado por una única autoridad. Paralelamente, configuran a la Comisión como la autoridad central y supervisora de la aplicación de la normativa de competencia, dotándola de mecanismos que le permitan incoar un procedimiento y privar de competencia a las ANC en aquellos supuestos que revistan interés comunitario o en los que exista un riesgo de decisiones divergentes de las ANC.

Pese a ello, el carácter genérico y flexible de los criterios genera un cierto grado de inseguridad jurídica para los particulares, ya que no les permite conocer con certeza qué autoridad conocerá finalmente de los asuntos que produzcan efectos en varias jurisdicciones. Por otra parte, la discrecionalidad de la que goza la Comisión para incoar un procedimiento no elimina por completo el riesgo de decisiones divergentes de las ANC.

Por último, el intercambio de información puede entrañar una disminución de los derechos procesales y de defensa de los particulares y, en concreto, de las empresas, al permitir a algunas autoridades nacionales obtener y hacer uso, en la instrucción de expedientes sancionadores, de informaciones que no hubiera podido recabar con arreglo a su legislación nacional.

---

[48] Una copia de dicho compromiso escrito deberá ser remitida al solicitante de clemencia.

LOS PUNTOS DE CONEXIÓN EN LA LEY 1/2002

Lluís Cases
Abogado
Garrigues, Abogados y Asesores Tributarios

1. INTRODUCCIÓN. LA ADECUACIÓN DEL SISTEMA INSTITUCIONAL DE CONTROL DE PRÁCTICAS RESTRICTIVAS DE LA COMPETENCIA AL ESTADO AUTONÓMICO

La Ley de Defensa de la Competencia de 1989 (en adelante, LDC) estableció un sistema institucional de aplicación de las normas de competencia que desconocía por completo la distribución territorial del poder derivada de la Constitución de 1978 y de los posteriores estatutos de autonomía.

Toda la ejecución de las normas de competencia, como es conocido, se atribuía en exclusiva a la Administración general del Estado. Las Comunidades Autónomas eran prácticamente ignoradas en la LDC[1]. En ningún caso éstas podían participar en la aplicación de las normas de competencia.

---

[1] J. M.ª BAÑO LEÓN, *Potestades administrativas y garantías de las empresas en el Derecho español de la competencia*, 1996, p. 41: «No se adecua a la estructura política de nuestra Constitución que las Comunidades Autónomas queden alejadas de cualquier responsabilidad en la defensa de la competencia». En general, el análisis de la LDC desde la óptica autonómica se efectúa en extenso en Ll. CASES, *Derecho Administrativo de la defensa de la competencia*, 1995, pp. 408 a 447.

Al margen de los recursos de inconstitucionalidad planteados contra la LDC, no puede decirse que esta situación hubiese generado una excesiva controversia en las relaciones entre los poderes públicos territoriales. Es más, quizá donde ha habido una mayor controversia, seguramente más política que jurídica, ha sido en determinados expedientes de control de concentraciones económicas[2], que constituye una faceta no discutida de competencia exclusiva de la Administración general del Estado[3].

El Tribunal Constitucional (en adelante, TC), en su Sentencia 208/1999, de 11 de noviembre, declaró la inconstitucionalidad de la atribución exclusiva de la ejecución de la legislación de competencia a la Administración general del Estado[4]. No procede profundizar sobre las consideraciones de la Sentencia, que en términos generales estimamos correctas, ni tampoco sobre las implicaciones del sistema institucional que obligaría a implantar. Conviene señalar, únicamente, que tras la sentencia el sistema español de protección de las prácticas restrictivas de la competencia debía variar para articular la participación de las Comunidades Autónomas en un marco de legislación material única en todo el Estado. Es evidente que la implicación de las Comunidades Autónomas en la aplicación del Derecho de la competencia genera un sistema institucional más complejo que debe ser afrontado en clave positiva[5]. No procede ahora detenerse en este nuevo sistema institucional que exige el ordenamiento constitucional. No obstante, cabe referir cuatro ideas primarias. En primer lugar, el sistema de articulación del poder en base a una legislación única y una ejecución por las Comunidades Autónomas con intervención de la Administración general del Estado se puede encontrar en otros ámbitos materiales en nuestro sistema constitucional, de modo que no estamos ante una situación competencial novedosa. En segundo lugar, la participación de distintas instancias territoriales en materia de competencia es bastante habitual en sistemas políticos con distribución territorial del poder. Debemos recordar que los países en los que todos pensamos

---

[2] En especial, en operaciones de concentración en el sector de la distribución comercial y en el sector energético.

[3] Recordar que los recursos de inconstitucionalidad interpuestos contra la LDC nada dicen respecto del control de concentraciones económicas. Especialmente importante es que el Real Decreto-ley 6/1999, de 16 de abril, sobre medidas urgentes de liberalización e incremento de la competencia, que instituyó el carácter preceptivo de la notificación de la operación en caso de cumplimiento del umbral cualitativo o cuantitativo no fue objeto de ningún recurso de inconstitucionalidad.

[4] La Sentencia contó con dos votos particulares. Uno formulado por el Magistrado Julio González Campos, al que se adhirieron los Magistrados Manuel Jiménez de Parga y Vicente Conde Martín de Hijas. Y otro, formulado como voto particular concurrente, por el Magistrado Fernando Garrido Falla.

[5] Ll. Cases, «La competencia en España, 1999», *Anuario de la Competencia 1999*, 2000, p. 18.

cuando apuntamos una aplicación efectiva de las normas de competencia, Estados Unidos y Alemania, existe una distribución de las funciones en materia de competencia entre distintos niveles territoriales. Habría seguramente que añadir a la Comunidad Europea en la que incluso con el Reglamento 1/2003[6] se pretende potenciar la participación conjunta de la Comisión y de las autoridades nacionales en la aplicación del Derecho comunitario de la competencia. En tercer lugar, un repaso de las resoluciones del Tribunal de Defensa de la Competencia (en adelante, TDC) pone de relieve que en un número significativo de casos el mercado afectado por la conducta ilícita es de dimensión muy reducida[7]. Finalmente, en cuarto lugar, la distribución del poder en distintas instancias es coherente con la concepción originaria de la acción en defensa de la competencia[8].

La articulación de la participación de las Comunidades Autónomas en la aplicación del Derecho de la competencia se efectúa[9] en la Ley 1/2002, de coordinación de las competencias del Estado y de las Comunidades Autónomas en materia de defensa de la competencia (en adelante, Ley 1/2002)[10].

---

[6] Reglamento (CE) núm. 1/2003 del Consejo, de 16 de diciembre de 2002, relativo a la aplicación de las normas sobre competencia previstas en los arts. 81 y 82 del Tratado.

[7] Por ejemplo, cabe referir el análisis que efectúa X. Arzoz sobre las resoluciones del TDC dictadas en el año 2003 en «El impacto de los puntos de conexión de la Ley 1/2002 en la aplicación descentralizada del derecho de la competencia: análisis de las resoluciones adoptadas en 2003 por el TDC», *Anuario de la Competencia 2003,* 2004. Un análisis distinto, que no comparto, efectúa L. Estévez Mendoza, *Los puntos de conexión en la Ley 1/2002, de 21 de febrero, de coordinación de las competencias del Estado y las Comunidades Autónomas en materia de defensa de la competencia,* Instituto de Estudios Europeos, Centro de Política de la Competencia, Universidad San Pablo-CEU, 2003.

[8] Ll. Cases, *Derecho Administrativo de la defensa de la competencia, op. cit.,* p. 40, se analiza la conexión de las políticas *antitrust* con el sistema político-constitucional.

[9] La Sentencia del Tribunal Constitucional 208/1999 se dictó en el pleno proceso de elaboración de la posterior Ley 52/1999, de 28 de diciembre, de reforma de la Ley 16/1989, de 17 de julio, de Defensa de la Competencia. La Disposición Final segunda de esta Ley recogía el mandato al Gobierno para que antes del 1 de octubre del año 2000 presentara en el Congreso de los Diputados un proyecto de ley por el que se regularan los criterios de conexión determinantes de la atribución al Estado y a las Comunidades Autónomas de competencias referidas al conocimiento y aplicación de la normativa estatal relativa a conductas prohibidas y autorizaciones.

[10] La Ley 1/2002 ha sido objeto de comentarios de corte general: S. Martínez Lage, «La aplicación del derecho de la competencia por las Comunidades Autónomas: delimitación competencial», *Gaceta Jurídica de la Competencia y de la Unión Europea,* núm. 218, 2002, p. 3; J. E. Soriano García, «Comentario de urgencia a la Ley 1/2002», *Gaceta Jurídica de la Competencia y de la Unión Europea,* núm. 218, 2002, p. 10; P. Yanes, «Génesis y opciones de la Ley 1/2002, de 21 de febrero, de coordinación de las competencias del Estado y las Comunidades Autónomas en materia de defensa de la competencia», *Gaceta Jurídica de la Competencia y de la Unión Europea,* núm. 221, 2002, p. 45; Ll. Cases, «Comentari de la Llei 1/2002, de 22 de febrer, de coordinació de les competències de l'Estat i les comunitats autònomes en materia de defensa de la competència», *Nota d'Economia,* núm. 74, 2002, p. 115. Más en concreto, es interesante, X. Arzoz Santisteban, «Alternativas a la solución judicial de los conflictos competenciales en materia de defensa de la competencia», *Revista de Administración Pública,* núm. 164, 2004, p. 41.

Uno de los temas claves de la Ley 1/2002 son los puntos de conexión [11] para articular la participación de la Administración general del Estado o de la autonómica en cada asunto concreto que se plantea.

El objeto del presente análisis es únicamente los puntos de conexión establecidos en el art. 1 de la Ley 1/2002. Para ello, es oportuno advertir el pronunciamiento de la Sentencia 208/1999 del Tribunal Constitucional sobre el tema. A continuación, se detallarán las previsiones legales, que serán objeto de comentario. Finalmente, en la medida que la norma ya es objeto de aplicación se expondrá algún supuesto concreto, que puede ser de máxima utilidad para percibir la interpretación de las previsiones legales que las autoridades disponen. Consideramos, incluso, más conveniente analizar cómo vienen siendo interpretados los criterios del indicado artículo, que proceder a un mero examen teórico conceptual.

2. LAS INDICACIONES DE LA SENTENCIA DEL TRIBUNAL CONSTITUCIONAL 208/1999, DE 11 DE NOVIEMBRE

La Sentencia del TC 208/1999 [12] implica, de forma muy resumida, establecer un esquema en la materia defensa de la competencia que se articula en base a tres elementos estructurales. En primer lugar, la normación material del Derecho de la competencia corresponde al Estado. La aprobación de toda norma en la materia, ya sea de carácter legal o reglamentario, es competencia del Estado. En segundo lugar, las Comunidades Autónomas, que han asumido competencia [13] en la

---

[11] Empleo aquí el concepto previsto en la Ley 1/2002, aunque desde una perspectiva de técnica jurídica el concepto no es correcto.

[12] La sentencia ha sido objeto de varios comentarios: M. López Benítez, «Defensa de la competencia y Comunidades Autónomas», *Revista Andaluza de Administración Pública,* núm. 36, 1999, p. 119; J. Costas Comesaña, «Competencias ejecutivas de las Comunidades Autónomas en materia de defensa de la competencia», *Actas de Derecho Industrial y Derecho de Autor,* vol. XX, 1999, p. 437; P. Biglino Campos, «Principio de competencia, inconstitucionalidad y nulidad a la luz de la STC 208/1999, sobre la Ley 16/1989, de Defensa de la Competencia», *Revista Española de Derecho Constitucional,* núm. 59, 2000, p. 303; B. Belando Garín, «Defensa de la competencia y comercio interior», *Revista Española de Derecho Administrativo,* núm. 106, 2000, p. 271; J. Tornos Mas, «Comentario a la Sentencia del Tribunal Constitucional 208/1999 sobre la Ley de Defensa de la Competencia 16/1989», *Anuario de la Competencia 1999,* 2000, p. 97; S. Martínez Lage, «La Sentencia del Tribunal Constitucional de 11 de noviembre de 1999», *Gaceta Jurídica de la Competencia y de la Unión Europea,* núm. 205, 2000, p. 3; L. Cases Pallares, «La competencia en España, 1999», *Anuario de la Competencia 1999,* 2000, p. 13; J. Pérez Renovales, «El derecho de la competencia tras la STC 208/1999, de 11 de noviembre, y la Ley 52/1999, de 28 de diciembre, Derecho Administrativo Económico», *Cuadernos de Derecho Judicial,* XII, 2000, p. 239.

[13] Recordar, a título de ejemplo, que el art. 12.1 del Estatuto de Autonomía de Cataluña dispone:

«De acuerdo con las bases y la ordenación de la actividad económica general y la política monetaria del Estado, corresponde a la Generalidad, en los términos de lo dispuesto en los arts. 38, 131 y en los números 11 y 13 del apartado 1 del art. 149 CE, la competencia exclusiva

materia, son competentes para la ejecución de la indicada norma material dictada por el Estado. En tercer lugar, el Estado debe participar también en esta aplicación. A los efectos de este análisis es relevante detenerse, si bien brevemente, en el segundo y tercer elemento.

La interpretación del TC supone que de partida la función ejecutiva de la materia defensa de la competencia corresponde a las Comunidades Autónomas. Éstas serían primariamente las competentes para la aplicación de las normas de la LDC, como consecuencia de concebirlas esencialmente como parte de la regulación del comercio interior [14]. El poder público competente en origen para la aplicación de la LDC son las Comunidades Autónomas. Esta primera afirmación del TC ha de ser relevante a efectos de interpretar posteriormente las previsiones del art. 1 de la Ley 1/2002.

No obstante, la competencia de las Comunidades Autónomas no alcanza a cubrir todos los supuestos de ejecución de la LDC que puedan plantearse. Como indica Tornos [15], los propios recurrentes en el recurso de inconstitucionlidad que origina la Sentencia 208/1999 limitan su propia capacidad de acción [16]. En términos generales cabe afirmar que la doctrina del TC supone que la atribución de competencia exclusiva a las Comunidades Autónomas para la ejecución de la legislación estatal no ha de implicar la no posibilidad de reservar parcelas de acción a la Administración general del Estado [17]. Además, en la medida que

---

en las siguientes materias: ... 5. Comercio interior, defensa del consumidor y del usuario, sin perjuicio de la política general de precios y de la legislación sobre la defensa de la competencia. Denominación de origen en colaboración con el Estado».

[14] Afirma la sentencia:

«No se pone en duda, de otro lado, que la función ejecutiva atribuida a las Comunidades Autónomas por sus respectivos Estatutos de Autonomía cuando al Estado corresponde la legislación sobre una materia comprenda, en principio los actos administrativos de ésta (es decir, la potestad de administrar, así como, en su caso, la de dictar reglamentos internos de organización de los correspondientes servicios como hemos declarado tempranamente SSTC 18/1982, 35/1982 y 39/1982), ya que se admite pacíficamente por las partes que las facultades de inspección, control y sanción, así como la ordenación de la actividad de los servicios en materia de defensa de la competencia pertenecen al ámbito de la función ejecutiva», fundamento jurídico 4.º

[15] J. Tornos, *op. cit.*, p. 98.

[16] En el Antecedente 7.*d)* y en el fundamento jurídico 1.º de la Sentencia 208/1999 se afirma:

«Las CCAA recurrentes recaban para sí la competencia respecto de las facultades ejecutivas que se regulan en los preceptos antedichos, sin desconocer que al Estado corresponde la dirección general de la economía, tal como aduce el Consejo Ejecutivo de la Generalidad de Cataluña; más concretamente, el Gobierno vasco limita su reivindicación a aquellas "prácticas que principalmente tengan lugar en territorio de la Comunidad Autónoma o vayan dirigidas a alterar la libre competencia en el mercado intracomunitario", quedando fuera, por tanto, las supracomunitarias y las que, aun discurriendo en el territorio de la Comunidad, incidan sobre el conjunto del mercado nacional».

[17] Entre otras, SSTC 44/1984, de 27 de marzo; 146/1986, de 25 de noviembre; 13/1990, de 19 de julio; 147/1991, de 4 de julio.

se trata de una materia conectada con la actividad económica las facultades del Estado para intervenir adquieren mayor relevancia [18].

La concreción de esta tesis en la Sentencia 208/1999 es el reconocimiento de la necesaria intervención de la Administración general del Estado en la aplicación de la LDC. Afirma la sentencia que

> «no sólo la normación, sino todas las actividades ejecutivas que determinen la configuración real del mercado único de ámbito nacional habrán de atribuirse al Estado, al que corresponderán, por tanto, las actuaciones ejecutivas en relación con aquellas prácticas que puedan alterar la libre competencia en un ámbito supracomunitario o en el conjunto del mercado nacional, aunque tales actos ejecutivos hayan de realizarse en el territorio de cualquiera de las Comunidades Autónomas recurrentes» [19].

Y, por ello, concluye

> «la competencia ejecutiva que, en materia de defensa de la competencia, cabe atribuir a las Comunidades Autónomas, en virtud de la asunción de comercio interior se halla, pues, limitada a aquellas actuaciones ejecutivas que hayan de realizarse en su territorio y que no afecten al mercado supracomunitario. De modo que no sólo la normación, sino todas las actividades ejecutivas que determinen la configuración real del mercado con trascendencia extracomunitaria habrán de atribuirse al Estado, al que corresponderán, por tanto, las actuaciones ejecutivas en relación con aquellas prácticas que puedan alterar la libre competencia en un ámbito supracomunitario o en el conjunto del mercado nacional aunque tales actuaciones se realicen en el territorio de cualquiera de las Comunidades Autónomas recurrentes; pero, con estas limitaciones, la competencia ejecutiva atribuida a las Comunidades Autónomas por sus respectivos Estatutos no puede resultar enervada por la legislación del Estado» [20].

---

[18] La Sentencia del Tribunal Constitucional 29/1986, de 20 de febrero, afirma en su fundamento jurídico 4.º:

«Desde esta perspectiva parece claro que cuando para conseguir objetivos de la política económica nacional, se precise una acción unitaria en el conjunto del territorio del Estado, por la necesidad de asegurar un tratamiento uniforme de determinados problemas económicos o por la estrecha interdependencia de las actuaciones a realizar en distintas partes del territorio nacional, el Estado en el ejercicio de la competencia de ordenación de la actuación económica general podrá efectuar una planificación de detalle, siempre y sólo en tales supuestos, que la necesaria coherencia de la política económica general exija decisiones unitarias y no pueda articularse sin riesgo para la unidad económica del Estado a través de la fijación de bases y medidas de coordinación».

Tener en cuenta también, como se ha visto en la nota 12 anterior, los propios Estatutos de Autonomía asumen competencias con importantes modulaciones derivadas de la competencia del Estado en materia económica.

En este sentido, también es interesante la Sentencia 186/1988:

«Al principio de unidad económica y abarca la definición de las líneas de actuación tendentes a alcanzar los objetivos de política económica global sectorial fijados por la propia Constitución, así como la adopción de las medidas precisas para garantizar la realización de los mismos. La necesaria coherencia de la política económica exige decisiones unitarias que aseguren un tratamiento uniforme de determinados problemas en orden a la consecución de dichos objetivos y evite que, dada la estrecha interdependencia de las actuaciones llevadas a cabo en las distintas partes del territorio, se produzcan resultados disfuncionales y disgregadores».

[19] Fundamento jurídico 6.º

[20] Fundamento jurídico 7.º

3. LOS PUNTOS DE CONEXIÓN EN LA LEY 1/2002

El art. 1 de la Ley 1/2002 dispone expresamente del título «Puntos de conexión». El contenido del artículo es complejo [21]. En todo caso, conviene recordar que estos llamados puntos de conexión no suponen atribución de competencias a las Comunidades Autónomas, ya que ésta es función reservada a la Constitución y a los Estatutos de autonomía. Asimismo, por muchos esfuerzos que se hagan la definición de puntos de conexión será necesariamente abstracta, flexible y abierta, aunque ello no encaje con nuestra tradición jurídica, que defiende siempre articular sistemas normativos pretendidamente perfectos. La no precisión, que no arbitrariedad, es propia de las normas de competencia, que muchas veces operan en entornos ciertamente lejanos de fórmulas jurídicas pretendidamente perfectas y de automática aplicación [22].

El art. 1 de la Ley 1/2002 obliga a determinar tres bloques de análisis de distinta entidad: las materias íntegramente atribuidas al Estado; la articulación mediante la teoría del efecto; y la incorporación de amplios listados de conceptos que pueden extender la competencia estatal.

En primer lugar, en su apartado 5 reserva determinadas materias al Estado. En concreto, el control de las concentraciones económicas; la intervención en materia de ayudas públicas; la competencia para dictar reglamentos de exención por categorías; la representación internacional del Estado en general y, en concreto, ante la Unión Europea, la OCDE, la OMC y la UNCTAD; y la aplicación en España de los arts. 81 y 82 del Tratado de la Comunidad Europea. Obviamente, no podemos detenernos en un examen detallado acerca de sí cada uno de los elementos del listado se ajusta al marco constitucional.

De este listado, pese a que ciertamente nada indica la Sentencia 208/1999 al respecto, resulta cuestionable la determinación de la competencia en materia de ayudas públicas. Seguramente la escasa relevancia de la regulación del art. 19 LDC reduce la trascendencia de

[21] En concreto sobre el tema, puede verse X. ARZOZ SANTISTEBAN, «Comunidades Autónomas, puntos de conexión y defensa de la competencia», *Revista Vasca de Administración Pública,* núm. 64, 2002, p. 11; L. ESTÉVEZ MENDOZA, *op. cit.*

[22] Cabe recordar siempre el carácter cuasi constitucional de las normas de competencia. La Corte Suprema de Estados Unidos afirmaba ya en 1933 que

«(...) como un código de libertad, la Ley (Sherman) tiene una generalidad y adaptabilidad comparable a la que se considera que es deseable para las previsiones constitucionales. No entra en definiciones detalladas, que podrían perjudicar a empresas legítimas o por su particularización fallar en su propósito al proporcionar vías de escape. Las restricciones que la ley impone no son mecánicas o artificiales. Sus frases generales, interpretadas para alcanzar sus objetivos fundamentales, determinan el estándar esencial de razonabilidad» [Appalachians Coals, Inc. V US 288 US 344, 359 (1933)].

la previsión. Parece, sin embargo, cuestionable que la regulación del indicado artículo no se desdoble en atención a la procedencia del régimen de ayudas, del órgano que podrá requerir la emisión de informe o del órgano que debe emitir el informe de oficio o a instancia de otro órgano. Es difícil de justificar que los órganos autonómicos no puedan emitir informes, de oficio o a petición de parte, sobre regímenes de ayudas, incluso diría con independencia de su origen [23].

No sucede lo mismo con el control de concentraciones económicas en que, pese a la dificultad, prácticamente imposibilidad, de localizar alguna hipotética operación con incidencia exclusiva en una Comunidad Autónoma, entendemos que el Estado ejerce la competencia básica del art. 149.1.13 de la Constitución, tanto en la determinación de la obligatoriedad de la notificación, como en la definición de los umbrales y en el ejercicio de la intervención administrativa. Esta consideración no es contradictoria con afirmar la necesidad de establecer mecanismos para asegurar, de forma efectiva, la participación de las Comunidades Autónomas en el ejercicio por la Administración general del Estado de esta competencia [24].

En segundo lugar, el art. 1 en su apartado 1 y 3 regula los puntos de conexión en materia de control de conductas prohibidas, de abuso de posición de dominio y de falseamiento de la libre competencia por actos desleales, con la salvedad del apartado 2 que se analiza más adelante [25].

Los apartados 1 y 3 reconocen al Estado y a las Comunidades Autónomas respectivamente la competencia para conocer de las indicadas materias en aplicación de la teoría del efecto. Como indicó De Guindos, éste es el principio central de los puntos de conexión [26]. Así, el

[23] En general, seguramente sería sobre regímenes autonómicos o locales, pero también podría ser de interés su informe sobre los efectos en el ámbito territorial concreto de un régimen estatal.

[24] Puede verse, como ejemplo, la previsión del art. 5.4 de la Ley 1/2002 aplicable en asuntos de prácticas restrictivas de la competencia:

«El SDC y el TDC, en el ejercicio de las funciones que le son propias, recabarán de los órganos autonómicos competentes informe preceptivo, no vinculante, a emitir en el plazo de diez días hábiles, en relación con aquellas conductas que, afectando a un ámbito supraautonómico o al conjunto del mercado nacional, incidan de forma significativa, en el territorio de la respectiva Comunidad Autónoma».

[25] Se incorpora también la competencia para dictar autorizaciones. En esta materia son de aplicación los criterios comunes del apartado 1 y 3. No obstante, en el segundo párrafo se dispone que:

«No obstante, si después de otorgada una autorización por una Comunidad Autónoma se alteran las circunstancias determinantes de la atribución competencial por afectar la conducta autorizada a un ámbito supraautonómico o al conjunto del mercado nacional, será necesaria una nueva autorización, cuyo otorgamiento corresponderá a los órganos estatales de defensa de la competencia».

[26] L. de Guindos Jurado, «La política española de competencia en el nuevo entorno económico internacional», *Anuario de la Competencia 2000,* 2001, p. 35.

apartado 1 indica que será competencia del Estado *«cuando las citadas conductas alteren o puedan alterar la libre competencia en un ámbito supraautonómico o en el conjunto del mercado nacional, aun cuando el ejercicio de tales competencias haya de realizarse en el territorio de cualquiera de las Comunidades Autónomas»*. A su vez, el apartado 3 dispone que será competencia autonómica *«cuando las citadas conductas, sin afectar a un ámbito superior al de una Comunidad Autónoma o al conjunto del mercado nacional, alteren o puedan alterar la libre competencia en el ámbito de la respectiva Comunidad Autónoma»*.

En estos apartados, la Ley 1/2002 acoge la teoría del efecto para determinar el poder público que deberá conocer de la práctica restrictiva de la competencia. En general, este criterio es el habitualmente empleado por las normas de competencia en otros ordenamientos jurídicos para determinar su aplicabilidad a una concreta conducta [27]. Entendemos que éste es el criterio derivado de la Sentencia 208/1999 [28], aunque sean admisibles algunos matices que eviten un automatismo absoluto entre territorio afectado y competencia para decidir [29].

En aplicación de esta teoría en cada expediente concreto deberá examinarse el alcance del mercado afectado para reconocer al poder público competente. No es posible una solución general y automática, aunque sin duda a medida que progrese la aplicación compartida de la LDC podrán conocerse las reglas en que es operativa en España. Como señala la Comunicación de la Comisión relativa al concepto de efecto, «el criterio del efecto sobre el comercio es un criterio... que debe evaluarse por separado en cada caso» [30].

La definición del mercado afectado por una conducta o posición de dominio no tendrá que coincidir necesariamente con el mercado relevante definido en el expediente. La determinación del mercado

---

[27] El ejemplo más cercano, aunque en este caso sirve como cláusula de sujeción y no de exclusión de las normas de competencia de los Estados miembros, lo encontramos en el art. 81.1 y 82 del Tratado de la Comunidad Europea.

[28] En este sentido, S. Martínez Lage afirmaba en la Sentencia del Tribunal Constitucional de 11 de noviembre de 1999, *op. cit.,* p. 7: «concluimos nosotros, las Comunidades Autónomas con competencias en materia de comercio interior tendrán competencia para ejecutar en su territorio la legislación estatal de defensa de la competencia siempre que, y sólo cuando, las conductas que persigan agoten sus efectos en su propio territorio, es decir, que no produzcan efectos en los territorios de otras Comunidades. Ésta, y no otra, parece que habrá de ser la norma que se contenga en la Ley estatal que en su día se adopte para delimitar estas competencias, fijando, como dice la sentencia... los pertinentes criterios de conexión».

[29] Ll. Cases, «La competencia en España, 1999», *op. cit.,* p. 20; también X. Arzoz Santisteban, «Comunidades Autónomas, puntos de conexión y defensa de la competencia», *op. cit.,* p. 49.

[30] Comunicación de la Comisión, directrices relativas al concepto de efecto sobre el comercio contenido en los arts. 81 y 82 del Tratado (2004/C 101/07), *DOCE,* núm. C 101/81, de 27 de abril de 2004.

relevante[31] es clave y esencial para el análisis de la conducta o posición de dominio. En función del mercado relevante definido, tanto material como geográfico, estaremos o no en un caso de aplicación del art. 1 o 6 de la LDC. En cambio, el mercado afectado no es determinante para determinar si estamos o no ante un supuesto del art. 1 o 6. El mercado afectado sirve para determinar el poder público competente para intervenir en aplicación de la LDC. En términos generales, consideramos que el mercado afectado tenderá a ser mayor geográficamente hablando que el mercado relevante.

Los apartados 1 y 3 no califican el grado de afectación. De este modo, podría argüirse, en base a una interpretación estricta de la norma y de los pronunciamientos del Tribunal Constitucional, que toda conducta que tuviese efecto más allá de una Comunidad Autónoma, por reducido que éste fuese, debería ser competencia del Estado. En contra de esta interpretación se posiciona Arzoz, que analiza con detalle la cuestión y plantea que la existencia de efectos fuera del territorio de una Comunidad Autónoma no debería implicar la pérdida automática de competencia. Para ello defiende un criterio de no territorialidad y ofrece soluciones a la atribución automática de competencia al Estado cuando la conducta afecta más allá del territorio de una Comunidad, tales como, siempre que la conducta no afecte al conjunto del Estado, atribuir la competencia a la Comunidad Autónoma donde el acuerdo produzca sus efectos más significativos, o donde se localicen las prácticas[32]. No coincidimos con estas dos tesis.

Entendemos que procederá una situación intermedia articulada en base al grado de afectación. De este modo, no toda afectación externa a una Comunidad Autónoma deberá implicar de forma automática un desapoderamiento del poder público autonómico para conocer del asunto. Deberá existir un grado de afectación apreciable al conjunto del mercado nacional para que el Estado proceda a ejecutar las normas de competencia[33]. Esta interpretación de los apartados 1 y 3 del art. 3 deriva de la atribución originaria de competencia a las Comunidades Autónomas anteriormente señalada, es común a los sistemas de competencia[34] y permitirá configurarlos como auténticos puntos de conexión.

[31] La Comisión dispone de otra comunicación para esta materia: comunicación de la Comisión relativa a la definición de mercado de referencia a efectos de la normativa comunitaria en materia de competencia (97/C 372/03), *DOCE,* núm. C 372, de 9 de diciembre de 1999.

[32] X. Arzoz Santisteban, «Comunidades Autónomas, puntos de conexión y defensa de la competencia», *op. cit.,* p. 53.

[33] También J. Costas, *op. cit.,* p. 453.

[34] Así se ha ido articulando en el marco del Derecho comunitario, donde la referencia normativa es únicamente a la afectación al comercio entre los Estados miembros y ha sido su aplicación y la interpretación judicial la que ha configurado la doctrina de la afectación apreciable.

En tercer lugar, el art. 1 en su apartado 2 incorpora una matización de la teoría del efecto, que, en función del grado de aplicación que tenga, puede devenir muy considerable. El apartado 2 dispone que:

> «En todo caso, se considera que se altera o se puede alterar la libre competencia en un ámbito supraautonómico o en el conjunto del mercado nacional, en los siguientes casos:
>
> *a)* Cuando una conducta altere o pueda alterar la libre competencia en un ámbito supraautonómico o en el conjunto del mercado nacional o pueda afectar a la unidad de mercado nacional, entre otras causas, por la dimensión del mercado afectado, la cuota de mercado de la empresa correspondiente, la modalidad y alcance de la restricción de la competencia, o sus efectos sobre los competidores efectivos o potenciales y sobre los consumidores y usuarios, aun cuando tales conductas se realicen en el territorio de una Comunidad Autónoma.
>
> *b)* Cuando una conducta pueda atentar contra el establecimiento de un equilibrio económico adecuado y justo entre las diversas partes del territorio español, implicar medidas que directa o indirectamente obstaculicen la libre circulación y establecimiento de las personas y la libre circulación de bienes en todo el territorial nacional, suponer la compartimentación de los mercados o menoscabar las condiciones básicas que garanticen la igualdad de todos los españoles en el ejercicio de los derechos y en el cumplimiento de los deberes constitucionales, aun cuando tales conductas se realicen en el territorio de una Comunidad Autónoma».

A nuestro entender, curiosamente la Exposición de Motivos de la Ley 1/2002 indica que la teoría del efecto contenida en los apartados 1 y 3 del art. 1 se complementa con este precepto para garantizar el adecuado ejercicio de las competencias, la seguridad jurídica de los operadores económicos, la uniformidad en la aplicación de las normas[35] y minimizar los conflictos[36].

Desde una perspectiva conceptual la reproducida letra *a)* es cuestionable[37], ya que puede suponer la necesidad de intervención del Estado respecto de conductas que se realicen en el territorio de una Comunidad Autónoma por afectar a la unidad del mercado nacional. El lis-

---

[35] En el marco conceptual incluso del apartado 2 se hace difícil justificar este argumento para fundamentarlo. No comparte este criterio, L. ESTÉVEZ, *op. cit.,* que afirma que «la doctrina está de acuerdo en que tienen como fundamento, de acuerdo con la propia Exposición de Motivos de la Ley, garantizar la seguridad jurídica y la uniformidad en la aplicación de las normas que la Ley establece».

[36] Textualmente, el epígrafe V, tercer párrafo, indica:

«Además, con el fin de garantizar el adecuado ejercicio de las competencias, la seguridad jurídica de los operadores económicos y la uniformidad en la aplicación de las normas, todo ello en aras a minimizar los conflictos derivados de la interpretación de este criterio general, la Ley establece un conjunto de reglas adicionales tendentes a aclarar cuándo una conducta es competencia del Estado y cuándo lo es de una Comunidad Autónoma».

[37] Se posiciona en contra también X. ARZOZ SANTISTEBAN, «Comunidades Autónomas, puntos de conexión y defensa de la competencia», *op. cit.,* p. 62. En cambio, considera procedente este apartado, J. E. SORIANO GARCÍA, «Comentario de urgencia a la Ley 1/2002», *Gaceta Jurídica de la Competencia y de la Unión Europea, op. cit.,* p. 13.

tado es absolutamente generalista y refiere a la práctica totalidad de elementos que se analizan en un supuesto de infracción: la dimensión del mercado afectado; la cuota de mercado de la empresa; la modalidad y alcance de la restricción; efectos sobre competidores efectivos o potenciales; efectos sobre los consumidores y usuarios. Además, el listado no es cerrado, ya que el texto indica textualmente "entre otras causas", lo cual resulta de muy dudosa constitucionalidad. A su vez, la letra *b)* relaciona un conjunto de supuestos no conectados directamente con las normas de competencia. Se trata de conceptos jurídicos indeterminados, más que presunciones *iuris et de iure*[38]. Desde una perspectiva práctica resulta difícil estimar la operatividad real de estos enunciados, más allá de lo que aporta la teoría general del efecto. En todo caso, la aplicación práctica de estos enunciados estará en función de la acreditación de su relación intensa con la competencia del Estado reconocida en la propia Sentencia 208/1999 relativa a «todas las actividades ejecutivas que determinen la configuración real del mercado único de ámbito nacional habrán de atribuirse al Estado».

4. LA APLICACIÓN PRÁCTICA DE LAS PREVISIONES EN LA RESOLUCIÓN DEL TRIBUNAL CATALÁN DE DEFENSA DE LA COMPETENCIA, DE 10 DE MARZO DE 2004

La aplicación práctica de las previsiones del analizado art. 1 no está generando controversia entre las administraciones implicadas. No tenemos conocimiento de que la Junta Consultiva en materia de conflictos[39], prevista en el art. 3 de la Ley 1/2002, haya tenido que intervenir hasta la fecha. El cumplimiento de las obligaciones de comunicación de información del art. 2 permite al Servicio de Defensa de la Competencia y a las administraciones autonómicas disponer de información precisa sobre los asuntos, sin que haya existido algún expediente en que ambas administraciones reclamasen ostentar competencia.

Este hecho es, a nuestro modo de ver, muy relevante. No obstante, debe hacerse notar que ello no implica la plena seguridad en la correcta aplicación de los mandatos constitucionales. Los interesados en las

---

[38] Compartimos el criterio de X. ARZOZ SANTISTEBAN, «Comunidades Autónomas, puntos de conexión y defensa de la competencia», *op. cit.*, p. 63, en contra del criterio de S. MARTÍNEZ LAGE, «La aplicación del derecho de la competencias por las Comunidades Autónomas: delimitación competencial», *op. cit.*, p. 5.

[39] Hay que recordar que el dictamen de la Junta Consultiva no es vinculante. No lo podía ser. Las autoridades públicas deberán decidir si siguen el criterio de la Junta. Sobre el tema de la resolución de conflictos competenciales en la materia puede verse, X. ARZOZ, «Alternativas a la solución judicial de los conflictos competenciales en materia de defensa de la competencia», *Revista de Administración Pública,* núm. 164, 2004, p. 41.

resoluciones finales que se dicten, por una u otra administración, pueden esgrimir su nulidad de pleno derecho, de acuerdo con el art. 62 de la Ley 30/1992, de Régimen Jurídico de las Administraciones Públicas y del Procedimiento Administrativo Común, por ser dictadas por órgano incompetente.

En la medida que el art. 1 ya ha sido objeto de aplicación conviene proceder a examinar la interpretación dispuesta. Para ello es preciso centrar la atención en las resoluciones [40] del Tribunal Catalán de Defensa de la Competencia [41] (en adelante, TCDC). No hemos localizado desde la creación de las autoridades catalanas [42] ningún expediente resuelto por parte del Tribunal de Defensa de la Competencia que plantee alguna cuestión relevante desde la perspectiva de competencia [43].

Es especialmente relevante la Resolución de 10 de marzo de 2004 [44], que estima el recurso contra el acuerdo de archivo de la denuncia y remite el expediente de nuevo a la Dirección General de la Generalitat para que instruya el correspondiente expediente [45]. Más allá de que todo el proceso debe ser difícil de aceptar o incluso entender por parte de los denunciantes [46], el caso es de máximo interés para interpretar el alcance del analizado art. 1.

De los antecedentes de hecho de la resolución se desprende que la denuncia la presentan detectives privados no residentes en Cataluña

---

[40] Las resoluciones del Tribunal Catalán de Defensa de la Competencia se encuentran en http:www.gencat.net/economia/tcdc.

[41] No tenemos conocimiento de que existan resoluciones de alguna otra autoridad autonómica.

[42] Disposición Adicional duodécima de la Ley 21/2001, de 28 de diciembre, de medidas fiscales y administrativas del Parlamento de Cataluña, y Decreto 222/2002, de 27 de agosto, por el que se crean los órganos de defensa de la competencia de la Generalitat de Cataluña.

[43] Obviamente, ello no implica que no puedan existir algunos casos que se estén tramitando en sede del SDC y del TDC en que pudiera aparecer alguna cuestión de interés desde la óptica competencial.

[44] Resolución de 10 de marzo, que se resuelve el recurso de alzada contra la Resolución de 25 de noviembre de 2003 de la Dirección General de Defensa de la Competencia de la Generalitat de Cataluña, en la que se acuerda el archivo de la denuncia formulada en su día contra el Colegio de Detectives Privados de Cataluña (Expediente RC 1/04, Col·legi Oficial de Detectius Privats de Catalunya).

[45] Otras resoluciones dictadas por el TCDC no nos parecen tan relevantes desde la perspectiva competencial. Entre otras, la Resolución de 25 de febrero de 2004 autoriza un convenio marco de colaboración entre el Gremio de Vendedores de Vehículos de Motor de Barcelona y Provincia y la Unión Catalana de Entidades Aseguradoras, Reaseguradoras y de Capitalización; Resolución de 21 de julio de 2004 que declara acreditada la realización de conductas restrictivas por parte de varias autoescuelas de Sabadell; Resolución de 28 de julio de 2004 que declara acreditado el abuso de posición de dominio en la estación de esquí de Baqueira Beret.

[46] Nos referimos, de forma resumida, a lo siguiente: el 3 de julio de 2001 se presenta una denuncia ante el SDC; el 12 de febrero de 2002, el SDC archiva la denuncia; el 20 de febrero de 2002, se interpone recurso ante el TDC; el 24 de marzo de 2003, el TDC estimó el recurso y retornó el expediente al SDC para la práctica de la debida instrucción; el 3 de junio de 2003, el SDC comunica a las autoridades catalanas que les corresponde la competencia para resolver el expediente; el 25 de noviembre de 2003, la Dirección General catalana acuerda el archivo

por prácticas restrictivas de la competencia consistentes en la exigencia de una habilitación temporal para operar en esta Comunidad, la exigencia de un visado colegial y la difusión de manifestaciones y publicaciones que pueden poner en duda la profesionalidad de los detectives privados que no estén colegiados en el Colegio Oficial de Detectives Privados de Cataluña. De forma muy básica, la conducta denunciada pretendía obstaculizar, dificultar, hacer más gravoso en definitiva, el ejercicio por parte de profesionales residentes fuera de la Comunidad Autónoma y que disponían de la autorización ministerial pertinente.

El TDC, en su Resolución de 24 de marzo de 2003 [47] sobre el mismo asunto previa a la remisión del expediente a las autoridades autonómicas, había afirmado:

> «Considera el Tribunal que la creación de un Colegio Profesional en una Comunidad Autónoma para una profesión que no está colegiada en el resto del Estado no puede conceder a los profesionales de tal Comunidad la posibilidad de establecer barreras de entrada artificiales (pagos de habilitación y visado de documentos) para los competidores residentes en otras zonas que, al haber superado las pruebas de aptitud exigidas, tienen la habilitación del Ministerio del Interior que establece el art. 10 de la Ley 23/1992, de Seguridad Privada» [48].

El SDC consideró que las autoridades catalanas eran las competentes. Incluso, como indica la propia Resolución de 10 de marzo de 2004, la Abogacía del Estado de la Subsecretaría del Ministerio de Economía emite informe acerca de la procedencia de la competencia autonómica: «es claro que las prácticas restrictivas de la competencia se producen sólo en el ámbito territorial de la Comunidad Autónoma de Cataluña tal y como se deduce de la nota sucinta y de la Resolución del TDC remitidas a esta Abogacía del Estado. Por tanto, a la vista de las anteriores consideraciones la competencia para conocer del expediente corresponderá a la Comunidad Autónoma de Cataluña».

El TCDC, cuestionada su competencia por los recurrentes, viene a afirmarla en función del ámbito territorial de actuación del órgano denunciado, que no puede superar el límite de la Comunidad Autónoma y de que es en este ámbito donde se produciría, en su caso, la alteración esencial de la libre competencia. No excluye, por tanto, que puedan haber efectos fuera de esta Comunidad, pero es en ésta donde se podría alterar de forma esencial la competencia. Así, afirma que se trata de una situación

---

del expediente; ahora, en la Resolución del TCDC de 10 de marzo de 2004 se estima el recurso y se retorna el expediente. No tenemos conocimiento de ningún acto posterior.

[47] Resolución TDC de 24 de marzo de 2003 (Expediente R 512/02, Detectives Privados Cataluña).

[48] Fundamento 7.º

> «en que las conductas denunciadas se realizan dentro del ámbito territorial catalán y es en este ámbito donde se podría alterar de manera esencial la libre competencia».

Y más adelante, con cierta precisión sobre el tema indica que

> «teniendo en cuenta todo lo expuesto, así como el hecho de que los efectos de la posible alteración de la competencia se habrían delimitado esencialmente en el ámbito territorial de la Comunidad catalana, que es el ámbito de actuación del Colegio Oficial de Detectives Privados de Cataluña denunciado y, siendo consecuente con los criterios de distribución competencial fijados en la Ley 1/2002, entiende que queda acreditada la competencia de los órganos de defensa de la competencia catalanes» [49].

La competencia autonómica para conocer de este expediente, obviamente, se debe sustentar, tanto por las autoridades nacionales como por las autonómicas, en una interpretación no estricta del principio del efecto, tal y como anteriormente hemos defendido.

---

[49] Fundamento 4.º

SEGUNDO TALLER

LAS CUESTIONES ESPECÍFICAS DE LA REFORMA DEL DERECHO DE LA COMPETENCIA EN ESPAÑA

D. CONDUCTAS Y OTROS SUPUESTOS DE HECHO

LOS ACUERDOS: ¿AUTORIZACIÓN INDIVIDUAL O EXCEPCIÓN LEGAL?

Jesús ALFARO ÁGUILA-REAL [1]
Of counsel, Albiñana y Suárez de Lezo

... Practices that are harmful in eighty percent of the cases should be unlawful per se... practices that are beneficial in eighty percent of the cases should be lawful per se. More discriminating analysis should be reserved for the rare intermediate case.

F. H. EASTERBROOK

I. La cita de EASTERBROOK refleja bien el objetivo de estas páginas. Se trata de defender el sistema de "excepción legal" mediante una delimitación estricta de la prohibición de cárteles en el art. 1 LDC que deje fuera de dicha prohibición *todos* los acuerdos verticales (a salvo de los celebrados por empresas dominantes que se habrían de examinar en el marco del art. 6 LDC); todos los acuerdos de menor importancia y todos los acuerdos con *efectos* restrictivos de la competencia pero con causa legítima. Técnicamente, este resultado podría lograrse declarando prohibidos y nulos los acuerdos que, siendo idóneos para tal fin, *tengan por objeto* restringir la competencia. La prohibición se completaría con una previsión excepcional de autorización de acuerdos cuyo *objeto* sea restrictivo de la competencia a través de un reglamento. Con ello, se proporcionaría a las autoridades de com-

---

[1] Catedrático de Derecho Mercantil, Universidad Autónoma de Madrid-Of Counsel, Albiñana y Suárez de Lezo. El autor agradece la financiación de la Fundación BBVA y los comentarios de Miguel ODRIOZOLA, Patricia LIÑAN, Diego CRESPO y Alfonso OÍS.

petencia instrumentos suficientes para combatir los acuerdos peligrosos para el mantenimiento de la competencia efectiva en los mercados y se minimizarían los errores positivos (prohibir acuerdos eficientes), los negativos (permitir acuerdos anticompetitivos) y los costes de administración de la norma. Se argumentará igualmente que una delimitación estricta de la prohibición del art. 1 LDC es sustancialmente coherente con lo mejor de la reforma del Derecho europeo de la competencia y proporciona una visión del Derecho antimonopolio coherente con el Derecho privado y sus fundamentos constitucionales.

II. El punto de partida es que, si el objetivo del Derecho de la competencia es controlar el poder de mercado [2], resulta difícil de entender la amplísima prohibición de los acuerdos entre empresas contenidas en el art. 1 LDC y en el art. 81.1 TCE, tal como ambos han sido entendidos por las autoridades y tribunales encargados de aplicarlos. En esta interpretación, estos preceptos prohíben cualquier acuerdo entre empresas que tengan por objeto, produzcan o puedan producir, el efecto de restringir la competencia, lo que lleva a concluir que el legislador considera que *toda la cooperación entre individuos en el mercado ha de realizarse* en el seno de la empresa individual, de forma que la cooperación entre empresas deviene sistemáticamente sospechosa [3]. Es obvio, sin embargo, que la escala óptima en la que hay que realizar cada actividad puede ser, y de hecho es, diferente, como lo es que la cooperación puede resultar más eficiente, precisamente, entre quienes se dedican a producir lo mismo (competidores). Por tanto, calificar de ilegales *prima facie* todos los acuerdos, para llevar a cabo actividades que se desarrollan de forma más eficiente en cooperación con otros participantes en el mismo mercado, resulta simplemente monstruoso. La eficiencia productiva exige cooperación y, por tanto, que tengan fuerza vinculante los acuerdos que tienen efectos restrictivos de la competencia [4]. Porque limitar la libertad de los que celebran un contrato puede ser la forma de generar en las partes del mismo los incentivos adecuados para asegurar el cumplimiento del mismo. Si el cumplimien-

---

[2] No podemos discutir la corrección de esta afirmación, pero se estará de acuerdo que, si un operador económico no tiene poder de mercado, no puede influir sobre el precio o las cantidades ofertadas y, por tanto, no puede afectar negativamente al bienestar del consumidor.

[3] Esto no es una exageración. *Vid.* los párrafos 14 a 16 de la Comunicación de la Comisión sobre Directrices relativas a la aplicación del apartado 3 del art. 81 del Tratado (2004/C 101/08), *DOCE* de 27 de abril de 2004 (en adelante, la *Comunicación*): *«Los acuerdos pueden tener tales efectos cuando reducen de manera apreciable la rivalidad entre las partes del acuerdo o entre éstas y terceros»*.

[4] R. H. BORK, *The Antitrust Paradox. A Policy at War with itself*, New York, 1978, p. 135: *«productive efficiency absolutely requires the agreed elimination of rivalry... when men join together... they either explicitly or tacitly accept the elimination of market rivalry between themselves. Joint effort organized by administrative direction replaces the forces of the marketplace»;* H. EIDENMÜLLER, *Unternehmenssanierung zwischen Markt und Gesetz*, Köln, 1999, pp. 1-3; KOVACIC y SHAPIRO, *J. Econ. Persp.* (14), 2000, p. 44. El desarrollo de la concepción contractual de la empresa (nexo de con-

to del contrato aumenta el bienestar social, porque permite obtener los beneficios del intercambio y la especialización, el Derecho de la competencia no puede prohibir tales limitaciones de la libertad de actuación individual. Si se pretende que los socios de una sociedad colectiva dediquen todos sus esfuerzos al logro del fin común (causa del contrato de sociedad), ha de prohibírseles, por ley o por pacto, que puedan hacer la competencia a la sociedad. Si se pretende que un distribuidor se esfuerce en prestar servicios pre y postventa a los clientes, ha de limitarse la competencia entre distribuidores en torno al precio. En ocasiones, por último, dificultades para lograr la coordinación espontánea impide resolver fallos de mercado que sólo pueden ser reducidos a través del acuerdo explícito entre competidores. Pero, sobre todo, no sabemos si ésos son los medios más eficientes para lograr tales objetivos legítimos o si otras cláusulas harían mejor tal papel. Por tanto, las autoridades de competencia no pueden decirle a los particulares qué cláusulas pueden y qué cláusulas no pueden incluir en sus acuerdos con carácter general.

III. En este sentido, el armazón conceptual del art. 81.1 era escasamente coherente con el sustrato económico sobre el que se construye el Derecho privado. En efecto, i) manejaba un concepto de competencia basado en un prejuicio consistente en creer que sólo hay un modelo de mercado (el de competencia atomizada), lo que le llevaba a considerar imprescindible salvaguardar la competencia intramarca, innecesaria para mantener la rivalidad en un mercado en el que haya productos diferenciados (competencia monopolística); ii) utilizaba un concepto de restricción de competencia erróneo, ya que no lo entendía como una reducción apreciable de la rivalidad en el mercado de producto, sino como limitación a la libertad de actuación de un competidor; iii) no tenía en cuenta suficientemente los efectos reales de la conducta sobre el mercado, al considerar, por ejemplo, prohibidos, acuerdos inidóneos para tener efecto alguno sobre el mercado por la escasa entidad de los que participan en el acuerdo, y iv) por último, alteraba la relación regla/excepción que hemos expuesto más arriba. No declaraba legítimos muchos acuerdos no colusorios, sino que, tras considerarlos prohibidos, los autorizaba si cumplían determinados requisitos, lo que le obligó a ampliar extraordinariamente el ámbito de aplicación de las autorizaciones.

IV. La reforma culminada en 2004 ha resuelto el problema de la relación regla/excepción y ha reducido notablemente los otros tres

---

tratos) hoy dominante, ha influido notablemente en el éxito de la perspectiva que se desarrolla en el texto.

problemas enunciados. No obstante, no ha avanzado todo lo que hubiera sido deseable. La relación regla/excepción se ha modificado en sentido más conforme con un sistema donde la regla es la libertad y la excepción la prohibición[5]. Los otros problemas siguen lacerando el Derecho comunitario y no parece que vayan a resolverse en el futuro, en primer lugar, porque las autoridades comunitarias no los consideran defectos del sistema. Pero lo son. Tratar de promover la competencia *intramarca* no es un objetivo valioso y su persecución por el Derecho de la competencia multiplica las contradicciones internas y las incoherencias respecto al concepto de *competencia* y al de *restricción a la competencia*[6].

V. El concepto de restricción de la competencia en el Derecho comunitario sigue siendo el de que *«cada agente económico debe determinar de modo autónomo la política que pretenda seguir en el mercado»*[7], y no el de la colusión. De forma que se afirma la existencia de una restricción de la competencia siempre que alguien se haya obligado a no desarrollar una estrategia empresarial que podría haber desarrollado de no ser por el acuerdo[8]. Este concepto es inadecuado porque no tiene en cuenta los *efectos sobre el mercado* de la obligación asumida. Utilizando los ejemplos que propone la Comisión Europea para determinar cuándo hay una restricción de la competencia en el sentido del art. 81.1, se puede aceptar que *«cuando dos empresas establecidas en*

[5] Así, tras la reforma, están prohibidos los *hard core* cárteles (o *naked restraints*) y no lo están las restricciones que sean necesarias y proporcionadas para alcanzar el fin perseguido por las partes al celebrar un contrato cuya finalidad sea económicamente legítima, en cuyo caso, son lícitos, aunque tengan efectos restrictivos de la competencia. Además y sobre todo, no es necesaria una declaración administrativa o una norma *ad hoc* que declare la licitud (art. 1 del Reglamento 1/2003). En este sentido, la desaparición de las autorizaciones singulares refleja del modo más expresivo el cambio producido. Esta transformación es la que se enuncia, de forma poco comprensible en castellano, como el paso de un sistema de autorización individual a un sistema de excepción legal.

[6] *Vid., infra* nota 24; ampliamente, J. ALFARO, «Autorizar lo que no está prohibido: una crítica a la regulación de los acuerdos verticales», *GJ* (229), 2004, pp. 51-67; S. BISHOP y D. RIDYARD, «E.C. Vertical Restraints Guidelines: Effects-Based or Per Se Policy», *ECLR,* 2002, p. 35: *«vertical restraints that "partition" the market provide distributors with the immunity from intrabrand competition that is necessary for important investments to be made and that prohibiting such vertical restraints»* puede conducir a menor integración de los mercados en lugar de a una mayor integración. *Vid.,* también, con muchas referencias sobre la utilización del Derecho de la competencia para fines de integración de mercados, F. DÍEZ-ESTELLA, «Los objetivos del Derecho Antitrust», *GJ* (224), 2003, pp. 32 ss.

[7] *Vid.,* los párrafos 14 y 15 de la Comunicación sobre el art. 81.3, en el que la Comisión cita los asuntos C-49/92P, *Anic Partecipazioni,* Rec. 1999, p. I-4125, apartado 116, y los asuntos acumulados 40/73 a 48/73 y otros, *Suiker Unie,* Rec. 1975, p. 1663, apartado 173.

[8] *Vid.,* para lo que sigue las "preguntas" que propone la Comisión para determinar si hay una restricción de la competencia en el párrafo 18 de la Comunicación sobre el art. 81.3. Si hemos entendido bien a la Comisión, el párrafo 18.1 se refiere a los acuerdos que tienen *por objeto* restringir la competencia y el párrafo 18.2 se refiere a los pactos o cláusulas que, dentro de un acuerdo que articula una transacción económica legítima, tienen *efectos restrictivos* de la competencia.

diferentes Estados miembros se comprometen a no vender productos en sus respectivos mercados, la competencia (potencial) que existía antes del acuerdo se ve restringida», pero, en tal caso, estamos ante un acuerdo que tiene *por objeto* restringir la competencia (es un cártel de reparto de mercados) que sólo puede quedar fuera del art. 81.1 cuando se den razones excepcionales que luego abordaremos. Pero es inaceptable afirmar que *«cuando un proveedor impone a sus distribuidores obligaciones de no vender productos competidores»* estemos ante una restricción de la competencia en el sentido de un acuerdo colusorio. Sólo si —como añade inmediatamente la Comisión— la envergadura del fabricante o del conjunto de su red de distribución es muy grande y, *«esa obligación impide el acceso de terceros al mercado, la competencia real o potencial que habría existido en ausencia del acuerdo se ve restringida».* Porque, en otro caso, si el fabricante podía no haber vendido sus productos a un determinado distribuidor, venderle con condiciones incrementa la competencia. Obsérvese, pues, cómo la Comisión maneja dos conceptos distintos de restricción de la competencia.

La cosa empeora, desde el punto de vista de la coherencia del concepto, cuando se afirma inmediatamente que *«cuando un proveedor impide a sus distribuidores competir entre sí, se restringe la competencia (potencial) que podría haber existido entre los distribuidores en ausencia de las restricciones».* No es cierto. Si el proveedor no celebra los contratos de distribución con cada uno de ellos, en primer lugar, no se hubiera desarrollado competencia alguna entre éstos. Por tanto, si el contrato de distribución permite algún grado de competencia entre los distribuidores por pequeña que sea, el contrato *incrementa* la competencia preexistente. Y si el fabricante prohíbe a sus distribuidores distribuir los productos de otros fabricantes (obligación de no competencia), la competencia no se ve afectada en el sentido de que no se traduce en precios más elevados para los consumidores de tales productos, que estarán protegidos frente a precios elevados por la rivalidad entre fabricantes[9]. Por tanto, sólo es restrictivo de la competencia en el amplísimo sentido señalado anteriormente: como limitación de la libertad de actuación del distribuidor, concepto de restricción de competencia que, como hemos señalado, conduciría a incluir en el art. 81.1 prácticamente todos los contratos obligatorios.

VI. Un Derecho de la competencia que limita tan desaforadamente la libertad de los particulares para llegar a acuerdos con otros particulares no puede ser compatible con la Constitución y con los valores

---

[9] R. Gilbert, «Converging Doctrines? US and EU Antitrust Policy for the Licensing of Intellectual Property», *Working Paper,* 2004; *Competition Policy Center, U. California, No. CPC04-44,* disponible en www.ssrn.com, september 2004.

de la libertad individual, la protección de la autonomía privada y de la libertad de empresa[10]. Pero si los juristas no han calificado el art. 1 LDC de inconstitucional es porque no lo es. Lo que hace falta decir es que lo sería, si no fuera porque un conjunto de normas (arts. 2 a 5 LDC) y, sobre todo, doctrinas legales reducen drásticamente su ámbito de aplicación. La principal de estas doctrinas legales es la que afirma que si un pacto, cláusula o condición forma parte útil de un contrato cuya celebración es legítima a la luz de la finalidad perseguida por las partes con el mismo, que el pacto tenga efectos restrictivos de la libertad de actuación de las partes en dicha relación o en relación con terceros, *no obliga a declararlo contrario al art. 81.1* o al art. 1 LDC.

VII. Esta doctrina se ha calificado como *rule of reason* europea y ha sido desarrollada por el TJCE para dejar fuera del art. 81.1 del Tratado algunos tipos de acuerdos cuyo contenido restrictivo de la competencia es indudable[11], pero que reducen costes de transacción o resuelven problemas contractuales (generar incentivos a las partes para cumplir; asignar riesgos a la parte que puede asumirlos a menor coste; incentivar a las partes a revelar información a la contraparte; inducir a una de las partes a desplegar el nivel óptimo de esfuerzo en el cumplimiento o a proporcionar el nivel de calidad óptimo...). La doctrina alemana denomina a estos acuerdos *restricciones inmanentes a un tipo contractual* y en el Derecho norteamericano se conocen como *ancillary restraints.* Esta doctrina permite establecer una *summa divisio* entre acuerdos que, aunque tengan efectos restrictivos de la competencia no deben considerarse prohibidos y los cárteles (acuerdos que tienen *por objeto* restringir la competencia) a los que va dirigida primariamente la prohibición y a los que, consecuentemente, va dirigida también la posibilidad *excepcional* de autorización a través del correspondiente reglamento. Excedería con mucho el tamaño de esta ponencia la exposición de la formación de esta doctrina en el Derecho norteamericano y europeo, lo que dejamos para otro lugar. Las conclusiones de tal análisis se exponen a continuación.

VIII. El ejemplo norteamericano pone de manifiesto cómo la jurisprudencia ha tratado de cohonestar la prohibición de acuerdos restrictivos de la competencia —igualmente general en la Sect. 1 de la *Sherman Act*— con el Derecho privado y la libertad de los particulares para ordenar sus relaciones en la forma que les permita maximizar las ganancias derivadas de los intercambios y lo ha hecho porque

---

[10] Sobre lo cual *vid.*, ampliamente, C. PAZ-ARES y J. ALFARO, «Ensayo sobre la libertad de empresa», *Estudios homenaje a L. Déez-Picazo,* t. IV, Madrid, 2003, pp. 5971-6040.

[11] *Vid.* la exposición de la jurisprudencia del TJCE en VEROUDEN, *Antitrust L. J.* (71), 2003, pp. 553 ss.

los jueces que deciden sobre la *Sect.* 1 de la *Sherman Act* también han de aplicar el Derecho contractual que garantiza la protección y el carácter vinculante de los acuerdos a los que llegan los particulares en la persecución de sus propios fines [12]. En cuanto a Europa, un repaso por la jurisprudencia comunitaria —que no podemos exponer aquí por razones de espacio— permite concluir que si un acuerdo (que articula la transacción) no tiene por objeto restringir la competencia y responde a una finalidad económica legítima, las cláusulas incluidas en el mismo que tengan *efectos restrictivos de la competencia* no caen bajo el art. 81.1 si son necesarias para la efectiva consecución de los fines que se hayan propuesto (o quepa imputar a) las partes del contrato [13]. En esta medida, puede afirmarse que la doctrina de las *ancillary restraints* está también vigente en Europa aunque *su eficacia protectora de la libertad contractual frente al derecho de la competencia es muy inferior a la que tiene en los Estados Unidos*. La razón se encuentra en que el Derecho europeo limita (en exceso sobre el norteamericano) la libertad contractual sobre la base de valoraciones procedentes, no del propio Derecho de la competencia, sino del objetivo de integración de mercados, lo que le lleva a considerar como restricciones de la competencia (y, por tanto, prohibidas) todas las cláusulas que permitan a un fabricante compartimentar mercados con independencia de que sean coherentes con la finalidad del contrato en el que se insertan, o que generen poder de mercado o perjudiquen de cualquier otra forma a los consumidores [14].

IX. Las consecuencias negativas de este planteamiento son múltiples. En primer lugar, el objetivo de integración obliga a las autoridades de competencia europeas a deformar el contenido del art. 81.1 y la distinción, contenida en el mismo, entre acuerdos que tengan por objeto la restricción de la competencia y acuerdos que tienen efectos restrictivos. Según la Comisión Europea, esa distinción es relevante porque los acuerdos cuyo *objeto* es restringir la competencia están prohibidos por el art. 81.1 con independencia de los efectos reales que semejante acuerdo tenga sobre el mercado, mientras que los pactos

---

[12] Th. C. ARTHUR, «A Workable Rule of Reason: a Less Ambitious Antitrust Role for the Federal Courts», *Antitrust L. J.* (68), 2000, pp. 337 ss.

[13] Excepcionalmente, estos acuerdos caerán bajo el art. 81.1 cuando *«la existencia de un cierto número de tales sistemas de distribución no deja espacio para otras formas de distribución... o resulta en una rigidez en la estructura de precios que no queda compensada por otros aspectos competitivos entre productos de las mismas marcas y por la existencia de competencia efectiva entre diferentes marcas»*, VEROUDEN, *Antitrust L. J.* (71), 2003, p. 555.

[14] A esto se refieren las autoridades europeas cuando afirman que hay que examinar qué competencia se habría desarrollado en ausencia del acuerdo, lo que es impreciso porque conduce a resultados muy distintos en función de qué entendamos por competencia relevante (intramarca o intermarcas). *Vid.*, P. LUGARD y L. HANCHER, «Honey, I Shrunk the Article! A Critical Assessment of the Comission's Notice on Article 81.3 of the EC Treaty», *ECLR*, 2004, pp. 410 ss., p. 411.

que tengan efectos restrictivos están prohibidos sólo cuando dichos efectos sean apreciables en el mercado. Parece obvio, sin embargo, que esa interpretación no es compatible con el tenor literal del precepto y con la distinción entre objeto y efectos. Un acuerdo tiene *por objeto* restringir la competencia cuando la finalidad perseguida por las partes al celebrar ese contrato es limitar la competencia entre ellas, esto es, eliminar la rivalidad. Pero no es tal la interpretación de las autoridades de la competencia. Éstas definen las restricciones de la competencia *"por objeto"* como *«aquellas que por su propia naturaleza (?) restringen la competencia. Son restricciones que, a la luz de los objetivos de la normativa comunitaria de competencia, tienen un potencial tan grande de efectos negativos sobre la competencia* (?) *que no es necesario probar su efectos sobre el mercado para aplicar el apartado 1 del art. 81».* Y —continúa la Comisión— *«para determinar si un acuerdo tiene por objeto restringir la competencia se tienen en cuenta varios factores, especialmente el contenido del acuerdo y los fines objetivos del mismo... el contexto en que se aplica... el comportamiento real de las partes en el mercado...»* [15]. Se estará de acuerdo que semejante definición de lo que es un acuerdo que tiene por objeto restringir la competencia es, cuando menos, escasamente clarificadora. Arroja al intérprete al "mar de dudas" al que se refería la jurisprudencia norteamericana. Sobre todo, cuando, a continuación, se concluye por la Comisión que las restricciones enumeradas en la lista de *restricciones especialmente graves* son restrictivas por su objeto y en dicha lista figuran las sospechosas habituales, esto es, las cláusulas que fijan el precio de reventa de los productos y las cláusulas de protección territorial absoluta.

X. Al mismo tiempo, el planteamiento comunitario que criticamos conduce a incoherencias con el análisis en otros ámbitos, como, por ejemplo, el que se realiza de las *restricciones accesorias a una operación de concentración.* La definición de operación de concentración (cambio estable en la estructura de control de una empresa) [16], hace que los vehículos jurídico-privados para articular el cambio de control sean, normalmente, el contrato de compraventa (de activos o de acciones o participaciones) o la fusión de sociedades. Tratándose de un contrato con un fin legítimo (transferir los activos allí donde tienen mayor valor), la Comisión y el TJCE no han dudado en declarar no incluidas en el art. 81.1 las llamadas "restricciones accesorias" a la operación de concentración [art. 6.1.*b)*.II del Reglamento Comunitario de Con-

---

[15] Apartado 14 de la comunicación de la Comisión de directrices relativas a la aplicación del art. 81 del Tratado CE a los acuerdos de transferencia de tecnología.

[16] Art. 3.1 Reglamento (CE) núm. 139/2004 del Consejo, de 20 de enero de 2004, sobre el control de las concentraciones entre empresas («Reglamento comunitario de concentraciones»), *DOCE,* de 29 de enero de 2004.

centraciones]. En lo que aquí interesa, lo importante es que se declaran válidas cláusulas que tienen efectos restrictivos de la competencia y su validez deriva de que están vinculadas directamente y son necesarias para lograr la finalidad perseguida por las partes de un contrato.

Ahora bien, si examinamos en detalle qué se entiende por *necesaria*, se comprende inmediatamente que el enjuiciamiento de la Comisión es mucho menos severo en el ámbito del control de concentraciones que en el ámbito del art. 81.1. En efecto, si la operación no genera o refuerza una posición de dominio, ni reduce significativamente la competencia en el mercado de producto, las restricciones accesorias se considerarán autorizadas *si son útiles* para el fin contractual. Así, la Comisión considera suficiente para calificar como accesoria una restricción, que sin ellas no pueda realizarse la operación o que se realice *«con mayor inseguridad o dificultad, o con mayores costes, o en un plazo mucho más largo o cuando sirven a la finalidad de proteger el valor total de los activos objeto de la operación o permiten mantener el nivel de abastecimiento determinado tras la operación o posibilita la consolidación de la entidad resultante de la operación en el mercado en el que desarrolle sus actividades»* [17].

Pues bien, si basta con que la restricción sea *útil para el fin contractual* para que se considere accesoria en el caso de una operación de concentración [18], *debe igualmente considerarse válida la restricción de competencia si es útil para los fines perseguidos por las partes al incluirla en cualquier otro tipo de contrato con causa legítima.* En otro caso, incurriríamos en una contradicción de valoración inaceptable. Siendo coherentes, no pueden resultar mejor tratados los contratos de compraventa de activos o de fusión que los contratos de franquicia, distribución o los de sociedad. No estamos diciendo sólo que la valoración *ex* art. 81.3 del Tratado deba conducir a idéntica conclusión. Lo que estamos diciendo es que no hay justificación alguna para *privilegiar determinadas finalidades económico-sociales* en relación con otras. Nos referimos a la finalidad de reasignar el control sobre activos determinados, que es el concepto de concentración en el Reglamento europeo de concentraciones respecto a cualquier otro tipo de cooperación entre empresas.

---

[17] *Vid.* indicaciones en NAVARRO, *GJ* (215), 2001, p. 46. Hasta el punto de que la Comisión, en otro lugar, se refiere a estas restricciones, no ya como necesarias para la operación, sino simplemente como *directamente relacionadas* con ella.

[18] *«In assessing the reasonableness of an ancillary restraint, the "main purpose of the contract suggest[ed] the measure of protection needed, and furnishe[d] a sufficiently uniform standard by which the validity of such restraints may be judicially determined." ... The reasonable ancillarity assessment does not assess whether the parties have chosen the best way to structure their transaction. It just asks whether the transaction is a disguised cartel»*, ARTHUR, *Antitrust L. J.* (68), 2000, pp. 342-343.

XI. Las contradicciones del planteamiento criticado no se limitan al ámbito del control de concentraciones. Se extienden, por ejemplo, a la doctrina del TJCE respecto de los convenios colectivos laborales, a los que ha considerado inaplicable el art. 81 I del Tratado[19]. Estos acuerdos son restrictivos de la competencia (en el sentido del Derecho comunitario) en la medida en que limitan la libertad de trabajadores y empresarios sometidos al convenio para establecer el contenido de los contratos de trabajo que tengan por conveniente y, en esa medida, limitan también la competencia entre trabajadores y empresarios[20]. Sin embargo, sería absurdo declararlos contrarios al Derecho de la competencia, porque implicaría derogar todas las Constituciones europeas que reconocen el derecho a la negociación colectiva.

Por último, la concepción criticada conduce a una aplicación excesiva del art. 81.3. Es inevitable que si se incluyen muchos acuerdos en el art. 81.1 que no merecen la prohibición haya que recurrir demasiado a menudo al art. 81.3 para salvar el acuerdo de la nulidad. Es cierto que la eliminación del monopolio de la Comisión en la aplicación del art. 81.3 y de las autorizaciones singulares en la reforma de 2004 conducen a una "unificación" de ambos párrafos. Pero habrá de reconocerse que, metodológicamente, resulta inaceptable que el ámbito de aplicación de la excepción sea tan grande que conduzca a una desfiguración de la prohibición que limita. El planteamiento aquí criticado no explica por qué son tan estrictos los requisitos de autorización del art. 3 LDC (81.3 del Tratado). Cuando —como hace la Comisión Europea en relación con los acuerdos verticales— se consideran incluidos en el art. 1 LDC (art. 81.1 del Tratado) acuerdos que responden a finalidades legítimas, y a través de los cuales las partes limitan su libertad de decidir su conducta en el mercado, cualquier cosa debería ser suficiente para considerarlos autorizados, pero, como se aplican los mismos criterios que en el caso de autorización de cárteles (los del art. 81.3), se desfiguran los requisitos que tales preceptos imponen a las autoridades para que puedan autorizar dichos acuerdos.

XII. A nuestro juicio, un análisis del art. 81.1 coherente con el Derecho privado —y un art. 1.º LDC— en su conjunto llevaría a examinar, en primer lugar, el contrato celebrado. Si se trata de un *tipo* de contrato con causa legítima, en principio, no puede decirse que el contrato tenga *por objeto* restringir la competencia. Su objeto es intercambiar el uso de una tecnología o de un derecho inmaterial por un precio (licencia) o promover la venta de los productos fabricados por

---

[19] *Vid.*, para lo que sigue, W. BERG, «Neue Entscheidungen des EuGH zur Anwendung des EG-Kartellrechts im Bereich der sozialen Sicherheit», *EuZW*, 2000, pp. 170 ss.

[20] Sentencia *Albany International* asunto 67/96; la sentencia *Maatschappij,* asunto C 219/97, y la sentencia *Brentjens* asuntos C 115/97 a C 117/97, Sentencia de 21 de septiembre de 1999.

alguien (distribución), reproducir un modelo de empresa (franquicia), cooperar en la consecución de un fin común (sociedad). Estos contratos contendrán, normalmente, pactos o cláusulas que tienen *efectos restrictivos* de la competencia, entendida en ese sentido tan formal de limitación a la libertad de las partes para actuar dentro o fuera del acuerdo como tengan por conveniente, pero ni siquiera tales efectos si se entiende la restricción de la competencia en el sentido de colusión o daño (efectivo o potencial) a los terceros.

Los contratos que tienen *por objeto* restringir la competencia son aquellos en los que la *finalidad* principalmente perseguida por las partes al celebrarlo es eliminar o reducir la rivalidad que existiría, en otro caso, entre ellos. Por tanto, carece de sentido afirmar que un contrato de licencia o un contrato de distribución [21] tienen por objeto restringir la competencia y, en la generalidad de los casos, ninguna de las cláusulas contenidas en ellos tendrá *por objeto* restringir la competencia, porque no lo tiene el contrato en su conjunto.

Excepcionalmente, sin embargo, las partes pueden utilizar un contrato legítimo para encubrir un cártel o un acuerdo colusorio. Las cláusulas que sirvan a tal finalidad serán acuerdos cuyo objeto es restrictivo de la competencia. El principal indicio de que ésa es la finalidad perseguida por las partes (en sentido objetivo) será el de que —aceptado que la cláusula es idónea para articular el cártel— no existen justificaciones razonables, para la presencia de tal cláusula en el contrato a la luz de la finalidad del mismo [22]. No es necesario que las partes del acuerdo prueben la *necesidad* de la cláusula (en el sentido de que no había una opción alternativa menos restrictiva de la competencia que la cláusula efectivamente insertada por las partes en su acuerdo), sencillamente porque el imperfecto conocimiento del funcionamiento del mercado y el hecho de que siempre sea posible imaginar una cláusula menos restrictiva, llevaría a rechazar la validez de cláusulas perfectamente eficientes *dadas las circunstancias* en las que se mueven los que la incluyen en sus contratos. El requisito de la necesidad de la restricción, así entendido, sólo se justifica en un mundo en el que las autoridades de competencia "gestionan" la lucha competitiva. Pero en un mundo en el que los competidores son los que conocen mejor sus intereses y en el que carecen de poder de mercado significativo, la regla debe ser la de considerar que si han incluido una determinada

---

[21] En el caso normal en el que licenciante y licenciatario o fabricante y distribuidor no son competidores.

[22] Por ejemplo, las cláusulas de la parte más favorecida, incluidas en contratos de distribución, que facilitan la colusión entre los fabricantes cuando, a la vista de la estructura del mercado en cuestión, no hay riesgo significativo de *hold-up* por parte del distribuidor. *Vid.* J. BAKER, «Vertical Restraints with Horizontal Consequences: Competitive Effects of "most favored-customer" clauses», *Antitrust L. J.*, 1996, pp. 517 ss.

cláusula en el contrato lo han hecho porque la misma mejora su posición competitiva en relación con sus competidores y, por tanto, que la regla es necesaria.

Por último, también excepcionalmente, hay acuerdos que tienen *efectos restrictivos* en el sentido más razonable de limitar la rivalidad de los competidores en el mercado, cuando, aunque no se celebran entre competidores, permiten a uno de ellos excluir a sus rivales, elevar sus costes, o dificultar su acceso al mercado. Como tales efectos sólo puede lograrlos quien dispone de poder de mercado, su persecución debería quedar encargada a la prohibición de abuso o de posición de dominio.

XIII. Un planteamiento como el que se acaba de exponer tiene la gran ventaja de su coherencia con las bases constitucionales del Derecho de la competencia y del Derecho privado, pero tiene otras ventajas "menores". La primera es que facilita la aplicación judicial del art. 1 LDC, porque, en efecto, un juez que aplica el Derecho español de la competencia puede descartar la aplicación del art. 1 LDC a cualquier cláusula contenida en un contrato con causa (finalidad económico-social típica) legítima si la cláusula "encaja" razonablemente en el contrato, es decir, si *sirve* a los fines perseguidos por las partes con el contrato. No necesita ponderar los efectos procompetitivos y anticompetitivos de la cláusula y del acuerdo[23] porque se trata de un negocio con un *«fundamento socialmente razonable...»* que no es *«visiblemente contrario a los principios del ordenamiento jurídico»*[24]. Sólo cuando el

---

[23] Aunque se afirma comúnmente que *«the common thread in these decisions* (las que recogen la doctrina de las *ancillary restraints* en Europa) *is a balancing of potentially anticompetitive elements against the pro-competitive nature of the transaction or agreement»* (SINCLAIR, *ECLR,* 2003, pp. 315 ss.), esto no es más que una metáfora. No pueden ponderarse los efectos procompetitivos (sobre la competencia intermarcas) y los anticompetitivos (sobre la competencia intramarca) de un acuerdo: *«No one can sensibly weigh inter- and intrabrand competition against one another; they are not commensurable. The reduction in "intrabrand competition" is the source of the competitive benefit that helps one product compete against another. Intrabrand competition as such is worthless; one might as well complain when a corporation does not have internal competition to make the product most cheaply... No manufacturer wants to have less competition among its dealers for the sake of less competition. The reduction in dealers' rivalry in the price dimension is just the tool the manufacturer uses to induce greater competition in the service dimension... restricted dealing alters the product's attributes. There is no "less" in one column to "balance against a gain" in the other, any more than the manufacturer's sole prerogative to decide what physical product to make creates a "reduction in intrabrand competition»*. F. H. EASTERBROOK, «Vertical Arrangements and the Rule of Reason», *Antitrust L. J.* (53), 1984, p. 156; citado por MEESE, *U. Ill. L. Rev.,* 2003, p. 163, nota 473. Obsérvese que, a través de la restricción vertical, el fabricante crea un "nuevo producto". Compárese con las repetidas afirmaciones respecto a que el sentido del art. 81.3 es realizar una ponderación de los efectos restrictivos (descubiertos en el acuerdo cuando se analiza bajo el art. 81.1) y los efectos procompetitivos que se analizan en el marco del art. 81.3 en L. KJOLBYE, «The new Commission Guidelines on the application of article 81(3): An Economic Approach to Article 81», *ECLR,* 2004, pp. 566 ss., especialmente pp. 573 ss.

[24] F. DE CASTRO, *El negocio jurídico,* Madrid, 1971, p. 191.

objeto del contrato es restringir la competencia (causa ilícita) o cuando la cláusula que tiene efectos restrictivos no encaja razonablemente en el contrato (lo que la priva de la protección que merece el propio contrato) deberá el juez calificar al contrato o a la cláusula como contrarios al art. 1 LDC. En otros términos, no necesitamos convertir en economistas a todos los que aplican el art. 1 LDC.

XIV. También se eliminan, con este planteamiento, las contradicciones señaladas en relación con el control de operaciones de concentración y los convenios colectivos. En este punto, tiene interés recordar los requisitos que el Tribunal ha exigido para que los convenios no caigan bajo la prohibición del art. 81.I del Tratado. Es necesario que el convenio se haya firmado en el marco de la negociación colectiva; con la finalidad de regular las relaciones colectivas de trabajo; y que no se incurra en abuso de Derecho. Con estas restricciones se trata de evitar que empresarios y trabajadores impongan restricciones a la competencia a terceros o en mercados distintos del objeto del convenio a través de éste[25]. Pues bien, no hay dificultad alguna para afirmar que cuando un convenio colectivo se excede respecto de estos límites, debe pasar a ser considerado como un acuerdo *cuyo objeto* es restringir la competencia, por lo que el encaje de la doctrina del TJCE en el modelo que proponemos es exacta.

XV. Este planteamiento permite, igualmente, reducir a sus justos términos el sentido de la autorización de acuerdos restrictivos. ¿Qué acuerdos deben ser objeto de autorización *ex* art. 81.3/art. 3 LDC? La amplísima interpretación del art. 1 LDC (u 81.1 del Tratado) provoca, según hemos visto, que muchos acuerdos que razonablemente deberían considerarse lícitos, entran en su tenor literal, por lo que las autoridades de competencia se ven obligadas, a su vez, a interpretar amplísimamente los requisitos establecidos en el art. 3 LDC —art. 81.3 del Tratado— para poder autorizar o considerar autorizado un acuerdo restrictivo. O, en el mejor de los casos, a desdibujar cualquier tipo de frontera entre el art. 81.1 y el art. 81.3 cuando, a nuestro juicio, puede ser muy conveniente mantener la distinción entre ambos en los términos que se exponen a continuación.

Si reducimos el tenor literal del art. 1/81.1, el ámbito de aplicación del art. 81.3 del Tratado (arts. 3 a 5 LDC) se reduce igualmente: todos

---

[25] De acuerdo con dichos criterios, por ejemplo, no cae bajo el art. 81.I la cláusula de un convenio colectivo en la que se establezca el salario mínimo en el sector; «*por el contrario, plazos de denuncia especialmente largos, la exclusión de la denuncia ordinaria o condiciones particulares para el ejercicio de la denuncia como la devolución de los costes de formación... no deberían considerarse excluidos del ámbito de aplicación de las normas de competencia*», BERG, *EuZW,* 2000, p. 171; EMMERICH, *Kartellrecht*, p. 38.

los acuerdos que tienen efectos restrictivos, pero que persiguen un fin legítimo, dejan de estar prohibidos por el art. 1/81.1, por lo que no necesitan ser considerados autorizados. La distinción entre acuerdos no restrictivos y acuerdos restrictivos, pero que se consideran autorizados, no desaparece, pero queda mucho más estrechamente definida: en el art. 81.3 (o en los arts. 3-5 LDC) quedarían los *cárteles que merecen no ser declarados ilegales*[26].

En efecto, los casos excepcionales en los que un acuerdo que tiene *por objeto* restringir la competencia puede ser autorizado, es aquel en el que las partes del acuerdo puedan alegar convincentemente que existe un fallo de mercado importante que justifica reducir la rivalidad entre los competidores en un sector[27]. Por ejemplo, que la eliminación de la competencia respecto de los tamaños de los envases de los productos sea la única forma de evitar el engaño a los consumidores; que la competencia en precios conduce a poner en peligro la salud o la seguridad de las personas; o que la rivalidad incontrolada genera un derroche de recursos perfectamente evitable. Este tipo de argumentación, sin embargo, rara vez será convincente. Normalmente, si está en peligro la salud o la seguridad de los consumidores, será el legislador el que introduzca normas de producción o distribución que conjuren tales peligros, por lo que será muy raro que el fallo de mercado deba resolverse a través de un acuerdo entre competidores[28]. Y, en general, si —como decía HAYEK— recurrimos a la competencia cuando no sabemos qué resultado es el mejor, dejando que sea la rivalidad la que lo decida, será muy raro que resulte convincente la argumentación de unos cuantos empresarios diciendo que han dado con el resultado óptimo a través del acuerdo. Un buen criterio para seleccionar los casos de acuerdos horizontales que deben ser autorizados es el de que la cooperación entre competidores sea imprescindible *para crear un nuevo producto* (organización de una competición deportiva; un estándar para un producto innovador; un producto que es el resultado de aportaciones parciales de muchos competidores, las cuales no pueden ser razonablemente explotadas por separado...)[29].

---

[26] Naturalmente, en el juicio acerca de si se debe autorizar o no un cártel, no es necesario examinar el poder de mercado de las partes, ya que, como hemos señalado en otro lugar [ALFARO, *GJ* (229), 2004, pp. 51-67] presumir que si unos particulares se fuerzan en llegar a un acuerdo con sus competidores es porque entre todos consiguen lo que no pueden conseguir individualmente: poder para influir sobre las condiciones de mercado.

[27] *Vid.*, para lo que sigue, T. MURIS, «The New Rule of Reason», *Antitrust L. J.* (57), 1989, pp. 859 ss.

[28] El planteamiento que se expone guarda relación con el que propone para la *Sherman Act*, ARTHUR, *Antitrust L. J.* (68), 2000, pp. 337 ss., especialmente pp. 377-378.

[29] *Vid.* el análisis de la jurisprudencia norteamericana reciente, que puede sistematizarse en torno a esta idea en MEESE, *U. Ill. L. Rev.*, 2003, pp. 142 ss.

Esta concepción del art. 81.3 del Tratado reduce notablemente las objeciones que se han planteado a la reforma culminada en 2004. La evaluación de si la restricción de la competencia es legítima se hará, normalmente, en el marco del art. 81.1 y sólo excepcionalmente en el art. 81.3. Por tanto, las objeciones que se han planteado respecto a la aplicabilidad directa del art. 81.3 y a la competencia de las autoridades nacionales, administrativas y judiciales, ven, en buena medida, reducida su capacidad de convicción: los acuerdos son válidos porque no caen bajo el art. 81.1, no porque merezcan una autorización. Es más, una concepción como la aquí expuesta dota de racionalidad a la autorización. Un régimen de autorización sólo es racional, si los casos en los que hay que autorizar en particular un acuerdo son *excepcionales,* porque la regla general es que los acuerdos entre particulares no son restrictivos de la competencia, de modo que, cuando lo son, sólo excepcionalmente pueden ser autorizados. Es completamente irracional un sistema que prohíbe *masivamente* para autorizar, a continuación, *masivamente*.

XVI. Una objeción que puede tener algún calado al planteamiento expuesto es la de que no resulta conveniente alejar el Derecho español del Derecho comunitario. En buena medida, esto explica la reforma del Derecho inglés de competencia para convertirlo en un calco del Derecho comunitario. Y la justificación para esta "armonización total" se encuentra en reducir los costes de las empresas y elevar la seguridad jurídica, ya que las empresas no tendrán que evaluar sus acuerdos a la luz de dos Derechos diferentes[30]. A nuestro juicio, si el Derecho español es claramente más liberal que el comunitario, en el sentido de que prohíbe menos y prohíbe claramente, la inseguridad jurídica provendrá únicamente de que no sea fácil determinar si a unos acuerdos se les aplica o no el Derecho comunitario.

XVII. No ha sido objeto de análisis el encaje de la propuesta que se realiza en estas páginas con el objetivo que, según toda la doctrina comunitaria, tiene el Derecho de la competencia, esto es, servir a la *integración* de los mercados nacionales en un mercado único, primero, y ahora, interior. A nuestro juicio, tal objetivo no puede ser atribuido al Derecho español de la competencia, por lo que no hay razón alguna para imitar al Derecho europeo en este punto. Pero es que, además, dudamos mucho de que la prohibición de acuerdos verticales que permitan a las empresas segmentar geográficamente los mercados a través de cláusulas de precio de reventa impuesto o a través de cláusulas que

[30] *Vid.* http://www.oft.gov.uk/Business/Legal+Powers/ca982.htm#anti, consultada el 29 de septiembre de 2004.

protegen territorialmente a los distribuidores, contribuya a la integración de los mercados europeos. En todo caso, la duda que suscitamos es tan legítima como la convicción de las autoridades de competencia de que prohibiendo tales cláusulas contribuyen a dicha integración. Se trata de una cuestión que puede y debe decidirse *empíricamente,* esto es, comprobando si la prohibición provoca i) costes administrativos elevados para las autoridades de competencia y para las empresas (en forma de búsqueda de cláusulas que les permita obtener el efecto pretendido pero que no estén prohibidas); ii) una reducción del nivel de integración de los mercados como consecuencia de la reducción del número de empresas nacionales que se aventuran fuera de sus fronteras nacionales porque no pueden utilizar las restricciones verticales prohibidas, y iii) un aumento del nivel de integración como consecuencia de la mayor uniformidad de precios en toda la Comunidad. Y, antes de prohibir, habría que calcular si los costes de esta prohibición superan los beneficios de la misma.

XVIII. Conclusiones: i) Un sistema de autorización individual es incompatible con un ordenamiento jurídico, como el español, basado en la primacía de la libertad contractual y de empresa, salvo que la necesidad de autorización sea excepcional; ii) procede, por tanto, una delimitación estricta del ámbito de aplicación de la prohibición de cárteles del art. 1 LDC, que incluya exclusivamente los acuerdos que tienen *por objeto* restringir la competencia; iii) para determinar cuáles son tales acuerdos ha de recurrirse, una vez examinados los demás requisitos, a la doctrina de las *restricciones inmanentes a un tipo contractual (ancillary restrictions)* que conduce a afirmar la validez de todos los pactos restrictivos de la competencia que se incluyen en acuerdos con causa legítima cuando dichos pactos "encajen" razonablemente en el contrato celebrado, y a declarar la nulidad de aquellos acuerdos que tienen por objeto restringir la competencia y de las cláusulas contenidas en acuerdos legítimos que, por carecer de conexión suficiente con las finalidades legítimas perseguidas por las partes al celebrar el contrato, no hay más remedio que calificarlas como pactos que tienen *por objeto* restringir la competencia; iv) de este modo, la aplicación del mecanismo de la autorización de los acuerdos restrictivos por vía de reglamentos o por vía de "autoevaluación" de los interesados debe reducirse a los casos excepcionales en que la existencia de un fallo de mercado justifica autorizar un cártel; v) esto reduce el grado de homogeneidad entre el Derecho español y el Derecho europeo de la competencia, pero, en la medida en que el Derecho español sería "más liberal", no se reduciría la seguridad jurídica para las empresas españolas, en la medida en que no sea costoso decidir acerca de si el Derecho europeo es el aplicable al acuerdo restrictivo.

XIX. Propuesta de una nueva redacción para los arts. 1 a 5 de la Ley de Defensa de la Competencia.

Artículo primero. *Conductas prohibidas.*

1. Se consideran colusorios y prohibidos los acuerdos entre empresas actual o potencialmente competidoras que tengan por objeto limitar, eliminar o falsear la competencia.
2. Se equiparan a los acuerdos a los que se refiere el apartado anterior y se consideran prohibidas las prácticas concertadas, las prácticas facilitadoras y las decisiones o recomendaciones colectivas.
3. La extensión y las consecuencias contractuales y extracontractuales de la nulidad se regirán por las reglas generales de Derecho civil.

Artículo segundo. *Conductas autorizadas.*

1. La prohibición del artículo primero no se aplicará a los acuerdos, decisiones, recomendaciones y prácticas que resulten de la aplicación de una Ley o de una norma reglamentaria con base legal.
2. La prohibición del artículo primero no se aplicará a los acuerdos que contribuyan a mejorar la producción o comercialización de bienes y servicios o a promover el progreso técnico o económico siempre que, cumulativamente,

a) dichas ventajas se trasladen a los consumidores;
b) no se imponga a las empresas participantes restricciones que no sean indispensables para conseguir los objetivos descritos, y
c) el acuerdo no conduzca a la eliminación de la competencia efectiva o potencial respecto de una parte sustancial de los productos o servicios afectados.

3. El Gobierno, por medio de reglamento y previo dictamen del Tribunal de Defensa de la Competencia, podrá concretar la prohibición del artículo primero delimitando los acuerdos que no entran bajo su ámbito de aplicación y declarar la no aplicación de la prohibición del artículo primero a los tipos de acuerdos que cumplan genéricamente con los requisitos del párrafo 2 de este artículo.

Artículo sexto

h) La celebración de acuerdos verticales que, individualmente considerados o en su conjunto, reduzcan la competencia residual en el mercado de producto en el que la empresa ostenta la posición de dominio.

LOS ABUSOS DE PODER DE MERCADO Y DE LA SITUACIÓN DE DEPENDENCIA ECONÓMICA

Francisco CANTOS BAQUEDANO
Socio. Freshfields Bruckhaus Deringer

1. INTRODUCCIÓN

Dos de las tres herramientas básicas del Derecho de la competencia han sido recientemente "modernizadas" a nivel comunitario. En efecto, los acuerdos restrictivos de la competencia y las fusiones anti-competitivas gozan ahora de un nuevo marco legal estrenado el pasado 1 de mayo de 2004. La tercera herramienta, los abusos de poder de mercado, es el único de los tres pilares básicos aún pendiente de "modernización".

En los últimos años el vocablo "modernización" en el ámbito del Derecho de la competencia europeo es sinónimo de una mayor importancia y peso del análisis económico en las decisiones. Además, aunque no se admite abiertamente, también hace referencia a una "americanización" creciente del Derecho Europeo de la Competencia.

Recientemente, la política europea de competencia ha fortalecido sus mecanismos represores de cárteles mediante la introducción de un sistema de clemencia, cuya implantación en España se está debatiendo en estos momentos. Ha modernizado las reglas aplicables a las restricciones de la competencia en relación a acuerdos tanto horizontales como verticales. Ha sustituido el viejo Reglamento 17/1962 por un "moderno" Reglamento 1/2003 y ha reformado la herramienta básica de control de concentraciones mediante el nuevo Reglamento 139/2004.

Frente a cambios tan importantes en relación a dos de los pilares básicos del Derecho de la competencia, el tercer gran pilar no ha sido tocado desde la firma del Tratado de Roma en 1957.

No obstante, existe un amplio consenso en el mercado, así como entre reguladores, abogados y economistas que la reforma o modernización de la normativa relativa a los abusos de poder de mercado o posición dominante es muy necesaria y urgente.

La presente ponencia aborda, en primer lugar, las razones por las que resulta necesario reformar la regulación del abuso de poder de mercado. En segundo lugar, se cuestionan cuáles podrían ser los principios informadores de política y economía de la competencia que podrían inspirar dicha reforma, haciendo referencia expresa a los distintos "tests" que se barajan en el debate actual, con objeto de distinguir y definir la "competencia en base al mérito" *(competition on the merits)* y cómo proteger más la competencia o el "proceso competitivo" que a los competidores. En tercer lugar, trataremos la cuestión del difícil equilibrio, en la disyuntiva entre "análisis económico individualizado" versus "seguridad jurídica" o como dotarse de reglas que permitan una administración razonable y tengan, a la vez, sentido económico. En cuarto lugar, abordaremos la cuestión específica de los abusos de la situación de dependencia económica. Por último, en las conclusiones, haremos unas propuestas concretas de modificación legislativa de cara a la elaboración de la nueva Ley de Defensa de la Competencia en España.

2. ¿POR QUÉ ES NECESARIA LA REFORMA?

Las razones que avalan la necesidad de acometer la reforma de la regulación de los abusos de poder de mercado podrían resumirse brevemente en:

— La ausencia prácticamente total, en la actualidad, de directrices por parte de las Autoridades de Competencia en lo que se refiere a su aplicación en la práctica (la excepción que confirma esta regla en la UE son las autoridades británicas, que cuentan desde hace algunos meses con directrices en esta materia). Hasta la fecha, sólo existe un enfoque "caso por caso" de origen jurisprudencial.

— La jurisprudencia existente es excesivamente compleja y apenas ayuda —si no confunde más— en la labor de interpretación y aplicación práctica de la normativa. La jurisprudencia apenas permite discernir entre las conductas anti-competitivas y las legítimas. La línea es demasiado delgada y demasiado brumosa.

— La jurisprudencia existente no ha sido receptiva a incorporar el análisis económico a las decisiones (por contraposición a lo que ha ocurrido en relación a la aplicación práctica de la normativa relativa a los acuerdos anti-competitivos o a las concentraciones).

— La consecuencia de este "marasmo regulatorio", unida a la complejidad de los mercados y a la imperfección de la información disponible es el alto riesgo de adoptar decisiones erróneas: se sancionan conductas benignas y quedan impunes comportamientos abusivos.

— El coste en el mercado de las decisiones erróneas es muy elevado y genera ineficiencias en el "proceso competitivo".

— Quizá sea el área, en materia de política de la competencia, donde las posturas a ambos lados del Atlántico sean más dispares en la actualidad.

3. POSIBLES OBJETIVOS DE LA POLÍTICA DE DEFENSA DE LA COMPETENCIA EN MATERIA DE ABUSOS

Una vez acreditada la necesidad de la revisión o reforma es preciso reflexionar sobre cuáles podrían ser las líneas maestras o principios inspiradores básicos de tal reforma. De esta suerte, parece que los dos objetivos básicos de dicha reforma podrían ser:

1. En primer lugar, sería necesario acometer una evaluación y reconsideración de la aplicación práctica de la normativa relativa a los abusos de poder de mercado desde la perspectiva del pensamiento económico. Una política creíble en relación a los abusos de poder de mercado debe ser compatible con los principios generalmente aceptados del análisis económico. En este sentido, el primer objetivo de la reforma debería ser, por tanto, la "modernización". Comprobaremos, no obstante, que existen varios modelos político-económicos entre los que elegir.

2. No menos importante será la tarea de dotar de mayor seguridad jurídica y transparencia al área de los abusos de poder de mercado. Necesitamos clarificar el complejo derecho en esta materia con objeto de aumentar el grado de predecibilidad de las decisiones de las Autoridades de Competencia. No resulta tarea fácil asesorar legalmente a compañías dominantes, como tampoco lo resulta enjuiciar sus conductas. Con la aplicación paralela del art. 82 del TCEE, a partir del 1 de mayo de 2004, por parte de la Comisión Europea, 25 autoridades nacionales de la competencia y 25 sistemas judiciales diferentes, sólo en la UE, es fundamental que tanto las administraciones como los administrados cuenten con directrices básicas sobre la aplicación prác-

tica de esta materia que eviten decisiones contradictorias entre Reguladores.

3. El tercer gran objetivo, a nuestro modo de ver y a modo de corolario de los dos objetivos principales que acabamos de enumerar, pasará por encontrar el equilibrio adecuado entre el primer y el segundo objetivo. No será tarea fácil (dado que los dos primeros objetivos son a menudo antagónicos —uno se suele conseguir a expensas del otro), pero nos atrevemos a vaticinar que encontrar el equilibrio justo augurará una provechosa aplicación a la reforma. Por el contrario, una reforma desequilibrada en uno (abuso del análisis económico *ad hoc*) u otro sentido (exceso de reglas *per se*) probablemente abocarán la reforma al fracaso.

Desarrollaremos, a continuación, cada uno de estos tres objetivos:

A) Introducción del análisis económico en la normativa de abusos

Existe hoy un cierto consenso en que el control de los abusos de poder de mercado se debería centrar en:

i) inducir o promover que las compañías dominantes compitan en base a méritos *(competition on the merits)* y, añadiríamos, y sólo en base a ellos; y

ii) proteger o salvaguardar lo que últimamente se ha venido en llamar el "proceso competitivo" en beneficio de los consumidores,

y esta "especial responsabilidad", ni más ni menos, se debe a que las compañías dominantes o con poder de mercado:

i) no están sujetas a presiones competitivas efectivas. Su mera presencia en el mercado debilita la estructura de competencia; y

ii) disfrutan de poder sobre los precios o la producción (o ambos). El poder de mercado no es más que, en términos económicos simples, la posibilidad de subir precios o restringir la producción. En términos legales más complejos se ha definido como la «posibilidad de actuar independientemente de competidores y clientes y, en definitiva, de los consumidores». La presente ponencia se centra en los abusos y no analiza, por tanto, la cuestión del poder de mercado o dominancia.

En lo que ya no hay tanto consenso —ni entre economistas, ni abogados ni reguladores— es en cuál deba ser el criterio más adecuado o "test" para diferenciar esa "competencia en base a méritos" de comportamientos abusivos o anti-competitivos. Los conceptos de "competencia" en general o "competencia en base a méritos" en concreto han sido siempre conceptos sujetos a evolución en función de las políticas imperantes.

Muchos no aciertan a definir el complejo y nunca pacífico concepto de *competition on the merits* más que de manera negativa, es decir, definiendo lo que no se considera competencia en base a méritos.

As Efficient test

— Así, algunos economistas, piensan que no constituye *competition on the merits* aquellas conductas o comportamientos que excluyan a competidores eficientes. En lo que no se ponen tan de acuerdo es en el grado de eficiencia exigible al tercer competidor ("suficientemente" o "igualmente" eficientes). El *ratio legis* de este criterio (conocido en terminología anglosajona como *As Efficient* test) es que sólo la exclusión de los eficientes daña el "proceso competitivo" en detrimento de los consumidores. Este "test" goza de bastante predicamento entre los economistas, sobre todo en los EE.UU., tradicionalmente más proclives a la protección del "proceso competitivo" y el *consumer welfare* y menos tendentes a la protección de los competidores. Si bien es cierto que esta famosa distinción tampoco debe sobrevalorarse so pena de convertirla en un eslogan vacuo, dado que, a la postre, sin competidores no hay competencia o "proceso competitivo" que valga, como a veces se ha apuntado desde la orilla europea del Atlántico.

El *As Efficient* test tampoco está libre de debilidades. Una importante es la cuestión de la escala. Un competidor puede ser igualmente eficiente a escala comparable. No obstante, podría ser excluido por una rebaja de precio por encima de coste del dominante simplemente porque es un competidor más pequeño (pero eficiente) y carece de la escala necesaria para poder igualar ese precio de manera rentable. Las diferencias de escala entre el competidor dominante y el no-dominante (eficiente pero más pequeño) son, por tanto, muy relevantes a la hora de valorar si la conducta del dominante constituye o no competencia en base a méritos.

But For test

— Tampoco constituiría competencia en base a méritos, aquellas conductas o comportamientos que no redundan en beneficio alguno para el dominante —aparte de la exclusión del competidor. Éste es el llamado *But for* test. Este criterio establece que, si existe una explicación racional a la conducta (distinta de la exclusión del competidor) ésta debe considerarse legítima. Este test propone, en definitiva, una *efficiency defence*: si la conducta del dominante es eficiente (aumenta sus beneficios mediante la reducción de sus costes o el incremento de sus ingresos) debería considerarse legítima, aunque excluya a sus rivales y fortalezca su poder mercado. La ventaja de este test es que se centra en valorar los efectos de la conducta sobre la propia compañía dominante (sin tener que valorar los efectos sobre los competidores). Esto proporcionaría más seguridad jurídica a los dominantes. La desventaja es que este criterio no constituye ni una condición necesaria ni suficiente para que se produzca un daño a la competencia. Además, este test tendría difícil encaje jurídico con el actual texto de los arts. 82 TCEE y 6 LDC que, a diferencia del art. 81.3 TCEE o 3 LDC no contempla exenciones en materia de abusos. Este test —que supondría transplantar el análisis de sopesamiento de ventajas y desventajas característico de los arts. 81.3 TCEE y 3 LDC a materia de abusos— entendemos que no goza de un predicamento tan amplio como el anterior entre los economistas y reguladores.

Consumer Harm test

— Por último, no sería competencia en base a méritos, la conducta que daña al consumidor. Éste es el denominado *Consumer Harm* test. En lo que no se ponen de acuerdo los expertos es en el grado o prueba de dicho daño: si debería ser manifiesto o sólo potencial, posible o probable. Según este criterio la conducta en cuestión no constituiría competencia en base al mérito si redunda en un incremento de los precios o una reducción de la producción. Algunos reguladores y economistas también incluyen dentro de este criterio los daños al "proceso competitivo".

En conclusión, todos estos criterios (y otros) tienen sus ventajas y desventajas. Corresponde a los reguladores optar por uno u otro o incluso por una combinación de varios o todos. No obstante, ninguno de ellos supondrá una solución de "varita mágica" para las difíciles cuestiones que hay que valorar en materia de abusos de poder de mercado.

B) y C) El difícil equilibrio entre el análisis económico y la seguridad jurídica o como dotarse de reglas que tengan sentido económico

La imperiosa necesidad, que hemos defendido aquí, de introducir un mayor enfoque económico en el análisis de las decisiones en materia de abusos se contrapone, a menudo, con la existencia de cualquier regla apriorística o *per se*. Pero esta actitud de algunos economistas, escépticos ante la posibilidad de que cualquier comportamiento o conducta del dominante produzca inexorablemente efectos anti-competitivos y deba, por tanto, prohibirse *per se*, nos parece exagerada.

En efecto, dicha visión, podría desencadenar una colosal inseguridad jurídica en el mercado que, a la postre, resultaría en un deterioro del "proceso competitivo".

Todos los sistemas jurídicos del mundo, en relación a un determinado bien jurídico protegido (sea la vida o la competencia), tienen que tomar postura y legislar en uno u otro sentido. Es preciso trazar la línea entre lo que es legal e ilegal. La competencia —por complicada o controvertida que sea la cuestión— no puede ser una excepción, so pena de desembocar en la "anarquía regulatoria". Nos parece que, como casi siempre, en el justo término está la virtud. Se necesita dotar de mayor racionalidad económica a los principios legales, pero deben existir principios legales razonablemente claros y predecibles. La abolición de cualquier regla *per se* por un pretendido redentor "análisis económico caso por caso" no nos parece la panacea.

El mercado, las empresas, pero también las propias autoridades y los tribunales necesitan guiarse por unas reglas razonablemente claras para poder predecir y realizar análisis en base al Derecho de la competencia. Por tanto, somos de la opinión que el objetivo primordial de la "modernización" o nuevo enfoque económico en relación a los abusos de poder de mercado no debería ser otro que el examen y posible ajuste de las actuales reglas *per se* desde la perspectiva del análisis económico. Incluso el ya "modernizado" art. 81 mantiene algunas reglas de prohibición *per se* (cárteles de fijación de precios o repartos de mercado). Todos los sistemas legales castigan el asesinato, pero sólo algunos penalizan la poligamia. En materia de abusos de poder de mercado también debería de existir suficiente margen de maniobra para distinguir entre asesinato o poligamia. No todo el monte es orégano. Por ejemplo, determinados supuestos en los que el dominante despliega y combina, no ya sólo una conducta, sino toda una pléyade de prácticas (tanto relativas a precios o descuentos como de vinculación, imposición de gama u otras) quizá deberían especificarse como supuestos merecedores de una "prohibición *per se*". Por el contrario, existen supuestos donde resulta tan difícil separar "la paja" del "heno", por su complejidad (por ejemplo, los precios "excesivos" o "no equitativos") que algunos economistas concluyen que lo más práctico sería adoptar una regla de "legalidad *per se*", como ocurre en EE.UU., quizá con alguna excepción puntual. Estos ejemplos contribuirían a dotar de mayor seguridad jurídica al mercado y también a ahorrar tiempo y recursos (siempre escasos) a las Autoridades de Competencia en la evaluación de tales prácticas. Por supuesto, quedaría un "amplio espectro" de prácticas, entre las conductas situadas a los extremos, para las que habría que fijar reglas fácilmente administrables.

Lo que no es menos cierto es que, a día de hoy, el Tribunal de Justicia de la UE y el Tribunal de Primera Instancia han sido muy reticentes a aplicar la *rule of reason* y el análisis económico a casos de abuso de poder de mercado, por comparación a los casos del art. 81 TCEE (donde sentencias ya casi legendarias como *Nungesser* o *Pronuptia* establecieron la *rule of reason*) o incluso en materia de control de concentraciones. Esta postura de los tribunales europeos ha sido confirmada mediante dos recientes decisiones, ambas en materia de descuentos aplicados por compañías dominantes (*Michelin II*, de septiembre de 2003 y *British Airways*, de diciembre de 2003). Estas sentencias, que confirmaron las decisiones de la Comisión condenando a Michelin y British Airways, establecieron claramente el carácter abusivo de los sistemas de descuento fidelizadores sin necesidad de analizar los efectos de tales descuentos en el mercado. El efecto meramente potencial de exclusión de tales sistemas de descuentos frente a otros competidores fue suficiente para acreditar el abuso. Nos guste o no, ésta es la ley en este momento. En España, una recientísima decisión del Tribunal de Defensa de la Competencia (en adelante, "TDC"), también relativa a descuentos practicados por compañías dominantes, ha confirmado este enfoque (*"Correos"*, de septiembre 2004). ¿A qué se debe esta diferencia de enfoque entre los arts. 81 y 82 TCEE y/o 1 y 6 LDC? Quizás tenga que atribuirse a razones históricas. Europa, en comparación a EE.UU., sigue teniendo menos compañías dominantes que hayan alcanzado dicha posición gracias a su superior eficiencia. Aquí, la razón de ser dominantes solía estar vinculada al disfrute de un monopolio legal.

Por tanto, para concluir, a la hora de delinear reglas o establecer "tests" claramente administrables y fácilmente aplicables se habrá de tener en cuenta los altos costes en el mercado derivados de los errores (tanto positivos como negativos). La ventaja de introducir un mayor análisis económico consiste en impedir que la forma prime sobre la sustancia, y se prohíban conductas benignas o se "bendigan" comportamientos anti-competitivos. En el fondo, la tarea consiste en proporcionar claridad a nivel sustancial no superficial.

Nuestra propuesta se traduce, por tanto, en que como resultado del debate, se incorpore el pensamiento económico a reglas fácilmente administrables, pero sin caer en el error de primar de tal manera el análisis económico individualizado que el sistema se convierta en inoperante por falta de seguridad jurídica. Hay que aceptar que el Derecho, por muy perfecto o "modernizado" que sea, nunca podrá replicar con exactitud el punto o los puntos de vista de los economistas. Unas reglas que incorporaran todas y cada una de las múltiples complejidades económicas y todas y cada una de las cualificaciones y matizaciones deseables serían incomprensibles y probablemente contraproducentes.

4. EL CASO ESPECÍFICO DEL ABUSO DE SITUACIÓN DE DEPENDENCIA ECONÓMICA: PROPUESTAS PARA UNA MEJOR REGULACIÓN Y APLICACIÓN DE LA FIGURA

Tras la aprobación del Reglamento 1/2003, no hay duda de que el Derecho comunitario permite a los Estados miembros regular en sus respectivas legislaciones *antitrust* la figura del abuso de la situación de dependencia económica.

En efecto, el art. 3.2 del Reglamento 1/2003 permite a los Estados miembros *«adoptar y aplicar en sus respectivos territorios legislaciones* [antitrust] *nacionales más estrictas en virtud de las cuales se prohíban o penalicen con sanciones determinados comportamientos que las empresas adopten de forma unilateral»*. En la Exposición de Motivos del Reglamento se cita expresamente como ejemplo de legislación nacional más estricta las *«disposiciones que prohíban o impongan sanciones sobre comportamientos abusivos hacia empresas económicamente dependientes»*.

Así pues, habiendo sido bendecida esta posibilidad por el Derecho comunitario, lo único que cabe cuestionarse en el ámbito del Derecho español de defensa de la competencia es si la regulación de esta figura resulta necesaria y, en su caso, y en segundo lugar, cómo ha de estar regulada para dotarla de la máxima eficacia posible (dada su limitadísima aplicación práctica hasta la fecha) de cara a la próxima reforma de la Ley española de Defensa de la Competencia. En concreto, sería conveniente plantearse la anómala doble regulación de esta materia (aunque no es la única) en nuestro país: en efecto, esta materia se regula tanto en sede de la Ley de Competencia Desleal (LCD) como de la LDC.

5. SOBRE LA POSIBILIDAD DE MANTENER LA FIGURA DEL ABUSO DE SITUACIÓN DE DEPENDENCIA ECONÓMICA EN LA LEGISLACIÓN DE DEFENSA DE LA COMPETENCIA

El art. 6.1.*b)* LDC, que prohíbe los abusos de situación de dependencia económica, fue introducido en España como ilícito *antitrust* recientemente mediante la Ley 52/1999, de 28 de noviembre, de reforma de la LDC.

Con anterioridad a la aprobación de dicha Ley, esta figura estaba únicamente regulada y desde 1991 (es decir, ocho años antes) en el art. 16.2 de la LCD.

La inserción de una prohibición expresa de abuso de situación de dependencia económica en la LDC podría responder a la creencia, mantenida también por otros ordenamientos jurídicos europeos como el alemán, que la explotación abusiva de una situación de dependencia económica (que en definitiva no es más que un poder de mercado "relativo", sólo frente a determinados proveedores o clientes y no *erga omnes* como el poder de mercado en general), puede constituir también una infracción a la libre competencia y tardaría, por tanto, un acomodo más natural en dicha normativa que no en la LCD (como reconoce el propio Reglamento 1/2003 al hablar de "legislaciones unilaterales" más estrictas que prohíban "comportamientos unilaterales"). Desde esta perspectiva, resulta lógico, pues, que dicha figura se contemple como un ilícito en la LDC. De hecho, el legislador español que redactó en el año 1991 la LCD tuvo muy presente el modelo germano de dependencia económica —modelo recogido en su Ley de Defensa de la Competencia, pero que nuestro legislador decidió trasladar, por razones que se nos escapan, a nuestro sistema no de defensa de la competencia, sino de competencia desleal.

Sin embargo, a pesar de la aparente novedad de regulación de la figura en la LDC, lo cierto es que la prohibición de abusos de situación de dependencia económica ya estaba indirectamente recogida en la LDC, a través del art. 7 LDC, que prohíbe el *«falseamiento de la libre competencia por actos desleales»*. En efecto, mediante este *"artículo puente"*, las autoridades españolas de defensa de la competencia pueden, y podían con anterioridad a la reforma, perseguir los abusos de situación de dependencia económica.

Siendo esto así, la pregunta que inevitablemente se ha planteado la doctrina en relación con la introducción del nuevo art. 6.1.*b)* LDC es la siguiente: ¿era necesaria la introducción de dicho artículo en la LDC para poder perseguir, como un ilícito *antitrust*, los abusos de situación de dependencia económica?; o, dicho de otro modo ¿qué ha aportado realmente la introducción de este artículo en la LDC?

La respuesta no parece sencilla. Para tratar de llegar a una conclusión acertada sobre esta cuestión, es necesario detenerse en primer lugar en la redacción y en la interpretación que hasta la fecha ha venido dando el TDC al art. 7 LDC. Por todos es sabido que el art. 7 LDC permite la persecución de actos desleales como ilícitos *antitrust* siguiendo el procedimiento establecido en la LDC. Ahora bien, para ello es necesario que concurran las siguientes circunstancias: «a) *que ese acto de competencia desleal distorsione gravemente las condiciones de competencia en el mercado; y* b) *que esa grave distorsión afecte al interés público*».

Así pues, con anterioridad a la introducción del art. 6.1.*b)* LDC, para poder perseguir por la vía de la LDC los abusos de situación de dependencia económica, era necesario demostrar un plus de "gravedad" en la distorsión de las condiciones de competencia en el mercado y una "afectación al interés público".

El TDC ha venido hasta la fecha interpretando de forma muy restrictiva los requisitos del art. 7 LDC, tanto en lo que se refiere a la especial gravedad de la conducta, como en lo que se refiere a la afectación del interés público. Esta interpretación extraordinariamente restrictiva hace muy difícil la persecución de los abusos de dependencia económica como ilícito *antitrust* por la vía del art. 16.2 LDC conjuntamente con el art. 7 LDC. Así, a modo de ejemplo, en el año 2002, sobre un total de 125 expedientes resueltos por el TDC, sólo en 15 ocasiones se resolvió sobre una posible infracción al art. 7 LDC, habiéndose aceptado su aplicación únicamente en 2 expedientes.

Quizás ésta fue la razón por la que los Grupos Parlamentarios Catalán y Canario propusieron, en la modificación de la LDC del año 1999, que los abusos de dependencia económica se regularan como supuesto específico en la LDC a través de su inclusión en el art. 6, en la asunción que dicho artículo no exigía para su aplicación ni el plus de distorsión grave de la competencia ni la afectación al interés público.

Sin embargo, algunos autores han defendido que la demostración de ese plus de gravedad de la conducta y de la afectación al interés público no se evita con la introducción del art. 6.1.*b)* LDC, ya que para que dicho artículo resulte de aplicación, debe, en cualquier caso, demostrarse que la conducta ha afectado de forma significativa a la competencia, tal y como pone de manifiesto el contenido del art. 1.3 LDC, que permite a las autoridades de competencia no perseguir las conductas «*que no afecten de forma significativa a la libre competencia*».

No obstante, el hecho de que, para la aplicación de la LDC, sea necesario demostrar una afectación significativa a la libre competencia, no implica necesariamente que dicho test coincida plenamente con el que se exige en el caso específico de la aplicación del art. 7 LDC.

En efecto, frente a aquellos que asimilan los requisitos exigidos en el art. 7 LDC para los actos de competencia desleal, con los que se exigen a las conductas abusivas prohibidas en el art. 6 LDC, cabe constatar que aunque es cierto que el art. 1.3 LDC permite a las autoridades de defensa de la competencia no perseguir conductas *«incapaces de afectar de forma significativa a la competencia»*, o, *a sensu contrario,* las autoridades de defensa de la competencia podrían, o incluso deberían, concentrar sus esfuerzos en perseguir conductas capaces de afectar de forma significativa a la competencia. No obstante, no es menos cierto que esta disposición, desde un punto de vista estrictamente legal, sólo "permite", pero no "obliga", lo que significa que la LDC habilita a las autoridades de competencia a perseguir, por la vía del art. 6 LDC, conductas abusivas que afecten de forma poco significativa a la competencia.

Por otro lado, merece la pena citar el ejemplo de la legislación francesa y alemana, que en lo que respecta a la calificación del abuso de situación de dependencia económica como un ilícito *antitrust*, frente a lo que se consideraría como una pura práctica desleal, establecen lo siguiente:

En el caso francés, originariamente la norma exigía para su aplicación que la conducta abusiva *«tuviera por objeto o pudiera producir el efecto de impedir, restringir o falsear el juego de la competencia en un mercado»*. Sin embargo, posteriormente el precepto se ha modificado para establecer que la conducta se considerará abusiva cuando *«afecte al funcionamiento o a la estructura de la competencia»*.

A diferencia de la regulación anterior, desaparece de la norma toda referencia al mercado. Ya no es necesario que la conducta afecte a la competencia *"en el mercado"*, bastando con que afecte al funcionamiento o la estructura de la competencia. Esta modificación ha tenido por objeto precisamente facilitar la sanción de conductas que generalmente tienen como víctimas a pequeñas o medianas empresas y que, por tanto, no necesariamente afectan al mercado.

Por su parte, en el Derecho alemán se contempla la figura de la *"empresa con poder relativo de mercado"* como sujeto activo de un ilícito *antitrust "en sus relaciones con pequeñas y medianas empresas"*. Así, mientras que la posición de dominio opera *erga omnes*, el poder relativo se manifiesta en la relación entre dos sujetos determinados, la empresa fuerte y la empresa en situación de dependencia, que, además, debe ser una pequeña o mediana empresa.

Ambas legislaciones ponen de manifiesto la especificidad de esta figura, en el sentido de que, para su aplicación, no cabe la exigencia de una afectación *erga omnes* (Derecho alemán) o una afectación de un mercado en términos generales (Derecho francés), tal y como se exige en el caso del abuso de posición de dominio. Así, ambas legislaciones consideran que la competencia efectiva no sólo puede ser dañada por empresas con poder de dominio en el conjunto del mercado, sino también por aquellas que tienen una posición de poder relativo frente a pequeñas y medianas empresas, que no tienen capacidad para buscar alternativas de suministro equivalentes.

Pues bien, para alinear la legislación española a la francesa y la alemana, y poder así perseguir con cierta eficacia el abuso de la situación de dependencia económica en España como un ilícito *antitrust,* habría sido necesaria una interpretación menos estricta de los requisitos del art. 7 LDC cuando se combinaban con una infracción al art. 16.2 LCD. No siendo esto así, parecería conveniente que esta conducta mantenga su propia regulación autónoma en el art. 6.1.*b)* LDC, pero introduciendo una serie de mejoras con objeto de facilitar su aplicación en la práctica.

6. POSIBILIDADES PARA UNA CORRECTA REGULACIÓN E INTERPRETACIÓN DE LA CUESTIÓN

Cabe, pues, plantearse si conviene mantener la doble regulación o, en caso de abogar por la regulación en una sola de las dos leyes, cuál sería la sede más natural para acomodar este precepto. Algunos autores, como Julio PASCUAL, han criticado el "cierto aire castizo" del que dota a nuestra LDC la inclusión de esta figura en el art. 6, decantándose por que la norma española se aparte lo menos posible de la norma comunitaria. Esto es, sin duda, deseable. Además, Julio PASCUAL en su *Diccionario de Derecho y Economía de la Competencia* señala acertadamente que «la consideración de la dependencia económica como ingrediente del abuso dominante, si bien es extraña a la letra de la norma europea no lo era a la interpretación jurisprudencial de la misma». No obstante si, como abogan otros (en concreto Miquel MONTAÑÁ), el art. 7 —que ha sido escasamente utilizado— finalmente desaparece de la LDC tras la reforma, creemos que quizás sería conveniente que la figura de la dependencia económica se mantuviera en la LDC Se plantearía entonces la posibilidad de mantener la doble regulación actual o suprimirla de la LCD. A nuestro juicio, las razones que avalarían el mantenimiento de la figura en la LDC serían:

i) el propio concepto de dependencia económica que no es más que un poder de mercado "relativo";

ii) el modelo de Derecho comparado que inspiró la regulación española en la LCD (el alemán) es un modelo regulado en su legislación de defensa de la competencia, no de competencia desleal;

iii) el Reglamento 1/2003 habla de la dependencia económica como un supuesto de comportamiento unilateral (esto es regulado en nuestra legislación por el art. 6 de la LDC);

iv) la posible desaparición del art. 7 LDC en la futura reforma, haría más justificable la permanencia de la figura de la dependencia económica en la LDC; y

v) en fin, razones de índole práctico que contribuirían a mejorar la eficacia de la norma (las empresas económicamente dependientes a la hora de enfrentarse con el dominante preferirán, por razones obvias, escudarse tras una posible actuación de oficio del SDC antes de tener que pleitear directamente contra la empresa en los tribunales y temer posibles represalias).

En cualquier caso, si el legislador opta por mantener la regulación en la LDC, al objeto de dotar de la máxima eficacia al art. 6.1.*b)* LDC, será indispensable que esta disposición esté bien regulada en la LDC y que su desarrollo jurisprudencial sea también adecuado y coherente. A continuación se expondrá brevemente la regulación y el tratamiento que se le ha dado en Francia y Alemania —países con una dilatada experiencia en la aplicación de esta figura— a los distintos aspectos que conciernen a la figura del abuso de situación de dependencia económica. Se trata de identificar las lagunas que convendría cubrir en la regulación y jurisprudencia españolas. En particular, nos referiremos a la sistematización de los diferentes tipos de situación de dependencia económica, a los criterios para determinar la existencia de dicha situación, y finalmente a la tipología de abusos de situación de dependencia económica:

A) Tipos de dependencia económica

El art. 6.1.*b)* LDC establece que queda prohibida la explotación abusiva por parte de una o varias empresas *«de la situación de dependencia económica en la que puedan encontrarse sus empresas clientes o proveedores que no dispongan de alternativa equivalente para el ejercicio de su actividad. Esta situación se presumirá cuando un proveedor además de los descuentos habituales, debe conceder a su cliente de forma regular otras ventajas adicionales que no se conceden a compradores similares»*.

Del tenor literal de la primera frase del artículo se deduce que se persiguen tanto los abusos de situación de dependencia económica del proveedor frente al distribuidor o cliente como los abusos de situación de dependencia económica del distribuidor o cliente frente al proveedor. Sin embargo, en la segunda frase, en la que se establece una presunción de situación de dependencia económica, se hace referencia únicamente a la situación de dependencia en la que se podría encontrar un proveedor frente a un distribuidor o cliente.

No cabe duda de que esta redacción resulta desafortunada por confusa, ya que si el legislador creía necesario establecer criterios que ayudasen a la autoridad a presumir la existencia de una situación de dependencia económica, debiera haberlo hecho para todos los supuestos de dependencia, y no únicamente para los de dependencia del proveedor de su distribuidor o cliente.

Sería, pues, recomendable que el legislador sistematizase los tipos de situación de dependencia económica que están cubiertos por el art. 6.1.*b)* LDC, y especificase que la presunción que contiene la redacción actual de la norma resultará aplicable únicamente en los casos de dependencia económica del proveedor frente a su cliente o distribuidor, pero sin que dicha presunción excluya la persecución a través de dicho artículo de otro tipo de situación de dependencia económica que, como veremos, existen.

En este sentido, el ejemplo francés y alemán resultará muy útil, tanto para el legislador español a la hora de tipificar esta infracción, como para la autoridad de defensa de la competencia a la hora de interpretarla. Ambos ordenamientos jurídicos distinguen cuatro tipos de situaciones de dependencia económica:

i) *La dependencia debida a la selección de productos o servicios*

Es aquella situación de dependencia en la que se encuentra el distribuidor de productos de marca respecto del fabricante.

ii) *La dependencia por causa del poder de la demanda*

En este supuesto son los fabricantes los que dependen de la distribución o de intermediarios de compra. Es únicamente en este tipo de situación de dependencia en el que se encuadraría la presunción contenida en el art. 6.1.*b)* LDC.

iii) *Dependencia debida a la organización de la empresa*

Hace referencia a la situación de dependencia de una empresa respecto de otra, de la que depende en razón de un contrato de larga duración o por una fuerte inversión, de tal forma que la ruptura de relaciones comerciales pondría en riesgo la continuidad de su actividad.

iv) *La dependencia debida a una situación de escasez*

Se produce en momentos de crisis en la producción o dificultades en la distribución de materias primas. La dependencia viene determinada por el hecho de que la empresa dependiente no pertenece al grupo de empresas que sí tiene acceso a las vías de aprovisionamiento, por lo que depende de las mismas para su suministro.

En definitiva, cabe concluir que sería aconsejable que el legislador, aprovechando la reforma de la LDC, puntualizase que la presunción de dependencia económica que se recoge en la redacción actual del art. 6.1.*b)* LDC se refiere únicamente al específico supuesto de abuso de situación de dependencia económica del proveedor respecto del distribuidor, sin que dicha presunción excluya la persecución a través de dicho artículo de otros tipos de situación de dependencia económica, como son los desarrollados por la jurisprudencia alemana y francesa que se han expuesto en el presente apartado.

B) Criterios para la apreciación de una situación de dependencia económica

Los escasos precedentes en España aportan poco a la hora de identificar los criterios relevantes para determinar la existencia de una situación de dependencia económica.

Se echa en falta que, en las pocas ocasiones en las que el TDC ha resuelto un expediente en el que se cuestionaba la aplicación del art. 16.2 LDC junto con el art. 7 LCD, o en la reciente Resolución en la que ha tenido ocasión de aplicar por vez primera el art. 6.1.*b)* LDC, éste no haya aprovechado para sistematizar criterios y desarrollar una jurisprudencia capaz de orientarnos en la utilización de esta figura. Quizás la escasez de jurisprudencia y, por tanto, la falta de directrices orientativas sobre esta materia sea precisamente la razón del escaso uso que se ha hecho hasta la fecha de este precepto.

En este sentido, nuevamente conviene que nos refiramos a la dilatada experiencia de la jurisprudencia alemana y francesa en esta materia, que ante las dificultades que presenta determinar la existencia de una situación de dependencia económica, han establecido distintos criterios para su apreciación, según se trate de valorar la dependencia económica de un distribuidor o de un fabricante.

En relación con el distribuidor, se han establecido cuatro criterios de apreciación de dependencia económica: i) la notoriedad de la marca; ii) la cuota de mercado del proveedor; iii) la parte que los productos del proveedor representan en el volumen de negocios del distribuidor, y iv) la imposibilidad del distribuidor de acceder a productos equivalentes.

En relación con el proveedor, los criterios utilizados habitualmente son los siguientes: i) el volumen de negocios realizados entre el proveedor y el distribuidor; ii) la importancia del distribuidor en la comercialización del producto en cuestión; iii) factores que han conducido a la concentración de las ventas, y iv) inexistencia de soluciones alternativas y que resulten económicamente viables para la distribución de sus productos.

C) Tipología de abusos de situación de dependencia económica

La reforma de la LDC que introdujo la figura del abuso de situación de dependencia económica en el art. 6.1.*b)* LDC también introdujo dos nuevos supuestos de prácticas abusivas, recogidos en las letras *f)* y *g)* del art. 6.2 LDC. El primero se refiere a la ruptura de relaciones comerciales y el segundo a la consecución de mejores condiciones comerciales bajo la amenaza de ruptura de relaciones comerciales.

Algunos autores dudaron en un principio de si estos dos nuevos supuestos se referían exclusivamente a la situación de dependencia económica, o también debían considerarse conductas abusivas si eran practicadas por empresas en posición de dominio. Y viceversa, dudaban también de que todos los ejemplos de conductas abusivas citados en el art. 6.2 LDC se aplicasen, no sólo a los abusos de posición de dominio, sino también a los de situación de dependencia económica.

Sin embargo, nosotros somos de la opinión que el art. 6.2 LDC, al señalar los tipos de abuso que pueden existir, no distingue entre si los mismos son practicados por empresas en posición de dominio o por empresas en situación de dependencia económica. Por otro lado, dado que el listado del art. 6.2 LDC es puramente ejemplificativo, nada impide que la prohibición general de abuso de situación de dependencia económica abarque a todo tipo de prácticas abusivas, estén o no contenidas en el art. 6.2 LDC.

En cuanto a la interpretación que haya de darse a cada uno de los diferentes supuestos de prácticas abusivas (*i. e.,* denegación de suministro, política de precios discriminatorios, ventas vinculadas, etc.), en nuestra opinión, la misma jurisprudencia desarrollada por el TDC para los supuestos de abuso de posición de dominio debiera aplicarse también a los supuestos de abuso de situación de dependencia económica, pues no parece tener sentido, en principio, que se trate mejor o peor a una situación frente a la otra y, sobre todo, debiera tratarse de evitar la existencia de normas y jurisprudencias discordantes que no harían más que hacer todavía más complejo, si cabe, nuestro sistema de control de abusos.

7. CONCLUSIONES

Nos parece que, tras el oportuno debate que este Primer Seminario de Derecho y Economía de la Competencia, organizado y patrocinado por la Fundación Rafael del Pino, está fomentando sobre la modernización del Derecho de la competencia en España y la Unión Europea, la herramienta más acorde para solventar las carencias del actual sistema del control de los abusos de poder de mercado sería el socorrido recurso a la adopción de directrices clarificadoras de la política, el Derecho y la economía en esta materia. Las directrices, o comunicaciones, a pesar del lenguaje críptico que han adquirido últimamente, han contribuido eficazmente a compensar el déficit de seguridad jurídica que ha sufrido el sistema como consecuencia de la modernización. En este sentido, parece que la Comisión Europea está decidida a acometer esta tarea a través de *Guidelines*. El Director General de la Dirección General de Competencia, Sr. D. Philip Lowe, ha manifestado recientemente que un primer borrador de dichas directrices podría publicarse a comienzos del año que viene, si bien es verdad que el calendario podría verse afectado por el reciente cambio en el Comisario encargado de la cartera de Competencia. No obstante, es de esperar que la nueva Comisaria, Sra. Dña. Neelie Kroes, ponga entre su lista de prioridades la publicación de estas directrices. Es importante, por tanto, que haya una coordinación estrecha entre las autoridades españolas y la Comisión Europea, de cara a alinear la futura postura española en la materia con la comunitaria.

La tarea de redactar las *Guidelines* en materia de abusos no se nos antoja grata ni sencilla (si no ha sido fácil aplicar los arts. 82 TCEE y 6 LDC a casos individuales más lo será establecer reglas generales y fácilmente administrables en las directrices). No obstante, otras materias no menos complejas se han abordado a través de comunicaciones o directrices (concentraciones horizontales, restricciones verticales o art. 81 TCEE). Los británicos cuentan ya con borradores de *Guidelines* en esta materia elaborados por la *Office of Fair Trading* en abril de 2004. Se espera que dichos borradores se finalicen a lo largo de este año. Seguro que el ejemplo británico constituirá un precedente útil de cara a elaborar unas posibles futuras directrices nacionales.

En cualquier caso, en nuestra opinión, tanto las futuras directrices comunitarias como un posible equivalente nacional, deberían contener:

i) unos principios generales de política y economía de la competencia que inspirarían la labor de aplicación de dichas normas por las autoridades de competencia;

ii) unas directrices específicas y claras en relación a los principales tipos o categorías de abusos. Dichas directrices deberían resumir de manera concisa la jurisprudencia más relevante relativa a cada tipo de conducta. El elenco de abusos cubriría tanto las prácticas relativas a precios (precios excesivos, predatorios, discriminatorios, descuentos fidelizadores y otros, *margin squeeze*, etc.) como otras prácticas (vinculación, imposiciones de gama, *category management*, exclusivas, *bundling*, negativas a satisfacer demandas y *essential facilities*)

iii) unas directrices sobre cuales de estas prácticas se considerarían más graves y, por tanto, más perseguibles;

iv) deberían ser razonablemente claras, contextualizadas mediante ejemplos ilustrativos, y deberían lograr el adecuado equilibrio entre la necesaria seguridad jurídica del tráfico y la incorporación del análisis económico a las mismas;

v) quizás podrían también contener un breve y sencillo resumen de los principios jurisprudenciales aplicables en materia de abusos en "mercados conexos", cuestión cada día mas recurrente y compleja;

vi) deberían tratar el tema de la relación de los arts. 82 TCEE y 6 LDC con los arts. 81 TCEE y 1 LDC. En concreto, podrían establecer que los arts. 81.3 TCEE y el 1 LDC no impedirían aplicar los arts. 82 TCEE y 6 LDC. Este tema, siempre espinoso, necesita ahora de mayor clarificación, tras la modernización.

Por lo que se refiere al caso específico de los abusos de dependencia económica, llama la atención, en primer lugar, el escaso uso que hasta la fecha se ha hecho de esta figura de la situación de dependencia económica, tanto por la vía del art. 16.2 LCD en combinación con el art. 7 LDC, como por la del nuevo art. 6.1.*b)* LDC. No creemos que la causa de esta falta de uso se deba a la poca utilidad de la figura, sino más bien a su inadecuada redacción y, sobre todo, a la falta de jurisprudencia de desarrollo que sistematice la tipología y los criterios de utilización de esta figura. Prueba de ello es que, tanto en Francia como en Alemania, el abuso de situación de dependencia económica se ha mantenido como ilícito *antitrust* en las sucesivas reformas de sus respectivas legislaciones (incluidas las más recientes de cara a la "modernización" de sus legislaciones —aunque la alemana todavía está pendiente), y existe además en estos países una nutrida jurisprudencia y doctrina al respecto.

Del análisis comparado de la regulación francesa y alemana cabe concluir, en lo que respecta a la aplicación eficaz en España de esta prohibición como ilícito *antitrust*, lo siguiente:

i) Dada la especificidad de la figura del abuso de situación de dependencia económica como ilícito *antitrust*, y dada la interpretación extraordinariamente restrictiva que la autoridad de defensa de la competencia española viene dando al art. 7 LDC, y las propuestas de reforma realizadas en el propio seno de este primer Seminario de Derecho y Economía de la Competencia en el sentido de suprimir el art. 7 LDC en la futura reforma, entendemos que existen razones para mantener una regulación autónoma de la figura de la dependencia económica en la LDC.

ii) Por las razones expuestas en la presente ponencia, creemos que la sede más "natural" para la regulación del precepto es la LDC y no la LCD.

iii) Por tanto, si se optase por mantener la figura, convendría que, aprovechando la reforma de la LDC, se clarificase la redacción actual del art. 6.1.*b)* LDC y se puntualizara que la presunción de dependencia económica que se recoge en la redacción actual del art. 6.1.*b)* LDC se refiere únicamente al específico supuesto de abuso de situación de dependencia económica del proveedor respecto del distribuidor, sin que dicha presunción excluya la persecución a través de dicho artículo de otros tipos de situación de dependencia económica, como los desarrollados por la jurisprudencia alemana y francesa.

iv) Convendría que, tras la reforma de la LDC, la jurisprudencia del TDC aprovechase los pronunciamientos que en un futuro realizase sobre la aplicación del art. 6.1.*b)* LDC para desarrollar los criterios que se han de tener en cuenta para determinar la existencia o no de los diferentes tipos de situación de dependencia económica. En este sentido, los criterios desarrollados por la jurisprudencia francesa y alemana podrían servir de referencia.

iv) No vemos razones de peso para que la jurisprudencia aplicable a los distintos tipos de abuso de posición de dominio, con las matizaciones propuestas en la primera parte de esta ponencia, se apliquen también a la jurisprudencia que en el futuro desarrolle los abusos de situación de dependencia económica.

EL DISCUTIDO ART. 7 DE LA LEY DE DEFENSA DE LA COMPETENCIA

Miquel MONTAÑÁ MORA
Abogado. Socio de Clifford Chance

1. INTRODUCCIÓN

Dentro del amplio repertorio del gran teatro que supuso la modernización del Derecho español de defensa de la competencia, cuya puesta en escena celebró su decimoquinto aniversario el pasado 18 de julio de 2004, pocos actores han tenido un papel tan polémico, errático y, acaso, inútil como el art. 7 de la Ley 16/1989, de 17 de julio, de Defensa de la Competencia (en adelante, la «Ley de Defensa de la Competencia» o «Ley 16/1989»).

Las dificultades del mencionado artículo para encontrar su lugar en el escenario encuentran su raíz en el propio origen de la norma. Así, la Ley de Defensa de la Competencia le asignó un papel antes de que el legislador hubiera completado el guión de la obra, lo cual no tuvo lugar hasta la promulgación de la Ley 3/1991, de 10 de enero, de Competencia Desleal (en adelante, la «Ley de Competencia Desleal» o «Ley 3/1991») [1]. Hasta dicha fecha, el apuntador le dio algunas

[1] A pesar de que se había previsto que la Ley 34/1988, de 11 de noviembre, General de Publicidad, la Ley 16/1989 y la Ley 3/1991 fueran aprobadas por las Cortes al mismo tiempo, la disolución de estas últimas dejó pendiente de aprobación la Ley 3/1991. Tras las elecciones, los trabajos llevaron a un cambio de orientación del modelo de competencia desleal, cerrando la puerta del modelo profesional para dejar paso a un modelo social que ve en la institución de la competencia el objeto directo de la protección. Todo ello explicaría una cierta falta de

pistas extraídas de los arts. 87, 88 y 89 de la Ley 32/1988, de 10 de noviembre, de Marcas (en adelante, la «Ley de Marcas de 1988»). Ni dichas pistas, ni una meritoria capacidad de improvisación basada en el art. 7 del Código Civil, ni la concreción del guión mediante la tipificación de los actos de competencia desleal mediante la Ley 3/1991 hicieron nada para realzar el papel de una norma que parece estorbar a los demás personajes, léase arts. 1 a 6 de la Ley 16/1989, quienes posiblemente serían capaces de suplir el rol del art. 7 sin que el público notara ningún vacío en el escenario. De ahí que quepa preguntarse si el art. 7 de la Ley de Defensa de la Competencia, que, de hecho, tras la nueva redacción introducida por la Ley 52/1999 descansa en los camerinos durante la mayoría de representaciones, debería emigrar definitivamente del texto de la Ley 16/1989 y buscar nuevos horizontes.

En las líneas que siguen se formularán algunas reflexiones con relación a la cuestión planteada que, lejos de pretender dar una respuesta definitiva a la misma, pretenden únicamente ofrecer algunos elementos para el debate. Para ello, en el primer acto se examinará la génesis histórica del precepto y el contexto normativo en el que vio la luz e intentó abrirse camino en el escenario. En el segundo acto se hará un breve repaso de algunas de las resoluciones más significativas del Tribunal de Defensa de la Competencia, al objeto de destacar cómo los guionistas, o bien han condenado al personaje al más absoluto ostracismo, o bien le han hecho jugar un papel de escasa entidad y en ocasiones contradictorio. Antes de bajar definitivamente el telón, se ofrecerán unas breves reflexiones finales a modo de conclusiones.

2. GÉNESIS HISTÓRICA DEL ART. 7

El art. 7, al igual que otras normas de la Ley 16/1989, encuentra su antecedente más próximo en la Ley 110/1963, de 20 de julio, sobre Represión de Prácticas Restrictivas de la Competencia, cuyo art. 3 decía lo siguiente:

> *«En particular quedan prohibidas las prácticas concertadas o abusivas que, incluidas en los artículos anteriores, consistan en:*
>
> d) *desarrollar una política comercial que tienda por competencia desleal a la eliminación de los competidores».*

Si se nos permite seguir con las metáforas teatrales y cinematográficas, podríamos decir, con referencia a un género de cine autóctono

---

coordinación entre la Ley 16/1989 y la Ley 3/1991. El autor desea agradecer públicamente al profesor Ricardo ALONSO SOTO, "padre" del art. 7 de la Ley 16/1989 junto al profesor Cándido PAZ-ARES, sus comentarios sobre las circunstancias en que nació este polémico artículo.

que hizo fortuna en los años sesenta, que el art. 3.*d)* constituyó una "españolada", en el sentido de que constituyó una novedad en Derecho comparado, como mínimo en los términos en que está formulado[2].

Tal como se desprende de la literalidad del precepto, la deslealtad de la actuación prohibida en dicho artículo presuponía la realización de prácticas concertadas o abusivas, es decir, la previa infracción de los arts. 1 o 2.

En su redacción original, el art. 7 de la Ley de Defensa de la Competencia establecía lo siguiente:

> *«El Tribunal de Defensa de la Competencia conocerá, en los términos que la presente Ley establece para las conductas prohibidas, de los actos de competencia desleal que, por falsear de manera sensible la libre competencia, en todo o en parte del mercado nacional, afectan al interés público».*

Precisamente, una de las cuestiones que plantea la redacción del art. 7 de la Ley de Defensa de la Competencia es la de si se ha mantenido o no esta vinculación de la deslealtad a la colusión o al abuso. Como veremos a continuación, a pesar de que en su momento esta cuestión suscitó comentarios contrapuestos en la doctrina, las primeras resoluciones del tribunal dejaron entrever que el art. 7 es de aplicación incluso a las prácticas unilaterales de empresas no dominantes[3]. Ello ha permitido sostener que el art. 7 introdujo un tercer tipo de ilícito *antitrust*, desconocido hasta la fecha en nuestro Derecho positivo[4], concretado en los actos unilaterales realizados por una empresa sin posición de dominio[5].

Obviamente, a pesar de que en la actualidad el art. 7 no exija la vinculación de la deslealtad con la colusión o el abuso, en la práctica pueden darse muchos supuestos en los que los hechos enjuiciados, ade-

---

[2] Así lo entendió Senén DE LA FUENTE en su «Comentario a la Ley española sobre Represión de las Prácticas Restrictivas de la Competencia», p. 98, citado en A. ROBLES MARTÍN-LABORDA, *Libre Competencia y Competencia Desleal*, La Ley, Colección Biblioteca de Derecho de los Negocios, Madrid, 2001, p. 117. No obstante, se ha citado como una posible fuente de inspiración el art. 60.1 del Tratado CECA, del siguiente tenor literal:

«Quedarán prohibidas en materia de precios las prácticas contrarias a los arts. 2, 3 y 4 y, en particular:

— las prácticas de competencia desleal, en especial las bajas de precios meramente temporales o meramente locales tendentes, dentro del mercado común, a la adquisición de una posición de monopolio;

— las prácticas discriminatorias que impliquen, dentro del mercado común, la aplicación por un vendedor de condiciones desiguales a transacciones comparables, especialmente por razón de la nacionalidad de los compradores».

[3] Resolución de 9 de octubre de 1991, Expediente A 13/91.

[4] M. TRONCOSO Y REIGADA, «El Marco normativo de los ilícitos desleales de relevancia *antitrust* (Reflexiones en torno al art. 7 LDC)», en *Estudios Jurídicos en Homenaje al Profesor Aurelio Menéndez,* vol. I, Madrid, 1996, p. 1039.

[5] A. ROBLES MARTÍN-LABORDA, *op. cit.,* pp. 7 y 228 ss.

más de constituir prácticas desleales, pueden constituir una práctica concertada o un abuso de posición de dominio contrarios a los arts. 1 a 6 de la Ley 16/1989. La situación es parecida a la que ocurre, por ejemplo, cuando una determinada actuación es reprochable no sólo desde la perspectiva de la Ley de Competencia Desleal, sino también desde la perspectiva de las leyes especiales que protegen las marcas, las patentes u otros derechos de propiedad industrial e intelectual. En este tipo de supuestos, se produce un "concurso de normas sin desplazamiento", tal como destacó la Sección 15.ª de la Audiencia Provincial de Barcelona en su Sentencia de 25 de abril de 1996, en el asunto de las «Joyas únicas del amor»[6]. A pesar de que la posible problemática que pueda plantear este concurso de normas no parece haber llamado la atención del tribunal, algún autor ha observado que, en determinados supuestos, pueden darse situaciones que merecen una reflexión. Por ejemplo, ¿Qué ocurre si una determinada conducta que, en principio, estaría prohibida por el art. 1, se beneficia de una exención por categoría o ha recibido una autorización?[7] Si se mantiene la tesis que defiende la desvinculación de la deslealtad de la colusión o el abuso, en dichas circunstancias a nivel teórico parecería posible reprimir dichas prácticas con fundamento en el art. 7, si bien, previsiblemente, la obtención de una autorización, junto con la poca predisposición mostrada por el tribunal a la hora de aplicar el art. 7, haría difícil que se llegara a prohibir con base en el art. 7. Además, no hay que perder de vista el carácter subsidiario del art. 7, el cual viene a constituir una suerte de válvula de cierre del sistema que permita reprimir prácticas contrarias al Derecho de la competencia que no encajen en los arts. 1 o 6 de la Ley. Bajo esta luz, no parecería lógico utilizar el art. 7 para prohibir actos que puedan beneficiarse de una exención por categoría o que hayan recibido una autorización.

Como se habrá observado, la literalidad de la norma parecía suponer un punto de intersección entre el Derecho de defensa de la competencia, entendido —simplificando mucho las cosas— como un Derecho dirigido a sancionar los comportamientos de los empresarios u operadores económicos que impiden la existencia de competencia en el mercado, y el Derecho de la competencia desleal, considerado como un conjunto normativo destinado a sancionar aquellas conductas empresariales que atentan contra la corrección en la realización de actividades competitivas en el mercado[8].

---

[6] Rollo de apelación 418/95-1.ºX.

[7] Pueden consultarse al respecto las reflexiones de Robles Martín-Laborda, *op. cit.,* pp. 211 ss.

[8] R. Alonso Soto, «Competencia Desleal y Defensa de la Competencia en España», publicado en *ICE,* núm. 750, febrero de 1996, p. 10.

En efecto, mientras que los arts. 1 a 6 de la Ley de Defensa de la Competencia significaron la puesta en escena en España de los personajes más representativos de los mejores musicales de Broadway (léase antiguos arts. 85 y 86 del Tratado de Roma), el art. 7 introduce un papel nuevo, sin parangón en la normativa comunitaria, que se muestra a los ojos del intérprete como un elemento extraño incrustado en un cuerpo normativo concebido para otra finalidad. Así, mientras que los arts. 1 a 6 responden a una regulación lógica, coherente y sistemática, que encajaba armoniosamente en el conjunto de la representación, la redacción del art. 7 planteaba en el público la cuestión de si el actor no se habría equivocado de obra.

De entrada, y sin necesidad de realizar grandes alardes interpretativos, la literalidad de la norma planteaba numerosos interrogantes, como, por ejemplo, los siguientes: ¿Los actos de competencia desleal a los que se refiere la norma se agotan en los tipos previstos en la legislación especial o, por el contrario, comprende actos que, a pesar de no estar tipificados en la legislación especial, pueden ser calificados de "desleales" a los efectos del art. 7? ¿Al exigir que el falseamiento de la competencia sea "sensible" se pretendía excluir únicamente las prácticas *de minimis*? ¿La norma asume que todas las prácticas que falsean de manera sensible la libre competencia afectan al interés público? ¿La deslealtad está o no vinculada a la colusión o al abuso, como sucedía con el antiguo art. 3.*d)*?

Andando el tiempo, las Resoluciones del Tribunal de Defensa de la Competencia acabarían dando lugar a una línea interpretativa de la que se hizo eco, en algunos aspectos, la Ley 52/1999, la cual introdujo la siguiente redacción:

> *«1. El Tribunal de Defensa de la Competencia conocerá, en los términos que la presente Ley establece para las conductas prohibidas, de los actos de competencia desleal siempre y cuando concurran las siguientes circunstancias:*
>
> a) *Que ese acto de competencia desleal distorsione gravemente las condiciones de competencia en el mercado.*
> b) *Que esa grave distorsión afecte al interés público.*
>
> *2. Cuando, a juicio del Servicio de la Competencia, no concurran dichas circunstancias, procederá al archivo de las actuaciones».*

A pesar de que la loable finalidad de la reforma fue establecer una regulación más precisa, y contribuir así a una mayor seguridad jurídica, no estamos seguros de que el legislador acometiera dicho objetivo con éxito, cuestión sobre la que volveremos en las conclusiones.

3. EL ART. 7 EN ESCENA: RESOLUCIONES DEL TRIBUNAL DE DEFENSA DE LA COMPETENCIA

El objetivo de las líneas que siguen es examinar hasta qué punto las Resoluciones del Tribunal de Defensa de la Competencia han contribuido a aclarar los conceptos jurídicos indeterminados que aparecen en el art. objeto de estudio.

A) El juicio de deslealtad del acto

Una primera cuestión interpretativa que plantea el art. 7, sobre la que existe una animada polémica doctrinal, es la de si el juicio de deslealtad de la práctica en cuestión ha de realizarse bajo la luz de la legislación especial sobre competencia desleal, actualmente, la Ley 3/1991 o, si por el contrario, puede realizarse acudiendo a otras leyes especiales, como la Ley de Propiedad Intelectual, la Ley de Marcas, la Ley de Patentes, la Ley General de Publicidad o acudiendo incluso a los arts. 7 y 1.902 del Código Civil.

Seguramente la polémica es hasta cierto punto estéril, en la medida en que en muchos casos prácticas contrarias a otras leyes especiales serán a su vez subsumibles en el tipo del art. 5 de la Ley 3/1991, el cual, tal como se destaca en la Exposición de Motivos, recoge «una generosa cláusula general de la que en buena medida va a depender —como muestra la experiencia del Derecho comparado— el éxito de la Ley y la efectiva represión de la siempre cambiante fenomenología de la competencia desleal». Éste fue el criterio seguido por el Tribunal, por ejemplo, en su Resolución de 7 de abril de 2003 [9].

Precisamente, esta cambiante fenomenología es la que explica las reticencias a sujetar el juicio de la deslealtad a los tipos específicamente previstos en la Ley 3/1991. De ahí que no hayan faltado las resoluciones del tribunal en las que éste ha entendido que la deslealtad a la que se refiere el art. 7 de la Ley 16/1989 puede derivar no sólo de la concurrencia de alguno de los tipos previstos en la Ley 3/1991, sino también del art. 7 del Código Civil y otras normas previstas en otras leyes especiales. A título de ejemplo, pueden citarse las Resoluciones de 30 de diciembre de 1991 [10] y 8 de julio de 1992 [11].

[9] Expediente 535/2002 (*AC,* 2003/1889).

[10] Expediente 295/1991.

[11] Expediente 294/91, publicado en *BICE,* núm. 2335, pp. 2564 ss.

Frente a esta línea argumental cabe sostener que el juicio sobre la deslealtad de un acto ha de realizarse desde la perspectiva de la ley especial que tipifica las prácticas que cabe reprimir por desleales, del mismo modo que el juicio sobre si una determinada forma de publicidad es ilícita, engañosa o desleal ha de realizarse acudiendo a la Ley General de Publicidad. De lo contrario, se frustraría la finalidad de la Ley 3/1991, cuya Exposición de Motivos destaca que «se ha tratado de hacer tipificaciones muy restrictivas». De hecho, con la perspectiva actual es posible afirmar que la mayoría de resoluciones del tribunal se han inclinado por la interpretación acuñada en la Resolución de 9 de octubre de 1991, en la que exigió «la existencia de un comportamiento que pueda tipificarse como de competencia desleal, para lo cual habrá de recurrir a la Ley 3/1991, de Competencia Desleal». En fecha más reciente, el tribunal desestimó un recurso en el que se había aducido la vulneración del art. 7, tras constatar que «no puede afirmarse que la actuación de la entidad denunciada pueda ser calificada como una de las conductas tipificadas en la Ley de Competencia Desleal» [12]. Siguiendo el mismo criterio, en su Resolución de 27 de mayo de 2002 el tribunal desestimó un recurso al entender que para estimar infringido el art. 7 de la Ley 16/1989 «habría que comenzar por probar la lesión de la Ley 3/1991, de 10 de enero, de Competencia Desleal».

Éste fue también el criterio seguido por el Tribunal Supremo en su Sentencia de 8 de marzo de 2002 [13], en la que zanjó la polémica en los siguientes términos:

> *«Las exigencias de seguridad jurídica en la interpretación de normas cuya vulneración lleva aparejada sanciones administrativas (principio de certeza en la configuración de los tipos) nos conduce a adoptar un criterio de apreciación más restrictivo del que pudiera deducirse, a primera vista, de la mera lectura del precepto: partimos, por tanto, de que la expresión "actos de competencia desleal", utilizada por el art. 7 de la Ley 16/1989 no tiene una significación autónoma, sino que remite a las conductas empresariales específicamente catalogadas como desleales en las leyes correspondientes. Tras la aprobación de la Ley 3/1991, dichas conductas son las plasmadas en la "generosa" cláusula general de su art. 5 y en los arts. 6 a 17; en el momento de los hechos aquí enjuiciados, dichas conductas se limitaban a las previstas en los arts. 87 a 89 de la Ley de Marcas de 1988)».*

Lo anterior nos lleva a considerar que en la actualidad la tesis más segura es la que entiende que sólo es posible aplicar el art. 7 cuando el acto denunciado encaja en alguno de los tipos de la Ley 3/1991, si bien, en la práctica, a menudo el acto denunciado será reprochable desde la perspectiva del art. 5 de la mencionada Ley. De hecho, ha

---

[12] Resolución de 10 de febrero de 2004, Expediente 564/03 (*RJ,* 2004/107469).

[13] El autor desea agradecer públicamente al Excmo. Sr. D. Manuel Campos Sánchez-Bordona, Magistrado Ponente de la Sentencia comentada, que llamara la atención del autor sobre su existencia y contenido.

llegado a proponerse que, en rigor, de acuerdo con el modelo social de la competencia desleal, ni siquiera haría falta configurar la deslealtad como un requisito independiente, toda vez que cualquier distorsión grave de las condiciones de competencia en el mercado «constituiría, *per se*, un acto objetivamente contrario a la buena fe y, en consecuencia, desleal» [14].

Otra cuestión que se ha planteado la doctrina es si dentro del amplio abanico de prácticas tipificadas como desleales en la Ley de Competencia Desleal «existen actos de competencia desleal incluidos y excluidos *per se* del ámbito de aplicación del art. 7 de la LDC» [15]. A pesar de que se ha sugerido que sólo quedarían comprendidos en el art. 7 los tradicionalmente denominados actos de deslealtad de mercado [16], no estamos seguros de que quepa excluir *a priori* determinados tipos de actos, ya que, como se expondrá más adelante, el interés público planea sobre todo el articulado de la Ley 3/1991, lo cual quizás explicaría que el tribunal haya seguido una aproximación más casuística y menos dogmática.

B) Que el acto distorsione gravemente las condiciones de competencia en el mercado

Como se ha expuesto anteriormente, en su redacción original el art. 7 prohibía «los actos de competencia desleal que por falsear de manera sensible la libre competencia, en todo o en parte del mercado nacional, afectan al interés público».

Tal como ha destacado la doctrina que ha estudiado el art. 7 más de cerca, las resoluciones del tribunal han sido a menudo ambiguas y, en ocasiones, incluso contradictorias, a la hora de interpretar los requisitos exigidos en la redacción original de la norma [17]. Así, son muchas las resoluciones en las que el tribunal simplemente da por sentado que el acto de competencia desleal falseará la libre competencia. De hecho, si ello fuera así, sería posible denunciar ante el Tribunal de Defensa de la Competencia todas las prácticas susceptibles de infringir los tipos de la Ley 3/1991, con independencia de su incidencia en el mercado, lo cual no tendría mucho sentido. De ahí que quepa celebrar que en otras resoluciones el tribunal haya seguido una metodología más precisa y analítica, aclarando que el falseamiento de la libre com-

---

[14] ROBLES MARTÍN-LABORDA, *op. cit.*, pp. 306-307.

[15] *Ibid.*, p. 275.

[16] *Ibid.*, pp. 261 ss. TRONCOSO Y REIGADA, *op. cit.*, p. 1072.

[17] Entre la bibliografía sobre el art. 7, destaca la tesis doctoral de Antonio ROBLES MARTÍN-LABORDA publicada con el título de *Libre Competencia y Competencia Desleal,* La Ley, Colección Biblioteca de Derecho de los Negocios, Madrid, 2001, ya citada con anterioridad.

petencia es un requisito adicional. Éste fue el caso, por ejemplo, de la Resolución de 26 de febrero de 2004, en la que señaló que «una vez establecido que la conducta probada de F. constituye competencia desleal que infringe el art. 15 LCD, corresponde ahora considerar si se dan en la misma los otros dos requisitos exigibles para que pueda aplicarse el art. 7 LDC; es decir, si se produce un falseamiento sensible de la libre competencia que afecte al interés público».

Del mismo modo, la ya citada Resolución de 10 de febrero de 2004 destacó que «este Tribunal ha declarado reiteradamente que para poder apreciar dicha infracción, no sólo es preciso la existencia de un acto desleal, sino que es también necesario que como consecuencia de la misma se afecte sensiblemente a la libre competencia, con entidad suficiente para alterar de manera significativa el desenvolvimiento regular del mercado. No es suficiente, pues, cualquier deslealtad, sino que es necesario que la misma sea cualificada».

En rigor, atendiendo a la dicción del art. 7, lo que ha de ser "cualificada" no es la deslealtad, como señala el tribunal, sino el falseamiento de la libre competencia que produce dicha deslealtad. Ello viene confirmado por la redacción actual de la letra *a)* del art. 7.1 el cual exige «que ese acto de competencia desleal distorsione gravemente las condiciones de competencia en el mercado». A la hora de interpretar la concurrencia de este requisito, el tribunal ha atendido a criterios tales como que el acto denunciado tenga «un carácter económico significativo que justifique la aplicación de las normas sobre defensa de la competencia» [18] o a la venta de «una cifra de botellas de vino significativa de este mercado» [19]. De especial interés es la Resolución de 4 de julio de 2003, la cual entendió acreditado este requisito al considerar que mediante los actos denunciados (la publicación de anuncios en medios de comunicación) «la alteración del funcionamiento competitivo del mercado llegará a ser significativa, aunque resulte de imposible medida tal incidencia. Por eso no puede aceptarse, como descargo, la alegación de la imputada, según la cual no ha resultado probado que la publicidad enjuiciada haya tenido efectos directos o indirectos en el funcionamiento del mercado. Se ha hecho para que los tenga y los ha tenido aunque no se haya podido determinar cuantitativamente su importe» [20]. Por su parte, en su Resolución de 7 de abril de 2003 el tribunal entendió acreditado el carácter "sensible" del falseamiento de la competencia atendiendo a «su gran incidencia en dicho mercado» [21]. Puede mencionarse también la Resolución de 27 de mayo de

---

[18] Resolución de 10 de febrero de 2004, *op. cit.,* fundamento jurídico 3.º

[19] Resolución de 26 de febrero de 2004, *op. cit.,* fundamento jurídico 8.º

[20] Expediente 548/2002 (*AC,* 2003/1108).

[21] Expediente 535/2002 (*AC,* 2003/1889).

2002, en la que el tribunal destacó que «para entender que un acto desleal es contrario a la libre competencia no basta con que se produzca la deslealtad, sino que también es necesario que, como consecuencia de la misma, se afecte sensiblemente a la libre competencia, con entidad suficiente para alterar de manera significativa el desenvolvimiento regular del mercado» [22].

En realidad, para que resulte de aplicación el art. 7 no es necesario que el acto haya producido los mencionados efectos, siendo suficiente su aptitud para producirlos. A pesar de que en contra de esta interpretación cabría sostener que exige forzar un poco la letra del art. 7, es la que casa mejor con la finalidad de la Ley 16/1989, cuya objetivo es no sólo prohibir las prácticas que tengan por efecto impedir, restringir o falsear la competencia, sino también las que puedan producir dichos efectos, como establece el art. 1 de la Ley. Desde esta perspectiva, estaríamos ante un ilícito de peligro similar al que contempla el art. 6 de la Ley 3/1991, por poner un ejemplo.

C) La afectación al interés público

Hace años, un buen amigo publicó un artículo sobre otro tema en el que utilizó las danzas del pueblo de Echternach, pequeña localidad de Luxemburgo, en las que se da un paso adelante y dos pasos hacia atrás, como metáfora para ilustrar los tumbos de la jurisprudencia del Tribunal de Justicia de las Comunidades Europeas con relación al tema de la competencia de la Comunidad para celebrar tratados internacionales en materia comercial [23]. Pues bien, tengo para mí que la metáfora es también oportuna para ilustrar la contradicción existente entre el reforzamiento de este requisito mediante la nueva redacción introducida por la Ley 52/1999 y la superación del denominado modelo profesional de la competencia desleal. En efecto, la Exposición de Motivos de la Ley 3/1991 realza que «la Ley introduce un cambio radical en la concepción tradicional del Derecho de la competencia desleal. Éste deja de concebirse como un ordenamiento primariamente dirigido a resolver los conflictos entre los competidores para convertirse en un instrumento de ordenación y control de las conductas en el mercado. La institución de la competencia pasa a ser así el objeto directo de la protección [...]. Esta ampliación y reordenación de los intereses protegidos está presente a lo largo de todos los preceptos de la Ley».

Ello equivale a decir que el interés público, concretado en la utilización del Derecho de la competencia como instrumento de orde-

---

[22] Expediente R 516/02v (*JUR*, 2002/204084).

[23] J. H. J. Bourgeois, «The EC in the WTO and Advisory Opinion 1/94: An Echternach Procession», publicado en *Common Market Law Review*, vol. 32, 1995, p. 763.

nación y control de las conductas en el mercado, planea sobre todo el articulado de la Ley 3/1991[24]. Como ha destacado la doctrina más autorizada «a medida que el Derecho de la competencia desleal evoluciona desde un modelo corporativo, preocupado únicamente por la defensa de los privilegios y usos gremiales, hacia un modelo social, atento más bien a la defensa del mercado, se va produciendo también un cambio de función de dichas normas que van pasando de tutelar simplemente los intereses de los empresarios competidores a proteger la institución de la competencia, o dicho en otros términos, el orden público económico»[25]. Así las cosas, habiendo quedado acreditada la deslealtad de una práctica, y que la misma altera de manera significativa el desenvolvimiento regular del mercado, ¿qué sentido tiene exigir, como requisito adicional, que dicha práctica afecte al interés público? ¿Acaso no es la afectación al interés público consustancial al carácter desleal de la actuación denunciada y a la grave perturbación que la misma provoca en el mercado? O dicho de otra manera, ¿acaso pueden existir prácticas tipificadas como desleales por la Ley 3/1991 y que distorsionen gravemente las condiciones de competencia en el mercado y que, no obstante, no afecten al interés público?

Desde esta perspectiva, no parece congruente con el denominado modelo social de la competencia desleal instaurado por la Ley 3/1991 que se siga exigiendo la afectación del interés público como un requisito adicional a la deslealtad del acto y al falseamiento sensible de la competencia, como sigue exigiendo el tribunal en sus últimas resoluciones[26]. De hecho, de ello parece haberse dado cuenta hasta el propio tribunal, el cual en su Resolución de 4 de julio de 2003 se planteó la cuestión en los siguientes términos: «Acreditado, por tanto, que la conducta enjuiciada en este expediente constituye actos de competencia desleal, debemos entrar ahora a analizar si concurren los otros dos presupuestos que, conforme a la doctrina reiterada de este tribunal, son necesarios para aplicar el art. 7 de la LDC y que son negados por la imputada, a saber: si pueden producir un falseamiento de manera sensible de la libre competencia, en todo o en parte del mercado nacional y si por su propia dimensión afectan al interés público económico». Tras constatar que con los actos denunciados «la alteración del funcionamiento competitivo del mercado llegará a ser significativa» el tribunal concluyó que la práctica denunciada era contraria al art. 7, sin realizar manifestación alguna sobre la concurrencia o no de "la afectación al interés público" como un supuesto requisito adicional.

---

[24] En contra puede consultarse la opinión de Troncoso, quien defiende la existencia de ilícitos desleales que no afecten al interés público. Troncoso y Reigada, *op. cit.*, p. 1065.

[25] R. Alonso Soto, *op. cit.*, p. 10.

[26] Por ejemplo, la mencionada Resolución de 26 de febrero de 2004.

En la Resolución de 7 de abril de 2003, el tribunal concretó la noción de "interés público", en el caso de autos, en «el interés público del mantenimiento de un mercado, el de la distribución de electricidad, para que funcione de acuerdo con criterios competitivos, es decir, que aquellas empresas mejor dotadas para ofrecer un servicio de calidad a un menor coste sean las que se encarguen de prestarlo. El hecho de que la entidad denunciada se haya beneficiado de sus privilegios como Administración Pública y de la ventaja que le reporta el incumplimiento de la normativa legal para desplazar a su único competidor, produce una distorsión suficientemente grave por su gran incidencia en dicho mercado como para entender que está incluida en las conductas prohibidas por el art. 7 LDC» [27].

Como se habrá observado, nuevamente el tribunal entremezcla el requisito consistente en que el acto distorsione gravemente las condiciones de competencia en el mercado con el requisito de la afectación del interés público, lo cual es ilustrativo de las dificultades de examinar el segundo requisito como un presupuesto adicional y autónomo, desvinculado del primero. Esta dificultad transpira también en la fundamentación jurídica de la Resolución de 27 de mayo de 2002, en la que se indica que es «preciso, en segundo lugar, acreditar que la actuación presuntamente desleal afecte al interés público, es decir, que se falsee de modo sensible la competencia [...]» [28]. A su vez, la Resolución de 28 de enero de 2003 precisó que el interés público que protege el art. 7 de la Ley de Defensa de la Competencia es que no se produzcan «efectos que falseen el funcionamiento competitivo del mercado [...]» [29].

Mejor vio las cosas el Tribunal Supremo en la ya comentada Sentencia de 8 de marzo de 2002, en la que falló no haber lugar al recurso de casación planteado:

> *«[...] dado que el recurso de casación no opone en este motivo ninguna otra censura relativa a la apreciación del resto de elementos normativos (falseamiento sensible de la libre competencia y afectación del interés público) que de manera conjunta —pues la afectación de dicho interés se produce precisamente por falsear la libre competencia— configuran el tipo del art. 7 de la Ley 16/1989 [...]».*

Volviendo a la danza de Echternach, las dificultades con que parece haber topado el tribunal para examinar el requisito de la afectación del interés público como un requisito autónomo, tal como se configuró en la redacción introducida mediante la Ley 52/1999, plantea la cuestión de si acaso el legislador no dio dos pasos atrás cuando en la reforma

[27] Expediente 535/2002 (*AC,* 2003/1889).

[28] Expediente R 516/02 V (*JUR,* 2002/204084).

[29] Expediente R 534/02 (*JUR,* 2003/59769).

configuró la mencionada afectación como un requisito autónomo y adicional al de la distorsión grave de las condiciones de competencia en el mercado. De hecho, la consulta de las resoluciones más antiguas del tribunal parece demostrar que la fundamentación jurídica utilizada con anterioridad a la reforma se ajustaba mejor a los criterios de la lógica. Así, por ejemplo, en su Resolución de 21 de junio de 1999, el tribunal destacó que «resulta, por ello, crucial para poder subsumir una conducta desleal en este art. 7 el que, con independencia de los intereses privados que haya podido lesionar, cuya protección corresponde al juez ordinario, pueda demostrarse que, además, ha falseado de manera sensible la libre competencia, afectando, así, el interés público»[30]. La misma lógica inspiró la redacción de la Resolución de 9 de octubre de 1991, en la que el tribunal concretó el segundo requisito en la exigencia de «que dicho comportamiento afecte al interés público, esto es, a la libre competencia en el mercado, que aparece configurada como el bien jurídico protegido por la Ley 16/1989, de Defensa de la Competencia»[31]. Puede citarse también la Resolución de 30 de diciembre de 1991, en la que el tribunal destacó la necesidad de «que la práctica restrictiva de la competencia tenga una dimensión de tal entidad que pueda llegar a alterar el orden público económico que la Ley de Defensa de la Competencia trata de defender»[32].

En ésta y en otras resoluciones el tribunal hace depender la afectación del interés público de la gravedad de la distorsión que el acto enjuiciado ha provocado en el mercado. Así, la Resolución de 26 de noviembre de 2002 señaló que «la propia dimensión de los mercados afectados (los servicios de administración de todas las fincas rústicas y urbanas de todas las provincias consideradas), hace que la distorsión afecte al interés público»[33]. Según la fundamentación jurídica de las anteriores resoluciones *il va de soit* que si existe falseamiento sensible de la competencia se afectará al interés público.

En la misma línea, en la Resolución de 17 de febrero de 2000 el tribunal únicamente exigió, además de que se acreditara la deslealtad del acto «que como consecuencia de la misma se afecte sensiblemente a la libre competencia, con entidad suficiente para alterar de manera significativa el desenvolvimiento regular del mercado»[34]. De la argumentación del tribunal, el cual no se refiere en ningún momento explícitamente al interés público, se desprende que el interés público que

---

[30] Expediente R 333/1998 (*AC*, 2000/2813).

[31] Expediente A 13/91.

[32] Expediente 295/91.

[33] Expediente 529/2001 (*AC*, 2003/152).

[34] Expediente R 405/1999 (*AC*, 2000/2643).

se protege es el "desenvolvimiento regular del mercado". Si ello es así, en la redacción introducida por la Ley 52/1999 este interés parece estar suficientemente concretado en el mantenimiento de "las condiciones de competencia en el mercado", sin que se alcance a ver la necesidad de introducir la afectación del interés público como un requisito adicional.

4. CONCLUSIONES

Decíamos al principio que el art. 7 de la Ley de Defensa de la Competencia no parece haber acabado de encontrar su papel en el gran teatro del Derecho de la competencia español, acaso debido a una descoordinación de los guionistas, quienes no advirtieron que el papel de este personaje no encuentra cabida en este tipo de obra, como demuestra su ausencia en los musicales más afamados de los países de nuestro entorno.

Todo ello ha provocado que a lo largo de estos quince años el actor haya subido con éxito a los escenarios en contadísimas ocasiones. Tal como ha destacado la doctrina «a pesar de la amplitud con la que el tribunal interpreta los requisitos mencionados, lo cierto es que, en la práctica, su doctrina ha resultado en la casi totalidad inaplicabilidad del precepto»[35], quedando limitada a algunos asuntos en materia de publicidad engañosa o denigratoria, los cuales podrían haber sido resueltos perfectamente por los tribunales de lo civil.

Aprovechando las nuevas representaciones que ha propiciado la ya no tan reciente reforma del Derecho comunitario de la competencia, la cual, como se sabe, ha conferido un gran protagonismo a los jueces nacionales a la hora de garantizar el cumplimiento de las normas de Derecho de la competencia[36], quizás ha llegado el momento de prescindir de este papel, suprimir el art. 7 del texto de la Ley de Defensa de la Competencia, y dejar que sean los tribunales de lo civil (y esperemos que bien pronto los tribunales de lo mercantil) los que se ocupen, en su caso, de reprimir las prácticas desleales que puedan distorsionar gravemente el orden concurrencial. Con ello, además, se evitaría la inseguridad jurídica que provoca el hecho de que el Tribunal de Defensa de la Competencia y los tribunales de lo civil puedan conocer en paralelo de unos mismos hechos y llegar a conclusiones contradictorias,

---

[35] ROBLES MARTÍN-LABORDA, *op. cit.*, pp. 8-9.

[36] *Vid.*, por ejemplo, S. MARTÍNEZ LAGE, «La aplicación judicial de los arts. 81 y 82 CE a partir del 1 de mayo de 2004», publicado en *Gaceta Jurídica de la Unión Europea y de la Competencia*, núm. 231, mayo-junio de 2004, pp. 4 ss.

riesgo que se ve agravado por la falta de efecto de cosa juzgada de lo resuelto en una jurisdicción sobre la otra[37].

Tras la mencionada reforma no parece tener mucho sentido seguir identificando al Tribunal de Defensa de la Competencia como el único órgano encargado de velar por el cumplimiento de una norma de Derecho público que persigue una finalidad de interés público, cual es que las conductas desleales no lleguen a falsear el funcionamiento competitivo del mercado, en contraposición a los jueces civiles, a quien correspondería aplicar la Ley de Competencia Desleal, la cual, supuestamente, protegería los intereses de los competidores perjudicados, según la Resolución del Tribunal de Defensa de la Competencia de 21 de junio de 1999.

Este tipo de planteamiento ha quedado superado tanto por el modelo social que vino a instaurar la Ley 3/1991, del que da fe la Exposición de Motivos, en la que se destaca la superación del modelo que concebía la legislación en materia de competencia desleal como un ordenamiento primariamente dirigido a resolver los conflictos entre los competidores, como por la profunda transformación que en materia de cumplimiento *(enforcement)* introdujeron los guionistas de Bruselas, quienes han convertido en protagonistas a los actores nacionales en detrimento de las estrellas comunitarias. En este contexto, no estamos seguros de que sea necesario mantener el art. 7 cual comodín que permita al Derecho de la competencia desleal jugar una suerte de «norma de cierre del sistema del Derecho de la competencia»[38] o "función auxiliar" respecto del derecho *antitrust*, posibilidad que la doctrina más atenta ha estudiado como hipótesis de trabajo[39]. En conclusión, mucho nos tememos que la desdichada vida del art. 7 de la Ley 16/1989 tendrá un final parecido a la del Fantasma de la Ópera, quien tras algunos esperanzadores escarceos con Christine Daaé, la joven bailarina de la obra, acabó compuesto y sin novia.

---

[37] Para evitar este riesgo, sería deseable la inclusión de un artículo similar al art. 53 de la Ley 17/2001, de 7 de diciembre, de Marcas, el cual establece lo siguiente:

«No podrá demandar ante la jurisdicción civil la nulidad de una marca, invocando la misma causa de nulidad que hubiera sido ya objeto de pronunciamiento, en cuanto al fondo de la cuestión, en sentencia dictada en recurso contencioso-administrativo, quien hubiera sido parte en el mismo».

[38] R. Alonso Soto, *op. cit.*, p. 14.

[39] *Vid.* la tesis doctoral de Antonio Robles Martín-Laborda citada anteriormente.

EL CONTROL DE LAS AYUDAS PÚBLICAS EN ESPAÑA: UN CONTEXTO A CAMBIAR

José Eugenio SORIANO GARCÍA
Catedrático de Derecho Administrativo.
Ex Vocal del Tribunal de Defensa de la Competencia

M. Matilde SÁNCHEZ GUTIÉRREZ
Profesora Titular E. U. de Derecho Administrativo

1. INTRODUCCIÓN

El objeto de este trabajo es analizar la regulación actual de las ayudas públicas en España y, en concreto, el mecanismo de control de dichas ayudas previsto por el legislador. Se trata, lo adelantamos ya, de una regulación limitada y que presenta importantes carencias. Por ello, trataremos de precisar los puntos que, en nuestra opinión, deberían ser reformados y ofrecer una propuesta en ese sentido.

Tenemos que partir en nuestro análisis poniendo de manifiesto la importancia que tiene el control de las ayudas públicas desde la perspectiva del Derecho de la competencia y recordando cuál es la justificación o el fundamento de dicho control. En primer lugar, deben examinarse desde el punto de vista de las empresas competidoras de la ayudada, que ven, paradójicamente, cómo los impuestos que pagan sirven para beneficiar a su competidor por ser más ineficiente. En segundo lugar, hay que tener en cuenta que toda ayuda pública supone beneficiar a un colectivo o grupo muy concreto (los accionistas y los trabajadores de esa empresa) a costa de todos los demás, pues el montante de la ayuda o bien se lleva a la inflación o bien se detrae de otros bienes públicos de toda la colectividad. En tercer lugar, las ayudas públicas distorsionan los mercados al tergiversar el mecanismo de formación de los precios y por ello perjudica al propio mercado; así, el favorecido por la ayuda es ineficiente desde esta perspectiva, ya que no ha logrado por sus propios medios permanecer en él[1].

Esta intervención del Estado favoreciendo a determinadas empresas plantea importantes problemas en el ámbito comunitario de cara a la instauración y consecución del mercado interior, ya que puede permitir a los Estados falsear las condiciones de competencia y de los intercambios comerciales en dicho mercado protegiendo sus economías nacionales. Por ello, el Tratado Constitutivo de la Comunidad Europea (en adelante, TCE) ha previsto un mecanismo de control de las ayudas[2]. También el legislador español se ha ocupado de esta cuestión, aunque, como ya hemos indicado y explicaremos, la regulación de las ayudas públicas en la Ley 16/1989, de Defensa de la Competencia[3] (en adelante, LDC), es muy limitada y poco efectiva en la práctica. En ese sentido, podríamos afirmar que si hubiera que realizar un estudio que analizara cuál ha sido el artículo menos aplicado de la LDC, con toda probabilidad el art. 19, que es el relativo a las ayudas públicas, subiría al *podium* por muchas y muy variadas razones, a las que nos referiremos más adelante.

Expondremos a continuación cuál es la situación actual. Aunque centramos nuestra atención en este trabajo en la LDC, es imprescindible la referencia al Derecho comunitario, entre otras razones porque el art. 19 LDC comienza indicando en su apartado 1: «Lo establecido en este artículo se entenderá sin perjuicio de los arts. 87 a 89 del Tratado de la Comunidad Europea...».

2. SITUACIÓN ACTUAL

A) El sistema de control comunitario de las ayudas de Estado

Hemos subrayado la importancia que tiene el control de las ayudas de Estado para evitar el falseamiento de la competencia en el mercado interior. Sin embargo, como han puesto de manifiesto Waelbroeck y Frignani, los autores del TCE no han establecido una prohibición absoluta de las mismas, sino que han previsto un procedimiento de control que permita determinar en qué supuestos sus efectos pueden

[1] Todas estas ideas se han expuesto en el libro de J. E. Soriano García, *Derecho Público de la Competencia,* Madrid, Marcial Pons-Idelco, 1998, p. 621.

[2] *Vid.* las observaciones que realizan en ese sentido M. Waelbroeck y A. Frignani, *Derecho Europeo de la Competencia,* vol. 4 del *Comentario J. Mégret,* t. I, Barcelona, Bosch, 1998, p. 423.

[3] *BOE* de 18 de julio de 1989.

falsear las condiciones de competencia en el mercado común y afectar a los intercambios comerciales de los Estados miembros. Estos autores creen que una actitud radical que las prohibiera del todo no hubiera sido realista. Consideran que «las ayudas constituyen (...) un instrumento esencial de la política económica nacional, y no era evidente que los Estados renunciaran pura y simplemente a su utilización. Además, esa actitud hubiera desconocido la utilidad incuestionable que presentan las ayudas en numerosos supuestos. Así, no se puede negar el importante papel que desempeñan en toda política que se orienta a reducir las disparidades de desarrollo entre regiones. Las ayudas constituyen también un eficaz instrumento para el desarrollo de industrias de tecnología avanzada. A menudo se revelan indispensables para facilitar las adaptaciones imprescindibles para la puesta en marcha del mercado común o para la evolución de la técnica (...) Por último, las ayudas estatales pueden constituir el único medio para resistir una competencia internacional que se beneficia, igualmente, de medidas del mismo orden» [4].

Son los art. 87 a 89 (antiguos art. 92 a 94) del TCE los que se refieren a las ayudas otorgadas por los Estados. El art. 87 parte de la declaración de la incompatibilidad con el mercado común, «en la medida en que afecten a los intercambios comerciales entre Estados miembros», de «las ayudas otorgadas por los Estados o mediante fondos estatales, bajo cualquier forma, que falseen o amenacen falsear la competencia, favoreciendo a determinadas empresas o producciones» [5]. Este artículo enumera en su apartado 2 una serie de ayudas que "serán" compatibles con el mercado común y en el apartado 3 otras que "podrán serlo" [6]. La apreciación de si una ayuda presenta riesgos para el mercado común es competencia exclusiva de las auto-

---

[4] M. Waelbroeck y A. Frignani, *Derecho Europeo de la Competencia, op. cit.*, p. 424.

[5] Recordemos que el art. 3.1.*g)* TCE dispone que la acción de la Comunidad implicará «un régimen que garantice que la competencia no será falseada en el mercado interior».

[6] Art. 87.2: «Serán compatibles con el mercado común: *a)* las ayudas de carácter social concedidas a los consumidores individuales, siempre que se otorguen sin discriminaciones basadas en el origen de los productos; *b)* las ayudas destinadas a reparar los perjuicios causados por desastres naturales o por otros acontecimientos de carácter excepcional; *c)* las ayudas concedidas con objeto de favorecer la economía de determinadas regiones de la República Federal de Alemania, afectadas por la división de Alemania, en la medida que sean necesarias para compensar las desventajas económicas que resultan de tal división».

Art. 87.3: «Podrán considerarse compatibles con el mercado común: *a)* las ayudas destinadas a favorecer el desarrollo económico de regiones en las que el nivel de vida sea anormalmente bajo o en las que exista una grave situación de subempleo; *b)* las ayudas para fomentar la realización de un proyecto importante de interés común europeo o destinadas a poner remedio a una grave perturbación en la economía de un Estado miembro; *c)* las ayudas destinadas a facilitar el desarrollo de determinadas actividades o de determinadas regiones económicas, siempre que no se alteren las condiciones de los intercambios de forma contraria al interés común; *d)* las ayudas destinadas a promover la cultura y la conservación del patrimonio cuando no alteren las condiciones de los intercambios y de la competencia en la Comunidad en contra del interés

ridades comunitarias, en concreto de la Comisión [7]. Según lo previsto en el art. 88 TCE, ésta «examinará permanentemente, junto con los Estados miembros, los regímenes de ayudas existentes en dichos Estados» y realizará un control preventivo de las ayudas nuevas y la modificación de ayudas existentes; deberá ser informada de los proyectos dirigidos a conceder o modificar ayudas y, si considera que no son compatibles con el mercado común con arreglo al art. 87 TCE, iniciará el procedimiento previsto en el art. 88.2 TCE. En los casos en que la Comisión compruebe que la ayuda no es compatible con el mercado común dicho procedimiento terminará con una decisión en la que concederá un plazo al Estado interesado para que suprima o modifique la ayuda. Si la mencionada decisión no se cumple, la Comisión o cualquier Estado interesado podrá recurrir al Tribunal de Justicia. Los Estados miembros no podrán ejecutar las medidas proyectadas antes de que en el mencionado procedimiento no haya recaído resolución expresa. A lo anterior hemos de añadir que el art. 88.2 reconoce la facultad al Consejo de autorizar ciertas ayudas con carácter excepcional [8]. El art. 89 TCE prevé la posibilidad de que el Consejo adopte los reglamentos apropiados para la aplicación de los arts. 87 y 88; el año 1999 se aprobó el Reglamento (CE) núm. 659/1999 del Consejo, de 22 de marzo, por el que se establecen las disposiciones de aplicación del art. 93 del TCE (actual art. 88) [9].

Hemos expuesto las líneas generales de la regulación comunitaria de las ayudas de Estado, pues un análisis minucioso de la misma excedería los límites de este trabajo [10]. Sin embargo, hemos de realizar algunas observaciones sobre determinados aspectos de la misma que deben

---

común; *e)* las demás categorías de ayudas que determine el Consejo por decisión, tomada por mayoría cualificada, a propuesta de la Comisión».

[7] M. Waelbroeck y A. Frignani, *Derecho Europeo de la Competencia, op. cit.,* p. 425.

[8] Dice el tercer párrafo de ese artículo que «a petición de un Estado miembro, el Consejo podrá decidir, por unanimidad y no obstante lo dispuesto en el art. 87 o en los reglamentos previstos en el art. 89, que la ayuda que ha concedido o va a conceder dicho Estado se considera compatible con el mercado común, cuando circunstancias excepcionales justifiquen dicha decisión...».

[9] *DOCE,* núm. L 83, de 27 de marzo de 1999.

[10] Sobre las ayudas públicas y el Derecho comunitario en general *vid.,* entre otros, los trabajos de J. W. Rodríguez Curiel, *Ayudas de Estado a las empresas públicas,* Madrid, Ministerio de Industria y Energía, 1990; del mismo autor, los artículos «Compatibilidad con el mercado común de las ayudas de Estado a empresas públicas (art. 92.3 del Tratado de la CEE)», *RAP,* núm. 122, 1990; «El control comunitario de las ayudas públicas», *Noticias CEE,* núm. 75, 1991; «Actual concepto de ayuda de Estado (art. 92.1 del Tratado CE)», *Gaceta Jurídica,* núm. 138, 1998; «Al fin, se aprueba un reglamento de procedimiento sobre ayudas de Estado (aplicación del art. 93 del Tratado CE)», *Gaceta Jurídica de la Unión Europea y de la Competencia,* núm. 201, 1999, y «Discrepancia de algunas críticas al reglamento comunitario de procedimiento sobre ayudas de Estado», *Gaceta Jurídica de la Unión Europea y de la Competencia,* núm. 212, 2001; G. Fernández Farreres, *El régimen de las ayudas estatales en la Comunidad Europea,* Madrid, Civitas, 1992, y R. Allendesalazar Corcho, «Las ayudas de Estado en la CEE», *Gaceta Jurídica,* Serie D-3, núm. 18, 1986.

ser tenidos en cuenta en el desarrollo posterior del mismo, especialmente en el análisis del sistema de control de las ayudas públicas en España y la realización de propuestas de cara al futuro.

Por un lado, en relación con el concepto de ayuda de Estado, podemos indicar que el TCE no las define, pero ha ido precisándose el alcance del mismo por la jurisprudencia comunitaria [11], la práctica de la Comisión y la doctrina. SAMANIEGO ha realizado el esfuerzo de resumir la noción de ayuda que se maneja con una aceptación más o menos amplia, sigue para ello la obra de J. P. KEPPENNE *guide des aides d'Etat en droit communautaire* que separa los elementos de la noción y los expone en cuatro secciones, que son las siguientes: «La ventaja a determinadas empresas o producciones», «El origen estatal de la ayuda», «La afectación de los intercambios» y «El falseamiento de la competencia» [12]. Es importante tener en cuenta que, como indican WAELBROECK y FRIGNANI, es más amplio el concepto de ayuda que el de subvención, pues el de ayuda comprende no sólo prestaciones positivas, sino también las intervenciones que, de distinta forma, pueden aligerar las cargas que normalmente gravan el presupuesto de una empresa y que, aunque no sean subvenciones en sentido estricto, tienen el mismo carácter y efectos [13].

Por otro lado, es importante subrayar que el sistema de control comunitario tiene por objeto las ayudas que puedan falsear las condiciones de competencia *en el mercado común* y afectar *a los intercambios comerciales de los Estados miembros*. Se exige, pues, que éstas tengan una "trascendencia" comunitaria.

Por último, hemos de destacar que las autoridades comunitarias disponen de un efectivo sistema de control de las ayudas de Estado, en el sentido de que pueden tomar medidas para actuar "contra" ayu-

---

[11] También la doctrina se ha ocupado del análisis de la jurisprudencia comunitaria. Sobre esta cuestión pueden verse, entre otros, los trabajos de A. VALLE GÁLVEZ, «Las ayudas de Estado en la jurisprudencia del Tribunal de Justicia de las Comunidades Europeas», en G. C. RODRÍGUEZ IGLESIAS y D. J. LIÑÁN NOGUERAS, *El Derecho Comunitario Europeo y su aplicación judicial,* Madrid, 1993, y V. CARREÑO GUALDE, «Ayudas públicas concedidas por los entes territoriales: la jurisprudencia del Tribunal de Justicia de las Comunidades Europeas», *Revista de Derecho Comunitario Europeo,* núm. 8, 2000. También han realizado un interesante análisis de dicha jurisprudencia F. CASTILLO DE LA TORRE y J. P. KEPPENNE en sus artículos «Ayudas estatales: jurisprudencia comunitaria en 1999», *Gaceta Jurídica de la Unión Europea y de la Competencia,* núm. 205, 2000; «Ayudas estatales: jurisprudencia comunitaria en 2000», *Gaceta Jurídica de la Unión Europea y de la Competencia,* núm. 211, 2001; «Ayudas estatales: jurisprudencia comunitaria en 2001», *Gaceta Jurídica de la Unión Europea y de la Competencia,* núm. 217, 2002; «Ayudas estatales: jurisprudencia comunitaria en 2002», *Gaceta Jurídica de la Unión Europea y de la Competencia,* núm. 223, 2003.

[12] G. SAMANIEGO, «La noción de ayuda de Estado»; *Gaceta Jurídica de la Unión Europea y de la Competencia,* núm. 212, 2001. La obra que cita de J. P. KEPPENNE es la titulada *A guide des aides d'Etat en droit communautaire. Reglementation, jurisprudence et pratique de la Commission,* Bruxelles, Bruylant, 1999.

[13] M. WAELBROECK y A. FRIGNANI, *Derecho Europeo de la Competencia, op. cit.,* p. 442.

das anticompetitivas, ya que en los casos en que la Comisión compruebe que una determinada ayuda no es compatible con el mercado común puede exigir al Estado interesado que la suprima o modifique, y si éste no cumple con su decisión recurrir al Tribunal de Justicia.

No podemos terminar este apartado sin referirnos al Tratado por el que se establece una Constitución para Europa (en adelante, Constitución Europea), que ha sido firmado el pasado día 29 de octubre en Roma, aunque se trata de un texto que todavía no ha entrado en vigor, pues debe ser ratificada por todos los Estados miembros. La ratificación se realizará en cada uno de ellos de acuerdo con sus normas constitucionales y es probable que este proceso no acabe hasta finales del 2006 o, incluso, hasta el 2007.

La *Constitución Europea* ha incluido entre los objetivos de la Unión el de ofrecer «a sus ciudadanos un espacio de libertad, seguridad y justicia sin fronteras interiores y un mercado interior en el que la competencia sea libre y no esté falseada» [14]. Según lo previsto en su art. I-13.1.*b)*, la Unión dispondrá de competencia exclusiva [15] para «el establecimiento de las normas sobre competencia necesarias para el funcionamiento del mercado interior». La Parte III de la Constitución Europea es la relativa a las «Políticas y el funcionamiento de la Unión» y se divide en siete títulos. El Título III regula las «Políticas y acciones internas»; el primero de sus Capítulos se refiere al «Mercado interior» y es la Sección quinta del mismo la que contiene las «Normas sobre competencia». Ésta, a su vez, se divide en dos Subsecciones: en la primera se incluyen las «Normas aplicables a las empresas», arts. III-161 a III-166, y en la segunda, las normas sobre las «Ayudas otorgadas por los Estados miembros», arts. III-167 a III-169. Estos últimos artículos se corresponden con los actuales arts. 87 a 89 del TCE, en cuya redacción se han incluido mínimas modificaciones [16].

---

[14] Art. I-3.2 de la Constitución Europea.

[15] Según el art. I-12.1 de la Constitución Europea, «cuando la Constitución atribuya a la Unión una competencia exclusiva en un ámbito determinado, sólo la Unión podrá legislar y adoptar actos jurídicamente vinculantes, mientras que los Estados miembros, en cuanto tales, únicamente podrán hacerlo si son facultados por la Unión o para aplicar actos de la Unión».

[16] Los transcribimos en esta nota, poniendo en cursiva las partes cuya redacción ha variado:

Art. III-167:

«1. Salvo que la *Constitución* disponga otra cosa, serán incompatibles con el mercado *interior*, en la medida en que afecten a los intercambios entre los Estados miembros, las ayudas otorgadas por los Estados miembros o mediante fondos estatales, bajo cualquier forma, que falseen o amenacen falsear la competencia, favoreciendo a determinadas empresas o producciones.

2. Serán compatibles con el mercado *interior*:

a) las ayudas de carácter social concedidas a los consumidores individuales, siempre que se otorguen sin discriminaciones basadas en el origen de los productos;

b) las ayudas destinadas a reparar los perjuicios causados por desastres naturales o por otros acontecimientos de carácter excepcional;

B) La regulación de las ayudas públicas en España

Como hemos señalado al inicio, la regulación actual de las ayudas públicas en España es muy limitada y, concretamente, el mecanismo de control de dichas ayudas previsto por el legislador presenta impor-

---

c) las ayudas concedidas para favorecer la economía de determinadas regiones de la República Federal de Alemania afectadas por la división de Alemania, en la medida en que sean necesarias para compensar las desventajas económicas ocasionadas por esta división. *Cinco años después de la entrada en vigor del Tratado por el que se establece una Constitución para Europa, el Consejo podrá adoptar, a propuesta de la Comisión, una decisión europea por la que se derogue la presente letra.*

3. Podrán considerarse compatibles con el mercado *interior*:

a) las ayudas destinadas a favorecer el desarrollo económico de regiones en las que el nivel de vida sea anormalmente bajo o en las que exista una grave situación de subempleo, *así como el de las regiones contempladas en el art. III-424, habida cuenta de su situación estructural, económica y social;*

b) las ayudas para fomentar la realización de un proyecto importante de interés común europeo o destinadas a poner remedio a una grave perturbación en la economía de un Estado miembro;

c) las ayudas destinadas a facilitar el desarrollo de determinadas actividades o de determinadas regiones económicas, siempre que no alteren las condiciones de los intercambios en forma contraria al interés común;

d) las ayudas destinadas a promover la cultura y la conservación del patrimonio, cuando no alteren las condiciones de los intercambios y de la competencia en la *Unión* en contra del interés común;

e) las demás categorías de ayudas que se *determinen mediante reglamentos o decisiones europeos adoptados por el Consejo a propuesta de la Comisión»*.

Art. III-168:

«1. La Comisión examinará permanentemente, junto con los Estados miembros, los regímenes de ayudas existentes en dichos Estados. Propondrá a éstos las medidas apropiadas que exija el desarrollo progresivo o el funcionamiento del mercado *interior*.

2. Si, después de haber emplazado a los interesados para que presenten sus observaciones, la Comisión comprueba que una ayuda otorgada por un Estado *miembro* o mediante fondos estatales no es compatible con el mercado *interior* en virtud del art. III-167, o que dicha ayuda se aplica de manera abusiva, *adoptará una decisión europea* para que el Estado miembro interesado la suprima o modifique en el plazo que ella misma determine.

Si el Estado miembro de que se trate no cumple esta decisión *europea* en el plazo establecido, la Comisión o cualquier otro Estado miembro interesado podrá recurrir directamente al Tribunal de Justicia de la Unión Europea, no obstante lo dispuesto en los arts. III-360 y III-361.

A petición de un Estado miembro, el Consejo podrá adoptar por unanimidad *una decisión europea según la cual*, y no obstante lo dispuesto en el art. III-167 o en los reglamentos *europeos* previstos en el art. III-169, la ayuda que ha concedido o va a conceder dicho Estado sea considerada compatible con el mercado *interior*, cuando circunstancias excepcionales justifiquen dicha decisión. Si, con respecto a esta ayuda, la Comisión ha iniciado el procedimiento establecido en el primer párrafo del presente apartado, la petición del Estado *miembro* interesado dirigida al Consejo tendrá por efecto la suspensión de dicho procedimiento hasta que este último se haya pronunciado sobre la cuestión.

Sin embargo, si el Consejo no se *ha* pronunciado dentro de los tres meses siguientes a la petición, la Comisión decidirá al respecto.

3. *Los Estados miembros informarán* a la Comisión de *sus* proyectos de conceder o modificar ayudas con la suficiente antelación para *que ésta pueda* presentar sus observaciones. Si *considera* que un proyecto no es compatible con el mercado *interior* con arreglo al art. III-167, la Comisión iniciará sin demora el procedimiento establecido en el *apartado 2 del presente artículo*. El Estado miembro interesado no podrá ejecutar las medidas proyectadas antes de que en dicho procedimiento haya recaído decisión definitiva.

tantes carencias. Estas limitaciones y carencias eran especialmente graves en el momento en que se promulga la LDC y trataron de remediarse con la reforma de 1999. Sin embargo, aunque la modificación del art. 19 LDC intentó mejorar la regulación de las ayudas, especialmente de su control, no ha sido suficiente ni eficaz y prueba de ello es que, como también hemos indicado, este artículo ha seguido siendo uno de los menos aplicados de la LDC.

Expondremos a continuación cuál era la regulación de las ayudas públicas en la LDC antes de la reforma y, tras ello, analizaremos el art. 19 LDC tal y como ha quedado redactado después de la misma.

a) *La redacción inicial del art. 19 LDC*

El art. 19 LDC en su redacción inicial disponía lo siguiente:

> «1. El Tribunal de Defensa de la Competencia, a solicitud del Ministro de Economía y Hacienda, podrá examinar las ayudas otorgadas a las empresas con cargo a recursos públicos, en relación con sus efectos sobre las condiciones de competencia.
>
> A la vista del dictamen del Tribunal, el Ministro podrá proponer a los poderes públicos la supresión o la modificación de ayudas, así como, en su caso, las demás medidas conducentes al mantenimiento o al restablecimiento de la competencia.
>
> 2. A los efectos previstos en el número anterior el Tribunal podrá dirigir comunicaciones o requerimientos a las empresas, así como recabar de las Administraciones públicas para que le informen sobre las aportaciones de recursos públicos o las ventajas financieras concedidas u obtenidas».

En relación con este artículo hemos de realizar las observaciones siguientes:

En primer lugar, destacar que hace depender de la previa solicitud del Ministro de Economía y Hacienda la posibilidad de que el Tribunal de Defensa de la Competencia (en adelante, TDC) pueda examinar una ayuda y emitir un dictamen.

En segundo lugar, que, aunque no se indique expresamente, el dictamen del TDC no es vinculante, pues "a la vista" del mismo el Ministro "podrá" proponer a los poderes públicos las medidas que considere oportunas para restablecer la competencia.

---

4. La Comisión podrá adoptar reglamentos europeos relativos a las categorías de ayudas públicas sobre las que el Consejo haya determinado, con arreglo al art. III-169, que pueden quedar exentas del procedimiento establecido en el apartado 3 del presente artículo».

Art. III-169:

«El Consejo podrá adoptar, a propuesta de la Comisión, los *reglamentos europeos* para la aplicación de los arts. III-167 y III-168 y, en particular, para determinar las condiciones de aplicación del apartado 3 del art. III-168 y las categorías de ayudas que quedan *exentas del procedimiento establecido en dicho apartado. Se pronunciará previa consulta al Parlamento Europeo»*.

En tercer lugar, y en relación con esas medidas, indica este artículo que el Ministro podrá proponer la supresión o modificación de la ayuda y, además, las que estime necesarias para restablecer la competencia.

En cuarto lugar, llama la atención el hecho de que esas medidas se "proponen" a los poderes públicos, sin que se precise qué mecanismo puede aplicarse en caso de que éstos no cumplan la propuesta, lo que lleva a negar su obligatoriedad.

En quinto lugar, apenas precisa el concepto de ayuda pública, refiriéndose sólo a «ayudas otorgadas a las empresas con cargo a recursos públicos».

En sexto lugar, no menciona cuál debe ser el mercado en el que resulte afectada la competencia para que las ayudas puedan ser "controladas" por las autoridades nacionales. Podría haberse incluido, como en el caso de las conductas prohibidas del art. 1 LDC, del abuso de posición dominante del art. 6 LDC o de las concentraciones económicas del art. 14 LDC, una referencia al mercado nacional o al mercado español. En relación con esto hemos de añadir que se echa de menos también una referencia al Derecho comunitario y a la articulación de los dos sistemas de control.

Tras todo lo anterior, podemos concluir este apartado señalando que la crítica más importante que puede hacerse a este artículo es que hace depender del Ministro de Economía y Hacienda todo el "sistema de control" de las ayudas públicas, pues la emisión del dictamen del TDC depende de su solicitud, y porque se deja a su elección la decisión de tomar medidas y de determinar el contenido de las mismas. Esto debe ser fuertemente criticado, porque las ayudas públicas son otorgadas precisamente por la propia Administración, empezando por la del Estado, y es difícil, casi imposible, que "el ahorcado se ponga al cuello la soga".

b) *Análisis del actual art. 19 LDC*

Como hemos señalado, el año 1999 se reforma el art. 19 LDC[17]. Tras ello queda redactado de la siguiente manera:

> «1. Lo establecido en este artículo se entenderá sin perjuicio de los arts. 87 a 89 del Tratado de la Comunidad Europea, de la letra *c)* del art. 4 del Tratado de la Comunidad Europea del Carbón y del Acero y del Reglamento (CE) núm. 659/1999 del Consejo, de 22 de marzo.

---

[17] Esta reforma se lleva a cabo por la Ley 52/1999, de 28 de diciembre, de reforma de la Ley 16/1989, de 17 de julio, de Defensa de la Competencia (*BOE* de 29 de diciembre de 1999).

2. A los efectos de esta Ley se entiende por ayuda pública las aportaciones de recursos a operadores económicos y empresas públicas o privadas, así como a producciones, con cargo a fondos públicos o cualquier otra ventaja concedida por los poderes o entidades públicas que suponga una reducción de las cargas a las que deberían hacer frente los operadores económicos y las empresas en condiciones de mercado o que no lleven implícita una contraprestación en condiciones de mercado. También se considerarán ayudas cualesquiera otras medidas de efecto equivalente al de las anteriores que distorsionen la libre competencia.

3. El Tribunal de Defensa de la Competencia de oficio, o a instancia del Ministro de Economía y Hacienda, analizará los criterios de concesión de las ayudas públicas, en relación con sus efectos sobre las condiciones de competencia con el fin de emitir un informe que elevará al Consejo de Ministros. Dicho informe será público. El Consejo de Ministros, a la vista del contenido del informe del Tribunal de Defensa de la Competencia, decidirá, según los casos, proponer a los poderes públicos la supresión o la modificación de los citados criterios, así como, en su caso, las demás medidas conducentes al mantenimiento o al restablecimiento de la competencia. Todo ello sin perjuicio de las competencias que en esta materia corresponden a la Comisión Europea».

Sobre la nueva redacción del art. 19 LDC que hemos transcrito podemos realizar los siguientes comentarios:

En primer lugar, destacar que uno de los cambios que introduce consiste en reforzar el poder de actuación del TDC. Ese refuerzo es mínimo, puesto que dicho poder sigue siendo muy limitado. Así, supone un refuerzo el que pueda analizar los criterios de concesión de las ayudas públicas y emitir un informe de oficio, pues no queda sólo en manos del Ministro de Economía y Hacienda (que también puede solicitarlo) la decisión de analizar las ayudas. Sin embargo, como hemos indicado, el poder del TDC es muy limitado, ya que debe elevar el informe al Consejo de Ministros (no al Ministro), que será quien "decidirá", "según los casos", en los términos que luego veremos. El informe, como el dictamen al que se refería el art. 19 en su redacción inicial, no es vinculante para el Consejo de Ministros.

En segundo lugar, hemos de indicar que la modificación que, a nuestro juicio, más llama la atención es la que se refiere al "objeto" del control previsto por la LDC. El art. 19, en su redacción original, señalaba que el TDC podría examinar «las ayudas otorgadas a las empresas con cargo a recursos públicos». En la redacción actual dispone que el TDC analizará «los criterios de concesión de las ayudas públicas». Con este cambio parece, como ha destacado BENEYTO, que el legislador ha optado «por una vinculación de la limitación de las ayudas públicas a una regulación de *estructuras*, del mantenimiento de las condiciones de un mercado competitivo, y no a una protección de los competidores (...) perjudicados por la acción de los poderes públicos», cree que ello responde a las diferencias esenciales de los sistemas comunitario y nacional de ayudas públicas. El sistema comunitario parte de la prohibición general de las ayudas de Estado y tiene por objetivo principal la protección de los competidores, mientras que el nuevo art. 19 de la LDC no cuestiona la concesión de las ayudas, sino sólo los "criterios" de concesión de las mismas, su posible discrecionalidad o selectividad arbitraria, en la medida en que dichas ayudas puedan tener efectos estructurales sobre el mercado [18].

En tercer lugar, hemos de fijarnos en las decisiones que el Consejo de Ministros puede tomar tras la emisión del informe por el TDC. Dice el art. 19 en su nueva redacción que «decidirá, según los casos, proponer a los poderes públicos la supresión o la modificación de los citados criterios, así como, en su caso, las demás medidas conducentes al mantenimiento o al restablecimiento de la competencia». De lo anterior se desprende, como ya hemos indicado, que el informe no es vinculante, pues el Consejo de Ministros «decidirá, según los casos». Este artículo debería haber precisado en qué supuestos ha de tomar medidas, por ejemplo, en aquellos en los que la ayuda se califique como anticompetitiva. Por otra parte, igual que ocurría antes de la reforma del art. 19, esas medidas se "proponen" a los poderes públicos, sin que se precise qué mecanismo puede aplicarse en caso de que éstos no cumplan la propuesta, y esto nos lleva, de nuevo, a negar su obligatoriedad. Finalmente, en relación con el contenido de esas medidas, es importante destacar que se refieren a los "criterios" y no a las "ayudas". El art. 19 en su redacción inicial señalaba que podía proponerse la supresión o modificación de la ayuda. Tras la reforma, el Consejo de Ministros podrá proponer la supresión o modificación de los criterios de concesión de las ayudas y las necesarias para el mantenimiento o restablecimiento de la competencia. Creemos que en este punto debería haberse mantenido la redacción inicial del artículo o, al menos, no haber eliminado la referencia expresa a la posibilidad de suprimir las ayudas. De todas formas, creemos que en «las demás medidas conducentes al mantenimiento o al restablecimiento de la competencia» podría llegar a incluirse la supresión y devolución de la ayuda, aunque se trata quizás de una interpretación algo forzada de esta previsión.

En cuarto lugar, hemos de señalar que el "nuevo" art. 19 sí ha previsto qué debe entenderse por ayuda pública. Según lo dispuesto en su apartado segundo tendrán esa consideración «las aportaciones de recursos a operadores económicos y empresas públicas o privadas, así como a producciones, con cargo a fondos públicos o cualquier otra

[18] J. M. Beneyto, «Ayudas públicas en España: el proyecto de reforma de la Ley 16/1989 en el contexto de la nueva normativa comunitaria», *Gaceta Jurídica de la Unión Europea y de la Competencia,* núm. 203, 1999, p. 33. Téngase en cuenta que realiza sus comentarios sobre el Proyecto de Ley de reforma de la LDC, pero son aplicables al texto definitivo estas observaciones.

ventaja concedida por los poderes o entidades públicas que suponga una reducción de las cargas a las que deberían hacer frente los operadores económicos y las empresas en condiciones de mercado o que no lleven implícita una contraprestación en condiciones de mercado. También se considerarán ayudas cualesquiera otras medidas de efecto equivalente al de las anteriores que distorsionen la competencia».

Por último, y en quinto lugar, hemos de destacar que la nueva redacción del art. 19 ha incluido la obligada referencia al Derecho comunitario. Comienza indicando en su apartado primero que «lo establecido en este artículo se entenderá sin perjuicio de los arts. 87 a 89 del Tratado de la Comunidad Europea, de la letra *c)* del art. 4 del Tratado de la Comunidad Europea del Carbón y del Acero y del Reglamento (CE) núm. 659/1999 del Consejo, de 22 de marzo», y termina señalando al final del apartado tercero, tras referirse al "control" por las autoridades estatales de las ayudas: «todo ello sin perjuicio de las competencias que en esta materia corresponden a la Comisión Europea». Sin embargo, sigue sin precisar este precepto cómo se articulan los dos sistemas de control. Surge, por ello, la duda de determinar si son excluyentes o no. En este sentido, podemos afirmar que es claro que el control comunitario se realizará sobre las ayudas que sean incompatibles con el mercado común, recordemos que el TCE incluye entre los requisitos para determinar dicha incompatibilidad que afecten a los intercambios comerciales entre los Estados miembros y que falseen o amenacen falsear la competencia en dicho mercado. El art. 19 LDC no se refiere a cuál ha de ser el mercado en el que resulte afectada la competencia para que pueda ser controlada por las autoridades nacionales, pero sí indica que ese control se realizará «sin perjuicio de las competencias que (...) corresponden a la Comisión». Esto puede interpretarse, y creemos que ésta sería la interpretación más correcta, en el sentido de que el mencionado control quedará limitado a las ayudas que puedan afectar al mercado nacional. Pero también cabría pensar que como en aplicación del control estatal sólo pueden modificarse o suprimirse "los criterios de concesión de las ayudas" y, en aplicación del comunitario, se suprimen o modifican "las ayudas", ambos sistemas de control serían compatibles, pues su objeto es distinto.

c) *La Ley General de Subvenciones*

Nos hemos referido hasta ahora, puesto que ése es el objeto de nuestro análisis, al fundamento y las modalidades del control de las ayudas públicas desde el punto de vista del Derecho de la competencia. Sin embargo, no debe olvidarse que estas ayudas y, en concreto, algunas modalidades específicas de las mismas, como las subvenciones, han sido reguladas de forma general. Recordemos, en este sentido, que son un importante instrumento de intervención de los poderes públicos en la actividad económica de los particulares, una típica medida de fomento que trata de encauzar esa actividad económica privada en el sentido querido por la Administración.

Hasta fechas recientes esta regulación general del régimen jurídico de las ayudas públicas y, en particular, de las subvenciones era parcial y estaba incluida en distintas normas. Con la aprobación de la Ley 38/2003, de 17 de noviembre, General de Subvenciones [19] (en adelante, LGS), se pretende centralizar en una única norma, de carácter parcialmente básico, el régimen jurídico de la política de subvenciones y ayudas públicas otorgadas por las Administraciones públicas [20].

La LGS define su ámbito de aplicación en el Capítulo I del Título Preliminar.

Por lo que se refiere al ámbito de aplicación objetivo, hemos de fijarnos en el concepto de subvención del art. 2.1 LGS, que dispone: «Se entiende por subvención, a los efectos de esta Ley, toda disposición dineraria realizada por cualesquiera de los sujetos contemplados en el art. 3 de esta Ley, a favor de personas públicas o privadas, y que cumpla los siguientes requisitos: *a)* que la entrega se realice sin contraprestación directa de los beneficiarios; *b)* que la entrega esté sujeta al cumplimiento de un determinado objetivo, la ejecución de un proyecto, la realización de una actividad, la adopción de un comportamiento singular, ya realizado o por desarrollar, o la concurrencia de una situación, debiendo el beneficiario cumplir las obligaciones materiales y formales que se hubieran establecido; *c)* que el proyecto, la acción, conducta o situación financiada tenga por objeto el fomento de una actividad de utilidad pública o interés social o de promoción de una finalidad pública». Determinados supuestos especiales a los que se refieren los apartados 2, 3 y 4 del art. 2 y el art. 4 LGS quedan excluidos del ámbito de aplicación de la Ley [21]. También quedan fuera

---

[19] *BOE* de 18 de noviembre de 2003.

[20] Así lo ha puesto de manifiesto L. MARTÍN REBOLLO en la nota introductoria a la LGS incluida en la última edición de las *Leyes Administrativas,* Thomson-Aranzadi, 2004, p. 713.

[21] Son los siguientes: Art. 2.2: «No están comprendidas en el ámbito de aplicación de esta Ley las aportaciones dinerarias entre diferentes Administraciones públicas, así como entre la Administración y los organismos y otros entes públicos dependientes de éstas, destinadas a financiar globalmente la actividad de cada ente en el ámbito propio de sus competencias, resultando de aplicación lo dispuesto de manera específica en su normativa reguladora». Art. 2.3: «Tampoco estarán comprendidas en el ámbito de aplicación de esta Ley las aportaciones dinerarias que en concepto de cuotas, tanto ordinarias como extraordinarias, realicen las entidades que integran la Administración local a favor de las asociaciones a que se refiere la Disposición Adicional quinta de la Ley 7/1985, de 2 de abril, reguladora de las Bases del Régimen Local». Art. 2.4: «No tienen carácter de subvenciones los siguientes supuestos: *a)* Las prestaciones contributivas

de dicho ámbito las subvenciones financiadas con cargo a fondos de la Unión Europea, que se regirán por las normas comunitarias aplicables en cada caso, y las nacionales de desarrollo o transposición de aquéllas (art. 6 LGS).

En cuanto al ámbito de aplicación subjetivo de la LGS, hemos de fijarnos en el art. 3 LGS, que dispone que se ajustarán a sus prescripciones las subvenciones otorgadas por las Administraciones públicas, entendiendo por tales: la Administración General del Estado, las entidades que integran la Administración local y la Administración de las Comunidades Autónomas (estas últimas de acuerdo con lo dispuesto en la Disposición Final primera[22]). También las otorgadas por los organismos y entidades de Derecho público con personalidad jurídica propia vinculadas o dependientes de las Administraciones públicas en la medida en que su otorgamiento sea consecuencia del ejercicio de potestades administrativas. Por último, señala este artículo que también se aplicará la LGS a las subvenciones establecidas en materias cuya regulación plena o básica corresponda al Estado y cuya gestión sea competencia total o parcial de otras Administraciones públicas y a aquellas en cuya tramitación intervengan órganos de la Administración General del Estado o de las entidades de Derecho público vinculadas o dependientes de aquélla, conjuntamente con otras Administraciones, en cuanto a las fases del procedimiento que corresponda gestionar a dichos órganos.

La LGS regula, como hemos señalado, el régimen jurídico general de las subvenciones otorgadas por las Administraciones públicas. Pero

---

y no contributivas del Sistema de Seguridad Social. *b)* Las pensiones asistenciales por ancianidad a favor de los españoles no residentes en España, en los términos establecidos en su normativa reguladora. *c)* También quedarán excluidas, en la medida en que resulten asimilables al régimen de prestaciones no contributivas del Sistema de Seguridad Social, las prestaciones asistenciales y los subsidios económicos a favor de españoles no residentes en España, así como las prestaciones a favor de los afectados por el virus de inmunodeficiencia humana y de los minusválidos. *d)* Las prestaciones a favor de los afectados por el síndrome tóxico y las ayudas sociales a las personas con hemofilia u otras coagulopatías congénitas que hayan desarrollado la hepatitis C reguladas en la Ley 14/2002, de 5 de junio. *e)* Las prestaciones derivadas del sistema de clases pasivas del Estado, pensiones de guerra y otras pensiones y prestaciones por actos de terrorismo. *f)* Las prestaciones reconocidas por el Fondo de Garantía Salarial. *g)* Los beneficios fiscales y beneficios en la cotización a la Seguridad Social. *h)* El crédito oficial, salvo en los supuestos en que la Administración pública subvencione al prestatario la totalidad o parte de los intereses u otras contraprestaciones de la operación de crédito». Art. 4: «Quedan excluidos del ámbito de aplicación de la Ley: *a)* Los premios que se otorguen sin la previa solicitud del beneficiario. *b)* Las subvenciones previstas en la Ley Orgánica 5/1985, de 19 de junio, del Régimen Electoral General. *c)* Las subvenciones reguladas en la Ley Orgánica 3/1987, de 2 de julio, de Financiación de los Partidos Políticos. *d)* Las subvenciones a los grupos parlamentarios de las Cámaras de las Cortes Generales en los términos previstos en los Reglamentos del Congreso de los Diputados y del Senado, así como las subvenciones a los grupos parlamentarios de las Asambleas autonómicas y a los grupos políticos de las corporaciones locales, según establezca su propia normativa».

[22] Esta Disposición Final se refiere a la habilitación competencial para dictar la Ley y a los preceptos que tienen el carácter de legislación básica.

el examen de su ámbito de aplicación pone de manifiesto que sólo pueden incluirse en el concepto de subvención que utiliza la LGS determinadas modalidades de ayudas públicas, quedando fuera del concepto, y, por lo tanto, del ámbito de aplicación de la LGS, otras figuras que sí encajarían en el concepto comunitario de ayudas de Estado o en el de ayudas públicas tal y como lo formula la LDC (por ejemplo, las no dinerarias).

La LSG contiene determinadas menciones a la posibilidad de que el otorgamiento de las subvenciones pueda afectar al mercado, aunque no incluye ninguna referencia expresa al sistema de control de las ayudas públicas del art. 19 LDC. Así, en la Exposición de Motivos subraya la importancia de la transparencia como principio inspirador de la Ley y afirma: «en este sentido, una mayor información acerca de las subvenciones hará posible eliminar distorsiones e interferencias que puedan afectar al mercado...»; también se refiere a la necesidad de «observar las directrices emanadas de los órganos de la Unión Europea en materia de ayudas públicas estatales y sus efectos en el mercado y la competencia»; finalmente, indica: «se ha considerado necesario introducir en esta Ley de forma expresa un conjunto de principios generales que deben inspirar la actividad subvencional, incluyendo un elemento de planificación, y procurando minimizar los efectos distorsionadores del mercado que pudieran derivarse del establecimiento de subvenciones». A estos principios generales se refiere el art. 8 LGS, y nos interesa destacar aquí su apartado 2 que señala que «cuando los objetivos que se pretenden conseguir afecten al mercado, su orientación debe dirigirse a corregir fallos claramente identificados y sus efectos deben ser mínimamente distorsionadores»[23].

La LGS se refiere también a los criterios de otorgamiento de las subvenciones, que deberán ser objetivos y concretarse (junto con los de ponderación de los mismos) en la norma reguladora de las bases de concesión de las subvenciones [art. 17.3.*e)* LGS]. Ésta es una exigencia (la de la concreción de los criterios de concesión de las subvenciones en las normas reguladoras de sus bases y la de que sean objetivos) que podrá ser controlada por los jueces y tribunales de la jurisdicción contencioso-administrativa si las bases fueran impugnadas.

---

[23] Los otros dos apartados de este artículo disponen lo siguiente:

«1. Los órganos de las Administraciones públicas o cualesquiera entes que propongan el establecimiento de subvenciones, con carácter previo, deberán concretar en un plan estratégico de subvenciones los objetivos y efectos que se pretenden con su aplicación, el plazo necesario para su consecución, los costes previsibles y sus fuentes de financiación, supeditándose en todo caso al cumplimiento de los objetivos de estabilidad presupuestaria.

3. La gestión de las subvenciones a que se refiere esta Ley se realizará de acuerdo con los siguientes principios: *a)* Publicidad, transparencia, concurrencia, igualdad y no discriminación. *b)* Eficacia en el cumplimiento de los objetivos fijados por la Administración otorgante. *c)* Eficiencia en la asignación y utilización de los recursos públicos».

Pero se trataría de un control distinto al previsto en el art. 19 LDC, que se refiere al análisis de «los criterios de concesión de las ayudas públicas, en relación con sus efectos sobre las condiciones de la competencia».

Tras todo lo anterior, podemos concluir este apartado señalando que la LGS supone un mecanismo "adicional" de control de las subvenciones al regular de forma minuciosa y detallada el régimen jurídico general aplicable a las mismas. Pero es importante subrayar, por una parte, que su ámbito de aplicación se limita a una clase de ayudas públicas, las subvenciones, y, por otra parte, que a pesar de que encontremos referencias genéricas a los efectos distorsionadores de las mismas en el mercado, no se prevé un sistema de control específico de este aspecto, por lo que entendemos que seguirá siendo aplicable el del art. 19 LDC.

3. ¿ES POSIBLE DISPONER DE UN EFECTIVO SISTEMA DE CONTROL DE LAS AYUDAS PÚBLICAS A NIVEL NACIONAL?

Como hemos indicado al comienzo, uno de los objetivos que pretendemos lograr con este trabajo es determinar los puntos de la actual regulación que deberían ser reformados para implantar un verdadero sistema de control de las ayudas públicas a nivel estatal y ofrecer una propuesta en ese sentido. Lo haremos en este tercer epígrafe. Pero antes de iniciar ese análisis, creemos que es importante poner de manifiesto que se trata una tarea compleja por muchas razones; trataremos de precisarlas a continuación, señalando ya desde este momento que esos obstáculos o dificultades van a condicionar decisivamente las medidas que puedan tomarse para mejorar la actual regulación.

A) Obstáculos que se oponen a la implantación de un sistema nacional de control de las ayudas públicas

Hemos afirmado que el principal motivo por el que el art. 19 LDC puede ser considerado el menos aplicado de la Ley está en que las ayudas públicas se otorgan por la propia Administración y dejar el control en sus manos supone "pedir al ahorcado que anude su propia soga".

Además, estas ayudas son hoy un elemento muy difícil de combatir por las Administraciones nacionales de los Estados miembros porque tienen un doble soporte, ideológico y político, que constituyen un pedestal del que resulta muy difícil bajarlas. Así, la idea de auxilio a empresas o sectores está profundamente arraigada dentro de nuestro contexto económico de la ideología propia del Estado social. Incluso en el ámbito comunitario hay sectores enteros, como la agricultura, que tienen como eje esencial la ayuda. Con lo que existe una profunda legitimación para que cualquiera que sea capaz de presentar sus argumentos pueda lograr ese objetivo. Porque no se trata, ni mucho menos, de que existan determinados acontecimientos extraordinarios e imprevisibles que justifiquen una medida excepcional. Simplemente se trata de sectores que han logrado apropiarse culturalmente de la necesidad de ser ayudados, presentando sus problemas como los problemas de todos, añadiendo un cierto espíritu nacional y haciéndolo en un contexto de solidaridad. Así, muchas veces los más ayudan a los menos, sin otra justificación que la de que al repartirse la ayuda entre todos, vía presupuesto, resulta apenas significativo el sacrificio impuesto a la mayoría y, a la vez, se consigue que el cúmulo del caudal recaudado vaya a determinadas arcas, que de esta manera se nutren continuamente de tal recaudación. Las ayudas públicas no son otra cosa, al final, que tributos impuestos a todos para satisfacer a unos pocos. Pero tales buscadores de rentas sí han conseguido que no se discuta su apropiación de las mismas y presentan, incluso, como contraria a la más mínima solidaridad la discusión sobre esas rentas de las que se benefician.

El tercer elemento que coopera decisivamente a que no se dé marcha atrás en el caos de las ayudas públicas y que dificulta enormemente su control es que quienes las otorgan son precisamente quienes no son dueños pero sí administradores de esos caudales públicos. Es decir, la clase política. Y el enorme poder acumulado en el reparto de favores es un elemento definitivo a la hora de lograr que el papel de las ayudas públicas continúe definitivamente instalado dentro del sistema político. Ningún político en su sano juicio renunciará a este papel de repartidor de dádivas, puesto que juega ahí directamente la clientela de su propio mercado.

A estos factores hay que unir que todo el mundo las practica de una u otra manera. El proteccionismo, por muy diferentes vías, logra siempre imponerse y el libre cambio es un pío deseo. Basta con observar, a nivel mundial, las resoluciones de la OMC precisamente en relación con los Estados Unidos (supuesto líder de la libre competencia) para caer rápidamente en la cuenta de que la existencia de barreras que suponen ayudas a los propios mercados constituyen el pan de cada día en todas las organizaciones fundamentales.

Por consiguiente, un examen somero de la realidad, y sin caer en ningún tipo de cinismo jurídico, podría llevarnos a afirmar que las ayudas públicas existen y existirán y que el juego de ganadores-perdedores es el único que cabe analizar.

Trataremos, sin embargo, de no caer en el pesimismo y de intentar ofrecer en las líneas que siguen una propuesta dirigida a implantar un sistema de control estatal de ayudas lo más eficaz posible.

B) Aspectos que deben ser modificados. Propuesta de reforma

Para lograr un efectivo sistema de control de las ayudas a nivel nacional debe tenerse en cuenta, como hace el actual art. 19 LDC, el sistema de control comunitario. Ése será el punto de partida y de referencia para el control estatal. En este sentido, podemos fijarnos en la regulación del control de concentraciones, pues en algunos aspectos podría establecerse un régimen similar; sin embargo, es importante tener en cuenta la diferencia fundamental que existe entre las ayudas públicas y las concentraciones. Así, hemos de recordar que, como indica PASCUAL Y VICENTE, el control de concentraciones «puede definirse como la facultad otorgada por el legislador a los poderes públicos para examinar los proyectos de concentraciones de empresas e impedirlas o condicionarlas, se incardina en la política de defensa de la competencia como su manifestación preventiva», y añade que con este control «se trata de prevenir la creación de estructuras empresariales dañinas para la competencia» [24]. En estos casos la Administración controla los proyectos de las empresas. Sin embargo, en el supuesto de las ayudas públicas, como venimos poniendo de manifiesto, es la propia Administración la que las otorga y la que debe controlarlas. Éste será un hecho que condicionará las opciones que puedan tomarse en el futuro.

Como hemos indicado, debe partirse del sistema de control comunitario. Sería, por ello, conveniente que la legislación nacional siguiera la estructura de la comunitaria. Esto es lo que ocurre en el caso de las conductas contrarias a la libre competencia de los arts. 1 y 6 LDC [25]. Así, la LDC, que ya ha incluido un concepto de ayuda pública, debería establecer de forma clara y como punto de partida la prohibición de las ayudas públicas anticompetitivas, sin perjuicio de que puedan establecerse excepciones a dicha prohibición, y a continuación incluir una referencia al ámbito de aplicación del control estatal que sería el geográfico: que la ayuda falsee o amenace falsear la competencia en todo

---

[24] J. PASCUAL Y VICENTE, «Nueva política europea de control de concentraciones: el Reglamento (CE) 139/2004», *Gaceta Jurídica de la Unión Europea y de la Competencia,* núm. 231, 2004, p. 58.

[25] Es claro que la redacción de estos artículos se ha inspirado en la de los del TCE, aunque existan ciertas diferencias entre ellos. El art. 1 LDC en la del art. 85 TCE (actual art. 81); el art. 6 LDC en la del art. 86 TCE (actual art. 82).

o en parte del mercado nacional, ya que, como venimos señalando, el control de las ayudas "de dimensión comunitaria" (las ayudas que falseen o amenacen falsear la competencia en el mercado común) corresponde en exclusiva a la Comisión.

En cuanto al control estatal, hemos de subrayar que la competencia de control de las ayudas públicas es exclusiva del Estado incluso en los casos en que afectaran a "parte del territorio nacional". Debe recordarse en este sentido la Sentencia del Tribunal Constitucional 208/1999, de 11 de noviembre[26], que resuelve dos recursos de inconstitucionalidad acumulados promovidos por el Gobierno Vasco y el Consejo Ejecutivo de la Generalidad de Cataluña contra determinados preceptos de la LDC y que declara la inconstitucionalidad de la cláusula «en todo o en parte del mercado nacional» de los arts. 4, 7, 9, 10, 11 y 25.*a)* y *c)* LDC, por desconocer las competencias ejecutivas de la legislación estatal sobre defensa de la competencia atribuida a las Comunidades Autónomas recurrentes en sus Estatutos. Esta sentencia del Tribunal Constitucional reconoce a las Comunidades Autónomas competencias ejecutivas en materia de defensa de la competencia al entender que ésta puede quedar incluida, "al menos en parte", en la de comercio interior. Pero se refiere también el Tribunal Constitucional a la "necesaria unidad del mercado nacional" y la exigencia de que «exista un mercado único que permita al Estado el desarrollo de su competencia constitucional de bases y coordinación de la planificación general de la actividad económica» y, por ello, añade que «no sólo la normación, sino todas las actividades ejecutivas que determinen la configuración real del mercado único de ámbito nacional habrán de atribuirse al Estado, al que corresponderán, por lo tanto, las actuaciones ejecutivas en relación con aquellas prácticas que puedan alterar la libre competencia en un ámbito supracomunitario o en el conjunto del mercado nacional, aunque tales actos ejecutivos hayan de realizarse en el territorio de cualquiera de las Comunidades Autónomas recurrentes (...) La competencia ejecutiva que, en materia de defensa de la competencia, cabe atribuir a las Comunidades Autónomas, en virtud de la asunción del comercio interior, se halla, pues, limitada a aquellas actuaciones ejecutivas que hayan de realizarse en su territorio y que no afecten al mercado supracomunitario». El Tribunal Constitucional "difiere" la nulidad de los preceptos declarados inconstitucionales hasta

---

[26] Sobre esta sentencia pueden verse los comentarios de S. MARTÍNEZ LAGE, «La sentencia del Tribunal Constitucional de 11 de noviembre de 1999» (Editorial), *Gaceta Jurídica de la Unión Europea y de la Competencia,* núm. 205, 2000; el de J. TORNOS MAS, «Comentario a la Sentencia del Tribunal Constitucional 208/1999, sobre la Ley de Defensa de la Competencia 16/1989», *Anuario de la Competencia 1999,* Madrid, 2000, y el de B. BELANDO GARÍN, «Defensa de la competencia y comercio interior (comentario a la Sentencia del TC 208/1999, de 11 de noviembre)», *REDA,* núm. 106, 2000.

el momento en que el Estado establezca los criterios de conexión pertinentes. Estos criterios se establecen, con un cierto retraso, con la aprobación de la Ley 1/2002, de 21 de febrero, de Coordinación de las competencias del Estado y las Comunidades Autónomas en materia de defensa de la competencia[27]. El art. 1 de la Ley establece los puntos de conexión, y en su apartado 5 dispone que «corresponderá en todo caso al Estado: *a)* la aplicación de las normas contenidas en el Capítulo II y Capítulo III del Título I de la Ley 16/1989, de 17 de julio, de Defensa de la Competencia», *es decir, las normas sobre las concentraciones económicas y las ayudas públicas.*

En lo relativo a esta previsión de la Ley hemos de tener en cuenta que se han puesto de manifiesto dudas acerca de su conformidad con la sentencia del Tribunal Constitucional. En este sentido, MARTÍNEZ LAGE[28] recuerda que el proyecto de Ley fue objeto de tres enmiendas a la totalidad en el Congreso (de Izquierda Unida, el Grupo Mixto y el Grupo Parlamentario Vasco) y de otros tantos vetos en el Senado (del Grupo Mixto, Senadores Nacionalistas Vascos y el Bloque Nacionalista Gallego) por entender los enmendantes que se incumplía la sentencia del Tribunal Constitucional al atribuir la competencia de ejecución al Estado en materia de concentraciones y ayudas públicas. Añade que sorprende que, dada la escasa trascendencia de las competencias del TDC y el Gobierno en materia de control de ayudas públicas, algunos parlamentarios nacionalistas las reclamaran para las Comunidades Autónomas, pero añade, y esto es importante, que «en la España actual un foco generador de numerosas distorsiones a la competencia son, precisamente, las Comunidades Autónomas, mediante las subvenciones y ayudas que conceden, directamente o a través de sus organismos. Al igual que en el sistema comunitario europeo —invocado como modelo por algunos de aquellos parlamentarios—, el control efectivo de la compatibilidad de estas ayudas con un régimen de competencia sólo puede realizarse por una Administración colocada a un nivel distinto de aquella que concedió la ayuda, la cual, por definición, es incapaz de fiscalizarla».

Creemos, y así lo ha manifestado ya uno de nosotros, que tiene todo el sentido que las ayudas sean objeto de examen y crítica por

---

[27] *BOE* de 22 de febrero de 2002.

Sobre esta Ley *vid.* los comentarios de J. E SORIANO GARCÍA, «Comentario de urgencia a la Ley 1/2002», y de S. MARTÍNEZ LAGE, «La aplicación del Derecho de la competencia por las Comunidades Autónomas: delimitación competencial» (Editorial), publicados ambos en la *Gaceta Jurídica de la Unión Europea y de la Competencia,* núm. 218, 2002, y el de L. CASES, «Comentari de la Llei 1/2002, de 22 de febrer, de coordinació de les competències de l'Estat y les Comunitats Autònomes en matèria de Defensa de la Competència», disponible en http://www.gencat.net/economia/progecon/ecocat/74_Cases.pdf.

[28] S. MARTÍNEZ LAGE, «La aplicación del Derecho de la competencia por las Comunidades Autónomas: delimitación competencial», *op. cit.,* pp. 3 a 5.

parte de las autoridades estatales por ser actuaciones que afectan al interés global del mercado y, en relación con esta cuestión, es importante tener en cuenta que «una parte considerable de ayudas tienen su origen en la Administración más cercana, más próxima al sujeto preceptor de la misma. Las facilidades de "secuestro o captura" del regulador, del financiador, son inversamente proporcionales a la distancia entre el que da y el que recibe. Ésta es experiencia universal, llena de lógica, ya que los intereses locales están mucho más próximos, vivos, cercanos, y tienen resultados de toda índole mucho más inmediatos. Por ello es regla de sano derecho mantener cierta distancia, la que se precise para adoptar una decisión fría, ponderada, justificada en suma. Este principio de la independencia del otorgador de la ayuda es fruto de una experiencia bien contrastada y que, por consiguiente, remite a ideas perfectamente contrastadas con la evidencia empírica de múltiples supuestos no sólo en el ámbito de la Unión Europea, sino también en otros supuestos más allá del Atlántico (en los que, vía regulación, se consiguen efectos prácticos en todo punto coincidentes con el sistema de ayudas, llámeselas como se las llame)» [29]. Buscar la "Autoridad Mejor Situada" supone, al menos, evitar atribuir competencias a la "Autoridad Peor Situada".

No es ésta, sin embargo, una cuestión pacífica. Ya nos hemos referido a los grupos parlamentarios que reclamaron para las Comunidades Autónomas competencias ejecutivas en el control de ayudas públicas, y en este sentido se ha pronunciado también la doctrina. Así, Amils Arnal ha señalado que la concesión de una ayuda pública puede circunscribirse únicamente al ámbito de una Comunidad Autónoma y no afectar al "interés general global", considera que en esos supuestos «hubiese sido aconsejable conceder a dicha Comunidad Autónoma la potestad plena para conocer de dicho asunto y no limitar su participación, como hace el apartado 4 del art. 5 de la Ley 1/2002, a la elaboración de un mero informe, preceptivo pero no vinculante» [30]. No obstante, se trata de una mera recomendación —"sería aconsejable"— pero sin mayor fundamento jurídico, a la par que, desde luego, no parece pensable que el poder se examine a sí mismo, que es lo que sucedería si un órgano autonómico examina la ayuda autonómica; la presión del ambiente local no sería resistible y una fuerte coacción por parte de la clase política vecina es inevitable e irresistible, especialmente en caso de empresas arraigadas y conocidas en la zona. Un mínimo sentido común, que, como indicaba Vinogradoff [31], es también

[29] J. E. Soriano García, «Comentario de urgencia a la Ley 1/2002», *op. cit.*, p. 17.

[30] R. Amils Arnal, «Los nuevos tribunales autonómicos de defensa de la competencia», *Gaceta Jurídica de la Unión Europea y de la Competencia,* núm. 224, 2003, pp. 72 y 73.

[31] *Common Sense in Law,* Oxford University Press, 1913, Series The Home University of Modern Knowledge, No. 83, Hardback, 192 pp., Copyright © 1987.

fuente del Derecho, recuerda que el poder sólo puede juzgarse a sí mismo... desde lejos. Insistamos en que nada tiene que ver el control de las ayudas públicas que dan los Gobiernos autonómicos con la posición de los órganos autonómicos de competencia en relación con cárteles, deslealtades o abusos posicionales de dominio, en los que claramente se enjuicia conductas ajenas al propio poder.

Por otra parte, para disponer de un auténtico procedimiento de control de las ayudas públicas a nivel estatal, sería fundamental imponer, en la línea de lo establecido en el caso del control de concentraciones [32], la obligación de notificación de las ayudas al Servicio de Defensa de la Competencia (en adelante, SDC); obligación que ya existe, recordémoslo, en el ámbito comunitario [33]. El Ministro de Economía y Hacienda, a propuesta del SDC, remitirá al TDC los expedientes sobre las ayudas que puedan obstaculizar el mantenimiento de una competencia efectiva en el mercado para que emita un informe o dictamen [34] que remitirá al Ministro, que, a su vez, lo elevará al Consejo de Ministros, a quien corresponderá tomar la decisión proceda [35]. En relación con dicha decisión, hemos de señalar que para garantizar la efectividad del control es necesario otorgar al órgano resolutorio la posibilidad de adoptar medidas como la modificación, la supresión y, en su caso, la devolución de la ayuda en los supuestos en que se considere que es anticompetitiva.

Puede parecer que, como venimos indicando, con esta opción de atribuir la decisión final al Consejo de Ministros queda en manos de la Administración otorgadora de las ayudas el control de las mismas. Sin embargo, esta afirmación debe matizarse.

En ese sentido, es importante indicar, en primer lugar, que es decisivo el hecho de que no dependa del Ministro o del Consejo de Ministros la revisión de la ayuda. Esto puede lograrse, como hemos señalado, imponiendo la obligación de notificación de las ayudas al SDC y, sin perjuicio de dicha obligación y con el objeto de evitar que ciertas ayudas no sean examinadas como consecuencia del incumplimiento de esta obligación de notificar, debería establecerse también la posibilidad de que el SDC inicie el procedimiento de examen de oficio, a solicitud del Ministro de Economía y Hacienda, a solicitud del TDC o por denun-

---

[32] Art. 14.1 LDC.

[33] El art. 88.3 TCE dispone que «la Comisión será informada de los proyectos dirigidos a conceder o modificar ayudas...», y el art. 2.1 del Reglamento (CE) 659/1999 establece la obligación de los Estados miembros, «salvo disposición en contrario de cualesquiera Reglamentos adoptados de conformidad con el art. 94 del Tratado o cualquier otra disposición pertinente del Tratado» (el art. 94 es el actual art. 89 TCE), de «notificar a la Comisión con la suficiente antelación cualquier proyecto de concesión de nueva ayuda...».

[34] *Vid.* en relación con el control de concentraciones el art. 15 bis.1 LDC.

[35] *Vid.* en relación con el control de concentraciones el art. 17.1 LDC.

cia de un tercero (competidor o consumidor). Sería conveniente que esta última posibilidad se incluyera expresamente en la Ley. No obstante, creemos que en aplicación del art. 31 de la Ley 30/1992, de 26 de noviembre, de Régimen Jurídico de las Administraciones Públicas y del Procedimiento Administrativo Común[36] (en adelante, LPC), los competidores de las empresas que perciban ayudas públicas, e incluso en ciertos casos los consumidores, tendrán la consideración de interesados y podrán solicitar como tales el inicio del procedimiento de examen de la ayuda.

En segundo lugar, no ha de configurarse como una "opción" del Ministro el envío del expediente al TDC para que emita el dictamen. Si del análisis del SDC se desprende la posibilidad de que una determinada ayuda sea "anticompetitiva" éste propondrá la remisión del expediente al TDC y el Ministro deberá hacerlo.

En tercer lugar, debe insistirse en la trascendencia que tiene el que el dictamen del TDC sea público. Esta es una previsión que ya se incluyó en el apartado 3 del art. 19 LDC tras su reforma. Sin embargo, hemos de señalar que, a pesar de lo poco que se ha aplicado este artículo, el TDC ha emitido algunos informes sobre ayudas públicas que no se han publicado[37]. Esto debe ser fuertemente criticado y supone una vulneración del precepto a que nos hemos referido de la LDC, pero también de la LPC, que en su art. 3.5 dispone que «en sus relaciones con los ciudadanos las Administraciones públicas actúan de conformidad con los principios de transparencia y de participación».

En cuarto lugar, hemos de señalar que aunque hemos hecho referencia al SDC y al TDC, es muy probable que si se modifica la LDC se introduzca un sistema en el que haya una autoridad española única de defensa de la competencia. Si ello fuera así, creemos que sería obligada la "dualidad" a nivel interno y la separación entre las competencias instructoras y las decisorias o resolutorias, con lo que corresponderían al órgano instructor las "competencias" que nosotros hemos atribuido al SDC y al decisor las del TDC.

En quinto lugar, tenemos que indicar que en todos estos casos debe imponerse al Consejo de Ministros la obligación de tomar una decisión

---

[36] *BOE* de 27 de noviembre de 2002.

Dispone este artículo en su apartado 1: «se consideran interesados en el procedimiento administrativo: *a)* Quienes lo promuevan como titulares de derechos o intereses legítimos individuales o colectivos. *b)* Los que, sin haber iniciado el procedimiento, tengan derechos que puedan resultar afectados por la resolución y se personen en el procedimiento en tanto no haya recaído resolución definitiva. *c)* Aquellos cuyos intereses legítimos, individuales o colectivos, puedan resultar afectados por la resolución y se personen en el procedimiento en tanto no haya recaído resolución definitiva».

[37] En la página web del TDC se incluye un apartado titulado «Informes», pero no está a disposición de las personas que lo consulten ninguno relativo al control de ayudas públicas.

evitando formulaciones ambiguas como la del actual art. 19.3 LDC, que señala que «decidirá (...) según los casos». Una vez iniciado el procedimiento de examen de una concreta ayuda el Consejo de Ministros deberá resolver (recuérdese en este sentido la obligación de la Administración de dictar resolución expresa en todos los procedimientos prevista en el art. 42.1 LPC). En relación con esta decisión del Consejo de Ministros, debemos también precisar, y esto es fundamental en el caso del control de las ayudas públicas al que nos estamos refiriendo, que, aunque el dictamen del TDC no sea vinculante, cuando se aparte del criterio expresado por el TDC en ese dictamen deberá motivarlo suficientemente; a esta obligación se refiere la LPC que en su art. 54.1.*c)* exige motivar los actos que se separen del dictamen de órganos consultivos, y en este sentido se ha pronunciado también la jurisprudencia en lo relativo al control de concentraciones[38].

---

[38] Es muy clara la Sentencia del Tribunal Supremo de 2 de abril de 2002 que resuelve el recurso interpuesto por «Prosegur Compañía de Seguridad, S. A.» (en adelante, Prosegur) contra el Acuerdo del Consejo de Ministros, de 13 de octubre de 2000, que aprobó la operación de concentración económica consistente en la adquisición por dicha empresa de la compañía «Blindados del Norte, S. A.», subordinándola a tres condiciones económicas. Prosegur impugna dos de ellas (la segunda, según la cual la empresa adquirente no podría incrementar los precios de los servicios de transporte y manipulado de fondos aplicados a los clientes de la empresa adquirida por encima de la previsión oficial del incremento anual del IPC, y la tercera, por aplicar la anterior al disponer que la duración de esa condición será de tres años). La demandante basa la impugnación en que el Acuerdo carece de motivación, vulnera el principio de proporcionalidad y, al fijar unos precios máximos coactivamente, impone un sacrificio innecesario del derecho de propiedad y una indebida (por excesiva) restricción de la libertad empresarial. Añade la demandante que el TDC no había incluido en su informe al Gobierno la condición objeto de recurso. El Tribunal Supremo realiza unas observaciones muy interesantes en los fundamentos de Derecho de la sentencia y las transcribimos a continuación porque sirven para apoyar nuestra anterior afirmación; señala que «este género de acuerdos del Consejo de Ministros, cuya incidencia en la vida económica de las empresas, y de los mercados en general, resulta obvia, tiene unas características singulares que afectan tanto a su génesis (el Consejo de Ministros no interviene sino por la iniciativa de otro órgano administrativo que actúa a modo de primer filtro, previa notificación que de sus operaciones de concentración hagan los afectados) como a su procedimiento formal de adopción y a su contenido, todo ello en garantía de su legalidad y de su acierto. Precisamente a estos efectos el Tribunal de Defensa de la Competencia ha de emitir, en el curso del procedimiento, un dictamen preceptivo que eleva al Consejo de Ministros para que éste, a la vista de su contenido, resuelva lo que proceda. El acuerdo final (...) debe incluir necesariamente la motivación que lo sustente, tanto más cuando se aparte del dictamen a partir del cual se adopta. La regla general de que han de ser motivados los actos administrativos que se separen del dictamen de órganos consultivos [art. 54.1.*c)* de la Ley 30/1992] reviste una especial importancia en materia de concentraciones de empresas, dada la singular función que el legislador ha atribuido, en primer lugar, al Servicio de Defensa de la Competencia y, más tarde y sobre todo, al Tribunal de Defensa de la Competencia en cuanto organismo administrativo específicamente habilitado para calibrar los efectos nocivos de operaciones de esta naturaleza. Si el Consejo de Ministros, a la vista del dictamen emitido por aquel órgano, quiere separarse de él, ha de explicar concretamente por qué adopta esa decisión, de modo que la motivación exigible no es sólo la general relativa al acto sino la específica relativa a la discrepancia con el órgano consultivo. En otras palabras, no es suficiente a estos efectos, como defiende el Abogado del Estado, que el acuerdo contenga una sucinta referencia general a hechos y fundamentos de derecho, sino que debe necesariamente incorporar la explicación de por qué se separa del dictamen del Tribunal de Defensa de la Competencia en aquello que así lo haga (...) el dictamen del Tribunal de Defensa de la Competencia sobre los proyectos de concentración que le son

4. CONCLUSIONES

Del análisis que hemos realizado podemos extraer las siguientes conclusiones:

En primer lugar, hemos de subrayar que es muy complicado justificar (salvo en casos de acontecimientos extraordinarios e imprevisibles que justifiquen medidas excepcionales) la existencia de las ayudas públicas y cabe añadir que el control de estas ayudas plantea muchas dificultades. Esto debería llevarnos hacia una prohibición absoluta de las mismas. Sin embargo, creemos que debe *imponerse una actitud realista*. Como hemos indicado, en el Derecho comunitario no van a prohibirse de forma radical, pues el sistema de control de ayudas de Estado apenas cambiará con la entrada en vigor de la Constitución Europea. Por ello, pensamos que a nivel nacional debe seguirse un esquema lo más parecido posible al comunitario que parta de la prohibición de las ayudas públicas pero permita ciertas excepciones.

En segundo lugar, creemos que es necesario disponer de un sistema de control nacional de las ayudas públicas. Debe tenerse en cuenta, en este sentido, que a nivel comunitario se controlan las ayudas que afecten al mercado interior, a los intercambios entre los Estados miembros, y aunque la mayoría de las que conceda la Administración General del Estado entrarán dentro de ese control, podría darse el caso de que ciertas ayudas (las que no tengan "trascendencia comunitaria", como, por ejemplo, las otorgadas por Comunidades Autónomas que puedan afectar sólo a un mercado local) quedaran fuera de todo control si el único fuera el comunitario.

Por último, una vez afirmada la necesidad de un sistema de control nacional de las ayudas públicas, hemos de insistir en relación con el mismo en la idea de que ha de ser lo más parecido posible al del Derecho comunitario. Así, debe partir de la prohibición de las ayudas públicas que falseen o amenacen falsear la competencia; establecer la obligación de notificación de las que vayan a concederse a la autoridad

remitidos analiza todas las circunstancias significativas (...) para verificar si aquéllos pueden obstaculizar el mantenimiento de la competencia efectiva en el mercado. Su análisis (...) incorpora, pues, la motivación suficiente para justificar, en su caso, la negativa o las condiciones impuestas a la concentración. Si el Consejo de Ministros se conforma con el dictamen basta con remitirse a él; si disiente, ha de motivar por qué...». Concluye el Tribunal Supremo esta parte del recurso declarando que el Acuerdo recurrido infringe el ordenamiento jurídico por prescindir de la motivación que le era exigible. También llega a esa conclusión al analizar su contenido, pues considera que tiene razón la demandante al sostener que la condición impuesta vulnera el principio de proporcionalidad y restringe innecesariamente su libertad empresarial. Por todo ello, señala que procede, «tanto por las razones formales (carencia de la motivación exigible) como por las razones de fondo expuestas, la estimación del recurso y la consiguiente declaración de nulidad de la cláusula impugnada».

estatal de defensa de la competencia para que, en los casos en que pueda afectar a todo o parte del marcado nacional, emita un informe sobre las mismas y, junto a ello, prever la posibilidad de que este informe pueda también ser emitido por denuncia de un tercero; la decisión final corresponderá al Consejo de Ministros, al que debe reconocerse la posibilidad de adoptar medidas efectivas para eliminar la ayuda anticompetitiva. Y naturalmente, siempre quedará el control judicial de la decisión del colegio gubernamental.

REFORMA DEL SISTEMA DE CONTROL DE CONCENTRACIONES DE EMPRESAS

Juan JIMÉNEZ-LAIGLESIA
José María JIMÉNEZ-LAIGLESIA
Abogados. Jones Day

1. INTRODUCCIÓN: CRÍTICA DEL SISTEMA ACTUAL. NECESIDAD DE LIMITAR EL OBJETIVO DEL PROCEDIMIENTO DE CONTROL

Es razonable que exista un amplio consenso sobre la necesidad de reforma del sistema español de control de concentraciones en el contexto de una reforma global de la Ley 16/1989 (LDC). Con independencia de los buenos resultados, en términos de coherencia y predecibilidad, de la publicidad de los informes del servicio en primera fase, el sistema actual se ha revelado incapaz de cumplir su objetivo: prohibir solamente aquellas operaciones de concentración que impidan la competencia en los mercados relevantes o, dicho de otro modo, en sentido positivo, no obstaculizar aquellas operaciones estructurales que sean eficientes. El problema es de origen. El sistema que sufrimos se asienta en un error esencial, pues, preocupado por las competencias y no por la competencia, se ha concentrado en razonar por qué la Administración "aprueba" aquellas operaciones que tengan un efecto positivo, sin desarrollar especialmente los elementos que permiten poder identificar y prevenir aquellas cuyo efecto se demuestre como negativo. Ocurre que el sistema actual presume, erróneamente, que es posible que el Gobierno se explique a sí mismo un mercado, y ordene las condiciones de competencia de este último. Y por eso los esfuerzos que puedan hacerse para poder influir de forma transparente, (y, por lo tanto, siempre legítima) en la decisión final se convierten en una excusa para poder sostener cualquier decisión que interese apelando al abstracto respeto a las garantías de intervención de los afectados. Quizás se deba a que en España no ha existido, ni actualmente existe, la tradición de formular una política de competencia articulada de forma que sea posible anticipar con cierto grado de seguridad cuál será el resultado de determinado análisis de mercado en el marco institucional existente.

Pero, sea cual sea la razón, los tres problemas básicos del actual sistema que identificamos en un trabajo de esta naturaleza son los siguientes:

— Las decisiones finales no corresponden al órgano especializado en Derecho de la competencia, o a un juez que examine una posible impugnación de una operación, sino a personas con responsabilidad política.
— Los criterios sobre los que se fundamenta la decisión final por parte de dichas personas no tienen por qué estar relacionados estrictamente con el mantenimiento de la competencia efectiva; pueden atender también a otros intereses y, de hecho, lo hacen de forma abiertamente transparente o, en el peor de los casos, de forma oculta con apelaciones públicas a la competencia.
— Las condiciones o remedios a los efectos de una concentración en la competencia se "imponen" a los notificantes y, obviamente, al propio mercado en un procedimiento opaco.

Esos tres rasgos crean a su vez problemas recurrentes en los casos complejos: carencias de información para poder adoptar decisiones, ausencia de obligación por parte de la Administración de fijar de verdad cuáles son los problemas de competencia por los que se examina en profundidad una operación (ausencia de garantías materiales) y, por ello, inexistencia de obligación de probar lo que se dice (también para las partes), tratamiento superficial de los intereses de terceros, ausencia de análisis serio de eficiencias, opacidad en la elaboración de remedios para todas las partes, y un largo etcétera. El problema es grave para funcionarios, especialistas y aquellos realmente preocupados por la salud de nuestro sistema de competencia. En este ámbito, por su propia naturaleza, el análisis de los efectos en la competencia de una operación es prospectivo. El sistema de control de concentraciones no es sino un marco legal para el análisis especulativo de efectos económicos, en un contexto en que las empresas que impulsan dichas operaciones demandan predecibilidad, rigor en el análisis, respeto de unos plazos de análisis o examen que no afecten al éxito de la propia operación.

Cuando el sistema falla, y, sobre todo, cuando falla estrepitosamente en los casos importantes, el natural escepticismo propio de un país con escasa demanda social de competencia se acentúa. A medio plazo, el resultado es la falta de credibilidad del sistema.

Todos sabemos, sin embargo, por propia experiencia que la incertidumbre sobre la validez de los juicios que se llevan a cabo en el examen de una operación de concentración no impide en absoluto exigir que el propio sistema de control sea predecible, consistente y proporcionado, asentado sobre principios económicos aceptables y empíricamente verificables y conforme a un procedimiento transparente, que resuelva el tradicional dilema entre la profundidad del análisis y los plazos del mismo. Puede haber casos "grises" o novedosos (particularmente en la predicción de conductas en mercados de innovación), no cabe duda, pero, al fin y al cabo, es perfectamente posible evaluar una operación en este sentido.

La propuesta que formulamos pretende esencialmente contribuir a la eliminación de los rasgos antes identificados, de forma que sea compatible un análisis predecible de los efectos en la competencia de una operación de concentración con la toma en consideración de elementos relacionados con el interés general conforme a una delimitación estricta de competencias y asunción de responsabilidades. Y, sobre todo, de transparencia (quién, cómo, por qué) que pueda ser revisada de forma efectiva. Y ello se debe hacer reconociendo que la protección del proceso de competencia como salvaguarda del respeto de las condiciones de eficiencia que incrementan el bienestar general no es un objetivo ni claro (el sistema se asienta sobre conceptos jurídicos indeterminados que se fundamentan sobre teorías económicas variables o en evolución, unido a la propia dificultad de presentar datos objetivos sobre el impacto de la política de competencia en la estructura económica) ni único, lo que explica las dificultades de construir un sistema predecible y eficiente.

Cuando, como en el caso de España, la intervención política en el resultado del caso concreto se garantiza por el propio procedimiento, el cual se aplica de forma opaca, y la revisión de las decisiones es limitada, aparte de poco efectiva, es indudable que es difícil que el sistema de defensa de la competencia sedimente y crezca. Por lo tanto, y aunque parezca una obviedad a estas alturas, es imperativo que el sistema de defensa de la competencia y de control de concentración se limite exclusivamente a determinar de la forma más exacta posible si la estructura de mercado que resulta de la operación de concentración (o la conducta de la empresa en posición dominante o el acuerdo de las empresas a examen) es eficiente. Todas aquellas concentraciones que no tengan dicho efecto o que su efecto sea neutro no necesitarán un análisis detenido. No nos debe importar tanto por qué las operaciones que carecen de ese efecto se "aprueban", pues la cuestión primordial es la identificación objetiva y correcta de aquellas que deben ser prohibidas. Es a nuestro juicio un resultado ineludible el hecho de que si el control de concentraciones se limitara a medir el efecto de la operación en la competencia efectiva en los mercados, el sistema se consolidaría a medio plazo y tendría credibilidad, de forma que la seguridad jurídica se asentaría, las empresas respetarían las normas y contribuirían a su mejora y la sociedad civil apreciaría el valor del sistema como un instrumento en su propio beneficio. En efecto, un criterio material relacionado con la protección de competencia, y sólo con ella, tiene características positivas, ya que posee cinco características "deseables" en todo sistema de control: *neutro:* no emite juicios de valor o de oportunidad sobre las decisiones empresariales o sobre la transacción, evitando de esta forma la confusión de intenciones o intereses; *objetivo:* ya que el criterio material se aplica de igual manera a cada transacción; *realizable* en un alto grado de ocasiones si se cuenta con la información adecuada; *dinámico*, ya que permite el debate contradictorio entre los interesados y la autoridad de competencia lo que permite un conocimiento gradual del funcionamiento de diferentes mercados que alimenta futuras decisiones, y *predecible:* sin perjuicio de los casos que den lugar a cuestiones nuevas, los operadores pueden anticipar si una transacción podrá llevarse a cabo o no, lo que reduce sus costes de transacción.

2. ADMINISTRACIÓN Y JURISDICCIÓN

La "judicialización" del Derecho de la competencia es ya un hecho respecto a la aplicación de las normas de defensa de la competencia que se refieren al control de conductas restrictivas de la competencia y el abuso de posición dominante. La aplicación judicial de las normas de competencia tiene ventajas evidentes: es imposible que una autoridad administrativa pueda perseguir todas las infracciones de las normas que se cometen. Pero asumiendo que la naturaleza del control de concentraciones no es, obviamente, sancionar a las empresas que se concentran, lo que es indudable es que, por diversas razones, la revisión jurisdiccional de las decisiones de control de concentraciones es poco efectiva. Aun cuando la intensidad del problema difiere si aquellos que solicitan la revisión judicial son las partes de una concentración declarada prohibida por la autoridad administrativa, que cuando se trata de terceros interesados que impugnan una decisión de aprobación, lo cierto es que, en la mayor parte de los asuntos, en ambas situaciones la sentencia posterior tiene el riesgo de carecer de efectos prácticos.

Incluso si no existiera un control político discrecional sobre el caso concreto, como por ahora es nuestro caso, concentrar en un órgano administrativo (de cualquier naturaleza) la decisión final sobre una operación de concentración introduce ciertos interrogantes sobre las garantías de los administrados. Aun cuando se establezcan mejoras existen riesgos evidentes derivados de que la misma autoridad administrativa investigue los hechos y decida sobre los mismos.

El problema es evidentemente mayor en el supuesto de prohibición de una operación, dado que, a diferencia de una decisión de aprobación impugnada por terceros, la Administración ejerce aquí el mayor grado de intervención en la libertad empresarial. Si los terceros han tenido oportunidad de manifestarse de forma efectiva en el procedimiento administrativo (lo que no es el caso en nuestro sistema), la tutela de sus intereses no requiere de mayor protección que aquellas empresas que, habiendo propuesto una concentración, confrontan una decisión de prohibición.

Por ello, un avance limitado pero positivo sería en este caso el que, con independencia de concentrar (y mejorar) las funciones de investigación y decisión en un órgano administrativo especializado, al menos dicha autoridad deba acudir ante un tribunal cuando pretenda prohibir una operación de concentración. Si la autoridad administrativa tuviera que demostrar ante un órgano jurisdiccional, no revisor y, por lo tanto, no sujeto a la presunción de legalidad de la actuación administrativa, que el interés público exige la prohibición de una determinada operación, no cabe duda que la Administración tendría un poderoso incentivo para ejercer su competencia de la forma más irreprochable posible, para, como antes decíamos, razonar sólidamente sus decisiones. Desde otro punto de vista, la apreciación de que la Administración considera que puede "ganar" un asunto de esta naturaleza constituye también un poderoso incentivo para que las empresas acuerden remedios o condiciones efectivos con objeto de evitar el procedimiento judicial. La obligación de acudir ante un juez para prohibir una concentración engloba, lógicamente, la necesidad de solicitar al juez la suspensión cautelar de la ejecución de la operación o medidas con un objeto más reducido (por ejemplo, la gestión separada del negocio objeto de conflicto). Esta modificación que se propone obliga también a una especial consideración de la necesidad de reforma del procedimiento cautelar en este ámbito sin perjuicio de la necesidad de una reflexión sobre su aplicación incluso si se mantiene exclusivamente la naturaleza revisora de la jurisdicción. Advertimos que en última instancia todo ello presupone un sistema administrativo de control de concentraciones sujeto a revisión judicial de naturaleza contencioso-administrativa y en el cual no cabe impugnación separada de su revisión por la Administración. Al menos por ahora, no parece razonable apartarse del sistema de control establecido en la Unión Europea y otros Estados miembros, sobre todo cuando la Comisión Europea pretende sostener el control de concentraciones de dimensión comunitaria sobre la base de un sistema flexible de reenvíos entre autoridades de los Estados miembros.

Ahora bien, si bien existen pocos precedentes significativos que, además, afectan a elementos parciales, y ninguno que examine el sistema de control establecido por la LDC en su integridad, sí que es posible afirmar que el problema más grave que afecta a la revisión de las decisiones que adopta el Gobierno es el de su falta de efectividad por las dificultades derivadas de obligar a la Administración de ejecutar lo juzgado. Y, dada la prolongación de los procedimientos judiciales y la complejidad de la prueba propia de estos procedimientos, es perfectamente posible que una sentencia de anulación o bien llegue demasiado tarde, o bien no pueda, como ha ocurrido, obtener las naturales consecuencias de un fallo anulatorio, esto es, la desconcentración efectiva mediante el restablecimiento de la competencia. La legitimación de los interesados para recurrir una decisión de aprobación no puede ser cuestionada en nuestro Derecho, pero no cabe duda de que dicha posición podría ser interpretada de forma más restrictiva si existiera un procedimiento administrativo con unas mínimas garantías de corrección de la decisión. Por otro lado, si bien existen dudas legítimas sobre el alcance de esta cuestión, la actuación del Tribunal es meramente revisora de la decisión adoptada, limitándose a comprobar, aparte de cuestiones de forma, si se cometió un error de apreciación de los hechos o una infracción de norma jurídica. Este factor, unido a las limitaciones de una sentencia respecto a decisiones discrecionales de la Administración, limita todavía más la efectividad de la sentencia desde el punto de vista de los interesados. Desde el punto de vista de los notificantes, recurrir una decisión de prohibición, de lo que no hay precedentes en España, no es tampoco una solución efectiva. Una vez obtenida sentencia normalmente las condiciones en las cuales se planteó la concentración originalmente ya no existen.

En suma, éste es un problema complejo cuya única solución efectiva es atribuir competencia jurisdiccional a la resolución de los asuntos en los cuales la Administración pretenda prohibir una operación de concentración. Si no se adopta este modelo, y tampoco se permite la impugnación directa de concentraciones ante la jurisdicción, será preciso entonces plantearse modificaciones de procedimiento que permitan adoptar una decisión acelerada sobre esta cuestión y que contemplen también la revisión efectiva de los remedios y condiciones negociados entre las partes y la autoridad: en nuestra opinión, ello exige un procedimiento adecuado a esta materia ante el Tribunal Supremo que sea efectivo y que contemple la posibilidad de acordar medidas cautelares eficientes. Igualmente exigirá del Tribunal la capacidad de ordenar a la Administración una determinada conducta, en un plazo determinado, si no se quiere repetir el modelo fracasado de ejecución de sentencias en este ámbito.

3. ELIMINACIÓN DE LA COMPETENCIA DEL GOBIERNO SOBRE LA DECISIÓN FINAL

La mayoría de las operaciones de concentración no causan problemas de competencia y, en este aspecto, el trabajo del SDC está siendo del nivel comparable a otras autoridades de competencia, y ello sin perjuicio de los graves defectos del formulario de notificación, que produce carencias de información, y de la falta de operativa de las modificaciones a la operación que pudieran subsanar los problemas sin necesidad de acudir al TDC. Cuestión distinta es si en gran parte de los casos en los que no hay problema alguno de competencia es necesario destinar los limitados recursos con los que cuenta el SDC para preparar un informe detallado de recomendación al Ministro de Economía. El establecimiento de un procedimiento simplificado o de “mirada rápida” que no exija tanta motivación de la decisión es, por esta razón, una prioridad.

Mucho más grave es la absoluta falta de transparencia respecto a la decisión final del Gobierno y la ejecución, en su caso, de las condiciones impuestas. Una vez que el TDC aprueba el dictamen sobre la operación de concentración, ni las partes notificantes ni los terceros cuentan con capacidad alguna de conocer o intervenir en la última fase del procedimiento. Curiosamente la necesidad de razonar en qué se aparta el Gobierno de lo establecido en el dictamen del TDC ha tenido un efecto claramente perverso, aparte de constituir una limitación claramente insuficiente en esta materia (dado que es relativamente sencillo evitar la nulidad por esta cuestión). En realidad ha operado como un incentivo para intervenir con objeto de no limitar la discrecionalidad del Gobierno. El efecto de esta interferencia es sabido: decisiones contradictorias en los mismos mercados, proliferación de votos particulares y la adopción de lo que denominamos decisión dual absolutamente inaceptable en un sistema serio: el órgano de competencia recomienda una prohibición y, al mismo tiempo, considera que pueden existir remedios a la situación de competencia que la operación genera.

Esta situación ha venido acompañada, además, por un empeoramiento del análisis de los problemas de competencia en el seno del

TDC debido no solamente a los graves defectos del formulario de notificación, ni a la absurda decisión de limitar esta fase a un plazo irreal de dos meses, sino también a que el sistema de "segunda fase" no se inicia mediante una concreción de cuál es el problema que debe ser examinado. El TDC carece de la información y evidencia necesaria para poder sostener sus conclusiones y viene obligado a examinarlo "todo de nuevo" en dos meses. La situación es particularmente grave en lo que respecta al argumento de eficiencias (ni se ha discutido en detalle qué es una eficiencia que compense un problema de competencia, ni se ha llevado a cabo nunca cuantificación alguna de su existencia) y remedios que se recomiendan (ni se razonan por qué son los adecuados para resolver el problema de competencia, ni se examinan sus efectos posibles).

La actual LDC descansa sobre una lógica errónea que coloca al Gobierno, por muy buena fe que tenga, en una posición imposible. En efecto, si bien son las empresas que se concentran las que deben notificar la operación aportando cuanta información consideren relevante, la LDC presume que es el Gobierno el que, conociendo el mercado, es capaz de imponer remedios y condiciones que solventen los problemas de competencia identificados. Considerar al Gobierno capaz de anticipar unilateralmente qué condiciones son las más adecuadas para resolver un problema de competencia parte de una visión paternalista de su función: ni conoce todos los mercados en toda su extensión, ni es capaz de conocerlos en el plazo establecido en la LDC. La cuestión se agrava por una interpretación errónea de los derechos de las partes y de los interesados que se ha mantenido en numerosos casos: el Gobierno se niega en redondo a reconocer a los terceros la capacidad de comentar sobre los remedios o condiciones que pretende "imponer".

La cuestión también tiene que ver con la naturaleza de las condiciones que se imponen. Se imponen por razones que no tienen que ver con el problema de competencia en cuestión. La aplicación de la condición típica y normal de un sistema de control de concentraciones, la obligación de desinvertir en activos que permita resolver el problema de competencia derivado de la acumulación de poder de mercado, no se da prácticamente nunca en España. Se opta por condiciones que o bien no resuelven nada, o se imponen condiciones fuera de lugar en mercados en competencia (como el control de precios por parte de la Administración). También actualmente carecemos de información adecuada para hacer juicios certeros sobre cómo se aplican los remedios en la práctica y cómo se vigila su cumplimiento.

Es, por lo tanto, necesario, de nuevo en el contexto de una reforma meditada de toda la estructura institucional de la LDC, que la decisión de examinar en profundidad una operación de concentración y la decisión final sobre el caso resida en la autoridad de competencia. Adicionalmente, es preciso modificar la lógica interna de aplicación de las condiciones o remedios a una determinada operación: las condiciones o remedios deben ser propuestas por las partes notificantes y su efectividad para resolver el problema de competencia debe evaluarse de forma transparente en un procedimiento en el que participen los interesados. Debe corresponder a la autoridad de competencia la aprobación o rechazo razonado de las condiciones que se presentan.

Si se desea reservarse al Gobierno la facultad de intervenir en el procedimiento con objeto de defender otros objetivos de interés público, dicha intervención debe ser transparente, a instancia de parte no relacionada con cuestiones de competencia, y, además, limitada a los casos en los cuales la autoridad haya considerado finalmente que una operación no puede ser condicionada y, por lo tanto, debe ser prohibida y las partes crean que pueden probar la existencia de dicho interés.

Por otro lado, de la misma forma que es preciso por muchas razones eliminar la dualidad de órganos (SDC y TDC) en el tratamiento de los expedientes de prácticas restrictivas y abuso de posición dominante, tampoco se entiende que el procedimiento de control se divida en diferentes fases ante dos órganos diferentes. Por lo tanto, sin perjuicio de la adopción de determinadas garantías de procedimiento y en el caso de creación de una nueva autoridad de competencia, es preciso concentrar el examen y decisión respecto de la operación de concentración en un único órgano administrativo. Esta autoridad debe, además, tener competencias expresas para adoptar directrices, recomendaciones o comunicaciones que aclaren de forma transparente el tratamiento de diversas cuestiones de gran interés para las partes. La práctica actual es deficitaria en este aspecto, pues a pesar de esfuerzos del SDC en este sentido existen muchas ambigüedades y no está claro en qué aspectos las autoridades nacionales sigue pautas establecidas por la Comisión Europea.

En cuanto a las relaciones entre la autoridad de competencia y los órganos reguladores sectoriales (CNE y CMT), es preciso aclarar la relación existente entre determinados procedimientos de autorización de transacciones que las leyes sectoriales reservan a estos órganos sectoriales con aquella relativa a la defensa de la competencia. Por ejemplo, la facultad de la CNE de examinar el impacto de operaciones en los niveles de inversión en actividades reguladas no puede resultar en una duplicación de autorizaciones de “competencia” derivada de las competencias objetivas y funcionales para garantizar la competencia en estos mercados que se atribuyen a los órganos reguladores. La coordinación de procedimientos debe realizarse tanto en lo que respecta a su objeto como al momento en cuestión en el que se ejercen las respectivas competencias.

4. NOTIFICACIÓN OBLIGATORIA Y UMBRALES DE NOTIFICACIÓN

La obligatoriedad de la notificación está justificada en ausencia de recursos suficientes por la autoridad para investigar de oficio y, sobre todo, como es nuestro caso, en ausencia de un sistema de impugnación de concentraciones ante la jurisdicción por parte de los terceros afectados (los competidores, proveedores o clientes). Bien es verdad que si una operación crea un problema de competencia, lo lógico es que los afectados acudan ante la autoridad con objeto de denunciar los efectos en sus intereses legítimos: sin embargo, ello retrasa el examen, y no aporta más ventajas de un sistema objetivo de notificación obligatoria.

Ahora bien, un sistema de notificación obligatoria debe ir acompañado de un sistema de umbrales que solamente establezca dicha obligación con relación a operaciones que tienen un efecto en España. Y el principio a respetar en todo momento es que los umbrales de notificación obligatoria deben basarse en criterios objetivos y cuantificables. La determinación de la obligación de notificación no debe presuponer anticipar ningún elemento del análisis posterior. Ello no ocurre en la LDC. Existe un umbral de cuota de mercado que actualmente no es necesario. Este umbral (que prácticamente no existe ya en Derecho comparado) incrementa los costes de forma artificial. Es común que debamos decidir en abstracto si una determinada definición de mercado relevante de producto es la adecuada para luego tener que estimar si las operación supera las cuotas establecidas, todo ello con objeto de decidir si existe o no obligación de notificación. Y, sobre todo, el umbral, tal y como literalmente establece la LDC, obliga a la notificación de operaciones cuya importancia es extremadamente reducida y su impacto en la competencia nulo. El umbral de notificación debe relacionarse, entonces, con la actividad de las dos "partes" de la operación (parte compradora y activos o empresas adquiridas) y debe combinarse de forma razonable, dando importancia a la dimensión de las dos partes. El sistema establecido en la LDC respecto al umbral del volumen de negocios es, en principio, adecuado, si bien resulta extraño que España cuente, por ejemplo, con un umbral significativamente superior al establecido en otros países. Nos falta un análisis que relacione dichos umbrales con la economía nacional y que justifique su fijación.

5. SUSPENSIÓN DE LA EJECUCIÓN DE LA OPERACIÓN, FASES DEL PROCEDIMIENTO Y PLAZOS DE EXAMEN

El sistema de la LDC permite la notificación de un mero proyecto de operación de concentración. Éste es un elemento positivo que, además, ha sido interpretado de manera flexible por el SDC. Exigir la notificación de una operación cerrada complicaría sobremanera la negociación de las transacciones y realmente no es normal que existan notificaciones puramente especulativas. El sistema también prevé que no quepa la ejecución de la operación hasta que exista una decisión expresa o táctica de aprobación de la operación como sistema actualmente vigente en la UE. La suspensión de la ejecución de una operación se basa en la dificultad de imponer remedios o condiciones de desconcentración a una operación ya ejecutada. Y precisamente por ello la "suspensión" obliga a la Administración a pronunciarse en un plazo razonable.

Es claro que idealmente no debería ser la Administración la que decidiera qué tipo de riesgos deben asumir las empresas. Pero si se quiere mantener la suspensión de la operación, es necesario filtrar adecuadamente las operaciones que necesitan un examen en profundidad respecto de los problemas de competencia que causan y, simultáneamente, dotar a la autoridad de competencia de los instrumentos necesarios para obtener la información necesaria. Ello exige como paso inicial codificar buenas prácticas de relación entre la autoridad y las partes que notifican. En paralelo es posible adoptar un procedimiento simplificado de notificación para operaciones que es claro carecen de problemas de competencia y que pueden ser definidas de forma objetiva por la autoridad de forma similar al modelo comunitario.

En todo caso, es aconsejable mantener, como hasta ahora, un procedimiento en dos fases con un plazo máximo (pero mucho más flexible, ya que debe existir la posibilidad de ampliar los plazos si las partes están de acuerdo) de resolución a contar desde la notificación completa de la operación: la primera fase debe permitir a la autoridad decidir si la operación merece un examen en profundidad de los problemas de competencia y no debe ser superior a un mes desde la fecha de la notificación. Si se ha llevado a cabo una comunicación fluida previamente a la notificación es posible que la autoridad pueda comunicar rápidamente a las partes que la operación no tiene problemas de competencia y que no se opone a la ejecución de la operación. En esta fase del procedimiento la autoridad debe tener la posibilidad de rechazar la notificación si no está completa, y solicitar información directamente a los notificantes o los terceros respecto a la operación. En el caso de que la operación no plantee problemas de competencia o los mismos se hayan resuelto mediante el ofrecimiento de compromisos o remedios por las notificantes (y su efectividad comprobada por la autoridad de forma transparente), la operación se considera aprobada y puede ser ejecutada.

La segunda fase del procedimiento constituye el examen en profundidad de la operación. Debe tener un plazo máximo no inferior a tres meses desde la fecha de su inicio. La autoridad podrá requerir información de las partes notificantes o de cualquier tercero. Pero, sobre todo, la segunda fase debería iniciarse mediante la comunicación a las partes notificantes de los problemas de competencia identificados por la autoridad para reducir el ámbito del debate a cuestiones específicas y concretas que puedan ser examinadas en detalle. Esta comunicación no prejuzga la decisión final, pero sí que fija los términos de la cuestión con el objeto de obligar a la autoridad a ser específica sobre qué es precisamente lo que objeta.

En ambas fases debe ser posible que la autoridad discuta con las partes notificantes la modificación de la operación o la adopción de remedios y condiciones que resuelvan los problemas de competencia, siempre que la autoridad compruebe su efectividad solicitando opinión a los interesados, y que los terceros que tengan un interés legítimo pueden participar en el procedimiento mediante el acceso al expediente y la presentación de alegaciones.

6. FORMULARIO DE NOTIFICACIÓN: INFORMACIÓN Y EVIDENCIA Y PODERES DE LA AUTORIDAD

La obtención de forma rápida y efectiva de información sobre el mercado es esencial para asegurar una decisión final correcta sobre una operación de concentración. Ello es así tanto si los funcionarios deben probar internamente las objeciones a una operación como en el caso de que se establezca la necesidad de acudir a un tribunal si se pretende prohibir una operación de concentración. La situación actual en este aspecto no es satisfactoria. No es solamente que no se utilizan de manera efectiva determinadas facultades o poderes de investigación, sino sobre todo que se aceptan demasiadas notificaciones incompletas o técnicamente muy deficientes. La notificación es la principal fuente de información de la autoridad de competencia y, por lo tanto, es fundamental establecer un contenido exhaustivo de la misma y exigir su cumplimiento.

Por otro lado, el grado de información que debe contener una notificación debe relacionarse con el umbral de notificación que se establezca: si, por ejemplo, se decide reducir el umbral, sería preciso reducir la información inicial que deben proveer las partes, limitándola a aquellos elementos que permitan rápidamente constatar si la operación tiene problemas de competencia. Reducida así la carga de trabajo en esta primera fase, la autoridad debería estar luego en condiciones de poder requerir información completa en los casos en que la operación plantea dudas.

El actual formulario de notificación que establece la normativa de desarrollo de la LDC es insuficiente para que la autoridad de competencia tenga toda la información relevante y, por lo tanto, es preciso contemplar su reforma. Una crítica detallada escapa del ámbito de este trabajo, pero sí que es posible realizar una serie de consideraciones a título de ejemplo: en primer lugar, el lenguaje en algunas materias impreciso o ambiguo, lo que se deriva también de la parca regulación de algunos conceptos en la LDC y su normativa de desarrollo. En segundo lugar, se requiere información innecesaria, que además permite extenderse en consideraciones muy generales sobre los mercados. En tercer lugar, no existe una clara delimitación de los efectos en los mercados de forma que se obligue a las partes a manifestar su opinión sobre los efectos de manera precisa y adecuada. En cuarto lugar, no existe una obligación clara de cuantificación respecto de las eficiencias que se aleguen. Y, finalmente, no existe una lista más exhaustiva de documentación que debería acompañar a la notificación.

Actualmente no se utilizan de forma consistente y efectiva las herramientas de investigación que establece la LDC, aparte de que no existen recursos que permitan la medición cuantitativa de los efectos de la operación en casos complejos. Además, dada la división de competencias existente entre el SDC y el TDC, este último asume una posición pasiva en el procedimiento a la hora de formular su dictamen. En la práctica el TDC se limita a recibir alegaciones de las partes, a escucharlos en un audiencia no pública y, en ocasiones puntuales, a requerir información específica de las partes. En una autoridad de competencia que uniera las fases de instrucción y resolución, la obtención de información objetiva e imparcial sobre los efectos en la competencia debería comenzar de forma simultánea a la aceptación de una notificación como completa. En este aspecto, requerimientos de información a las partes y a los terceros, obligación de aportar documentos internos de los notificantes, audiencias de las partes recogidas en el expediente, posibilidad de encargar estudios específicos, inspecciones de las empresas, etc., son facultades de investigación que deberían atribuirse a la autoridad de competencia.

7. GARANTÍAS DE PROCEDIMIENTO

Un sistema de control de concentraciones debe ser transparente y respetuoso con los derechos de todos los interesados, de forma que las partes notificantes conozcan en todo momento qué problemas puede tener la operación notificada y la autoridad tenga en cuenta, de verdad, los intereses legítimos de los terceros. El procedimiento administrativo en España, de múltiples fases ante diferentes órganos con diferentes competencias y objetivos, no garantiza actualmente los derechos de las partes ni de los interesados, dado sus vagos objetivos, como a la posición que se reserva al Gobierno en el mismo.

Y ello se manifiesta en una pluralidad de cuestiones que deben ser reformadas, de nuevo, en el contexto de una reforma general que cree una nueva autoridad de competencia. Por dar algunos ejemplos de carácter general sin entrar en casos concretos: no es posible evitar la remisión de una operación de concentración al TDC mediante la modificación de la operación o la adopción de remedios. Los terceros interesados carecen formalmente de capacidad de actuación alguna ante el SDC. No existe una regla objetiva o coherente de acceso al expediente y de declaración de confidencialidad de los elementos que contiene. No existe acceso a las opiniones orales que se vierten en las audiencias ante el TDC. No existe un procedimiento de "contradicción" entre el SDC y el TDC. La posición del TDC es puramente reactiva y no está obligado a responder a las alegaciones de los interesados. No existe forma de anticipar la opinión del TDC de manera que las partes puedan fijar el debate en cuestiones específicas: el procedimiento se destina a un debate general y muy vago sobre una multitud de cuestiones, sin que exista forma de obligar al TDC a ser específico en su análisis. Ni las partes notificantes ni los terceros interesados pueden comentar sobre el contenido específico de las condiciones que el TDC pretende recomendar al Gobierno antes de su adopción. El Gobierno no reconoce el derecho de intervención de los interesados en esta última fase del procedimiento. Se limita a adoptar una decisión unilateralmente sin atender al derecho de audiencia y sin comunicar a nadie qué condiciones pretende adoptar en su caso. El Gobierno delega en el SDC la fijación detallada de las condiciones que impone a la operación, por lo que no es posible conocer en detalle las mismas a la hora de examinar la decisión final. El SDC y las partes notificantes acuerdan la aplicación concreta de las condiciones de aplicación, sin que ningún interesado tenga derecho alguno a conocerlas en el seno de un procedimiento que se denomina de "vigilancia", cuya efectividad se desconoce.

Todas estas cuestiones deben ser objeto de reforma en un nuevo procedimiento de control.

8. CONCEPTO DE CONCENTRACIÓN

La LDC se basa en el concepto de concentración establecido en la normativa comunitaria. La determinación de la existencia de control, exclusivo o conjunto, y su modificación como elemento constitutivo del concepto de concentración es un ejercicio complejo, sobre todo en circunstancias de control conjunto de dos o más empresas y en el control exclusivo por debajo del 50 por 100 del capital de la empresa adquirida. En algunas ocasiones este concepto, por su ambición de intentar aprehender toda la realidad empresarial que tenga un impacto estructural, falla estrepitosamente: hay situaciones de control conjunto en las cuales la inexistencia de vetos formales conocidos obliga a las autoridades a mirar hacia otro lado. En otras ocasiones, la atribución discrecional de importancia a unos factores que "indican" control respecto de otros introduce inseguridad jurídica. Por eso quizás sería recomendable adoptar criterios objetivos relacionados con el tamaño de la transacción acompañados de un sistema objetivo de exención como en los Estados Unidos, pero creemos que dada la necesaria coherencia de nuestro sistema con el comunitario, es preciso retener un concepto idéntico de control a efectos de determinar si existe o no operación de concentración.

Un elemento que sí necesita reforma es el tratamiento de las empresas conjuntas o de riesgo compartido. En nuestra opinión, toda operación de creación de empresa conjunta de plenas funciones debe ser analizada por lo servicios dedicados a control de concentraciones.

Finalmente, en algunos casos, además, determinar si la operación constituye o no una concentración puede tener implicaciones en la normativa de mercado de valores y de validez o eficacia de pactos parasociales a la luz de la nueva normativa sobre transparencia. Ésta es una cuestión compleja y aún no resuelta: en nuestra opinión el concepto de control a efectos de la normativa de competencia no se puede trasladar sin matiz alguno a otras normativas. Por ejemplo, tener control conjunto en una sociedad no debe significar sin más que las empresas actúan concertadamente a efectos del mercado de valores. Sin embargo, existen dudas y lagunas en este aspecto que deberían ser objeto de tratamiento normativo en colaboración con la CNMV.

9. REGLA MATERIAL DE ANÁLISIS

Asumiendo que adoptamos la misma regla material que en la UE, es preciso establecer una disciplina interna pero pública de análisis de operaciones que atienda de forma ordenada a los elementos necesarios para poder determinar de forma objetiva si existen o no problemas de competencia. Así, por ejemplo, una lista de cuestiones que deben evaluarse materialmente podría ser la siguiente:

Definición de mercado relevante de producto y geográfico, de forma que se tenga en cuenta todo el conjunto de restricciones a la capacidad de una empresa de ejercer poder de mercado, y aceptando que este ejercicio de definición nunca puede ser perfecto (fundamentalmente debido a nuestra incapacidad para entender sectores en sentido dinámico). Tres recomendaciones pueden apuntarse en este ámbito: la toma en consideración progresiva de la sustituibilidad desde la óptica de la oferta (que se ha visto despreciada sin razón alguna), tener en cuenta que cuando existe competencia actual de productos o servicios de fuera de España la definición del mercado geográfico debe servir para reducir al mínimo el análisis de la competencia en lo que afecta a España y, en tercer lugar, tener en cuenta la limitación de las herramientas de definición en mercados de nueva economía o en mercados de innovación.

Efectos unilaterales (no coordinados), tendente a concentrar el examen en si la empresa concentrada podrá incrementar los precios de forma rentable o reducir la innovación o la capacidad de elección de los consumidores. El análisis debe separarse del tradicional concepto de posición dominante utilizado en conductas, obviar afirmaciones absolutas sobre las cuotas de mercado como indicio de poder, sobre todo en mercados de productos diferenciados, y establecer una serie de pasos a dar para evaluar estos efectos (tipo de concentración, si combina o no productos sustitutivos cercanos en mercados de productos diferenciados, posición de las partes en el mercado, posición de sus competidores y su posibilidad de ampliar capacidad e incentivos para hacerlo, condiciones de competencia —utilizando índices de concentración como el HHI pero sin absolutismo—, existencia o no de entradas recientes en el mercado y características de la demanda). Debe tenerse también en cuenta los casos especiales, sobre todo cuando el efecto unilateral tiende al monopsonio en mercados de compra, cuando la operación afecta a un competidor potencial definido adecuadamente o se trata de un *bidding market*.

Efectos coordinados que pretende determinar si la concentración da como resultado el facilitar la coordinación de precios u otro efecto negativo en la competencia de las empresas que permanecen en el mercado. En este aspecto es preciso incluir de forma estricta los elementos de evidencia con objeto de evitar afirmaciones aventuradas sobre el concepto de "dominio conjunto", como ha ocurrido en algún asunto, tanto en conductas como en control de concentraciones. Se trata de determinar si las empresas pueden de verdad coordinarse, supervisar esa coordinación y penalizar o frenar cualquier desviación sobre la coordinación. Es preciso evolucionar hacia esquemas distintos, menos basados en el *shopping list* y más en la propia naturaleza de la competencia en el sector.

Barreras de entrada o de expansión de capacidad. En esta área es preciso definir qué constituye entrada efectiva en el mercado en términos de capacidad de competir, tiempo de entrada y su probabilidad, y siempre sobre la base de datos de hecho, no afirmaciones generales sobre el efecto de incremento de barreras de entrada.

En materia de eficiencias, en primer lugar, es preciso aclarar que el análisis de eficiencias invocadas y probadas por las partes puede ser llevado a cabo en el examen de la operación no meramente como una defensa ante una operación que cree problemas de competencia: esta aproximación sería coherente con el objeto de una política de competencia bien argumentada. En segundo lugar, es preciso que las partes prueben que dichas eficiencias sean verificables (no meramente cuantificables), específicas, es decir, que las mismas se deriven directamente de la operación y, sobre todo, que no surjan de restricciones anticompetitivas de niveles de *output* o de servicio.

10. REMEDIOS Y CONDICIONES A LAS OPERACIONES DE CONCENTRACIÓN

El sistema actual de control de concentraciones no garantiza la adopción de las condiciones o remedios adecuados por razones de procedimiento y materiales. Respecto al procedimiento, constituye un grave error el que el Gobierno sea competente para imponer condiciones. En cuanto a la segunda cuestión, es preciso reformar la situación actual en la cual los remedios y condiciones no suelen ser proporcionales al problema de competencia y no eliminan el mismo. Antes al contrario, en algunos casos las condiciones impuestas agravan el problema de competencia o crean problemas nuevos.

La autoridad debe evitar cualquier tentación de utilizar las condiciones como mecanismo de regulación de las condiciones de competencia de un mercado, como ahora hace el Gobierno. El objetivo es mucho más modesto: se trata de resolver de la forma más efectiva posible el problema de competencia observado. Es, por lo tanto, preciso establecer que las condiciones o remedios sean propuestas por las partes en cualquier momento del procedimiento, que dicha propuesta permita a la autoridad comprobar la efectividad de los remedios o condiciones propuestas de forma rápida y completa y que sea posible para los terceros interesados poder manifestar su opinión sobre la propuesta en cuestión. Los principios básicos de los remedios y condiciones deben codificarse: no deben caber meros compromisos de comportamiento futuro, deben permitir una aplicación rápida, completa y efectiva que elimine el problema de competencia, no deben contener incertidumbre alguna sobre su aplicación, no deben ser complejos o sujetos a obligaciones cuyo cumplimiento no dependa de las partes y que no puedan ser efectivamente supervisados.

Además, la autoridad de competencia no debe tener reparo alguno en prohibir una operación cuyos problemas de competencia no pueden ser remediados. En este aspecto, las condiciones o remedios son accesorios a la concentración, no la operación en sí. En España se ha aceptado la notificación de operaciones de concentración que, simultáneamente, prometían la aplicación de remedios en un futuro plan de desinversión cuyos elementos no se concretaban. Esto representa una adulteración del sistema de control: no se puede notificar una operación respecto de las condiciones de competencia que existirían una vez aplicados unos remedios cuyo detalle no se conoce. En este aspecto conviene de una vez por todas aclarar que el sistema de control de concentraciones no es el apropiado para regular la estructura de un mercado: ni ése es su objeto ni, además, puede serlo.

Es preciso también introducir cierta disciplina respecto a la aplicación de los remedios en cualquier decisión final. Así, la autoridad debe razonar por qué un remedio es elegido entre otros alternativos y cuál es el efecto previsible de dicho remedio. No cabe, como ahora, realizar afirmaciones vagas o generales sobre la bondad de las condiciones que se imponen. Finalmente, es preciso que la autoridad revise periódicamente si los remedios o condiciones aplicadas fueron efectivos respecto al problema de competencia planteado y, de esta forma, determine el nivel de resultado de su práctica decisoria.

11. ALGUNAS RECOMENDACIONES DE REFORMA

1. Aunque resulte una obviedad debe limitarse el objeto del procedimiento de control a garantizar la competencia efectiva en los mercados. Es esencial establecer que el objeto del sistema es no obstaculizar lo eficiente y tener como prioridad evitar los dos graves errores:

prohibir lo que se debía aprobar y aprobar lo que se debía prohibir (si bien es peor el error de tipo 1: aprobar algo que debe ser prohibido).

2. La decisión de examinar en profundidad una operación de concentración y la decisión final sobre el caso debe residir en la autoridad de competencia. Igualmente es preciso concentrar el examen y decisión respecto de la operación de concentración en un único órgano administrativo. Debería meditarse la conveniencia de que Administración debiera acudir a la jurisdicción cuando pretenda prohibir una concentración. En todo caso es preciso adoptar reglas de procedimiento específicas para los casos de revisión jurisdiccional de las decisiones de aprobación o prohibición de una operación de concentración. Es posible reservar al Gobierno la capacidad de aprobar una operación a instancia de parte, y solamente en los casos en los cuales la autoridad de competencia ha decidido prohibir una operación, y exclusivamente conforme a criterios transparentes relacionados con el interés público y no con la competencia.

3. La autoridad de competencia debe ser disciplinada y transparente en la aplicación de la regla material de análisis de operaciones, atendiendo de forma ordenada a los elementos necesarios para poder determinar de forma objetiva si existen o no problemas de competencia. Debe probarse lo que se afirma tanto por las partes como por la autoridad de competencia.

4. Es aconsejable, mientras el sistema no madure, mantener un sistema de notificación obligatoria, pero debe eliminarse el umbral de notificación basado en la cuota de mercado que se alcanza en el mercado nacional o en una parte del mismo.

5. Si se opta por no traspasar el riesgo de ejecución a las empresas, es recomendable mantener la obligación de suspensión de la ejecución de la operación de concentración de un mes mejorando el filtro de aquellas operaciones que carecen de problemas. El examen en profundidad de los casos problemáticos debe tener una duración mínima de al menos tres meses y debe iniciarse mediante la concreción de las razones de competencia por las cuales la autoridad considera que debe llevarse a cabo un examen en profundidad de la operación.

6. Es recomendable mantener el criterio de la modificación de control a efectos de determinar la existencia de una concentración, si bien deben rellenarse de forma objetivas las lagunas existentes.

7. Cualquier reforma del sistema debe replantearse las facultades y poderes de investigación de la autoridad de competencia con objeto de que desde el primer momento no se dependa excesiva o exclusivamente de la información suministrada por las partes en la notificación. El formulario de notificación debe ser revisado.

8. Las condiciones o remedios deben ser propuestas por las partes notificantes y su efectividad para resolver el problema de competencia debe evaluarse de forma transparente en un procedimiento en el que participen los interesados. Debe corresponder a la autoridad de competencia la aprobación o rechazo de las condiciones que se presentan conforme a principios claros y previos: deben resolver el problema de competencia y la autoridad de competencia debe razonar por qué un remedio es elegido entre otros alternativos y cuál es el efecto previsible de dicho remedio.

E. AUTORIDAD ESPAÑOLA DE DEFENSA DE LA COMPETENCIA

LA AUTORIDAD ESPAÑOLA DE DEFENSA DE LA COMPETENCIA: ¿AUTORIDAD ÚNICA O DUAL?

Luis Ortiz Blanco *
Abogado.
Garrigues Abogados y Asesores Tributarios

1. INTRODUCCIÓN

La estructura orgánica de las Autoridades de Defensa de la Competencia (ADC) en la Unión Europea y en el resto del mundo muestra la existencia de dos modelos básicos: de autoridad única y de autoridad dual, con variados matices particulares en cada caso.

En nuestro país la Ley sobre Represión de Prácticas Restrictivas de la Competencia de 1963 [1] distinguía ya, en lo relativo a conductas anticompetitivas, entre las funciones de instrucción y las de resolución, y mientras que las primeras se encomendaban al SDC, un órgano directamente dependiente de la Administración, las segundas se atribuían al TDC, inicialmente configurado como órgano jurisdiccional independiente. Sus resoluciones se denominaban por aquel entonces sentencias (aunque no se admitieran recursos contra ellas) y carecía de facultades para la imposición de multas, pudiendo únicamente proponer al Consejo de Ministros cómo actuar a ese respecto.

---

* Con la colaboración de Elena Taladrid Pintor y Alfonso Lamadrid de Pablo.

[1] Ley 110/1963, de 20 de julio, de Represión de las Prácticas Restrictivas de la Competencia, *BOE,* núm. 175, de 23 de julio, p. 11144.

Con la Constitución de 1978, y para evitar incurrir en vicios de inconstitucionalidad, se hicieron las que se consideraron imprescindibles modificaciones, y entre ellas la de convertir las sentencias del TDC en recurribles, transformando al Tribunal en órgano administrativo, de tal modo que sus decisiones pasaban a ser "resoluciones" frente a las que cabría interponer un recurso contencioso-administrativo.

La Ley de 1989[2] obró cambios en lo tocante a la atribución de competencias y separación de facultades, y mantuvo el preexistente desdoblamiento institucional, complicándolo aún más con la introducción del Ministro de Economía y del Consejo de Ministros como autoridades de control en materia de concentraciones entre empresas. Las reformas obradas con posterioridad incrementaron las competencias del Servicio en detrimento del TDC, pero no alteraron la dualidad básica del sistema español.

Con objeto de la futura reforma de la LDC ha resurgido el debate acerca de si debe optarse por mantener la dualidad institucional SDC-TDC o, por el contrario, deben unificarse las funciones y los medios de ambos en una sola autoridad.

La polémica no es nueva en absoluto: el origen de las corrientes favorables a la separación de funciones y la dualidad institucional se sitúa en el contexto comunitario, donde el papel de la Comisión Europea como ente dotado de facultades tanto de investigación como de decisión viene siendo duramente criticado desde hace más de treinta años.

En el momento actual, y frente a quienes consideran preferible la opción de concentrar el sistema en una única institución (si bien dentro de esta teoría, como ya se verá, caben muchos matices), se alzan voces que abogan por mantener la dualidad y extender al Derecho de la competencia los principios propios tradicionales del Derecho penal, y entre ellos el derecho a un juez no prevenido, que, basándose en la idea de que el instructor de un asunto queda contaminado o "parcializado" por la realización de las labores de instrucción, considera inadecuado que sea esa misma persona u organización la que finalmente resuelva ulteriormente en el seno de un mismo procedimiento.

Para defender sus tesis, los partidarios de la dualidad vienen recurriendo a los principios derivados de la jurisprudencia del Tribunal Europeo de Derechos Humanos (TEDH). Algunos opinan que un sistema basado en la unicidad, como el comunitario, en el que una única institución aglutina facultades de investigación, acusación y decisión,

---

[2] Ley 16/1989, de 17 de julio, de Defensa de la Competencia, *BOE,* núm. 170, de 18 de julio, p. 22747.

viola los derechos reconocidos a las personas jurídicas por el art. 6.1 del Convenio Europeo para la Protección de los Derechos Humanos y de las Libertades Fundamentales (CEDH)[3], el derecho fundamental al juez imparcial consagrado en el art. 24.2 de la Constitución Española y el art. 47 de la Carta Europea de Derechos Fundamentales.

Nuestro Tribunal Constitucional, por su parte, ha insistido reiteradamente en la necesidad de salvaguardar los derechos de los particulares en el curso de los procedimientos jurídicos, particularmente en aquellos de carácter penal que por este motivo se rigen por una serie de principios, entre los cuales destaca el mencionado derecho a un juez no prevenido.

En lo que sigue se esbozarán las opciones disponibles, los modelos vigentes en Derecho comparado y las ventajas e inconvenientes de cada sistema, para finalizar con una propuesta de reforma en la que se propondrá un sistema de autoridad única compatible con las máximas garantías exigidas tanto por el TC como por el TEDH.

2. UNICIDAD O DUALIDAD

La distinción entre modelos de ADC única o dual no puede basarse sólo en aspectos formales o institucionales, sino que debe también tomar en consideración aspectos materiales.

El principal criterio formal para distinguir entre los modelos de autoridad única o de autoridad dual atiende al hecho de si las facultades de investigación y decisión se atribuyen a un mismo órgano o a dos.

En un modelo de autoridad única la investigación de los expedientes por violación de las normas de competencia y su resolución recaen en un único órgano responsable de la aplicación de la normativa de competencia. El ejemplo más ilustrativo de este modelo integrado es el sistema comunitario. La omnipresencia de la Comisión, o su muy criticada actuación como instructor y juez, ha hecho correr ríos de tinta. Con todo, dentro del modelo integrado las decisiones adoptadas por la autoridad administrativa son susceptibles de impugnación ante órganos jurisdiccionales.

El sistema dual presenta una gran complejidad, ya que puede revestir distintas formas, existiendo la posibilidad de duplicidad de órganos administrativos o duplicidad entre un órgano administrativo y otro judicial. En este último caso, las autoridades de competencia responsables

---

[3] Convenio Europeo para la Protección de los Derechos Humanos y de las Libertades Fundamentales de 4 de noviembre de 1950, ratificado por España con fecha 26 de septiembre de 1979, y publicado en el *BOE,* núm. 243, de 10 de octubre de 1979, p. 23564.

de investigar las conductas anticompetitivas y las concentraciones llevan los asuntos de competencia ante los tribunales para su decisión. En cambio, si existe duplicidad de órganos administrativos, la decisión final será tomada por otro órgano administrativo distinto del instructor, y además existirá la posibilidad de recurso jurisdiccional.

La calificación de un sistema como único o dual tiende a perder exactitud si se analiza en concreto la materia objeto de litigio. Por ejemplo, en un sistema dual formado únicamente por órganos administrativos cabe la posibilidad de la ruptura del modelo de instrucción y resolución separadas, según la materia objeto del litigio. Un claro ejemplo son los procedimientos relativos a conductas restrictivas de la competencia en España, en los cuales el SDC puede acordar la finalización del expediente sin que se llegue a la resolución del TDC mediante la vía de la terminación convencional introducida en la LDC mediante la Ley 52/1999, de 28 de diciembre[4]. En materia de control de concentraciones, por otra parte, el TDC sólo dispone de facultades para dictaminar de forma no vinculante sobre la operación. En estos procedimientos la facultad de resolución se atribuye al Ministro de Economía y al Consejo de Ministros, de los que depende el SDC.

3. DERECHO COMPARADO

Los modelos existentes de ADC en la UE y en los Estados Unidos pueden encuadrarse dentro de tres categorías básicas distintas. En primer lugar, los modelos de autoridad única. En segundo lugar, los modelos de autoridad dual. Dentro de éstos es conveniente distinguir entre los modelos duales compuestos por dos órganos administrativos y los modelos duales compuestos por un órgano administrativo y otro jurisdiccional. La última categoría incluye los modelos mixtos, en los que una autoridad única dispone de separación de funciones interna.

A) Modelos de autoridad única

El modelo de autoridad única puede ser caracterizado en abstracto como aquel sistema en el que la instrucción y la resolución de los asuntos de competencia es llevada a cabo por un mismo órgano, aunque pueden existir diferencias en el procedimiento según se trate de normas *antitrust* o control de concentraciones. Los órganos competentes para investigar y resolver sobre las materias litigiosas pueden estar encuadrados dentro de una organización ministerial o constituirse como

---

[4] Ley 52/1999, de 28 de diciembre, *BOE,* núm. 311, de 29 de diciembre, p. 45778.

agencias independientes. La revisión de los actos de estos órganos se hace en vía jurisdiccional.

El más claro ejemplo de unicidad pura y sin independencia del Ejecutivo es la Comisión Europea. La Comisión es el órgano encargado de velar por la correcta observancia de las normas de defensa de la competencia, y ejerce labores de investigación y toma de decisiones, incluyendo la imposición de sanciones. Las decisiones de la Comisión Europea en materia de competencia pueden ser objeto de recurso ante los órganos jurisdiccionales comunitarios, el Tribunal de Primera Instancia y el Tribunal de Justicia de las Comunidades Europeas.

El ejemplo de la Comisión ha sido seguido por Letonia y Lituania. En ambos países existe una autoridad única, el Consejo de Competencia, que instruye y resuelve. Estas autoridades se encuentran enmarcadas dentro del Ministerio de Economía. Las resoluciones dictadas pueden ser impugnadas judicialmente.

Una variante del modelo de autoridad única, pero con una agencia independiente, es el *Bundeskartellamt* de la República Federal de Alemania, que posee extensos poderes de investigación y cuyas decisiones son tomadas por sus Divisiones Decisorias. Las decisiones adoptadas son recurribles jurisdiccionalmente. Un modelo semejante se encuentra en Grecia, Dinamarca, Portugal, Bélgica, Hungría, Luxemburgo y, en lo tocante a prácticas restrictivas, el Reino Unido *(Office of Fair Trading)*.

B) Modelos de autoridad dual

El sistema dual se caracteriza por la división de la fase de instrucción y la de resolución entre dos o más órganos. La multiplicidad de órganos puede producirse entre órganos administrativos o entre un órgano administrativo y otro jurisdiccional.

Dentro del modelo dual puramente administrativo, los órganos relevantes pueden pertenecer a un único Ministerio. Sin embargo, también es posible que la fase de instrucción se atribuya a un órgano administrativo encuadrado dentro de un Ministerio y que la fase resolutoria sea competencia de otro órgano administrativo constituido como agencia independiente u organismo autónomo. Estos organismos poseen personalidad jurídica pública distinta y autonomía de gestión para asegurar su independencia e imparcialidad a la hora de adoptar las decisiones.

El mejor ejemplo de este modelo es el español, donde el SDC, integrado en el Ministerio de Economía, instruye y el TDC, configurado como un Organismo autónomo, con personalidad jurídica pública diferenciada y autonomía de gestión, resuelve [5]. También se da en el Reino Unido en materia de control de concentraciones, donde existe dualidad entre la *Office of Fair Trading* y la *Competition Commission* [6].

En los modelos duales en los que interviene un órgano administrativo y un órgano jurisdiccional, la investigación es llevada a cabo separadamente de la resolución. Los órganos administrativos se encargan de la fase de instrucción, pero no son competentes para decidir sobre el asunto, que debe obligatoriamente ser llevado ante los tribunales del orden jurisdiccional para su resolución.

Este sistema es el adoptado, por ejemplo, en Austria, en donde existe un Tribunal decisorio, el *Oberlandsgericht Wien als Kartellgericht*, y una Agencia federal *(Bundeswettbewerbsbehörde)* encargada principalmente de la instrucción; en Finlandia, donde existe la dualidad entre la Autoridad de Competencia y el Tribunal de Comercio finlandés; en Estonia (dualidad entre la Autoridad de Competencia y los tribunales) y en Irlanda (dualidad entre la *Competition Authority* y los tribunales).

En Estados Unidos el Departamento de Justicia actúa en procedimientos penales o civiles contra los sospechosos de violar las disposiciones de las secciones 1 y 2 de la *Sherman Act.* El Departamento goza de amplias facultades en materia de investigación, pero carece de la potestad de tomar decisiones, ya que esto corresponde a los tribunales federales.

C) Modelos mixtos

Los modelos mixtos son fundamentalmente modelos de autoridad única con separación de funciones. La misma autoridad lleva a cabo las fases de investigación y resolución, pero dentro de ella las funciones de instrucción e investigación son atribuidas a departamentos y personas distintas. Esta especialización mejora sustancialmente la independencia y la objetividad en la toma de decisiones.

En Francia, por ejemplo, el *Conseil de la Concurrence*, en su calidad de experto en el funcionamiento de la competencia en los mercados, desempeña una función consultiva ante el Gobierno, el Parlamento y personas jurídicas que representan intereses colectivos, así como en

[5] En el sistema español existe además la posibilidad de recurrir decisiones del Servicio ante el Tribunal, lo que históricamente ha generado una interesante jurisprudencia.

[6] La *Office of Fair Trading* puede no referir a la *Competition Commission* y, por lo tanto, autorizar aquellas concentraciones que a su juicio no sean susceptibles de reducir sustancialmente la competencia en los mercados.

materia de concentraciones. En la represión de las prácticas restrictivas de las empresas, el Consejo ejerce funciones instructoras y decisorias. Dentro de él, la instrucción se lleva a cabo por ponentes nombrados por orden del Ministro de Economía, previa propuesta del Presidente del propio Consejo. Estos ponentes son magistrados, funcionarios, economistas o juristas y están bajo la autoridad de un ponente general. Los ponentes del Consejo disponen de los mismos poderes que los investigadores de la Dirección General de la Competencia, del Consumo y de la Represión de Fraudes. En cualquier momento, previa demanda motivada del Presidente del Consejo, pueden ponerse investigadores a disposición del ponente general para efectuar determinadas investigaciones. Estas investigaciones deben ser conformes con las orientaciones definidas por el ponente. Las resoluciones del Consejo tienen un carácter obligatorio para las partes y se publican en el *Boletín Oficial de la Competencia, del Consumo y de la Represión de Fraudes.* Como contrapartida de este poder de decisión, el Código de Comercio francés instrumenta un procedimiento contradictorio que asegura a los interesados las garantías necesarias y la posibilidad de interponer recursos ante los tribunales.

En los Países Bajos la separación de funciones dentro de la Autoridad de Competencia radica en que el Director General toma las decisiones. En Polonia también se otorgan poderes decisorios al Presidente de la Autoridad para la Protección de la Competencia.

En Estados Unidos es interesante el caso de la *Federal Trade Commission* (FTC), organismo que además de facultades de investigación y acusación tiene atribuida la potestad decisoria concretada en órdenes civiles de cese y desistimiento frente a comportamientos contrarios al correcto funcionamiento de la competencia. Es, por tanto, un ejemplo de autoridad única, pero tiene la especificidad de que internamente existe una separación de funciones no sólo de investigación y resolución, sino también de apelación, y que por ello se ha clasificado aquí dentro de los modelos mixtos. Tras la investigación llevada a cabo por funcionarios de la Oficina de Competencia, y después de consultar a la Oficina Económica, éstas asesoran a la Comisión acerca de cómo proseguir tratando el asunto, pero en todo caso es la propia Comisión quien debe decidir por mayoría de sus miembros qué pasos tomar. De optarse aquí por apelar, se hará ante un juez de la rama administrativa. El *Complaint Counsel* de la FTC hace en la vista las funciones de fiscal y el juez administrativo presenta una decisión inicial que puede ser objeto de apelación a instancia de cualquiera de las partes ante la propia FTC. Los comisarios hacen las veces de jueces de apelación y gozan de competencia para revisar la previa decisión tanto en cuanto a los hechos como en cuanto al Derecho; sus decisiones requieren mayoría. En caso de que dicha decisión fuese contraria a los intereses del demandado, se le permite apelar ante el Tribunal Federal de Apelaciones, esta vez sólo en relación con la motivación jurídica. En cualquiera de los casos las partes podrán acudir al Tribunal Supremo, si bien es cierto que éste rara vez admite a trámite este tipo de recursos.

Otro caso peculiar es el modelo vigente en Italia, donde la aparente unicidad, concretada en la *Autorità Garante della Concorrenza e del Mercato*, esconde ciertos matices dignos de mención que lo acercan a un modelo de carácter mixto. La investigación de los asuntos tratados por la *Autorità* está atribuida a las seis Direcciones existentes en la Dirección General de Investigación, cada una de ellas con competencias sobre sectores concretos de la actividad económica. La toma de decisiones compete al Pleno de la *Autorità* de acuerdo con un procedimiento que su Presidente inicia al designar un acusador de entre los miembros de ella. Posteriormente, sobre la base de los hechos y pruebas recogidos por las Direcciones sectoriales, y tras oír a los representantes de las partes en una vista final, la *Autorità* se reúne en Pleno. La introducción a la reunión plenaria corre a cargo del acusador y es tras el debate que sigue a la misma cuando finalmente se adopta una decisión que debe ser respaldada por la mayoría de los miembros de aquélla.

4. PROTECCIÓN DE LOS DERECHOS FUNDAMENTALES

El art. 6 del CEDH establece que «toda persona tiene derecho a que su causa sea oída equitativamente, públicamente y dentro de un plazo razonable, por un Tribunal independiente e imparcial, establecido por la ley». La Carta Europea de Derechos Fundamentales en su art. 47 señala que «toda persona tiene derecho a que su causa sea oída por un juez independiente e imparcial, establecido previamente por la ley». Por su parte, el art. 6.2 del TUE reza así: «La Unión respetará los derechos fundamentales tal y como se garantizan en el Convenio Europeo para la Protección de los Derechos Humanos y de las Libertades Fundamentales firmado en Roma el 4 de noviembre de 1950, y tal como resultan de las tradiciones constitucionales comunes a los Estados miembros como principios generales del Derecho comunitario».

El Tribunal de Justicia de la Comunidades Europeas (TJCE) ha establecido que el respeto de los derechos fundamentales lo garantiza el juez comunitario, quien se inspira en las tradiciones constitucionales comunes a los Estados miembros, así como en las indicaciones proporcionadas por los instrumentos internacionales relativos a la protección de los derechos humanos en los que los Estados miembros han cooperado o a los que se han adherido. Dentro de este contexto, el CEDH reviste un significado particular[7].

En el plano nacional, el art. 24.2 de nuestra Constitución reconoce a todos el derecho a un proceso público sin dilaciones indebidas y con todas las garantías. La doctrina y la jurisprudencia afirman inequívocamente que entre estas garantías se incluye el derecho a un juez imparcial. La imparcialidad del juez puede quebrarse tanto por motivos subjetivos (aquellos que nacen de la relación que tiene con las partes del proceso) como por motivos objetivos (que surgen del contacto del juez con el objeto del proceso). La falta de imparcialidad objetiva puede venir provocada por distintas causas. De entre ellas nos interesa en particular la que se concreta en el art. 54.12 de la Ley de Enjuiciamiento Criminal, que establece como causa de recusación «haber sido instructor de la causa».

Como ha tenido ocasión de señalar el TC[8], *«de las garantías del proceso debido, que reconoce como derecho fundamental el art. 24.2 CE, forma parte la del Juez imparcial, la cual constituye no sólo una de las notas esenciales del principio acusatorio, que encuentra su protección constitucional en el derecho a un "proceso con todas las garantías", sino también y al propio tiempo es un derecho fundamental, implícito en el derecho al Juez legal, proclamado en el mismo número 2 del art. 24 CE. (...) Asimismo y desde un punto de vista orgánico, el derecho a ser juzgado por un Juez o Tribunal imparcial e independiente en el sentido de los arts. 14.1 del Pacto Internacional de Derechos Civiles y Políticos y 6.1 del Convenio Europeo de Derechos Humanos, constituye la principal exigencia del derecho a un Juez legal, que ha de presidir la constitución de los órganos jurisdiccionales penales, pues si nuestra Constitución sanciona el derecho que a todos asiste al "juez ordinario predeterminado por la ley", habida cuenta de que la CE es la primera ley que ha de ser acatada por todos los poderes públicos (art. 9.1) y que nuestra misma Ley fundamental en sus arts. 24.2 y 117.1 eleva la independencia judicial y la imparcialidad a nota consustancial de todo órgano jurisdiccional, es evidente que la constitución de un órgano judicial, en el que pudiera presumirse su falta de imparcialidad, ha de conculcar el derecho a un Juez legal»*.

El Tribunal Constitucional añade que *«la actividad instructora, en cuanto pone al que la lleva a cabo en contacto directo con el acusado y con los hechos y datos que deben servir para averiguar el delito y sus*

---

[7] *Vid.*, entre otras, Sentencias del Tribunal de Justicia de 15 de mayo de 1986, Johnston, 222/84, *Rec.*, p. 1651, apartado 18, y de 29 de mayo de 1997, *Kremzow*, C-299/95, *Rec.*, p. I-2629, apartado 14.

[8] SSTC 47/1982, 113/1987 y 145/1988, entre otras.

posibles responsables, puede provocar en el ánimo del instructor, incluso a pesar de sus mejores deseos, prejuicios e impresiones a favor o en contra del acusado que influyan a la hora de sentenciar. Incluso aunque ello suceda es difícil evitar la impresión de que el Juez no acomete la función de juzgar sin la plena imparcialidad que le es exigible» [9].

A este último respecto es interesante recalcar que el TEDH en múltiples decisiones ha insistido en la importancia que en esta materia tiene la apariencia, hasta tal punto que debe abstenerse todo juez del que pueda temerse legítimamente una falta de imparcialidad.

El principal problema que plantearía una hipotética fusión del SDC y el TDC en un único organismo independiente [10] radica en la posible incompatibilidad de las actividades del ente resultante con las referidas disposiciones y con la jurisprudencia que las desarrolla. En efecto, podría pensarse que un sistema en el cual el mismo órgano investiga, acusa y finalmente decide viola los derechos fundamentales en la medida en que perjudica la imparcialidad del órgano en cuestión (cuando menos la imparcialidad objetiva), y es incompatible con el art. 6.1 del CEDH.

Sin embargo, tal incompatibilidad podría ser sólo aparente, si nos atenemos a la Sentencia del TEDH de 21 de febrero de 1984 en el asunto *Özturk* v. *Alemania* [11]. Según el TEDH, la determinación de derechos u obligaciones civiles o la acusación y castigo de comportamientos criminales (en el sentido autónomo que para el TEDH tiene el término "criminal" dentro del CEDH) puede encomendarse por razones de eficiencia a autoridades administrativas, siempre y cuando las decisiones por ellas tomadas puedan ser recurridas ante un órgano judicial que reúna las garantías del art. 6.1 del CEDH. Dentro de ese concepto autónomo, el Tribunal ha incluido los conceptos de infracción y sanción penal y también las de carácter administrativo, partiendo de un concepto sustantivo de la materia y no considerando relevante la denominación de la legislación en la que se encuentran.

La existencia de una ADC única tampoco plantea problemas de inconstitucionalidad en España. El TC ha asumido sin vacilaciones el contenido de la sentencia *Özturk*, y así, por ejemplo, ha sostenido que *«no puede pretenderse que el instructor en un procedimiento adminis-*

---

[9] SSTC, S. 1.ª, de 26 de septiembre de 1988 (RTC, 1988\164); S. 2.ª, de 24 de enero de 1989 (RTC, 1989\11); S. 1.ª, de 8 de junio de 1989 (RTC, 1989\106), y S. 1.ª, de 13 de octubre de 1992 (RTC, 199\136).

[10] Asumiendo que el TDC no se integre en el Ministerio de Economía.

[11] Sentencia del TEDH de 21 de febrero de 1984, *Özturk* v. *Alemania* (TEDH, 1984, serie A, núm. 73, p. 31, párrafo 56), que cita *mutatis mutandis* la sentencia *Deweer* (TEDH, 1982, 1, serie A, núm. 35, p. 25) y la sentencia *Le Compte, Van Leuven et De Meyere* de 23 de junio 1981 (TEDH, 1982, 2, serie A, núm. 43, p. 23).

trativo sancionador, y menos aún el órgano llamado a resolver el expediente, goce de las mismas garantías que los órganos jurisdiccionales porque (...) el órgano llamado a decidir es el mismo que incoa el expediente y, por ello, no deja de ser juez y parte al mismo tiempo» [12]. Nuestro Tribunal, con meridiana claridad, ha establecido que *«el derecho al juez ordinario y a un proceso con todas las garantías, entre ellas, la independencia e imparcialidad del juzgador, es una garantía característica del proceso judicial que no se extiende el procedimiento administrativo, ya que la estricta imparcialidad e independencia de los órganos del poder judicial no es, por esencia, predicable con igual significado y en la misma medida de los órganos administrativos»* [13].

A mayor abundamiento, e incluso si la exigencia de imparcialidad se contemplase en el Derecho de la competencia español desde la más rigurosa óptica de los requisitos del procedimiento penal, los problemas de compatibilidad serían fácilmente evitables. En efecto, al tratar el asunto de la contaminación del instructor, nuestro TC siempre ha construido sus afirmaciones sobre la base de la influencia de las labores de instrucción sobre la persona física del instructor, y no sobre el órgano en sí mismo. Así, el TC ha desestimado la petición de amparo de una recurrente que entendía violados sus derechos porque el conocimiento y fallo de su causa se habían llevado a cabo por un mismo órgano judicial. El TC observó que el juez que condujo las actuaciones había sido ulteriormente sustituido por un nuevo juez, que fue finalmente quien emitió el fallo sobre dicho asunto, de modo que al entender del Tribunal la imparcialidad del órgano no quedó afectada [14].

En cualquier caso, y para concluir este apartado, el sistema español de recursos (dentro del cual el órgano jurisdiccional encargado de conocer de un recurso contra una decisión de la ADC puede revisar no sólo la fundamentación jurídica, sino también todo lo relativo a los hechos, tal y como hace ahora la Audiencia Nacional frente a las resoluciones del TDC) sirve por sí solo para garantizar la compatibilidad del modelo español de aplicación de las normas de competencia con el CEDH y con la Constitución. Bastan las actuales vías de recurso para cumplir no sólo los requisitos del art. 6 de la CEDH, incluida la imparcialidad, sino también el principio español del juez no prevenido, incluso sin necesidad de tener una autoridad dual.

---

[12] ATC 320/1986, fundamento jurídico 5.º

[13] SSTC 175/1998 (RTC, 1987/175) y 22/1990 (RTC, 1990/22); AATC 320/1986, 170/1987 y 966/1997.

[14] «En la medida en que la recurrente no fue juzgada por el Juez que realizó las actuaciones previas de la causa sino por otro que no tuvo intervención en las mismas y que, por tanto, pudo evaluar libremente la prueba (...) es obligado rechazar la queja de la recurrente que erróneamente entiende haber sido juzgada por un órgano judicial cuya imparcialidad estuviera afectada por la acumulación en el mismo de funciones instructoras y de enjuiciamiento», STC 113/1987.

En definitiva, los derechos fundamentales de empresas y particulares en esta materia se garantizan suficientemente en vía jurisdiccional, de modo que la dualidad de autoridades españolas, abundando en la imparcialidad más allá de lo requerido por el CEDH y la Constitución, puede considerarse un lujo de nuestro sistema.

5. EL PRESTIGIO Y LA EFICIENCIA DEL SISTEMA EN UNA U OTRA HIPÓTESIS

Una vez analizada la compatibilidad de un sistema de autoridad única con el CEDH y la Constitución Española es preciso indagar en la mejor o peor reputación, y la mayor o menor practicidad de este sistema frente al sistema dual. En el lado negativo debe considerarse el riesgo de que dentro de un mismo sistema de autoridad única el órgano que investiga una infracción quede viciado por una tendencia favorable a considerarla existente que pueda afectar a su imparcialidad y objetividad, si es él mismo el facultado para tomar una decisión. Por otra parte, debe indagarse en la repercusión de cada opción sobre la eficiencia administrativa, ante la evidente limitación de los recursos destinados a defender la libre competencia, y sobre el desarrollo de la política de competencia en nuestro país.

A) El prestigio del sistema

Un sistema que aúne en una sola institución las facultades investigatorias y decisorias podría implicar el riesgo de que el instructor quedase condicionado por las actuaciones que hubiera realizado o de las cuales hubiera tenido conocimiento mientras actuaba como tal, de modo que a la hora de tomar decisiones su imparcialidad sería discutible. Algunos autores identifican hasta tres fuentes distintas de las cuales puede provenir el riesgo de contaminación [15].

En primer lugar, la tendencia natural del ser humano a buscar apoyo a sus ideas y a aceptar con mayor facilidad lo que converge con ellas que lo que diverge de ellas. Este riesgo tendría su más clara concreción en los procedimientos iniciados de oficio. A ello debe añadirse una segunda tendencia, aquella según la cual se tratará siempre de justificar los esfuerzos realizados, y más aún cuando han implicado destinar a un asunto recursos que se han negado a otros. De este modo,

[15] Wouter P. J. Wils, «The combination of the investigative and prosecutorial function and the adjudicative function in EC antitrust enforcement: A legal and economic analysis», *World Competition*, vol. 27, núm. 2, junio de 2004, pp. 201-224. Si bien el autor se refiere concretamente a la Comisión Europea, sus argumentos son extrapolables a cualquier sistema de autoridad única.

cuando las mismas personas que adoptan la decisión de investigar y toman las riendas en la fase de instrucción deben decidir acerca de ese mismo asunto investigado, parece normal que se inclinen por justificar aquello que hicieron en un principio. Finalmente, el deseo de mostrar gran rigor puede implicar el riesgo de falta de imparcialidad, si los miembros de la autoridad única entienden erróneamente que cuanto más duros e implacables sean, mejor estarán cumpliendo con sus obligaciones.

Todos estos riesgos desaparecen cuando las personas u organismos a quienes se atribuyen las facultades de instrucción y decisión son distintos, y quizá incluso mediante la implantación de controles internos suplementarios.

Un ejemplo de estos últimos, en la esfera comunitaria, es la implantación de un *peer review panel system*, por el que los proyectos de decisiones preparados por las unidades operativas de la DG COMP son revisados por un grupo de funcionarios no relacionados con el asunto antes de ser sometidos a la consideración de la Comisión, en cuanto Colegio de comisarios, para su adopción. Sin embargo, un remedio como éste sólo contribuiría a eliminar la primera fuente de riesgo, pero no las otras dos, a menos que se dotase a las personas encargadas de la revisión de suficiente tiempo y recursos y, sobre todo, del poder de vetar la decisión final, en cuyo caso nos encontraríamos ante una separación de funciones en toda regla.

En el sistema norteamericano, en el marco de algunos de los procedimientos que en vía administrativa competen a la FTC, se observan diversas modalidades de controles internos que resultan particularmente interesantes: la primera decisión sobre un asunto es tomada por un juez administrativo independiente dentro de la FTC, tras un juicio en el que esta Agencia y las empresas tienen la oportunidad de exponer sus argumentos. Los comisarios no están autorizados a discutir acerca del asunto con el personal de la FTC y de producirse una apelación contra la resolución del juez administrativo actúan como jueces de apelación, ante quienes se presentan de nuevo los razonamientos de las partes.

B) Eficiencia. Coordinación política

El principal argumento para propugnar la implantación de una estructura institucional unificada es que, de adoptarse dicho modelo, la eficiencia administrativa aumentaría: con los medios actuales podría resolverse un número muy superior de asuntos.

El hecho de que el SDC y el TDC mantengan en ocasiones criterios enfrentados, dada la ausencia de una verdadera coordinación política, redunda en un derroche de esfuerzo humano y en la pérdida de un tiempo precioso al que podría estar dándose otro destino. Un buen criterio para corroborar la certeza de esta afirmación podría ser el porcentaje de recursos contra actos del Servicio en relación con el total de resoluciones del TDC en los últimos cuatro años para los que se dispone de estadísticas:

— En el año 2000, 57 de las 127 resoluciones del Tribunal se refieren a recursos contra actos del Servicio (44 por 100 del total): 40 se refieren a recursos contra acuerdos de archivo de actuaciones, 13 a recursos contra acuerdos de sobreseimiento de expedientes y 4 a recursos contra acuerdos varios.

— En el año 2001, de un total de 106 resoluciones, 41 se refieren a recursos contra actos del Servicio (38,67 por 100 del total de resoluciones): 21 de ellas conciernen a recursos contra acuerdos de archivo de actuaciones, 12 a recursos contra acuerdos de sobreseimiento de expedientes y 8 a recursos contra acuerdos varios.

— En el año 2002, de un total de 125 resoluciones, 45 se refieren a recursos contra actos del Servicio (36 por 100 del total de resoluciones): 24 son consecuencia de recursos contra acuerdos de archivo de actuaciones, 8 de recursos contra acuerdos de sobreseimiento, 10 de recursos contra acuerdos varios y 3 de recursos contra decisiones de inadmisión de denuncias.

— En el año 2003, 39 de las 110 resoluciones del Tribunal se refieren a recursos contra actos del Servicio (35,45 por 100 del total): 21 derivan de recursos contra acuerdos de archivo, 14 de recursos contra acuerdos de sobreseimiento y 4 de recursos contra acuerdos varios.

Como se puede observar, los recursos contra actos del Servicio representan más de un tercio del total de resoluciones.

El paso de una ADC dual a una ADC única (siempre que no se estableciesen mecanismos de recurso internos, como los existentes en la FTC o, sin ir más lejos, en nuestro país en la Agencia de Protección de Datos) permitiría liberar a la autoridad decisoria de esta importante parte de su tarea, con lo que el número de resoluciones de aplicación de las normas de competencia sustantivas aumentaría notablemente.

Ciertamente, la desaparición de los recursos internos implicaría la pérdida de una jurisprudencia que ha sido en ocasiones muy útil para aclarar interesantes cuestiones jurídicas y para proteger efectivamente los derechos de los denunciantes. Con todo, en los años transcurridos desde 1989 la jurisprudencia del TDC ha ido progresivamente moldeando criterios más claros de actuación, de modo que en la actualidad la utilidad de estos recursos es menor que hace quince años. En cualquier caso, la existencia de vías de apelación eficaces debería hacer irrelevante la pérdida de estas vías de recurso internas.

Finalmente, desde el punto de vista del desarrollo de la política de competencia, la introducción de una ADC única a nivel estatal tendría también efectos positivos:

— La coherencia y la coordinación interna de la política de competencia aumentaría.

— Las competencias internas y externas confluirían en la misma ADC, en un momento en que la modernización de las normas de competencia comunitarias y la adopción del Reglamento 1/2003 [16], con la implantación de la Red Europea de Competencia (*European Competition Network*, ECN), hace perentorio que el discurso del Estado en materia de competencia sea uno y el mismo tanto para coordinar políticas con la Comisión Europea y las ADC de la ECN como para llevar a cabo actuaciones coherentes con esa política.

— La introducción de reformas en nuestro Derecho para asumir los avances habidos en el Derecho comunitario en materia de descubrimiento de cárteles podría verse facilitada por la desaparición del sistema dual. El tratamiento de solicitudes de *clemencia* aumentaría cuantitativamente si la autoridad a la que se presentasen las pruebas de la existencia de un cártel, y con la que las partes pudiesen convenir un tratamiento de favor a cambio de su cooperación, fuera la misma que al final del procedimiento habría de imponer (o, en este caso, no imponer) sanciones pecuniarias.

6. UNA PROPUESTA DE REFORMA CONSERVADORA Y PARA EL DEBATE

Una vez analizados los distintos modelos de ADC y la problemática propia de los sistemas de autoridad única o dual, y con objeto de fomentar el debate, podría ser útil formular una propuesta de reforma que partiendo del sistema existente, y limitando al mínimo indispensable los cambios estructurales necesarios, introdujese un sistema de autoridad única en nuestro país.

Por las razones apuntadas anteriormente, podría considerarse la adopción de un modelo mixto, en el que exista una autoridad única (Autoridad Estatal de Defensa de la Competencia) con una clara separación de funciones instructoras (al modo del Servicio de Defensa de

[16] Reglamento (CE) núm. 1/2003 del Consejo, de 16 de diciembre de 2002, relativo a la aplicación de las normas sobre competencia previstas en los arts. 81 y 82 del Tratado, *DOUE*, núm. L 1, de 4 de enero de 2003, p. 1.

la Competencia) y decisorias (al modo de Tribunal de Defensa de la Competencia), a nivel interno.

En lo relativo al reparto competencial en el seno de la Autoridad, podría considerarse lo siguiente:

— La Autoridad investigaría y decidiría tanto en materia de represión de prácticas restrictivas como en materia de control de concentraciones. Se la liberaría de la emisión de informes sobre grandes superficies.

— A la cabeza de la Autoridad habría un Presidente. El Presidente podría contar con la ayuda de un gabinete formado por varios letrados. El Presidente tendría atribuida la función de decidir acerca del reparto de asuntos y acerca de las solicitudes de medidas cautelares.

— La Autoridad debería organizarse administrativamente por unidades operativas sectoriales, en número suficiente. Dichas unidades trabajarían a las órdenes de los vocales miembros de la Autoridad cuando ejerciesen la función de instructores. La Autoridad contaría con los mismos efectivos que el actual SDC del Ministerio de Economía, más los del TDC.

— Cada uno de los vocales miembros de la Autoridad, con rango de Director General, dirigiría individualmente, con la ayuda de al menos un letrado, la instrucción de los asuntos que le asignase el Presidente, solicitando a los jefes de sección responsables de las unidades operativas de la Autoridad la realización de las diligencias oportunas, de forma similar a como se opera en el *Conseil de la Concurrence* francés. El vocal instructor redactaría los documentos oportunos para la defensa de las empresas (pliego de concreción de hechos) y el informe-propuesta al TDC, tanto en materia de prácticas restrictivas como en materia de control de concentraciones. La decisión de archivar un expediente o autorizar una concentración en primera fase correspondería a la Autoridad, a propuesta del instructor. La Autoridad decidiría en Sala [17]. Los actos de ordenación del procedimiento serían adoptados individualmente por el vocal instructor, y sólo podrían ser recurridos ante la Autoridad en tanto que afectasen a los derechos fundamentales o generasen indefensión.

— La Autoridad decidiría sus asuntos por medio de Salas de tres miembros, Salas ampliadas de cinco miembros o el Pleno, en función de su importancia o trascendencia. Los Presidentes de Sala, o el Presidente de la Autoridad, cuando la decisión se adoptase por el Pleno, designarían un vocal ponente de entre los miembros de la Sala o el Pleno. El vocal ponente sería distinto del vocal instructor, que no participaría en las deliberaciones. Tanto en las Salas como en el Pleno,

[17] Ver a continuación.

los asuntos se decidirían por mayoría simple, siendo el quórum exigible de dos en el caso de las Salas, cuatro para las Salas ampliadas y seis en el caso del Pleno[18]. En las votaciones, los Presidentes de las Salas o el Presidente de la Autoridad (en caso de Pleno) tendrían voto de calidad. Adicionalmente, y por razones de eficiencia, podrían suprimirse los votos particulares (aunque algunos expertos postulan su conservación).

— Al modo de la República Federal Alemana y Portugal, en materia de control de concentraciones, con carácter excepcional, previa solicitud de los interesados y durante un tiempo muy limitado (nunca superior a un mes), el Consejo de Ministros podría autorizar una concentración (en "tercera fase", por decirlo así) contra el criterio de la Autoridad. Para ello debería alegar motivos políticos tasados, salvo en los asuntos que le hubiesen sido remitidos por la Comisión Europea para su decisión, en aplicación del art. 9 del Reglamento 139/2004[19], en los que carecería de esta prerrogativa.

— La introducción de un sistema de autoridad única a nivel estatal como el descrito podría tener repercusiones sobre la organización interna de las ADC autonómicas. En un principio, podría pensarse que cualquier modificación estructural introducida por la Ley estatal que estableciese una ADC única debería ser automáticamente replicada por las Comunidades Autónomas. Sin embargo, este análisis podría adolecer de excesivo rigor formal. En efecto, no parecería contrario a nuestra Constitución, ni a su interpretación por el TC en materia de defensa de la competencia[20], que cada autonomía organizase su propia ADC del modo que considerase más oportuno (como han hecho algunas), a condición de que las garantías procesales ofrecidas por las autoridades autonómicas no fueran inferiores a las ofrecidas por la ADC estatal[21].

---

[18] Nótese que la reducción del número de miembros de la Autoridad por debajo de los actuales nueve miembros del TDC haría extremadamente difícil la viabilidad de este esquema.

[19] Reglamento (CE) núm. 139/2004 del Consejo, de 20 de enero de 2004, sobre el control de las concentraciones entre empresas, *DOUE,* núm. L 24, de 29 de enero de 2004, p. 1.

[20] Sentencia del TC de 11 de noviembre de 1999 (RTC, 1999/208).

[21] En principio, esta condición se cumplirá siempre. No debe olvidarse que el sistema dual ofrece siempre mayores garantías formales de imparcialidad que el sistema de autoridad única, aunque aquí se haya defendido la suficiencia de un modelo mixto de autoridad única para cumplir los requisitos de imparcialidad exigidos por el CEDH y la Constitución Española.

INSTITUCIONES PARA LA DEFENSA DE LA COMPETENCIA EN ESPAÑA: ORGANIZACIÓN, MEDIOS Y EFICIENCIA

Jordi GUAL
Profesor Ordinario y Director
del Departamento de Economia de IESE.
Director Académico del Centro de Investigación
Sector Público-Sector Privado

1. INTRODUCCIÓN

El objetivo de este artículo es discutir algunas de las reformas en el marco institucional de la política de defensa de la competencia en España que pueden conducir a una mejora de su eficiencia.

Para ello el trabajo efectúa un análisis comparativo de los sistemas de defensa de la competencia en diversos países de referencia, al objeto de comparar las instituciones alternativas y evaluar cuáles son las más apropiadas para conseguir un sistema más eficiente. Los países escogidos lo han sido en función de su tamaño, su tradición en la aplicación de la política de competencia y su cercanía sociopolítica con el caso español. Se trata de los Estados Unidos, el Reino Unido, Alemania, Francia e Italia [1]. Países grandes, en algunos casos con larga tradición en política de defensa de la competencia y en otros con entornos parecidos al español.

---

[1] Los sistemas de competencia de estos países han sido analizados periódicamente por la OCDE. Véanse las referencias al final del artículo.

El análisis se centra en el marco institucional, dado que —con algunas excepciones— no existen diferencias muy remarcables en cuanto a los contenidos de las políticas de competencia en todos estos países. En todos ellos la política de la competencia incluye el control de concentraciones, los acuerdos entre empresas, el abuso de posición dominante y el control de las ayudas públicas. Las principales diferencias surgen entre los Estados Unidos y los países de la UE y son relevantes, como veremos posteriormente, cuando se trata de tomar en consideración o no las eficiencias generadas por los comportamientos presuntamente anticompetitivos de las empresas.

Cualquier análisis de eficiencia del sistema de competencia exige una definición previa de dicho concepto, dado que a menudo está sujeto a interpretaciones múltiples. Siguiendo la tradición del análisis económico, consideraremos dos acepciones del término. En primer lugar, la *eficiencia técnica*, entendida como la consecución de un determinado objetivo al menor coste posible. La segunda acepción de *eficiencia* es la denominada *asignativa*, que en el contexto presente se refiere a la capacidad del sistema para alcanzar el nivel óptimo de control de los comportamientos anticompetitivos en la economía. El objetivo de la política de defensa de la competencia no será nunca erradicar totalmente los comportamientos anticompetitivos, puesto que los beneficios generados por dicha política deberán contraponerse al coste social incurrido en la política de control.

Los medios humanos y materiales de que disponga el sistema de defensa de la competencia incidirán en la capacidad para conseguir la eficiencia asignativa. La organización del sistema será clave tanto para que sea eficiente técnicamente como para tratar de alcanzar la eficiencia asignativa.

2. LA ORGANIZACIÓN DEL SISTEMA

El sistema de defensa de la competencia consta de múltiples elementos que acaban incidiendo en su efectividad. Sin ánimo de ser exhaustivos, y centrando la atención en las cuestiones más relevantes, podemos clasificar los elementos de un sistema de competencia en cuatro grandes epígrafes.

El primero de ellos es la *organización del proceso de toma de decisiones* sobre la presencia o no de conductas anticompetitivas o en relación a la autorización de concentraciones. Este proceso incluye la investigación o instrucción del expediente, la decisión y la posibilidad de recurrir la decisión adoptada. La cuestión clave en este apartado es en qué medida el sistema utilizado asegura que la decisión no es arbitraria y tiene en cuenta adecuadamente el marco legal.

Un segundo epígrafe comprende todas aquellas características del sistema que inciden en *el grado de independencia* de los órganos decisores respecto del poder político o de otras posibles partes interesadas en las decisiones de la autoridad de competencia. Se incluyen aquí, por tanto, cuestiones como el nombramiento de la autoridad de competencia, su composición, la determinación de su nivel de recursos financieros y humanos, y el papel que pueda jugar el poder ejecutivo en el proceso de toma de decisiones.

Un tercer epígrafe está constituido por los elementos del sistema que contribuyen al *cumplimiento del marco legal (enforcement).* Se comprenden aquí diversas disposiciones. Desde la capacidad de la autoridad para imponer sanciones (multas, penas de cárcel) y la importancia de las mismas, hasta los medios de que dispone para conducir investigaciones en las instalaciones de empresas, o la capacidad para iniciar expedientes por iniciativa propia. Asimismo, en este epígrafe incluiríamos la disponibilidad de programas de perdón *(leniency)* y la existencia de mecanismos que permitan a las empresas privadas iniciar procesos por conductas contra la competencia.

Finalmente, a nivel competencial, también será importante establecer cuáles son las relaciones y/o competencias de la autoridad de la competencia en relación con las actividades de otras agencias reguladoras, y en qué medida se tiene acceso al análisis competitivo de las ayudas públicas o de otros comportamientos no competitivos amparados por disposiciones legales. En aras de la brevedad, y dada su menor importancia relativa, este último epígrafe no será examinado en este artículo.

3. ¿CÓMO INFLUYE LA ORGANIZACIÓN EN LA EFICIENCIA ASIGNATIVA DEL SISTEMA DEL SISTEMA DE COMPETENCIA?

Para tratar de responder a esta pregunta es interesante examinar algo más el concepto de eficiencia asignativa. Hemos dicho que ésta consiste en alcanzar el nivel óptimo de defensa de la competencia. Sin embargo, la actividad de control del nivel de competencia está sujeta a una incertidumbre significativa. La autoridad de defensa de la competencia no puede simplemente elegir un nivel de protección de la competencia. Está obligada a tomar decisiones en múltiples casos específicos sin saber a ciencia cierta si se encuentra ante una violación de la normativa legal.

Ante cualquier caso concreto, la autoridad se enfrenta a lo que en términos de inferencia estadística denominaríamos la posibilidad de errores de tipo I y errores de tipo II, y deberá escoger en qué medida prefiere incurrir en uno u otro tipo de error. El error de tipo I supone "condenar al inocente", lo que en nuestro caso es determinar que un comportamiento es contrario a la competencia, cuando en realidad la empresa ha llevado a cabo acciones que se explican por la lógica de la rivalidad empresarial y el intento de mejorar su posición en el mercado. El error de tipo II acontece cuando se "absuelve al culpable" en un caso concreto. En términos más generales este tipo de error incluiría todas aquellas acciones contra la competencia que las autoridades no persiguen ni sancionan.

Es importante resaltar que, dado el papel clave que juega en una economía de mercado la libre iniciativa empresarial, la prioridad para la autoridad de la competencia debiera ser sin duda alguna "no condenar inocentes", puesto que en caso contrario haría un muy flaco servicio al bienestar general, al impedir acciones procompetitivas por parte de las empresas.

Para minimizar este tipo de errores en la ejecución de una política de defensa de la competencia, van a ser muy importantes dos características del sistema. En primer lugar, y a nivel legislativo, en qué medida la legislación permite a las partes afectadas defenderse de las acusaciones de práctica anticompetitiva (o de fusión, que incrementa el poder de mercado), alegando como factor de contrapeso las ganancias de eficiencia derivadas de la práctica restrictiva (o los ahorros de costes que pueda generar un proceso de concentración). En segundo lugar, será clave que el proceso de instrucción, decisión y recurso disponga de las máximas garantías para una aplicación ecuánime y coherente de la legislación.

4. OBJETIVO PRIORITARIO: NO CONDENAR A INOCENTES

En cuanto a la consideración de las ganancias de eficiencia, es conocido que en términos generales la legislación de los Estados miembros de la Unión Europea no se encuentra a un nivel comparable a la legislación vigente en los Estados Unidos. En dicho país, las prohibiciones de prácticas empresariales como contrarias a la competencia sólo son automáticas en el caso de los acuerdos horizontales sobre precios o cantidades, y en la práctica totalidad del resto de actuaciones se toman en consideración las circunstancias de cada caso en relación a las razones empresariales que podrían justificar una práctica o una concentración desde la perspectiva de la eficiencia. En la legislación europea, como es sabido, las mejoras de eficiencia no se toman en cuenta explícitamente en el caso de las fusiones, mientras que en los comportamientos anticompetitivos estas consideraciones se han incorporado esencialmente a través de las exenciones, ya sea caso por caso, o bien en exenciones por categorías. Esta perspectiva general ha tenido una traducción con diversos matices en la legislación y la práctica de los principales países de la UE.

En fusiones se tiende en general a seguir el estándar de la UE y tal vez sea Francia el país en el que las consideraciones de eficiencia aparecen de manera más explícita. En los acuerdos y los abusos de posición dominante, los países miembros han aplicado en mayor o menor grado un sistema más flexible que el comunitario, aunque hayan incorporado este último de manera formal. En el Reino Unido, por ejemplo, las exenciones por categorías son más generosas que en la UE, y se examinan cuidadosamente las ganancias de eficiencia en casos de dominio. En Alemania también se adopta una actitud flexible, en la línea del *rule of reason* americano, aunque tal vez algo más exigente. En Francia, la exención por beneficios económicos se aplica a las posiciones de dominio, y en los acuerdos las consideraciones de eficiencia pueden comportar, al igual que en Italia, que no se establezca la existencia de práctica restrictiva[2].

En España, en línea en cierta medida con el caso francés, junto a la normativa derivada del marco comunitario, la legislación permite la consideración de beneficios económicos generales. Ello podría ser, en principio, positivo para evitar la "condena de inocentes", pero probablemente sería necesario que el marco legal precisase claramente la naturaleza de dichas ganancias, asociándolas directamente a las mejoras de eficiencia concretas que comporta la práctica bajo examen, de tal modo que no se conviertan en mecanismos para una implantación laxa de la política de competencia en el contexto de una autoridad de competencia débil.

Por lo que respecta a las garantías que *el proceso de decisión* por parte de la autoridad de la competencia ofrece a las empresas, la experiencia muestra que los modelos organizativos son muy diversos. En algunos países, una sola autoridad instruye y decide sobre los expedientes, siendo sus decisiones recurribles ante la justicia ordinaria. Ésta sería la situación de Alemania e Italia. En otros la instrucción, la decisión y el recurso están a cargo de instituciones diferentes. Por ejemplo,

---

[2] Como muestra el caso francés, la protección del inocente con la debida consideración de las eficiencias puede llevar a abusos y a ser utilizada para "absolver al culpable". Es por ello que junto a una plena consideración de las eficiencias es preciso implantar un sistema que garantice la independencia de la autoridad de competencia (véase el apartado V).

en los Estados Unidos instruyen dos instituciones [la *Federal Trade Commission* (FTC) y el *Departament of Justice* (DoJ)], pero la decisión y los posibles recursos están en manos de órganos judiciales. En el Reino Unido, la instrucción-decisión la llevan a cabo la OFT y la *Competition Commission,* y los recursos los considera un tribunal especializado también vinculado a la *Competition Commission.* Finalmente, en Francia la instrucción-decisión también es compartida por dos organismos, la DGCCFT[3] y el *Conseil de la Concurrence,* siendo en este caso la justicia ordinaria la vía de recurso. En este contexto tan diverso, la situación española es, en términos generales, de una institución que instruye (el Servicio), y las decisiones que se toman en algunos casos por el TDC y en otros por el propio Gobierno.

La separación entre instrucción y decisión parece necesaria en aquellos casos en los que la vía de recurso a través de la justicia ordinaria no es una alternativa ágil y útil para las partes. Cuando la vía del recurso es débil es importante que la instrucción y la decisión las lleven a cabo órganos diferentes, al objeto de otorgar las máximas garantías de imparcialidad para las empresas. Probablemente éste sería el caso español, y sería conveniente que la instrucción la llevara a cabo el Servicio, de tal modo que el papel del Tribunal se centrase en decidir, ante la evidencia presentada y escuchando a las partes implicadas, acerca de la existencia o no de una conducta anticompetitiva (o los efectos anticompetitivos de una concentración). La no disponibilidad de un sistema judicial ágil comporta además que, a diferencia del sistema americano, sea apropiado que la decisión la tome un organismo especializado, de tal modo que la justicia ordinaria cumple únicamente su función habitual como vía de recurso ante la decisión adoptada por un organismo público.

5. OBJETIVO SECUNDARIO: REDUCIR LA ABSOLUCIÓN DE CULPABLES

Los elementos del sistema de competencia que inciden más directamente en el objetivo de reducir los errores de tipo II son el grado de *independencia de la autoridad* de competencia (puesto que una mayor independencia atenúa las presiones políticas o sectoriales) y las medidas dirigidas a garantizar que la autoridad dispone de una adecuada *capacidad para hacer cumplir la ley*. Naturalmente, para conseguir que actividades anticompetitivas no escapen al examen de las autoridades de competencia también será muy importante disponer de los

---

[3] *Direction générale de la concurrence, de la consommation et de la répression des fraudes.*

medios materiales y humanos suficientes, algo que examinaremos en el próximo apartado[4].

En cuanto al *grado de independencia* de las autoridades de la competencia, debe resaltarse que se trata no tanto del resultado de un marco legal como de la combinación de dicho marco legal y la reputación que en la práctica consiga cada autoridad a partir de su comportamiento a lo largo del tiempo, como ocurre, por ejemplo, con la independencia de los banqueros centrales. De los países considerados en este artículo, tal vez los niveles de independencia más elevados correspondan a los Estados Unidos y Alemania, situándose el Reino Unido en un segundo nivel, y Francia e Italia en último lugar. En Estados Unidos, aunque es verdad que los nombramientos pueden tener un condicionamiento político, la práctica institucional ha llevado a una percepción muy elevada de independencia por parte de ambas agencias, la FTC y el DoJ. Igualmente, en Alemania, a pesar de que el sistema alemán incluye la posibilidad —ejercida en alguna ocasión— de que el Gobierno altere la decisión tomada por el *Bundeskartellamt* sobre una operación de concentración, la percepción de independencia es elevada. En el Reino Unido, los poderes que están a disposición del Gobierno (a través del *Department of Trade and Industry*) se consideran aún excesivos, y en la práctica constituyen un importante resquicio para la influencia política. Un caso aparte es el italiano, país en el que la autoridad goza de una elevada independencia, únicamente contrarrestada por su aún limitada tradición. Finalmente, en Francia el nivel de independencia es marcadamente más reducido. Por un lado, debido al papel importante que juega un organismo del ejecutivo como es la DGCCFT, pero además porque la independencia del *Conseil* está poco garantizada, dado que su composición incluye representantes sectoriales, potencialmente de grupos de interés. Asimismo, las decisiones sobre fusiones siguen siendo competencia del poder ejecutivo.

En el caso español, la independencia indudable asociada al sistema de nombramiento del TDC contrasta con sus limitadas competencias y con el importante papel que juega el poder ejecutivo a través del Servicio. De este modo, en términos generales, cabe concluir que estamos ante un sistema con un nivel de independencia bajo cuando se compara con el de los países de referencia.

Por lo que respecta a las capacidades a disposición de las autoridades para *garantizar el cumplimiento de la legislación* (con el bene-

---

[4] También ayudaría una delimitación más clara de los objetivos de la política de competencia, centrándolos en la mejora del bienestar de los consumidores y eliminando otras metas, como la promoción de las exportaciones o el progreso técnico general, que introducen ambigüedades en la valoración del impacto competitivo de las conductas empresariales y las concentraciones.

ficioso efecto disuasorio que comporta), el análisis comparativo de los países considerados muestra grandes diferencias. Desde el caso de los Estados Unidos, país en el que las autoridades disponen de muchos recursos materiales y jurídicos para perseguir actividades anticompetitivas, un régimen sancionador exigente que incluye penas de prisión y multas relacionadas con el beneficio obtenido por la infracción y una fuerte tradición de demandas privadas y de programas de *leniency*, hasta el caso italiano, país en el que las sanciones se establecen en proporción a las ventas, y en el que el desarrollo de la litigación privada es escaso y no existen programas de perdón. En Italia, asimismo, el lento funcionamiento de la justicia retrasa los procesos con efectos negativos en la capacidad disuasoria del sistema de sanciones.

Las áreas en las que la legislación y la práctica española se encuentran más alejadas de los niveles de referencia, y en línea con Italia, son la disponibilidad de programas de perdón y el recurso a actuaciones privadas. En cuanto a sanciones, al igual que otros países europeos, en España podría avanzarse hacia un modelo de sanciones similar al estadounidense o al alemán, en el que las multas se establecen en relación al beneficio obtenido por la práctica contra la competencia, teniendo en cuenta la probabilidad de detección. De este modo las sanciones tendrían un mejor efecto disuasorio[5]. Por último, también sería posible reforzar el papel de las sanciones penales, en línea con Francia y especialmente los Estados Unidos.

6. MEDIOS A DISPOSICIÓN DE LA AUTORIDAD DE COMPETENCIA

Los medios a disposición de las autoridades de competencia tienen un impacto tanto en su capacidad de perseguir potenciales comportamientos competitivos y monitorizar el grado de competencia de la economía en su conjunto, como en la capacidad para evaluar correctamente situaciones empresariales complejas[6]. Por tanto, los medios humanos y materiales disponibles incidirán en la reducción de ambos tipos de errores en la toma de decisiones.

El cuadro 1 muestra cuál es el peso presupuestario y en términos de personal que tienen los organismos de competencia de los países de referencia. Un sencillo análisis de los datos indica claramente la infradotación de recursos para el caso de las autoridades de defensa de la competencia en España, incluso cuando se corrige por diferencias

[5] *Vid.*, por ejemplo, POLINSKY y SHAVELL, 2000.

[6] También será importante que la fuente de recursos a disposición de la autoridad garantice su independencia del Gobierno.

en la renta per cápita, y aun teniendo en consideración que algunos de los datos utilizados pueden sobreestimar los medios disponibles en países tales como Francia o el Reino Unido[7].

Si se toman como objetivo los niveles de personal alcanzados en Italia y el presupuesto (en porcentaje del PIB) de Francia (en ambos casos tomamos el país con nivel más bajo, excluyendo a España y Alemania), la autoridad española debiera contar en el año 2005 con un personal de 156 personas y un presupuesto alrededor de los 10 millones de euros, con lo que resultaría aún una módica cifra de 65.000 euros/año por persona empleada. En relación a los niveles de 2003 ello supone un aumento de personal de un 10 por 100 y de presupuesto de un 42 por 100[8].

Esta estimación de medios es una aproximación basada en el análisis comparativo internacional y sería necesario examinar si ese nivel de presupuesto dedicado al mantenimiento de la competencia está justificado por las mejoras competitivas que la autoridad de competencia puede conseguir. Algunas agencias han tratado de justificar su valor para el contribuyente analizando los beneficios derivados del control de la competencia en relación con los costes de los organismos implicados (por ejemplo, la OFT en el Reino Unido[9]). Como se observa

CUADRO 1

MEDIOS A DISPOSICIÓN DE LAS AUTORIDADES DE COMPETENCIA

	Personal	*Personal por cada millón de habitantes*	*Presupuesto (M. €)*	*Presupuesto (% PIB)*	*Presupuesto por persona en M. €*	*Presupuesto por persona en paridad del poder de compra*
España (2003)	142	3,5	7,0	0,0010	0,049	0,059
Estados Unidos (2000)	1.300	4,6	159,1	0,0015	0,122	0,105
Reino Unido (2001)	232	3,9	35,5	0,0022	0,153	0,139
Francia (2002)	296	4,8	18,4	0,0012	0,062	0,063
Alemania (2002)	267	3,2	15,0	0,0007	0,056	0,053
Italia (2003)	220	3,8	23,3	0,0018	0,106	0,113

Fuentes: OCDE, Memorias de las autoridades de competencia, CRANDALL y WHINSTON (2003), Comisión Europea y elaboración propia.

[7] Las autoridades consideradas llevan a cabo algunas tareas de defensa del consumidor y no se ha excluido todo el personal y el presupuesto correspondiente.

[8] El TDC está experimentando ya una importante expansión que podría fácilmente permitir alcanzar estas metas, al menos en términos de personal.

[9] *Vid.* DAVIES y MAJUMDAR, 2000.

en el cuadro 1, el coste directo para los contribuyentes se sitúa en aproximadamente un 0,001 por 100 del PIB[10], una cantidad a todas luces muy reducida si consideramos el posible impacto en términos de mejora del bienestar. Por ejemplo, sólo conseguir en un sector como el turístico, que representa el 11,8 por 100 del PIB español (datos de 2002), una reducción de márgenes de un 1 por 100 (y ésta es una estimación conservadora[11]) conllevaría una mejora del bienestar de aproximadamente un 0,1 por 100 del PIB, lo que compensaría claramente el gasto en la autoridad de competencia. Para el caso del Reino Unido, Davies y Majumdar *(op. cit.)* han estimado que las mejoras que potencialmente se pueden obtener incrementando el nivel de competencia se sitúan en el corto plazo[12] entre un 0,1 y un 0,5 por 100 del PIB.

Otras investigaciones recientes (Crandall y Whinston, 2003) han puesto en duda la efectividad de la política de defensa de la competencia, y es verdad, como ya hemos enfatizado, que no es sencillo no cometer errores en su aplicación. Sin embargo, como muestran las cifras que acabamos de revisar, es indudable que los aumentos de personal y presupuesto, si se utilizan de manera adecuada, pueden comportar grandes beneficios para la economía española, dado que el coste adicional es muy inferior al beneficio incremental esperado de la actuación de la autoridad.

7. CONCLUSIONES

Este artículo ha examinado sucintamente la eficiencia del sistema español de defensa de la competencia, comparándolo con los sistemas vigentes en un conjunto de países de referencia. El análisis muestra que las instituciones españolas de defensa de la competencia están infradotadas tanto en términos de medios materiales como en términos de personal. Asimismo, parecen existir pocas dudas acerca de la rentabilidad desde la perspectiva social de un aumento de dichos medios. El coste incremental es ínfimo en relación al beneficio social adicional que puede derivarse de una aplicación más sistemática de las reglamentaciones de defensa de la competencia.

El artículo también resalta, sin embargo, que estos beneficios sociales están sujetos a una incertidumbre muy importante, puesto que

---

[10] O un 30 por 100 más, aproximadamente, si consideramos las distorsiones generadas por los impuestos necesarios para financiar la Agencia (aunque se debería tener en cuenta el impacto de la financiación parcial vía sanciones).

[11] Davies y Majumdar analizan la evidencia empírica y concluyen que para acuerdos colusivos los incrementos de precios provocados son del orden del 10 por 100, mientras que para el resto de prácticas el porcentaje sería un 1 por 100.

[12] Se consideran sólo los efectos negativos estáticos de las actuaciones monopolísticas.

dependen de una correcta aplicación de las normas de competencia. En este sentido, este trabajo establece prioridades en la asignación de recursos para llevar a cabo las reformas, considerando que es fundamental asegurar que un mayor esfuerzo en la aplicación de la normativa legal no redunda en una penalización de actuaciones empresariales que sólo sean aparentemente restrictivas de la competencia. Con este objetivo, se recomienda tomar medidas para que la aplicación en la práctica del Derecho de la competencia en España tenga en cuenta de un modo explícito las consideraciones de eficiencia empresarial que a menudo están detrás de comportamientos presuntamente anticompetitivos. Asimismo, al objeto de garantizar que las empresas afectadas puedan defender su punto de vista y disfruten de las máximas garantías jurídicas, se recomienda que se separen las funciones de instrucción y decisión en las cuestiones de competencia, dejando estas últimas a un tribunal especializado, que podría configurarse a partir del actual Tribunal de Defensa de la Competencia, y las primeras para un Servicio de Defensa de la Competencia adecuadamente reformado y potenciado. Esta reforma institucional contribuiría también a mejorar la eficiencia técnica del sistema, puesto que se evitarían duplicidades.

El artículo también presenta las reformas institucionales que, de un modo complementario, contribuirían a mejorar la eficiencia del sistema reduciendo las probabilidades de que comportamientos anticompetitivos no sean sancionados. Con este objetivo, se considera prioritario eliminar el papel del poder ejecutivo en la toma de decisiones, aumentando las competencias de los organismos especializados, Servicio y Tribunal, y garantizando, tanto presupuestariamente como a nivel organizativo, la independencia de las dos agencias. Los máximos responsables de las mismas deberían rendir cuentas únicamente al Parlamento y ser elegidos en base a criterios profesionales y no políticos, y por ciclos que impidan que en la práctica las autoridades de competencia estén condicionadas por el poder ejecutivo.

Por último, y también en la línea de reducir los comportamientos contra la competencia, se considera importante el efecto disuasorio que puede tener el hecho de que las agencias dispongan de amplios poderes para penalizar las conductas anticompetitivas, de manera creíble y en proporción con las ganancias que los infractores derivan de su comportamiento anticompetitivo. En el mismo sentido es también clave potenciar los mecanismos que refuerzan el cumplimiento de la ley y que ya se han mostrado efectivos en otras latitudes (como, por ejemplo, los programas de perdón).

REFERENCIAS

CRANDALL, R. W., y WHINSTON, C. (2003): «Does Antitrust Policy Improve Consumer Welfare? Assessing the Evidence», *Journal of Economic Perspectives*, Fall, pp. 3-26.

DAVIES, S., y MAJUMDAR, A. (2002): «The development of targets for consumer savings arising from competition policy», *Economic Discussion Paper*, 4, June, OFT.

OCDE (1998): *Background report on the role of competition policy in regulatory reform, United States,* Paris.

OCDE (2000): *Background report on the role of competition policy in regulatory reform, Italy,* Paris.

OCDE (2001): *Regulatory Reform in Spain, The role of competition policy in regulatory reform,* Paris.

OCDE (2002): *Regulatory Reform in the United Kingdom, The role of competition policy in regulatory reform,* Paris.

OCDE (2004a): *Regulatory Reform. Review of France, Chapter 3. The role of competition policy in regulatory reform*, DAFFE/COMP, 7, Paris.

OCDE (2004b): *Regulatory Reform in Germany, The role of competition policy in regulatory reform,* Paris.

OECD (2004c): «Product market competition and economic performance in the United States», *Economics Department Working Paper,* nO. 398, H. Suppanz, M. Wise and M. Kiley, Paris.

OECD (2004d): *Annual Report on Competition Policy Developments in Spain,* DAFFE/COMP, 25/06, Paris.

POLINSKY, A. M., y SHAVELL, S. (2000): «The Economic Theory of Public Enforcement of Law», *Journal of Economic Literature,* vol. XXXVIII (March), pp. 45-76.

PWC (2001): «Peer Review of the UK Competition Policy Regime», *Final report to the DTI*, April.

FUNCIONES DE INFORMACIÓN Y DICTAMEN DE LA AUTORIDAD ESPAÑOLA DE DEFENSA DE LA COMPETENCIA

Alejandro FERNÁNDEZ DE ARAOZ *
Abogado. Araoz y Rueda Abogados
Profesor Colaborador de Derecho Mercantil
de la Universidad Complutense de Madrid

1. INTRODUCCIÓN

Los titulares de las funciones de gobierno y administración, llamados órganos activos, necesitan del apoyo técnico de otros órganos para la formación de su criterio y la preparación de sus decisiones. Esas asistencias se proyectan en varias modalidades de asesoramiento y apoyo, si bien, como veremos más adelante, no todas pueden englobarse propiamente dentro del concepto de "Administración consultiva". En todo caso, debe destacarse con carácter introductorio que la función consultiva que se atribuye a determinados órganos de la Administración tiene, primariamente, una "función de garantía" [1] (LAVILLA ALSINA).

---

* Quiero dejar constancia de mi agradecimiento a la Fundación Rafael del Pino y a su Director, don Amadeo Petitbò Juan, por su amable invitación a participar en el I Seminario de Derecho y Economía de la Competencia. Quiero también agradecer a Ainhoa Veiga Torregrosa su colaboración en la realización de este trabajo, así como las valiosas sugerencias de Juan José Lavilla Rubira y de Juan y José M.ª Jiménez Laiglesia. Como es natural, soy el único responsable de las opiniones y de los errores que pudiera contener este trabajo.

[1] Como ha señalado la STC 204/1992, de 26 de noviembre, FJ 4.º, respecto del Consejo de Estado, y es predicable asimismo de cualesquiera órganos de asesoramiento técnico-jurídico independiente, la intervención de éstos supone «una importantísima garantía del interés general

¿En qué se traduce esta "función de garantía" que cumplen aquellos de quienes la "Administración activa" recaba asesoramiento en aquellas materias propias de sus competencias? En primer lugar, se trata de velar por aquellos aspectos técnicos, así como de oportunidad y conveniencia cuando lo exija la índole del asunto al objeto de garantizar la mayor eficacia de la Administración en el cumplimiento de sus fines. En segundo lugar, esta función de garantía radica en velar por la observancia de la Constitución y del ordenamiento jurídico. Y es que todo ello no es más que, en buena medida, intentar garantizar la objetividad de la acción administrativa, que no deja de ser un principio organizativo fundamental enunciado por el art. 103.1 CE («La Administración Pública sirve con objetividad los intereses generales...»).

Pues bien, es sobradamente conocido que la interpretación y aplicación del Derecho de la competencia presenta una complejidad técnica incuestionable. Ello se deriva, en primer lugar, de su proyección interdisciplinar, en la que confluyen Derecho, Economía y otras Ciencias Sociales, así como un singular conocimiento del sector o actividad económica afectados; así, para poder hacer una adecuada valoración de una concentración económica en el sector audiovisual o energético, por poner unos ejemplos, se requiere no sólo del profundo estudio y valoración del funcionamiento de estos sectores, sino de una compleja valoración de la naturaleza dinámica de los mismos, toda vez que el análisis debe tener siempre como punto de partida la estructura competitiva actual del mercado y como objetivo irrenunciable la consecución de una competencia suficiente *(workable competition)*.

Siendo esto así, el diseño y la aplicación por parte del Gobierno y, en cierta medida, de las Administraciones autonómicas con competencias en la materia[2] de la política de competencia, así como la toma de decisiones en aquellos ámbitos en los que el ordenamiento jurídico le encomienda la misma (por ejemplo, control de concentraciones), requiere inexcusablemente del asesoramiento de organismos especializados de la Administración que posibiliten que el proceso de toma de decisiones esté rodeado del rigor técnico necesario. Por ello, uno de los principales objetos del presente trabajo es analizar las funciones consultivas que la Ley 16/1989, de 17 de julio, de Defensa de la Competencia (LDC) encomienda tanto al Servicio de Defensa de la Competencia (SDC) como al Tribunal de Defensa de la Competencia (TDC), que hemos denominado en el título de la ponencia "funciones de información y dictamen".

---

y de la legalidad objetiva y, a consecuencia de ello, de los derechos y legítimos intereses de quienes son parte de un determinado procedimiento administrativo».

[2] Efectivamente, la Ley 1/2002, de 21 de febrero, de Coordinación de competencias del Estado y de las Comunidades Autónomas en materia de defensa de la competencia, recoge el sistema de distribución de las mismas tras la STC 208/1991, de 11 de noviembre.

El segundo objetivo fundamental de este trabajo es analizar el tratamiento normativo que reciben en nuestra LDC las llamadas funciones de *advocacy,* es decir, aquellas funciones que el ordenamiento jurídico encomienda a los órganos de defensa de la competencia para promover y fomentar tanto "la cultura" de la libre competencia como las reformas del ordenamiento jurídico que contribuyan a crear un marco normativo más propicio a la competencia, identificando obstáculos que resulta conveniente remover.

Por ello, comenzaremos por examinar brevemente cuál es la actual configuración normativa en nuestra LDC de las funciones de información y dictamen, tanto del SDC como del propio TDC, para realizar a continuación un examen de cuál ha sido su aplicación práctica y una valoración del alcance de la misma.

Para poder encuadrar adecuadamente el análisis de estas "funciones de información y dictamen", haremos un somero repaso de la configuración general de la Administración consultiva y de su articulación en el diseño general de funcionamiento de la Administración española. Más adelante examinaremos las peculiaridades en el funcionamiento de la Administración consultiva "especializada", tanto si está vertebrada o no en agencias administrativas independientes. El objeto de esta indagación no es otro que el de determinar si en qué medida nuestro TDC comparte los rasgos más característicos de las agencias administrativas independientes.

A continuación analizaremos qué se entiende en la actualidad por las funciones de *advocacy* que se atribuyen a los órganos de defensa de la competencia y cuál es el modelo actual que diseña nuestra LDC en este sentido.

El siguiente de los apartados de este trabajo será un examen de las diferentes opciones de política normativa disponibles para encuadrar estas funciones de información y dictamen, con un análisis de las ventajas e inconvenientes de cada una.

Concluiremos con un conjunto de recomendaciones que, *de lege ferenda*, confiamos sirvan de base para una reflexión encaminada a una reforma de nuestra actual LDC.

No queremos concluir esta breve introducción sin recordar que estamos ante una de las claves del diseño de la llamada superestructura "institucional" de nuestro Derecho de la competencia, que, como ya nos recordara KOVACIC, tiene en ocasiones casi mayor importancia que el propio diseño sustantivo de las normas[3]. Y es que si nuestros órganos

[3] W. E. KOVACIC, «Institutional foundations for economic legal reform in transition economies: the case of competition policy and antitrust enforcement», *Chi. Kent. L. Rev.,* vol. 77,

de defensa de la competencia no están debidamente capacitados, formados, financiados, dotados de medios humanos y materiales, así como investidos de las potestades normativas necesarias para ejercitar sus funciones, difícilmente podrán lograr la tutela de los importantes objetivos que les encomienda nuestro ordenamiento.

2. LAS FUNCIONES DE INFORMACIÓN Y DICTAMEN DE LOS ÓRGANOS DE DEFENSA DE LA COMPETENCIA EN LA LEY 16/1989, DE 17 JULIO

Las funciones de los órganos de defensa de la competencia que se han denominado en el presente trabajo como de "información y dictamen" se regulan de la forma siguiente:

A) Las funciones de información y dictamen del TDC

El art. 25 LDC recoge, con carácter general, las competencias del TDC, que, por lo que aquí interesa, subrayamos las siguientes:

> a) Resolver y dictaminar los asuntos que tiene atribuidos por esta Ley.
> (...)
> d) Informar sobre las operaciones de concentración económica de dimensión comunitaria que sean remitidos por la Comisión Europea en aplicación de las normas comunitarias de control de concentraciones por la Comisión.
> e) Dictaminar los proyectos de apertura de grandes establecimientos comerciales, según establece la Ley 7/1996, de 15 de enero, de Ordenación del Comercio Minorista.
> (...)
> h) Elaborar el informe que, en cuanto a las eventuales indemnizaciones de daños y perjuicios, prevé el art. 13 de la presente Ley.
> i) Elaborar el informe que, en materia de ayudas públicas, prevé el art. 19 de esta Ley».

Por otra parte, el art. 26 LDC («Funciones consultivas»), enmarca la labor consultiva del TDC con el siguiente tenor:

> *«1. El Tribunal de Defensa de la Competencia podrá ser consultado en materia de competencia por las Cámaras Legislativas, el Gobierno, los distintos Departamentos ministeriales, las Comunidades Autónomas, las Corporaciones locales, las Cámaras de Comercio y las organizaciones empresariales sindicales o de consumidores y usuarios.*

2001, pp. 265 ss. Destacando asimismo la importancia de estas cuestiones, puede verse ORGANIZACIÓN PARA LA COOPERACIÓN Y EL DESARROLLO ECONÓMICO (OECD), *Retos institucionales para la promoción de la competencia*, Nota del Secretariado, Segunda Reunión del Foro de Competencia de América Latina, 14-15 de junio de 2004.

2. El Tribunal promoverá y realizará estudios y trabajos de investigación en materia de competencia.

3. El Tribunal informará los proyectos o proposiciones de ley por los que se modifique o derogue, total o parcialmente, el presente texto legal, así como los proyectos de normas reglamentarias que lo desarrollen».

Como puede comprobarse, especialmente en lo que respecta al apartado 3 del citado art. 26 LDC, la generalidad con que están encomendadas estas funciones consultivas generan un cierto solapamiento con algunas de las funciones recogidas en el art. 25 LDC.

Más específicas, por el contrario, son las competencias de informe y dictamen reguladas en los arts. 2.2, 13.3, 16 y 19 LDC.

De "función tutelar" autodenomina el TDC las facultades que le otorgan los arts. 2.2 y 19 LDC[4]. Así, el art. 2.2 LDC faculta al TDC para

«formular propuesta motivada al Gobierno, a través del Ministerio de Economía y Hacienda, para que adopte o inste a la autoridad pública competente, en su caso, la modificación o supresión de las situaciones de restricción de la competencia establecidas de acuerdo con las normas legales».

La citada disposición dota al TDC de una amplia iniciativa para realizar mociones concretas contra disposiciones que, incluso de rango legal, puedan ser la causa u objeto de restricciones de la competencia.

Por lo que respecta a las ayudas públicas, de conformidad con el art. 19 LDC, el TDC

«... de oficio, o a instancia del Ministro de Economía y Hacienda, analizará los criterios de concesión de las ayudas públicas, en relación con sus efectos sobre las condiciones de competencia con el fin de emitir un informe que elevará al

---

[4] *Vid.* www.tdc.es. El TDC hace la siguiente clasificación de sus funciones:

«FUNCIÓN RESOLUTIVA

El Tribunal resuelve la existencia o no de prácticas restrictivas de la competencia prohibidas por la Ley y determina e impone las sanciones correspondientes. Todas las personas, empresas o asociaciones afectadas por estas prácticas tienen derecho a que el Tribunal analice y resuelva su caso.

FUNCIÓN CONSULTIVA

El Tribunal ejerce una labor consultiva en el control de las concentraciones empresariales emitiendo un dictamen no vinculante. Asimismo, elabora informes sobre materias relacionadas con la competencia por propia iniciativa o a requerimiento del Gobierno, los Departamentos Ministeriales, las Comunidades Autónomas, los Ayuntamientos, las organizaciones empresariales, sindicales o de consumidores.

FUNCIÓN TUTELAR

El Tribunal tutela el funcionamiento de los mercados a través del Servicio de Defensa de la Competencia a quien puede instar a abrir investigaciones. Asimismo, puede formular propuesta motivada al Gobierno para que actúe en casos concretos modificando o suprimiendo situaciones de restricción de la competencia establecidas de acuerdo con las normas legales o fruto de ayudas públicas».

Consejo de Ministros. Dicho informe será público. El Consejo de Ministros, a la vista del contenido del informe del Tribunal de Defensa de la Competencia, decidirá, según los casos, proponer a los poderes públicos la supresión o la modificación de los citados criterios, así como, en su caso, las demás medidas conducentes al mantenimiento o al restablecimiento de la competencia. Todo ello sin perjuicio de las competencias que en esta materia corresponden a la Comisión Europea».

El carácter "tutelar" de esta función del TDC, que entendemos reside en la posibilidad de analizar *ex officio* los criterios de concesión de las ayudas públicas, fue una de las novedades introducidas por la Ley 52/1999, de 28 de diciembre, de reforma de la LDC [5].

Otra importante modificación de la Ley 52/1999, de 28 de diciembre, de reforma de la LDC, fue introducir la posibilidad de que el TDC sea requerido por el órgano judicial competente para emitir un informe sobre la procedencia de indemnización por daños y perjuicios derivados de infracciones a la LDC [6]. Así se dispone en el nuevo apartado 3 del art. 13 LDC, que reza como sigue:

«El Tribunal de Defensa de la Competencia podrá, cuando le sea requerido por órgano judicial competente, emitir un informe sobre la procedencia y cuantía de las indemnizaciones que los autores de las conductas previstas en los arts. 1, 6 y 7 de la presente Ley deban satisfacer a los denunciantes y terceros que hubiesen resultado perjudicados como consecuencia de aquéllas».

Por último, por su relevancia práctica [7], la más importante de las actividades del TDC en su labor consultiva es la de emitir el dictamen no vinculante previsto en el art. 16 LDC en materia de concentraciones económicas, disposición ésta que ha sido modificada en sucesivas ocasiones con el objeto de mejorar la «transparencia, eficacia y predecibilidad de este instrumento tan importante en la vigilancia de la competencia» [8]. En efecto, de la falta de publicidad del informe del TDC en un principio, de sancionar su publicidad tras la decisión por el Consejo de Ministros posteriormente [9], se ha pasado a establecer la publicidad inmediata del informe-dictamen del TDC desde el momento de su recepción por el Ministro de Economía para su elevación al Gobierno [10].

---

[5] Art. 10 de la Ley 52/1999, de 28 de diciembre.

[6] Art. 9 de la Ley 52/1999, de 28 de diciembre.

[7] Sin perjuicio del mayor porcentaje que representan los informes-dictámenes del art. 16 LDC en el conjunto de la labor consultiva del TDC, a diferencia del resto de los informes y dictámenes emitidos por éste órgano, el contenido del informe-dictamen no vinculante emitido por el TDC en expedientes de control de concentraciones ha adquirido una relevancia indudable en el control jurisdiccional de las decisiones del Gobierno. En este sentido, es sobradamente conocida la STS de 2 de abril de 2002 en el asunto *Prosegur* v. *Blindados del Norte,* donde el Tribunal Supremo exige que el acuerdo final del Consejo de Ministros *«debe incluir necesariamente la motivación que lo sustente, tanto más cuanto se aparte del dictamen [del TDC] a partir del cual se adopta»* (FD 4.º).

[8] *Vid.* Exposición de Motivos del Real Decreto-ley 2/2003, de 25 de abril (RCL, 2003, 1138).

[9] *Vid.* art. 10.1 del Real Decreto-ley 6/1999, de 16 de abril (RCL, 1999, 959).

[10] *Vid.* art. 16 del Real Decreto-ley 2/2003, de 25 de abril.

B) Las funciones de información y dictamen del SDC

Las funciones del Servicio de Defensa de la Competencia están recogidas principalmente en el art. 31 LDC y son las siguientes:

— Las de estudio e investigación de los sectores económicos, analizando la situación y grado de competencia de cada uno de ellos, así como la de posible existencia de prácticas restrictivas de la competencia. Como consecuencia de los estudios e investigaciones efectuadas podrá proponer la adopción de medidas conducentes a la remoción de los obstáculos en que se ampare la restricción.

— Las de información, asesoramiento y propuesta en materia de acuerdos y prácticas restrictivas, concentración y asociación de empresas, grado de competencia en el mercado interior y exterior en relación con el mercado nacional, y sobre las demás cuestiones relativas a la defensa de la competencia.

— Informar los anteproyectos de normas que afecten a la competencia.

— Dirigir informes y/o recomendaciones sobre materias de defensa de la competencia a cualquiera de los Departamentos ministeriales, Comunidades Autónomas, Corporaciones locales, Cámaras de Comercio y organizaciones empresariales, sindicales o de consumidores y usuarios.

— Estudiar y someter al Gobierno las oportunas propuestas de modificación de la Ley de Defensa de la Competencia, conforme a los dictados de la experiencia en la aplicación del Derecho nacional y comunitario.

De hecho, la llamada actividad de *advocacy* en la faceta de informar proyectos normativos es destacada por el propio SDC en sus Informes Anuales como parte importante de su actividad [11].

C) Conclusiones

Se constata, en definitiva, un cierto solapamiento legal o duplicidad en las funciones consultivas atribuidas por la LDC al SDC como al TDC. Tras analizar la aplicación práctica que cada órgano ha realizado y la proyección de cada una de ellas para la política de competencia en nuestro país, parece indispensable una indagación más general que contribuya a delimitar qué órgano concreto debe ser responsable de qué tipo de actividad.

---

[11] SERVICIO DE DEFENSA DE LA COMPETENCIA, *Informe Anual 2002*, Madrid, 2003, p. 6.

3. DESARROLLO PRÁCTICO POR PARTE DE LOS ÓRGANOS DE DEFENSA DE LA COMPETENCIA DE SUS FUNCIONES DE INFORMACIÓN Y DICTAMEN: VALORACIÓN CRÍTICA

Sin perjuicio de las funciones consultivas del TDC en materia de control de concentraciones (art. 16 LDC), de apertura de grandes establecimientos comerciales [art. 25.*e)* LDC], de informe a los órganos jurisdiccionales sobre eventuales indemnizaciones de daños y perjuicios (art. 13.3 LDC), así como en materia de ayudas públicas (art. 19 LDC) [12], en el presente apartado centraremos nuestra atención sobre el desarrollo práctico del las funciones de información y dictamen del TDC y del SDC al amparo de los arts. 2.2, 26 y 31 LDC.

A) La práctica del TDC

Bajo el epígrafe de «Informes», las Memorias Anuales del TDC dan cuenta de su actividad consultiva que, en sus propias palabras,

> *«se ejerce mediante la emisión de informes de diversa índole como son los de operaciones de concentración empresarial, los de licencias de apertura de grandes establecimientos comerciales, o los solicitados por el Gobierno, los Departamentos Ministeriales, las Comunidades Autónomas, las organizaciones empresariales, sindicales o de consumidores y usuarios en materia de libre competencia»* [13].

A la vista de dichas Memorias se constata que la función consultiva del TDC se concentra fundamentalmente en la emisión de informes en expedientes de control de concentraciones (art. 16 LDC) y en expedientes de concesión de licencias de establecimientos comerciales [art. 26.*e)* LDC]. Por lo que respecta a la actividad del TDC al amparo del art. 13.3 LDC, no existe referencia alguna a la misma en dichas Memorias [14]. Igualmente, son escasas las referencias al ejercicio por el TDC de la facultad de informar, *ex officio* o a instancias del Ministerio de Economía, sobre las ayudas públicas.

---

[12] Para el seguimiento del desarrollo práctico de las funciones del TDC, nos remitimos, con carácter general, a sus Memorias Anuales publicadas periódicamente en www.tdc.es.

[13] TRIBUNAL DE DEFENSA DE LA COMPETENCIA, *Memoria Anual 2002*, Madrid, 2003, p. 69.

[14] Si bien no en materia de daños y perjuicios (el apartado 3 del art. 13 LDC sólo entra en vigor en el año 2000), es curioso señalar que las Memorias Anuales anteriores a 1998 reseñaban los informes solicitados por el poder judicial. *Vid., inter alia, Memoria Anual 1997,* Tribunal de Defensa de la Competencia, p. 150.

En cuanto a la función de propuesta del TDC para eliminar las posibles restricciones a la competencia originadas por los poderes públicos (art. 2.2 LDC) y a su labor consultiva que, con carácter general, conforma el art. 26 LDC, la práctica no acredita una intensa actividad del TDC al amparo de dichas competencias. Asimismo, destacamos que, además de no existir una práctica establecida en cuanto a la publicación de los informes del TDC en virtud de dichas disposiciones [15], éste no parece haber dispuesto del amplio poder de iniciativa que la LDC le confiere. En efecto, sin perjuicio del número de informes que el TDC haya podido emitir y que no han sido publicados, lo cierto es que no nos consta que el TDC haya actuado de oficio en el ejercicio de su labor consultiva y tutelar [16]. Por otra parte, si el legislador pretendía dar una entidad distinta a la capacidad de propuesta del TDC que le confiere el art. 2.2 LDC de la labor consultiva general recogida en el art. 26 LDC, lo cierto es que en la práctica, quizás por la falta de iniciativa del TDC, éste las ha venido ejerciendo de forma indistinta [17].

Por lo que respecta a los efectos y utilidad de estos informes, y sin perjuicio de que, por la extensión y alcance del presente trabajo, no es lugar éste para analizar el contenido de cada uno de ellos, no podemos dejar de señalar la trascendencia de los mismos, notable en algunos casos.

Destacamos, por ejemplo, la indudable repercusión e influencia del «Informe sobre los colegios profesionales» publicado en 1992 [18]. El

---

[15] *Vid.* A. PETITBÒ JUAN, «Los órganos de defensa de la competencia ante la Nueva Economía y la descentralización de sus funciones», *Anuario de la Competencia 2001,* Madrid, 2002; en este trabajo, el autor señala cómo, a partir de 1994, se pretende limitar la capacidad de propuesta del TDC, reduciendo los informes del TDC a instancia de parte o dejándolos en el anonimato, criticando acertadamente la falta de justificación de esta falta de publicidad, transparencia y fomento del debate.

[16] Todos los informes de cuya publicación tenemos conocimiento han sido emitidos a instancias del Gobierno: *Informe sobre el Libre Ejercicio de las Profesiones,* 1992; *Remedios políticos que pueden favorecer la Libre Competencia en los servicios y atajar el daño causado por los monopolios,* 1993; *La Competencia en España: Balance y Nuevas Propuestas,* 1995; *Informe sobre el Precio Fijo de los Libros,* 1997; *Informe sobre las condiciones de competencia en el sector de la Distribución Comercial* (I 100/02), 2003, todos ellos publicados en la página web del TDC. Asimismo, en respuesta al mandato del Gobierno contenido en la Disposición Transitoria segunda, párrafo cuarto, del Real Decreto 833/2003, de 27 de junio, sobre los requisitos técnicos que deben cumplir las estaciones de inspección técnica de vehículos (ITV) a fin de ser autorizadas para realizar esa actividad, el pasado mes de septiembre el TDC ha entregado al Gobierno un dictamen para analizar las condiciones de competencia en el mercado español de servicios de inspección técnica de vehículos que, a fecha de hoy, no nos consta que se encuentre publicado. *Vid. El País,* 11 de octubre de 2004.

[17] En los propios informes el TDC dice emitirlos en aplicación de los arts. 2 y 26 LDC.

[18] TRIBUNAL DE DEFENSA DE LA COMPETENCIA, *Informe sobre el libre ejercicio de las profesiones. Propuesta para adecuar la normativa sobre profesiones colegiadas al régimen de libre competencia vigente en España,* Madrid, 1992. Como génesis de este informe cabe anotar el 19 de septiembre de 1991, cuando en una comparecencia ante el Pleno del Congreso el Ministro de Economía

núcleo de este Informe es una propuesta de modificación de algunos aspectos de la formativa colegial que impedían el juego de la libre competencia en la prestación de servicios profesionales. El propio Informe calificaba esta propuesta de moderada, porque no planteaba suprimir todas las restricciones a la competencia de las que gozaban las profesiones, sino sólo las que resultaban más perjudiciales para la economía. Antes de desarrollar los términos exactos de su propuesta, el TDC delimitó las razones y el objeto de su Informe, describió las principales restricciones a la competencia que afectaban a las profesiones y justificó la necesidad de la reforma propuesta. En esencia, este Informe vino a romper con la tesis tradicional de la exclusión de los profesionales colegiados y de Colegios Profesionales de las reglas generales de la competencia, aunque se admitiesen algunas excepciones [19].

Aunque el núcleo básico de las medidas liberalizadoras propuestas por el TDC en su Informe de 1992 fue llevado a efecto en la reforma acometida por el Decreto-ley 5/1996, de 7 de junio, ampliada por la Ley 7/1997, de 14 de abril, lo cierto es que no todas las propuestas de reforma se acogieron.

Sin perjuicio de lo anterior, el TDC advertía que, aun después de la reforma, era necesario vigilar al sector profesional. Y ello esencialmente por dos motivos. Primero, porque era un sector que ha vivido tanto tiempo al abrigo de la competencia, que tendría una inercia a seguir comportamientos en contra de la misma. Segundo, porque, en la medida en que no se había propuesto una reforma radical, sino moderada o limitada, los profesionales seguían ostentando un poder excepcional que debían utilizar en interés de la mayoría de los ciudadanos.

---

y Hacienda manifestó la intención del Gobierno de suprimir la colegiación obligatoria, con el objetivo de mejorar la competitividad en el sector de los servicios, lo que exigía reducir la rigidez de la regulación de las profesiones colegiadas. Con estas declaraciones parece que se pretendía pulsar el estado de la cuestión y evaluar la reacción de los Colegios Profesionales. En esta misma dirección, el Plan de Convergencia: 1992-1996, elaborado por el Gobierno en marzo de 1992, hacía referencia a la revisión de la formativa reguladora del acceso a determinadas actividades y de la práctica del ejercicio profesional, a fin de eliminar las trabas innecesarias a la movilidad funcional. A la vista de lo anterior, y al amparo del art. 26.2 LDC, el Ministerio de Economía y Hacienda encargó al TDC la realización de este Informe.

[19] Para una visión más detallada de esta cuestión pueden verse los trabajos de D. VÁZQUEZ ALBERT, *Derecho de la Competencia y ejercicio de las profesiones,* Madrid, 2002, pp. 106 ss.; F. LÓPEZ RAMÓN, «Libre competencia y Colegios Profesionales en la experiencia constitucional española», en AAVV, *Los Colegios Profesionales a la luz de la Constitución*, Madrid, 1966, pp. 243 ss.; L. CALVO SÁNCHEZ, *Régimen jurídico de los Colegios Profesionales*, Madrid, 1998, pp. 210 ss.; J. M. SÁNCHEZ SAUDINOS, «Una reflexión acerca del impacto de la Unión Europea sobre el régimen de ejercicio de las profesiones tituladas en España: el "Informe sobre el libre ejercicio de las profesiones" del Tribunal de Defensa de la Competencia», *RFDUC,* núm. 18, 1994, pp. 355 ss. Para una aproximación general de los desarrollos internacionales en este ámbito puede verse «Competition in Profesional Services», *OECD Journal of Competition Law and Policy*, vol. 3, núm. 4, 2001, pp. 53 ss.

En todo caso, pese a apuntar la existencia de determinados errores y excesos en algunas de sus resoluciones en este ámbito, existe unanimidad en nuestra mejor doctrina para destacar la extraordinaria importancia que tuvo el Informe del TDC de 1992, no sólo en las reformas legislativas que habían de dictarse en 1996 y 1997, sino en el giro radical que había de darse en España y que culminaría con la aplicación a los Colegios Profesionales de las normas sobre competencia [20].

B) La práctica del SDC

A la vista de los Informes Anuales del SDC [21], la función de éste en materia de *advocacy* [22] parece ser ejercida de forma muy activa. No obstante, toda vez que sus informes y estudios no suelen ser objeto de publicación, es difícil medir su repercusión e incidencia en la producción normativa o en la adopción de medidas destinadas a remover las obstáculos que puedan servir de amparo a las restricciones a la competencia [23].

4. LA FUNCIÓN CONSULTIVA EN LA ADMINISTRACIÓN PÚBLICA: ANTECEDENTES Y MARCO GENERAL

A) Concepto

Desde antiguo la función consultiva ha desempeñado una labor esencial en el marco del proceso de formación de las decisiones administrativas [24]. Ello es hoy bien visible habida cuenta no sólo de la fre-

---

[20] AAVV, *Colegios Profesionales y Derecho de la Competencia,* G. FERNÁNDEZ FARRERES (dir.), Madrid, 2002, pp. 219 ss.

[21] Los Informes Anuales del Servicio de Defensa de la Competencia, desde el correspondiente a 1997, se encuentran publicados en www.mineco.es/dgdc/sdc.

[22] *Vid., inter alia,* SERVICIO DE DEFENSA DE LA COMPETENCIA, *Informe Anual 2002,* pp. 6 ss.

[23] Como muestra del ejercicio por el SDC de las funciones de estudio e investigación que le confiere el art. 31.*d)* LDC, nos remitimos al Informe preliminar del Servicio de Defensa de la Competencia, *Investigación de la Cadena de Distribución de Determinadas Frutas y Hortalizas,* enero de 2004, publicado en www.mineco.es/dgdc/sdc/Informe. Del citado estudio no se desprende propuesta alguna por parte del SDC, sino que, con base en la información analizada en el mismo, motiva la continuación del expediente administrativo iniciado en octubre de 2003 al objeto de determinar si se ha vulnerado la normativa de defensa de la competencia en el proceso de distribución comercial del tomate y la manzana. Al menos, por lo que respecta a este Informe, el SDC parece orientar las funciones de estudio e informe que le confiere el art. 31.*d)* LDC a su labor de instructor de expedientes por infracciones a la LDC.

[24] El recurso a la consulta de órganos externos especializados a fin de obtener un juicio cualificado que ilustrase al órgano decidor en la determinación de una concreta resolución ha representado, en efecto, un eslabón de suma importancia en el funcionamiento de la Administración Pública.

cuencia con la que el legislador preceptúa la evacuación de un informe como momento obligado de la trama secuencial, sino también a la luz de la propia regulación común del procedimiento administrativo contenida en la Ley 30/1992, de 26 de noviembre, de Régimen Jurídico de las Administraciones Públicas y del Procedimiento Administrativo Común, en la cual la consulta externa —o sea, el informe— tiene reservada una posición específica y singular dentro de las diversas actuaciones que integran la instrucción procedimental.

Efectivamente, los actos administrativos consistentes en declaraciones de voluntad emanadas mediante resoluciones que ponen fin a los procedimientos administrativos requieren un juicio previo acerca de su adecuación a los intereses generales, a cuyo servicios debe estar sometida la actividad de la Administración por mandato del art. 103.1 de la Constitución. Quiere ello decir que el ejercicio de la función administrativa activa o resolutoria presupone, en alguna medida, que se haya producido con carácter previo una función administrativa consultiva o asesora. Por ello, los informes constituyen, desde esta óptica instructoria, un mecanismo que permite incorporar al expediente administrativo elementos de juicio necesarios para resolver con un conocimiento cabal y completo de la situación fáctica y jurídica que envuelve el supuesto en cuestión; para resolver, esto es, con un adecuado "conocimiento de causa" *(cognita causa)*[25].

Por ello, frente a los órganos de la "Administración activa" y de la "Administración de control", se caracteriza la "Administración consultiva" como el conjunto de entes públicos u órganos administrativos a los que el ordenamiento jurídico atribuye, de forma exclusiva o parcial, la función de aconsejar, asesorar y suministrar elementos de juicio a otros entes públicos u órganos administrativos[26].

B) Funciones

La función básica cumplida por la Administración consultiva consiste en asesorar a los órganos activos, ilustrando su juicio acerca de las diversas opciones existentes con carácter previo a la adopción de

---

[25] A través del informe, el órgano llamado a resolver podrá esclarecer así aspectos técnicos vinculados a la intervención en sectores de enorme complejidad científica, o bien obtener el asesoramiento preciso acerca de la recta aplicación de las normas jurídicas —merced a la fiscalización *ex ante* de la regularidad y legalidad de la tramitación seguida y de la solución propuesta en un concreto asunto—.

[26] Por todos, C. Cierco Sieira, «Procedimiento administrativo y ejercicio de la función consultiva: sobre el concepto y régimen de los informes», *RAP,* núm. 18, 2001, pp. 165 ss.; J. J. Lavilla Rubira, «Administración consultiva», en AAVV, *Enciclopedia Jurídica Básica,* vol. I, Madrid, 1995, p. 248.

la decisión que se traduce en el acto administrativo concreto. Pero, junto la función nuclear estrictamente asesora, al objeto de servir los fines propios del Estado social y democrático de Derecho, deben mencionarse otras funciones:

a) *Función de garantía del interés general y de observancia de la legalidad*: Se trata de asegurar el predominio del Estado de Derecho, entendido bien como sometimiento del Gobierno y la Administración al ordenamiento, bien como garantía del ciudadano. Ésta es la función que desempeñan los Consejos de Estado de cuño clásico, asumiendo incluso el papel del juez administrativo[27].

b) *Función de gestión y reducción de conflictos de intereses*: De un lado, se trata de no desvincular al gobernante del mundo de los intereses políticos. Aunque el Estado democrático es un Estado de partidos, la diversificación del plano político-partidista y el plano del apartado estatal es cada vez más acentuada, por lo que se hace necesario que el gobernante tenga apoyos personales que le conecten con su partido, que le ayuden a ver la dimensión política de sus decisiones y que le mantengan en contacto con el Parlamento y con la opinión pública. Por otra parte, los órganos consultivos en los que están representados grupos sociales posibilitan una primera aproximación e integración de los correspondientes intereses en potencial contraposición, cumpliendo así una relevante labor de reducción de la intensidad de los conflictos de intereses. Al mismo tiempo, la intervención de aquellos grupos en el procedimiento administrativo de decisión contribuye notablemente a la legitimación democrática del resultado de éste, cualquiera que sea su contenido. En este punto se encuadrarían los órganos de representación social que van apareciendo en todos los ordenamientos contemporáneos.

c) *Función de armonización de las diferentes Administraciones territoriales del Estado de las Autonomías*: La presencia en determinados órganos consultivos de representantes de diversas Administraciones Públicas territoriales se ha revelado como un eficaz medio para lograr una articulación coherente y aceptada por todos del ejercicio de las competencias concurrentes de las que pueden ser titulares. La Administración consultiva cumple también, pues, una plausible función al servicio del funcionamiento armónico del Estado compuesto español.

c) *Función de coordinación*: Contribuir a diseñar, programar y transmitir a la Administración activa las decisiones políticas que se ejecutan con medios administrativos, coordinando incluso los distintos

---

[27] Como ha señalado la STC 204/1992, de 26 de noviembre, FJ 4.º, respecto del Consejo de Estado, y es predicable asimismo de cualesquiera órganos de asesoramiento técnico-jurídico independiente, la intervención de éstos supone «una importantísima garantía del interés general y de la legalidad objetiva y, a consecuencia de ello, de los derechos y legítimos intereses de quienes son parte de un determinado procedimiento administrativo».

órganos con facultades de dirección y decisión. Aquí aparecen los órganos *staff and line*, los Secretariados y los servicios de asesoramiento jurídico.

C) Conclusiones

Como ya vimos anteriormente, las funciones de información y dictamen que tienen atribuidos los órganos de defensa de la competencia presentan rasgos que, por una parte, se asemejan que los clásicos de la Administración consultiva, mientras que, por otra parte, hay notas que los diferencian claramente.

Así, en lo que al SDC respecta, es formalmente la Dirección General de Defensa de la Competencia, que está incardinada en la Secretaría de Estado de Economía, perteneciente al Ministerio de Economía. No cabe por ello duda alguna de que el SDC se encuadra plenamente como órgano administrativo dentro de la llamada Administración consultiva, puesto que su función en este plano es poder tener plenamente informado al Secretario de Estado y al Ministro de todas aquellas cuestiones relativas al funcionamiento de determinados mercados y de determinadas parcelas del ordenamiento jurídico al objeto de que todo ello contribuya al diseño de una política de competencia más eficaz.

En cuanto al TDC, su caracterización como Administración consultiva es más compleja. Por una parte, como ya vimos anteriormente, la LDC le encomienda diferentes labores de información y dictamen, tanto de carácter sectorial como de carácter puramente consultivo para las Administraciones central y autonómicas como por reguladores sectoriales y otros colectivos estrictamente privados. Efectivamente, la propia rúbrica del art. 26 LDC las denomina «funciones consultivas». Ahora bien, es evidente que la función consultiva no es la única que desempeña, ni es la función primordial de entre las que tiene legalmente atribuidas, ni se trata de una función que ejerza sólo de forma interna o *ad intra* para la propia Administración, puesto que puede ser consultada por «Cámaras de Comercio, organizaciones empresariales, sindicales y de consumidores o usuarios». Se trata de un órgano con funciones claramente resolutorias o de control por mucho que, en materia de control de concentraciones, deba emitir un informe no vinculante para el Consejo de Ministros. Estas características le alejan claramente de la Administración consultiva *stricto sensu*.

5. FUNCIÓN CONSULTIVA ESPECIALIZADA Y AGENCIAS ADMINISTRATIVAS INDEPENDIENTES

Las autoridades o agencias independientes son un fenómeno relativamente reciente en España, ya que aparecieron con posterioridad a la promulgación de la Constitución de 1978[28].

Así, en 1980 se creó el Consejo de Seguridad Nuclear (CSN) a imagen y semejanza de la *Nuclear Regulatory Commision"* de los Estados Unidos[29], se reformó el régimen de Radiotelevisión Española (RTVE)[30] y el del Banco de España[31]. Posteriormente, este fenómeno se consolidaría, creándose otros organismos independientes con similares características, como la Comisión Nacional del Mercado de Valores (CNMV) en 1988[32], la Agencia de Protección de Datos (APD) en 1992[33], la Comisión del Sistema Eléctrico Nacional (CSEN) en 1994, que pasó a ser en 1997 Comisión Nacional del Sistema Eléctrico (CNSE) y, posteriormente, en 1998, Comisión Nacional de Energía (CNE), con competencias en el sector eléctrico y en el de los hidrocarburos, tanto líquidos como gaseosos[34]. Por último, no podemos dejar de mencionar la Comisión del Mercado de las Telecomunicaciones

---

[28] A medida que la actividad administrativa se fue extendiendo a diferentes áreas de la actividad económica, así como a multitud de cuestiones, pudo constatarse cómo la complejidad técnica de muchas de ellas desbordaba las capacidades consultivas generales de los organismos de la Administración Pública creados a tal efecto. Ello creó la necesidad de que la Administración contara con organismos o cuerpos especializados que pudieran cumplir esa función consultiva con el grado de profundidad y de rigor técnico exigibles.

[29] Ley 15/1980, de 22 de abril, del Consejo de Seguridad Nuclear. Sobre el CSN puede verse F. López Ramón, «El Consejo de Seguridad Nuclear: un ejemplo de Administración independiente», en AAVV, *Administración instrumental. Libro homenaje a Manuel Clavero Arévalo*, A. Pérez (coord.), vol. 1, Madrid, 1994, pp. 575 ss.

[30] Ley 4/1980, de 10 de enero, por la que se aprueba el Estatuto de la Radio y la Televisión, desarrollada por el Real Decreto 1615/1980, de 31 de julio. Para un análisis de la evolución legislativa puede verse E. García Llovet, *El régimen jurídico de la radiodifusión*, Madrid, 1991, pp. 277-280.

[31] Ley 30/1980, de 21 de junio, de Órganos Rectores del Banco de España (LORBE), si bien no alcanzará plena autonomía hasta la Ley 13/1994, de 1 de junio, de Autonomía del Banco de España. Sobre este proceso de progresiva independencia puede verse el trabajo de L. A. Pomed Sánchez, *Régimen jurídico del Banco de España*, Madrid, 1996.

[32] Ley 24/1988, de 28 de julio, del Mercado de Valores. Sobre la CNMV puede verse M. Fuertes López, *La Comisión Nacional del Mercado de Valores*, Valladolid, 1994; E. Malaret García, «La Comisión Nacional del Mercado de Valores (una aproximación a su configuración institucional)», *REDA*, núm. 76, 1992, pp. 557 ss.

[33] Ley Orgánica 5/1992, de 29 de octubre, de Regulación del Tratamiento Automatizado de los Datos de Carácter Personal (LORTAD).

[34] Sobre dicha agencia administrativa pueden verse los trabajos de M. Serrano González, «La Comisión Nacional de la Energía: el ejercicio de sus funciones en el nuevo entorno competitivo», en AAVV, *Regulación sectorial y competencia*, Madrid, 1999, pp. 93 ss.

(CMT) en 1996[35]. En todos los casos se atribuyen a estas agencias funciones consultivas, además de otras muchas[36].

Más adelante, en 1997, la Ley de Organización y Funcionamiento de la Administración General del Estado (LCFAGE) consagra formativamente en su Disposición Adicional décima las "autoridades independientes", por reconocerse su independencia funcional y especial autonomía respecto de la Administración General del Estado.

No pretendemos analizar pormenorizadamente en este trabajo la génesis y evolución de las agencias administrativas independientes en España, cuestión que excede con creces del objeto del mismo[37]. Nos proponemos únicamente delimitar los rasgos diferenciadores de estas autoridades administrativas independientes y analizar en qué medida resultan aplicables al TDC, puesto que ya hemos visto cómo sus funciones consultivas no permiten, sin embargo, encuadrar a dicho órgano dentro de la Administración consultiva.

Siguiendo a la doctrina más autorizada, los rasgos más característicos de las agencias administrativas independientes son los siguientes[38]:

1. Respecto de sus funciones y competencias, estas agencias reúnen típicamente las siguientes:

— potestad normativa;
— competencias de supervisión;
— potestad sancionadora;
— competencias ejecutivas;

[35] Sobre la CMT y su configuración como agencia administrativa independiente pueden verse los trabajos de J. M. Sala Arquer, *La Comisión del Mercado de las Telecomunicaciones*, Madrid, 2000; R. Alonso Soto, «Los organismos reguladores y la defensa de la competencia: *Comisión del Mercado de las Telecomunicaciones* v. *Autoridades de defensa de la competencia*». Para una perspectiva más general puede verse el trabajo de M. J. Vañó Vañó, «La liberalización del sistema eléctrico español. Desregulación y neoregulación», *RDM,* núm. 231, 1999, pp. 219 ss.

[36] Respecto de la CMT, por ejemplo, su función consultiva consiste en informar al Gobierno en relación con la política de telecomunicaciones a llevar a cabo. Todas las normas del Gobierno requieren, por tanto, de informe previo de la CMT. A petición de las Comunidades Autónomas y Corporaciones locales, también puede la CMT ejercer su función de asesoramiento. Los operadores de telecomunicaciones también podrán plantear a este órgano las consultas que estimen necesarias.

[37] La bibliografía sobre las agencias administrativas independientes es amplísima. Entre los trabajos consultados pueden citarse los de M. Salvador Martínez, *Autoridades independientes*, Barcelona, 2002; T. R. Fernández Rodríguez, «Reflexiones sobre las llamadas autoridades administrativas independientes», en AAVV, *Administración instrumental. Libro homenaje a Manuel Francisco Clavero Arévalo*, vol. 1, Madrid, 1994, pp. 427 ss.; A. Betancor Rodríguez, *Las administraciones independientes*, Madrid, 1994; E. García Llovet, «Autoridades administrativas independientes y Estado de Derecho», *RAP,* núm. 131, 1993, pp. 23 ss.; L. Pomed Sánchez, «Fundamento y naturaleza jurídica de las administraciones independientes», *RAP,* núm. 132, 1993, pp. 117 ss.

[38] *Vid.* M. Salvador Martínez, *supra op. cit.,* pp. 349 ss.

— competencias parajudiciales, y
— competencias asesoras y de información.

Menos la potestad normativa, puede decirse que el TDC reúne todas ellas.

2. Respecto de sus funciones y competencias, pueden apuntarse como características más significativas las siguientes:

— *autonomía orgánica*, que incluye su creación por ley, con personalidad jurídica propia, estatuto propio y reglamento interno.

Puede afirmarse, especialmente tras las modificaciones llevadas a cabo por el art. 63 de la Ley 24/2001, que el TDC goza de estas características;

— *autonomía funcional*, que incluye competencias exclusivas en las materias propias; independencia de órdenes e instrucciones; sus actos producen el agotamiento de la vía administrativa, y sus decisiones son vinculantes para sus destinatarios.

Puede decirse que el TDC reúne estas características. No obstante, el art. 20.6 LDC adscribe el TDC al Ministerio de Economía, quien es responsable de ejercer el control de eficacia sobre su actividad, remitiéndose por lo demás a la LOFAGE;

— *autonomía personal*, que incluye independencia (al menos parcial) del Gobierno en el sistema de elección de miembros; determinados requisitos de elegibilidad para asegurar tanto la cualificación como la despolitización de los nombramientos; causas de incompatibilidad; duración del mandato y causas de cese.

Salvo en lo que respecta al nombramiento, que es siempre a propuesta del Ministro de Economía (art. 21.1 LDC), el actual régimen jurídico del TDC aunque el resto de las características;

— *autonomía financiera*, que incluye sus propios ingresos, la elaboración de su presupuesto y su propio patrimonio.

En este punto, la autonomía es parcial, toda vez que el TDC sólo puede elaborar el anteproyecto de presupuesto, que debe ser en todo caso validado por el Ministerio de Hacienda. Por lo demás, el TDC cuenta con los ingresos propios que está autorizado a obtener, así como los bienes y valores que constituyan su patrimonio.

3. Respecto de los sistemas de control, pueden apuntarse los siguientes:

— en el plano de los *controles internos*, debe mencionarse el que lleva a cabo una intervención delegada de la Intervención General de la Administración del Estado, sin perjuicio de las competencias del Tribunal de Cuentas;

— en el plano de los *controles externos*, el TDC no está sujeto al control político del Gobierno, ni directamente al del Parlamento. Por lo demás, como es consustancial con nuestra Constitución, las decisiones del TDC son susceptibles de revisión jurisdiccional en vía contencioso-administrativa [39].

Con la promulgación de la LDC en 1989 se pretendía configurar al TDC como lo que nunca fue con la vieja Ley 110/1963, de Prácticas Restrictivas de la Competencia: una "Administración independiente", por mucho que el articulado de la Ley no respondiera muchas veces a este objetivo. Ello explica las dudas reiteradas que tuvo la Comisión Europea respecto de la verdadera independencia de dicho organismo. Con las sucesivas reformas que se han venido realizando a la LDC desde su promulgación, y salvo algunas excepciones, entendemos que las características actuales del TDC lo aproximan mucho más a una agencia administrativa independiente, alejando claramente al mismo de un órgano perteneciente a la Administración consultiva. Ello en modo alguno desnaturaliza o minimiza la importancia de las funciones consultivas y de informe que tiene encomendados el TDC.

C) Conclusiones

A la hora de encuadrar la misma dentro de las llamadas "Administraciones independientes" nos encontramos con los obstáculos siguientes:

— En el plano de la independencia, pese a la referencia recogida en la propia Exposición de Motivos de la LDC («... independencia necesaria respecto de la Administración activa...»), a juicio de la propia Comisión Europea, el TDC no disfrutaba de suficiente independencia por cuanto que el Gobierno se reservaba competencias decisivas en la aplicación del Derecho de la competencia en España [40].

— En el plano de la potestad normativa, el TDC es la única de las "autoridades independientes reguladoras" que no tiene atribuidas estas competencias, que se consideran típicamente necesarias para desarrollar las leyes y los reglamentos relativos al sector.

[39] STC 80/183, FJ 1.º, derogando ciertas disposiciones de la Ley 110/1963 por oponerse a los arts. 24.1, 106.1 y 117.5 CE.

[40] European Commission, Directorate General for Economic and Financial Affairs, *Report on the implementation of the 1999 Broad Economic Policy Guidelines*, núm. 1, Bruxelles, 2000, p. 91: «... Despite the reform of competition law, there are some concerns about the independence of the competition authorities...». Asimismo, en el Informe correspondiente al año 2001 se afirmaba que «... the decision to investigate or not a case remains in the hands of the Ministry of Economy, putting at risk the independence of the Tribunal...»; *vid. Report on the implementation of the 2000 Broad Economic Policy Guidelines,* núm. 2, Bruxelles, 2001, p. 91.

— En el plano de los sistemas de controles, y más concretamente del financiero, es importante señalar que el nuevo apartado 6 del art. 20 LDC introducido por la Ley de Acompañamiento de 2002 remite a lo establecido para este tipo de controles en la LOFAGE. Ahora bien, hasta entonces, el TDC no estaba sujeto a la fiscalización del Gobierno. Este tipo de controles son adecuados para la Administración instrumental pero no para una "autoridad independiente", puesto que se introducen elementos de juicio muy próximo al del control del oportunidad.

— En el plano de la eficacia y alcance de sus informes, uno de los más importantes que tiene encomendados el TDC por la LDC, que es el relativo a las concentraciones económicas, sigue sin ser final y vinculante para el Consejo de Ministros, quien tiene la última palabra [41].

Todo ello no ha impedido que un sector de nuestra doctrina administrativista ya calificara al TDC como "autoridad independiente" [42]. Ahora bien, lo que es evidente es que con la promulgación de la Ley 24/2001, de 27 de diciembre, se da una nueva redacción al art. 20 LDC, que atribuye personalidad jurídica al TDC y le transforman en una "autoridad independiente" (o más independiente que antes...). Por ello, desde la especial *auctoritas* que le otorga esa independencia y desde el reconocimiento de su indudable especialización técnica, sus funciones de información y dictamen cobran una dimensión complementaria a las que, como Administración puramente consultiva, tiene el SDC.

6. LAS LLAMADAS FUNCIONES DE *ADVOCACY* EN LA POLÍTICA DE LIBRE COMPETENCIA: CONCEPTO, FUNDAMENTOS Y APLICACIÓN PRÁCTICA EN ESPAÑA

Recalcar que uno de los objetivos o misiones fundamentales de los órganos de defensa de la competencia debe ser promover activamente la cultura de la libre competencia y del mercado, así como fomentar la remoción de los obstáculos normativos que entorpezcan la misma, requiere de una explicación más detallada. Efectivamente,

---

[41] Es cierto que por vía jurisprudencial y desde la importante Sentencia del Tribunal Supremo (Sala 3.ª) de 2 de abril de 2002 recaída en el asunto *Prosegur* v. *Blindados del Norte,* limitando severamente la discrecionalidad del Consejo de Ministros para imponer condiciones a una concentración más gravosas de las propuestas por el TDC.

[42] En este sentido puede verse R. PARADA VÁZQUEZ, *Derecho Administrativo*, vol. II, Madrid, 1993, pp. 306 y 314 (también en «Administración Independiente», en *Enciclopedia Jurídica Básica,* vol. I, Madrid, 1995, p. 290); E. GARCÍA LLOVET, «Autoridades administrativas independientes y Estado de Derecho», *RAP,* núm. 131, 1993, pp. 88-89; M. MAGIDE HERRERO, *Límites constitucionales de las Administraciones independientes*, Madrid, 2002, pp. 44 ss.

de lo contrario se corre el riesgo de poder caer en una absoluta obviedad, quién no dice estar hoy en favor de la libre competencia como uno de los pilares fundamentales de la economía de mercado... [43].

En la actualidad, puede decirse que el debate intelectual está, en buena medida, ganado, puesto que entre la inmensa mayoría de los Estados, de los reguladores y de los economistas y juristas que han profundizado en la cuestión en todos aquellos países del mundo que tienen una economía de mercado parece existir un amplio consenso de que la libre competencia es fundamental y que debe, por ello, profundizarse en el desarrollo de los mecanismos que promuevan y fortalezcan la misma. Quiere ello decir que, desde la perspectiva de los órganos de defensa de la competencia, la aplicación del Derecho *antitrust*, incluyendo la represión de las conductas prohibidas *(enforcement)*, es solamente uno de los aspectos de las tareas que tienen encomendadas los órganos de defensa de la competencia, pero no puede quedarse ahí su función. Y es que la interrogante básica que debemos plantearnos debe ser cuáles son los instrumentos más eficaces para promover una mayor competencia en nuestros mercados [44], teniendo en cuenta que no todas las fórmulas o modelos son susceptibles de ser aplicados de forma mecánica según sean las características de los mercados en que se aplican [45].

En la mayoría de los países de nuestro entorno, las funciones de *advocacy* están ampliamente generalizadas entre los órganos de defensa de la competencia, quienes hacen un uso considerable de las mismas [46].

Pero qué significa realmente la *advocacy,* cuáles son sus fundamentos y qué grado de aplicación práctica ha tenido en España son cuestiones que abordaremos a continuación.

---

[43] En este sentido, A. A. FOER, «The consumer interest and antitrust advocacy», Washington DC, American Antitrust Institute, 11 de mayo de 2004, p. 1, en www.antitrustinstitute.org.

[44] T. J. MURIS, «Creating a culture of competition: the essential role of competition advocacy», Napoli, International Competition Network, 28 de septiembre de 2002, www.ftc.gov/speeches/muris.

[45] Destacando el relativismo de los modelos analíticos (especialmente, la Escuela de Chicago) en función de las características de cada mercado, no podemos dejar de mencionar la excelente monografía de M. S. GAL, *Competition policy for small market economies*, Cambridge/Mass., 2003, así como M. S. GAL, «Size does matter: the effects of market size on optimal competition policy», *S. Cal. L. Rev.*, vol. 74, 2001, pp. 1437 ss.

[46] Para una perspectiva del ejercicio de las funciones de *advocacy* por parte de la Federal Trade Commission (FTC) pueden verse los trabajos de A. C. CELNICKER, «The Federal Trade Commission's competition and consumer advocacy program», *St. Louis Univ. L. J.*, vol. 33, 1989, pp. 379 ss.; J. C. COOPER, P. A. PAUTLER y T. J. ZYWICKI, «Theory and practice of competition advocacy at the FTC», *Law and Economics Working Paper Series,* núm. 04-48, George Mason University School of Law, http://ssrn.com/abstract_id=610586.

A) Concepto

Pese a que nuestro idioma es rico en vocablos que hubieran posibilitado una adaptación del término, lo cierto es que se ha extendido de forma absolutamente generalizada el empleo del término *advocacy* para identificar aquellas iniciativas de los órganos de defensa de la competencia dirigidas a fomentar la adecuación del ordenamiento jurídico a estructuras más proclives a libre competencia, a difundir el estudio y difusión del Derecho de la competencia y a difundir una cultura relacionada con estas cuestiones que contribuya a concienciar a empresarios, consumidores y organismos públicos acerca de la importancia de esta cuestión. Ello podrá incluir, en su caso, la personación en procedimientos civiles o penales (en calidad de *amicus curiae* o una intervención adhesiva) seguidos por infracciones del Derecho de la competencia.

Como es natural, la *advocacy* no es patrimonio exclusivo de los órganos de defensa de la competencia, puesto que algunas de estas labores de fomento y desarrollo intelectual pueden ser perfectamente desarrolladas por instituciones privadas (v. gr., fundaciones, *think-tanks,* etc.).

B) Fundamentos teórico-normativos

El análisis de los fundamentos de las funciones de *advocacy* descansa, a nuestro juicio, en dos pilares fundamentales:

— el fundamento teórico, basado en la "teoría económica de la regulación", y

— el fundamento normativo, basado en la atribución de competencias que hace la LDC a nuestros órganos de defensa de la competencia.

a) *Fundamento teórico*

Si bien la regulación es frecuentemente el único medio para remediar los fallos del mercado *(market failure),* es sobradamente conocido que los grupos de presión que logran aglutinar determinados intereses económicos consiguen muchas veces que los reguladores/legisladores lleven al ordenamiento jurídico determinadas disposiciones que vienen a servir a dichos intereses y que pueden ser perjudiciales para la libre competencia[47].

---

[47] En este sentido, son ya un clásico los trabajos de G. STIGLER, «The theory of economic

Por el contrario, aglutinar los intereses de los consumidores y usuarios plantea numerosos problemas de tipo organizativo e informativo, entre los que no son desdeñables los inherentemente derivados de toda acción colectiva y los relacionados con sufragar los costes que ello genera.

Por todo ello, la teoría económica de la regulación concluye con acierto que es eficiente que el ordenamiento jurídico encomiende a un regulador público la responsabilidad de representar los intereses difusos de consumidores y usuarios, así como la tutela de la libre competencia como "bien público" en sí mismo. Ello permitirá insertar los adecuados contrapesos en el proceso legislativo y evitar que el libre mercado sea víctima del clásico proceso de "captura del regulador".

b) *Fundamento normativo*

El fundamento normativo no es otro que la consideración de la libre competencia como parte de nuestra Constitución económica, al tratarse de una proyección del principio de economía de mercado consagrado por el art. 38 CE[48]. Como consecuencia de ello, nuestra LDC establece que el fin general del TDC es «... *preservar el funcionamiento competitivo de los mercados y garantizar la existencia de una competencia efectiva en los mismos, protegiéndola mediante el ejercicio de las funciones de resolución,* informe y propuesta *que la presente Ley le atribuye expresamente...*» (art. 20.2 LDC)[49].

Como ya vimos anteriormente, las "funciones de propuesta" están básicamente recogidas con gran amplitud en el art. 2.2 LDC, toda vez que facultan al TDC para «formular propuesta motivada al Gobierno

---

regulation», *Bell J. of Econ. & MGM'T Science,* vol. 2, 1971, pp. 3 ss.; S. PELTZMAN, «Toward a more general theory of economic regulation», *J. L. & Econ.,* vol. 19, 1976, pp. 211 ss.; G. BECKER, «A theory of competition among pressure groups», *Q. J. Econ.,* vol. 98, 1983, pp. 371 ss.

[48] STC 229/1993, de 9 junio: «... El principio de libertad de empresa no se ve atacado, sino respaldado, por las normas que integran el Derecho de la libre competencia...»; STC 208/1999 (Sala Segunda), de 11 de noviembre (*Rec.,* núms. 2009/1989 y 2027/1989): «Para efectuar ese análisis ha de partirse de que la defensa de la competencia constituye, a la vez, un presupuesto y un límite necesario de la libertad de empresa en el marco de la economía de mercado, reconocida en el art. 38 CE. Como dijimos en la tan citada STC 88/1986 «el reconocimiento de la economía de mercado por la Constitución, como marco obligado de la libertad de empresa, y el compromiso de proteger el ejercicio de ésta —art. 38, inciso segundo— por parte de los poderes públicos supone la necesidad de una actuación específicamente encaminada a defender tales objetivos constitucionales. Y una de las actuaciones que pueden resultar necesarias es la consistente en evitar aquellas prácticas que puedan afectar o dañar seriamente a un elemento tan decisivo en la economía de mercado como es la concurrencia entre empresas, apareciendo así la defensa de la competencia como una necesaria defensa, y no como una restricción, de la libertad de empresa y de la economía de mercado, que se verían amenazadas por el juego incontrolado de las tendencia naturales de éste" (FJ 4.º)» (FJ 6.º).

[49] *Nota*: La redonda es nuestra.

para que adopte, o inste a la autoridad pública competente a adoptar, en su caso, la modificación o supresión de las situaciones de restricción de la competencia establecidas de acuerdo con las normas legales». Ésta es una típica función de *advocacy*.

En cuanto a las "funciones de informe", algunas son meramente consultivas[50], mientras que hay otras que son también reconducibles a la función de *advocacy*[51].

C) Proyección práctica en España

Desde 1989, junto a los informes dictados al amparo del art. 2.2 LDC, que ya hemos mencionado anteriormente, el TDC viene desarrollando labores de *advocacy* en el plano del fomento de estudios y trabajos de investigación en materia de competencia de diferentes formas, que es preciso destacar:

— Promoción del debate jurídico y económico sobre la competencia: las Jornadas del TDC.

Con una periodicidad anual o bienal, el TDC ha venido organizando unas Jornadas sobre Libre Competencia que han aglutinado con gran éxito a profesionales y empresarios de toda España para debatir acerca de problemas de actualidad relacionados con la interpretación y aplicación del Derecho *antitrust*.

— Capacitación de reguladores extranjeros.

Los vocales del TDC han participado también en seminarios y cursos de capacitación y formación de reguladores extranjeros, especialmente en países de Latinoamérica, para compartir sus experiencias concretas con la aplicación en España del Derecho *antitrust*.

— Conferencias y tomas de posición públicas.

Con una intensidad y profundidad variada, dependiendo del perfil personal de cada uno de los presidentes que han ocupado el TDC, no cabe duda que ha existido un denominador común entre ellos en cuanto a impartir conferencias o dar entrevistas en diferentes foros profesionales y empresariales que han transmitido siempre la voluntad de extender el conocimiento de las normas sobre libre competencia y su observancia.

---

[50] Éste es el caso de las funciones recogidas en el art. 26.1 LDC.

[51] Éste es el caso de las funciones recogidas en el art. 26.2 y 3 LDC.

D) Conclusiones

El papel de *advocacy* de una agencia independiente de defensa de la competencia viene siendo una práctica generalizada en los demás países de nuestro entorno, es muy positiva para extender la “cultura de la competencia” y es una buena herramienta para concienciar a empresarios y profesionales acerca de la necesidad de adecuar sus conductas a la legalidad en esta materia.

Pensamos que los arts. 2.2 y los apartados 2 y 3 del art. 26 LDC ofrecen una cobertura normativa adecuada para que el TDC puede, seguir desarrollando funciones de *advocacy* como las que hemos venido describiendo.

Asimismo, si bien es cierto que los apartados *d), k)* y *l)* del art. 31 LDC, que tratan de las funciones del SDC recogen también, de forma dispersa y poco sistemática, facultades de *advocacy,* entendemos que no existe aquí un solapamiento perjudicial y que la duplicidad puede resultar beneficiosa. Al fin y al cabo, son consustanciales con el SDC y su labor es promover la defensa de la competencia en todos aquellos foros que sea necesario conveniente.

Por todo ello, somos partidarios de que en la futura reforma de la LDC que se haga estos preceptos no se modifiquen.

7. ANÁLISIS DE LAS OPCIONES DE POLÍTICA NORMATIVA: BASES PARA UNA PROPUESTA

En el presente apartado nos proponemos analizar cuáles son las diferentes opciones de política normativa que podrían acometerse en un futuro para que los órganos nacionales de defensa de la competencia elaboraran sus informes y dictámenes con la calidad, el rigor y la publicidad deseables o si, por el contrario, es aconsejable mantener el actual sistema por entender que funciona adecuadamente.

A) Opciones de política normativa

a) *Comités de expertos y/o de personalidades independientes de reconocido prestigio*

Una primera posibilidad para que la Administración lleve a cabo informes técnicos sobre cuestiones relacionadas con el Derecho de la competencia y el análisis sectorial de determinadas actividades económicas con vistas tanto a la detección de anomalías en su funcionamiento como en rigideces del ordenamiento jurídico es encargar los mismos a los llamados "Comités de Sabios".

Esta técnica ha sido empleada en ocasiones por la Administración española antes de acometer una reforma normativa en profundidad de determinados sectores del ordenamiento jurídico. Así, a la hora de abordar las sucesivas reformas del Derecho de sociedades cotizadas se constituyeron las conocidas como "Comisión Olivencia" (1997)[52] y "Comisión Aldama" (2002)[53], cuyos informes tuvieron honda repercusión. Más recientemente, el actual Gobierno del PSOE aprobó el pasado 25 de abril la creación de un Consejo de Expertos presidido por Emilio Lledó, quien tiene el encargo de elaborar un «informe sobre el régimen jurídico, incluido el modo de designación de sus órganos directivos, la programación y financiación de los medios de comunicación de titularidad estatal»[54]. La creación de este nuevo órgano está motivada, según el texto del Real Decreto, por la necesidad de «impedir los controles políticos externos» y para que los medios de comunicación a los que afecta la norma «puedan desempeñar con profesionalidad e independencia los cometidos que les corresponden».

Esta vía presenta claras ventajas en normas que tienen un profundo calado político o económico y previamente a las cuales resulta aconsejable recabar un informe independiente de personalidades que gocen de reconocida *auctoritas* al objeto de aunar los mayores consensos políticos y tomar en cuenta las diferentes sensibilidades de colectivos heterogéneos. Ahora bien, no parece la fórmula adecuada para poder recabar estudios sectoriales sobre el comportamiento de los precios o de los agentes económicos en una determinada coyuntura, ni para concretar si la normativa aplicable en determinado sector de la actividad restringe indebidamente la competencia.

b) *Subcontratación a empresas especializadas*

La subcontratación de empresas especializadas en organización industrial, *marketing* y/o economía de la libre competencia *(antitrust economics)* es un procedimiento empleado de modo habitual no sólo

---

[52] Comisión Especial para el Estudio de un Código Ético de los Consejos de Administración de las Sociedades, *El Gobierno de las Sociedades Cotizadas*, Madrid, 26 de febrero de 1998 *vid.* http://www.cnmv.es/index/buengobiernocorporativo.

[53] Comisión Especial para el Fomento de la Transparencia y Seguridad en los Mercados y en las Sociedades Cotizadas, *Informe*, Madrid, 8 de enero de 2003; *vid.* http://www.cnmv.es/index/buengobiernocorporativo.

[54] Real Decreto 744/2004, de 23 de abril, por el que se crea el Consejo para la Reforma de los Medios de Comunicación de Titularidad del Estado (*BOE,* núm. 100, de 24 de abril de 2004, p. 16474).

por la Comisión Europea, sino también por parte de otras agencias extranjeras (*UK Competition Commission, Federal Trade Commission*).

Es evidente que la subcontratación de empresas especializadas presenta notables ventajas, ya que se pueden obtener por parte de la Administración buenos estudios e informes con indudable rigor técnico y celeridad por empresas de reconocido prestigio y experiencia.

La objeción que habitualmente se plantea respecto de esta opción es que no está garantizada la objetividad ni la imparcialidad en la medida en que las empresas privadas que pudieran ser contratadas tienen conflictos de intereses con sus clientes habituales, que son empresas privadas.

Al igual que todos los profesionales y empresas que se juegan su prestigio (y su supervivencia) con la calidad y el rigor del trabajo que realizan, pensamos que se trata de un riesgo menor. Presenta además la ventaja de que los organismos de defensa de la competencia pueden hacer suyos los datos empíricos y el trabajo de campo del estudio aunque no siempre se compartan todas las valoraciones o conclusiones del mismo. Por último, desde una perspectiva presupuestaria, tiene la ventaja adicional de que no exige pagar los sueldos recurrentes de un equipo de economistas, sino sólo el estudio que se encarga cuando éste resulta necesario.

En definitiva, pensamos que se trata de un opción interesante y útil de la que debería hacer uso en un futuro el TDC aprovechando la autonomía financiera de que goza desde la reforma de los arts. 20 y siguientes tras la promulgación de la Ley 24/2001.

c) *Servicio de estudios adscrito al SDC*

Entendemos que la política de competencia que debe diseñar y aplicar el Gobierno, así como la vigilancia y supervisión de que no se apliquen prácticas en los mercados que sean contrarias a las normas del Derecho *antitrust*, exigen que como parte de las labores de Administración consultiva, el Gobierno puede recabar de la Dirección General de Defensa de la Competencia aquellos estudios que considere necesarios o convenientes. Por ello, en buena lógica, las funciones consultivas en materia de libre competencia deben corresponder primordialmente al órgano que forma propiamente parte de la Administración consultiva: el SDC.

Si el Ministro o el Secretario de Estado entendieran que el estudio presenta unas características o implicaciones tales que merecen se profundice en sus implicaciones normativas, entonces deberá recabar el informe del TDC[55].

Por lo demás, somos de la opinión que las funciones del TDC en el plano de informes y consultas deben permanecer siendo las que la LDC le confiere en la actualidad, con la única pero importante precisión que pensamos que el informe del TDC en materia de control de concentraciones debe ser vinculante.

B) Bases para una propuesta

Sobre la base de que la calidad, rigor técnico e imparcialidad de los informes del TDC sólo pueden garantizarse desde una agencia administrativa verdaderamente independiente y reiterando la gran repercusión que han tenido hasta la fecha los informes del TDC, entendemos que el desarrollo futuro de esta función de elaboración de informes, con la consiguiente modificación de la LDC, debería estar presidida por los principios siguientes:

— Delimitación de competencias.

Las competencias puramente consultivas en cuestiones como estudios sectoriales o de determinadas parcelas del ordenamiento jurídico deberían estar exclusivamente encomendadas al SDC.

La competencia para dictaminar proyectos de apertura de grandes establecimientos comerciales que tiene encomendada en la actualidad el TDC [art. 25.*)* LDC] debe atribuirse al SDC, por lo que, *de lege ferenda*, sugerimos sea modificada la LDC en este sentido.

La legitimación activa para efectuar consultas establecida en el art. 26.1 LDC es excesivamente amplia: el TDC no debería estar para resolver las dudas de todo el mundo, sino únicamente de la Administración Pública.

Las competencias atribuidas por el art. 2.2 LDC al TDC de elevar propuesta motivada al Gobierno para suprimir determinadas normas legales contrarias a la libre competencia, así como las restantes funciones de *advocacy* consistentes en informar normas relacionadas con el Derecho de la competencia (art. 26.3 LDC), así como de realizar estudios y trabajos de investigación en materia de competencia (art. 26.2 LDC), son adecuadas y deben mantenerse.

---

[55] Este es el sistema que está vigente en el Reino Unido para las *market inquiries,* que prevén que sea la *Office of Fair Trading* (OFT) quien debe solicitar el informe a la Competition Commission. Sobre este particular puede verse el trabajo de quien es en la actualidad el presidente de la *Competition Commission; vid.* P. GEROSKI, «The UK market inquiry regime», *Fordham Corporate Law Institute*, New York, 31st Annual International Antitrust & Law Policy Conference, 7-8 de octubre de 2004.

Pese a su carácter redundante con las del TDC, pensamos que las competencias de *advocacy* que encomienda el art. 31, apartados *d), k)* y *l)* LDC al SDC deben mantenerse.

Respecto de los informes que pudiera solicitar la jurisdicción civil al TDC al amparo del art. 13.2 LDC para determinar la pertinencia y cuantificación de los posibles daños y perjuicios, somos contrarios a que se asignen recursos públicos de la Administración del Estado a la elaboración de estos informes. No vemos que se trata de cuestiones que no puedan acreditar sobradamente las partes mediante la correspondiente prueba pericial ante el juzgado competente.

— Naturaleza de determinados informes o propuestas.

Informe sobre concentraciones económicas (arts. 16 LDC): no existen razones jurídicas convincentes para que la decisión final en materia de concentraciones económicas corresponda al Consejo de Ministros. El informe del TDC debería convertirse en una decisión final del TDC que agotara la vía administrativa.

— Publicidad.

Todos los informes que publique la autoridad nacional de defensa de la competencia, bien a solicitud de cualquier organismo de la Administración Pública legitimado para ello, bien en el contexto de una concentración económica, bien a instancia propia, deberán ser hechos públicos de inmediato.

Pese a que hemos abogado por que se supriman los informes que pudiera solicitar la jurisdicción civil al TDC al amparo del art. 13.2 LDC, en caso de mantenerse, no vemos un interés privado que tenga la suficiente entidad como para justificar que estos informes no se hagan públicos. Es más, entendemos que puede existir un claro interés público en conocer la metodología empleada por el TDC para estos casos, reforzándose con ello la predecibilidad en los procedimientos y la seguridad jurídica.

— Objetividad.

Según el art. 103.1 de la Constitución, la Administración actúa «con sometimiento pleno a la ley y al Derecho». Ello significa que los agentes administrativos, incluyendo el TDC, en el desarrollo de la gestión que les ha sido encomendada, no han de poner una voluntad distinta de la de la ley; su voluntad es únicamente el marco de recepción de aquella otra voluntad [56].

---

[56] L. Morell Ocaña, «El principio de objetividad en la actuación de la Administración Pública», en AAVV, *La protección jurídica del ciudadano. Estudios en homenaje al Profesor J. González Pérez,* vol. I, Madrid, 1994, p. 148.

La exigencia jurídica de objetividad impone a quien ha de aplicarlo la captación de cada imperativo concreto, no desde un querer subjetivo, sino teniendo en cuenta ese querer plasmado en la norma. Por ello, la objetividad es una directriz funcional de la actividad administrativa que exige, por un lado, que dicha actividad sea fiel a los fines que el ordenamiento jurídico atribuye a la potestad concreta que se ejerce, que persiga éstos y no otros (desviación de poder), y, por otro lado, que se desarrolle mediante una exacta ponderación de todos los intereses en juego que la ley ordena proteger en cada caso mediante criterios establecidos por la propia norma o criterios técnicos de congruencia y razonabilidad.

Ello no impide que el TDC subcontrate determinados estudios o informes a una empresa privada pero debe asegurarse que, con base en los mismos, emite su propio informe y sus propias recomendaciones.

— Imparcialidad.

El derecho a un proceso con todas las garantías —entre ellas, la independencia e imparcialidad del juzgador— es una garantía característica del proceso judicial que se extiende al procedimiento administrativo sancionador, si bien no en igual medida, ya que la estricta imparcialidad e independencia de los órganos del poder judicial no es, por esencia, predicable con igual significado y en la misma medida de los órganos administrativos[57].

Nuestro Tribunal Constitucional ha reiterado que la imparcialidad judicial, además de reconocida explícitamente en el art. 6.1 del Convenio Europeo para la Protección de los Derechos Humanos y las Libertades Fundamentales, está implícita en el derecho a un proceso con todas las garantías (art. 24.2 CE), constituyendo una exigencia que condiciona la existencia misma de la función jurisdiccional[58], con una especial trascendencia en el ámbito penal[59]. El reconocimiento de este derecho exige, por estar en juego la confianza que los Tribunales deben inspirar en una sociedad democrática, que se garantice al acusado que no concurre ninguna duda razonable sobre la existencia de prejuicios o prevenciones en el órgano judicial, incluidas aquellas que, desde un perspectiva objetiva, pueden producirse, entre otras consideraciones, por haber tenido el juzgador una relación o contacto previo con el *thema decidendi*[60].

---

[57] SSTC 22/1990, de 15 de febrero (RTC, 1990, 22), FJ 4.º, y 76/1990, de 26 de abril (RTC, 1990, 76), FJ 8.º, *a)*; AATC 320/1986, de 9 de abril (RTC, 1986, 320, Auto), FJ 4.º, y 170/1987, de 11 de febrero (RTC, 1987, 170, Auto), FJ 1.º

[58] Por todas, STC 38/2003, de 27 de febrero (RTC, 2003, 38), FJ 3.º

[59] STC 52/2001, de 26 de febrero (RTC, 2001, 52), FJ 3.º

[60] Por todas, SSTC 69/2001, de 17 de marzo (RTC, 2001, 69), FJ 14, *a)*; 155/2002, de 22 de julio (RTC, 2002, 155), FJ 2.º, y 38/2003, de 27 de febrero (RTC, 2003, 38), FJ 3.º; así como

Se ha puntualizando, no obstante, que lo determinante y decisivo es que las razones del acusado para dudar de la imparcialidad judicial estén objetivamente justificadas, lo que no se produce por el simple hecho de que el juez haya tenido una participación en el procedimiento con anterioridad al enjuiciamiento de fondo, siendo necesario valorar las circunstancias de cada caso concreto[61]. La determinación de cuáles son las circunstancias concretas que posibilitan en cada caso considerar como objetivamente justificadas las dudas sobre la imparcialidad judicial no está vinculada tanto con una relación nominal de actuaciones o decisiones previas que queden vedadas al juzgador cuanto, especialmente, con la comprobación, en cada supuesto en particular, de si la intervención previa en la que el interesado hace residenciar sus dudas ha sido realizada por el órgano judicial teniendo que adoptar una decisión valorando cuestiones sustancialmente idénticas o muy cercanas a aquellas que deben ser objeto de pronunciamiento o resolución en el enjuiciamiento sobre el fondo. Y ello porque la imparcialidad trata de garantizar también que el juzgador se mantenga ajeno, específicamente, a la labor de incriminación o inculpación del acusado, ya sea ésta indiciaria y provisional.

Por todo ello, y en aras de preservar las máximas garantías de imparcialidad, cuando tuviera entrada en el TDC un expediente sancionador, entendemos que debería preverse en la propia LDC la suspensión de la publicación de cualquier informe que pudiera versar sobre hechos, empresas o agentes económicos.

— Control técnico.

Frente a las opciones de subcontratar la elaboración de informes a empresas externas, que siempre puede comprometer en alguna medida la apariencia de la necesaria objetividad e imparcialidad, es positivo que el administrado pueda conocer cuál es el rigor y la calidad del trabajo que desarrolla en este sentido la autoridad nacional de competencia.

A nuestro juicio, este indispensable control técnico puede lograrse fundamentalmente de tres formas.

SSTEDH de 1 de octubre de 1982 (TEDH, 1982, 6), caso *Piersack* v. *Bélgica,* § 30; de 26 de octubre de 1984 (TEDH, 1984, 16), caso *De Cubber* v. *Bélgica,* § 24, y, entre las más recientes, de 25 de julio de 2002 (TEDH, 2002, 31), caso *Perote Pellón* v. *España,* § 43, y de 17 de junio de 2003 (TEDH, 2003, 27), caso *Pescador Valero* v. *España,* § 21.

[61] Por todas, SSTC 11/2000, de 17 de enero (RTC, 2000, 11), FJ 4.º; 52/2001, de 26 de febrero (RTC, 2001, 52), FJ 4.º, o 69/2001, de 17 de marzo (RTC, 2001, 69), FJ 14, *a)*, y SSTEDH de 24 de mayo de 1989 (TEDH, 1989, 8), caso *Hauschildt* v. *Dinamarca,* §§ 48-49; de 24 de febrero de 1993 (JUR, 2000, 278411), caso *Fey* v. *Austria,* § 30; de 28 de octubre de 1998 (TEDH, 1998, 51), caso *Castillo Algar* v. *España,* §§ 43 y 46; de 15 de noviembre de 2001 (JUR, 2001, 295347), caso *Werner* v. *Polonia,* §§ 39 y 43, y de 25 de julio de 2002 (TEDH, 2002, 31), caso *Perote Pellón* v. *España,* §§ 45 y 47.

Por una parte, la autoridad nacional de competencia debería poder contratar a un economista de reconocido prestigio, que no fuera necesariamente funcionario de carrera, que supervisara los informes que se elaboran internamente como aquellos que se subcontraten externamente; esta persona tendría a su cargo a un equipo razonablemente creíble para poder desarrollar eficazmente su labor. Una referencia clara de esta experiencia es la creación en 2003 por parte de la Dirección General de Competencia de la Comisión Europea de la figura del *Chief Economist.*

Por otra parte, puede crearse un sistema de "revisión contradictoria" *(peer panel review)* antes de la publicación del informe o estudio en cuestión, que consista en que se nombre a un grupo de economistas y técnicos pertenecientes a otros organismos de la Administración para que revisen los mismos de forma crítica, haciendo de "abogados del diablo". Este procedimiento también ha sido incorporado por la Comisión Europea a la revisión de las concentraciones económicas tras la disolución de la *Merger Task Force* y parece haber jugado un papel importante en recientes expedientes [62].

Finalmente, con carácter *ex post* y con las limitaciones que conlleva una revisión de "hechos consumados", puede someterse un muestreo de los principales informes o estudios a una revisión técnica por un grupo de expertos para que aporten pautas técnicas y metodológicas dirigidas a mejorar la calidad de los mismos [63].

9. CONCLUSIONES

Hemos expuesto las razones de carácter técnico-jurídico que, a nuestro juicio, existen para justificar una nueva delimitación de las funciones de información, dictamen y *advocacy* que tienen encomendadas

---

[62] Efectivamente, existe la convicción generalizada de que tuvo un papel importante en el cambio de orientación del asunto *GE Medical Systems* v. *Instrumentarium* (asunto COMP/M.3083), así como en el reciente caso *Sony* v. *BMG* (asunto COMP/M.333). Por lo demás, la técnica del *peer review viene extendiéndose en los procedimientos internos de las Administraciones de países como los Estados Unidos y el Reino Unido.* GENERAL ACCOUNTING OFFICE *(GAO), Federal Research: Peer Review Practices at Federal Science Agencies Vary*, Washington DC, 1999, GAO/RCED-99-99; GENERAL ACCOUNTING OFFICE (GAO), *Peer Review: Reforms Needed to Ensure Fairness in Federal Agency Grant Selection*, Washington DC, 1994, GAO/PEMD-94-1; M. A. BERGER, «Expert testimony: The Supreme Court's rules», *Issues in Science and Technology*, vol. 16, núm. 4, 2000, pp. 57-63; S. BREYER, «Science in the courtroom», *Issues in Science and Technology,* vol. 16, núm. 4, 2000, pp. 52-56.

[63] Este original sistema ha sido recientemente adoptado por la *UK Competition Commission*, quien en marzo de 2003 encargó a cuatro economistas académicos la revisión crítica de 4 informes emitidos con motivo de sendas concentraciones económicas, formulándose por éstos un conjunto de recomendaciones generales dirigidas a mejorar la calidad técnica de los mismos. *Vid.* UK COMPETITION COMMISSION, *Comments by Academic Economists,* London, marzo de 2003; www.competition-commission.org.uk.

tanto el SDC como el TDC, así como los fundamentos para reformar los principios que rigen dichas funciones y el nuevo contenido de algunos informes.

Ahora bien, pese a su indudable proyección y relevancia social y a que constituye una pieza capital en nuestro modelo de Constitución económica [64], no podemos perder de vista que, en gran medida, la tutela de la libre competencia persigue prevenir la formación de poder económico o el abuso del mismo. Y como el poder económico se traduce frecuentemente en poder, lisa y llanamente, no puede extrañar que los responsables políticos hayan analizado este instrumento normativo como una medida idónea para ayudar o frenar aquellos núcleos de poder económico que resultaran más afines o más contrarios al Gobierno [65]. Y es que no podemos olvidar que el Gobierno es el responsable de diseñar y aplicar la "política de competencia", lo cual conlleva inevitablemente el establecimiento de prioridades.

Por todo ello, desde una perspectiva más metajurídica y de realismo político, no podemos dejar de hacer unas reflexiones finales ligadas al deseo de potenciar las funciones de información y dictamen del TDC desde su rol de auténtica agencia independiente.

Ante todo, tenemos *la cuestión de la llamada "legitimación tecnocrática" y sus problemas*. Parece claro que en el desarrollo y crecimiento de las agencias administrativas independientes o autónomos, políticamente neutralizados, resulta relativamente sencillo adivinar cuál es el trasfondo ideológico: la conveniencia de colocar fuera de la contienda partidista determinadas funciones administrativas singulares [66]. Se ha dicho que el avance de este proceso de legitimación tecnocrática frente a la democrática o electoral conlleva que se quiera sustraer a la lógica mayoritaria y a la dinámica política la gestión de determinadas esferas del poder público, que pasan a manos de especialistas, supuestamente más eficaces. Así, frente al estereotipo del político incompetente y preso de intereses espúreos (complacer a su clientela política para mantenerse en el poder a toda costa), la imagen idealizada del experto, como profesional capaz y honesto, puro, inmune a las presiones, cuya

[64] TRIBUNAL DE DEFENSA DE LA COMPETENCIA, *La competencia en España: balance y nuevas propuestas*, Madrid, 1995, pp. 8 ss.

[65] La "clave política" del Derecho *antitrust* ha sido magistralmente tratada en la monografía de G. AMATO, *Antitrust and the bounds of power. The dilemma of liberal democracy in the history of the market*, Oxford, 1997. Más recientemente, para un análisis de cómo una misma legislación *antitrust* puede aplicarse en los Estados Unidos con visiones tan diferenciadas en el contexto de la Administración Clinton respecto de las anteriores Administraciones republicanas puede verse la obra colectiva dirigida por R. W. HAHN, *High-stakes antitrust. The last hurrah?*, Washington DC, AEI-Brookings Joint Center for Regulatory Studies, 2003.

[66] J. M. SALA ARQUER, «El Estado neutral. Contribución al estudio de las administraciones independientes», *REDA*, núm. 42, 1984, pp. 401 ss.

auctoritas nadie discute. Esta pretensión de neutralidad es peligrosa, puesto que se basa en la creencia de que el experto gestionará los asuntos públicos con gran eficiencia. Como denunciara ya hace años GARCÍA-PELAYO, la eficacia se ha convertido de hecho en un nuevo principio de legitimidad de poder, típica de la época tecnológica, que se resume en que «es legítimo lo que es eficaz y es eficaz lo que promueve y asegura el desarrollo tecno-económico»[67].

En segundo lugar, no podemos dejar de mencionar la perspectiva de la neutralidad y especialización técnica en la función consultiva. Si bien ya hemos visto que la objetividad es una directriz funcional de la actividad administrativa, la objetividad no equivale, como dice SANTAMARÍA PASTOR, a neutralidad: neutral puede ser, en cierta forma, la función judicial, pero difícilmente puede serlo la toma de decisiones no vinculadas jurídicamente[68]. En su conjunto, por tanto, la Administración, como organización instrumental, sin fines propios, que actúa bajo la dirección y responsabilidad del Gobierno, no es ni puede ser neutral. La neutralidad o la independencia no puede considerarse como una exigencia del mandato constitucional de objetividad de la Administración[69]. Llevado al límite, cabe decir que la neutralidad es sencillamente imposible y no es más que un mito. En uno de sus escritos, Carl SCHMITT ya manifestaba que «en apariencia, nada hay más neutral que la técnica», pero en realidad «la técnica es siempre sólo instrumento y arma, y porque sirve a cualquiera no es neutral. De la inmanencia de los técnicos no sale una sola decisión humana ni espiritual, y mucho menos la de la neutralidad»[70].

En cuanto a la anhelada independencia del TDC, se han hecho notables progresos desde la promulgación de la LDC en 1989 y ello es claramente positivo. Como punto de partida, no cabe duda de que la independencia es ciertamente una garantía de la neutralidad; a través de aquélla, ésta se hace efectiva en la práctica. Pero, desde un punto de vista jurídico, es sobradamente conocido que el concepto de independencia no es unívoco. En efecto, la posición jurídica de las administraciones independientes no puede mecánicamente asimilarse a la de los jueces independientes. Ambos tipos de independencia son de naturaleza muy diversa. Es importante, pues, diferenciar desde el primer momento las distintas clases de independencia. La independencia judicial es absoluta, y se refiere a un sector entero del Estado, que

[67] M. GARCÍA PELAYO, *Burocracia y tecnocracias y otros escritos,* 1.ª ed., Alianza Editorial, 1974, incluido en sus *Obras Completas*, vol. II, CEC, 1991, p. 1423.

[68] J. A. SANTAMARÍA PASTOR, *Fundamentos de Derecho Administrativo,* Madrid, 1988, p. 241.

[69] A. RALLO, «Poderes neutrales exentos de control gubernamental: reflexiones constitucionales», *Revista de las Cortes Generales,* núm. 36, 1995, p. 134.

[70] C. SCHMITT, «La era de las neutralizaciones y de las despolitizaciones», en *El concepto de lo político*, Madrid, Alianza, 1991, pp. 118-119.

queda así configurado como un "poder". Pero las autoridades administrativas independientes forman parte del ejecutivo y no constituyen —pese a algunos intentos doctrinales aislados de configurarlas como un "cuarto poder"— "poderes", ni siquiera órganos constitucionales. Por el contrario, se trata de una "independencia relativa", en la que los lazos con el Gobierno y el Parlamento no están rotos, lo que le lleva a calificar a estas autoridades no tanto de administraciones independientes como de "contrapoderes". La posición jurídica de las administraciones independientes va a quedar, pues, definida por una tensión entre principios favorecedores de su inmunidad frente al control y dirección del Gobierno, y principios destinados a salvaguardar la unidad de la acción del Estado. De ahí que el resultado de esa tensión consista siempre en una solución de compromiso: no todos los medios de control son legítimos; tan sólo cabe una "influencia limitada". El problema reside entonces en determinar hasta dónde puede llegar esa influencia gubernamental, sin desnaturalizar el carácter propio de estos organismos, y en fijar cuáles puedan ser las legítimas garantías de su independencia.

En todo caso, y pese a estas notas postreras de moderado escepticismo, confiamos en que algunas de las propuestas formuladas en este trabajo contribuyan en el reto que tiene planteado nuestro Gobierno de hacer un Derecho de la competencia más eficaz y más útil a la sociedad.

BIBLIOGRAFÍA

AAVV (2002): *Colegios Profesionales y Derecho de la Competencia*, G. Fernández Farreres (dir.), Madrid.

Alonso Soto, R.: «Los organismos reguladores y la defensa de la competencia: *Comisión del Mercado de las Telecomunicaciones* v. *Autoridades de defensa de la competencia*».

Amato, G. (1997): *Antitrust and the bounds of power. The dilemma of liberal democracy in the history of the market*, Oxford.

Becker, G. (1983): «A theory of competition among pressure groups», *Q. J. Econ.*, vol. 98, pp. 371 ss.

Berger, M. A. (2000): «Expert testimony: The Supreme Court's rules», *Issues in Science and Technology*, vol. 16, núm. 4, pp. 57-63.

Betancor Rodríguez, A. (1994): *Las administraciones independientes,* Madrid.

Breyer, S. (2000): «Science in the courtroom», *Issues in Science and Technology,* vol. 16, núm. 4, pp. 52-56.

Calvo Sánchez, L. (1998): *Régimen jurídico de los Colegios Profesionales,* Madrid, pp. 210 ss.

Cierco Sieira, C. (2001): «Procedimiento administrativo y ejercicio de la función consultiva: sobre el concepto y régimen de los informes», *RAP,* núm. 18, pp. 165 ss.

Cooper, J. C.; Pautler, P. A., y Zywicki, T. J.: «Theory and practice of competition advocacy at the FTC», *Law and Economics Working Paper Series,* núm. 04-48, George Mason University School of Law, http://ssrn.com/abstract_id=610586.

European Commission, Directorate General for Economic and Financial Affairs (2000): *Report on the implementation of the 1999 Broad Economic Policy Guidelines*, núm. 1, Bruxelles.

Fernández Rodríguez, T. R. (1994): «Reflexiones sobre las llamadas autoridades administrativas independientes», en AAVV, *Administración instrumental. Libro homenaje a Manuel Francisco Clavero Arévalo*, vol. 1, Madrid, pp. 427 ss.

Foer, A. A.: «The consumer interest and antitrust advocacy», Washington DC, American Antitrust Institute, 11 de mayo de 2004, p. 1, en www.antitrustinstitute.org.

Font i Llovet, T. (1986): «Órganos consultivos», *Nueva Enciclopedia Jurídica,* t. XVIII, Barcelona, p. 711.

Fuertes López, M. (1994): *La Comisión Nacional del Mercado de Valores,* Valladolid.

Gal, M. S. (2003): *Competition policy for small market economies*, Cambridge, Mass.

Gal, M. S. (2001): «Size does matter: the effects of market size on optimal competition policy», *S. Cal. L. Rev.,* vol. 74, pp. 1437 ss.

García Llovet, E. (1991): *El régimen jurídico de la radiodifusión*, Madrid, pp. 277-280.

García Llovet, E. (1993): «Autoridades administrativas independientes y Estado de Derecho», *RAP,* núm. 131, pp. 23 ss.

García Pelayo, M. (1991): *Burocracia y tecnocracias y otros escritos,* 1.ª ed., 1974, incluido en sus *Obras Completas*, vol. II, CEC, p. 1423.

Geroski, P. (2004): «The UK market inquiry regime», *Fordham Corporate Law Institute,* New York, 31st Annual International Antitrust & Law Policy Conference, 7-8 de octubre.

Hahn, R. W. (2003): *High-stakes antitrust. The last hurrah?*, Washington D.C., AEI-Brookings Joint Center for Regulatory Studies.

Kovacic, W. E. (2001): «Institutional foundations for economic legal reform in transition economies: the case of competition policy and antitrust enforcement», *Chi. Kent. L. Rev.,* vol. 77, pp. 265 ss.

Lavilla Rubira, J. J. (1995): «Administración Consultiva», en *Enciclopedia Jurídica Básica,* vol. I, Madrid, pp. 248 ss.

López Ramón, F. (1966): «Libre competencia y Colegios Profesionales en la experiencia constitucional española», en AAVV, *Los Colegios Profesionales a la luz de la Constitución*, Madrid, pp. 243 ss.

López Ramón, F. (1994): «El Consejo de Seguridad Nuclear: un ejemplo de Administración independiente», en AAVV, *Administración instrumental. Libro homenaje a Manuel Clavero Arévalo*, A. Pérez (coord.), vol. 1, Madrid, pp. 575 ss.

Magide Herrero, M. (2002), *Límites constitucionales de las Administraciones independientes*, Madrid, pp. 44 ss.

Malaret García, E. (1992): «La Comisión Nacional del Mercado de Valores (una aproximación a su configuración institucional), *REDA*, núm. 76, pp. 557 ss.

Morell Ocaña, L. (1994): «El principio de objetividad en la actuación de la Administración Pública», en AAVV, *La protección jurídica del ciudadano. Estudios en homenaje al Profesor J. González Pérez*, vol. I, Madrid, pp. ss.

Muris, T. J.: «Creating a culture of competition: the essential role of competition advocacy», Napoli, International Competition Network, 28 de septiembre de 2002, www.ftc.gov/speeches/muris.

Pomed Sánchez, L. (1993): «Fundamento y naturaleza jurídica de las administraciones independientes», *RAP*, núm. 132, pp. 117 ss.

Pomed Sánchez, L. A. (1996): *Régimen jurídico del Banco de España,* Madrid.

Rallo, A. (1995): «Poderes neutrales exentos de control gubernamental: reflexiones constitucionales», *Revista de las Cortes Generales*, núm. 36, 1995, p. 134.

Sala Arquer, J. M. (1984): «El Estado neutral. Contribución al estudio de las administraciones independientes», *REDA*, núm. 42, pp. 401 ss.

Sala Arquer, J. M. (2000): *La Comisión del Mercado de las Telecomunicaciones,* Madrid.

SALVADOR MARTÍNEZ, M. (2002): *Autoridades independientes,* Barcelona.

SÁNCHEZ MORÓN, M. (1980): *La participación del ciudadano en la Administración Pública,* Madrid, pp. 207-229.

SÁNCHEZ SAUDINOS, J. M. (1994): «Una reflexión acerca del impacto de la Unión Europea sobre el régimen de ejercicio de las profesiones tituladas en España: el "Informe sobre el libre ejercicio de las profesiones" del Tribunal de Defensa de la Competencia», *RFDUC,* núm. 18, pp. 355 ss.

SANTAMARÍA PASTOR, J. A. (1988): *Fundamentos de Derecho Administrativo,* Madrid, p. 241.

SERRANO GONZÁLEZ, M. (1999): «La Comisión Nacional de la Energía: el ejercicio de sus funciones en el nuevo entorno competitivo», en AAVV, *Regulación sectorial y competencia*, Madrid, pp. 93 ss.

STIGLER, G. (1971): «The theory of economic regulation», *Bell J. of Econ. & MGM'T Science,* vol. 2, pp. 3 ss.

SCHMITT, C. (1991): «La era de las neutralizaciones y de las despolitizaciones», en *El concepto de lo político,* Madrid, Alianza.

VAÑÓ VAÑÓ, M. J. (1999): «La liberalización del sistema eléctrico español. Desregulación y neorregulación», *RDM,* núm. 231, pp. 219 ss.

VÁZQUEZ ALBERT, D. (2002): *Derecho de la Competencia y ejercicio de las profesiones,* Madrid, pp. 106 ss.

F. CUESTIONES DE PROCEDIMIENTO Y OTRAS

LA DURACIÓN DEL PROCEDIMIENTO. CADUCIDAD Y PRESCRIPCIÓN

Marisol FERNÁNDEZ-ARAGONCILLO
Abogado del Estado. Audiencia Nacional

El análisis de este tema exige distinguir entre los *acuerdos y prácticas restrictivas o abusivas* (reguladas en el capítulo I del título I de la Ley 16/1989, de Defensa de la Competencia de Defensa) de las *concentraciones económicas* (reguladas en el capítulo II del título I de la citada Ley 16/1989).

1. CONCENTRACIONES ECONÓMICAS

Comenzando por las concentraciones económicas, se hace preciso distinguir, a su vez, entre la duración del procedimiento tras la notificación al Servicio de Defensa de la Competencia (SDC) del proyecto u operación de concentración de empresas, de la duración del procedimiento sancionador por llevar a efecto la operación de concentración antes de ser notificada al SDC y antes de que la Administración manifieste, de forma expresa o presunta, su no oposición a la misma. O la subordine a la abservancia de condiciones determinadas.

A) Duración del procedimiento tras la notificación al SDC de la operación de concentración económica (arts. 15 a 17 de la Ley 16/1989 y cap. II del RD 1443/2001)

De entrada, hay que tener en cuenta que tras la reforma de la Ley 16/1989 por el Real Decreto-ley 6/2000 ya no existe un plazo para efectuar la notificación, sino que el art. 15.1 de la Ley indica que la notificación deberá presentarse en el SDC previamente a su realización, exigiendo que la operación no se lleve a efecto antes de que la Administración manifieste, de forma expresa o presunta, su no oposición a la misma o la subordine a la observancia de condiciones determinadas [1].

El procedimiento tras la notificación del proyecto u operación de concentración se regula en los arts. 15 a 17 de la Ley 16/1989 y en el capítulo II del Real Decreto 1443/2001, de 21 de diciembre, por el que se desarrolla la Ley 16/1989, de Defensa de la Competencia, en lo referente al control de las concentraciones económicas.

Dicho procedimiento está compuesto de tres fases: instrucción ante el SDC y decisión del Ministro, tramitación en el Tribunal de Defensa de la Competencia (TDC) y resolución del Consejo de Ministros. Estas tres fases no siempre tienen que producirse, y ello porque, caso de que el SDC autorizara expresa o tácitamente la operación, no tendrían lugar las otras dos. De ahí que la duración del procedimiento esté en función de si se agotan o no las fases anteriores.

a) *Fase ante el SDC*

La duración máxima de la fase ante el SDC se establece en el art. 15 bis.2 y el art. 10.3 del Real Decreto 1443/2001, fijándose la misma en el plazo de un mes desde la notificación al SDC hasta que el Ministro remita, mediante resolución, a propuesta del SDC, el expediente u operación de concentración que considere pueden obstaculizar el mantenimiento de una competencia efectiva en el mercado al TDC. Así, se dispone que «se entenderá que la Administración no se opone a la operación si, transcurrido un mes desde la notificación al servicio, no se hubiera remitido la misma al TDC».

---

[1] En su redacción original, el art. 15.1 de la Ley 16/1989 establecía que «todo proyecto u operación de concentración de empresas o de toma de control podrá ser notificado voluntariamente al SDC por una o varias de las empresas partícipes, previamente o hasta tres meses después de su realización. La notificación previa no implicará suspensión en la ejecución de la operación antes de su autorización expresa o tácita, aunque en todo caso dicha operación quedará sujeta a lo dispuesto en el art. 17».

Este plazo solamente puede tener una duración mayor en el supuesto de notificaciones incompletas y solicitud de información a realizar por el SDC, previsto en el art. 6 del RD 1443/2001, conforme al cual «el plazo de un mes para la autorización tácita quedará suspendido a partir del día siguiente al de la recepción del requerimiento por el notificante y se reanudará a partir del día siguiente al de la recepción por el SDC de la contestación del notificante».

b) *Fase ante el TDC*

La duración de la fase ante el TDC se regula en el art. 16.1 de la Ley 16/1989 y en el art. 16.1 del RD 1443/2001, estableciendo el citado art. 16 de la Ley que «una vez remitido el expediente al TDC, éste deberá emitir su dictamen sobre la operación antes de dos meses». El art. 16 del RD 1443/2001, sin embargo, prevé que el TDC emitirá informe sobre la operación en el plazo de dos meses. Es decir, mientras que la Ley exige que no se agote el plazo de dos meses, lo cual exigiría la emisión del dictamen en el plazo máximo de dos meses menos un día, el Reglamento permite agotar el plazo de dos meses. Sin embargo, a diferencia de lo que ocurre en la fase ante el SDC, no se establece que «la falta de remisión del informe al Consejo de Ministros en el plazo de dos meses implique que el TDC no se opone a la operación de concentración». De ahí que, a diferencia de lo que ocurre con el SDC, el TDC no puede autorizar tácitamente (ni tampoco expresamente) el proyecto u operación de concentración, y ello porque lo que emite es un dictamen y no una resolución.

En puridad, ni la Ley ni el Reglamento establecen expresamente que el plazo de dos meses del que dispone el TDC sea el de emitir el dictamen y remitirlo al Ministro de Economía para que lo eleve al Gobierno. Tanto la Ley como el Reglamento se limitan a establecer el plazo para la emisión del dictamen. Pero en cualquier caso, consideramos que debe entenderse (y así se considera en la práctica) que el citado plazo es el máximo del que dispone el Ministro, tras su comunicación por el TDC, para elevar el informe del TDC al Gobierno.

El hecho de que la falta de emisión del dictamen en plazo y remisión del mismo a través del Ministro al Consejo de Ministros no lleve consigo la autorización tácita de la operación (y ello porque en esta fase, a diferencia de lo que ocurre en la fase ante el SDC, no hay resolución propiamente dicha), no impide que a la falta de emisión del dictamen el plazo carezca de efecto alguno: el efecto que ello produce es el de que «se entienda emitido el mismo» a los efectos de que comience a correr el plazo del que dispone el Consejo de Ministros para dictar su decisión autorizando o denegando la operación de concentración.

c) *Fase ante el Consejo de Ministros*

Ello nos lleva a analizar la tercera fase ante el Consejo de Ministros, que se encuentra regulada en el art. 17 de la Ley 16/1989 y art. 17 del RD 1443/2001. El art. 17 de la Ley otorga al Consejo de Ministros el plazo de un mes «desde que reciba el dictamen del TDC o desde que finalice el plazo previsto para que éste emita su dictamen para adoptar su decisión autorizando o denegando la operación de concentración. La falta de decisión en el citado plazo determina que se entienda tácitamente autorizada la operación».

Dada la naturaleza de este procedimiento, la falta de resolución en el plazo fijado en la fase ante el SDC y en la fase ante el Consejo de Ministros, no produce la caducidad del procedimiento, sino el efecto de que «se entienda autorizada la operación de concentración» [2]. Por tanto, de tener lugar las tres fases del procedimiento, el mismo no podría tener una duración superior a la de cuatro meses sin perjuicio del supuesto de suspensión de la fase ante el SDC al que se ha hecho referencia anteriormente.

De cara a una reforma legislativa que contara ya con la anunciada integración del SDC y TDC, en el seno de la futura entidad u órgano único, podría tener lugar, como en la Comisión Europea, una primera y segunda fase, de la forma en la que en la primera fase se llevara a cabo la actuación de filtro que viene desempeñando el SDC y en la segunda fase (de haber lugar) se resolviera expresa y tácitamente sobre la autorización de la operación, y ello sin perjuicio de elevar determinados supuestos al Consejo de Ministros.

B) Procedimiento sancionador. Caducidad y prescripción

a) *Planteamiento y evolución normativa*

En los procedimientos sancionadores, conforme a la regla general prevista en el art. 44.2 de la Ley 30/1992, la falta de notificación de la resolución en el plazo previsto para el correspondiente procedimiento, determina la caducidad y la correspondiente anulación de la resolución sancionadora, y todo ello sin perjuicio de la posibilidad de rei-

[2] Este efecto de autorización tácita no se produce en el supuesto de «operaciones notificadas a requerimiento del SDC» previsto en el art. 15 bis.4 de la Ley 16/1989.

niciar otro expediente sancionador con el mismo objeto antes de que se haya producido la prescripción. De ahí el interés de analizar la institución de la caducidad y prescripción en estos procedimientos.

El texto originario de la Ley 16/1989 establecía en su art. 14 (con el que comienza el título I, capítulo II, relativo a las concentraciones económicas) un sistema facultativo de notificación de todo proyecto u operación de concentración de empresas que superaran determinados umbrales. En este sistema de notificación voluntaria que no suspendía la ejecución de la operación, se determinaba un plazo para su notificación. Acorde con el carácter voluntario de la notificación, la única sanción prevista inicialmente era la derivada del incumplimiento de lo ordenado por el Gobierno en aplicación del art. 17 resolviendo el expediente incoado al efecto para el caso de notificación, y que podía determinar la imposición, a cada una de las empresas afectadas, de una multa de hasta el 10 por 100 de su respectivo volumen de ventas (art. 18 en su redacción originaria).

Posteriormente, el Real Decreto-ley 6/1999, de 16 de abril, de Medidas Urgentes de Liberalización e Incremento de la Competencia, modificó íntegramente el capítulo II del título I (concentraciones económicas) introduciendo una serie de instrumentos para un mayor control de las operaciones de concentración entre empresas y una mayor eficacia de dicho control. En concreto, se estableció la notificación obligatoria para aquellas operaciones que superasen determinados umbrales, al tiempo que se introdujo la posible sanción por falta del deber de notificación (art. 18.1) a imponer por el Director del SDC, consistiendo ésta en multa de hasta 5.000.000 de ptas. (30.050,61 €). La redacción del art. 18.1 se mantiene en la actualidad.

En cuanto a la redacción del art. 15.1, se seguía manteniendo la no suspensión de la ejecución de la operación, así como el plazo previsto para su notificación. Pero permitiendo que ésta se realice después de la conclusión del acuerdo de concentración [3]. Igualmente se mantiene la sanción que pueda imponer el Gobierno por incumplimiento de lo que éste hubiera acordado en aplicación del art. 17.

Como se señaló anteriormente, tras la modificación de la Ley 16/1989 por el RD-ley 6/2004 [4] se dio un paso más en la adopción de mecanismos que refuerzan el sistema de control de concentraciones

---

[3] El art. 15.1 en la redacción dada por RD-ley 6/1999 establecía que «la notificación de las operaciones de concentración que entren en el ámbito de aplicación del art. 14 de la presente Ley deberá presentarse en el SDC previamente a la realización de la operación hasta un mes después de la fecha de conclusión del acuerdo de concentración. La notificación previa no implicará la suspensión de la operación antes de su autorización expresa o tácita, aunque, en todo caso, dicha operación quedará sujeta a los dispuesto en el art. 17».

[4] Que modifica de nuevo el art. 15 y 15 bis.4 de la Ley 16/1989.

conformando el sistema vigente, basado en notificación obligatoria y previa de determinadas operaciones, introduciéndose un párrafo cuarto al apartado 2 del art. 15 que, superando claramente la previsión contenida en el art. 18.1 de la Ley establece que «la ejecución de la operación en contravención de lo establecido en el presente apartado será sancionado con la multa establecida en el art. 18.4 de la presente Ley (multa a cada una de las empresas afectadas de hasta el 10 por 100 de su respectivo volumen de ventas en España en el ejercicio en el que se hubiera producido la operación de concentración)» y se añade que «la instrucción del expediente corresponderá al SDC y la imposición de la sanción al Ministro de Economía».

b) *Régimen actual*

Pues bien, vamos a tratar a continuación la cuestión relativa a la duración de este procedimiento sancionador: caducidad y prescripción en el régimen actualmente vigente.

a') Duración

La principal cuestión que se plantea es la de si, al procedimiento sancionador previsto en este precepto debe aplicársele el plazo general de seis meses de los procedimientos sancionadores previsto en el art. 20.6 del RD 1398/1993 [5] en relación con la Ley 30/1992 [6] si le es de aplicación un plazo específico de mayor duración y, en concreto, el de doce meses.

Pueden esgrimirse argumentos a favor de una y de otra postura.

— A favor de un plazo de doce meses desde la incoación del procedimiento sancionador hasta la notificación de la sanción por el Ministro estaría lo dispuesto en el art. 56.1 de la Ley 16/1989 en la redacción dada al mismo por la Ley 52/1999. El art. 56, en su redacción actual, no cabe duda que establece los plazos máximos de duración del procedimiento sancionador en los supuestos de prácticas restrictivas de la competencia, pero plantea la duda de si el plazo de doce meses de duración de la fase que tiene lugar ante el SDC puede también entenderse aplicable al procedimiento sancionador que tramita el SDC en los supuestos de incumplimiento de la normativa en materia de concentraciones económicas.

---

[5] Por el que se aprueba el Reglamento del procedimiento para el ejercicio de la potestad sancionadora.

[6] Ley de Régimen Jurídico de las Administraciones Públicas y del Procedimiento Administrativo Común.

— El hecho de que el citado precepto se incluya dentro del capítulo II del título III de la Ley 16/1989 avalarían la aplicación de un plazo específico de duración de doce meses, al procedimiento sancionador en materia de concentraciones. Aclaremos: el título III de la Ley, bajo la rúbrica «Del procedimiento», regula en su capítulo I el «procedimiento en materia de acuerdos y prácticas prohibidas y autorizadas», detallando la fase del procedimiento sancionador ante el SDC (art. 37) y la que tiene lugar ante el TDC (arts. 39 a 46). Sin embargo, no se indica en este capítulo la duración máxima de cada una de las fases de este procedimiento sancionador que tiene lugar ante el SDC y TDC, regulándose dicha duración en el capítulo II del citado título III, relativo a las «Disposiciones comunes» de los procedimientos previstos en la Ley. Y dado que en la Ley se prevén procedimientos sancionadores tanto para el supuesto de incumplimiento de lo dispuesto en la misma en materia de prácticas restrictivas, como en el supuesto de concentraciones económicas, la inclusión de la regulación de la duración del plazo máximo del procedimiento en el capítulo relativo a las «disposiciones comunes» permitiría pensar que los plazos previstos en el art. 56 no sólo son aplicables al procedimiento en materia de prácticas restrictivas, sino también a los procedimientos sancionadores en materia de concentraciones económicas.

Esta postura resultaría avalada por la propia redacción del art. 56.1 de la Ley, redacción que, como expondremos, tampoco es inequívoca al respecto.

Así, el citado art. 56.1 dispone que «el plazo máximo de duración de la fase del procedimiento sancionador que tiene lugar ante el SDC será de doce meses a contar desde la iniciación formal del mismo hasta la remisión del expediente al TDC *o de la notificación del acuerdo que, de cualquier otro modo, ponga término al procedimiento tramitado ante el servicio*».

Obviamente, el citado art. 56.1 se está refiriendo, en primer lugar, a la duración máxima de la fase del procedimiento sancionador que tiene lugar ante el SDC en materia de prácticas restrictivas, puesto que se refiere a «la remisión del expediente al TDC», remisión del expediente al TDC que no tiene lugar en los procedimientos sancionadores en materia de control de concentraciones en los que, tras la instrucción en el seno del SDC se remite la propuesta de resolución al Ministro para la posible sanción. También se está refiriendo a los supuestos en los que, conforme al art. 37.4 de la Ley, el SDC no considera acreditada la existencia de la práctica prohibida y acuerda el sobreseimiento del expediente con archivo de las actuaciones. Este supuesto encajaría en el previsto en el art. 56.1 con la redacción de «la notificación del acuerdo que ponga término al procedimiento tramitado ante el servicio».

Pero fuera de estos supuestos, no hay ningún otro en la fase del procedimiento sancionador por prácticas restrictivas ante el SDC en el que éste tenga que notificar un acuerdo adoptado por el mismo que ponga término al procedimiento que ante él se tramita. Y, por tanto, dado que el art. 56.1 dice claramente «de la notificación del acuerdo que, *de cualquier otro modo*, ponga término al procedimiento tramitado ante el Servicio», cabría entender que el art. 56.1 ha querido que el plazo máximo de duración de la fase del procedimiento sancionador que tiene lugar ante el SDC tenga, con carácter general, un plazo de doce meses. Sólo así podría entenderse la expresión «de cualquier otro modo». Y ello permitiría, aunque forzadamente, aplicar este plazo máximo de doce meses a la fase instructora que tiene lugar ante el SDC en materia de control de concentraciones económicas.

— Esta solución resultaría igualmente avalada por la propia naturaleza y complejidad del expediente sancionador que se tramita ante el SDC en materia de concentraciones económicas, y ello porque, dados los términos en los que se encuentra redactado el párrafo 4.º del apartado 2 del art. 15 de la Ley, en el citado procedimiento sancionador se hace necesario acreditar que se ha ejecutado la operación de concentración, lo cual exige, por una parte, demostrar que el proyecto u operación estaba sujeto a notificación conforme al art. 14 y, por otra parte, que la operación de concentración se ha llevado a efecto. El plazo general de seis meses establecido para los procedimientos sancionadores en el art. 20.6 del RD 1398/1993 no se acomoda, con carácter general, a la naturaleza del procedimiento sancionador en materia de concentraciones económicas.

— Sin embargo, como hemos adelantado, la redacción del art. 56.1 de la Ley 16/1989 plantea serias dudas de que se esté estableciendo un plazo máximo de doce meses para la instrucción del expediente sancionador por parte del SDC, y ello por cuanto que el art. 56 prevé claramente que dicho plazo tenga lugar hasta la «notificación del acuerdo que ponga término al procedimiento tramitado ante el Servicio». Y está fuera de toda duda que, en materia de concentraciones económicas, el SDC no notifica al Ministro *acuerdo* alguno, sino que simplemente le eleva una *propuesta de resolución*. Y aunque se entendiera forzadamente que la palabra *acuerdo* del art. 56.1 también puede aplicarse a la propuesta de resolución con la que concluye la fase sancionadora ante el SDC en materia de concentraciones económicas, habría quedado falto de regulación el plazo que tendría el Ministro para resolver y notificar la resolución desde la recepción de la propuesta por el SDC.

— Tampoco avalaría esta tesis del plazo de doce meses, el hecho de que el art. 56.1 debe su redacción al art. 31 de la Ley 52/1999, fecha en la que todavía no se había aprobado el RD-ley 6/2000, que fue el que introdujo un nuevo párrafo 4.º del apartado 2 del art. 15 de la Ley relativo a la instrucción del procedimiento sancionador por el SDC e imposición de la sanción por el Ministro de Economía en caso de ejecución de la operación de concentración en contravención de lo establecido en la Ley. Y tras este argumento se podría concluir que, a falta de regulación específica de la duración máxima del procedimiento en materia de concentraciones económicas se aplicaría supletoriamente el plazo de seis meses previsto en el art. 20.6 del RD 1398/1993 en relación con la Ley 30/1992 (art. 50 de la Ley 16/1989).

La Sentencia de la Audiencia Nacional, Sección 6.ª de la Sala de lo Contencioso-Administrativo, de 12 de mayo de 2004, dictada en el recurso 427/2003 (SACYR-VALLEHERMOSO), no acogió el plazo de doce meses del procedimiento sancionador en materia de control de concentraciones y consideró aplicable, a falta de regulación específica, el plazo general de 6 meses establecido en el art. 20.6 del RD 1398/1993.

— En conclusión, y como propuesta legislativa para la futura Ley, se hacen las siguientes reflexiones:

• Si los plazos máximos de duración del procedimiento previsto en el art. 56 se refieren exclusivamente al supuesto de prácticas restrictivas, no tiene sentido incluir dicho precepto en el capítulo II relativo a las «Disposiciones comunes» al procedimiento y debería incluirse dentro del capítulo I que regula el «procedimiento en materia de prácticas restrictivas». Y ello porque el resto del art. 56 se refiere, sin lugar a dudas, a los supuestos de prácticas restrictivas y no al de concentraciones económicas.

• Y en segundo lugar, como segunda reflexión, debería clarificarse la duración máxima (desde la incoación hasta la resolución) de los procedimientos sancionadores en materia de concentraciones económicas[7]: si se les quiere dotar de un plazo específico superior al de seis meses o si se mantiene el general de seis meses previsto en el RD 1398/1993, pero permitiendo acordar, siempre motivadamente, la suspensión o ampliación de dicho plazo en los supuestos que así lo exigiera la naturaleza de dicho procedimiento y que no encajen en las categorías generales de suspensión y ampliación del plazo previstas respectivamente en el art. 42.5 y 6 de la Ley 30/1992.

[7] Y ello, dado que la falta de resolución en dicho plazo determina la caducidad del procedimiento.

b') Caducidad y prescripción

Por lo que se refiere al juego de la prescripción (cuyo plazo se establece por el art. 12 de la Ley 16/1989 en cuatro años), en relación con la caducidad del procedimiento, el art. 92.3 de la Ley 30/1992 establece que «la caducidad no produce por sí sola la prescripción de las acciones del particular o de la Administración, pero los procedimientos caducados no interrumpen el plazo de prescripción»; de ahí que el SDC pueda reiniciar el procedimiento sancionador en tanto no haya transcurrido el plazo de prescripción.

Cuestión de interés es la relativa a si el plazo de prescripción se interrumpe durante la tramitación de un recurso contencioso-administrativo interpuesto contra la resolución sancionadora del Ministro. Esta cuestión ha sido resuelta, tanto por la Sala de lo Contencioso-Administrativo, Sección 6.ª de la Audiencia Nacional (Sentencia de 3 de febrero de 2003 dictada en *Rec.* 759/1999), como por la Sala de lo Contencioso-Administrativo del Tribunal Supremo (STS de 24 de febrero de 2004, rec. casación 3754/2001) en el sentido de que el plazo de prescripción se interrumpe durante el tiempo en que los órganos jurisdiccionales contencioso-administrativos están conociendo de la conformidad a derecho de la resolución sancionadora.

— La Sentencia de fecha 3 de febrero de 2003, de la Sección 6.ª de la Sala de lo Contencioso-Administrativo, dictada en el recurso 759/1999 analiza esta cuestión en su fundamento jurídico 4.º en el que señala que «El motivo por el que no opera la prescripción por actuaciones judiciales lo es que el juez aparece al margen de la relación jurídica que enjuicia, siendo neutral frente a la misma, pues tal relación deriva de las facultades, potestades y ámbitos de autonomía de quienes son sujetos de dicha relación jurídica, la crean, la desarrollan y la extinguen por motivos jurídicos ajenos a la actuación judicial, cuya atribución competencial en estos casos es meramente dirimente de los conflictos que dicha relación jurídica haya provocado o pueda provocar, y se le sometan. El papel del Estado juez es, pues, en tales casos, de carácter dirimente, ajeno al origen, desarrollo y extinción de la relación jurídica y neutral por ello frente a la misma... El juez contencioso-administrativo no ejerce la potestad administrativa sancionadora, no integra, pues, la relación jurídica que tal potestad genera, no la constituye, es ajeno a la misma y dirime el conflicto que ésta genera entre quienes la constituyen: la Administración y el sancionado. La potestad administrativa sancionadora le viene legalmente atribuida y la ejerce la Administración. Es la Administración la que se integra en la relación jurídica sancionadora, encontrándose en el otro polo de la relación el sancionado. El Juez contencioso-administrativo enjuicia una relación preexistente cuya existencia, desarrollo y extinción le es ajena; por ello, la prescripción opera en el ámbito administrativo pero no en el judicial. Vemos, pues, que la estructura jurídica del proceso penal y del proceso contencioso cuando enjuicia la potestad sancionadora de la Administración, es radicalmente diferente, responde a la actuación de distintas potestades y principios y la relación jurídica del juzgador con las partes en el proceso es esencialmente distinta. Por ello, tales diferencias en la esencia de la actuación judicial en uno y otro orden jurisdiccional, nos impone afirmar que nos encontramos ante uno de esos aspectos en los que los principios penales han de ser matizados en su aplicación al Derecho administrativo sancionador, debiendo concluir que la prescripción judicial penal no opera en vía judicial contencioso-administrativa respecto de potestades administrativas sancionadoras».

— El Tribunal Supremo, en la citada Sentencia de 24 de febrero de 2004, también mantiene el criterio de que el conocimiento por parte de los órganos contencioso-administrativos de la conformidad a derecho de la resolución sancionadora interrumpe el plazo de prescripción previsto para la Administración. Y se pronuncia sobre una cuestión de esencial importancia, cual es, si surten o no efecto en el nuevo procedimiento que, en su caso, la Administración reinicie, las actuaciones practicadas en el procedimiento declarado caducado. El fundamento de Derecho octavo de la referida sentencia señala al respecto: «Sabemos que la declaración de caducidad no impide la apertura de un nuevo procedimiento sancionador en tanto en cuanto la hipotética infracción que originó la incoación del procedimiento caducado no haya prescrito. Así se desprende, con nitidez, del mandato legal que se contiene en el art. 92.3 de la Ley 30/1992 (la caducidad no producirá por sí sola la prescripción de las acciones del particular o de la Administración, pero los procedimientos caducados no interrumpirán el plazo de prescripción).

Ahora bien, al declarar la caducidad la Administración ha de ordenar el archivo de las actuaciones (art. 43.4 de la Ley 30/1992 en su redacción originaria, y art. 44.2 de la misma Ley en la redacción ahora vigente), lo cual, rectamente entendido, comporta:

a) Que el acuerdo de iniciar el nuevo expediente sancionador (si llega a producirse) puede y debe fundarse en los mismos documentos que, con el valor de denuncia, determinaron la iniciación del expediente caducado. De lo contrario carecería de sentido aquel mandato legal. Afirmación, esta primera, que cabe ver, entre otras, en las sentencias de esta Sala Tercera del Tribunal Supremo de fechas 1 de octubre de 2001 (dos), 15 de octubre de 2001, 22 de octubre de 2001 y 5 de noviembre de 2001.

b) Que en ese nuevo expediente pueden surtir efectos, si se decide su incorporación a él con observancia de las normas que regulan su tramitación, actos independientes del expediente caducado, no surgidos dentro de él, aunque a él se hubieran también incorporado. Concepto, éste, de actos independientes, que también cabe ver en las sentencias que acaban de ser citadas.

c) Que no cabe, en cambio, que en el nuevo procedimiento surtan efecto las actuaciones propias del primero, esto es, las surgidas y documentadas en éste a raíz de su incoación para constatar la realidad de lo acontecido, la persona o personas responsables de ello, el cargo o cargos imputables, o el contenido, alcance o efectos de la responsabilidad, pues entonces no se daría cumplimiento al mandato legal de archivo de las actuaciones del procedimiento caducado.

d) Que cabe, ciertamente, que en el nuevo procedimiento se practiquen otra vez las mismas actuaciones que se practicaron en el primero para la constatación de todos esos datos, circunstancias y efectos. Pero habrán de practicarse con sujeción, ahora y de nuevo, a los trámites y garantías propios del procedimiento sancionador y habrán de valorarse por su resultado o contenido actual y no por el que entonces hubiera podido obtenerse. Y

e) Que por excepción, pueden surtir efecto en el nuevo procedimiento todas las actuaciones del caducado cuya incorporación solicite la persona contra la que se dirige aquél, pues la caducidad "sanciona" el retraso de la Administración no imputable al administrado y no puede, por ello, desenvolver sus efectos en perjuicio de éste».

2. PRÁCTICAS RESTRICTIVAS O ABUSIVAS

En el análisis de la duración del procedimiento, caducidad y prescripción relativo a las prácticas restrictivas o abusivas, vamos a distinguir los siguientes supuestos:

1. Duración del procedimiento sancionador por infracción del art. 1, 6 o 7 de la Ley 16/1989 en su fase ante el SDC y TDC hasta la resolución del TDC que declare la existencia de prácticas (o acuerdos) prohibidos o de abuso de posición dominante o no resultar acreditada la existencia de los mismos (arts. 36 a 46 de la LDC).
2. Procedimiento en los supuestos en los que el TDC estima un recurso contra el acuerdo del SDC de sobreseimiento del expediente con archivo de las actuaciones o acuerda la práctica de diligencias complementarias (art. 56.1, 2.º párrafo, de la LDC), y
3. Procedimiento que tiene lugar en los supuestos de interposición de recurso ante el TDC contra los actos dictados por el STDC (arts. 47 a 49 de la LTC).

A) Duración del procedimiento en materia de prácticas prohibidas (arts. 36 a 46 de la LDC)

a) *Regla general*

a') Evolución normativa

En relación con la caducidad, hasta la introducción del art. 56 en la Ley 16/1989, de Defensa de la Competencia, por el art. 100 de la Ley 66/1997[8], no había ninguna previsión específica de un plazo máximo de duración de los expedientes sancionadores en materia de prácticas restrictivas, ni en relación con la fase que tiene lugar ante el SDC ni en la que tiene lugar ante el TDC, cuya extralimitación supusiera la caducidad del expediente. En la redacción originaria de la Ley 16/1989 no se contemplaba plazo alguno de caducidad, sino tan sólo plazos concretos para los sucesivos trámites que han de seguirse en el expediente sancionador ante el SDC y TDC. Tan sólo el RD 422/1970 (Reglamento del SDC) contemplaba un plazo global de seis meses para la instrucción del expediente por parte del SDC (art. 26.1) pero tampoco lo configuraba como un plazo de caducidad. Y dado que la Ley 30/1992 no excluía en su Disposición Adicional octava los procedimientos seguidos por el TDC de su ámbito de aplicación, y el art. 50 de la Ley 16/1989 declaraba de aplicación supletoria los preceptos de la Ley de Procedimiento Administrativo (según el texto legal vigente antes de la reforma operada por la Ley 66/1997), se planteó la duda de si cabría aplicar a estos procedimientos sancionadores lo dispuesto en el art. 43.4 de la Ley 30/1992 (en su redacción anterior a la reforma por la Ley 4/1999) que establecía la caducidad de los procedimientos iniciados de oficio no susceptibles de producir actos favorables para los ciudadanos (entre los que se encuentran los sancionadores) en el plazo de treinta días desde el vencimiento del plazo en que debió ser dictada la resolución, y en concreto si era de aplicación el plazo de seis meses más treinta días establecido en el art. 20.6 del RD 1398/1993 por el que se aprueba el Reglamento del Procedimiento para el ejercicio de la Potestad Sancionadora[9].

La Ley 66/1997, de Medidas Fiscales Administrativas y del Orden Social, vino a clarificar finalmente la cuestión al disponer en su Disposición Adicional séptima que «los procedimientos administrativos en materia de Defensa de la Competencia se regirán por su normativa específica y supletoriamente por la Ley 30/1992, LRJPAC». E intro-

[8] Ley 66/1997, de 30 de diciembre, de Medidas Fiscales Administrativas y del Orden Social.
[9] El Real Decreto 1398/1993 desarrolla en materia sancionadora la Ley 30/1992.

dujo, mediante su art. 30, un nuevo artículo en la Ley 16/1989, el art. 56, que fijó en dieciocho meses el plazo máximo de duración de la fase ante el SDC y en doce meses el del TDC, tras el cual se daba entrada al plazo de caducidad de treinta días (plazo de caducidad de treinta días recogido igualmente en la redacción inicial del art. 43.4 de la Ley 30/1992 y art. 20.6 del RD 1398/1993) [10].

No obstante, para los procedimientos tramitados ante el SDC y TDC antes de la entrada en vigor de la modificación operada por la Ley 66/1997 [11], tanto el TDC como la Audiencia Nacional, Sala de lo Contencioso-Administrativo, Sección 6.ª, se habían pronunciado en el sentido de que no resultaban aplicables a los procedimientos de la LDC los plazos de caducidad de la Ley 30/1992 y del RD 1398/1993, por oponerse ello, la imposibilidad material de que en estos plazos se desenvolvieran las actuaciones previstas en la LDC y que pudieran llevarse a cabo los plazos previstos en la misma en las distintas fases. La Audiencia Nacional, además, había invocado el art. 92.4 de la Ley 30/1992, que excluye la aplicación de la caducidad cuando se encuentre implicado el interés público [12].

A su vez, el Tribunal Supremo, en Sentencia de 30 de abril de 2001 dictada en el recurso de casación para la unificación de la doctrina, núm. 1846/2000, declaró que «no eran aplicables a los procedimientos en materia de Defensa de la Competencia los plazos previstos en el art. 20.6 del RD 1398/1996 por oponerse a ello, entre otras razones, la imposibilidad material de que en esos plazos se desenvolvieran las actuaciones previstas en la LDC». Pero eso sí, exigía que las resoluciones se dictaran en un «plazo razonable» para evitar que se dejara en manos del TDC la posibilidad de una duración indefinida de un procedimiento sancionador, «pues ello pugnaría con el más elemental principio de seguridad jurídica». El Tribunal Supremo se pronunció en el sentido de que «para los expedientes tramitados antes de la entrada en vigor de los plazos introducidos por la Ley 66/1997, pero una vez aprobada la misma, se considerara razonable todo plazo que no excediera del máximo de dieciocho meses previsto inicialmente para la fase ante el SDC y de doce meses más treinta días para la fase ante el TDC». Este criterio fue reiterado en Sentencia de 31 de marzo de 2004 dictada en el recurso de casación 8536/1999 (*RJ,* 2004/3174).

---

[10] Posteriormente se redujo a doce meses la fase ante el SDC, dejando intacto el plazo de doce meses más treinta días de caducidad previsto por la Ley 66/1997 para la fase del TDC.

[11] la Disposición Transitoria duodécima de la Ley 66/1997 indicó que los plazos máximos de duración previstos en la misma serían de aplicación a los expedientes que se iniciaran a partir del 1 de enero de 1998.

[12] Entre otras, las resoluciones del TDC de 31 de marzo, 11 y 18 de diciembre de 1998 dictadas respectivamente en los expedientes 403, 409 y 421 de 1997, así como Sentencias de la Audiencia Nacional dictadas en los recursos 208/1999, 445/1999, entre otros.

b') Situación actual y anacronismo del plazo de caducidad

La Ley 52/1999 redujo el plazo de la fase ante el SDC a doce meses dejando intacto el plazo de doce meses más treinta días de caducidad de la fase ante el TDC. Así, tras la reforma del art. 56 de la LDC por la Ley 52/1999, los plazos generales de las fases ante el SDC y TDC, cuyo incumplimiento determinan la caducidad son los siguientes: doce meses el plazo máximo de duración de la fase ante el SDC, a contar desde la iniciación formal del mismo hasta la remisión del expediente al TDC o de la notificación del acuerdo de sobreseimiento y archivo de las actuaciones (art. 56.1, primer párrafo) y doce meses el plazo máximo de la fase que tiene lugar ante el TDC a contar desde la admisión a trámite del expediente remitido por el SDC hasta que se dicta la resolución prevista en el art. 46 de la misma Ley (art. 56.2, primer párrafo). A ello habría que añadirle el plazo de treinta días de caducidad previsto en el art. 56.2, segundo párrafo, de la LDC:

En contra de la vigencia de este plazo extra de treinta días para que se entienda caducado el procedimiento está el hecho de que el mismo fue introducido por la Ley 66/1997, y, por tanto, antes de que la Ley 4/1999 de modificación de la Ley 30/1992 suprimiera, con carácter general, este plazo de treinta días a añadir al plazo fijado para dictar resolución para que se entendiera producida la caducidad.

A favor de la vigencia de este plazo está el hecho de que, conforme al art. 56 de la Ley 16/1989, «los procedimientos en materia de Defensa de la Competencia se rigen por su normativa específica y sólo en lo no previsto en ella, por la Ley 30/1992», así como el hecho de que la Ley 52/1999 (y, por tanto, posterior a la Ley 4/1999), que se preocupó del tema de los plazos, al reducir de dieciocho a doce meses la fase ante el SDC, dejó, sin embargo, intacta la previsión del plazo de treinta días a añadir al de doce meses para que se entienda producida la caducidad en la fase ante el TDC.

Personalmente opinamos que, a pesar de que los procedimientos sancionadores ante el TDC se rijan, en primer lugar, por su normativa específica, resulta anacrónico mantener un sistema en el que, al plazo máximo de duración del procedimiento sancionador se le añada un plazo extra de treinta días, cuando con carácter general en todos los procedimientos sancionadores dicho plazo extra de treinta días para que opere la caducidad se ha suprimido. Si se quería que la fase ante el TDC pudiera tener una duración máxima de trece meses y no de doce, debería decirlo así claramente la Ley, pero no mantener un plazo máximo y añadir un plazo extra de caducidad de treinta días que no tiene cabida en ningún otro procedimiento sancionador en nuestro ordenamiento jurídico, a pesar de que también puedan regirse por su normativa específica.

b) *Suspensión y ampliación de los plazos*

a') Notificación a los interesados

El art. 56, tanto para la fase ante el SDC como ante el TDC, prevé la posibilidad de interrupción del plazo máximo conforme a lo establecido en el art. 42.5 de la Ley 30/1992 (art. 56.1, párrafos 3.º y 4.º, para el SDC y art. 56.2, primer párrafo *in fine,* para el TDC). En relación con esta suspensión del plazo máximo legal, en la fase ante el SDC se indica expresamente (art. 56.1, párrafo 4.º *in fine*) que «el SDC deberá dar cuenta de la resolución de la interrupción a los interesados». Este párrafo tiene su importancia, dado que el art. 42.5 de la Ley 30/1992 no lo dice expresamente, y en algunos supuestos la Administración ha discutido que sea necesario un acuerdo expreso de suspensión y notificación del mismo a los interesados para que pueda entenderse suspendido el plazo. En cualquier caso, en relación con la previsión establecida en el art. 42.5 de la Ley 30/1992, se había venido exigiendo la necesidad de un acuerdo expreso notificado a los interesados para que pudiera entenderse suspendido el plazo legal con base a lo dispuesto en el art. 42.5 [13].

b') Supuestos del art. 42.5 de la Ley 30/1992

El supuesto previsto en el art. 42.5, apartado *a)* [14], de la Ley 30/1992 no siempre permite encajar en las necesidades propias de la naturaleza de estos procedimientos. Y ello porque en algunos supuestos se hace necesario en la instrucción obtener cierta documentación o información de terceras personas que, al no figurar como imputadas (ni haber sido denunciantes) no tienen la condición de interesados en el mismo y, por tanto, no permiten acordar la suspensión conforme al art. 42.5.*a)*.

Por otra parte, el supuesto previsto en el art. 42.5, apartado *d)* [15], no permitiría tampoco obtener la información en dichos supuestos, pues dicho art. 42.5, apartado *d),* se circunscribe a «pruebas técnicas o análisis contradictorios o dirimentes propuestos por los interesados», dejando fuera la información que pudieran aportar terceros que no

---

[13] J. M. ÁLVAREZ-CIENFUEGOS, HUESCA BOADILLA, SALA ARQUER y XIOL RÍOS, *Comentarios a la reforma de la LRJPAC. Estudio de la Ley 4/1999,* Madrid, Aranzadi, 1999, pp. 75 y 76).

[14] En el mismo sentido, la Audiencia Nacional, Sala de lo Contencioso-Administrativo, Sección 6.ª, exigió igualmente acuerdo expreso al efecto en la Sentencia de 12 de mayo de 2004, dictada en el recurso 427/2003.

[15] «Cuando deba requerirse a cualquier interesado para la subsanación de deficiencias y la aportación de documentos y otros elementos de juicio necesarios».

estuvieran incluidos en el procedimiento, cuya información a veces se ha evidenciado indispensable.

c) *Supuestos específicos el art. 56 de la Ley 16/1989 para el SDC*

a') Suspensión

En relación con el plazo máximo legal ante el SDC, el art. 56.1 añade, además, otros supuestos específicos en los que se entiende interrumpido el plazo máximo de duración:

- «Cuando sea necesaria la coordinación con la Unión Europea o cooperación con autoridades de competencia de otros países» concepto más amplio que el previsto en el apartado *b)* del art. 42.5 de la Ley 30/1992, que exige, en relación con la Unión Europea, un pronunciamiento previo y preceptivo de un órgano de la misma.
- También se prevé la interrupción del plazo máximo en los supuestos de interposición del recurso administrativo previsto en el art. 47 de la Ley 16/1989: recursos ante el TDC contra los actos del SDC previstos en este precepto, supuesto que analizaremos posteriormente.

b') Ampliación

Por lo demás, el art. 56.1, párrafos 3.º y 5.º, prevé la posibilidad de ampliación del plazo máximo previsto para la fase ante el SDC conforme a lo dispuesto en el art. 42.6 de la Ley 30/1992. Un comentario nos merece esta remisión a efectos de futuras reformas legislativas: el art. 42.6 de la Ley 30/1992 establece la posibilidad de ampliación del plazo máximo de resolución y notificación con carácter excepcional en los supuestos allí previstos. El art. 42.6 se está refiriendo, por tanto, a los supuestos en los que el procedimiento concluye con una resolución y notificación. De ahí que el art. 42.6 disponga que el acuerdo de ampliación se adopte «por el órgano competente para resolver a propuesta del instructor». Sin embargo, la fase que tiene lugar ante el SDC, cuando no concluye en una resolución de sobreseimiento, sino en la emisión de un informe propuesta al TDC, no se dicta propiamente una "resolución". De ahí que la remisión al art. 42.6 prevista para la fase ante el SDC no sea adecuada. Sería más coherente una remisión a la posibilidad de «ampliación de plazos prevista en el art. 49 de la Ley 30/1992, que se refiere con carácter general a la posibilidad de ampliación de los plazos máximos establecidos que no exceda de la mitad de los mismos, si las circunstancias lo aconsejan y con ello no se perjudican derechos de terceros». En la fase ante el SDC, en los casos excepcionales en los que la naturaleza del procedimiento concreto lo aconsejara, se podría permitir una ampliación de los plazos en base a este precepto o a una previsión específica, y no del art. 42.6 que hace referencia a un plazo para resolver que no siempre tiene lugar en la fase ante el SDC.

d) *Suspuestos específicos del art. 56 de la Ley 16/1989 para el TDC*

a') Suspensión

— En relación con la fase ante el *TDC*, se prevé que el plazo general de doce meses a contar desde la admisión a trámite del expediente pueda interrumpirse, además de por los supuestos previstos en el art. 42.5 de la Ley 30/1992, por los siguientes:

• Planteamiento de cuestiones incidentales en las que la Ley prevé la suspensión.

• Interposición de recursos y acuerdo de suspensión por el órgano jurisdiccional competente. Este supuesto recogido en el art. 56.2, primer párrafo, de la LDC debe ponerse en conexión con la posibilidad de recurrir la admisión a trámite del expediente por el TDC, art. 39 LDC, así como con el art. 40.4 de la LDC, que, en materia de prueba, dispone que «contra las decisiones del TDC en materia de pruebas no se admitirá recurso alguno en vía administrativa», lo cual no impediría un recurso contencioso-administrativo. La redacción de la LDC permite entender que la mera interposición del recurso contencioso-administrativo no suspende el plazo de caducidad de doce meses y que dicho plazo solamente puede entenderse suspendido en el supuesto de que el órgano jurisdiccional competente acuerde la suspensión del acto recurrido y, consecuentemente, del citado plazo.

• Se acuerda la práctica de diligencias para mejor proveer, previstas en el art. 42 de la LDC.

• Se deba proceder a cambio de calificación en los términos del art. 43.1 de la LDC.

• Por concurrencia de un procedimiento ante órganos comunitarios prevista en el art. 44 de la LDC.

• Se suspenda por la instrucción de un proceso penal.

• Se presente una cuestión prejudicial ante el TJCEE *ex* art. 234 del Tratado de la Unión Europea.

b') Ampliación

El art. 56.2 de la LDC, a diferencia de lo que ocurre en la fase ante el SDC, no contempla para el TDC la posibilidad de un «acuerdo de ampliación» conforme al art. 42.6 de la Ley 30/1992.

e) *Suspuestos tras el Reglamento (CE) núm. 1/2003 del Consejo*

Tras la entrada en vigor del Reglamento CE núm. 1/2003, se hace necesario tener en cuenta el supuesto de suspensión previsto en su art. 13 para cuando una autoridad de competencia de otro Estado miembro ya estuviese tramitando el procedimiento contra el mismo acuerdo, decisión o práctica en virtud de los arts. 81 y 82 del Tratado.

Tras la entrada en vigor del Reglamento (CE) 1/2003, se hace necesario prever, además, cómo se va a articular la información que, conforme al art. 11 del citado reglamento comunitario debe remitirse a la Comisión, al menos treinta días antes de la adopción de la resolución. El sistema previsto en el LDC para el TDC de "votación y fallo" se compagina mal con esta previsión comunitaria. Una futura reforma legislativa deberá tener este punto en consideración.

f) *Caducidad y prescripción*

Por lo que se refiere al juego de la prescripción en relación con la caducidad del procedimiento, nos remitimos a lo señalado al efecto en materia de concentraciones económicas.

B) Duración del procedimiento ante el SDC en el supuesto previsto en el art. 56.1, segundo párrafo: supuestos en los que el TDC estime un recurso contra un acuerdo del SDC de sobreseimiento o para la práctica de diligencias previstas en el art. 39 de la LDC

La articulación de la fase de instrucción por el SDC con la fase de decisión que corresponde al TDC tienen en la LDC dos soluciones distintas como corresponde a los dos cauces procedimentales de conclusión de la fase de instrucción ante el SDC: en caso de que se considere por el SDC que se han cometido las infracciones en el informe-propuesta, el TDC, antes de acordar la admisión a trámite del expediente, podrá interesar del SDC la práctica de las diligencias oportunas, que serán complementadas por las que el SDC considere pertinentes en la continuación de su actividad instructora de conformidad con el art. 39 de la LDC. En el supuesto de acuerdo de sobreseimiento por el SDC, los interesados en el expediente que disientan de esta forma de determinación, pueden interponer el recurso ante el TDC conforme al art. 37.4 de la Ley. De estimarse este recurso, se deja sin efecto el sobreseimiento y archivo acordando la realización de la instrucción complementaria necesaria para realizar el informe-propuesta.

La redacción originaria de la Ley 16/1989 no establecía el plazo legal que en estos supuestos disponía el SDC para llevar a término la instrucción complementaria. Ello tampoco fue subsanado con la introducción del art. 56 de la LDC por la Ley 66/1997, vacío legal que ha sido subsanado por el nuevo párrafo segundo añadido al apartado 1 del art. 56 por la Ley 53/2002, de Medidas Fiscales, Administrativas y del Orden Social, que establece un plazo máximo de seis meses en ambas situaciones a contar desde la notificación de la resolución del TDC, y ello sin perjuicio de los supuestos de suspensión y de ampliación anteriormente comentados. La falta de emisión al TDC del informe-propuesta en el citado plazo máximo de seis meses (o el que resulte de la suspensión o ampliación del mismo) determinará que se proceda de oficio o a instancia de cualquier interesado a declarar la caducidad.

Como propuesta legislativa para el caso de integración del SDC-TDC, consideramos que debería ser el TDC (órgano resolutor resultante de la integración) el que acordara el sobreseimiento limitándose el SDC (órgano instructor resultante) a emitir un informe-propuesta. Con ello se evitaría el recurso del acuerdo del órgano instructor ante el resolutor, redundando ello en una reducción de la duración total del procedimiento, dado que en la práctica casi la totalidad de acuerdos de sobreseimiento y archivo del SDC se recurren ante el TDC, el cual, por lo tanto, acaba conociendo de los supuestos de sobreseimiento; se permitiría así una reducción de trámites. Por otra parte, las garantías de los interesados no se verían minorados, por cuanto, en puridad, la información de que actualmente dispone el TDC al resolver el recurso contra el sobreseimiento y archivo del SDC no serían esencialmente distintos de la que manejaría si resolviera directamente a propuesta del instructor.

C) Duración del procedimiento que tiene lugar ante el TDC en los supuestos de interposición de recurso contra los actos dictados por el SDC (arts. 47 a 49)

La redacción originaria de los arts. 47 a 49 fue modificada por las Leyes 52/1999 y 53/2002 en el sentido de ampliar tanto los supuestos en los cuales procede el recurso como los plazos para su tramitación y resolución.

La Ley 52/1999 amplió, tanto los supuestos en los que puede interponerse recurso ante el TDC a aquellos actos que «produzcan indefensión o perjuicio irreparable a derechos o intereses legítimos» como el plazo de que disponía el SDC para remitir, una vez interpuesto el recurso, el expediente con su informe al TDC (plazo que pasó de tres a cinco días).

A su vez, El art. 84.Dos de la Ley 53/2002 amplió el plazo del que disponía el TDC para resolver el recurso de diez días a tres meses desde la interposición del recurso hasta que se notifique la resolución, salvo en el supuesto de recurso contra un acuerdo de sobreseimiento y archivo del SDC, en el que el plazo se amplía a doce meses.

La redacción dada al art. 48.4 de la LDC por el art. 84.Dos de la Ley 53/2002 es imprecisa al utilizar la expresión «sin que pueda exceder de tres (o doce) meses el plazo para dictar y notificar resolución», pues no indica la consecuencia de la falta de resolución en plazo, ni aclara si la falta de resolución en plazo debe determinar que el recurso se entienda desestimado (por aplicación supletoria del art. 43.2 de la Ley 30/1992) o si el incumplimiento de dicho plazo determina exclusivamente la responsabilidad del funcionario responsable de dicho incumplimiento. Y esta aclaración se hace, además, necesaria por cuanto repercute en el plazo de caducidad del SDC, al disponer el art. 56.1, párrafo 3.º, de la LDC la interrupción del plazo máximo previsto en la fase ante el SDC en los supuestos de interposición del recurso administrativo previsto en el art. 47. Así, para el supuesto de que el TDC se exceda del plazo máximo legal de tres o doce meses para notificar y resolver el recurso, se plantea la duda de si el plazo ante el SDC vuelve a correr transcurridos los tres o doce meses, aunque no se haya dictado resolución, o si hay que esperar a la resolución (aunque ésta sea tardía) para que el plazo vuelva a correr.

3. PROPUESTAS LEGISLATIVAS

A modo de resumen, y sin perjuicio de las concretas propuestas de reforma legislativa que se han ido haciendo al analizar las distintas fases del procedimiento en materia de concentraciones económicas y prácticas restrictivas y abusivas, reiteramos las siguientes:

Concentraciones económicas

— Si los plazos máximos de duración del procedimiento previsto en el art. 56 se refieren exclusivamente al supuesto de prácticas restrictivas, no tiene sentido incluir dicho precepto en el capítulo II relativo a las «disposiciones comunes» al procedimiento y debería incluirse dentro del capítulo I que regula el «Procedimiento en materia de prácticas restrictivas». Y ello porque el resto del art. 56 se refiere, en este caso sin lugar a dudas, a los supuestos de prácticas restrictivas y no al de concentraciones económicas.

— Debería clarificarse la duración máxima (desde la incoación hasta la resolución) de los procedimientos sancionadores en materia de concentraciones económicas[16]: si se les quiere dotar de un plazo específico superior al de seis meses o si se mantiene el general de seis meses previsto en el RD 1398/1993, pero permitiendo acordar, siempre motivadamente, la suspensión o ampliación de dicho plazo en los supuestos que así lo exige la naturaleza de dicho procedimiento y que no encajen en las categorías generales de suspensión y ampliación del plazo previstas respectivamente en los arts. 42.5 y 6 de la Ley 30/1992.

Prácticas restrictivas o abusivas

— Un sistema en el que se integre en un solo Ente el SDC-TDC debería permitir una reducción de los plazos máximos globales del procedimiento (actualmente fijado en veinticuatro meses más treinta días del plazo de caducidad, sin perjuicio de suspensiones y ampliaciones de plazos).

— Se debería centrar la fase probatoria en el órgano instructor y aligerar al órgano resolutor de la práctica genérica de pruebas, limitándose su práctica ante este último, a aquellas que se hubieran rechazado ante el instructor o que se acordaran "para mejor proveer". Se evitaría así la estrategia procedimental, con frecuencia utilizada, de reservarse pruebas, que pueden proponerse y aportarse en la fase ante el SDC, para la fase ante el TDC. Ello permitiría además que el órgano heredero del TDC se centrara en consolidar el criterio de la autoridad nacional de competencia, y redundaría en una reducción global del plazo del procedimiento.

— Se debería establecer la duración máxima de la fase ante el órgano instructor y ante el resolutor, sin fijar para este último un plazo extra de caducidad por los motivos que se expusieron al tratar esta cuestión.

— En materia de sobreseimiento, el órgano resolutor podría acordar el mismo a propuesta del órgano instructor, y, de mantenerse el régimen actual de «acuerdo por el instructor y recurso ante el resolutor», se deberían concretar los efectos de la falta de resolución en el plazo fijado para ello.

— Debería articularse un sistema para la obtención de información de terceros "no interesados" en el procedimiento, supuesto no contemplado en el art. 42.5.*a)* de la Ley 30/1992.

— Debe configurarse el procedimiento de la Entidad resultante de la integración SDC-TDC de manera que pueda hacerse efectiva la previsión del art. 11 del Reglamento (CE) 1/2003.

---

[16] «Cuando deban realizarse pruebas técnicas o analisis contradictorios o dirimentes propuestos por los interesados».

LA TERMINACIÓN CONVENCIONAL DE LOS PROCEDIMIENTOS SANCIONADORES DE LA LEY DE DEFENSA DE LA COMPETENCIA

Rafael ALLENDESALAZAR CORCHO
Abogado. Socio de Martínez Lage & Asociados

1. LA TERMINACIÓN CONVENCIONAL DE LOS PROCEDIMIENTOS ADMINISTRATIVOS: ANTECEDENTES

La introducción formal de la terminación convencional como una de las posibles vías de finalización de los procedimientos administrativos fue una de las novedades más relevantes de la Ley 30/1992, de Régimen Jurídico de las Administraciones Públicas y del Procedimiento Administrativo Común (en lo sucesivo, LRJ-PAC). Estamos, pues, en presencia de una figura relativamente reciente, y para la que existían pocos precedentes en los países llamados "de Derecho administrativo", ya que hasta ese momento sólo Alemania e Italia habían incorporado formalmente instrumentos similares a sus legislaciones de procedimiento administrativo [1].

---

[1] La doctrina ha señalado como antecedentes de la LRJ-PAC en este ámbito la figura del "contrato de Derecho público" *(Öffentlich-rechticher Vertrag)* regulada en la Ley Federal alemana de 1976 sobre procedimiento administrativo *(Vezewaltungsverfahzengesetz)* y la Ley italiana 241/1990, sobre nuevas normas en materia de procedimiento administrativo y derecho de acceso a los documentos administrativos.

El acogimiento de esta figura por el legislador español fue recibido de forma muy diversa por la doctrina administrativa: García de Enterría la calificó inicialmente como «en sí mismo peligrosa» [2], aunque algunos años después admitía que un uso inteligente de la terminación convencional podía contribuir en no pequeña medida a agilizar el funcionamiento de la Administración, señalando además que su regulación eliminaba la sombra de sospecha que la falta de una necesaria cobertura legal venía proyectando sobre muchas de las negociaciones que se desarrollan a diario en el escenario administrativo [3]. González Pérez, por su parte, destacó su carácter excepcional y su falta de tradición en nuestra práctica administrativa, vaticinando que su empleo no podría ser nunca demasiado frecuente ni demasiado general [4]. Frente a estas posiciones más o menos escépticas, Parada consideró que su admisión, «aunque tímida, insuficiente y discutible», fue una de las grandes novedades de la LRJ-PAC [5].

La terminación convencional aparece contemplada en el art. 88 LRJ-PAC [6], dentro de la sección dedicada a las Disposiciones Generales del capítulo que regula la finalización del procedimiento. Ahora bien, a diferencia de las restantes formas de finalización del procedimiento administrativo (resolución, desistimiento, renuncia y cadu-

---

Para un comentario acerca de estos antecedentes y de la terminación convencional en la LRJ-PAC, *vid.* Francisco Delgado Piqueras, *La terminación convencional del Procedimiento Administrativo,* Aranzadi, 1995.

[2] Eduardo García de Enterría, «Un punto de vista sobre la nueva Ley de Régimen Jurídico de las Administraciones Públicas y del Procedimiento Administrativo Común de 1992», citado por Delgado Piqueras, *op. cit.,* p. 20.

[3] Eduardo García de Enterría y Tomás Ramón Fernández, *Curso de Derecho Administrativo II,* 6.ª ed., Civitas, 1999, p. 500.

[4] Jesús González Pérez y Francisco González Navarro, *Comentarios a la Ley de Régimen Jurídico de las Administraciones Públicas y del Procedimiento Administrativo Común (Ley 30/1992, de 26 de noviembre),* 2.ª ed., Civitas, 1999, p. 2025.

[5] Ramón Parada, *Régimen Jurídico de las Administraciones Públicas y del Procedimiento Administrativo Común,* 2.ª ed., Marcial Pons, 1999, p. 326.

[6] «Art. 88. Terminación convencional.

1. Las Administraciones Públicas podrán celebrar acuerdos, pactos, convenios o contratos con personas tanto de Derecho público como privado, siempre que no sean contrarios al Ordenamiento Jurídico ni versen sobre materias no susceptibles de transacción y tengan por objeto satisfacer el interés público que tienen encomendado, con el alcance, efectos y régimen jurídico específico que en cada caso prevea la disposición que lo regule, pudiendo tales actos tener la consideración de finalizadores de los procedimientos administrativos o insertarse en los mismos con carácter previo, vinculante o no, a la resolución que les ponga fin.

2. Los citados instrumentos deberán establecer como contenido mínimo la identificación de las partes intervinientes, el ámbito personal, funcional y territorial, y el plazo de vigencia, debiendo publicarse o no según su naturaleza y las personas a las que estuvieran destinados.

3. Requerirán en todo caso la aprobación expresa del Consejo de Ministros, los acuerdos que versen sobre materias de la competencia directa de dicho órgano.

4. Los acuerdos que se suscriban no supondrán alteración de las competencias atribuidas a los órganos administrativos ni de las responsabilidades que correspondan a las autoridades y funcionarios relativas al funcionamiento de los servicios públicos».

cidad), carece de un desarrollo específico en otras secciones de ese capítulo.

Podemos destacar los siguientes rasgos fundamentales de esa escasa —y hasta cierto punto confusa— regulación:

— El art. 88 LRJ-PAC contempla tanto los acuerdos que ponen fin al procedimiento administrativo (terminación convencional *stricto sensu*) como aquellos que se insertan en el procedimiento y que sirven para determinar, con carácter vinculante o sin él, datos que luego han de ser tenidos en cuenta en la resolución que le ponga fin. Estos últimos convenios son, pues, meros actos de instrucción y no de terminación del procedimiento.

— Los acuerdos han de ser conformes con el ordenamiento jurídico y deben versar sobre materias en las que la Administración pueda ejercer sus potestades con un cierto grado de discrecionalidad; *i. e.*, deben ser materias susceptibles de transacción.

Este segundo rasgo parece entroncar con una jurisprudencia anterior a la LRJ-PAC, que consideraba carente de objeto idóneo los convenios que se refiriesen a potestades administrativas de ejercicio rigurosamente reglado, al estar las mismas fuera del tráfico jurídico (STS de 30 de abril de 1979, *RJ,* 1979\1592). En ese mismo sentido, y refiriéndose ya específicamente al art. 88 LRJ-PAC, el Tribunal Superior de Justicia de Canarias, en Sentencia de 7 de septiembre de 1998 (*RJCA,* 1998\3083), ha señalado:

> *«Hemos de recordar la STS 30 abril 1979, donde se afirma con rotundidad que están fuera del tráfico jurídico las potestades administrativas de ejercicio rigurosamente reglado, como las dos enunciadas, por lo que no pueden ser objeto de convenio. Sólo en casos de habilitaciones legales específicas, cuando el interés público y las circunstancias concurrentes determinen que la atribución a la Administración de la correspondiente potestad sea con el suficiente grado de discrecionalidad, resultará posible la terminación convencional que se refiere el art. 88 Ley de Procedimiento Común».*

— Los acuerdos han de tener por objeto satisfacer el interés público que las Administraciones tienen encomendado.

En principio, cabría presumir que cualquier acuerdo celebrado por la Administración en el ejercicio de sus funciones cumple esta condición, ya que, como ha señala DELGADO PIQUERAS, los intereses públicos son los únicos que le está permitido perseguir; de otra forma, probablemente estaría incurriendo en desviación de poder. Sin embargo, como apunta dicho autor, «el debate sobre el concepto de interés público hace mucho tiempo que abandonó la mística de la objetividad, ante la evidencia de que, en el fondo, el interés público es un concepto valorativo, en cuya definición se entremezclan inevitablemente juicios de oportunidad y de razón de quién decide. En definitiva, es una apreciación subjetiva lo que convierte un interés material cualquiera en "interés público"» [7].

A este respecto, cabe, sin embargo, pensar que en el ámbito concreto del Derecho de la competencia, este requisito recobre un papel mucho más importante, en la medida en que estamos en un área del Derecho administrativo en la que, por una parte, se produce una singular imbricación de los intereses públicos y privados, y, por otra, la definición de lo que sea el interés público a defender en cada caso puede variar considerablemente en función de la apreciación subjetiva que finalmente termine prevaleciendo. Volveremos más adelante sobre estos puntos.

— Con la excepción de algún autor que considera que el art. 88 LRJ-PAC tiene eficacia directa [8], la mayoría de la doctrina entiende que se trata sólo de una norma marco que puede ser tomada en consideración por las normas especiales reguladoras de los procedimientos concretos, que serán las que decidan acerca de su efectiva implantación, alcance, efectos y régimen jurídico [9].

A este respecto, resulta ilustrativo constatar que el Reglamento para el ejercicio de la potestad sancionadora, aprobado mediante Real Decreto 1398/1993 unos meses después que la LRJ-PAC con objeto, precisamente, de establecer un procedimiento sancionador general que se adecuase a los principios de esa Ley, prácticamente olvidó la figura de la terminación convencional. En efecto, sólo aparece explícitamente citada como vía de terminación del procedimiento complementario para la fijación de la indemnización por daños y perjuicios causados a la Administración (art. 22.2). Como señala DELGADO PIQUERAS, el legislador desaprovechó así una magnífica ocasión de regular la terminación convencional en los procedimientos sancionadores, lo que habría tenido un efecto uniformador muy importante, dado que, en defecto de procedimiento sancionador especial, el procedimiento establecido en el Reglamento es de aplicación a la mayoría de los procedimientos sancionadores de las Administraciones Central, Autonómica y Local (art. 1).

---

[7] Eduardo GARCÍA DE ENTERRÍA, «Un punto de vista sobre la nueva Ley de Régimen Jurídico de las Administraciones Públicas y del Procedimiento Administrativo Común de 1992», citado por DELGADO PIQUERAS, *op. cit.,* p. 202.

[8] DELGADO PIQUERAS, *op. cit.,* p. 186.

[9] Eduardo GARCÍA DE ENTERRÍA y FERNÁNDEZ, *op. cit.,* p. 499.

2. LA TERMINACIÓN CONVENCIONAL EN LA LDC

A) Introducción de la terminación convencional en los procedimientos de la LDC

La posibilidad de terminar los procedimientos de aplicación de la Ley 16/1989, de Defensa de la Competencia (en lo sucesivo, LDC), mediante acuerdos o compromisos fue reconocida, para cada uno de los dos tipos de procedimientos fundamentales de la LDC, en sendas reformas aprobadas en el año 1999: para los expedientes de concentración económica está prevista en el art. 15 ter LDC, añadido por Real Decreto-ley 6/1999; en los expedientes sancionadores quedó regulada en el art. 36 bis LDC, agregado por la Ley 52/1999 (único proceso de reforma general de la LDC).

En esta ponencia nos centraremos en la terminación convencional de los expedientes sancionadores. Por lo que se refiere a la prevista en el art. 15 ter LDC, nos limitaremos a indicar que, tras casi 400 expedientes de concentración tramitados con posterioridad al Real Decreto-ley 6/1999, esa vía de terminación sigue inédita, lo que, a nuestro juicio, pone de manifiesto la conveniencia de replantearse su utilidad y regulación en el anunciado proceso de reforma de la LDC.

Por su parte, el art. 36 bis[10] regula dos facultades del Servicio:

— la de no iniciar los procedimientos cuando se refieran a presuntas prácticas prohibidas por los arts. 1 y 6 LDC que, por su escasa importancia, no afecten de manera significativa a las condiciones de

---

[10] «Art. 36 bis. Supuestos de inadmisión y terminación convencional.

1. El Servicio de Defensa de la Competencia podrá:

Acordar la no iniciación de los procedimientos derivados de la presunta realización de las conductas prohibidas por los arts. 1 y 6 que, por su escasa importancia, no afecten de manera significativa a las condiciones de competencia.

Acordar la no iniciación de los procedimientos derivados de la presunta realización de las conductas previstas en el art. 7 de esta Ley cuando estime que no concurren las circunstancias previstas en dicho artículo.

Acordar la terminación convencional de una investigación que se haya iniciado de oficio o a instancia de parte interesada por posible infracción de los arts. 1, 6 y 7 de la Ley, siempre que la misma no resulte contraria a lo dispuesto en esta Ley, y esté encaminada a finalizar las actuaciones administrativas.

2. En los procedimientos de terminación convencional, el Servicio determinará quiénes son los interesados en el asunto, con el fin de que puedan ser oídos en el curso del mismo.

La terminación convencional de los procedimientos no podrá acordarse en aquellos casos en que resulte contraria al ordenamiento jurídico y resulte perjudicial para terceros. Tampoco podrá acordarse la terminación convencional una vez notificado el pliego de concreción de hechos.

Los acuerdos para la terminación convencional de una investigación deberán establecer como contenido mínimo la identificación de las partes intervinientes, el ámbito personal, territorial y temporal, el objeto de los compromisos y el alcance de los mismos. Dichos acuerdos deberán ser adoptados por el Director del Servicio y los interesados.

competencia o a conductas contrarias al art. 7 LDC cuando no concurran las circunstancias previstas en ese artículo;

— la de acordar la terminación convencional de expedientes iniciados por posible infracción de los arts. 1, 6 o 7 LDC.

Respecto de la primera de estas facultades, cabe señalar que su inclusión en el art. 36 bis parece en gran medida redundante.

Por una parte, la posibilidad de que los órganos de defensa de la competencia —es decir, tanto el SDC como el TDC— no inicien o sobresean los procedimientos por prácticas prohibidas por el art. 1 LDC «respecto de conductas que, por su escasa importancia, no sean capaces de afectar de manera significativa a la competencia» ya había quedado consagrada en el art. 1.3 LDC añadido por el Real Decreto-ley 7/1996 y modificado por la Ley 52/1999. Es más, incluso si llegasen a caer en el ámbito de la prohibición enunciada en el art. 1.1 LDC, el art. 3.2.*c)* LDC prevé expresamente que «atendiendo a su escasa importancia», esos acuerdos que no son capaces de afectar de manera significativa a la competencia pueden ser autorizados.

Por otra parte, la posibilidad —o más bien la obligación— de no iniciar o de archivar las denuncias por actos de competencia desleal cuando no concurren las circunstancias previstas en el art. 7 ya aparece en el apartado 2 de ese mismo artículo —igualmente fruto de la reforma de 1999—, además de derivarse de la facultad general reconocida al SDC por el art. 36.3 LDC para archivar las actuaciones.

Así pues, parece que lo único que de verdad añade el apartado 1 del art. 36 bis es la posibilidad de no iniciar procedimientos por la presunta realización de prácticas prohibidas por el art. 6 LDC que, por su escasa importancia, no afecten de manera significativa a la competencia.

Ahora bien, ¿cabe pensar en un abuso de una posición de dominio que «por su escasa importancia» no afecte de manera significativa a la competencia? Parece difícil [11].

Además, si por escasa importancia hemos de entender un principio similar a la regla comunitaria llamada *de minimis,* hay que recordar

Quienes acrediten interés legítimo, y no hubieren tomado parte en los acuerdos de terminación convencional, podrán interponer contra los mismos el recurso ante el Tribunal de Defensa de la Competencia previsto en el art. 47 de esta Ley».

[11] Eso es así con toda claridad en relación con los casos de abuso de posición de dominio "clásico". En cambio sí cabría imaginar, al menos teóricamente, un abuso de situación de dependencia económica de escasa importancia. Sin embargo, la ausencia de antecedentes y de una doctrina del TDC suficientes en relación con esta segunda acepción de abuso, no permiten saber en qué medida se aplicaría el art. 6 LDC a situaciones de dependencia económica de escasa trascendencia sobre el mercado, o si el SDC debería acudir al art. 36 bis.1 para cerrar un procedimiento en el que se diera ese tipo de situaciones.

que la Comunicación de la Comisión relativa a los acuerdos de menor importancia sólo se refiere a aquellos acuerdos «que no restringen la competencia de forma sensible en el sentido del apartado 1 del art. 81 del Tratado constitutivo de la Comunidad Europea», pero no dice nada del art. 82 TCE.

Esta circunstancia, sumada al hecho de que, como hemos señalado, la referencia contenida en el art. 36 bis.1 a las prácticas posiblemente contrarias a los arts. 1 y 7 LDC es redundante con otras disposiciones de la LDC, nos hacen sospechar que, cuando el legislador de 1999 permitió al SDC archivar expedientes referidos a prácticas que, por su escasa importancia, no sean capaces de afectar de manera significativa a la competencia, en realidad estaba pensando en prácticas que no afectan al *interés público*. En definitiva, el legislador habría querido entonces otorgar al SDC una facultad similar a la que el Tribunal de Primera Instancia reconoció a la Comisión europea en su Sentencia *Automec II* [12] de no continuar instruyendo los expedientes que no presentan un "interés comunitario".

Esto a su vez explicaría que el art. 36 bis trate esta cuestión conjuntamente con la terminación convencional, ya que en ambos supuestos se refieren esencialmente a la aplicación del Derecho de la competencia en salvaguarda del interés público (lo que probablemente implica la necesidad de garantizar cauces independientes para la salvaguarda de los intereses privados que se pudieran lesionar como consecuencia de prácticas prohibidas que no lleguen a afectar al interés público [13]).

Antes de pasar a ver más en detalle la regulación de la terminación convencional, queremos dejar apuntados dos breves comentarios respecto de la regulación contenida en el art. 36 bis.1 LDC en relación con las conductas de escasa importancia:

— No se entiende qué motivo impulsó al legislador a limitar la facultad del SDC de apreciar esta cuestión al momento anterior a la iniciación del procedimiento. En efecto, el art. 36 bis.1 LDC sólo permite al SDC «acordar la no iniciación de los procedimientos...», lo que contrasta con el art. 1.3 LDC que le permite "no iniciar o sobreseer". ¿Por qué vedar al SDC, después de haber incoado un expediente

[12] Sentencia del Tribunal de Primera Instancia de 17 de septiembre de 1992, *Automec* v. *Comisión* (llamada *Automec II*), T-24/90, *Rec.*, 1992, p. II-2223.

[13] Dejamos abierta la cuestión, que rebasa con mucho el ámbito de esta ponencia, de si cabe considerar que una práctica puede estar prohibida si no afecta interés público, o si, por el contrario, las limitaciones que el Derecho de la competencia impone al comportamiento de las empresas sólo se justifican cuando dicho comportamiento puede afectar a ese interés público; es decir, si el interés público integra el tipo definitorio de las prácticas prohibidas o si es esencialmente un elemento de atribución de competencias a los órganos de defensa de la competencia.

por considerar que hay indicios de infracción a la LDC, la posibilidad de analizar el grado de incidencia de la conducta sobre la competencia, y de sobreseer en su caso el expediente si llega a la conclusión de que la afectación es poco significativa?

— Del mismo modo, tampoco se entiende por qué este tipo de juicios sólo lo puede realizar el SDC, y no el TDC.

Como veremos seguidamente, dos críticas muy similares pueden aplicarse a la regulación contenida en el art. 36 bis en relación con la terminación convencional.

B) Ventajas de la terminación convencional en los procedimientos sancionadores de la LDC

A nuestro juicio, la terminación convencional ofrece importantes ventajas como vía para resolver muchos expedientes por prácticas prohibidas.

La *primera* y más evidente es la de permitir resolver con *celeridad* eventuales restricciones de la competencia. Ésta fue la razón sobre la que más insistió el Ministro de Economía cuando defendió el proyecto de ley que culminaría con la reforma de la LDC por la Ley 52/1999, y calificó la terminación pactada como «una de las novedades más resaltables de la reforma» [14]. En la medida en que una de las críticas más comunes a la actual LDC ha sido, precisamente, la lentitud con la que resuelve las restricciones a la competencia, esa ventaja justificaría por sí sola la inclusión de esta forma de terminación de los procedimientos en la futura LDC.

---

[14] «En tercer lugar, se modifica el procedimiento de terminación convencional, que es probablemente una de las novedades más resaltables de la reforma, y que supone la terminación pactada entre la Administración y los administrados de procedimientos sancionadores. Se trata de hacer uso de las facultades que le otorga a la Administración el art. 88 de la Ley 30/1992, de 26 de noviembre, de Régimen Jurídico de las Administraciones Públicas y del Procedimiento Administrativo Común, con el objeto de dar mayor celeridad a la resolución de los expedientes mediante un acuerdo entre la Administración y las partes para que se introduzcan las modificaciones que los órganos de competencia consideren necesarias para hacer compatibles determinadas conductas que estaban prohibidas, evitando los retrasos causados por la tramitación de la vía habitual.

Es indudable que esto tiene grandes ventajas, puesto que permite que sin los trámites que cualquier derecho de defensa exige para acabar con una conducta que está infringiendo las normas de la competencia, la Administración pueda establecer un acuerdo con los actores que permita restablecer las reglas de la competencia. Existe el riesgo indudable de que pueda haber personas, grupos que consideren que ese acuerdo no se ajusta a sus intereses o que no es acertado y, por lo tanto, es indudable que los terceros que se consideren perjudicados tienen, como es natural, la capacidad de acudir directamente al Tribunal de Defensa de la Competencia en contra de ese acuerdo pactado entre la Administración y los interesados; en cualquier caso, podrían recurrir al tribunal ordinario, pero nos parece mucho más lógico que se sustancie en el propio procedimiento de defensa de la competencia». *Diario de Sesiones del Congreso de los Diputados,* VI Legislatura, núm. 263, p. 14009.

A esta indudable ventaja general cabe añadir una *segunda* especialmente indicada en los expedientes de Derecho de la competencia: la terminación convencional se presenta como un medio particularmente apto para resolver expedientes sancionadores cuando, como sucede a menudo en esta materia, la tipificación de las conductas sancionadas no es clara.

En efecto, en muchos expedientes, la línea que separa las prácticas comerciales pro-competitivas de una restricción ilícita en perjuicio de los competidores o los clientes es muy tenue y difícil de trazar tanto *a priori,* tanto para las empresas, como incluso *a posteriori,* para los propios órganos de defensa de la competencia. Y ello es así porque estos órganos disponen de un margen de apreciación notable a la hora de definir cómo quieren salvaguardar en cada caso el interés público que subyace bajo la competencia: así por ejemplo, una autoridad puede optar en un momento dado por fomentar la competencia intra-marca vigilando estrechamente las restricciones verticales, o por el contrario considerar que lo esencial es la competencia inter-marcas y en consecuencia ser más laxa respecto de ese tipo de restricciones; o en el ámbito del art. 6 LDC, una autoridad puede optar por aceptar que las empresas con poder de mercado compitan vigorosamente, asumiendo que con ello algunas empresas menos eficientes pueden quedar excluidas del mercado, o por el contrario puede preferir garantizar la existencia de un número mínimo de competidores, imponiendo a las empresas con poder de mercado una especial responsabilidad que les impide realizar prácticas competitivas a las que sí pueden recurrir los competidores que carecen de ese poder.

Ante este tipo de prácticas controvertidas [15], la terminación convencional ofrece a los órganos de defensa de la competencia una gran *flexibilidad*, no sólo al precisar qué prácticas considera prohibidas, sino también —lo que resulta incluso más ilustrativo— al delimitar cuáles quedan permitidas [16]; de esta forma, la autoridad puede superar las limitaciones de una aplicación sancionadora o "negativa" del Derecho de la competencia y utilizar un instrumento de definición "positiva" de su política de la competencia en materia de prácticas prohibidas.

---

[15] Es más dudoso que esta figura deba aplicarse cuando se trate de prácticas prohibidas *per se*; aunque quizás tampoco debe descartarse del todo, en la medida en que la experiencia adquirida con los programas de clemencia pone de manifiesto que una aplicación rígida de políticas exclusivamente sancionadoras no son siempre el instrumento más eficaz para luchar contra las prácticas restrictivas, aunque sean tan claramente ilícitas como es el caso de los cárteles.

[16] Así, por ejemplo, cuando la doctrina intenta precisar cuál es el plazo que se considera generalmente "normal" a efectos de que una empresa en posición de dominio otorgue descuentos por objetivos de ventas, suele referirse a un plazo de tres meses citando como precedente los compromisos negociados en 1990 por la Comisión europea y Coca-Cola (IP/90/07). O por tomar un ejemplo más reciente, los nuevos compromisos asumidos por Coca-Cola ante la Comisión europea sin duda constituyen una guía acerca de los descuentos que pueden otorgar las empresas con poder de mercado cuando comercializan productos de gran consumo.

Por otra parte, cuando una autoridad quiere modular valoraciones anteriores (por considerar, por ejemplo, que responden a un modelo de competencia que ha quedado superado, o por entender que sólo deben aplicarse a determinadas condiciones de mercado), o por el contrario quiere extender el ámbito de la prohibición a conductas que hasta entonces no ha perseguido, este medio más informal de cerrar los procedimientos ofrece mayor flexibilidad y puede permitir también alcanzar compromisos de comportamiento que probablemente serían más difíciles de imponer en una decisión sancionadora que sin duda sería recurrida, quedando expuesta a ser anulada tanto por razones de fondo como por defectos de forma en la tramitación del expediente sancionador.

En este sentido, una *tercera* ventaja de la terminación convencional es que *reduce sensiblemente el riesgo de litigiosidad*. En efecto, cabe pensar que en muchos casos las empresas aceptarían más fácilmente corregir sus prácticas restrictivas si con ello evitan la declaración de práctica prohibida y la imposición de una multa que si saben que los órganos de defensa de la competencia terminarán en todo caso declarando la existencia de práctica prohibida e imponiéndoles una sanción. Es natural que, ante esta segunda perspectiva, las empresas se defiendan con todos los medios a su alcance, negando la concurrencia de cada elemento del tipo y planteando cuantas cuestiones procesales consideren beneficia a su derecho.

En definitiva, la terminación convencional permite reforzar la función correctora que debe tener el Derecho de la competencia, superando así una concepción esencialmente sancionadora del mismo [17]. En este sentido, la experiencia de otras autoridades de la competencia que han venido aplicando —con o sin un marco jurídico específico— esta forma de resolver expedientes [18], pone de manifiesto que la terminación convencional frecuentemente es un instrumento particularmente eficaz para remover con celeridad, y en beneficio del interés

---

[17] En España, sin embargo, los órganos de defensa de la competencia hasta la fecha han aplicado la LDC con una visión esencialmente sancionadora. Así lo pone de manifiesto el número relativamente escaso de expedientes en los que el TDC ha terminado declarando la existencia de práctica prohibida sin imponer sanciones y la cierta frecuencia con la que la Audiencia Nacional ha dejado sin efecto o ha reducido sensiblemente el importe de multas impuestas por el TDC.

[18] En el ámbito comunitario, es conocido que la Comisión europea termina muchos de los procedimientos sancionadores con la asunción de compromisos (Aurelio Menéndez, citado por Delgado Piqueras, llega a decir que la Comisión cierra de esta forma el 96 por 100 de los casos). Esta posibilidad de cerrar los procedimientos mediante compromisos, que hasta el momento carecía de cobertura legal expresa, ha quedado ahora formalmente consagrada en el art. 9 del Reglamento 1/2003.

También en los procedimientos *anti-trust* en los Estados Unidos son muy frecuentes las llamadas "Consent Orders" y "Consent Decrees" para terminar convencionalmente tanto los procedimientos ante los órganos administrativos de defensa de la competencia como en litigios ante los tribunales judiciales.

público, determinadas prácticas comerciales cuyo efecto restrictivo de la competencia resulta debatido.

En este sentido, cabe destacar el hecho de que el nuevo Reglamento comunitario 1/2003 que regula el procedimiento de aplicación de los arts. 81 y 82 TCE haya finalmente regulado en su art. 9 la terminación convencional de estos procedimientos [19], supliendo así un vacío legislativo de más de cuarenta años en los que la Comisión Europea cerraba convencionalmente los expedientes sin que esta forma de terminación tuviese una regulación concreta en el Reglamento 17/1962. Las ventajas prácticas de este tipo de terminación quedan además ilustradas por el hecho de que, en los escasos meses de vigencia del Reglamento 1/2003, la Comisión ya haya recurrido al art. 9 del Reglamento 1/2003 para poner fin al menos a tres procedimientos [20].

C) Valoración de la actual regulación de la terminación convencional en la LDC

En el ámbito español, y pese a las ventajas que acabamos de señalar, lo cierto es que transcurridos casi cuatro años desde que se reconoció la facultad de promover y acordar la terminación convencional de los procedimientos tramitados como consecuencia de conductas prohibidas [art. 31.*i)* LDC], el SDC sólo la ha ejercicio en un número muy reducido de expedientes, y —que sepamos— tan sólo ha culminado hasta la fecha con un único acuerdo de terminación convencional [21].

Si analizamos las características fundamentales de la regulación establecida en el art. 36 bis podemos quizás identificar algunas de las razones de este relativo fracaso y proponer vías para su corrección en la anunciada nueva LDC.

— En primer lugar, cabe cuestionarse qué razón existe para que la terminación convencional sólo pueda acordarse antes de que sea notificado el pliego de concreción de hechos [22] cuando, en puridad,

---

[19] En relación con esta regulación, *vid.* además del art. 9 y del Considerando 13 del Reglamento 1/2003, el documento *Commitment decisions (Article 9 of Council Regulation 1/2003 providing for a modernised framework for antitrust scrutiny of company behaviour). Frequently asked questions and answers,* MEMO/04/217.

[20] Son los asuntos COMP/C.2/37.214, *Comercialización conjunta de los derechos mediáticos de la liga de fútbol alemana (Deutsche Bundesliga)* (*DOCE,* núm. C 229, de 14 de septiembre de 2004); COMP/38348, *Repsol CPP SA* (*DOCE,* núm. C 258, de 20 de octubre de 2004), y COMP/A.39.116/B2, *Coca-Cola* (*DOCE,* núm. C 289, de 26 de noviembre de 2004).

[21] Acuerdo de terminación convencional del Expediente 2398/02 (DAMA/SGAE), de 27 de noviembre de 2003.

[22] El proyecto de ley remitido en su día a las Cortes era aún más restrictivo, ya que vedaba la posibilidad de acordar la terminación convencional «una vez dictada la providencia de iniciación

hasta ese momento el SDC no ha concretado si existe o no una presunta infracción ni en qué consistiría exactamente[23]. Como ha señalado ARAUJO, sólo tras la notificación del pliego existe una acusación frente a la cual tiene sentido iniciar una negociación, ya que no es adecuado que el SDC pueda invitar a los interesados a proponer soluciones sobre eventuales restricciones que todavía no han sido ni identificadas ni delimitadas[24].

A este respecto, podemos señalar que, en la recién aprobada regulación de los compromisos en el ámbito comunitario, la propuesta de compromisos sólo se podrá realizar una vez que la Comisión haya manifestado sus inquietudes tras un análisis preliminar[25]. Los primeros comentarios al Reglamento 1/2003 interpretaban su art. 9 en el sentido de que implicaba la necesidad de que la Comisión hubiese dictado un pliego de cargos como requisito previo a la presentación de compromisos[26]. La práctica de la Comisión ha demostrado que no es indispensable que exista formalmente un pliego de cargos, ya que los contactos que a menudo se producen entre las empresas inculpadas y los servicios de la Comisión permiten a ésta transmitir a las empresas sus inquietudes sin necesidad de tener que remitir formalmente un pliego[27].

Por desgracia, en España ese tipo de contactos y de diálogo a lo largo de la instrucción del expediente —que tienen para las empresas la ventaja de permitir conocer cuáles son las preocupaciones del SDC, ofreciendo eventualmente soluciones, y para el SDC la de tener un mejor conocimiento de las condiciones reales de competencia en el mercado— son cada vez más raros. Por otra parte, el SDC con frecuencia tiende a realizar prácticamente todos los actos de instrucción antes de notificar el pliego de concreción de hechos[28], sin dejar traslucir

---

del expediente», es decir, antes de que el SDC sepa si hay indicios racionales de práctica prohibida y de que las empresas eventualmente implicadas conozcan que están siendo investigadas.

[23] El TDC ha señalado reiteradamente que en los procedimientos de la LDC no existe una acusación particular que corra paralela a la pública (Auto de 31 de marzo de 1992, Expte. 301/91 ACIMA), y que es el Pliego de Concreción de Hechos el que delimita la acusación (Resolución de 3 de marzo de 2004, Expte. R 601/03 v, Grandes Distribuidores de Cine).

[24] M. ARAUJO, «La terminación convencional de los procedimientos en Derecho de la Competencia», en J. M. BENEYTO PÉREZ (dir.) y J. MAILLO GONZÁLEZ-ORÚS (coord.), *El Nuevo Derecho Comunitario y Español de la Competencia*, Bosch, 2002, pp. 393-404.

[25] Art. 9 del Reglamento 1/2003.

[26] John TEMPLE LANG, *Commitment decisions under Regulation 1/203: Legal aspects of a new kind of Competition decision,* ECLR, 2003, p. 347.

[27] Así en ninguno de los tres casos en los que hasta la fecha la Comisión ha hecho uso del procedimiento previsto en el art. 9 del Reglamento 1/2003 —ver nota núm. 20— la evaluación preliminar se hizo a través de un pliego de cargos.

[28] Lo que, a nuestro juicio, supone una clara perversión del procedimiento con la que el SDC busca el amparo de las importantes limitaciones establecidas por el TDC a los derechos de defensa hasta el momento del pliego. Además, el SDC con frecuencia agota, antes de comunicar el pliego, la mayor parte del plazo que le concede el art. 56 LDC para realizar la instrucción,

hasta entonces qué prácticas le parecen restrictivas y por qué. En estas condiciones, parece imposible pretender que los interesados puedan ofrecer seriamente compromisos que satisfagan las ignotas inquietudes del SDC.

Para solucionar estos inconvenientes, propugnamos que desaparezca la actual restricción temporal a la terminación convencional, que debería quedar abierta al menos hasta después del pliego de concreción de hechos; es más, no se ve tampoco por qué debería necesariamente limitarse esta forma de terminación a la fase de instrucción, y no permitir que se planteen compromisos en fase de resolución ante el TDC[29]. Es cierto que, cuanto más haya avanzado el procedimiento, menos peso tendrá la primera de las ventajas de este tipo de terminación —la celeridad—, pero seguirán subsistiendo las otras dos ventajas apuntadas —flexibilidad frente a prácticas de calificación dudosa y reducción de la litigiosidad—.

Es más, el hecho de que no limite temporalmente el momento en que se pueden ofrecer compromisos no quiere decir que, en la medida en que lleguen a conocer las inquietudes del SDC, las empresas no tengan interés en proponer fórmulas para terminar convencionalmente el procedimiento antes de que se adopte formalmente un pliego. En efecto, dado el papel delimitador de la acusación que desempeña el pliego, las empresas normalmente intentarán alcanzar un acuerdo antes de que el SDC haya formalizado el máximo de su acusación[30]. Por otra parte, lógicamente ese interés será tanto mayor en la medida en que existan terceros interesados en oponerse a una posible terminación convencional, dado que el pliego les brindará argumentos para intentar exigir que el procedimiento termine declarando la existencia de práctica prohibida[31].

— Otra dificultad derivada de la actual regulación contenida en el art. 36 bis es la exigencia de que los acuerdos de terminación convencional sean adoptados por todos los interesados. Esta dificultad se

---

lo que viene a dejar prácticamente vacío de contenido el trámite de alegaciones y de proposición de pruebas previsto en el art. 37.1 LDC.

[29] Durante la tramitación parlamentaria que concluyó con la aprobación del art. 36 bis una de las cuestiones más polémicas fue la de si la terminación convencional debía ser decidida por el SDC o por el TDC.

[30] Aunque carecemos de datos estadísticos al respecto, la experiencia parece demostrar claramente que resulta mucho más fácil obtener el sobreseimiento de un expediente antes de que el SDC haya formulado el pliego que una vez que éste se ha formalizado.

[31] Probablemente convendría clarificar que la iniciación de negociaciones tendentes a una terminación convencional no prejuzga la existencia de prácticas prohibidas y que, si fracasa ese intento, el SDC sigue teniendo abierta la vía para sobreseer el expediente o continuar con la acusación (*vid.* en este sentido la Resolución del TDC de 10 de abril de 2004, Expte. R 570/03, v. *Cervezas Canarias*). De no ser así, las empresas inculpadas pueden mostrarse reticentes a buscar la vía de la terminación convencional, por miedo que se considere que implícitamente están reconociendo que han infringido la LDC.

ve acrecentada por la amplitud con la que el art. 31 LRJ-PAC y la jurisprudencia han delimitado el concepto de interesado.

En la práctica, esa disposición otorga a terceros —aunque ni siquiera sean los denunciantes[32]— un verdadero derecho de veto sobre los acuerdos de terminación convencional que no parece, a primera vista, justificado.

Creemos que debería incluso sopesarse cuidadosamente la conveniencia de exigir el consentimiento del denunciante. Como se puso de manifiesto en el intento de terminación convencional del expediente *Cervezas Canarias*, con la actual regulación es posible que el SDC y las empresas denunciandas alcancen un acuerdo que permita, a juicio del SDC, resolver rápidamente los eventuales problemas de competencia que existan en el caso concreto, y que dicho acuerdo quede imposibilitado por la oposición del denunciante. En otras palabras, debería evitarse que el interés particular de los interesados —incluidos los denunciantes— pueda frustrar la satisfacción del interés público a través de un rápido restablecimiento de las condiciones de competencia consideradas suficientes por el SDC.

Ello no quiere decir que propugnemos que los acuerdos se alcancen "a espaldas de los terceros". Bien al contrario, creemos que las autoridades de la competencia deben oír a todos los posibles interesados para entender bien cuáles serán los efectos de los acuerdos que se proponen suscribir[33]. Pero ese principio de audiencia debe aplicarse a todos los expedientes sancionadores, con independencia de su forma de terminación, sin que suponga otorgar a los interesados un derecho a determinar la decisión final de la autoridad de competencia.

En definitiva, si el SDC tiene reconocida la facultad de archivar expedientes cuando considere que no existe una afectación significativa de la competencia —acuerdo contra el que, lógicamente, cabe recurso ante el TDC—, e incluso puede adoptar ese acuerdo sin necesidad de oír previamente a los denunciantes —a diferencia de lo que sucede

---

[32] Al hilo de este comentario, aunque trascendiendo del ámbito de esta ponencia, nos permitimos sugerir la conveniencia de que la nueva LDC establezca una distinción entre los "interesados necesarios" en el procedimiento —las empresas imputadas, en los expedientes sancionadores, y las concentrantes, en los de concentración— y el resto de los interesados. De esta forma, el "principio de igualdad de armas" se aplicaría únicamente al SDC y a los "interesados necesarios", mientras que los derechos procesales del resto de los interesados —incluidos los denunciantes— se graduarían en función de la intensidad de su interés particular en cada expediente.

[33] En el procedimiento de negociación con vistas a alcanzar un compromiso *ex* art. 9 Reglamento 1/2003 que actualmente está negociando Coca-Cola con la Comisión europea, el "market test" inicial realizado por la Comisión parece haberle permitido comprender que algunos de los compromisos que pensaba exigir perjudicaban a los propios clientes de las empresas a los que en principio estaban llamados a proteger. *Vid. Las compañías de distribución se quejan a Bruselas del Acuerdo, Expansión,* 24 de octubre de 2004.

en caso de sobreseimiento— no se ve muy bien qué razones justifican la necesidad, no sólo de oír, sino incluso de obtener el consentimiento de los denunciantes para poder poner fin a un expediente con una terminación convencional.

En todo caso, somos conscientes de que ésta es sin duda una cuestión extraordinariamente delicada. Para resolverla adecuadamente, creemos que la nueva LDC deberá clarificar si los órganos españoles de defensa de la competencia deben velar esencialmente por la salvaguarda del interés público, o si va a seguir siendo preceptiva la declaración administrativa de práctica prohibida como requisito previo a la reclamación de daños y perjuicios por conductas contrarias a la LDC (como figura en el vigente art. 13.2 LDC), en cuyo caso esos órganos no podrán desconocer el interés particular de los interesados en que resuelvan si, en efecto, hubo prácticas prohibidas.

Aún sin conocer cómo quedará en la nueva LDC esa cuestión crucial, creemos que no existen razones sustanciales para conceder a los denunciantes el derecho a vetar a una terminación convencional cuando no lo tienen para oponerse a un acuerdo de archivo o de sobreseimiento. Especialmente si en el futuro se equipara formalmente el régimen de los arts. 1 y 6 LDC con el de los arts. 81 y 82 TCE, y se reconoce explícitamente la posibilidad de ejercitar directamente ante los juzgados de lo mercantil acciones por infracción de la LDC[34].

Finalmente, si se quiere verdaderamente potenciar la figura de la terminación convencional, parece conveniente garantizar la efectividad de los compromisos asumidos. En este sentido, la actual LDC establece en su art. 11.*d)* LDC la posibilidad de que el TDC, con independencia de las multas sancionadoras que pueda imponer, pueda asimismo aplicar multas coercitivas de entre 60,10 a 3.005,06 euros día para obligar al cumplimiento de esos compromisos.

En este sentido, creemos que los eventuales incumplimientos de los compromisos deberían ser sancionados de forma similar al incumplimiento de una resolución sancionadora.

Ello no quiere decir que la aceptación de compromisos implique un reconocimiento de que las conductas que se corrigen con los compromisos fuesen contrarias a la LDC. Creemos que con la terminación

[34] Otra de las reformas derivadas de la llamada "modernización del Derecho comunitario de la competencia" también puede incidir en el auge de la figura de la terminación convencional. En efecto, en la medida en que ha desaparecido el sistema de autorización previa del art. 81.3 TCE —y quizás en la nueva LDC también del actual art. 3 LDC— y las empresas se ven obligadas a auto-evaluar sus prácticas, es probable que se susciten más supuestos en los que existan dudas acerca de si unas determinadas prácticas son contrarias al art. 81.1 TCE y/o 1 LDC o si, con algunas modificaciones que pueden ser negociadas con la autoridad de competencia, cumplen los requisitos del actual art. 81.3 TCE y/o 3 LDC.

convencional implica la asunción de un compromiso de futuro sin que se juzguen las conductas pasadas; de no ser así, se convertiría en un mero procedimiento simplificado, en el que el reconocimiento de culpa por parte de la empresa permite obviar el resto de los trámites de instrucción y resolución a cambio de evitar la posible multa, y donde los compromisos serían equivalentes a las obligaciones y a la remoción de efectos que el TDC puede ordenar en sus resoluciones al amparo del art. 46.2 LDC.

De esta concepción de la terminación convencional se desprenderían tres consecuencias:

— Que el incumplimiento de los compromisos sería sancionado como tal, y no como una infracción a los arts. 1, 6 o 7 LDC;

— Que la terminación convencional como tal no constituye una declaración firme de práctica prohibida a efectos del actual art. 13.2 LDC, si bien el hecho de que se haya alcanzado esa terminación no debería tampoco impedir a quien se considere lesionado por una práctica contraria a la LDC reclamar daños y perjuicios, aunque es este caso lo primero que deberá conseguir es que el órgano judicial declare que la conducta que ha padecido es en efecto contraria a los arts. 1 y 6 LDC.

— El inicio del procedimiento de terminación convencional no debe prejuzgar el resultado del expediente. Si finalmente no se alcanzan un compromiso el expediente se reanudaría en el punto en el que quedó suspendido para negociar la terminación convencional[35], sin que el hecho de haber negociado impida a las empresas implicadas argumentar que sus prácticas no están prohibidas ni a los órganos de defensa de la competencia concluir que sí lo están[36].

---

[35] El art. 42.5.*e)* de la LRJ-PAC prevé expresamente como causa de suspensión del plazo máximo para resolver los expedientes la iniciación de las negociaciones con vistas a la conclusión de una terminación convencional, desde la declaración formal al respecto hasta la concusión sin efecto de las dichas negociaciones, que se constatará mediante declaración formulada por la Administración.

Aunque entendemos que esta previsión ya es aplicable a la LDC en virtud de la remisión que el art. 56 LDC hace a los apartados 5 y 6 del art. 42 LRJ-PAC, creemos que sería conveniente incluir en la regulación específica de terminación convencional de la nueva Ley de Defensa de la Competencia, una mención a cómo se suspende y reanuda el plazo del procedimiento principal. Con ello se disiparían posibles dudas en relación con la duración de los procedimientos, especialmente en aquellos casos en los que ha existido una negociación de compromisos que finalmente no ha culminado. En efecto, la iniciación de las negociaciones no debe ser una excusa para dilatar los procedimientos en detrimento de los plazos máximos que se establezcan para su instrucción y/o resolución, pero tampoco parece aconsejable que, si existen unas perspectivas reales de alcanzar unos compromisos que satisfagan al interés público, esos mismos plazos conduzcan a una negociación precipitada de esos compromisos, especialmente a la vista de que su incumplimiento debe ser fácilmente apreciable y sancionable.

[36] Sí parecería, en cambio, lógico pensar que, en la medida en que normalmente esta forma de terminar los procedimientos se producirá sólo cuando las prácticas analizadas sean dudosas y no cuando se trate de conductas inequívocamente prohibidas, esa circunstancia sí debería tomar-

En definitiva, creemos que si en el futuro la LDC decide potenciar la terminación convencional de los expedientes, estas pequeñas reformas removerían los obstáculos procesales que tiene la actual regulación contenida en el art. 36 bis LDC y a los órganos de defensa de la competencia dotarían de un instrumento eficaz de resolución de expedientes que les permitiría liberar recursos que podrían destinar a la persecución de las prácticas más nocivas para la economía, y en definitiva para el orden público socio-económico.

3. BREVES CONSIDERACIONES DE CARA A LA FUTURA LDC

A la vista de las tesis que hemos venido planteando en este artículo, es evidente que somos decididamente partidarios de que la nueva LDC mantenga y profundice en la posibilidad de terminar convencionalmente los expedientes sancionadores.

A tal efecto, creemos que una decidida voluntad de aplicar esta forma de conclusión de los expedientes se vería favorecida si en la nueva LDC se introdujeran pequeñas "correcciones" respecto de la actual regulación:

— Suprimir la limitación temporal a la terminación convencional, de tal forma que esta posibilidad estuviera abierta tanto durante la fase de instrucción como en la fase de resolución, hasta el momento inmediatamente anterior a que se adopte la resolución definitiva.

— Eliminar la obligación de que la terminación propuesta necesite del consentimiento de todos los interesados. Para alcanzar una terminación convencional, bastaría con el acuerdo del órgano de defensa de la competencia ante el que esté en ese momento el expediente.

— El acuerdo de terminación convencional estaría sometido esencialmente a los mismos requisitos procesales que los acuerdos de sobreseimiento. Es decir, que sería necesario oír a todos los interesados antes de poder dar por terminado el procedimiento, y el acuerdo abriría las mismas vías de recurso que un sobreseimiento: administrativo ante el órgano de resolución si la terminación la acuerda el órgano de instrucción, y contencioso-administrativa si ha sido acordada por el órgano de resolución.

---

se en cuenta, si finalmente se declara la existencia de práctica prohibida, a la hora de graduar la posible multa.

En este sentido, no deja de ser chocante que en el reciente caso *Microsoft* la Comisión europea se haya mostrado abierta hasta el último momento a alcanzar un compromiso y, sin embargo, finalmente terminase imponiendo la mayor multa individual en aplicación de los arts. 81 y/o 82 TCE.

— La terminación convencional debería evitar pronunciarse expresamente sobre la eventual licitud o ilicitud de las prácticas anteriores a dicho acuerdo, cuestión que, en todo caso, podría plantearse ante los órganos jurisdiccionales si es necesario para la determinación de daños y perjuicios.

— Debe dotarse a los órganos de defensa de la competencia de un procedimiento eficaz para combatir los eventuales incumplimientos de los compromisos. Estos incumplimientos deberían sancionarse de forma análoga al de una resolución sancionadora, aunque sobre una base distinta: la sanción se impondría, no por ser las prácticas de las empresas contrarias a la LDC —cuestión que no quedaría prejuzgada—, sino por el mero incumplimiento de los compromisos asumidos.

COMPETENCIA EN ESPAÑA. MEDIDAS CAUTELARES

Juan Manuel FERNÁNDEZ LÓPEZ
Magistrado. Ex Vicepresidente
Tribunal de Defensa de la Competencia

1. IMPORTANCIA DE LAS MEDIDAS CAUTELARES

«Las medidas cautelares concilian las dos exigencias de la Justicia: la celeridad y la ponderación. Entre hacer las cosas pronto pero mal, o hacerlas bien pero tarde, las medidas cautelares piensan sobre todo en hacerlas pronto, dejando los problemas del bien y del mal a las reposadas formas del proceso ordinario» [1]. Con estas palabras el maestro CALAMANDREI señalaba, a principios del siglo pasado, la principal virtud de las medidas cautelares, esto es, dar una primera respuesta rápida a un conflicto jurídico.

Más recientemente nuestro TC tiene señalado que «la tutela efectiva judicial no es tal sin medidas cautelares adecuadas que aseguren el cumplimiento de la resolución judicial definitiva que recaiga en el proceso» [2].

La realidad de nuestro país nos muestra que pese a la mente previsora de ÁLVAREZ BUGALLAL, al introducir en los últimos momentos del proceso legislativo el art. 1.428 en la LEC de 1881, que proporciona las medidas cautelares innominadas, no hay tradición de su demanda

---

[1] CALAMANDREI, *Introduzione allo studio sistemático dei procedimenti cantelari,* Padova, Cedam, 1936, p. 4.

[2] STC de 10 de febrero de 1992, FJ 7.º

ante los tribunales de justicia y además se comprueba la reticencia de los jueces, en los pocos casos en que se demandan, a acordar medidas cautelares. A esta situación contribuyó sin duda la dejación de nuestro legislador por la puesta al día de nuestras instituciones mercantiles a pesar de que España hacía tiempo que se había incorporado social y económicamente al grupo de países industrializados. Va a ser más por las obligaciones derivadas de nuestra incorporación a las Comunidades Europeas que por sensibilidad del legislador por lo que a partir de la década de los años ochenta se van a dictar toda una serie de leyes mercantiles que pongan al día nuestra vetusta legislación sobre la materia [3].

El tracto rápido de lo mercantil va a propiciar sin duda la mayor demanda de medidas cautelares y el que, como consecuencia, los jueces se vayan familiarizando con el instituto cautelar. Si bien la función jurisdiccional consiste en juzgar y ejecutar lo juzgado, la función cautelar aparece en realidad como un nuevo género que va a garantizar aquella tradicional. Y la posición doctrinal inicial, más generalizada, que consideraba a las medidas cautelares como aseguradoras de la sentencia, va a ser superada al contemplar otras más recientes que responden a la necesidad de asegurar la efectividad de la misma, anticipando incluso provisionalmente sus efectos [4]. Se contempla así cómo se va produciendo un estiramiento de las medidas cautelares para su adaptación a las necesidades de una sociedad moderna e industrializada, donde la lentitud de la justicia produce efectos más negativos aún sobre las nuevas instituciones y los derechos que de las mismas emergen. De ahí que, como señala Perrot, «la philosophie même de la mesure provisoire a changée» [5].

2. LAS MEDIDAS CAUTELARES EN EL DERECHO COMUNITARIO DE COMPETENCIA

Ni el TCEE ni el Reglamento 17 prevén que la Comisión decrete medidas cautelares, en Derecho de la competencia [6], con la sola excep-

---

[3] *Vid.* al respecto J. M. Fernández López, «Nuestra incorporación a Europa, motor de la regulación de un nuevo orden concurrencial y de la revisión de las principales instituciones mercantiles en España», en *La Europa Comunitaria, Balance de diez años,* Centro de Estudios Ramón Areces, S. A., 1995, pp. 243 ss.

[4] Ortells Ramos, *Derecho Jurisdiccional II,* Barcelona, 1993, pp. 331 ss.; Barona Villar, *Protección del Derecho de Marcas (aspectos procesales),* Madrid, Civitas, 1992, pp. 105 ss.

[5] J. Perrot, «Les mesures provisoires en droit française», en *Les mesures provisoires en procédure civile,* Milano, 1985, p. 153.

[6] El art. 3.3 del Reglamento 17 posibilita el que la Comisión pueda dirigir a las empresas y asociaciones de empresas recomendaciones tendentes a hacerlas cesar en la infracción sin que tal facultad goce de la naturaleza de auténtica cautela ni se la dote de facultad coercitiva.

ción del supuesto de control sobre concentraciones de empresas que sí prevé la adopción de medidas cautelares[7].

Ante la falta de previsión legal y la necesidad sentida de poder contar con medidas cautelares, el TJCE actuando una vez más con valentía en el desarrollo del Derecho comunitario decidió posibilitarlas a través de su Auto de 17 enero de 1980, asunto *Camera Core Ltd.* En un supuesto en el que el denunciante había solicitado medidas cautelares a la Comisión y ésta había resuelto que no podía atender tal petición por carecer de base jurídica, el Tribunal al revisar aquella decisión, estimó la procedencia de adopción de medidas cautelares por parte de la Comisión, ya que las considera necesarias para conseguir la plena eficacia de las potestades conferidas a la Comisión y garantizar así el efecto útil del Tratado y del Reglamento 17, así como la eficacia de las decisiones que en su virtud se adopten[8]. Jurisprudencia posterior ha confirmado los anteriores criterios sustentados en el citado Auto de 17 de enero de 1980, pudiendo hoy considerarse como doctrina consolidada.

En el repetido Auto y en las posteriores resoluciones, tanto del TJ como del TPI, se establecen las circunstancias en las que la Comisión puede adoptar medidas cautelares. Cabe distinguir, de un lado, los requisitos que se han de cumplir para la legítima adopción de medidas cautelares por la Comisión, y, de otro, las características esenciales de aquéllas[9].

Por lo que respecta a los requisitos, debe señalarse, en primer lugar, la existencia de una infracción en términos de verosimilitud o posibilidad, a partir de la información de que se dispone, sin pretender que exista prueba de la misma sin ningún género de dudas. En segundo lugar, la medida cautelar será legítima si concurre un perjuicio grave e irreparable o atentado al interés general, lo que determinará la urgencia en la adopción de la medida. Así se configuran aquí, los principios de buen derecho y peligro en la demora, que han de concurrir, en cualquier caso, a la hora de decidir en todo tipo de medida cautelar.

---

[7] Art. 7.2 Reglamento 4064/1989 del Consejo, de 21 de diciembre de 1989.

[8] Este auto levantó una importante polémica y mientras unos lo acogen favorablemente (A. Piroche, «Les mesures provisoires de la Commission des Communautés Européennes dans le domaine de la concurrence», en *Rev. Trimestral de Derecho europeo,* vol. 25, núm. 3, 1989), otros lo critican duramente por entender que el Tribunal se ha extralimitado en sus poderes invadiendo los del legislador (L. Focsaneaunu, «Une décision inquiétant de la Cour de Justice des Communautés Européennes. Observations critiques sur l'Ordonnance rendue pour la Cour le 17 janvier 1989 dans l'affaire 729/79R, Camera Limited contre Commission des Communautés Européennes, concernant les mesures provisioires en matière de concurrencie», *Rev. Trimestral de Derecho Europeo,* vol. 16, 1989, pp. 292 ss.).

[9] *Vid.* al respecto L. Cases Pollarés, *Derecho administrativo de defensa de la competencia,* Madrid, 1995, pp. 127 ss.

La sola concurrencia de estos dos requisitos será suficiente para posibilitar medidas cautelares en Derecho de la competencia [10].

Por lo que respecta a las características esenciales de las medidas, se ha de señalar que, por lo general, derivarán de la petición de una parte que denuncia comportamientos anticompetitivos, aunque no existe impedimento para que la Comisión las adopte de oficio en defensa del interés general o el orden competencial comunitario [11]. Han de ser de carácter interino o conservatorio, ajustarse a la situación concreta que las motiva y limitarse a lo estrictamente necesario para atender el objetivo perseguido. Finalmente cabe señalar que las medidas cautelares habrán de tramitarse en expediente que garantice el Derecho de defensa de los interesados, lo que implica su audiencia previa a la decisión de la Comisión. La tramitación y decisión sobre medidas cautelares por la Comisión pone en peligro los derechos de los interesados, en especial los de aquellos a los que afectará la cautela al no quedar separado el órgano proponente de las medidas del decisorio.

La falta de previsión del Reglamento 17 sobre medidas cautelares queda al fin subsanada por el vigente Reglamento 1/2003 CE del Consejo y de la Comisión, que ya prevé expresamente la facultad de la Comisión en la adopción de medidas cautelares en su art. 8, aunque no se habilita la deseada separación de órganos.

3. LAS MEDIDAS CAUTELARES EN LA LEY DE DEFENSA DE LA COMPETENCIA

El legislador español ha sido consciente desde el primer momento de la necesidad de contar con medidas cautelares, en nuestra legislación interna del Derecho de la competencia, a pesar de que en 1989 no exista en nuestro país tradición en la petición y adopción de medidas cautelares, ni en el ámbito jurisdiccional ni en el administrativo, como se pone de relieve más arriba. Lo cierto es que la Ley 16/1989, de 17 de julio, de Defensa de la Competencia, desde su texto inicial, posibilita las medidas cautelares, de forma bastante sencilla y eficaz en general, aunque con algunas incomprensibles limitaciones según veremos.

Siempre he considerado a las medidas cautelares como instrumento eficaz e imprescindible en la preservación de la libre competencia y en la persecución de las prácticas contrarias a la misma, por lo que

---

[10] STPI de 24 de enero de 1992, asunto *Le cinq* v. *Comisión*.

[11] L. CASES, *op. cit. supra...*, p. 128.

me he ocupado en diversas ocasiones de su estudio[12] considerando que en posibles reformas legislativas se debe también aprovechar la ocasión para la mejora y fortalecimiento del instituto cautelar.

A) Situación *de lege data*

El art. 45 LDC es el destinado por el legislador para regular las medidas cautelares, tanto en su parte sustantiva como en su tramitación.

a) *Clases de medidas*

Nuestro legislador no se limita a establecer medidas que aseguren la ejecución de la resolución que pueda dictarse en el procedimiento principal, ni a procurar con las medidas su eficaz ejecución, sino que, acorde con la materia en que se produce —Derecho de la competencia—,se ocupa también con las medidas cautelares de evitar un daño que resulte irreparable para el interés público. De ahí que se prevean «órdenes de cesación o de imposición de condiciones determinadas para evitar el daño que pudieran causar las conductas a que el expediente se refiere»[13], dentro del marco más general de «... las medidas cautelares necesarias tendentes a asegurar la eficacia de la resolución que en su momento se dicte...»[14].

También se concreta por el legislador la posibilidad de decretar la constitución de fianza para responder de la indemnización de los daños y perjuicios que se pudieran irrogar por la conducta o práctica perseguida. Los términos amplios en que viene establecidoeste tipo de medida habilita para que sea el TDC el que fije la cuantía y clase de la fianza, pues,además, a dicho órgano se le confiere la facultad de declararla bastante. De las facultades conferidas por el legislador al TDC también deriva el que a la hora de señalar la cuantía de la fianza se tengan en cuenta los intereses no sólo de aquellos que sean parte en el procedimiento como interesados, sino también los de cualquiera de éstos,aunque no estén personados en el procedimiento, pues debemos de recordar una vez más que no se están protegiendo intereses privados, que tendrán su sede de protección en la vía jurisdiccional,

---

[12] *Vid.* J. M. Fernández López, «Medidas cautelares en el Derecho de la competencia», en *Anuncio de la Competencia 1996,* Fundación Ico-Marcial Pons, pp. 139 y ss. También, «Las medidas cautelares en el procedimiento administrativo de defensa de la competencia», en *Manual Práctico de Medidas Cautelares,* Comares, 2000, pp. 523 ss.

[13] Art. 45.1.*a).*

[14] Art. 45.1 LDC.

principalmente a través de las acciones que posibilita la Ley 3/1991, de Competencia Desleal, donde expresamente se tipifica como desleal la simple infracción de normas jurídicas que tengan por objeto la regulación de la actividad concurrencial [15]. La LDC «... responde a ese objetivo específico: garantizar la existencia de una competencia suficiente y protegerla frente a todo ataque al interés público» [16], resultando protegidos sólo intereses privados en tanto en cuanto su protección derive de la del interés público. Como se comprueba, con carácter amplio, el legislador posibilita la adopción de medidas cautelares no sólo asegurativas, sino también anticipativas de la resolución principal que en su día se dicte, tal y como es el supuesto de las órdenes de cesación o la imposición de determinadas condiciones.

En todo caso, las medidas explicitadas en el art. 45 LDC deben considerarse a título ejemplificativo, no limitativo, toda vez que vienen antecedidas de la que puede considerarse cláusula general, “proponer”, por tanto,acordar, «las medidas necesarias tendentes a asegurar la eficacia de la resolución que en su momento se dicte». En consecuencia, podrá acordarse cualquier medida cautelar que, según el caso concreto, sea la adecuada a dicho aseguramiento.

El límite de las medidas cautelares se encuentra en el perjuicio irreparable que pudieran causar, o en la violación de derechos fundamentales [17]. Evidentemente esta segunda prohibición de la ley pudiera parecer incluso innecesaria, pues en ningún supuesto, en el de las medidas cautelares o en cualquiera otro, se podrán violar derechos fundamentales de nadie, pero no resulta tan innecesaria esta previsión expresa, en tanto en cuanto sirve de advertencia para aque que ha de adoptar las medidas de no caer en la tentación de privar a las partes de sus derechos fundamentales, principalmente el de defensión, que se produciría, si no posibilitase a los interesados, a los que va a afectar las medidas, el ser oídos y poder alegar en defensa de sus intereses. Más cuestionable resulta el otro límite establecido por el legislador. Podría acontecer que la medida cautelar pudiera producir un perjuicio irreparable a un particular, por ejemplo, con la cesación en determinada actividad; pero la no adopción de la medida pudiera derivar grave afectación al interés público. Habrá en tal supuesto que sopesar los intereses confrontados considerando la prevalencia del interés público del mercado.

---

15 Art. 15.2 LDC.

16 Exposición de Motivos LDC.

17 Art. 45.2 LDC.

b) *Presupuestos para la adopción de medidas*

Como en todo supuesto de medida cautelar, deben concurrir los presupuestos que las habilitan, principalmente la existencia de una apariencia de buen derecho y el peligro en la demora.

El que solicite una medida cautelar debe ofrecer una justificación de buen derecho, por lo general documental, aunque no sea plenamente trasladable al ámbito del Derecho de la competencia, donde no vendrá siempre sustentada documentalmente la demostración de la afectación del interés general. Deberá constatarse la existencia de una infracción en las normas de competencia en términos de verosimilitud, a partir de la información de que se dispone, o la inminencia de la misma, debiendo tener entidad suficiente como para afectar al interés público, no siendo suficiente la afectación de intereses privados que no trasciendan en el mercado, pues éstos, por muy dignos de protección que evidentemente sean, deberán buscarla por otro camino, principalmente en la jurisdicción, ya que las autoridades de competencia están sólo para proteger intereses públicos, como ya se ha dicho.

La apariencia de buen derecho en el instituto de las medidas cautelares es concebida como una vía intermedia entre la certeza que se establecerá en la resolución final y la incertidumbre inicial de cualquier procedimiento, de tal forma que para la adopción de la cautela será suficiente con una apariencia fundada en la verdad del derecho alegado [18]. Mas no bastará con la afirmación de buen derecho para dar lugar a una medida cautelar. Será preciso acreditar, además, peligro con la demora.

El peligro en la demora es precisamente el otro presupuesto principal que determina la adopción de cautela, junto con el anterior. El sentido de la medida cautelar le viene dado por la amenaza de que se produzca un daño irreparable con la demora del procedimiento. El peligro en la demora vendrá configurado por la doble conceptuación de CALAMANDREI: peligro de infructuosidad y peligro de tardanza [19]. La tardanza en la resolución del proceso principal podrá acarrear no sólo el que la sentencia no pueda ejecutarse, lo que de sí incardina el *periculum in mora*, sino en otros muchos supuestos en que, siendo posible su ejecución, no resulte efectiva porque la tardanza en el reconocimiento del derecho ocasionó un daño irreversible, lo que tratará de evitar que se produzca con la medida cautelar.

---

[18] CALDERÓN CUADRADO, «La protección de las Marcas a través de las medidas cautelares en la Ley de marcas y en la Ley de Competencia Desleal», en *El Tratamiento de la marca en el tráfico jurídico-mercantil*, Consejo General del Poder Judicial-Andema, 1994, p. 295.

[19] *Op. cit. supra*, 1.

La existencia de un procedimiento principal es aquí también presupuesto necesario para la adopción de medidas cautelares.

Con carácter general, las medidas cautelares también procederán aun sin existir procedimiento principal ante la inminencia del mismo. Mas en el procedimiento administrativo de Derecho de la competencia deberá existir un expediente ya iniciado, como se deriva de la propia letra del art. 45 LDC. La razón de ello parece que pudiera estar no solo en que las medidas cautelares van a asegurar la efectividad de la resolución que se dicte en el expediente principal, sino también, en que el legitimado directo para su proposición es el SDC, quien deberá analizar previamente si concurren las exigencias legales para realizar tal propuesta, lo que sólo pueda llevar a cabo en el seno de un expediente.

La exigencia de fianza, en la generalidad de las medidas cautelares viene a constituir un requisito para que puedan llevarse a cabo, toda vez que se acuerdan por cuenta y riesgo de quien las pide, teniendo la fianza por misión el garantizar los posibles daños y perjuicios que se irroguen a aquel contra el que se acuerda la cautela. La exigencia de fianza se convierte, en cambio, aquí en algo excepcional, ya que el que solicita las medidas es por lo general el SDC, quien actúa en defensa del interés público y, siendo la Administración responsable y solvente, pierde su principal misión la exigencia de fianza. El art. 45.1 LDC, en su último párrafo, parece ser que la reserva para el solo supuesto de que la cautela sea pedida por aquellos que gocen de la condición de interesados en el expediente, dejando incluso en este supuesto el legislador a criterio del TDC la posibilidad de exigirla o no. Si bien el TDC vino en un principio decretando la exigencia de fianza, en resoluciones posteriores ha acordado medidas cautelares sin dicha exigencia [20].

c) *Extensión temporal*

La temporalidad propia de las medidas cautelares determina el que su vigencia se extienda, por lo general, hasta que se dicte la resolución principal y gane ésta firmeza.

En la materia y procedimiento que nos ocupa, el legislador, no se sabe muy bien por qué, tasa la extensión temporal de las medidas cautelares a un máximo de seis meses. En ningún caso podrán exceder de seis meses y cesarán, en todo caso, cuando se ejecute la resolución

---

[20] *Vid.* al respecto MC 11/96, *Cajas Rurales,* Resolución de 29 de julio de 1996; Resolución de 23 de diciembre de 1996 en Expte. MC 15/96, *Tabacos Canarias,* y Resolución de 7 de febrero de 1987 en Expte. MC 18/86, *Telefónica.*

del tribunal, se concreta de forma imperativa y tajante en el art. 45.6 LDC. Esta limitación contrasta con el criterio amplio que se mantiene en el número anterior del mismo artículo, donde se señala que podrá ser propuesta al TDC en cualquier momento del expediente, la suspensión, modificación o revocación de las medidas cautelares en virtud de circunstancias sobrevenidas o que no pudieran ser conocidas al tiempo de su adopción y con la previsión del apartado 1, donde se dice que se podrán proponer en cualquier momento, una vez iniciado el expediente.

La injustificada limitación temporal de vigencia de las medidas pone de manifiesto la desconexión del legislador con la realidad, pues es evidente que debiéndose proponer por lo general al comienzo del expediente, cuya tramitación ha de ser necesariamente lenta por la doble fase de alegación y prueba tanto ante el SDC como ante el TDC, es claramente previsible que en dicho plazo no podrá en ningún supuesto obtenerse resolución definitiva en vía administrativa.

Ante el límite de los seis meses, en la práctica, a mi juicio, con buen criterio, se han venido tramitando sucesivos y posteriores expedientes de medidas cautelares[21], con el argumento de que las circunstancias que sobrevenían al caducar el plazo de seis meses determinaban la necesidad de adoptar nuevas medidas. En muchos supuestos, estas resoluciones encubrían en realidad una prórroga de las antes acordadas.

d) *Legitimados y procedimiento*

La separación entre el órgano instructor (SDC) y el decisorio (TDC) resulta fundamental en los procedimientos administrativos del Derecho de la competencia, especialmente en el supuesto del procedimiento sancionador. El Derecho administrativo sancionador atrae las garantías propias del Derecho penal de forma que se preservan debidamente los derechos de las partes con especial singularidad en la separación del órgano instructor del decisorio[22]. Lamentablemente estas garantías no existen en los procedimientos que en similares supuestos tramita y resuelve la Comisión europea.

En la adopción de medidas cautelares en el Derecho español de la competencia, se va incluso más lejos, en orden a garantías, que las

---

[21] Resolución de 5 de noviembre de 1992, Expte. MC 5/92, *Liga Nacional de Fútbol Profesional;* Resolución de 24 de febrero de 1997, Expte. 19/96, *Desmontadores de Algodón,* y Resolución de 3 de marzo de 1997, Expte. *Cajas Rurales,* entre otros.

[22] *Vid.* al respecto L. BERENGUER FASTER, «Los derechos de defensa en los procedimientos en materia de competencia. Derecho español y comunitario», en *Gaceta Jurídica CE,* serie D-27, 1997, pp. 71 ss.

establecidas con carácter general por el reglamento del procedimiento para el ejercicio de la potestad sancionadora[23], cuyo art. 15, después de atribuir la competencia para la adopción de medidas cautelares al órgano competente para resolver, posibilita el que puedan adoptarlas, por razones de urgencia inaplazable, el órgano que inicia el procedimiento o el órgano instructor.

La singularidad de la materia y el objetivo específico de la LDC, que no es otro que garantizar una competencia suficiente y protegerla frente a todo ataque contrario al interés público, determina el que el legitimado principal para la proposición de las medidas sea el órgano instructor del procedimiento, SDC, y concurriendo con aquél existan como legitimados indirectos los interesados en el procedimiento, quienes podrán instar al SDC para que los proponga. Examinada su petición por el Servicio, de considerar que concurre afectación del interés público, coincidente o no con el de los particulares, será éste el legitimado para proponer las medidas cautelares. El TDC será el órgano que, en todo caso, decida sobre la adopción de medidas cautelares.

A pesar de lo anteriormente dicho, bueno es reconocer, como una garantía más, el que los interesados podrán trasladar al TDC su proposición de medidas cautelares si el SDC decide no hacerlo, toda vez que los actos de éste son recurribles ante el TDC en los términos que habilita el art. 47 LDC[24].

El plazo para proponer las medidas no comienza hasta que esté iniciado el expediente, pues, como se adelanta antes, en el seno de éste es cuando el SDC tendrá conocimiento de la necesidad y clase de medidas a proponer al TDC. De igual forma, como también se señala más arriba, podrá proponer en cualquier momento del expediente la suspensión, modificación o revocación de las medidas, en virtud de circunstancias sobrevenidas o que no pudieran ser conocidas antes.

Como es lógico, la propuesta debe motivarse debidamente en demostración de la existencia de los presupuestos de las medidas cautelares y la conveniencia e idoneidad de las que se propongan.

Por lo que respecta a la tramitación del expediente de medidas cautelares ante el TDC, parece que el legislador ha conjugado los principios de celeridad y eficacia con el respeto a las garantías de los interesados, en especial de aquel o aquellos a quienes van a afectar las medidas.

---

[23] Aprobado por Real Decreto 1398/1993, de 4 de agosto.

[24] Después de mantenerse en un principio por el TDC que el único legitimado para proponer medidas cautelares era el SDC, sin que las partes presentes en el expediente pudieran hacerlo, a partir de la Resolución de 18 de julio de 1996, Expte. 14C 10/96, *Airtel Telefónica,* el TDC reconoció a los interesados la posibilidad de plantearlos por vía de recurso (FI 2.1.1).

Así, las previsiones legales expresas de oír a los interesados en el plazo de cinco días y resolver en el de tres, sobre la procedencia de las medidas [25].

El principio contradictorio, propio de todo procedimiento que garantiza la defensión, se hace aquí presente al señalarse expresamente la audiencia de los interesados. No preveyéndose la apertura de período probatorio, deberá entenderse que en el término de audiencia deberán aportarse las pruebas que fundamenten las alegaciones, pudiendo también apoyarse éstas en las que figuren en el expediente. Contrario al principio de celeridad en la adopción de las medidas cautelares, presente en los perentorios plazos para alegaciones y para resolución, resultaría que se abriese una fase procesal para proposición y práctica de prueba. No obstante, en algunas ocasiones el TDC ha considerado pertinente la práctica de determinadas pruebas solicitadas por las partes en sus alegaciones, aunque esto será una circunstancia excepcional que sólo puede justificar la necesidad de atender a la primacía de la indispensable seguridad jurídica [26].

Nada se dice sobre si la audiencia de los interesados ha de llevarse a cabo mediante trámite escrito o de forma oral, por lo que podrá emplearse una u otra forma, si bien parece más adecuado el trámite de audiencia oral que permite una mejor inmediación acorde con la institución cautelar.

La eficacia de las medidas cautelares viene especialmente protegida en la LDC por la facultad que expresamente se otorga al TDC de imponer multas coercitivas para asegurar el cumplimiento de las medidas que acuerde.

La resolución que dicte el TDC sobre la adopción de medidas cautelares pone fin a la vía administrativa y será revisable por la jurisdicción contencioso-administrativa, según previene el art. 49 LDC, siendo ejecutivas de inmediato y hasta tanto no acuerde, en su caso, su suspensión el órgano revisorio jurisdiccional.

Hasta aquí un análisis sucinto sobre las principales cuestiones que derivan de las medidas cautelares de la LDC cuya valoración general ha de ser indudablemente positiva, máxime si se considera la forma ágil que viene a posibilitarlas la Ley en una fecha, 1989, en que con carácter general las medidas cautelares resultaban casi inéditas tanto en el ámbito administrativo como en el jurisdiccional.

---

[25] Art. 45.3 LDC.

[26] Resolución de 10 de junio de 1995, *Desmontadoras de Algodón*.

B) Algunas proposiciones *de lege ferenda*

El tiempo transcurrido desde la promulgación de la LDC hace que se hayan detectado algunos defectos iniciales en su formulación, y la experiencia práctica en el tiempo transcurrido determinan el que se puedan ahora formular algunas propuestas para reforzar el instituto cautelar en Derecho de la competencia y lograr una mayor eficacia.

Se parte de la base de que una previsible reforma a fondo de la LDC, o su sustitución por otra nueva, debe conllevar la separación entre el SDC y el TDC, permanezcan éstos en la modalidad actual o integrados en un único organismo de defensa de la competencia. Ello contribuye sin duda a una mayor garantía a la hora de enjuiciar y sancionar, en su caso, las conductas prohibidas por la LDC, trasladando así al procedimiento sancionador la garantía de proceso penal en la separación de los órganos de instrucción y decisorio. Y todo ello sin merma de eficacia, pues al TDC corresponderá en todo caso el interesar del SDC la instrucción de expedientes, tal como habilita en la actualidad el art. 25.*b)* LDC, aunque el órgano instructor actúe con libertad de criterio, tal y como acontece en la jurisdicción penal. Las garantías para los derechos de las partes no debe en cambio llevar a mantener, como en el régimen actual, una doble fase de alegación y prueba primero ante el SDC y luego ante el TDC, pues dilatan innecesariamente la tramitación y resolución de los expedientes. Instruido el expediente por el SDC y tras las alegaciones y fase probatoria correspondiente, el TDC debería limitar su actuación a considerar, en su caso, si deben practicarse las posibles pruebas propuestas por los interesados en fase instructora, que les fueron denegadas, y a oír las alegaciones de aquellos que son parte interesada en el expediente, preferentemente de forma oral, para dictar a continuación su resolución.

Retomando el tema que nos ocupa, las medidas cautelares, parece adecuado el actual sistema de proposición por parte del SDC y decisorio por parte del TDC sin perjuicio de que los interesados puedan formular sus peticiones al SDC y, en el caso de no ser acogidas, poder acceder al TDC por vía de recurso contra la decisión del SDC. El interés público de garantizar una competencia suficiente y protegida frente a todo ataque contrario a aquél, quedará sin duda más presente en el supuesto de medidas cautelares propuestas por el SDC que en el caso de que se haga por particulares interesados para los que estarán en primer término presentes, como es lógico, sus propios intereses, no siempre coincidentes con el interés público.

La conservación del actual sistema en el que los interesados pueden solicitar al SDC la propuesta de medidas cautelares parece que resultaría de utilidad, pues los argumentos que éstos faciliten servirán para un mejor análisis e ilustración del órgano proponente de las medidas, que deberá continuar siendo el SDC u órgano que le sustituya en las trascendentes funciones de inspección, apertura e instrucción de los expedientes.

Podría perfeccionarse la fase decisoria de las medidas cautelares ante el TDC, donde una posible reforma de la LDC debería prever su funcionamiento por Salas o Secciones, de forma que aquellos que decidan sobre las medidas cautelares sean distintos de los que lo harán luego sobre el expediente principal. Países con gran tradición en medidas cautelares jurisdiccionales, como son los casos de Alemania y Francia, mantienen desde hace tiempo esta separación, siendo distintos los órganos que deciden en uno y otro caso. Con ello se ganaría indudablemente en garantías para los afectados pues no puede olvidarse el posible condicionamiento intelectual de quién adoptó o denegó medidas cautelares, a la hora de decidir definitivamente el expediente principal, especialmente adoptó medidas de tipo anticipativo.

Según se deduce de lo comentado anteriormente, debería desaparecer la limitación temporal de la extensión de las medidas cautelares al plazo de seis meses que señala el art. 45.6 LDC, quedando sólo su límite temporal en el momento en que se ejecute la resolución del Tribunal. La posibilidad de su suspensión, modificación o revocación, en cualquier momento del expediente, en virtud de circunstancias sobrevenidas o que no pudieran ser conocidas al tiempo de su adopción, constituye de por sí una garantía suficiente que deberá mantenerse. Del mismo modo el que también puedan ser suspendidas al acceder aquéllas a la jurisdicción.

Por último, debo hacer una referencia al régimen revisorio jurisdiccional de las resoluciones que, poniendo fin a la vía administrativa, dicte el TDC, y a las que se equiparan las resoluciones sobre medidas cautelares [27].

El proyecto de la Ley de la Jurisdicción Contencioso-Administrativa se vio afortunadamente enmendado a su paso por el Senado y quedó finalmente establecida la competencia a favor de la Sala de lo Contencioso-Administrativo de la Audiencia Nacional para la revisión jurisdiccional de las resoluciones que dicte el TDC, acorde con sus competencias extensibles a todo el territorio del Estado. Ello además posibilita el que se haya ido creando una cierta doctrina jurisprudencial sobre esta materia tan especial, lo que se vería dificultado de mantenerse el criterio del primitivo Proyecto de Ley, en donde se establecía

---

[27] Art. 49 LDC.

la competencia a favor de los tribunales superiores de justicia. Si bien en los últimos tiempos se han acortado los plazos de revisión jurisdiccional de las medidas cautelares del TDC por la Audiencia Nacional, bueno sería que en un futuro se estableciera un turno especial, más rápido, para resolver sobre las medidas cautelares, dada su naturaleza de provisionalidad, circunstancias en que se adoptan y necesidad de mantener las suficientes garantías para los afectados traducibles en parte en que la revisión se produzca de forma rápida. De resultar revocadas, después de un lapsus grande en el tiempo, podrá ello conllevar perjuicios innecesarios.

No podemos dejar pasar la ocasión sin señalar que, en muchos casos, las medidas cautelares al ser recurridas ante la jurisdicción quedan sin ejecutar provisionalmente, simplemente porque la Administración, pese al carácter ejecutivo de las medidas, en tanto no sean suspendidas por el órgano jurisdiccional que las revise, simplemente no se ocupa de su ejecución. Una mayor atención en su ejecución contribuirá sin duda a su mejor eficacia.

Por otro lado, cabe cuestionarse la conveniencia de la revisión de las medidas cautelares que nos ocupan en doble instancia: Audiencia Nacional y Sala Tercera del Tribunal Supremo, tal y como viene realizándose en la actualidad. En la práctica, según se comprueba, la segunda revisión se realiza después de haber pasado un largo período de tiempo y en ocasiones simultáneamente con la resolución principal, por lo que habiéndose dictado Sentencia, en ésta se dicta Auto en la pieza de medidas señalando la pérdida de objeto para resolver.

Dependiendo de la redefinición de las funciones de nuestro Tribunal Supremo de la que tanto se habla, pudiera resultar aconsejable el que las medidas cautelares en materia de competencia, limitarán su revisión jurisdiccional a una sola instancia: la de la Audiencia Nacional. En efecto, si al TS se circunscriben las importantes funciones de conocimiento de los recursos para unificación de doctrina y en interés de Ley, descargándole de otras innecesarias, y que le desnaturalizan, convirtiéndole en una instancia más, las medidas cautelares sólo accederían a éste a los solos y únicos efectos de estos recursos. La provisionalidad, propia de la naturaleza de las medidas cautelares, tendría, a mi juicio, suficiente garantía en un nuevo contexto de funciones del TS, con una única revisión jurisdiccional ordinaria.

Como conclusión, debe señalarse para el futuro la necesidad de conservar las medidas cautelares, reforzarlas y agilizarlas en su tramitación, sin merma de las garantías de todos los interesados en el procedimiento.

EL TRATAMIENTO CONFIDENCIAL DE DETERMINADA INFORMACIÓN

Marcos ARAUJO
Garrigues

Los mecanismos de protección de la confidencialidad revisten una importancia especial en los procedimientos —tanto administrativos como judiciales— de defensa de la competencia [1].

Hay varias razones para lo anterior. De una parte, en esta materia es frecuente que se discuta sobre informaciones constitutivas de secreto de negocios, además de manera especialmente prolija y detallada. Pero no existen únicamente secretos de esta naturaleza. Ejemplos de otras informaciones susceptibles de provocar un daño injusto en su divulgación son, asimismo, la identidad de operadores en caso de riesgo de represalia; la especificación de determinados detalles de compromisos o condiciones, tales como la fecha límite para la venta de un negocio por exigencia impuesta por la autoridad; los informes de abogados, por razón de protección de los derechos de defensa... incluso la incontrolada divulgación de la propia existencia del procedimiento de defensa de la competencia es susceptible de provocar daños injustos.

A los efectos del presente análisis cabe proponer una clasificación, necesariamente simplificadora, de las situaciones a tratar:

---

[1] Sobre este tema recomiendo especialmente la lectura del artículo de Mercedes PEDRAZ CALVO, «La confidencialidad del expediente administrativo», publicado en el *Anuario de la Competencia de 1997* (Fundación ICO), muy ilustrativo de la práctica de los tribunales españoles y de los principios que la inspiran.

a) *Informaciones que plantean riesgos generales de divulgación*. En este grupo tenemos el propio hecho de la instrucción del expediente y su estado de tramitación, así como las informaciones contenidas en el expediente que no merecen una protección especial, en los términos de los apartados siguientes.

b) *Informaciones que plantean riesgos especiales de divulgación*. Tienen esta categoría los datos y documentos que contienen secretos de negocio y, en determinados casos excepcionales, la identidad de las partes en el expediente. Cabe observar que estos riesgos pueden plantearse de manera diferente respecto a unos u otros operadores (por ejemplo, partícipes en la colaboración notificada, terceros competidores, clientes...) o en distintas fases del procedimiento.

c) *Informaciones cuyo acceso o empleo por la autoridad no debe admitirse*. Es sin duda el caso más extremo de información confidencial: aquella que no sólo no debe ser conocida por otros operadores, sino ni siquiera por parte de la misma autoridad. A esta categoría pertenecen los datos y documentos cuyo acceso afectaría a los derechos de defensa (por ejemplo, los informes de los abogados externos en los términos de la jurisprudencia nacional y comunitaria o las respuestas contrarias al derecho a la no inculpación), los datos que exceden del ámbito de la investigación y, en general, todas las informaciones que no superan el balance de intereses entre la utilidad y los legítimos derechos de los operadores económicos.

Los tres grupos de situaciones mencionadas plantean cuestiones diversas, que el ordenamiento resuelve de forma distinta. El primero se atiende mediante obligaciones generales de secreto de las actuaciones, como las contenidas en el art. 52 de la Ley 16/1989, de 17 de julio, de Defensa de la Competencia ("LDC"). El segundo grupo es el tratado propiamente en el art. 53 de la misma Ley. Por último, el tercero no se contempla expresamente, si bien su reconocimiento es evidente en la doctrina y práctica administrativa.

El presente trabajo aborda un análisis crítico de las distintas categorías de problemas relacionadas con la confidencialidad, siguiendo la enumeración ya apuntada. Tras ello, se examinan los posibles nuevos problemas derivados de la entrada en vigor del Reglamento 1/2003 [2]. Por último, el trabajo concluye con la formulación de algunas propuestas concretas que, en nuestra opinión, facilitarían la atención apropiada de los intereses en conflicto.

---

[2] Reglamento (CE) 1/2003 del Consejo, de 16 de diciembre de 2002, *DO,* núm. L 1, de 4 de enero de 2003, p. 1.

1. RIESGOS DE DIVULGACIÓN GENERAL. LAS OBLIGACIONES DE RESERVA Y SECRETO PROFESIONAL EN MATERIA DE DEFENSA DE LA COMPETENCIA

Manda el art. 52 de nuestra Ley de Defensa de la Competencia lo siguiente:

> *Art. 52. Deber de secreto.*
> *1. Todos los que tomen parte en la tramitación de expedientes previstos en esta Ley o que conozcan tales expedientes por razón de profesión o cargo están obligados a guardar secreto sobre los hechos de que hayan tenido conocimiento a través de ellos.*
> *2. Sin perjuicio de las responsabilidades penales y civiles que pudieran corresponder a los infractores del deber de sigilo, la violación de éste se considerará siempre falta disciplinaria muy grave.*

Dos son las cuestiones principales que plantea esta disposición. La primera es la identificación de los destinatarios; la segunda, la extensión de las obligaciones de reserva que impone.

En cuanto a lo primero, cabe plantearse si los obligados a guardar secreto son únicamente los funcionarios de la Administración o si, por el contrario, esta obligación se impone, además de a aquéllos, a los propios administrados. En efecto, si bien la norma se dirige inicialmente a "los que tomen parte" en la tramitación de expedientes, la mención alternativa al conocimiento del expediente "por razón de profesión o cargo" como la referencia a la infracción como "falta disciplinaria" sugiere que la Ley piensa únicamente en el secreto profesional de los funcionarios que instruyen o de otra forma acceden al expediente, sin que se pretenda la imposición de obligación especial a las partes en el procedimiento.

Para resolver este interrogante, es obligado recordar que esta disposición encuentra su origen en el art. 34 de la anterior Ley 110/1963, de Represión de Prácticas Restrictivas de la Competencia [3], norma que imponía el deber de secreto a «los componentes del Tribunal, del Consejo y del Servicio de Defensa de la Competencia y, en general, todos aquellos que tomen parte en la instrucción de los expedientes previstos en esta Ley o que conozcan tales expedientes por razón de su profesión o cargo». Para caso de incumplimiento, se refería esta disposición a los arts. 367 y 368 del Código Penal, norma que en la redacción entonces vigente se refería a delitos cometidos por funcionarios y otras auto-

---

[3] Ley 110/1963, de 20 de julio. Se cita el texto editado por la Secretaría General Técnica del Ministerio de Comercio, abril de 1970.

ridades[4]. Parece claro por su redacción que la referencia a los que "tomen parte en la instrucción" quería hacer referencia a los funcionarios y autoridades de cualquier orden.

Frente a este antecedente, una interpretación gramatical del precepto permite defender una extensión de la obligación a los interesados en el expediente. Esta lectura, basada tanto en la expresión "todos los que tomen parte" como en el hecho de ser ésta una categoría *alternativa* a la de los que «conozcan tales expedientes por razón de profesión o cargo...» podría ser un contrapeso efectivo a los amplios derechos de información de que gozan las partes en este tipo de expediente.

Esta última interpretación parece haber sido aceptada por el Tribunal de Defensa de la Competencia en su Resolución *DIASA,* de 18 de junio de 2003[5], además de coincidir con las advertencias que se formulan a los interesados o sus representantes legales cuando, al acudir al tribunal, toman vista de los expedientes.

Más complejo es el tema del contenido de esta obligación y las eventuales consecuencias de su eventual incumplimiento. Precisamente en el asunto *DIASA,* ya citado, recuerda el tribunal que no nos hallamos ante un derecho de contenido absoluto. Por ejemplo, en este caso consideró el tribunal que la comunicación pública sobre el hecho de que se instruya un expediente no infringiría el deber de secreto. Únicamente, en su caso, las informaciones contenidas en el expediente podrían merecer protección. Esta posición se expresó en los siguientes términos:

> «*En efecto, es cierto que el deber de secreto que impone el art. 52 de la LDC obliga a todos los interesados en el expediente, pero ello no significa que se tenga que reconocer un deber absoluto a guardar silencio, pues ello excedería de lo que es necesario para proteger el derecho de defensa de las empresas, no pudiéndose ver una violación de dicho deber en el hecho de que se publique en un periódico la noticia de la apertura del expediente, entendiendo que tal deber lo que impone es la obligación de no divulgar las informaciones recogidas en el expediente,* situación que en modo alguno señala la expedientada que se produjera en el presente caso» (subrayado propio).

Además de la relativa inconcreción de las obligaciones de secreto resultantes de su carácter no absoluto, debe destacarse la inexistencia de sanción concreta para su violación. La Ley, en efecto, guarda silencio

---

[4] Sin ánimo de agotar este tema, es interesante observar que la legislación administrativa general —la Ley 30/1992, de 30 de noviembre— no prevé una obligación general de secreto de los funcionarios, mandato que se encuentra desperdigado en diversas leyes sectoriales. Por el contrario, la legislación sobre tribunales y, en especial, la Ley Orgánica del Poder Judicial sí establece estas obligaciones, tanto para jueces y magistrados (art. 396) y abogados (art. 437). Cabe a este respecto recordar que la Ley 110/1963 nace como una Ley para su aplicación por tribunales especiales, no autoridades administrativas.

[5] Expediente 541/02, *DIASA.*

a este respecto. Ello obliga a acudir a cláusulas generales como la contenida en el art. 10.6 de la Ley[6], con las dudas que de ello surgen.

Se desprende de lo anterior que la reglamentación sobre esta cuestión puede y debe mejorar. Es, por desgracia, relativamente frecuente que los medios de comunicación difundan datos que sólo quienes acceden a los expedientes pueden conocer, lo que es susceptible de causar daño injusto a operadores económicos. Por ello, sería deseable una clarificación sobre el ámbito subjetivo y objetivo de esta prohibición, así como de las consecuencias del eventual incumplimiento. A falta de estas garantías, no deberá extrañar que alguno cuestione la extraordinaria amplitud que nuestro ordenamiento otorga al acceso al expediente. Esta crítica, sin duda comprensible cuando la formula quien sufre estos abusos merece una respuesta distinta a limitaciones que dañarían de manera importante uno de los rasgos más apreciados de nuestro sistema administrativo: el amplio acceso al expediente a lo largo de su tramitación.

2. RIESGOS DE DIVULGACIÓN ESPECIAL. PROBLEMÁTICA RELACIONADA CON LAS PIEZAS SEPARADAS. ESPECIAL REFERENCIA A LA DOCTRINA SOBRE PRUEBA

La segunda categoría a examinar es la constituida por los datos que no deben ser trasladados a otra u otras partes en el expediente. Nuestra Ley establece como mecanismo básico a estos efectos, en su art. 53, la "pieza separada". Ello se ordena en los siguientes términos:

> *«El Servicio y el Tribunal de Defensa de la Competencia en cualquier momento del expediente podrán ordenar, de oficio o a instancia del interesado, que se mantengan secretos los datos o documentos que consideren confidenciales, formando con ellos pieza separada».*

A diferencia de lo observado con relación al art. 52 de la Ley, esta disposición no encuentra antecedente alguno en la anterior Ley de 1963. Constituye, por tanto, una novedad[7], desde luego bienvenida,

---

[6] Esta disposición, incorporada a la Ley en virtud de la Ley 52/1999, de 28 de diciembre, señala: «Con independencia de lo dispuesto en los apartados anteriores de este artículo, si el Tribunal de Defensa de la Competencia apreciara mala fe o grave temeridad en la actuación de alguna de las partes ante los órganos de defensa de la competencia, podrá imponerle una multa no superior a 5.000.000 de pesetas o 30.051,61 euros».

[7] En cuanto a la legislación anterior de defensa de la competencia, sólo el art. 20 del Reglamento del Servicio se ocupa incidentalmente de la confidencialidad al tratar la nota-extracto que se publicaba al inicio de la instrucción de los expedientes.

especialmente por cuanto nuestra legislación administrativa general disciplina esta cuestión de manera claramente insuficiente [8].

De entre las cuestiones que surgen de este mecanismo, interesa especialmente atender las siguientes: el procedimiento para la invocación y resolución de los incidentes de confidencialidad, los problemas de contradicción que plantea y la práctica con ocasión de los recursos ante los tribunales.

A) Cuestiones de procedimiento

La práctica del servicio y del tribunal está ya consolidada a este respecto. Tanto en la contestación a las solicitudes de información como con ocasión de la presentación de cualesquiera alegaciones o documentos, las partes pueden solicitar el tratamiento confidencial. Estas solicitudes son normalmente aceptadas con relativa facilidad. También la práctica viene imponiendo la presentación de versiones no confidenciales de documentos, por emulación de lo que sucede en los procedimiento comunitarios.

Entre las posibles cuestiones a mejorar, sería útil ordenar los criterios en una forma estructurada. Asimismo cabe proponer la generalización de la indicación sobre el derecho a reclamar el tratamiento confidencial en las solicitudes de información. En efecto, si bien en muchos casos el servicio recuerda al destinatario su derecho a este respecto, ello no es siempre así, por ejemplo, cuando se solicitan informaciones en trámite de información reservada. Para el caso de que comparezcan nuevos interesados, también sería oportuno que se informe a las partes por si estiman adecuado revisar su posición en cuanto a la confidencialidad, que no necesariamente será la misma en función de la identidad de quienes eventualmente comparezcan al procedimiento.

B) Dificultades de contradicción

En el fondo, las limitaciones al acceso de informaciones de carácter confidencial implican la necesidad de ponderar dos legítimos intereses. De una parte, el secreto de determinadas informaciones, ya sea comer-

---

[8] La única disposición relevante es el art. 37 de la Ley 30/1992, sobre el acceso a los archivos y registros, que permite denegar esta posibilidad por «razones de interés público, por intereses de terceros más dignos de protección o cuando así lo disponga una ley» y deniega el acceso a los expedientes relativos a «materias protegidas por el secreto comercial o industrial». Ni una disposición ni otra prevé siquiera el tratamiento separado de informaciones confidenciales contenidas en expedientes a los que se accede, a pesar de que esta realidad existe a todas luces en múltiples procedimientos administrativos.

cial o de otra naturaleza; de otra, el acceso al expediente como garantía de los derechos de las partes.

Así lo ve el Tribunal de Primera Instancia de las Comunidades Europeas, quien afirma que

> *«es necesario definir, en relación con cada documento procesal para el que se solicita la confidencialidad, cómo conciliar, de hecho, la legítima preocupación de la demandante de evitar que se lesionen sustancialmente sus intereses comerciales con la también legítima preocupación de las partes coadyuvantes de disponer de la información necesaria que les permita estar plenamente en condiciones de hacer valer sus derechos y de exponer sus tesis ante el Tribunal»* [9].

En la búsqueda de este equilibrio, nuestro TDC ha dado un peso muy importante a los derechos de defensa de las partes, tanto por lo que respecta al denunciado como al propio denunciante. Así, en su Resolución de 29 de julio de 1997, *Radio Fórmula* [10], el Tribunal de Defensa de la Competencia indica que

> *«la garantía de la confidencialidad de las informaciones, datos y documentos aportados (...) a los expedientes tramitados ante los órganos de la competencia constituye el contrapeso indispensable a las normas que exigen a las empresas colaborar con ellos y suministrar las informaciones que éstos les requieran, además de una garantía imprescindible para evitar que terceras personas, a través del acceso al expediente, puedan obtener informaciones de carácter estrictamente reservado y confidencial».*
>
> (...)
>
> *«Sin embargo, también es necesario tener en cuenta que en los expedientes en materia de competencia, a la vez que se persigue la defensa de un interés público, se dirimen conflictos de intereses privados y, por lo tanto, los derechos de defensa no solamente pertenecen al denunciado, sino también al denunciante, que tiene interés en que se prohíba una conducta contraria a la competencia, por lo que la limitación de su acceso al expediente, debida a la declaración de confidencialidad de determinados documentos, debe ser la menor posible y siempre de forma justificada».*

Concluyendo, por tanto, que:

> *«En esencia, los criterios utilizados por el Tribunal para decidir sobre la confidencialidad deben tratar de obtener un justo equilibrio entre la necesidad de desvelar la información imprescindible para que las partes interesadas puedan hacer alegaciones y presentar los documentos y justificaciones que estimen pertinentes y la necesidad de salvaguardar los secretos que pertenecen a cada empresa y la información cuya obtención ha supuesto, en muchos casos, un coste considerable para la misma por no ser fácilmente accesible,* siempre teniendo en cuenta que los documentos declarados secretos no pueden servir para fundamentar una Resolución, sea ésta condenatoria o favorable para el denunciado, pues, de aceptarse este extremo, se estaría produciendo indefensión» (énfasis añadido).

---

[9] Auto del TPI (Sala Segunda), de 4 de abril de 1990, en el asunto T-30/89, *Hilti*, ECR 1990, p. II-163, § 11.

[10] Expediente 185/96, *Radio Fórmula*.

Esta jurisprudencia ha sido confirmada posteriormente por, entre otras, las Resoluciones de 20 de diciembre de 2002, *Spain Pharma* v. *SmithKline*[11], y 4 de septiembre de 2003, *Empresas Eléctricas*[12].

A nuestro entender, la posición adoptada por el tribunal podría llevar a un absurdo. Efectivamente; si los documentos declarados confidenciales no pueden servir para fundamentar una resolución, sea ésta condenatoria o favorable, carecen de utilidad en el procedimiento. En tal caso, en lugar de integrarse en una pieza confidencial, sería más simple devolverlos sin dejar constancia en el expediente. Pero si, como es claro, la Ley prevé que sean conocidos por la Administración y se integren en el expediente, aun en pieza separada, ello deberá significar que su empleo debe ser posible.

Ésta es también la interpretación que el Tribunal Europeo de Derechos Humanos ha dado del art. 6 de la Convención Europea de Derechos Humanos, en tanto ha considerado que:

> *«Todo proceso penal, incluidos sus aspectos procesales, debe revestir un carácter contradictorio y garantizar la igualdad de armas entre la acusación y la defensa: es éste uno de los aspectos fundamentales del derecho a un proceso equitativo. El derecho a un proceso contradictorio implica, para la acusación como para la defensa, la facultad de conocer las observaciones o elementos de prueba producidos por la otra parte (...). Por añadidura, el art. 6, § 1 exige (...) que las autoridades instructoras comuniquen a la defensa todas las pruebas pertinentes que obren en su posesión, tanto de cargo como de descargo.*
>
> *Sentado lo anterior (...) el derecho a una divulgación de las pruebas pertinentes no es absoluto. En un proceso penal determinado, puede haber intereses en conflicto —tales como la seguridad nacional o la necesidad de proteger testigos de represalias o de guardar en secreto los métodos policiales de investigación de las infracciones— que deben ser ponderados con los derechos del acusado (...). En algunos casos, puede ser necesario disimular ciertas pruebas a la defensa, de manera que se preserven los derechos fundamentales de otro individuo o de proteger un interés público importante. No obstante, sólo son legítimos, desde la perspectiva de art. 6, § 1, las medidas restrictivas de los derechos de defensa que sean absolutamente necesarias (...)»*[13].

---

[11] Expediente R 526/02, *Spain Pharma/SmithKine.*

[12] Expediente 560/03, *Empresas eléctricas.*

[13] Sentencia del Tribunal Europeo de Derechos Humanos, *Stiff* v. *Royaume Uni,* de 16 de febrero de 2000, apartados 44 y 45. Traducción propia, el original francés dice: «tour procès pénal, y compris ses aspects procéduraux, doit revêtir un caractère contradictoire et garantir l'égalité des armes entre l'accusation et la défense: c'est là un de aspects fondamentaux du droit à un procès équitable. Le droit à un procès pénal contradictoire implique, pour l'accusation comme pour la défense, la faculté de prendre connaissance des observations ou éléments de preuve produits par l'autre partie (...). De surcroît, l'article 6 §1 exige (...) que les autorités de poursuite communiquent à la défense toutes les preuves pertinentes en leur possession, à charge comme à décharge. Cela dit, (...) le droit à une divulgation des preuves pertinentes n'est pas absolu. Dans une procédure pénale donnée, il peut y avoir des intérêts concurrents —tels que la sécurité nationale ou la nécessité de protéger des témoins risquant des représailles ou de garder secrètes des méthodes policières de recherche des infractions— qui doivent être mis en balance avec les droits de l'accusé (..). Dans certains cas, il peut être nécessaire de dissimuler

Partiendo de este principio, es claro que debe establecerse una distinción entre documentos de cargo y de descargo. Sólo en circunstancias absolutamente excepcionales cabe aceptar que se emplee información confidencial, y, por tanto, inaccesible, como documento de cargo. Por ejemplo, y en analogía con el procedimiento penal, cabe entender, pero sólo en casos muy justificados, como los de testigos protegidos no identificables por el procesado [14]. Pero, de otra parte, el criterio bien puede ser más laxo en caso de pruebas de descargo. En caso contrario se colocaría al acusado ante un dilema especialmente injusto: el de rendir sus secretos de negocio al objeto de acreditar su inocencia.

Esta última línea parece desprenderse de una reciente resolución de nuestro tribunal en el asunto *Glaxo Wellcome* v. *Spain Pharma* [15]. En este caso, el TDC recuerda que el objetivo perseguido por el art. 53 de la LDC es evitar que

> *«determinados datos o documentos aportados a un expediente por alguna parte imputada o interesada (...) sean revelados a otras partes, con objeto de no descubrir innecesariamente secretos comerciales o industriales, causando un perjuicio añadido o desproporcionado a los fines del procedimiento mismo».*

Y tras ello puntualiza que

> *«en este sentido, como se señala en las resoluciones R 205/97 y R 476/01, hay que ser muy precavido frente a la posibilidad de que se planteen por los competidores denuncias instrumentales que sólo persiguen conocer los secretos comerciales de un competidor y esta precaución parece que debe extremarse* en aquellos casos en los que, como sucede en el que ahora examinamos, la decisión derivada

---

certaines preuves à la défense, de façon à préserver les droits fondamentaux d'un autre individu ou à sauvergarder un intérêt public important. Toutefois, seules sont légitimes au regard de l'article 6 §1 les mesures restreignant les droits de la défense qui sont absolument nécessaires».

[14] Cfr. en este sentido la Sentencia del Tribunal Europeo de Derechos Humanos, *Doorson* v. *Pays-Bas*, de 26 de marzo de 1996, apartado 70, en el que el Tribunal afirma que *«ciertamente, el art. 6 no requiere explícitamente que los intereses de los testigos en general, y los de las víctimas llamadas a declarar en particular, sean tomados en consideración. No obstante, puede depender de ello su vida, su libertad o su seguridad, así como intereses relevantes, de manera general, del ámbito del art. 8 de la Convención. Semejantes intereses de testigos y víctimas están en principio protegidos por otras disposiciones, normativas, de la Convención, que implican que los Estados contratantes organicen sus procedimientos penales de manera que dichos intereses no sean indebidamente puestos en peligro. Sentado lo anterior, los principios de un proceso equitativo requieren igualmente que, en los casos apropiados, los intereses de la defensa sean ponderados con los de los testigos o víctimas llamados a declarar»*. Traducción propia, el original francés dice: *«certes, l'article 6 ne requiert pas explicitement que les intérêts des témoins en général, et ceux des victimes appelées à déposesr en particulier, soient pris en considération. Toutefois, il peut y aller de leur vie, de leur liberté ou de leur sûreté, comme d'intérêts relevant, d'une manière générale, du domaine de l'article 8 de la Convention. Pareils intérêts des témoins et de victimes soient en principe protégés par d'autres dispositions, normativs, de la Convention, qui impliquent que les Etats contractants organisent leurs procédure pénale de manière que les dits intérêts ne soient pas indûment mis en péril. Cela posé, les principes du procès équitable commandent également que, dans les cas appropriés, les intérêts de la défense soient mis en balance avec ceux des témoins ou de victimes appelés à déposer»*.

[15] Resolución de 28 de octubre de 2003, Expediente 480/01.

del examen de esos documentos es exculpatoria, *por no haberse observado en ellos por la Administración competente que contengan las cláusulas o expresiones denunciadas*».

Se desprende de esta resolución que el tribunal está dispuesto a comprobar las informaciones contenidas en la pieza confidencial, extrayendo conclusiones aplicables al procedimiento. De ser así, nos hallamos ante un avance muy bienvenido respecto a la jurisprudencia *Radio Fórmula*, que ayudará a evitar el riesgo ya apuntado de deber renunciarse al tratamiento confidencial al objeto de ejercer de manera apropiada los derechos de defensa.

C) Problemas especiales en caso de recurso contencioso-administrativo [16]

Un tercer grupo de cuestiones sobre la "pieza confidencial" es el de su régimen una vez finalizado el procedimiento administrativo; esto es, en caso de recurso ante los tribunales. El problema surge por cuanto, en los términos de nuestra Ley de la Jurisdicción Contencioso-Administrativa, las partes en el procedimiento —recurrente y codemandados— tienen acceso al expediente administrativo. Dado que esta Ley no contempla específicamente que éste pueda contener informaciones de carácter confidencial, existe el riesgo de que en estos casos se dé traslado a la totalidad del expediente.

Si bien en los primeros recursos en materia de defensa de la competencia tras la entrada en vigor de la Ley esto llegó a suceder en alguna ocasión [17], en la práctica actual este tipo de cuestiones se solucionan de manera adecuada. En efecto, de acuerdo con una práctica ya consolidada, la Audiencia Nacional instruye un incidente procesal de confidencialidad, en el que pregunta a las partes y resuelve, bien confirmando el criterio que en su momento hubiera aplicado la Administración, bien revisándolo.

Si bien debe estimarse adecuado que la Audiencia no se considere vinculada por las decisiones que la Administración hubiera seguido

---

[16] *Vid.*, en este sentido, el artículo de PEDRAZ CALVO citado en la nota 1 sobre la solución que la jurisprudencia nacional da en la práctica a estos problemas.

[17] No he hallado una relación de supuestos en que esto haya sucedido, pero he tenido la experiencia directa en al menos tres casos. Un supuesto relativamente conocido entre expertos en defensa de la competencia fue el acceso por los recurrentes al informe del Tribunal de Defensa de la Competencia, en aquella época confidencial, en el asunto *Unión SER/Unión Radio.* Si bien no se trató de acceso a informaciones confidenciales en el sentido del art. 53 de la LDC, es una decisión notable por plantear el conflicto entre los derechos de defensa y el régimen legal de limitación a determinados datos incorporados a un expediente.

a este respecto, y en la perspectiva de una próxima reforma legislativa, sería apropiado que la Ley Jurisdiccional contemplara específicamente esta realidad[18].

3. INFORMACIONES INACCESIBLES PARA LA AUTORIDAD. SITUACIÓN EN ESPAÑA

La tercera categoría de informaciones de carácter confidencial, desde luego la más severa, es la constituida por aquellos datos, documentos e informaciones cuyo acceso para la propia Administración se encuentra vedado o al menos limitado, lo que las configura como un límite a las facultades de investigación de nuestras autoridades.

Normalmente, estos límites surgen en la confrontación de los poderes de investigación con los derechos de defensa. La autoridad administrativa no puede acceder o, de haber accedido, debe abstenerse de emplear informaciones obtenidas en violación de los derechos fundamentales (principio de prueba prohibida), idea estrechamente relacionada con el principio de que las garantías establecidas en la normativa penal son de aplicación, con matizaciones, en los procedimientos administrativos de carácter sancionador.

Excede manifiestamente del objeto del presente trabajo considerar los distintos casos y supuestos examinados por la práctica y jurisprudencia. Sí citaremos, por su importancia, la Resolución de 22 de julio de 2002, *Pepsi Cola* v. *Coca Cola*[19], que establece el carácter *"absoluto"* de, en este caso, la confidencialidad abogado-cliente, lo que impide considerar vías como la valoración de los documentos cuyo acceso se encuentra vedado de manera reservada o *in camera*.

Una categoría especial dentro de este tipo de restricciones de acceso (o, más propiamente, de uso) vedado a las autoridades es el que surge de los arts. 11 y 12 del Reglamento 1/2003, en relación con la jurisprudencia AEB[20]. El siguiente apartado examina esta cuestión.

---

[18] No sólo la Ley de la Jurisdicción Contencioso-Administrativa calla clamorosamente a este respecto. La propia —y reciente— Ley de Enjuiciamiento Civil carece también de principio o mecanismo alguno para la aportación y valoración de informaciones confidenciales. Esta ausencia de reglamentación es especialmente importante en el actual contexto de modernización del Derecho de la competencia. *Vid.* los arts. 138, 140 y 141 de la LEC.

[19] Expediente 508/02.

[20] Sentencia de 16 de julio de 1992, asunto C-67/91, *Dirección General de Defensa de la Competencia* v. *Asociación Española de Banca Privada*, Recopilación, p. I-4785.

4. CUESTIONES NUEVAS DE CONFIDENCIALIDAD TRAS LA ENTRADA EN VIGOR DEL REGLAMENTO 1/2003

El art. 11 del Reglamento 1/2003 establece, como ya lo hiciera el anterior Reglamento 17, un principio de comunicación de los "documentos más importantes" a las autoridades nacionales. Junto a ello, el art. 12 del Reglamento incorpora una novedad de la máxima importancia: un régimen de intercambio de información entre las autoridades, con facultad expresa de emplear como medio de prueba de «todo elemento de hecho o de derecho, incluida la información confidencial». Ello implica un abandono de la regla de "amnesia aguda" establecida por el tribunal comunitario en el asunto AEB[21] para los casos en que este mecanismo es de aplicación[22].

Estos mecanismos traen causa de la filosofía de "red de autoridades de competencia" que evoca la Exposición de Motivos del Reglamento y desarrolla la comunicación que, sobre este asunto, publicó el *Diario Oficial* el 27 de abril pasado[23]. Según la mencionada comunicación, la Comisión y las autoridades nacionales deben poder intercambiarse informaciones, que emplearán para la aplicación coordinada de las disposiciones del Tratado, así como las normas nacionales en los casos de aplicación conjunta. A los efectos de este trabajo, interesa examinar dos cuestiones: la primera, la de los principios de procedimiento respecto a la *transmisión* de informaciones entre autoridades; la segunda, qué límites impone el ordenamiento, tanto comunitario como nacional, al *uso* de estas informaciones.

A) Normas de procedimiento aplicables a la transmisión de informaciones

Como he explicado en detalle en otro lugar[24], si bien el art. 12 del Reglamento establece algunos principios y limitaciones relativas al uso de la información recibida, la norma no disciplina en absoluto la transmisión de informaciones.

---

[21] *Vid.* nota anterior. Algún autor ha planteado la duda de la legalidad del sistema previsto en esta disposición, por cuanto la solución establecida en este asunto se basa en el Derecho primario comunitario.

[22] Recordemos que el art. 12 sólo puede emplearse cuando la autoridad nacional vaya a aplicar los arts. 81 y 82 del Tratado o la legislación nacional al mismo asunto y tiempo y con el mismo efecto. Hay además límites especiales en determinados supuestos.

[23] *DO,* núm. C 101, de 27 de abril de 2004, p. 43.

[24] *Vid.* mi contribución a la 31.ª Conferencia sobre Derecho de la Competencia en Fordham, octubre de 2004, titulada «The Respect of Fundamental Rights within the European Network of Competition Authorities», en curso de publicación.

Esta ausencia es difícil de interpretar. Una posible lectura, en relación con el párrafo 16 de la Exposición de Motivos del Reglamento, podría llevar a entender que las autoridades disponen de una facultad otorgada directamente por el ordenamiento comunitario, siendo inadmisible que el derecho interno estableciera cortapisa alguna. Entendemos, sin embargo, que esta lectura no sería apropiada. El derecho interno puede, y más aún, entenderíamos que *debe*, ordenar el procedimiento de transmisión.

En este contexto, consideramos que tal disciplina debería prever expresamente la audiencia de las empresas afectadas por la transmisión con carácter previo a la remisión. En efecto; en analogía con el asunto *SEP*[25], las autoridades nacionales (o la propia Comisión) pueden encontrarse en la necesidad, al objeto de salvaguardar legítimos intereses de las empresas, de escucharlas con carácter previo a la remisión de informaciones, sin que el hecho de que tal sistema de audiencia previa no se encuentre reglamentado expresamente las disculpe de no hacerlo.

De otra parte, cabe plantearse si la autoridad española estará sujeta a obligaciones de motivación respecto a las eventuales decisiones de remisión. A nuestro entender, es claro que se trata de actos potencialmente limitativos de derechos en el sentido del art. 54.1.*a)* de la Ley 30/1992, de 30 de noviembre, de Régimen Jurídico de las Administraciones Públicas y del Procedimiento Administrativo Común[26] y, por tanto, necesitados de motivación. Esta necesidad es también exigible por cuanto estas decisiones se configuran en el Reglamento como discrecionales, en aplicación del art. 54.1.*f)* de la misma Ley.

B) Límites al uso de informaciones recibidas de otros Estados miembros

Con independencia del procedimiento de transmisión, una vez recibidas las informaciones, el art. 12 del Reglamento impone determinadas limitaciones a su empleo; a saber: éstas sólo pueden emplearse para la aplicación de los arts. 81 y 82 del Tratado, aunque también

---

[25] Sentencia del Tribunal de 19 de mayo de 1994, asunto C-36/92 P, *Samenwerkende Elektriciteits-Produktiebedrijven (SEP) NV* v. *Comisión,* Recopilación, p. I-1911. *Vid.* especialmente el apartado 37.

[26] Especialmente si, como parece desprenderse del art. 12 del Reglamento, las empresas deben tolerar el empleo de las informaciones por autoridades cuyo nivel de protección de los derechos de defensa es inferior. Como ejemplo de ello véase el documento de la Office of Fair Trading *Powers of investigation, Draft competition law guideline for consultation* (abril de 2004), § 6.3, p. 17 (en http://www.oft.gov.uk/Business/Legal+Powers/modconsult.htm), en el que esta agencia defiende su derecho a emplear documentación de abogados internos, que la OFT no tiene derecho a solicitar, cuando los reciba de otra autoridad nacional de competencia.

se permite su uso en aplicación del derecho interno en el mismo asunto y en paralelo; sólo cabe su uso para la misma finalidad para la cual fue recogida por la autoridad remitente; y las informaciones no podrán emplearse para sancionar a personas privadas salvo que el ordenamiento del Estado transmitente prevea el mismo tipo de sanciones, o cuando la información se haya obtenido respetando el mismo nivel de protección de los derechos de defensa de las personas físicas que el establecido en el país receptor.

Además de estas limitaciones, cabe plantearse si el ordenamiento interno podría establecer requisitos adicionales, como, por ejemplo, impedir el uso de informaciones que la autoridad nacional no habría podido solicitar por sí misma a las empresas al objeto de evitar un vaciamiento de derechos fundamentales.

La respuesta a este último interrogante debe ser, a nuestro entender, matizada. De una parte, parece claro que el derecho interno no podrá impedir de manera absoluta que se empleen como prueba informaciones que respeten los límites contenidos en el art. 12 del Reglamento; no obstante, es inevitable que el derecho interno rija las normas sobre prueba, admisibilidad de documentos, ponderación de los distintos elementos, etc. De la aplicación de estos criterios podrían resultar limitaciones en la admisión de pruebas adicionales a las contenidas en el Reglamento[27].

5. CONCLUSIONES Y PROPUESTAS

De lo expuesto en los apartados anteriores surgen algunas propuestas de mejora de la reglamentación vigente en materia de tratamiento confidencial, que procede enumerar seguidamente.

En primer lugar, y por lo que respecta al deber de secreto, consideramos necesario aclarar tanto el ámbito de aplicación subjetivo (esto es, aclarar si la norma impone obligaciones a los administrados) como el contenido de la obligación contenida en el art. 52 de la LDC, así como prever sanciones efectivas para el caso de incumplimiento de sus mandatos. En caso contrario será inevitable que se reclame una reducción en la extensión del acceso a los expedientes, vía que en absoluto proponemos.

En segundo lugar, y por lo que respecta a las informaciones no accesibles a terceros, consideramos necesaria una revisión de la jurisprudencia *Radio Fórmula*, a fin de evitar que los operadores se vean en el compromiso de rendir sus secretos comerciales para defenderse.

---

[27] Sobre estas cuestiones, me remito nuevamente a mi trabajo cit. en nota 19.

Asimismo estimamos apropiado mejorar o completar la regulación actual, previendo la expresa indicación de este derecho en los distintos trámites y regulando la forma y criterios a aplicar. Si bien, como se ha apuntado, la práctica administrativa y judicial parecen funcionar razonablemente bien, nos hallamos ante una cuestión demasiado importante para que permanezca huérfana de regulación. En este ejercicio, normas como las contenidas en las Instrucciones Prácticas a las Partes adoptadas por el Tribunal de Primera Instancia de las Comunidades Europeas en marzo de 2002 pueden ser de gran utilidad[28]. Sería también apropiado considerar la inclusión de normas de este tipo en nuestra normativa procesal, tanto contencioso-administrativa como jurisdiccional civil, especialmente ante las nuevas necesidades resultantes de la aplicación del Reglamento 1/2003 y el detenido análisis que se reclama de los mismos en la aplicación del apartado tercero del art. 81 del Tratado.

Por último, consideramos necesaria la regulación de los intercambios de información entre autoridades de defensa de la competencia a que se refiere el art. 12 del Reglamento 1/2003. Dicha reglamentación deberá prever la obligación de motivación de estos actos administrativos, así como el derecho de audiencia de los operadores afectados por los mismos.

---

[28] *DO,* núm. L 87, de 4 de abril de 2002, p. 48. *Vid.* especialmente la sección VIII de este documento.

FACULTADES DE INVESTIGACIÓN DE LA AUTORIDAD

Emiliano Garayar Gutiérrez
Abogado. Gómez-Acebo & Pombo Abogados, SCP

1. OBJETO

En el marco establecido por el programa elaborado para el Primer Seminario de Derecho y Economía de la Competencia de la Fundación Rafael del Pino, la presente ponencia tiene por objeto analizar las repercusiones sobre las facultades de investigación de las autoridades de competencia, de la reforma emprendida con la adopción del Reglamento 1/2003 (en adelante, Reglamento 1/2003 o "el Reglamento") [1]. Considerando, en particular, las potestades ostentadas en este materia por la Comisión Europea (en adelante, la Comisión) y el Servicio de Defensa de la Competencia (en adelante, SDC), se examinan a continuación: i) las disposiciones relevantes del Reglamento y de la Ley 16/1989, de 17 de julio, de Defensa de la Competencia (en adelante, LDC); ii) otros instrumentos jurídicos que coadyuvan a las tareas de investigación; iii) los límites a la actuación de las autoridades en cumplimiento del mandato legal y, finalmente; iv) el papel de la cooperación entre autoridades de competencia.

A título de introducción cabe reseñar que la modernización de la normativa comunitaria de competencia ha puesto de manifiesto la

---

[1] Reglamento (CE) núm. 1/2003 del Consejo, de 16 de diciembre de 2002, relativo a la aplicación de las normas sobre competencia previstas en los arts. 81 y 82 del Tratado. *DO,* núm. L 1, de 4 de enero de 2003, p. 1.

ampliación de los poderes de investigación de la Comisión, no únicamente de forma directa a través de las nuevas potestades contempladas por el Reglamento 1/2003, sino también, e indirectamente, al fomentar la "participación" de las empresas en las tareas de investigación con la reforma de la política de clemencia, así como la mayor intervención de las autoridades nacionales, incluidos los órganos judiciales, mediante el proceso de descentralización de la aplicación de los arts. 81 y 82 del Tratado CE. Con ello, la Comisión ve disminuido el nivel de asuntos sujetos a su competencia exclusiva, pudiendo focalizar sus prioridades en el análisis de las infracciones de la competencia más graves.

2. FACULTADES DE INVESTIGACIÓN DE LA AUTORIDAD

A) Las facultades de investigación de la Comisión y del Servicio de Defensa de la Competencia

a) *Requerimiento de información*

El Reglamento 1/2003 establece en su art. 18 la posibilidad de que la Comisión solicite cualquier información que resulte necesaria a empresas o asociaciones de empresas. Dichas solicitudes se realizarán mediante decisión o simple solicitud. Únicamente cuando la petición se haya realizado por medio de una decisión la Comisión podrá proceder a imponer sanciones económicas por incumplir la empresa afectada tal obligación [2].

De forma similar, de conformidad con el art. 32 de la LDC, el SDC podrá dirigir requerimientos de información a toda persona natural o jurídica, que quedará obligada a proporcionar los datos solicitados en un plazo de diez días, so pena de sanción económica [3].

---

[2] La Comisión podrá imponer, mediante decisión, multas coercitivas de hasta un 5 por 100 del volumen de negocios medio diario realizado durante el ejercicio social anterior por cada día de retraso. Asimismo, podrá imponer sanciones a las empresas de hasta un 1 por 100 del volumen de negocios total realizado durante el ejercicio social anterior cuando se aporte, negligente o deliberadamente, informaciones inexactas, incompletas o engañosas, o simplemente no se porte la información requerida en plazo.

[3] El incumplimiento de dicha obligación puede ser sancionado con multas coercitivas de 60,10 a 3.005,06 euros por día de retraso en el cumplimiento de aportación en plazo de los datos e informes requeridos. Del mismo modo, en un hipotético procedimiento sancionador el incumplimiento de esta obligación puede considerarse como circunstancia agravante, lo cual incidirá incrementando el importe de la sanción que en su caso se imponga.

b) *La inspección*

A diferencia de los poderes anteriormente expuestos, en el que el deber de colaboración se establece de una manera general y respecto de cualquier persona natural o jurídica para coadyuvar genéricamente al desempeño de las funciones propias de las autoridades de competencia, la normativa establece una serie de mecanismos en los supuestos de investigación de comportamientos determinados, mediante los que trata de conseguir datos concretos que evidencien la existencia de conductas prohibidas, y cuya obtención puede ser obstaculizada por los sujetos investigados. En este caso, al igual que en otros supuestos contemplados en los ordenamientos jurídicos nacionales (v. gr., inspección laboral o fiscal), se procede a otorgar los medios de ejecución que permitan evitar que se obstaculice el ejercicio de dicha labor, sin perjuicio de un ulterior control judicial. La aplicación de estos instrumentos se desarrollará en el marco de la realización de inspecciones [4].

Tanto el Reglamento como la LDC facultan expresamente a los funcionarios que hayan sido debidamente acreditados por la Comisión, en el primer caso, o por el Director del SDC, en el segundo, para que puedan, en el curso de las inspecciones, examinar y obtener copias o realizar extractos de los libros y demás documentación, incluso de carácter contable. Los funcionarios podrán ser asistidos por expertos y peritos en las materias sobre las que verse la investigación [5]. La LDC dispone, además, en su art. 33 que el SDC podrá, si procede, retener la documentación incautada por un plazo máximo de diez días [6].

Resulta destacable el distinto alcance de estas labores de inspección domiciliaria según sean conducidas por autoridades del SDC en el ámbito de sus competencias, o de la Comisión.

En primer término, por lo que se refiere a la *tramitación previa* necesaria para poder llevar a cabo tales inspecciones por parte de la Comisión (con excepción de la inspección en domicilio privado que requiere, como a continuación se analizará, una serie de trámites adicionales), el Reglamento 1/2003 establece que las empresas afectadas quedarán obligadas a someterse a la inspección si la misma ha sido ordenada mediante Decisión. No obstante, en caso de oposición a la

---

[4] Las labores de inspección pueden tener origen diverso. Pueden llevarse a cabo por las autoridades de competencia como resultado de la información obtenida a partir de los datos incluidos en una eventual denuncia o bien sobre la base de la información recabada durante la instrucción de otros expedientes, a partir de noticias publicadas en la prensa o a través de estudios de mercado. El inicio de la investigación podrá realizar en cualquier momento, resultando innecesaria la incoación de procedimiento alguno.

[5] Art. 33.3 LDC.

[6] Art. 33.2 LDC.

inspección, la Comisión, de conformidad con el art. 20.6 y 7 del Reglamento, deberá solicitarse[7] mandamiento judicial para proceder a su realización. Asimismo, se permite que la solicitud se realice con carácter preventivo. El órgano judicial nacional examinará la proporcionalidad de la decisión de la Comisión y podrá pedir explicaciones adicionales, sin que pueda poner en cuestión la necesidad de proceder a la inspección ni exigir la transmisión de elementos e indicios que figuren en el expediente de la Comisión y en los que se basan las sospechas de ésta.

En el caso español, el SDC puede proceder a inspeccionar un local[8] contando, bien con el consentimiento de los ocupantes que, tratándose normalmente de empresas o establecimientos comerciales, supone contar con la aprobación de la dirección responsable en ese momento del establecimiento físico donde se lleve a cabo la investigación[9], bien mediante mandamiento judicial.

La oposición a la inspección supone la total imposibilidad de realizarla en ese momento, como reiteradamente ha puesto de manifiesto el TDC y el Tribunal Constitucional[10]. Es necesario constatar, sin embargo, que pese a que el derecho a negar la entrada en los locales

[7] Siguiendo la jurisprudencia del Tribunal de Justicia de las Comunidades Europeas en la Sentencia de 22 de octubre de 2002, asunto C-94/00, y la Sentencia del Tribunal de Primera Instancia de 11 de diciembre de 2003, asunto T-65/99, dicha solicitud deberá contener:

— Una descripción de las características esenciales de la infracción objeto de sospecha, a saber, como mínimo, la indicación del supuesto mercado de referencia y de la naturaleza de las restricciones de competencia que infunden sospechas;

— Explicaciones acerca de la forma en que se presume que la empresa objeto de las medidas coercitivas está implicada en la referida infracción; explicaciones que pongan de manifiesto de manera detallada que la Comisión dispone de elementos e indicios materiales importantes que la llevan a sospechar que la empresa afectada ha incurrido en dicha infracción;

— Una indicación lo más precisa posible de qué es lo que se busca y de los elementos sobre los que debe versar la verificación, así como una indicación de las facultades conferidas a los investigadores comunitarios; y

— En el supuesto de que la asistencia de las autoridades nacionales sea solicitada por la Comisión con carácter preventivo, para vencer, en su caso, la oposición de la empresa de que se trata, explicaciones que permitan al referido órgano jurisdiccional nacional asegurarse de que, de no autorizarse con carácter preventivo las medidas coercitivas, la determinación de los hechos infractores estaría condenada al fracaso o resultaría considerablemente dificultada.

[8] Los requisitos y exigencias legales para llevar a cabo la inspección en este supuesto los concreta la propia LDC:

i) El funcionario deberá, en primer lugar, mostrar el oficio en el que conste su designación por el Director del Servicio de Defensa de la Competencia.

ii) Entregará copia de dicho oficio al sujeto responsable del local.

iii) Constancia en el mismo de los sujetos investigados, los datos, documentos y operaciones y la fecha, con indicación del alcance y objeto de la inspección.

[9] En este sentido, se considera suficiente dicha autorización sin necesidad de obtener permiso superior de la eventual sociedad matriz, ya que lo que se protege directamente es el local físico objeto de inspección, no la totalidad de la empresa.

[10] Tal y como observaba el TDC en su resolución en el asunto *Unión Española de Explosivos* (Resolución del TDC, de 4 de noviembre de 1996 (Expte. r 169/96), el legislador protege el derecho constitucional a la inviolabilidad del domicilio, al determinarse, en último término, la

se halla amparado en el texto de la LDC, en caso de que finalmente se verifique la infracción, tal obstrucción, que habrá sido recogida en el informe elaborado por el funcionario, puede ser considerada circunstancia agravante a la hora de graduar la sanción. La autorización judicial de entrada en el domicilio (la LDC señala la competencia del Juzgado de lo Contencioso-Administrativo) no tiene necesariamente que configurarse siempre como una opción subsidiaria a la previa oposición, pues la LDC señala expresamente que *«cuando haya existido oposición al acceso a los locales* o se corra el riesgo de tal oposición, el Director del Servicio solicitará autorización (...)». En consecuencia, previa justificación del riesgo de oposición por parte del sujeto inspeccionado, el SDC podrá solicitar previamente dicha autorización. Lo anterior resulta plenamente coherente, pues sin la posibilidad de acudir a la autorización judicial de manera previa a la inspección la oposición devendría en la mayoría de los casos en una frustración total de los intereses de la autoridad, al perderse el elemento "sorpresa".

La solicitud de autorización judicial ha de ser realizada, en todo caso, directamente por el Director del SDC. El juez deberá resolver en el plazo de cuarenta y ocho horas.

La vocación de protección del sujeto investigado en este tipo de actuaciones queda acreditada, asimismo, a través de la exigencia de que todas las entradas que se realicen en los locales de las empresas queden constatadas a través del levantamiento de un acta firmada por el funcionario autorizado y por uno de sus ocupantes, a la que se adjuntará, en su caso, la relación de documentos retenidos temporalmente [11]. Como en toda acta, caso de discrepancia, deben admitirse las observaciones realizadas por los interesados.

En segundo lugar, es necesario señalar que la facultad de inspección reconocida por la LDC se encuentra limitada a los "locales", es decir, exclusivamente a las áreas en las que las empresas investigadas desarrollan su actividad. El mencionado art. 34 de la LDC se encarga de establecer las condiciones y requisitos de tal acceso, sobre el que recae toda la doctrina de nuestro Tribunal Constitucional [12], en particular, aquella referente a la inviolabilidad del domicilio, por lo que la preparación, autorización y desarrollo de dicha inspección se encuentra sujeta a rígidos mecanismos que permiten el control de su legalidad.

imposibilidad de proseguir la labor investigadora de la autoridad de competencia en caso de oposición y sin contar con un previo mandamiento judicial.

[11] Art. 34.4 LDC.

[12] Naturalmente, todos los principios propios del Derecho sancionador son aquí del todo aplicables, proporcionalidad, legalidad previa, etc.

Si bien la expresión "locales" debe entenderse en sentido amplio [13], su configuración como facultad limitada de inspección ha sido superada por la nueva normativa comunitaria, al disponer el art. 21 del Reglamento 1/2003 que la Comisión puede inspeccionar incluso los domicilios particulares de empleados de las empresas. Esta prerrogativa requerirá, sin embargo: i) la adopción de una decisión por parte de la Comisión, previa consulta con la autoridad nacional de competencia en cuyo territorio vaya a realizarse la inspección, y ii) obtención de un mandamiento judicial de un juez del Estado miembro afectado. Esta facultad de inspección, que supone una novedad de gran importancia introducida por el nuevo Reglamento, faculta a proceder a la inspección de los domicilios privados para aquellos casos en los que exista sospecha razonable de que en ellos se hallan libros u otra documentación relacionada con la empresa y con el objeto de la inspección que puedan servir para demostrar una infracción grave del art. 81 o del art. 82 del Tratado CE [14].

Los datos e informaciones obtenidos sólo podrán ser utilizados para las finalidades previstas. En todo caso, los documentos que estén en relación precisa y directa con el objeto investigado deben entenderse comprendidos si existe definición amplia del objeto investigado (el alcance de la investigación suele recogerse de la forma más amplia posible a fin de evitar situaciones en las que determinados documentos no puedan retenerse en virtud de la definición recogida en el oficio). Si tales documentos fueran de importancia, pero se refiriesen a otros aspectos para los que no se ha autorizado el acceso, entendemos que deben ser objeto de solicitud diferenciada, si bien en el acta que deberá levantarse, como posteriormente veremos, podrían hacerse constar fehacientemente a fin de que no puedan ser posteriormente destruidos o manipulados [15].

Por último, conviene también señalar que el Reglamento recoge expresamente la posibilidad de solicitar *explicaciones a cualquier representante* o personal de la empresa afectada relativas, no únicamente

[13] Téngase en cuenta la interpretación de las facultades del SDC para inspeccionar que el TDC ha establecido recientemente en el asunto *DIASA* (Resolución del TDC, de 18 de junio de 2003, Expediente 541/2002) que una empresa no puede eludir la ejecución de una investigación sobre la base de que ésta no se lleva a cabo en sus locales, cuando las labores de inspección se desarrollan en establecimientos conectados con dicha empresa y lo que se está investigando son las relaciones comerciales de ésta con aquéllos, dado que, de lo contrario, se estaría prácticamente reduciendo la facultad de inspección a la obtención de la información necesaria.

[14] Art. 21 Reglamento 1/2003. En tal caso, la decisión, que sólo podrá ser adoptada previa consulta de la autoridad de la competencia del Estado miembro en cuyo territorio se lleve a cabo la inspección, habrá de precisar el objeto y la finalidad de ésta, con indicación de la fecha de su comienzo y habrá de informar sobre el derecho de recurso contra la decisión ante el TJCE.

[15] José Eugenio Soriano García, *Derecho Público de la Competencia,* Madrid, Marcial Pons, 1999.

a la documentación incautada, sino también al objeto y la finalidad de la inspección [16].

B) Límites a las facultades de investigación

Si bien ya se ha hecho mención de las posibles limitaciones que, bajo la forma de obtención preceptiva de mandamiento judicial, pueden concurrir en el momento de la realización de una inspección, es necesario destacar que las tareas de investigación de las autoridades de competencia vendrán asimismo limitadas por la aplicación de dos principios que encuentran su base en los derechos de defensa cuya titularidad ostentan las empresas en el marco de una investigación, a saber, la confidencialidad de la correspondencia abogado-cliente y el principio de no autoinculpación.

a) *Privilegio de confidencialidad*

El Tribunal de Justicia de las Comunidades Europeas (en adelante, TJCE) estableció en el caso *AM & S* [17] que, si bien la práctica habitual de la Comisión durante la realización de inspecciones apuntaba a un acceso completo a todos los documentos, decidiéndose con posterioridad sobre su naturaleza, debía consagrarse la confidencialidad de las comunicaciones abogado-cliente como un principio de Derecho comunitario. Así, era necesario establecer una clara diferenciación entre documentos propios de la actividad empresarial, sobre los que pesa la obligación de informar a la autoridad de competencia cuando ésta así lo demande, y aquellos que se generen con ocasión de un asesoramiento jurídico y que vayan dirigidos exclusivamente a fundamentar la defensa de los intereses de una empresa, que quedan cubiertos por el privilegio de confidencialidad cuando se cumplan los siguientes presupuestos:

a) Que el asesoramiento sea prestado por abogados externos, esto es, no ligados con la empresa que esté siendo objeto de la inspección por una relación laboral.

---

[16] Art. 20.2.*e)* Reglamento 1/2003. El Reglamento 1/2003 faculta a la Comisión para imponer sanciones de hasta un 1 por 100 del volumen de negocios total realizado durante el ejercicio social anterior cuando durante las inspecciones se presenten documentos incompletos, o en el caso de preguntas realizadas a los representantes o empleados si éstos se niegan a responder o las mismas sean falsas o inexactas y no se rectifique posteriormente en plazo.

[17] Sentencia del TJCE (155/79), *AM and S Europe Limited* v. *Comisión*, de 18 de mayo de 1982. En idéntico sentido, auto del TPI (T-30/89), *Hilti AG* v. *Comisión*, de 4 de abril de 1990.

b) Que se trate de correspondencia intercambiada en el marco y con los fines del derecho de defensa de la empresa en cuestión. Esto supone que el privilegio afecta a todo documento intercambiado entre el abogado independiente y su cliente en el citado marco, sea aquél de fecha posterior al inicio del procedimiento por parte de la autoridad de competencia, como de fecha anterior a éste, siempre que, en este último caso, tenga un vínculo de conexión con el procedimiento en cuestión.

c) Que la empresa presente pruebas que demuestren que la documentación está protegida por el beneficio de la confidencialidad [18].

A mayor abundamiento, conviene hacer referencia al Auto del Presidente del Tribunal de Primera Instancia de las Comunidades Europeas (en adelante, TPI) en el asunto *Akzo Nobel Chemicals* [19], en el marco del cual se ha estimado la solicitud de medidas provisionales tendentes a suspender la ejecución de una decisión de la Comisión que declaraba el carácter no confidencial de determinados documentos incautados en el curso de una inspección. El interés principal en este asunto, pendiente de resolución sobre el fondo, reside en que ciertos de los documentos sobre los que se solicita la confidencialidad forman parte de la correspondencia entre el Director General de Akcros Chemicals y un miembro del servicio jurídico de Akzo Nobel que en opinión de las partes se encuentra *«sujeto a obligaciones deontológicas de independencia y de respeto de las normas de la abogacía similares a las de un abogado externo»* normas que *«prevalecen sobre su deber de lealtad con respecto a su empresario»* [20]. No obstante lo anterior, la Comisión ha recurrido el mencionado Auto ante el TJCE que ha decidido estimar el recurso [21] y declarar la ausencia del elemento de urgencia, imprescindible a la hora de acordar medidas provisionales. Tras el compromiso de la Comisión de no conceder acceso a terceros respecto de la documentación afectada, el tribunal ha recordado asimismo el principio según el cual la documentación protegida por el privilegio de confidencialidad regula las relaciones abogado-cliente [22].

---

[18] En idéntico sentido, Resolución del TDC, de 22 de julio de 2002, Expte. r 508/02.

[19] Auto del Presidente del TPI, de 30 de octubre de 2003, *Akzo Nobel Chemicals Ltd. y Akcros Chemicals Ltd.* v. *Comisión.* Asuntos acumulados T-125/03 R y T-253/03 R.

[20] *Ibid.* Considerando 80.

[21] Auto del Presidente del TJCE, de 27 de septiembre de 2004, *Akzo Nobel Chemicals Ltd. y Akcros Chemicals Ltd.* v. *Comisión,* asunto C-7/04 P(R).

[22] Para un amplio análisis del privilegio de confidencialidad, *vid.* E. Gippini Fournier, *Legal professional privilege in Competition Proceedings before the European Commission: Beyond the cursory glance,* Fordham Corporate Law Institute, octubre de 2004.

a) *Principio de no autoinculpación*

El tratamiento del principio de no autoinculpación [23] por parte de la jurisdicción comunitaria en asuntos relativos a los límites de las facultades de investigación de la Comisión en aplicación de la normativa de competencia ha evolucionado siguiendo la jurisprudencia del Tribunal Europeo de Derechos Humanos (en adelante, TEDH) en aplicación del art. 6 del Convenio Europeo para la Protección de los Derechos Humanos y de las Libertades Fundamentales (en adelante, CEDH). Así, en un primer momento, el TJCE declaraba en el asunto *Orkem* [24] que, si bien las partes en un procedimiento de aplicación de la normativa de competencia podían invocar la aplicación del art. 6 de la CEDH, ningún pronunciamiento del TEDH había indicado, hasta ese momento, que dicha disposición comprendía el principio de no autoinculpación. No obstante, el tribunal estimó que la Comisión no estaba facultada, sobre la base de la normativa de aplicación de los arts. 81 y 82 del Tratado CE, para requerir de las empresas la respuesta a preguntas relativas a los objetivos de las prácticas examinadas cuando esto supusiera admitir la comisión de prácticas restrictivas de la competencia.

Posteriormente, el TEDH ha reconocido que la no autoinculpación forma parte de los principios contemplados por el art. 6 del CEDH [25], y, en consecuencia, su preceptivo respeto, que excluye la validez probatoria de la información obtenida de personas físicas mediante requerimiento forzoso en el marco de una investigación no judicial, incluyendo las respuestas a cuestiones puramente fácticas. Si bien el TJCE [26] ha estimado que los tribunales comunitarios deberían tomar en consideración la jurisprudencia del TEDH, no se ha pronunciado sobre la posibilidad de enmendar en ese sentido las conclusiones adoptadas en el asunto *Orkem.*

Cabría preguntarse en este punto si el hecho de que la mencionada jurisprudencia del TEDH afectara a procedimientos en los que las actuaciones analizadas tenían como consecuencia sanciones penales, podría suponer la no aplicación de dichos principios al control de las prácticas anticompetitivas, puesto que las sanciones en juego tienen

---

[23] W. Wils, «Self-incrimination in EC Antitrust Enforcement: a legal and economic analysis», *World Competition,* vol. 26, núm. 4, 2003, pp. 567-588.

[24] Sentencia del TJCE, de 18 de octubre de 1989, *Orkem* v. *Comisión,* asunto 374/87.

[25] Entre otras, Sentencia del TEDH de 25 de febrero de 1993, *Funke* v. *Francia.* Serie A, núm. 256-A; Sentencia del TEDH de 8 de octubre de 2002, *Beckles* v. *Reino Unido,* núm. 44652/98.

[26] Sentencia del TJCE, de 15 de octubre de 2002, *Limburgse Vinyl Maatschappij y otros* v. *Comisión,* asuntos acumulados C-238/99 P, C-245/99 P, C-247/99 P, C-250/99 P a C-252/99 P y C-254/99 P.

carácter pecuniario. En cualquier caso, parece más evidente que la jurisprudencia del TEDH sería de aplicación respecto de las potestades de investigación de las autoridades nacionales de competencia cuyas legislaciones en la materia prevean la imposición de sanciones penales.

C) Otros instrumentos al servicio de las facultades de investigación

Tal y como ya ha sido mencionado *supra*, sección I, tras las últimas modificaciones sufridas por la normativa comunitaria de competencia, las facultades de investigación de las autoridades de competencia se han visto ampliadas no únicamente por la introducción de nuevas potestades en el Reglamento 1/2003, sino también por la intervención de ciertos instrumentos: la política de clemencia y el denominado *private enforcement*. En el primer caso, la reforma emprendida en 2002 de las directrices de la Comisión en materia de clemencia han venido a fomentar la colaboración con la Comisión a través del mecanismo de la inmunidad. En segundo lugar, la abolición del régimen de notificación a la Comisión junto con la facultad de las autoridades nacionales, incluidos los tribunales, para aplicar los arts. 81 y 82 del Tratado CE en su totalidad favorecerá la resolución de conflictos en materia de competencia en sede de jurisdicción ordinaria.

a) *Política de clemencia*

Es opinión casi unánime de la doctrina jurídica y económica internacional que las políticas de clemencia constituyen uno de los pilares básicos en los que se han apoyado las labores de investigación de las autoridades de competencia en la lucha contra las infracciones más graves del Derecho de la competencia, esto es, los cárteles.

Si bien nuestro ordenamiento jurídico no contempla esta figura, a partir de la década de los noventa la Comisión ha contado con este instrumento para luchar contra estas conductas anticompetitivas, el cual ha dado importantes resultados y ayudado a detectar y sancionar numerosas conductas que, de otro modo, hubiesen sido de imposible o muy difícil constatación por parte de las autoridades de competencia.

En efecto, como resulta manifiesto, la principal dificultad que se presenta en la lucha contra los cárteles reside en penetrar en el pacto de silencio que rodea a esta clase de acuerdos. En la actualidad, las empresas rivales que deciden fijar concretamente sus políticas comerciales son plenamente conscientes de que su conducta se encuentra tipificada por las normas sobre competencia y de que se exponen a elevadas sanciones que pueden llegar a comprometer la viabilidad de la empresa.

La experiencia comunitaria ha demostrado que la adopción de una adecuada política de clemencia constituye un elemento eficaz para detectar acuerdos entre empresas que restringen la competencia en el mercado, erigiéndose como uno de los instrumentos más útiles a la hora de investigar estas conductas.

Como sostiene la doctrina, el éxito de una política de clemencia reside principalmente en tres factores[27]: i) la gravedad de las sanciones previstas, pues en caso contrario las empresas preferirán arriesgarse a mantener el acuerdo en secreto; ii) la percepción por las empresas de la existencia de un riesgo real de ser investigadas y sancionadas, y iii) el propio diseño de la política de clemencia adoptada (transparencia, flexibilidad, etc.).

Bajo este esquema, el diseño de la política de clemencia comunitaria configurado tras la publicación de la comunicación de la Comisión de 2002[28] hace suyos dichos factores de éxito, procediendo a estructurar este instrumento bajo dos formas distintas de aplicación. Por una parte, existe un ámbito de inmunidad total (para lo cual el criterio temporal es decisivo) y, por otra, un ámbito que se circunscribe a la reducción de multas, sin llegar a conceder inmunidad total. En este último ámbito los grados de clemencia que pueden recibir los participantes en un cártel se ordenan jerárquicamente en función de un criterio de prioridad temporal (cuando una empresa obtiene un determinado nivel de clemencia, la siguiente en acogerse a la política de clemencia sólo puede obtener un grado inferior).

El juego de la actual política de clemencia, sin perjuicio del éxito en la consecución de su finalidad principal —la obtención de información sobre conductas de las que la Comisión no tenía noticia o que conocedora de la conducta no contaba con pruebas suficientes—, ha determinado de manera decisiva la forma de proceder a realizar adicionales actuaciones de investigación en la instrucción de los casos. Así, durante la vigencia de la comunicación de la Comisión de 2002 sobre la política de clemencia la mayoría de las peticiones de clemencia se han producido con anterioridad al inicio de cualquier investigación por las autoridades. Este hecho ha ocasionado que las facultades de inspección de las autoridades se realicen casi exclusivamente con la finalidad de verificar y ratificar los hechos de los que la Comisión ya

---

[27] F. García Cachafeiro, «Hacia una política de clemencia en el Derecho de la competencia español», *GJ,* núm. 227, septiembre-octubre de 2003.

[28] Comunicación relativa a la dispensa del pago de las multas y la reducción de su importe en casos de cártel, *DOCE,* núm. C 45/3, de 19 de febrero.

tenía conocimiento, e incluso pruebas de cargo suficientes, razón por la cual las facultades inspectoras han ido encaminadas, en estos casos, a una simple comprobación de la veracidad de los hechos ya conocidos por la Comisión.

Los programas de clemencia constituyen así una herramienta para hacer frente a la imposibilidad de probar y sancionar estas conductas, dado que, por una parte, animan a las empresas a confesar su participación en prácticas desconocidas por las autoridades de competencia y, por otra, facilitan a las autoridades las pruebas de estas conductas que de otro modo resultarían imposibles o muy difíciles de conseguir.

b) *Private enforcement. Competencia de los órganos jurisdiccionales nacionales*

Resulta también conveniente mencionar la competencia que bajo el nuevo Reglamento 1/2003 tienen los órganos jurisdiccionales nacionales para aplicar los arts. 81 u 82 del Tratado CE. En este sentido, los medios y facultades de investigación de los órganos jurisdiccionales deben sumarse a los propios de las Autoridades de Competencia. Además, el art. 15 del Reglamento 1/2003 configura un amplio ámbito de cooperación entre ambas autoridades, pudiendo incluso la Comisión solicitar la remisión de documentos necesarios que se encuentren a disposición del órgano judicial en cuestión para realizar valoraciones sobre el asunto.

No obstante, cabe matizar en cierta medida la afirmación anterior, pues en sede jurisdiccional el carácter rogado del procedimiento hace que los medios de prueba que se utilicen para la constatación de los hechos, que en su caso infrinjan el contenido de los arts. 81 u 82 del Tratado CE, sean aportados en su mayor parte por las partes interesadas, siendo el ámbito "inspector" del órgano jurisdiccional, en consecuencia, reducido.

3. COOPERACIÓN EN EL MARCO DE LA INVESTIGACIÓN DE LAS CONDUCTAS RESTRICTIVAS DE LA COMPETENCIA

En el marco económico actual, caracterizado por la existencia de mercados globales en los que los operadores interactúan con independencia de los teóricos límites configurados por las fronteras territoriales, las autoridades encargadas de la implementación de la normativa de competencia se enfrentan, cada vez con mayor frecuencia, a prácticas restrictivas efectuadas en el ámbito internacional. A mayor abundamiento, en el ámbito europeo, un factor adicional específicamente comunitario viene a favorecer la realización de concertaciones entre empresas de distintos Estados miembros susceptibles de infringir la normativa de competencia, a saber, la creación, a través de la armonización de legislaciones, de un mercado interior.

En este contexto, la colaboración entre las autoridades de competencia en la investigación de las conductas restrictivas, bien a través de instrumentos de naturaleza reglamentaria o convencional, así como de foros internacionales de discusión, se constituye en mecanismo ineludible con vistas a fiscalizar de forma efectiva dichos comportamientos, superando para ello ciertos obstáculos derivados de las diferencias procedimentales vigentes, de las discordancias en las prioridades de acción establecidas por cada autoridad[29] o, incluso, de las deficiencias en los recursos de investigación disponibles. A continuación se analizan los principales escenarios de cooperación en los que participan las autoridades de competencia de los Estados miembros de la UE y la Comisión, considerando en particular su incidencia en las tareas de investigación de las autoridades. Por último, se examinará el caso particular de la cooperación en materia de defensa de la competencia entre las Comunidades Autónomas y la Administración Central.

A) European Competition Network

Como resultado de la descentralización en la aplicación de los arts. 81 y 82 del Tratado CE prevista por el Reglamento 1/2003, se ha procedido a la creación de la Red de Autoridades de Competencia (*European Competition Network*, en adelante, ECN), en cuyo seno se establece un sistema de reparto de competencias[30] entre la Comisión y las autoridades nacionales de competencia con vistas a una aplicación coherente por parte de las agencias nacionales de las mencionadas dis-

---

[29] En este sentido, M. Monti, *International Antitrust- A personal perspective,* Fordham Corporate Law Institute, New York, 7 de octubre de 2004. «*First of all, we should ensure that the main priorities in international cooperation correspond to our main priorities in domestic enforcement. At the Commission, our enforcement priorities focus on the most serious obstacles to competition: cartels and government restraints of competition and I believe that international cooperation among antitrust agencies should, more and more focus on these issues too*».

[30] De conformidad con el párrafo 8 de la comunicación de Comisión sobre la cooperación en la ECN, por lo que respecta al sistema de reparto de competencias, se considerará, en general, que una determinada autoridad de competencia se halla en disposición de tramitar un asunto cuando se den todos y cada uno de los siguientes elementos:

a) El acuerdo o práctica produce efectos reales o previsibles, directos y sustanciales, sobre la competencia en su territorio o se ejecuta en o procede de dicho territorio.

b) La autoridad está en condiciones de poner efectivamente fin a toda la infracción, esto es, puede ordenar el cese de ésta y puede proceder a sancionarla.

c) La autoridad puede reunir, posiblemente con la ayuda de otras autoridades, las pruebas requeridas para probar la infracción.

posiciones. En este sentido, la comunicación sobre la cooperación en la ECN[31], publicada por la Comisión en 2004, contribuye al esclarecimiento de los puntos esenciales que configuran los pilares de la colaboración entre las autoridades de competencia.

En atención, en primer término, a las *facultades de investigación* que ostentan las autoridades de competencia, la estrecha colaboración entre las distintas agencias introducida por el Reglamento queda manifestada por el hecho de que, en el marco de una inspección iniciada a instancias de la Comisión, los agentes de la autoridad de competencia del Estado miembro en cuyo territorio deba efectuarse la inspección deban prestar activamente asistencia a los agentes y demás personas acreditadas al efecto, cuando así lo soliciten la citada autoridad o la Comisión[32]. En este caso, los agentes de la autoridad nacional de competencia gozarán del amplio abanico de poderes de inspección con que cuentan los funcionarios comunitarios, ampliado con ocasión de la adopción del Reglamento 1/2003. Téngase en cuenta que, concurriendo esta situación, los funcionarios del Servicio de Defensa de la Competencia podrán: i) solicitar información de cualquier representante o miembro del personal de las empresas investigadas no limitada a la documentación incautada[33], y ii) inspeccionar, mediando decisión de la Comisión, otros locales, terrenos o medios de transporte, incluido el domicilio particular de los empresarios, administradores y otros miembros del personal de las empresas o asociaciones de empresas afectadas, previa obtención de un mandamiento judicial. Tal y como ha sido mencionado *supra*, sección II, estas prerrogativas no están previstas en la LDC.

Cuando la investigación haya sido iniciada por la autoridad nacional de competencia, al amparo de su Derecho nacional, y con el fin de demostrar la existencia de una infracción del art. 81 u 82 del Tratado CE —lo que podrá hacer incluso en nombre y por cuenta de la autoridad de competencia de otro Estado miembro[34]—, aquélla podrá proceder, a instancias de la Comisión, a realizar las inspecciones que la institución comunitaria juzgue oportunas. En este caso, sin embargo, los agentes de la autoridad nacional de competencia y las demás personas autorizadas al efecto ejercerán sus poderes conforme a lo estipulado en su Derecho nacional[35].

---

[31] Comunicación de la Comisión sobre la cooperación en la Red de Autoridades de Competencia (2004/C 101/03).

[32] Art. 20.5 Reglamento 1/2003.

[33] Aunque, de conformidad con el art. 20.2.*e)* del Reglamento 1/2003, deberán respetarse el objeto y la finalidad de la inspección.

[34] Art. 22.1 Reglamento 1/2003.

[35] Art. 22.2 Reglamento 1/2003.

Asimismo, resulta especialmente destacable el mecanismo creado por el Reglamento para el *intercambio recíproco de información*. Así, en su art. 11.3 se establece la obligación de que las autoridades nacionales de competencia informen a la Comisión, cuando actúen en virtud de los arts. 81 u 82 del Tratado CE, antes de realizar las primeras diligencias formales de investigación o inmediatamente después de iniciadas dichas diligencias. Asimismo, se contempla la posibilidad, también formulada en la declaración común del Consejo y de la Comisión sobre el funcionamiento de la Red de Autoridades de Competencia[36], de que tal información se facilite igualmente al resto de autoridades nacionales de competencia. La Comisión, por su parte, debe transmitir a las autoridades de competencia de los Estados miembros copia de los documentos más importantes que haya recopilado en el curso de la investigación de las prácticas restrictivas de que se trate[37].

En los casos en que un procedimiento quede archivado o suspendido por parte de una determinada autoridad de competencia debido a que el asunto ya esté siendo tratado por otra, la primera podrá transferir a esta última la información que le había sido facilitada por el denunciante, siempre que lo haga con arreglo a lo dispuesto en el art. 12 del Reglamento, que faculta a las distintas autoridades para que recíprocamente se transmitan la información, incluso confidencial, que pueda ser utilizada como elemento de prueba. Ahora bien, el citado precepto establece que la información intercambiada sólo podrá ser utilizada como medio de prueba a efectos de la aplicación de los arts. 81 u 82 del Tratado CE y respetando la finalidad para la cual fue recopilada por la autoridad remitente, con la importante salvedad de que, cuando la aplicación paralela del Derecho nacional de la competencia y del Derecho de la competencia comunitario sea posible, sin que por ello difiera el resultado final, la información intercambiada podrá también ser utilizada para la aplicación del Derecho nacional de la competencia. Asimismo, el precepto que venimos analizando limita la posibilidad de que la información intercambiada se utilice como medio de prueba para la imposición de sanciones a las personas físicas a los siguientes casos:

a) Cuando la legislación de la autoridad remitente prevea dicho tipo de sanciones en relación con las infracciones de los arts. 81 u 82 del Tratado, o, si no es ése el caso,

b) Cuando la información se haya obtenido respetando el mismo nivel de protección de los derechos de defensa de las personas físicas que el que establecen las normas nacionales de la autoridad receptora. Sin embargo, en este caso, la información intercambiada no podrá ser

---

[36] Documento núm. 15435/02 ADD 1.

[37] Art. 11.2 Reglamento 1/2003.

utilizada por la autoridad receptora para imponer penas privativas de la libertad.

Además de las salvaguardias que para las empresas y los particulares ofrece el art. 12 que venimos de analizar, es necesario recordar tanto el privilegio de la confidencialidad concedido por el Reglamento a aquella información amparada por el secreto profesional[38], como el privilegio de la no auto-incriminación reconocido por la jurisprudencia comunitaria, y del Tribunal Europeo de Derechos Humanos.

La legalidad de los procedimientos a través de los cuales ha sido recabada la información objeto del intercambio se regirá por la legislación aplicable a la autoridad que la obtuvo, la cual deberá comunicar a la autoridad receptora si la recopilación de la información ha sido o puede aún ser impugnada[39].

B) Cooperación internacional

La colaboración de las agencias encargadas de la aplicación de la normativa de competencia a nivel internacional se ha llevado a cabo mediante acuerdos bilaterales, así como a través de la participación en el seno de organizaciones internacionales, y en foros de discusión organizados a estos efectos. En materia de cooperación en materia de facultades de investigación de las autoridades, resultan de especial interés: i) los convenios concluidos entre la Unión Europea y los Estados Unidos, y ii) la actividad realizada en el marco del *International Competition Network* (en adelante, ICN)[40].

a) *Acuerdos Unión Europea-Estados Unidos*

La Unión Europea ha concluido dos acuerdos de colaboración con Estados Unidos relativos a la aplicación del Derecho de la competencia. El primero, de fecha 23 de septiembre de 1991, establecía un proce-

[38] Así, su art. 28 establece que tanto la Comisión como las autoridades nacionales de competencia vendrán obligadas a no divulgar la información que hayan recopilado o intercambiado en aplicación del Reglamento y que, por su naturaleza, esté amparada por el secreto profesional. Ahora bien, la protección de que gozan las empresas en este sentido en modo alguno puede ir en perjuicio de la divulgación de la información que resulte necesaria para la constatación de una infracción de los arts. 81 y 82 del Tratado CE.

[39] Párrafo 27 de la Comunicación de la Comisión sobre la cooperación en la Red de Autoridades de Competencia.

[40] Señalar que la Unión Europea participa en foros organizados, en materia de aplicación de la normativa de competencia, en el seno de la OCDE, la Conferencia de Naciones Unidas sobre Comercio y Desarrollo (UNCTAD) y en la Organización Mundial de Comercio. Asimismo se han concluido multitud de convenios bilaterales en la materia. Véase a este respecto:
http://www.europa.eu.int/comm/competition/international/bilateral/bilateral.html.

dimiento denominado *positive comity*, por el que una de las partes puede requerir de la otra la realización de, entre otras, tareas de investigación, frente a la supuesta ejecución en su territorio de conductas anticompetitivas que afecten, no obstante, los intereses de la primera. El acuerdo de 4 de junio de 1998 viene a clarificar los mecanismos de aplicación del procedimiento *positive comity*, contemplando asimismo la posibilidad de adoptar, sin perjuicio de la conformidad con la legislación de la parte requerida de las conductas examinadas, medidas correctivas contra prácticas restrictivas de la competencia, de conformidad con la normativa de la autoridad que requiere la cooperación.

Si bien en el ámbito de las actividades de investigación, las autoridades de competencia de la Unión Europea y de Estados Unidos han respetado sus directrices y prioridades en materia de control de prácticas restrictivas, colaborando así de forma estrecha en la realización de inspecciones [41], la Comisión ha sufrido reticencias de ciertos tribunales norteamericanos a la hora de mantener, durante la instrucción de los procedimientos de aplicación del art. 81 del Tratado CE, la confidencialidad de documentación proporcionada a la Institución comunitaria por las empresas en el marco de la comunicación sobre clemencia. En efecto, la Comisión alegó sin éxito el denominado *investigative privilege* ante el Tribunal de Primera Instancia del distrito de Columbia, que había ordenado a una de las partes en un procedimiento en materia de prácticas anticompetitivas la presentación de un documento previamente entregado por otras compañías a la Comisión. El tribunal estimó que dicho privilegio podía ser invocado únicamente respecto a documentos que se encontraran en posesión exclusivamente de la autoridad y no en manos de terceros [42].

b) *International Competition Network (ICN)*

Foro de discusión creado en 2001 [43], reúne entre sus miembros a autoridades de competencia de más de 75 países. Las actividades en el seno de ICN se desarrollan a partir de la discusión, en el marco

---

[41] De particular relevancia resultan las investigaciones conjuntas llevadas a cabo en materia de cárteles internacionales, en asuntos como el cártel de vitaminas o el relativo a los electrodos de grafito. Véase a este respecto, comunicados de prensa de la Comisión:
http://europa.eu.int/rapid/pressReleasesAction.do?reference=IP/01/1625&format=HTML&aged=0&language=ES&guiLanguage=en y
http://europa.eu.int/rapid/pressReleasesAction.do?reference=IP/01/1625&format=HTML&aged=0&language=ES&guiLanguage=en.

[42] Order re Bioporducts Rule 53 Objection, In re Vitamins Antitrust Litig, MDL No. 1285, at. 13 (D.D.C. Dec, 18, 2002). *Vid.*, en este sentido, J. Curtin, D. Savrin y B. Bigelow, *Collateral Consequences of Expanded European Antitrust Investigative Authority for Defendants in US Proceedings*, New York, Fordham Corporate Law Institute, octubre de 2004.

[43] *Vid.* www.internationalcompetitionnetwork.org.

de conferencias celebradas anualmente, sobre proyectos elaborados por grupos de trabajo interdisciplinares a los que se encomienda el análisis de problemáticas concretas en materia de aplicación de la normativa de competencia y la elaboración de recomendaciones no vinculantes al respecto.

Cabe destacar la creación, en el marco de la Conferencia de Seúl celebrada en 2004, de un grupo de trabajo dedicado al fomento de la cooperación entre autoridades de competencia en el ámbito de la investigación de las prácticas restrictivas y, en particular, de los cárteles internacionales [44].

C) Cooperación intraestatal, el caso de las Comunidades Autónomas

Por virtud de la Ley 1/2002, de coordinación de competencias del Estado y las Comunidades Autónomas en materia de defensa de la competencia [45], se establece el marco para la aplicación por la Administración del Estado y por aquellas Comunidades Autónomas cuyos Estatutos de Autonomía prevén competencias ejecutivas en la materia [46], de las disposiciones establecidas en la LDC.

De conformidad con el art. 5.2 de la Ley 1/2002, las Comunidades Autónomas y el SDC se transmitirán, entre otras, todas las informaciones relativas a las conductas detectadas de oficio respecto de las cuales existan indicios racionales de infracción, con indicación de las partes, del ámbito al que se extienden y de los motivos que justifican la incoación de un eventual expediente. El intercambio de información entre autoridades tiene como objetivo la aplicación uniforme de las disposiciones de la LDC. En ausencia de parámetros más concretos, será necesario esperar la aplicación efectiva por parte de los órganos competentes en las Comunidades Autónomas y del SDC de estas disposiciones con vistas a delimitar su alcance.

[44] Las pautas del grupo de trabajo cárteles pueden consultarse en http://www.internationalcompetitionnetwork.org/cartels.html.

[45] Ley 1/2002, de 21 de febrero, de coordinación de las competencias del Estado y las Comunidades Autónomas en materia de defensa de la competencia. *BOE,* núm. 46, de 22 de febrero de 2002. Para un análisis en mayor profundidad de esta disposición, *vid.* J. Soriano García, «Comentario de urgencia a la Ley 1/2002», *Gaceta Jurídica de la Unión Europea y de la Competencia,* núm. 218, 2002, p. 17, y R. Amils Arnal, «Los nuevos tribunales autonómicos de defensa de la competencia», *Gaceta Jurídica de la Unión Europea y de la Competencia,* núm. 224, 2003, p. 64.

[46] Las competencias ejecutivas en material de comercio interior (definido por el Tribunal Constitucional en su Sentencia de 11 de noviembre de 1999, núm. 208/1999 como ámbito de acción que incluye la defensa de la competencia) han sido atribuidas por los Estatutos de Autonomía de Cataluña, País Vasco, Galicia, Andalucía, Comunidad Valenciana, Canarias, Aragón, Castilla-La Mancha, Madrid, Cantabria, Murcia, Asturias, La Rioja, Baleares, Castilla y León y Navarra.

LA TIPICIDAD DE LA INFRACCIÓN Y LA CUANTÍA DE LAS MULTAS

Sabiniano MEDRANO IRAZOLA
Ernst & Young Abogados

1. SOMETIMIENTO DE LA POTESTAD SANCIONADORA ADMINISTRATIVA AL PRINCIPIO DE LEGALIDAD. SU CONFIGURACIÓN COMO DERECHO CONSTITUCIONAL

El principio de legalidad de las infracciones y sanciones administrativas lo establece en nuestro Derecho el art. 25.1 de la Constitución, con plena equiparación en esto a los delitos y sus penas: «Nadie puede ser (...) sancionado por acciones y omisiones que en el momento de producirse no constituyan (...) infracción administrativa, según la legislación vigente en aquel momento». Debe repararse además que la aplicación del genérico principio de legalidad (arts. 9.3 y 103.1) a la materia sancionadora se reviste del carácter de *derecho fundamental* de todo ciudadano, con el máximo rango de protección jurídica (art. 53.1), de modo que la imposición de una sanción sin obedecer las exigencias que comporta aquel principio no es sólo una infracción de la legalidad —que lo es: de la legalidad constitucional—, sino una genuina vulneración de un derecho fundamental del sancionado, con todas las consecuencias que ello comporta.

En lo que aquí interesa, el art. 25.1 incorpora las exigencias resumidas en el brocardo *nullum crimen, nulla poena sine lege*, de modo que:

— No puede reputarse infracción sino la conducta descrita como tal por la ley, y

— No puede imponerse como sanción sino aquel mal jurídico o privación de derechos que la ley haya predispuesto.

Ahora bien, la legalidad y consecuente tipicidad de infracciones y sanciones no se agota en las respectivas esferas de esas dos categorías, sino que se extiende indeclinablemente a la conexión y correlación entre unas y otras. Corresponde a la norma positiva no sólo establecer qué conducta es infracción y establecer qué sanciones puede imponer la Administración, sino también establecer cuál de entre las predefinidas sanciones es propia de cada concreta infracción (o categoría de infracciones), de modo que las consecuencias de cada conducta sean predecibles, puedan preverse por el sujeto que se halle en la tesitura de realizar aquélla (exigencia de la seguridad jurídica). Es claro que no es bastante que la ley establezca dos catálogos, uno de infracciones y otro de sanciones, pero de modo que permita o remita a la Administración elegir dentro del segundo catálogo la sanción que impone para cualquiera de las infracciones del primero. Porque aunque estén tipificadas las infracciones y las sanciones, si a una cierta infracción puede imponérsele cualquiera de las sanciones previstas y en cualquier grado o extensión, a juicio de la Administración, sin límite alguno o dentro de unos límites que definen un vastísimo espacio, entonces perece la seguridad jurídica.

A estas exigencias materiales de la legalidad de las infracciones y sanciones deben atenerse las normas que en nuestro Derecho atribuyen y regulan la potestad sancionadora de la Administración en materia de competencia. Verificar si, en efecto, se atienen es el propósito de este trabajo.

2. LA TIPICIDAD DE LAS INFRACCIONES COMPETENCIALES EN LA LEY DE DEFENSA DE LA COMPETENCIA

La tipificación de las infracciones competenciales no se efectúa en la Ley 16/1989, de 17 de julio, de Defensa de la Competencia (LDC), de la manera más precisa y técnicamente depurada de entre las posibles, pero sí de modo suficiente como para que queden descritas las conductas que, reputándose infracciones, son sancionables. En general, no se halla en la ley la declaración expresa de que tal o cual conducta es constitutiva de infracción, sino que lo que se hace es declarar que ciertas conductas están "prohibidas" y, luego, se establece que por la infracción de las normas que contienen tales prohibiciones, el Tribunal podrá imponer a los infractores multas.

Así sucede en los supuestos más importantes: prohibición de las conductas colusorias —art. 1.1—, prohibición de la explotación abusiva de una posición de dominio —art. 6.1.*a)*— y prohibición de la explotación abusiva de una situación de dependencia económica —art. 6.1.*b)*. Estos preceptos componen, junto con el apartado 1 del art. 10, la tipificación de las conductas prohibidas como infracciones administrativas. Por su parte, el art. 7 dispone la equiparación del tratamiento de ciertos actos desleales a las "conductas prohibidas", con lo que, nuevamente en combinación con el art. 10.1, resultan tipificadas como infracciones administrativas ciertas conductas desleales (lo que integra, a su vez, a modo de Ley penal en blanco, la remisión general a los tipos de ilícitos civiles de la Ley de Competencia Desleal). Por último, el art. 10.1 tipifica como infracción el incumplimiento de condiciones u obligaciones previstas en el art. 4.2 (se trata de las condiciones y obligaciones que haya establecido el tribunal a propósito de otorgar una autorización singular).

No es una infracción competencial pero se tipifica también en el art. 10 la actuación de una parte ante los órganos de defensa de la competencia con mala fe o con grave temeridad (art. 10.6).

Fuera del art. 10, la LDC tipifica infracciones administrativas en relación con la potestad administrativa de control de las concentraciones. Se tipifican aquí, de una manera que suscita dudas considerables [1], tres distintas infracciones (siempre sin declaración formal de tales): «la falta de cumplimiento del deber de notificación» (art. 18.1), «la ejecución de la operación en contravención de lo establecido» en el apartado 2 del art. 15 (art. 15.2, último párrafo) y «el incumplimiento de lo ordenado en aplicación del art. 17» (art. 18.4), es decir, las órdenes para cuyo dictado tal artículo habilita al Gobierno (ordenar que no se proceda a una concentración, ordenar las medidas apropiadas para el establecimiento de una competencia efectiva, incluida la desconcentración).

En términos generales, sin perjuicio de algunas dudas concretas [2], la LDC, a su peculiar modo [3], determina suficientemente cuáles son las conductas que tienen la consideración de infracción.

---

[1] Que por su carácter más particular no serán consideradas en este trabajo.

[2] Por ejemplo: ¿es infracción administrativa la ejecución de una concentración notificada pero cuya aprobación ha quedado subordinada por el Gobierno a la observancia de ciertas condiciones, si se ejecuta sin atenerse a éstas? No debe olvidarse la interdicción del uso de la analogía en materia sancionadora.

[3] Notoriamente tributario de la correlativa regulación de la materia en el Tratado de la Unión Europea.

3. LA TIPICIDAD DE LAS SANCIONES Y LA DETERMINACIÓN NORMATIVA DE LAS APLICABLES A LAS INFRACCIONES COMPETENCIALES

A) Tipificación de las sanciones

La LDC establece las sanciones[4] que pueden imponerse en este campo en las normas siguientes:

— La disposición más general es el art. 10.1, que establece las sanciones aplicables a todas las infracciones competenciales al margen de las que se cometan en materia de concentraciones. La sanción que aquí se prevé es la pecuniaria, haciéndolo en los siguientes términos: «multas de hasta 901.518 euros, cuantía que podrá ser incrementada hasta el 10 por 100 del volumen de ventas correspondiente al ejercicio económico inmediato anterior a la resolución del tribunal».

— Las mismas infracciones por las que pueden imponerse las expresadas multas a «los agentes económicos, empresas, asociaciones, uniones o agrupaciones de aquéllas», cuando estos infractores sean personas jurídicas pueden motivar la imposición de otra multa de hasta 30.050,61 euros a sus «representantes legales, o a las personas que integran los órganos directivos que hayan intervenido en el acuerdo o decisión».

— La imposición de multa de hasta 30.050,61 euros es la sanción que se tipifica para la infracción consistente en realizar una actuación con mala fe o grave temeridad ante los órganos de defensa de la competencia (art. 10.6).

— Finalmente, en materia de concentraciones, las sanciones que se tipifican son, según los casos, la imposición de multa de hasta 30.050,61 euros (art. 18.1) o la imposición de «multas de hasta el 10 por 100 de su respectivo volumen de ventas en España en el ejercicio en que se hubiera producido la operación de concentración» (en referencia al volumen de ventas de cada una de las empresas afectadas; art. 18.4).

Por tanto, la LDC establece qué concretas sanciones puede imponer, y hasta qué limite máximo, la autoridad administrativa a la que se atribuye la potestad sancionadora. Es verdad que en la mayoría de los casos ese límite máximo no es un límite fijo y concreto, sino un límite variable, expresado en términos porcentuales sobre el volumen de ventas del infractor, pero esta técnica de delimitación se produce

---

[4] No nos referimos aquí a las multas coercitivas, que la LDC permite imponer en determinados casos, por diferir su naturaleza de la que es propia de las sancionadoras.

también en otros sectores del vastísimo campo que la potestad administrativa sancionadora alcanza en nuestro Derecho, y no parece plantear dificultades.

B) Omisión de una clasificación legal de las infracciones

La LDC, que del modo explicado tipifica las infracciones, no contiene, sin embargo, una clasificación de las mismas.

Con carácter general la Ley 30/1992, de Bases del Régimen Jurídico de las Administraciones Públicas y del Procedimiento Administrativo Común (LRJAPyPAC), ha formulado unos «principios de la potestad sancionadora», y ha incluido entre ellos el denominado "de tipicidad" recogido en su art. 129.1, precepto que, tras proclamar que «sólo constituyen infracciones administrativas las vulneraciones del Ordenamiento Jurídico previstas como tales infracciones por una Ley», añade a renglón seguido que *«las infracciones administrativas se clasificarán por la Ley en leves, graves y muy graves»*.

Anticipemos ya que esta clasificación "por la Ley" de las infracciones en distintas categorías en consideración precisamente a su mayor o menor gravedad opera como un mecanismo técnico capital a la hora de delimitar (de confinar dentro de límites aceptables constitucionalmente) la potestad sancionadora de la Administración. Así resulta de conectar el último precepto transcrito con lo que, en cuanto a la imposición de una sanción concreta, dispone el art. 131.3 de la misma LRJAPyPAC: «En la determinación normativa del régimen sancionador así como *en la imposición de sanciones por las Administraciones Públicas se deberá guardar la debida adecuación entre la gravedad del hecho constitutivo de la infracción y la sanción aplicada* (...)». Ahora bien, esa adecuación entre sanción y gravedad de la infracción, si se ve lo que dice el art. 129.1, párrafo segundo, tiene que venir dada, en lo fundamental, por la propia Ley, mediante la clasificación de las infracciones en tres categorías y el aparejamiento a cada una de ellas ("determinación normativa del régimen sancionador") de ciertas y diferentes (cualitativa o, más frecuentemente, cuantitativamente) sanciones.

Como la LDC no hace nada de esto, es una ley que infringe lo que dispone otra (ésta, la LRJAPyPAC, de un cierto carácter programático o enunciativo, más que propiamente normativo, en algunos aspectos: cuando parece contener automandatos o disposiciones reflexivamente proyectadas sobre el propio legislador). Claro es que una tal "infracción" —que determinaría sin más la nulidad de un reglamento— no tiene enjundia invalidante cuando quien en ella incurre es una ley (sujeta jerárquicamente sólo a la Constitución). Pero el desfase entre la LDC (anterior pero muchas veces modificada después de 1992) y la LRJAPyPAC es significativo, y ha de poner en guardia al intérprete y al aplicador: cuando esta última proclama "principios de la potestad sancionadora" lo que hace es expresar la interpretación que el legislador mismo hace de ciertos imperativos que están ya en la Constitución y que, por tanto, son normativos en virtud, directamente, de ésta [5].

C) La misma sanción puede imponerse a cualesquiera infracciones

La consecuencia es muy fácil de ver: en el sistema de la LDC, formalmente, cualquiera de las diversas infracciones que tipifica (incluyendo todos los supuestos de conductas colusorias o abusivas prohibidas) tienen como sanción correspondiente, en todos los casos, una y la misma. Y esa única sanción, además, está configurada legalmente con una amplitud tan extrema que la consecuencia es que a cualquiera de aquellas infracciones puede imponerle el Tribunal de Defensa de la Competencia, sin infringir formalmente la tipicidad legal, lo mismo una multa de un euro, que una multa de 900.000 euros, que una multa superior a esta ya respetable cifra, con tal de que no exceda del 10 por 100 del volumen de ventas de la infractora, lo que en ciertos casos —para las mayores empresas— puede conducir a cifras verdaderamente astronómicas, del orden de magnitud del millar de millones de euros ("millardo" español o "billion" inglés).

Sí establece la LDC una norma, el art. 10.2, destinada a regular la fijación de la cuantía de las sanciones. Dispone aquí que «la cuantía de las sanciones se fijará atendiendo a *la importancia de la infracción*», enumerando a continuación seis elementos o factores que habrán de ser tenidos en cuenta. El primero de ellos es «*la modalidad* y alcance de la restricción de la competencia». Hemos subrayado "la importancia" y "la modalidad" de la infracción porque nos parecen trasunto o expresiones equivalentes a la que hemos visto utiliza el art. 131.3 de la LRJAPyPAC: «la gravedad del hecho constitutivo de la infracción». Pues bien, en el campo sancionador que aquí nos ocupa es claro que la LDC remite al juicio y decisión de la Administración la determinación, caso por caso, de qué infracciones son más o menos graves o importantes, sin un previo parámetro normativo al que sujetarse.

---

[5] Dice el apartado 14 de la Exposición de Motivos de la LRJAPyPAC: «El título IX regula los *principios básicos* a que debe someterse el ejercicio de la potestad sancionadora de la Administración y los correspondientes derechos que de tales principios se derivan para los ciudadanos *extraídos del texto constitucional y de la ya consolidada jurisprudencia sobre la materia*» (el subrayado es nuestro). Vamos a ver cómo, en efecto, así es.

Vamos a ver cómo esta manera de atribuir la potestad sancionadora no es conforme con la Constitución.

D) Inconstitucionalidad del sistema sancionador de la Ley de Defensa de la Competencia

a) *Doctrina constitucional sobre la correlación en la ley entre las infracciones y sus correspondientes sanciones*

Como hemos dicho al principio, la legalidad y consecuente tipicidad de infracciones y sanciones no se agota en las respectivas esferas de esas dos categorías. No cabe tener por cumplidas las exigencias de la legalidad si la ley se limita a tipificar de manera separada infracciones y sanciones, sino que es imprescindible que establezca la conexión y correlación entre unas y otras (sin perjuicio de que tal conexión pueda no arrojar un resultado unívoco y fijo, sino un entorno u horquilla, dentro de la cual la fijación definitiva dependa de circunstancias peculiares del caso que, imposibles de abarcar en la generalidad y abstracción de la ley, se remitan al juicio administrativo, sujeto siempre al principio de proporcionalidad, entre otras exigencias). Esta idea está repetidamente declarada en la jurisprudencia constitucional.

A los efectos que aquí interesan, es terminante la STC 100/2003, de 2 de junio, que se pronuncia sobre un caso con suficientes paralelismos con el de la LDC como para que la consideremos muy relevante[6]. A propósito de examinar el caso de una ley que, aunque contemplaba cuatro clases de infracciones (leves, menos graves, graves y muy graves), trasladaba a la Administración la concreta calificación o inclusión en esas clases de cada conducta típica caso por caso, textualmente afirmó que *«la gradación de las sanciones o calificación* ad hoc *de las infracciones no resulta acorde con el principio de taxatividad en cuanto que no garantiza mínimamente la seguridad jurídica de los ciudadanos, quienes ignoran las consecuencias que han de seguirse de la realización de una conducta genéricamente tipificada como infracción administrativa. En consecuencia, la aplicación directa que los órganos administrativos han efectuado del precepto legal en cuestión ha infringido el art. 25.1 de la CE, lo que debe llevarnos a la estimación del recurso»* (FJ 6.º). Puede, en consecuencia, extraerse como doctrina fundamental de la Sentencia 100/2003 la de que resulta contrario a las exigencias

[6] Un análisis más completo y pormenorizado de la cuestión puede hallarse en Sabiniano MEDRANO y Pablo TRAMOYERES, «¿Son inconstitucionales las normas sancionadoras de la Ley de Defensa de la Competencia? (reconsideración a la luz de la doctrina de la Sentencia 100/2003, del Tribunal Constitucional)», *Gaceta Jurídica de la Unión Europea y de la Competencia,* núm. 231, mayo-junio de 2004, p. 97.

del principio de legalidad en materia sancionadora administrativa dejar en manos del órgano administrativo la gradación de las infracciones delimitadas genéricamente en la Ley y, por extensión, la determinación de las sanciones a imponer a las infracciones administrativas de ese modo graduadas.

Pero esta doctrina no es nueva en modo alguno. Pronunciamientos anteriores del Tribunal Constitucional forman un cuerpo de doctrina suficientemente consolidado. Entre otros, nos parecen destacables los siguientes:

— Creemos que fue la Sentencia 42/1987, de 7 de abril, la que formuló la doctrina referente a la exigencia de predefinición normativa de las infracciones como elemento configurador del art. 25.1 de la Constitución. Así, estableció: *«El derecho fundamental así enunciado incorpora la regla* nullum crimen nulla poena sine lege *extendiéndola incluso al ordenamiento sancionador administrativo, y comprende una doble garantía. La primera, de orden material y alcance absoluto, tanto por lo que se refiere al ámbito estrictamente penal como al de las sanciones administrativas, refleja la especial trascendencia del principio de seguridad en dichos ámbitos limitativos de la libertad individual y se traduce en la imperiosa exigencia de predeterminación normativa de las conductas ilícitas y de las sanciones correspondientes (...)».*

— La STC 219/1989, de 21 de diciembre, respecto del contenido del art. 25.1 de la Constitución afirmó que: *«Esta exigencia de «lex certa» afecta, por un lado, a la tipificación de las infracciones, por otro, a la definición y, en su caso,* graduación o escala de las sanciones imponibles *y, como es lógico,* a la correlación necesaria entre actos o conductas ilícitas tipificadas y las sanciones consiguientes a las mismas *de manera que* el conjunto de las normas punitivas aplicables permita predecir, *con suficiente grado de certeza,* el tipo y el grado de sanción predeterminado *del que puede hacerse merecedor quien cometa una o más infracciones concretas. Éste es, en definitiva, el significado de la garantía material que el art. 25.1 de la Constitución establece, en atención a los principios de seguridad jurídica y libertad esenciales al Estado de Derecho»* (el subrayado es nuestro).

— La STC 61/1990, de 29 de marzo, afirmó que: *«A la misma conclusión negativa hay que llegar respecto a si en el caso se cumple o no la exigencia material absoluta de predeterminación normativa de las conductas y de las sanciones correspondientes, a la vista del art. 12 de la Orden cuestionada y de su aplicación por la Dirección General de la Policía y Ministerio del Interior, exigencia que, como se ha indicado ya,* afecta a la tipificación de las infracciones, a la graduación o escala de las sanciones y a la correlación entre unas y otras, *de tal modo que —como se dice en la STC 219/1989—* el conjunto de las normas aplicables permita predecir, con suficiente grado de certeza, el tipo y el grado de sanción susceptible de ser impuesta».Y más adelante añade: «*No se puede afirmar, pues, que se cumpla así con la exigencia de una* verdadera predeterminación de comportamientos, ni que se realice una conexión entre éstos y las sanciones que se enumeran, *con lo que, de hecho, se permitiría al* Órgano sancionador actuar con un excesivo arbitrio y no con el prudente y razonable que permitiría una debida especificación normativa, *independientemente, por lo demás, de la ausencia del rango legal del que la Orden adolece*» (los subrayados son nuestros).

— La STC 207/1990, de 17 de diciembre, apreció la vulneración del principio de taxatividad en la redacción original del art. 57 del Estatuto de los Trabajadores, por definir en el apartado primero del artículo regulador de las infracciones laborales las correspondientes a los empresarios como «las acciones u omisiones contrarias a las disposiciones legales en materia de trabajo» estableciendo criterios generales para la gradación de las sanciones (apartado segundo) y fijando los límites máximos en función de la autoridad administrativa competente para imponerlas (apartado tercero). La sentencia dice que «no resultando de norma alguna la distinción entre infracciones muy graves y otras, ni la división *de cada una de estas ignotas categorías* en distintos grados, *es evidente que este modo de* graduación «ad hoc» de la sanción correspondiente a cada concreta infracción *no garantiza mínimamente la seguridad jurídica de los administrados...*» (el subrayado es nuestro). Continuaba el Alto Tribunal afirmando que del art. 25.1 de la CE, «*como consagración de la citada regla* nullum crimen nulla poena sine lege, *se sigue la necesidad, no sólo de la definición legal de los ilícitos y de las sanciones, sino también el establecimiento de la* correspondencia necesaria entre aquéllos y éstas, una correspondencia que, como bien se comprende, puede dejar márgenes más o menos amplios a la discrecionalidad judicial o administrativa, pero que en modo alguno puede quedar encomendada por entero a ella» (el subrayado es nuestro).

b) *Contraste del art. 10 de la Ley de Defensa de la Competencia y la doctrina constitucional*

De poner en relación la descripción que se ha hecho de las normas que en la LDC regulan las infracciones y sanciones con esta doctrina constitucional resulta que la falta de clasificación en categorías de gravedad de las infracciones contenidas en los arts. 1, 6, 7 y 4.2 de la LDC colisiona frontalmente con tal doctrina.

Si el Tribunal Constitucional en la Sentencia 100/2003 consideró constitucionalmente insuficiente una ley por no definir cuáles de las infracciones que tipificaba eran leves, menos graves, graves y muy graves, a pesar de que sí delimitaba rangos cuantitativos de sanciones para cada una de esas clases, la misma conclusión, sólo que por mayores y más poderosos motivos, debe alcanzarse para la regulación sancionadora que contiene la LDC. Pues esta norma ni siquiera recoge la previsión de que las conductas prohibidas que define deban clasificarse por su importancia o gravedad, ni menos aún contiene orientaciones para la aplicación del *ius puniendi* atribuido al TDC dependiendo de cuál sea la conducta prohibida o infracción enjuiciada.

Pero no es sólo una cuestión de falta de clasificación de las infracciones, como planteamiento formal, sino que lo relevante es la consecuencia práctica de esa indefinición, que no es otra que la quasi-ilimitada discrecionalidad del órgano administrativo, el TDC, para interpretar los preceptos de la Ley, ejerciendo el *ius puniendi* atribuido sin referente normativo delimitador alguno, *«ignorándose con ello que la gradación de las sanciones o calificación* ad hoc *de las infracciones no resulta acorde con el principio de taxatividad en cuanto que no garantiza mínimamente la seguridad jurídica de los ciudadanos, quienes ignoran las consecuencias que han de seguirse de la realización de una conducta genéricamente tipificada como infracción administrativa»*.

La LDC simplemente define conductas que considera prohibidas y, por tanto, sancionables y concede al órgano sancionador la absoluta libertad para calificar o considerar las infracciones como más o menos graves y para imponer sanciones a cada tipo de infracción, y ello en el enorme abanico de cuantía que alcanza desde un euro hasta el 10 por 100 de la facturación.

Los únicos criterios graduadores que contiene el art. 10 de la LDC se encuentran en su apartado segundo, pero no se enmienda así el déficit constitucional que aquí apreciamos. Pues, efectivamente, el apartado segundo del art. 10 proporciona los criterios que el órgano administrativo puede tener en cuenta al objeto de cuantificar la posible sanción, pero precisamente el problema estriba en que, siendo el primero de los elementos que debe regir la adecuación de la sanción a la infracción la gravedad o importancia de ésta, al nada predeterminar la ley sobre este punto capital, lo que hace es remitir su juicio caso por caso, *ad hoc,* a la decisión administrativa, que es lo que el Tribunal Constitucional considera inaceptable reiteradamente. Los criterios de graduación de las sanciones (entre los que no debe figurar la gravedad de la infracción en sí misma, que es asunto previo a la graduación de la sanción que debe resolver la *lex certa*) son los que habrían de aplicarse para precisar la cuantía concreta de la sanción entre el máximo y el mínimo dentro del tramo o rango asignado a cada clase o categoría de infracción.

c) *Contraste del art. 10 con otras disposiciones legales que establecen sanciones pecuniarias fijadas como porcentajes del volumen o cifra de negocio*

La extrema parquedad del art. 10 no es un fenómeno normal en las normas sancionadoras más recientes, las cuales —sin perjuicio de otras imperfecciones o de merecer críticas por diversos conceptos— cumplen satisfactoriamente con las exigencias que estamos aquí considerando.

Piénsese, por ejemplo, en la reciente regulación de las sanciones en materia de auditoría de cuentas. El art. 16 de la Ley 19/1988, de 12 de julio, de Auditoría de Cuentas (en redacción dada por el art. 53 de la Ley 44/2002, conocida como Ley Financiera), tipifica las infracciones cometidas por los auditores de cuentas y las sociedades de auditoría describiendo las conductas ilícitas y haciéndolo en el marco de una clasificación de las mismas en muy graves, graves y leves. Así, cada infracción pertenece a una de estas clases. El art. 17 tipifica las sanciones estableciendo concreta y separadamente las que —dependiendo también de la naturaleza del sujeto infractor— pueden imponerse por infracciones pertenecientes a cada una de las tres clases. Si bien en el caso de que el infractor sea una sociedad de auditoría, las sanciones pueden ser muy elevadas, pues se determinan como un porcentaje de hasta el 20 por 100 de los honorarios facturados por actividad de auditoría de cuentas en el último ejercicio cerrado con anterioridad a la imposición de la sanción, al menos se delimitan los tramos de sanción que corresponden a cada clase de sanción (si es muy grave, a partir del 10 por 100 y hasta el 20 por 100; pero si es grave, no puede pasarse del 10 por 100, y las leves no pueden sancionarse con multas calculadas como porcentajes), de modo que hay límites legales y el margen de valoración o discrecionalidad de la Administración no es irrestricto (no será conforme a Derecho una sanción del 12 por 100 de la facturación si la infracción es grave, ni lo será una sanción del 2 por 100 si la infracción es leve). Esta clasificación y asignación de tramos de multa por cada clase de infracciones no impide, obviamente, que el apartado 10 del mismo art. 17 enumere los criterios de determinación concreta de la sanción "en cada caso", dentro de cada tramo, en términos muy semejantes a como lo hace el art. 10.2 de la LDC.

Otro ejemplo reciente es el régimen sancionador (capítulo IV del título VI) que establece la Ley 35/2003, de 4 de noviembre, de Instituciones de Inversión Colectiva: Clasifica las infracciones en las tres consabidas categorías (art. 79), estableciendo qué conductas ilícitas son infracciones muy graves (art. 80), graves (art. 81) y leves (art. 82). Cada categoría de infracciones lleva aparejada su correspondiente abanico de sanciones (arts. 85, 86 y 87), lo que no impide añadir un elenco de criterios para determinar en cada caso la sanción aplicable (art. 88), pero operando todos ellos en el interior de las posibilidades sancionatorias prestablecidas por la ley para cada categoría de infracción. De modo que si la conducta constituye, según la ley, una infracción grave, y no muy grave, el margen dentro del que se desenvuelve la potestad sancionadora está acotado por la ley, y no cabe aplicar a ese infractor la sanción que podría imponerse a quien cometió una infracción muy grave.

Semejantes estructuras de tipificación de infracciones y sanciones, y de correlación entre aquéllas y éstas en función de su gravedad, ofrecen las principales leyes reguladoras de las potestades sancionadoras de las Autoridades de supervisión en distintos campos, como la Ley 24/1988, de 28 julio, del Mercado de Valores, o la Ley Orgánica 15/1999, de 13 diciembre, de Protección de datos de carácter personal. Y es que el legislador es consciente de que es un imperativo constitucional regular la materia de este modo. Si contrastamos la parquedad y carencia de sistemática de la LDC con estas normativas, completas y estructuradas[7], resplandece la insuficiencia de aquélla. No parece que existan casos de una precariedad normativa semejante en nuestro ordenamiento sancionador administrativo.

d) *Contraste del art. 10 con las normas comunitarias sobre sanciones por infracciones competenciales*

Si el legislador español ha establecido las normas sancionadoras en esta materia del modo como lo ha hecho, es fácil saber por qué: ha "copiado" la regulación del Derecho comunitario. El Tratado constitutivo de la CECA, art. 65, estableció la prohibición de las conductas colusorias (apartado 1) y atribuyó a la Comisión la potestad para sancionarlas con multas cuyo límite superior es el 10 por 100 del volumen de negocio anual de las empresas (apartado 5). El Tratado constitutivo de la CEE enumeró las conductas prohibidas colusorias (art. 85, actualmente 81) y abusivas de posición de dominio (art. 86, actualmente 82), sin establecer normas sobre sanciones por vulneración de la prohibición. Fue el art. 15 del Reglamento núm. 17 del Consejo de 6 de febrero de 1962, en regulación que recientemente ha pasado a integrar el art. 23 del Reglamento (CE) núm. 1/2003 del Consejo, de 16 de diciembre de 2002, el que atribuyó la potestad sancionadora con el mismo límite superior.

---

[7] Aunque por otros motivos, en algunos casos, defectuosas.

Ninguna de estas normas clasifica las infracciones ni correlaciona distintas categorías de infracciones con distintas sanciones o tramos de sanciones. Este sistema es el que luego el legislador español incorpora para las infracciones "internas" de competencia. Por tanto, el Derecho español adolece de la misma indeterminación que el comunitario.

No es el objeto de este trabajo analizar si el sistema comunitario adolece de vicios o defectos. Sin embargo, lo que interesa aquí destacar es que existe un instrumento normativo que disciplina la cuestión cuando de lo que se trata es de la aplicación por la Comisión del Derecho europeo sancionador por infracciones competenciales. Se trata de las «Directrices para el cálculo de las multas impuestas en aplicación del apartado 2 del art. 15 del Reglamento núm. 17 y del apartado 5 del art. 65 del Tratado CECA» (publicadas en el *DOC* de 14 de enero de 1998), las cuales contienen un completo aparato de clasificación de las infracciones (en leves, graves y muy graves) y de correlación entre cada clase y las sanciones que pueden imponerse a cada una, dentro del límite máximo del 10 por 100 del volumen de negocios que las normas superiores establecen. Así, las infracciones leves no pueden sancionarse con multa superior a "un millón de ecus", a las graves corresponden multas "de 1 millón a 20 millones de ecus", y sólo las muy graves carecen de un límite superior cierto, pudiendo sancionarse "con más de 20 millones de ecus", hasta el 10 por 100 del volumen de negocios (porcentaje que opera siempre como límite máximo). Adicionalmente, se establecen normas precisas que delimitan la discrecionalidad de la Comisión al establecer cómo opera la duración de la infracción y al determinar con precisión cuáles son las circunstancias agravantes y cuáles las atenuantes (además de otras disposiciones, siempre de gran interés y utilidad).

Por tanto, sin entrar a considerar si unas "directrices" son formalmente el instrumento adecuado para este fin, lo cierto es que la normativa comunitaria cumple actualmente las exigencias materiales que el principio de legalidad que rige en España impone a la potestad sancionadora. No puede decirse lo mismo, por desgracia, de nuestro Derecho interno. Incluso aunque las directrices (cuya no aplicabilidad como Derecho interno español es evidente) fueran consideradas por el Tribunal de Defensa de la Competencia a la hora de aplicar la LDC (lo cual de todos modos no sucede), el problema de la inconstitucionalidad de nuestra Ley permanecería intacto.

e) *Consecuencias de esta opinión sobre la validez de las resoluciones sancionadoras*

La consecuencia es evidente: imponiéndose las sanciones en aplicación de una ley que no observa las exigencias de la legalidad de las infracciones y sanciones administrativas, las resoluciones, en cuanto imponen multas (no en sus restantes contenidos), vulneran el derecho fundamental del sancionado y, por tanto, son nulas de pleno derecho.

E) Posibilidades de actuación a disposición del sujeto sancionado

Como el problema de la inconstitucionalidad aquí puesto de manifiesto mana de la ley misma, las vulneraciones del derecho fundamental producidas por sus actos aplicativos no son reprochables a éstos, sino a aquélla. Por tanto, al titular del derecho lesionado no le cabe sino acudir a la vía jurisdiccional y solicitar en ella —al margen de utilizar cuantos argumentos ordinarios considere oportunos para combatir la resolución— que el órgano jurisdiccional (las Salas de lo Contencioso-Administrativo de la Audiencia Nacional y del Tribunal Supremo, pero también, en su caso, las de los Tribunales Superiores de Justicia que conozcan de recursos contra sanciones impuestas por los órganos de competencia de las Comunidades Autónomas) plantee la cuestión de inconstitucionalidad.

El órgano jurisdiccional debe plantear, incluso de oficio, la cuestión de inconstitucionalidad del art. 10 ante el Tribunal Constitucional. Éste es el primer modo como el Alto Tribunal puede llegar a pronunciarse sobre esta cuestión. El proceso en el que se hubiera planteado la cuestión quedará en suspenso hasta su resolución.

Si, pese a todo, el recurrente viera agotadas todas las instancias sin que la cuestión se planteara y la multa fuera confirmada, podrá todavía interponer contra la sentencia final el recurso de amparo, como segunda vía para conseguir un pronunciamiento del Tribunal Constitucional. La Sala de este Tribunal que conociera de este recurso debería elevar la cuestión de inconstitucionalidad al Pleno. Si así lo hiciera, nos parece más que probable que la sentencia declarara la inconstitucionalidad de la norma. En todo caso, a nuestro juicio el recurso de amparo debería estimarse.

4. LA INDETERMINACIÓN LEGAL DE LAS SANCIONES, CAUSA DE LA PERPLEJIDAD QUE CAUSA LA FIJACIÓN DE LAS MULTAS POR EL TRIBUNAL DE DEFENSA DE LA COMPETENCIA

La inconstitucionalidad de estas normas sancionadoras no es una mera cuestión técnico-jurídica, sino que se hace visible y palpable, y cada vez más, en la aplicación de las mismas por el Tribunal de Defensa de la Competencia. Al margen del aparato motivador, de calidad y cantidad variables de una a otra resolución, con que el tribunal funda sus decisiones en cuanto a la cuantía de las sanciones, lo cierto es que la sensación de que esa imposición se hace más o menos "a bulto" y de que lo mismo puede resultar veinte que doscientos, es cada vez más intensa. Y no es esto una crítica al tribunal, sino la constatación de que, careciendo éste de todo parámetro que acote su desorbitado margen, es casi inevitable que el resultado final sea imprevisible y, por lo tanto, inquietante.

Y es que no puede aceptarse que encaje en un Estado de Derecho, basado en el imperio de la ley, el que un órgano administrativo pueda imponer a una compañía por una determinada infracción, y sin otro fundamento que su discrecional y prudente apreciación, lo mismo una multa de 10.000 euros, que una de 100.000, o de 900.000, o, si el volumen de negocios de esa compañía excede de unos nueve millones de euros, de una suma muchísimo superior, del orden de magnitud de decenas, o de centenas, o incluso de millares de millones de euros en los casos extremos. Y habiendo parecidos motivos para imponer una multa de 10.000.000 que una de 50.000.000. Este sistema nos parece absolutamente insostenible. No porque no sean adecuadas multas de importes enormes, sino porque es necesario que la ley establezca las reglas básicas que permitan determinar en qué casos y bajo qué condiciones tales multas pueden o deben aplicarse.

Espigando en resoluciones del tribunal puede constatarse este fenómeno. Veamos muy brevemente algún ejemplo:

— En un período de veinte meses el tribunal ha sancionado en tres ocasiones a la Sociedad Estatal de Correos y Telégrafos, S. A. (Correos). Se trata de las Resoluciones de 7 de febrero de 2003, 20 de junio de 2003 y 15 de septiembre de 2003. En los tres casos la infracción consiste en conductas constitutivas de abuso de posición de dominio. En los tres casos el tribunal motiva la fijación concreta de la sanción conforme al mismo esquema argumental, consistente en considerar los factores o elementos del art. 10.2 (a veces considera más factores, a veces menos), empezando con la expresión de su criterio sobre la "modalidad y alcance" de la infracción en el caso concreto. Así, en la primera de las resoluciones considera que las conductas examinadas (dos distintas en este caso) eran "graves"; en los otros dos casos las considera "muy graves". En las dos resoluciones más recientes la dimensión del mercado (aunque en la tercera resolución se añade que a estos efectos el mercado español tiene la consideración de parte esencial del mercado común y que la infracción lo es no sólo del art. 6 de la LDC, sino también del art. 82 del Tratado) y la duración parecen coincidir o ser semejantes; aunque no se dice nada al respecto en la segunda de las resoluciones, las dos últimas parecen tener en común la cuota de Correos en el mercado y el efecto muy importante de la restricción a la competencia; y en la última de las resoluciones se dice expresamente que no cabe considerar la reiteración. Pues bien, en estas condiciones las multas que se imponen son, respectivamente, de 900.000 euros, 5.400.109 euros y 15.000.000 de euros. No pretendemos —no se trata aquí de esto— que las resoluciones estén mal motivadas, ni que las multas tuvieran que ser otras, ni que no haya diferencias entre las infracciones que justifiquen diferentes sanciones. Lo que decimos es que, siendo el volumen de negocios de Correos de aproximadamente unos 1.100.000 euros, las sanciones que se han impuesto podrían del mismo modo situarse en un millón de euros o en cien millones de euros, y que si se han concretado en 0,9, 5,4 y 15 millones respectivamente, por los mismos motivos podrían haberse fijado en la mitad o en el doble de esas cifras.

— Son ya bastantes las resoluciones adoptadas por el tribunal imponiendo sanciones a Telefónica (Telefónica de España, S. A., u otras compañías del mismo grupo). Obviamente, no se trata de hacer aquí un estudio de todas ellas. Nos vamos a referir a dos de las más recientes y relevantes, ambas por abuso de posición de dominio: las de 8 de marzo de 2000 y de 1 de abril de 2004. En la primera, sobre la base de una consideración (no exhaustiva) de los factores del art. 10, principiando por considerar que la modalidad de la infracción es una de las "más perjudiciales" (no se habla de gravedad, pero parece que se refiere a ella), se impuso una multa de 1.400.000.000 de pesetas (algo más de 8,4 millones de euros). En la segunda se parte igualmente de reputar la conducta como «muy grave desde las varias perspectivas y condiciones» del art. 10, que es objeto de un cierto desarrollo (aludiéndose principalmente a la afectación del proceso liberalizador, a la afectación al mercado en su plenitud con extrema duración, a los precedentes en que se ha sancionado a Telefónica). Sobre tales consideraciones y sin hacer explícitas operaciones aritméticas o cuantitativas salvo indicar que los ingresos por servicio telefónico básico del 2003 ascienden a 3.807 millones de euros, se concluye en fijar la multa en 57 millones de euros (unas siete veces la multa impuesta en la otra resolución aquí glosada), añadiendo a continuación que la conducta que se sanciona *ex* art. 10 de la LDC «también ha vulnerado la norma del art. 82 del Tratado». Como se ve, la multa equivale, redondeando, al 1,5 por 100 de la cifra de facturación indicada en la resolución. Vemos así cómo conductas semejantes —obviamente no iguales, aunque de la misma naturaleza— merecen multas de cuantía extraordinariamente distinta. Y que una multa de 57 millones de euros, con los mismos fundamentos, podría haber sido lo mismo de cinco o de ciento cincuenta.

A propósito, sobre la primera de estas dos resoluciones ya se ha pronunciado la Sala de lo Contencioso-Administrativo de la Audiencia Nacional, mediante una sentencia que poco contribuye (no puede hacerlo, a falta de parámetros normativos ciertos) a dar certidumbre al sistema. La sentencia reduce drásticamente el importe de la multa, de los referidos 8,4 millones de euros a 901.518,16 euros, sobre la base de una argumentación que, al menos para nosotros, es sorprendente en su elemento principal: *«En la graduación se atendió —como se expresa en la propia resolución impugnada— a la gravedad del tipo infractor, la gran cantidad de llamadas de clientes y a la sanción de otras conductas previas. Ahora bien, esta Sala ha señalado que* el contenido del tipo infractor no puede servir de referente para la graduación de la sanción, pues la gravedad de la conducta ya viene reconocida por el legislador al tipificarla y atribuirle la correspondiente sanción en abstracto, *que lo es para la conducta descrita. Por ello ha de atenderse a otras consideraciones, al margen de la conducta tipificada, para la individualización de la sanción»* (el subrayado es nuestro). El argumento es impecable con carácter general, pero, al presuponer que la gravedad de la conducta sancionada «ya viene reconocida por el legislador al tipificarla», desconoce palmariamente que tal cosa no sucede en la LDC, sino que es asunto que el art. 10.2 remite a la consideración *ad hoc* por el Tribunal de Defensa de la Competencia. Esto, en nuestra opinión, es inconstitucional. Pero el razonamiento de la Sala conduce, si se sigue aplicando el art. 10, a parificar las sanciones que pueden imponerse a cualesquiera infracciones competenciales (tal y como está la ley, puede no quedar otro remedio, pero es absurdo). Por lo demás, los razonamientos que la Sala efectúa para fijar la infracción en el máximo establecido en el art. 10.1 sin contar la posibilidad de su elevación hasta el 10 por 100 del volumen de ventas, son tan plausibles, prudentes, defendibles o criticables como cualesquiera otros, que podrían conducir a resultados bien diversos. Es de por sí llamativo (no será fácil encontrar parangón) que, confirmando el criterio administrativo en cuanto a la comisión de la infracción, la sanción se reduzca casi en un 90 por 100.

Lo que estos ejemplos (habría muchos otros: en rigor, todas las resoluciones del tribunal que imponen sanciones) evidencian es que la delimitación normativa de la potestad es manifiestamente insuficiente: que Correos, Telefónica y todos y cada uno de los operadores carecen absolutamente de certidumbre, siquiera relativa, acerca de las consecuencias de sus conductas en el mercado. No basta decir que saben que se exponen a una multa del 10 por 100 de su facturación, sea cual sea la conducta que cometan, porque esto sería como decir que basta que cualquier ciudadano sepa (únicamente) que si comete alguno de los delitos tipificados en el Código Penal (lo mismo un hurto que un asesinato) se expone a una pena de prisión de, digamos, treinta años, y que el hecho de que le impongan tres meses o veinte años depende del criterio prudente del juzgador, a la vista de ciertos factores genéricos.

5. NECESIDAD ACUCIANTE DE UNA REFORMA LEGISLATIVA

El mantenimiento de tal incertidumbre no es aceptable. No lo es, desde luego, una situación en la que el derecho fundamental del art. 25.1 puede estar conculcándose continuamente. Tampoco es sostenible que el sistema de defensa de la competencia esté afectado por tan relevante defecto normativo (todas las sanciones del Tribunal corren el riesgo, a nuestro juicio, de declararse nulas).

El legislador debe afrontar una reforma que incorpore un catálogo preciso de infracciones clasificadas en muy graves, graves y leves, y que correlacione con cada categoría distintos tramos sucesivos de sanciones pecuniarias (no es tarea excesivamente difícil: sucede en casi todas las normas reguladoras de infracciones y sanciones administrativas; puede encontrarse orientación en las citadas directrices para el cálculo de las multas que rigen el proceder de la Comisión). Convendría igualmente acotar la discrecionalidad aplicativa con una regulación más precisa de las circunstancias que, como atenuantes y agravantes, deban ponderarse en la fijación de la multa en el caso concreto. La necesidad de acotar y disciplinar el ejercicio de la potestad se hace más necesario en la medida en que el monto máximo de las multas es, al menos en potencia, enorme.

La reforma debería también regular adecuadamente otros temas conexos de capital importancia (sí considerados algunos, en cambio, en las directrices mencionadas):

— La instauración del principio de la inclusión en la multa del beneficio económico obtenido de la infracción (las dificultades técnicas son superables con la provisión de los recursos necesarios, hoy tan exiguos en las autoridades de competencia). Esto es algo que de alguna manera (aunque muy mejorable, a nuestro juicio) sucede ya en otros campos[8].

— La consideración resuelta, entre los criterios de cuantificación, de la capacidad económica del infractor (que ya se encuentra implícito en nuestro actual sistema, pero de manera tan vaga y dudosa que el Tribunal Supremo ha podido entender lo contrario en algún caso[9]).

— Incorporar otras infracciones hoy no contempladas, como el incumplimiento de las resoluciones del Tribunal de Defensa de la Competencia, cuando sean ejecutivas.

— La adecuada tipificación de las infracciones en materia de concentraciones empresariales.

[8] Por ejemplo, las infracciones muy graves tipificadas por la Ley del Mercado de Valores y por la Ley de Instituciones de Inversión Colectiva, citadas, llevan aparejadas «multa por importe no inferior al tanto, ni superior al quíntuplo, del beneficio bruto obtenido como consecuencia de los actos u omisiones en que consista la infracción».

[9] Cfr. Sentencia de 17 de marzo de 2003, citada por Mercedes PEDRAZ CALVO, «Algunas cuestiones relativas a la determinación del importe de las sanciones en defensa de la competencia», *Comunicaciones en Propiedad Industrial y Derecho de la Competencia,* núm. 34, Madrid, 2004, pp. 137 ss.

ANEXO
Método de trabajo utilizado
(Instrucciones remitidas a los participantes)

En el seminario sólo se participa por invitación y en un número que no debe superar los 35.

Pretendemos reunir cada año, dentro de lo más selecto de nuestra especialidad, a aquellos profesionales que mejor conozcan los temas a abordar, buscando, además, un cierto equilibrio entre los distintos enfoques antes mencionados. (Ello hace inevitables algunas ausencias que trataremos de remediar en ediciones sucesivas, en las que los asistentes no serán necesariamente los mismos.)

Todos los asistentes deben comprometerse a presentar una ponencia escrita que no debe sobrepasar la extensión de 15 folios[1]. Esta limitación exige, todos lo sabemos, un cierto esfuerzo. (Es más fácil, sobre todo hoy en día, escribir cincuenta páginas.) Consecuentemente —siguiendo el ejemplo de otros prestigiosos seminarios— hemos troceado la materia hasta un límite tal que debiera evitar los solapamientos y permitir al ponente hacer así una contribución significativa sobre el tema que le ha sido asignado.

En efecto, siguiendo el mismo ejemplo organizativo, hemos procedido a la previa asignación de los temas a los distintos ponentes. Sabemos por propia experiencia que esta asignación, particularmente cuando es de temas tan concretos, suele provocar un inicial rechazo, pero es el único modo de trabajar en un seminario como el que que-

[1] Sólo están exentos de este compromiso, por delicadeza, los jueces, magistrados y titulares de funciones administrativas, a los que —no obstante— se les ofrece esta posibilidad.

remos poner en marcha. Todos sabemos también por experiencia que, una vez que nos ponemos a estudiar el tema asignado, los 15 folios se quedan cortos. Así pues, por razones de organización y tiempo, sólo en casos excepcionales pueden producirse cambios en la atribución de temas, recomendándose, en estos casos, el canje bilateral[2].

Un primer borrador de las ponencias debe ser remitido a la secretaría del seminario **antes del 15 de octubre** con objeto de que sea circulado a los demás participantes, idealmente, a través de un sitio en la red.

En el curso del seminario cada ponente dispondrá de 10 minutos para su intervención oral. Lo ideal es que el ponente no repita, sin más, su texto escrito —que ya está y estará a disposición de los demás—, sino que, en la medida de lo posible, comente, critique, corrija o confirme, pero, en todo caso, enmarque su ponencia en relación con las demás. Terminadas las exposiciones de cada bloque de materias, se abre un turno de debate para todos los participantes.

Los textos de las ponencias, en su caso corregidas o ampliadas como resultado de los debates, se publicarán en un volumen al que la Fundación Rafael del Pino quiere dar la mayor difusión.

---

[2] Que se comunicará a la secretaría.